남강南剛 김태곤金泰坤(1936~1996) 선생님께
이 책을 바칩니다.

김태우金泰佑 Kim, Tae-woo

전라남도 보성군 벌교에서 태어났다. 경희대학교 우주과학과를 졸업한 후 경희대학교 대학원 국어국문학과에 진학해서 구비문학과 공동체의례를 연구하였다. 「고려시대 무격의 지위와 세습화 과정 연구」(1997)로 석사를, 「서울 한강 유역 부군당 의례 연구」(2008)로 박사학위를 취득하였다. 경희대학교 학술연구교수, 국립민속박물관 전문위원, 경기도문화재 전문위원을 거쳤다. 현재는 한국민속학회 연구위원을 맡고 있으며 경희대학교에서 강의를 하고 있다. 주요 논저로는 『한강 유역 부군당 의례의 전승과 변화 양상』, 『경강, 광나루에서 양화진까지』(공저), 『경기옛길 속 민속 : 영남길 속 삶의 기억』(공저), 「조선시대 역서曆書의 의미와 기능의 변화」, 「24절기와 세시 체계의 의미와 상관성에 대한 연구」 등이 있다. 현재는 천문학과 민속학을 융합한 민속천문 분야로 연구 영역을 확장하고 있다.

민속원 아르케북스 099 minsokwon archebooks

서울의 공동체 의례와 주도집단

19세기말 이후 지역 · 지역사회 · 의례의 문화지형

| 김태우 |

민 속 원

머리말

망망한 대양을 건너려는 자가
어찌 거친 파도를 두려워하랴!

이 문장은 필자가 민속학을 공부하다가 막막했던 현실로 인해 벼랑 끝에 선 심정으로 한때 학업을 포기하려고 했던 순간에 번개처럼 머리 속에 떠올랐던 말이다. 필자는 이것이 나름 깨달음의 경험이었다고 생각한다. 이 문장을 책상 위에다 붙여 놓고 마음을 다잡곤 하였다. 지금 이렇게 되돌아보니 민속학에 발을 들여 놓은 지도 어언 20여 년이 다 되어간다.

그간 변변한 저서 한 권 없이 논문 몇 편 쓰는 데 급급해 하다가 2014년부터 이 책을 본격적으로 쓰기 시작했으니 벌써 4년이라는 시간이 흘렀다. 그리 길지 않은 시간일 수도 있으나 지천명을 앞두고 있는 나이에 졸저일망정 이제야 온전한 책 한 권이라도 내놓게 되었으니 만감이 교차한다.

필자가 민속학을 하면서 몇 번의 전환기가 있었다. 첫 번째는 향촌 지역의 민속에서 도시 민속으로 연구 대상을 전환한 것이다. 무턱대고 농어촌의 민속만이 제일인 양 헤매고 다니다 서울 지역의 민속에 관심을 가지면서 한강 유역의 부군당 의례에 천착하여 연구한 것이 박사학위 논문이 되었다. 「서울 한강 유역 부군당 의례 연구 : 전승과 변화 양상을 중심으로」(2008)가 그것이다. 그 당시 도시 민속에 대한 새로운 방법론과 이론을 세워보고자 노력했으나 이에 대한 만족할 만한 성과를 내지 못한 채 학위논문이 제출되었다. 이 논문은 최근에 『한강 유역 부군당 의례의 전승과 변화 양상』(민속원, 2017)으로 출간되었다. 두 번째 전환점은 민속의 주도집단에 관심을 집중하면서 시작되었다. 조선시대나 일제강점기의 민속은 당시 기록물을 참고하지 않고서는 그 실체를 알기 어렵다. 그런데 그 실체의 재구에 있어서는 인물을 매개로 하는 탐색이 주효하다. 그래서 현전하는 각종 기록물을 통해 당시 주도집단을 재구하는 연구에

몰두하게 되었다. 이 책은 이러한 노력의 결과물이다. 마지막 전환은 현재 진행형이
다. 천문과 민속을 통합한 연구이다. 이 연구는 필자가 오래 전부터 염두에 두어왔던
영역이었다. 학부 때 천문학을 전공했던 이력 때문이기도 하지만 민속과 천문이 매우
밀접하게 연관되어 있음을 깨달았기 때문이다. 2016년부터 현재까지 한국연구재단의 지
원을 받아 「천문·세시·농경의 상관성과 전통지식에 대한 연구」를 진행하고 있다.

　이 책이 완성되기까지는 수많은 학자들의 논의와 조언이 필자에게 영감을 주었고
그것이 있었기에 이 책의 집필이 가능했다. 먼저 학부 때 천문학을 전공했던 필자를
민속학 제자로 받아 준 남강 김태곤 교수를 잊을 수가 없다. 시베리아 답사의 후유증
으로 안타깝게 1996년 1월에 작고하신 김태곤 교수는 필자가 민속학을 지금껏 붙들고
있게끔 해주신 분이었다. 아버지를 일찍 여의고 세상의 땡볕을 온몸으로 견뎌내야 했
던 필자로서는 남강 선생님의 큰 그늘은 많은 위안과 새로운 삶의 희망을 주었다.
1970년대에 이미 민속학의 현재성과 민속의 주체에 대한 논쟁을 이끌어 냈던 그는 무
속 분야의 입지적 인물로서 그의 학문적 성과는 아직까지도 민속학사의 중요한 기점
을 형성하고 있다. 인생과 학문에 있어서 크나큰 영향을 미친 남강 선생님의 존재는
아직도 필자의 가슴에 살아 있다. 이것이 학위논문 외에 필자의 단독저서로는 처음인
이 책을 남강 선생님께 헌정하고자 하는 이유이다.

　남강 선생님의 뒤를 이어 필자를 지도한 이정재 교수는 도시 민속학에 대한 방향성
을 제시해 주었다. 당시 별신굿에 정신이 팔려 전국을 방황하는 중이었는데 독일에서
인류학으로 박사를 받은 이정재 교수는 필자에게 도시민속에 대한 지속적인 조언을
해 주었고 결국 연구 지역을 서울로 바꾸게 된 계기가 되었다. 이정재 선생님께도 감
사를 드린다.

　박사학위논문 심사 당시 심사위원이었던 이기태 교수(고려사이버대)는 새벽까지 논문
의 목차와 주요한 세부 내용들을 함께 토의하고 수정해 주는 열정을 보여 주었다. 그

런데 그가 나중에 필자에게 던진, "자네 논문은 민속학 논문인데, 민民은 없고 속俗만 보이네."라는 마지막 이 한 마디는 필자에게 큰 충격을 주었다. 필자가 이해한 바로는 부군당 의례에 대한 연구에 있어서 의례에 대한 논의만 있고 그 의례의 주체들에 대한 천착이 부족하다는 말이었다. 이 충고는 그 이후부터 민을 어떻게 찾을 수 있을까 고민하기 시작했던 계기가 되었다. 그리고 그 해결의 실마리를 우연한 기회에 찾게 되었다.

서울 서빙고동 부군당에는 여러 현판들이 남아 있는데 그 동안은 이 현판들에 대해서 별 관심이 없었다. 그 현판들에는 부군당을 중수할 때 돈을 냈던 사람들의 이름만 잔뜩 새겨져 있을 뿐, 의례에 대한 별다른 정보를 주지 못한다고 생각했기 때문이다. 그런데 우연히 가장 오래된 현판의 맨 첫머리에 이름을 올리고 있는 인물을 「한국역사정보시스템」에서 검색할 수가 있었다. 그것으로 끝난 것이 아니라 그에 대한 수많은 기사가 검색되었고 연대와 본적, 직위 등을 대조하면서 이 인물이 현판에 적힌 그와 동일인일 가능성이 크다는 것을 알게 되었다. 며칠 동안 그가 속했던 집안의 족보를 뒤진 끝에 그가 현판의 인물과 동일인이라는 것을 확인할 수 있었다. 그 순간, 그 환희는 이루 형언할 수 없을 정도로 짜릿했다. 그가 바로 '숭정기원崇禎紀元'으로 시작되는 현판에 등장하는 백남승白南升이란 인물이다. 그를 시작으로 하여 현판에 등장하는 주요 인물들의 실체가 줄줄이 밝혀지기 시작했고 이들의 신분과 가계, 행적, 지역과 의례에서의 역할 등이 종합되면서 1875년 당시 서빙고 지역 사회가 모자이크처럼 맞춰지게 되었다. 이렇게 나온 논문이 「조선후기 서빙고 지역 부군당 주재집단의 성격과 변화」(2009)이다. 그 성과는 애초에 생각했던 것보다 컸다.

무엇보다 현판에 적힌 인물들이 제시해 주는 정보가 예상 외로 많았고 이것들이 지역사와 의례 정황을 재구하는 데 결정적인 단서가 될 수 있다는 것에 놀라지 않을 수 없었다. 그 순간은 의례에 참여한 인물을 매개로 한 지역사회와 지역 그리고 의례가 만나서 당시의 입체적인 문화지형이 그려지는 순간이었고 의례 연구의 새로운 눈이 뜨이는 순간이었다. 이후 수 년 동안 서울 지역 의례에 참여한 인물들을 중심으로 일련의 논문을 발표하였다. 그리고 이러한 연구는 이후 '지역·지역사회·의례의 문화지형'라는 개념으로 발전하였다. 이 책은 그 동안 발표되었던 논문들과 이 책을 위해 새로 연구한 내용들을 종합하고 보완하여 엮은 것이다. 이 책에서 인용된 필자의 논문들은 이 글 말미에 밝혀 놓았다.

　필자가 이 책에서 제시한 '지역·지역사회·의례의 문화지형'이라는 개념과 방법론이 전혀 새롭거나 특별한 것은 아니다. 지금은 하나의 아이디어에 지나지 않으며 전일적인 이론의 체계를 가지고 있는 것도 아니다. 필자는 오래 전부터 하나의 민속 현상을 설명할 때 보다 체계적이고 종합적으로 분석할 수 있는 방법이 무엇일까를 고민해 왔다. 인류학이나 도시민속학 이론 등 다양한 연구방법론을 전전해 보았지만 필자의 우둔함 때문인지 이것들은 단순히 하나의 이론들에 불과하다는 생각이 들었다. 필자가 내세운 지역·지역사회·의례의 문화지형이라는 방법론은 서울 지역 의례를 연구하면서 자연스럽게 도출된 것이다. 이 책을 읽은 독자들 중에서 이러한 의례 분석이 일견 타당하다고 판단된다면 이러한 분석과 접근 방식을 활용해 보고 실효성에 대한 검증과 함께 비판도 활발하게 제기해 주기를 바란다.

　그 동안 필자가 민속학을 공부하면서 맺은 많은 인연들과 도움을 주신 많은 분들께 이 자리를 빌려 감사드린다. 문화지형의 아이디어와 문헌 조사의 중요성을 일깨워 준 정승모 선생님, 서울의 상업사와 생활사를 공부하는 데 많은 도움을 주신 고동환 선생님, 직접 뵌 적은 없지만 서울 도시사를 공부할 때 많은 시사점을 주신 손정목 선생님께 감사를 드린다. 이 책을 본격적으로 쓸 수 있도록 2년간 저술 지원을 해 주신 한국연구재단에도 감사를 드린다.

　부족한 남편을 믿고 본인의 학업까지 뒤로 미루면서 필자를 배려해 준 인생의 반려

자이면서 더 없이 좋은 조언자인 아내 류영희 선생과 무탈하게 잘 커주고 있는 사랑하는 딸 희연, 그리고 다른 모든 가족들에게도 감사를 드린다.

어려운 출판계 상황에서도 필자의 원고를 선뜻 받아 준 민속원의 홍종화 사장님께도 감사를 전한다. 초고를 꼼꼼하게 읽고 여러 가지 조언을 해주신 경희대 민속학연구소의 김준기 선생님께도 감사를 드린다. 필자가 마지막까지 난관에 봉착했었던 '지역·지역사회·의례의 문화지형도'를 3차원 그래프로 구현할 수 있도록 도와준 한국천문연구원의 민병희 박사께도 감사드린다.

무엇보다 이 책의 토대가 되었던 여러 논문들을 쓰는 과정에서 만났던 여러 제보자들의 도움이 없었다면 이 책은 이 세상에 나올 수도 없었을 것이다. 지역을 사랑하고 전통을 지켜오고 있는 이 땅의 민중들에게 심심한 감사의 마음을 전한다.

마지막으로 이 책의 주요 내용은 아래와 같은 필자의 선행 연구에 기초하고 있음을 미리 밝혀 둔다.

「민속 지식의 기록, 유형有形 자료의 존재 양상과 기능 : 서울 지역공동체의례 관련 자료를 중심으로」, 『민속연구』 31, 안동대학교 민속학연구소, 2015. (보론)

「일제강점기 서울 지역사회와 의례 주도 집단의 변화 : 장충동 지역과 관성묘 영신사를 중심으로」, 『문화재지』 46, 국립문화재연구소, 2013b. (본장 2장 4절)

「조선 후기~일제강점기 도시지역 민속의 주도 집단, '民'에 대한 개념의 확장 : 서울 지역공동체 의례를 중심으로」, 『한국민속학』 57, 한국민속학회, 2013a. (본장 4장 1절)

「대한제국기 서울 마포 지역사회와 공동체의례 주도집단에 대한 연구 : 1903년 마포동 마을제당 현판을 중심으로」, 『서울학연구』 42, 서울시립대 서울학연구소, 2011. (본장 1장 4절)

「광복이후 서울 서빙고 지역사회와 공동체 의례 주도집단의 변화 : 지역·지역사회·의례의 문화지형에 대한 시도」, 『한국민족문화』 37, 부산대 한국민족문화연구소, 2010c. (본장 3장 3절)

「19세기후반~20세기 초 서울 서빙고 지역 부군당 의례 주도 집단 연구 : 1875·1891·1903·1927년 부군당 현판을 중심으로」, 『서울학연구』 28, 서울시립대 서울학연구소, 2010b. (본장 1장 3절, 2장 3절)「일제시대 서울 서빙고 지역과 부군당 중수집단 연구 : 1927년 정묘년 부군당 중수기를 중심으로」, 『한국무속학』 20집, 한국무속학회, 2010a. (본장 2장 3절)

「조선후기 서빙고 지역 부군당 주재집단의 성격과 변화」, 『한국무속학』 19집, 한국무속학회, 2009. (본장 1장 3절)

「도시 지역공동체 의례 주재 집단의 대응전략과 전통의 현대화」, 『한국민속학』 48호, 한국민속학회, 2008b. (본장 3장 3절)

「서울 한강 유역 부군당 의례 연구 : 전승과 변화 양상을 중심으로」, 경희대학교 일반대학원 박사학위논문, 2008a. (본장 3장 3절)

2006년부터 현지 조사가 본격적으로 시작되었고 2015년까지 지속적으로 조사와 연구가 이루어졌으니 이 책은 근 10여 년 동안 진행된 연구의 결과라고 할 수 있다. 지나온 세월에 비하면 빈약하기 짝이 없는 책이지만 인생의 또 하나의 매듭을 짓는 것 같아 홀가분한 마음이다.

2018년 3월
수락산 자락에서
김태우 씀

차례

일러두기
1. 이 책에서 출처가 별도로 명기되지 않은 사진은 필자가 직접 촬영한 것이다.
2. 이 책에서 인용한 문헌의 출처는 두 번째부터는 약식주석으로 표기하였다. 단, 새로 장이 시작되어 처음 나오는 경우에는 완전주석으로 표기하였다.

도시 지역과 의례 연구,
어떻게 할 것인가?

서론.

도시 지역과 의례 연구, 어떻게 할 것인가?

-
-
-

1. 문제 제기와 연구의 목적

1) 기존 민속학의 몇 가지 문제

이 책에서는 지역, 지역사회 혹은 '민民', 주도 집단, 도시 등의 용어가 자주 사용될 것이다. 기존 민속학의 경향에 조금이라도 관심이 있는 독자라면 이러한 용어가 이 책에서 단순히 논의 전개를 위해 사용되고 있는 것이 아니라 기존 민속학 연구 방법에 대한 반성에서 비롯된 것임을 알 수 있을 것이다. 또한 필자가 강조하고자 하는 민속 연구의 방법론과도 연관이 있음을 눈치채게 될 것이다. 이러한 용어가 강조될 수밖에 없는 이유를 다음에서 제시할 기존 민속학 연구가 지니고 있는 몇 가지 문제점들을 통해 살펴보고자 한다.[1]

• • •

1 민속학 연구에 대한 반성과 비판은 관련 학회와 몇몇의 연구자들에 의해 간헐적이지만 꾸준하게 제기되어 왔다. 2002년 역사민속학회의 『독립학문으로서의 한국 민속학'의 정체성』, 2007년 한국민속학회의 『지금, 한국 민속학 무엇이 문제인가? : 쟁점과 발전방안을 중심으로』 등에서 기존 민속학의 여러 문제점에 대한 많은 논의가 이루어졌다. 이장섭, 주강현, 남근우 등도 기존 민속학의 연구 방법에 대한 문제를 제기한 바 있다. 이장섭, 「한국 민속학의 비판적 검토」, 『두산김택규박사화갑기념 문화인류학논총』, 동기념간행위원회, 1989; 주강현, 「한국민속학의 범주와 영역의 혼재 : 한국 민속학의 비속화와 아마츄어리즘」, 『역사민속학』 15, 한국역사민속학회, 2002; 남근우, 「민속 개념 재고」, 『실천민속학연구』 21, 실천민속학회, 2013. 기존에 굳어진 학문적 프레임에 대한 비판의 목소

먼저, 민속 연구에 있어서 구술 자료와 문헌 자료의 불균형 문제를 들 수 있다. 즉, 구술 자료에 대한 지나친 편향적 의존이 문제이다. 이는 민속 연구에 사적 연구나 통시적 연구가 적은 것도 그 원인 중 하나겠지만 그간 현지 조사와 구술 채록을 민속 연구의 기본적 방법론으로 인식하고 이것에 지나치게 의존했기 때문에 생긴 경향이라 할 수 있다. 이런 경향이 생기게 된 데에는 한국 민속학의 역사와 관련이 깊다.[2]

한국에서 학문으로서의 민속학이 시작된 시기를 보통 1920년대로 보는데 당시 잘 알려진 학자들이 이능화, 최남선, 손진태, 송석하 등이다.[3] 이들의 학문적 배경이 그러하듯 초기의 민속학은 역사·문헌에 의존한 방법을 주로 사용하였다.[4] 일제 강점기를 거쳐 광복 이후에는 최상수, 임동권, 이두현, 임석재, 장주근, 김택규 등이 민속학의 맥을 이어 갔다.[5] 이때부터 민속학은 주로 국문학자들에 의해 문학적인 관점에서의 민속 연구, 즉 설화, 민요, 민속극 등이 주된 관심 대상이었다. 민속학이 본격화된 1970년대 이후에도 민속학 연구는 여전히 국문학자들에 의해 주도되어 왔고 따라서 국문학의 한 분야인 '구비문학'이 주된 연구 대상이었다. 또한 이 시기 미국에서 시작된, 민속의 연구 방법 중 하나인 '연행 중심론'이 국내에 알려졌고 한국에서는 이것이 '현장론적 방법'[6]으로 불리며 유행하였다. 이후 한국에서는 이 현장론적 방법이 민속 연구의 기본적인 방법론으로 자리를 잡았다.[7]

• • •

리가 나오기 위해서는 그에 따른 분위기가 무르익어야 하고 먼저 나서는 자에 있어서는 많은 용기가 필요한 일이다. 그럼에도 불구하고 그 간의 반성과 비판의 목소리는 단순히 민속학 발전을 위한 다양한 의견 중에 하나인 것으로 취급되어 마치 메아리 없는 외침처럼 사라져 버렸다는 느낌이 든다.

2 현재 민속학계의 기준으로 민속학의 역사를 논한다면 그 범위가 기존 민속학계가 유지하고 있는 경계 안에서 제한될 수밖에 없는 한계가 있다. 즉, 국문학계가 주류인 상황에서 민속학의 역사는 국문학의 한 분야인 구비문학 분야에 집중되어 거론되기 때문이다. 민속에 대한 연구는 민의 생활과 관련된 모든 분야, 즉 인류학, 역사학, 사회학, 경제학, 지리학, 고고학, 미술·음악·무용·공예학 등에서도 부분적으로 진행되어 왔을 것이나 이러한 성과가 기존 민속학 역사에 포섭되지 못한 점을 지적하지 않을 수 없다. 이러한 한계를 인지하고 있음에도 불구하고 본 논의는 기존 민속학계의 연구 방법론에 대한 비판과 그 극복을 논하는 것이기에 기존 민속학계의 관점에 한정하여 민속학의 역사를 살펴도 별 무리는 없을 것으로 판단된다.

3 김태곤 편, 『한국민속학원론』, 시인사, 1984, 33쪽.

4 인권환, 『한국민속학사』, 열화당, 1978, 61쪽.

5 김태곤 편, 앞의 책, 1984, 35~38쪽.

6 임재해, 「민속연구의 현장론적 방법」, 『정신문화연구』 20, 한국정신문화연구원, 1984.

7 최근에 와서는 당시 미국의 연행중심론과 한국에서 차용한 현장론은 그 목적과 개념에 있어서 차이가 있다는 분

이러한 경향에 따라 한국에서는 민속을 연구할 때 구술 채록과 현장 조사가 가장 중요하고 절대적인 방법론으로 인식되었다. 이는 반대로 문헌 자료에 대해서는 상대적으로 소홀하게 다루게 되는 결과를 낳았다.[8] 즉, 구술 자료를 뒷받침하기 위해 문헌이나 기록물 등이 보조 자료로 제시되거나 이마저 없을 때는 구술 자료가 절대적 근거인 양 제시되기도 했다. 민속학계에서는 이를 또 일정 정도 인정하는 분위기가 조성되면서 타 학문 분야로부터 민속학은 '정치精緻하지 못하고 추론만 무성한 학문'인 것으로 치부되기도 하였다. 구술 자료는 '쓰이지 않은 역사'로서 그 가치는 충분히 인정되지만 문헌이나 기록물과 병존했을 때라야 그 논리적 근거로서 효력을 온전히 발휘할 수 있는 것이다.[9]

특히, 조선시대 이전의 경우는 구술 자료를 거의 활용할 수가 없다. 일제 강점기의 경우에도 한계가 있다. 따라서 역사·통시적 연구에 있어서는 구술의 한계성을 극복하기 위해 문헌을 활용할 수밖에 없다. 이 책에서는 지역민들의 구술 자료뿐만 아니라 의례 공간에 남아 있는 현판이나 문서들을 토대로 역사서 등의 문헌 자료나 각종 신문, 잡지, 토지대장, 족보 등의 기록물들을 논의의 근거 자료로 활용하고 있다. 이와 같이 문헌 자료를 활용한 민속 연구는 '문헌을 통해 민民의 확장'이라는 관점에서 이

• • •

석이 제기되기도 했다. 허용호, 「엇갈린 행보 : 연행중심론과 현장론의 비교연구」, 『한국민속학』 56, 한국민속학회, 2012; 남근우, 「민속 개념 재고」, 『실천민속학연구』 21, 실천민속학회, 2013.

8 또한, 이러한 경향성은 당시에 민속 연구가 어려운 이유를 "유물이나 문헌이 없기 때문"(김동욱·최인학·최길성·최래옥, 『한국민속학』, 새문사, 1988, 21쪽)이라는 것으로 설명하는 것에서도 알 수 있듯이 민속 유물 혹은 관련 문서에 대한 간과나 무관심도 중요한 원인이라고 할 수 있다. 물론, 민속 문학과 같은 영역은 구술 자료만으로도 그 의의가 충분하다는 반론이 있을 수 있다. 그러나, 이러한 민속 문학의 연구에 있어서도 구술 텍스트(text) 외에 그 연행과 관련된 콘텍스트(context)를 함께 고려해야 함은 현장론적 연구에서도 요구되는 사항이다. 이 때 콘텍스트는 전승되는 지역의 지리적 위치, 역사적 전개, 기후, 생태, 산업, 사회적 조직, 인접지역과의 관계, 문화적 상황 등을 말한다. 임재해, 앞의 논문, 1984, 74쪽. 이러한 콘텍스트를 면밀하게 파악하기 위해서는 현지 조사뿐만 아니라 문헌 자료에 대한 수집과 분석도 중요함에도 그 간의 연구 관행에서 이 부분이 소홀했음을 인정하지 않을 수 없다.

9 전술한 바와 같이 초기 민속 연구는 역사적인 연구가 위주였고 따라서 문헌을 위주로 진행되었던 것은 사실이다. 그러나 이때의 문헌과 현 시점에서 제기하는 문헌 자료는 그 대상과 용도에서 차이가 있다. 즉, 초기 민속 연구에 참고가 된 문헌들은 주로 사서나 문집류에 해당된다. 그러나 필자가 제기하는 문헌이나 기록물은 사서나 문집류 외에도 해당 민속과 지역에 관련된 모든 기록물을 말한다. 이처럼 민속 연구에 있어서 구술 자료 외에 문헌 자료의 중요성에 대해서는 다수의 연구자들이 이미 강조한 바 있다. 지역문화연구소 편, 『지역문화연구 : 문헌과 현장의 만남』(이수 정승모선생님 1주기추모 지역문화연구소심포지엄 자료집), (사)지역문화연구소, 2013; 김미영, 「유교적 혈통의식과 가족·친족문화」, 『유교민속의 연구시각』, 국학진흥원, 2006, 88~96쪽.

해될 필요가 있다. 특히, 일제 강점기 이후 서울과 같은 도시 지역에는 신문 기사 등 각종 기록 등이 비교적 많이 남아 있어 구술 자료보다는 오히려 이들을 통해 얻을 수 있는 정보가 더 많다.

이 책에서 다루는 연구들이 현판 등 기록물에 지나치게 의존하고 있는 것이 아닌가 하는 일부의 비판도 있을 수 있지만 이는 구술 자료가 위주가 되었던 지금까지의 민속 연구의 경향 때문에 그렇게 비치는 것이지 결코 방법론적으로 편향된 것은 아니며 도리어 구술과 문헌의 균형적 연구를 추구하고 있는 것임을 미리 밝혀 둔다.

다음으로, 기존 민속 연구에서 '지역'이 가지는 의미와 그 비중이 미흡했음을 문제점으로 지적할 수 있다. 여기서 지역이란 민속 현장으로서 공간적·지리적 의미 외에도 역사적·인문적 환경으로서의 지역을 의미한다. 보통은 어떤 지역의 민속을 연구할 때 기본적으로 그 지역에 대한 개관을 먼저 하게 된다. 그런데 문제는 거기서 그친다는 것이다. 즉, 지역에 대한 기술은 논의의 절차 상 제시될 뿐 민속과의 연관성을 밝히려는 노력이 미흡하다. 이후에 상술하겠지만 지역은 민속의 현장이라는 의미뿐만 아니라 민속의 주체인 '민'과 민속의 변화를 설명하기 위한 중요한 연결 고리가 된다. 더군다나 지역은 거꾸로 '민民'과 '속俗'에 대한 정보도 제시해 줄 수 있다는 점에서 그 의미가 더 크다. 따라서 어떤 지역의 민속을 연구할 때는 지역에 대한 정보를 광범위하게 수집한 후 이를 연대기별로 나열해 보고 '민'과 '속'과의 연결 지점들을 찾아내어 이를 종합하는 방법이 유용하다. 지역에 대한 천착은 해당 지역의 민속을 보다 면밀하고 입체적으로 설명하기 위해 반드시 필요한 자세라는 점을 강조하고 싶다.

그 다음으로, 향촌과 도시 민속에 대한 인식과 접근 방법의 문제를 지적해 볼 수 있다. 기존 민속 연구는 주로 농어촌이나 산촌 지역 등 향촌의 민속이 주된 것이었다. 요즘에 와서 서울 등 도시 지역 민속에 대한 연구가 활발해지고 있는데 문제는 이들 도시 지역 연구에 있어서도 향촌 지역에 대한 연구 방법을 그대로 사용하고 있다는 것이다. 이는 기존 향촌 지역에 대한 연구 방법에서 벗어나지 못하는 관성 때문이기도 하지만 도시 지역에 대한 기본적인 인식이 부족하기 때문이기도 하다. 도시 지역은 향촌과는 본질적으로 다른 성질을 가지고 있다. 생산 토대가 다르고 신분적 구성과 직업, 인적 관계의 성격 등이 다르다. 또한 지역의 변화에 민감하게 반응하고 지역 사회의 유력자들 역시 정치적·경제적 조류에 따라 끊임없이 부침浮沈을 하면서 지역 민속에 깊이 관여하게 되는 것 또한 향촌 지역에 비해 더 주목해야 하는 점이다.

이 책에서는 서울을 연구의 지역적 범위로 설정하고 있다. 서울의 지리적 범위가 시대에 따라 조금씩 변하기는 했지만 이 책에서 다루는 지역들은 모두 이와 같은 도시적 특성을 잘 보여주고 있다. 따라서 이 책에서는 지역의 변화와 함께 지역민들의 신분 구성, 직업, 경제적 관계망 등은 어떻게 변하고 지역사회는 어떻게 변화하는지, 또한 지역사회의 유력자로 등장하는 이들이 지역 의례에 어떻게 관여하게 되는지에 대한 것들에 주목할 것이다.

마지막으로, 민속의 주체인 '민'에 대한 인식과 범위의 문제가 남아 있다.[10] 먼저, 기존 민속 연구에서는 민에 대한 천착이 부족하다. 즉, 민을 중심으로 사고하지 않고 부수적이고 주변적인 대상으로 인식한다. 예를 들어 마을 제사나 무속 등을 연구할 때 의례 절차나 굿거리, 무가 등에 관심이 집중되어 있고 그 행위의 주체인 의례 주도 집단이나 참여자, 무당, 악사 등에 대한 연구는 상대적으로 미흡한 것이 사실이다. 즉, '민'보다는 '속'에 더 관심이 많았던 것이다. 그러나 모든 '속'은 '민'에 의해 행해지며 '민'에 의해 변화하는 것이다. '민'에 대한 천착 없이 '속'의 의미와 변화를 이야기한다는 것은 본말이 전도된 것이며 본질을 간과하고 현상만을 쫓는 결과가 되는 것이다.

또한, 민의 범위에 대해서도 생각해 볼 필요가 있다. 1970년대부터 민속의 범위와

...

10 민속의 개념과 그 주체인 '민'에 대한 논의와 관련하여, 1970년대 김태곤, 이상일, 인권환, 임동권, 장주근, 황패강 등의 '한국민속학 원론' 논쟁은 민속학사에 한 획을 긋는 매우 중요한 사건이었다고 생각된다. 당시 논쟁의 주된 대상은 민속의 개념, 범위, 주체, 명칭, 방법론 등에 대한 것이었는데 그 주제들은 현재에도 여전히 유효한 것으로 남아 있으며 당시에 논의되었던 내용들은 오늘날 우리들에게 많은 것을 시사해 주고 있기 때문이다. 김태곤 편, 앞의 책, 1984 참조. 당시 논쟁을 통해서도 알 수 있듯이 민속의 주체인 '민'에 해당하는 용어가 서민, 민중, 민간 등으로 불리며 합의가 되지 않은 상태였고 그 개념 역시 각각 '일반 백성', '민속을 대표하는 주체적인 계층', '하층 민 전체' 등 인식의 차이를 나타내고 있다. 같은 책, 184쪽; 127쪽; 171쪽. 그러나 민속의 주체로서 '민'은 당시만 하더라도 상당히 포괄적으로 인식하고 있었음을 알 수 있다. 특히, 김태곤은 '민간'의 범위를 벽지의 토속적 야생 의 자연인을 지칭하는 민간은 물론 도시나 현대 문명 속에 살고 있는 대다수 층인 민간까지 포괄하여 제시하였다. 또한 민속학을 "민간인, 곧 '민(民)'을 대상으로 하는 과학"이라고 밝힌 바 있다. 같은 책, 57쪽; 99쪽.

그 주체인 민에 대한 관심이 커지면서 도시민까지도 그 범위에 포함해야 한다는 주장[11]이 제기되었고 최근에는 도시 지역 노동자나 상인, 특수 업종 종사자 등도 포함해야 한다는 주장도 제기되고 있다. 그러나 아직까지도 민속을 '기층 민중들의 풍속'으로 규정하고 그 민속의 주체는 기층 민중, 즉 농어민들이나 하층 계급의 민들로 인식되기도 한다.[12] 따라서 한국의 민속학은 유독 기존의 '민중'이라는 범주를 고수하면서 그 범위를 넘어서는 집단이나 계층에 대해서는 민속의 주체로 인정하지 않으려는 분위기가 존재한다.[13] 그런데 이 모든 논란은 민속을 '민'의 '속'으로 정의하되 '민'을 자의적으로 규정하면서 생겨난 것이라 할 수 있다. 즉, 민에 대한 학계의 합의나 보편적 정의를 끌어내는 절차가 없이 막연하게 '기층 민중'이란 개념으로 민을 지칭하면서 빚어진 혼란인 것이다. 이러한 혼란보다 더 문제가 심각한 것은 기층 민중의 범위를 너무 협소하게 규정함으로써 여타 계층(신분)의 인물들이 민속의 주체에서 간과되었다는 것과 이 간과된 인물들에 의해 행해진 '속'들에 대한 정당한 평가가 민속학계 내부에서 이루어지지 못했다는 것이다.

이 책에서는 하급 관리나 무관, 객주와 상인 등이 조선 후기 서울 지역 의례의 중요한 주체로 다뤄졌다. 이들 역시 서울 지역 부군당 의례와 같은 민속의 당당한 하나의 주체로서 재조명되어야 할 인물들이다. 이 책에서는 이들에 대한 재조명을 통해 민의 개념과 범위의 문제를 새롭게 제기하게 될 것이다.

• • •

11 김태곤은 1972년 제1회 민속학토론회에서 민속학이 '과거학'이 아닌 '현재학'으로 나아가야 하며 이를 위해 민속학의 대상 영역을 벽지의 민간인은 물론 도시의 민간인까지 포괄하는 현재의 민간층의 생활·문화 현상까지 확장해야 한다고 역설하였다. 김태곤 편, 위의 책, 1984, 99쪽.
12 임재해는 민속의 전승 주체로서의 민중을 "양반문화 또는 엘리트 문화에 맞서서 자기 문화를 주체적으로 창조하는 피지배 계급이며 노동 활동에 직접 참여하고 문자보다 말에 의한 언어생활을 주로 하는, 전통문화의 전승 담당층으로서 집단적인 개념"으로 설정한 바 있다. 임재해, 『민속문화론』, 문학과 지성사, 1986, 148쪽. 또한 농업, 어업, 광업 등 일차산업에서 일하는 사람들을 민속 일반의 전승 주체로 보고 도시노동자나 정신노동자 등은 민속의 전승 주체에서 배제하였다. 임재해, 「민속의 전승주체는 누구인가?」, 『민속연구』 1, 안동대학교 민속학연구소, 1991, 56~57쪽.
13 필자가 2009년 한국민속학회에서 조선후기 서빙고동 부군당의 주도 집단으로 무관이나 상인과 같은 중인 계층임을 밝히는 연구를 발표했을 때 과연 이들이 부군당 의례의 주체라고 말할 수 있는가 하는 질문을 받은 적이 있다. 이러한 의문은 현판에 이름을 올리지 않은 대부분의 '민중'들이 실제 의례의 주체가 아니겠는가 하는 지적일 수도 있겠으나 그 의문의 저변에는 무관이나 상인과 같은 중인들은 '민중'으로 볼 수 없으며 따라서 부군당 민속의 주체로서도 인정할 수 없다는 인식이 깔려 있었다고 생각된다.

2) 연구 목적

이 책에서는 조선후기부터 광복 이후까지 서울 지역에서 행해졌던 공동체 의례와 그 주도 집단들을 주로 다루게 될 것이다. 이에 대한 연구를 통해 얻고자 하는 것은 크게 두 가지다. 첫째는 서울 지역의 변화에 따라 지역사회가 어떻게 변하였고 지역의 의례는 어떠한 인물들에 의해 주도되었는지를 밝히는 것이다. 서울 지역의 변화는 행정구역 등의 지리적 변화뿐만 아니라 교통, 도시개발, 경제 등의 변화를 종합적으로 검토할 것이다. 이러한 변화는 결국 지역사회에도 영향을 미치게 되고 이에 따라 그 구조와 주도 세력도 변하게 된다. 지역에서 행해졌던 공동체 의례는 지역사회의 영향권 내에 있었던 만큼 그 주도 집단 역시 지역사회의 변화와 연동되어 변화했을 것으로 판단된다. 이 책에서는 이러한 가설을 시대별로 몇 곳의 지역 사례를 통해 입증해 보고자 한다. 다만, 이 책에서는 의례 내용, 그 자체가 어떻게 변했는가는 하는 것은 상세하게 다루지 않을 것이고 논의를 위해 필요한 경우에만 살펴볼 것이다.

둘째는 지역과 지역사회 그리고 의례의 관계를 입체적으로 조망할 수 있는 사유의 틀로서 이들 세 요소를 축으로 하는 문화지형을 구축해 보고 이에 대한 실효성을 검증해 보고자 한다. 여기서 문화지형이라 함은 문화 지도 등을 통해 얻은 문화 요소의 지리적 분포를 의미하는 것이 아니라 의례와 같은 특정 문화와 그 변수와의 상관성을 알 수 있도록 삼차원 그래프로 구체화한 것으로서 마치 입체적인 지형과 같이 표현된 것을 말한다. 이 책에서는 서빙고동 지역을 사례로 하여 그 지역과 그 지역사회, 의례를 축으로 하는 문화지형도를 구축해 볼 것이다. 또한 다른 지역의 문화지형도와 비교하여 그 의미와 실효성을 검증해 보고자 한다.

3) 이 책의 구성

이 책은 크게 서론, 본장, 결론, 그리고 보론으로 나뉘어져 있다. 서론에서는 도시 지역 의례 연구에 대한 문제 제기와 선행 연구, 연구 방법 등을 검토할 것이다. 그리고 연구의 기본 개념이 되는 지역, 지역사회, 의례에 대한 기존 연구 성과를 검토하고 그 개념을 정리할 것이다.

본장에서는 조선후기부터 광복 이후까지 서울 지역사회의 변화에 따라 의례를 주도하던 집단은 어떻게 변모했는가를 살펴 볼 것이다. 제1장에서는 조선후기부터 대한제국기까지 지역사회가 조직화됨에 따라 어떠한 사람들이 영향력을 행사했으며 의례를 어떻게 주도해 나갔는지 그 정황을 살펴 볼 것이다. 조선후기까지도 지역의 토착세력들이 세력을 유지하고 있었지만 점차 상업이 발달하면서 상인들이나 황실과 관련이 있는 관료들도 지역에 세력을 확장해 나가고 있었고 이들도 의례에 영향력을 행사하기 시작했다.

제2장에서는 일제강점기에 일제의 도시개발과 식민지 정책에 의해 지역사회가 급격하게 변동하면서 지역과 그 의례를 주도하던 집단들도 다변화되는 양상을 살펴 볼 것이다. 특히 친일 인사와 군인들, 자본가들도 대거 지역에 진출하면서 이들이 의례를 장악해 나갔던 정황은 주목할 만하다.

제3장에서는 광복과 한국전쟁 이후 지역사회가 해체되었다가 다시 재구성되면서 이주민들이 지역을 떠난 원주민들을 대신하여 의례를 주도해 나가는 양상을 살펴볼 것이다. 또한, 한강 유역 부군당 의례를 중심으로 1960년대 이후 의례의 변화와 주도 집단의 동향을 살펴 볼 것이다. 급격한 도시 개발로 인해 지역사회는 커다란 변화를 겪게 되었고 의례의 주도 집단은 이러한 변화에 대응하기 위해 의례 전통을 현대화하고 소수 정예화하는 전략을 취하게 된다.

제4장에서는 이러한 연구를 토대로 도시 지역, 특히 서울 민속의 주체가 과연 누구였는가 하는 점을 살펴볼 것이다. '기층 민중'으로 보기 어려운 상인과 객주, 무임, 관료, 신흥 자본가 등은 민속의 주체에서 제외되어야 하는 것인가 아니면 주체로 인정받아야 마땅한 것인가 하는 점을 논의할 것이다. 또한, 서빙고 지역을 사례로 일제강점기부터 20세기까지의 지역·지역사회·의례의 문화지형을 구축해 보고 이 문화지형을 다른 지역의 문화지형과 비교하여 그 의미를 알아볼 것이다.

책 마지막에 첨부한 보론에서는 민속 현장에서 전승되고 있는 유형有形 자료에 주목하여 그 유형 자료들에도 민속지식이 반영되어 있음을 인식하고 그 자료들의 존재 양상에 따라 민속지식이 어떻게 반영되어 있는가를 살펴보았다. 이는 민속 연구에 있어서 구술 채록과 함께 유형 자료에 대한 분석이 병행되어야 함을 다시 한 번 강조한 것이며 실제 유형 자료가 어떻게 활용될 수 있는지를 밝힌 것이라고 할 수 있다.

2. 선행 연구와 연구 방법

1) 배경 연구 검토

이 책에서 다루고자 하는 서울 지역사회와 의례, 그리고 그 주도 집단에 대한 연구를 위해서는 연구의 배경이 되는 몇 가지 영역을 종합적으로 검토할 필요가 있다. 먼저, 서울의 발전 과정과 그에 따른 지역사회의 변화에 대해서 면밀한 검토가 선행되어야 한다. 지역사회에 대한 연구에서는 지역사회의 체계와 함께 지역사회를 구성했던 지역민들의 신분, 직업, 유력자들의 동향 등도 검토되어야 한다. 그 다음으로는 서울 지역에서 행해졌던 공동체 의례의 전반적인 양상과 변화 등에 대한 검토도 해야 할 것이다. 이러한 검토가 끝난 이후에야 각 지역별로 행해졌던 의례와 그 의례를 주도했던 집단에 대해서 살펴볼 수 있을 것이다.

먼저, 19세기 후반부터 20세기에 이르는 서울의 발전과 지역사회와의 관련성을 알 수 있는 연구들 중에 도시 발달과 도시화 과정, 서울의 공간적 범위와 행정체계의 변화, 공간에 따른 거주민의 신분 구성과 직업, 지역사회의 체계와 운영 등에 대한 연구를 개략적으로 살펴보고자 한다.

(1) 서울의 상업 발달과 도시화 과정
① 조선후기~대한제국기 서울의 상업 발달과 도시화 과정
서울의 도시화 과정에 대한 연구로는 손정목과 고동환의 연구가 대표적이다. 손정목은 조선시대, 개항기, 일제강점기에 이르는 일련의 역작들을 통해 서울을 비롯한 도시의 발달사를 다루었다.[14] 그는 조선후기에 도시가 발달한 이유로, 18세기부터 봉건지주층에서의 산업경영자의 발생, 봉건소작농층에서의 자영농민의 성장, 유통과정에서의 화폐적 요소의 증대, 관영공업의 쇠퇴와 더불어 독립 자영 장인의 출현, 상공업자의 사회진출과 자본 축적, 민간인에 의한 외국 무역, 일부 양반층의 몰락 및 매관매직으로 인한 서민층의 사회진출, 산업의 발달과 지방 도시의 상공업적 융성 등을 제시하였다.[15]

그의 조선시대 서울에 대한 연구에서 주목되는 것은 서울 주민 구성에 있어서의 변화 양상에 대한 분석이다. 즉, 조선시대 서울의 인구는 그 최초 통계라 할 수 있는 세종10년(1428년)에 약 11만 명이고 임란 전까지는 10~12만 명을 유지하다가 임란 후에는 4만 명 이하로 급감하기도 하였다. 인조 26년(1648년)에 다시 9만 5천 명 선으로 회복되었고 18~19세기에는 18~20만 명 선이 유지되었다.[16] 그런데 조선후기에 도시가 발달함에 따라 인구가 지속적으로 늘어났어야함에도 불구하고 18~20만 명 선이 유지된 이유를 17세기 후반에서 19세기 전반에 지방에서 이탈한 농민들이 서울로 유입되는 한편 서울에서 몰락한 양반들이 하향하는 현상이 교차하여 주민층의 교체현상이 일어났고 그 결과 전체 서울 인구에서는 강보합強保合하는 상태가 지속되었던 것으로 보았다.[17] 그런데 여기서 주목되는 것은 이렇게 하향하는 양반들이 늘어나면서 서울은 대청 무역업 등으로 치부한 역관·의생 등 중인계급과 상·공인층인 소위 중산층이 사실상 주역으로 등장하고 있었다는 점이다.[18] 이러한 분석은 조선후기 서울 지역주민의 신분과 직업을 가늠하는 데 중요한 관점을 제공해 주고 있다.

한편, 그는 임란 때 도성 내 민중들에 의한 방화 사건, 신흥상공계층이 관인 시전을

· · ·
14 손정목, 『조선시대도시사회연구』, 일지사, 1977; 『한국 개항기 도시사회경제사 연구』, 일지사, 1982; 『(일제강점기)도시화과정연구』, 일지사, 1996.
15 손정목, 위의 책, 1977, 116~117쪽.
16 위의 책, 158쪽.
17 위의 책, 163쪽.
18 위의 책, 163~164쪽.

상대로 한 저항과 세력 확장, 지방 장시의 번성 등 서민들의 꾸준한 저항과 18세기 경박지원, 홍대용, 박제가 등 실학파가 계몽사상을 실천하고 있었음을 주목했다. 또한 서울에서 일어난 쌀소동(1833년)은 시민적 저항운동의 일단을 보여주는 것으로 이후 천주교, 동학교도, 개화사상에 영향을 주었고 일제 하에서는 후기 계몽사상으로 계승되어 일제에 대한 저항운동으로 발전하였다고 보았다.[19] 이러한 견해는 서울 지역사회를 주도했던 유력자들이나 주민들, 즉 시민들의 의식 변화를 이해하는 데 인문사회학적인 배경을 제시해 주고 있다.

고동환은 『조선시대 서울도시사』[20]에서 조선후기 서울의 인구 추세, 도시 구조의 변화와 도시 문제, 생업과 도시 문화, 주민들의 역제役制 변화, 행정 편제의 변화, 공간 구성과 공간 인식, 시장과 상업 등을 다루었다. 그는 17세기 후반 이후 서울은 이미 향촌사회와는 사회 운영 원리가 질적으로 다른 상업 도시로 그 성격이 변화하고 있었음을 전제하고 있다.[21] 이러한 서울의 도시화 과정을 이끄는 중요한 축이었던 상업의 발달에 대해서 고동환은 경강 지역이 조선후기 서울 상업 변동을 대표하며 당시 조선의 상업 발달을 가장 정확하게 반영하는 지역으로 보고 이를 집중적으로 연구하였다.[22] 그는 18세기 이후 서울이 상업도시로 성장할 수 있었던 요인으로 인구의 증가, 농업·수공업 등 상품 생산의 성장, 유통 경제의 발달, 대동법의 영향 등을 들었다.[23] 이러한 상업의 발달은 흉년을 피해 몰려든 유민들과 다양한 인구들의 집주集注로 인해 서울의 인구가 증가하게 되었고 특히 17세기 후반에 경강 변에 5개 방이 신설되면서 18세기 후반에는 한성부 전체 호수의 32%에 이르는 1만여 호가 이 경강 변에 거주하게 되었다.[24] 당시 경강 지역은 상인층, 노동자층, 군병층, 선인船人층 등 빈민과 부상富

• • •
19 위의 책 , 182~196쪽.
20 고동환, 『조선시대 서울도시사』, 태학사, 2007.
21 고동환, 위의 책, 128쪽.
22 고동환, 『조선후기 서울상업발달사 연구』, 지식산업사, 1998, 22쪽.
23 위의 책, 27~37쪽.
24 위의 책, 32~37쪽; 62쪽; 208~201쪽.

商들을 포함하여 4만 명 이상을 수용할 수 있는 상업 중심지로 번성하였다.[25] 즉, 당시 경강 지역은 미곡, 목재, 어물, 소금 판매의 중심지였을 뿐만 아니라 3강에 설치된 주가酒家만 600~700여 곳에 이르는 유흥가의 모습도 띄고 있었다.[26]

특히, 고동환은 18세기 후반의 주목할 만한 변화로서 대동법 실시로 인해 노동력이 상품화되고 역제役制가 고립제雇立制로 전환하게 된 것과 신해통공辛亥通共의 실시로 인한 사상도고私商都賈의 출현을 들었다. 그는 이러한 변화가 중세 국가의 인격적 예속을 바탕으로 한 지배체제가 향촌보다 한발 앞서 도시에서 먼저 해체되어갔음을 의미한다고 보았다.[27] 이러한 견해는 조선 후기 서울 지역과 지역사회를 바라볼 때 당시의 다른 향촌사회와는 다르게 접근해야 할 필요가 있음을 시사해주고 있다. 즉, 18~19세기 이후에 서울은 이미 상업과 유통을 중심으로 자본주의 체계의 맹아가 나타나기 시작했으며 신분과 관민의 경계가 흐려지면서 자본과 경제적 이해, 다양한 이익집단 등을 위주로 지역이 재편되고 있었을 것으로 판단된다. 따라서 서울 지역사회를 바라볼 때 향촌사회에서 강하게 나타나는 신분적 위계나 지역적 패권, 지연적 공동체성 등의 특성보다는 직업이나 역役의 유사성, 경제적 이해관계, 자본 혹은 정치적 유착 관계 등의 측면에서 접근할 필요가 있다.

개항기는 또 하나의 커다란 전환기였다. 손정목은 1876년 개항이 되고 1910년 일제 강점 이전까지 약 30여 년 간은 모든 기존 질서가 파괴되고 새로운 질서로 편성되기 시작하는 시기라고 보았다.[28] 그는 이때 두 가지 형태의 도시군이 부각되는데 그 하나는 개항장 소재지들로서 일본 거류민들이 중심이 된 통상무역이 활발히 전개되는 신도시들이고 다른 하나는 지방행정의 중심으로서 천여 년의 전통을 지닌 전래의 도시들인데 이 계통의 정점에 경성부, 즉 서울이 위치한다고 당시 서울의 위상을 평가했다.[29]

• • •

25 위의 책, 215쪽.
26 위의 책, 225~226쪽.
27 위의 책, 306~307쪽.
28 손정목, 『한국 개항기 도시사회경제사 연구』, 일지사, 1982, 95쪽.
29 위의 책, 95쪽.

개항기 혹은 일제강점기 서울의 객주와 상인들에 대한 연구들은 당시 지역사회의 동향을 살피는 데 많은 도움을 준다. 당시 객주와 상인들은 대부분 특정 지역을 근거지로 활동하였기 때문이다. 전우용의 연구에 의하면, 18세기 중엽에는 특정 지역의 소산품所産品 전부에 대해 권리를 행사하는 '지역주인권'이 보편화되었는데 개항 이후에는 기선으로 세곡을 운송하거나 회사 소속 선박 등이 수운에 투입되면서 각읍의 주인권이 크게 위축이 되기도 했지만 1896년부터 차츰 전국에 걸쳐 주인권이 부활되었다.[30] 통감부 시기 일제에 의해 설립된 대규모 회사와 일본 상인들에 의해 조선의 객주들에 대한 권익 탈취가 본격화되자 조선 상인들은 이에 대해 대응해 나갔다. 즉, 동업자간 합자을 통해 자본 규모를 늘렸는데 마포 동막의 유력 객주들이 '창희조합彰熙組合'을 결성했다든지 경강 객주들이 '보신호객주普信號客主'를 창업했다든지 남대문 정거장 옆 객주들이 '대한무역상사'를 설립하는 등의 사례가 그것이다.[31]

일제 강점기 이전 조선 나름의 주체적인 도시 개발이 있었음을 고종 대에 이루어졌던 '도시 개량' 사업에서 알 수 있다. 고종은 1896년 23부를 13도제로 개편하고 한성부만 부 체계를 유지하게 하였다. 진전眞殿을 경운궁으로 옮기고 내부령 제9호를 발표하여 '도시 개량' 사업을 전격적으로 시행하게 하였다. 내부령 제9호의 주 내용은 황토현에서 홍인지문, 대광통교에서 숭례문에 이르는 대도를 침범한 기옥을 모두 철거하고 본래의 도로 공간을 되찾아 정비하는 것이었다.[32] 이태진은 이러한 고종의 경운궁 확장 건설과 '도시 개량'은 자력적 방어와 위용을 갖추기 위한 제반의 조치였으며 왕도 재건의 정치적 의도가 깔린 것으로 보았다.[33] 또한 1896년 이후 도시 개량 사업의 일환이었던 시민공원 또는 시민 광장 조성은 근대적 도시의 한 면을 보여 주는 것이었다. 즉, 평민들의 상소인 '상언'上言을 올리던 철물교 일대에 조성된 탑골 공원과 광화문 앞 혜정교 일대, 경운궁 대안문大安門 앞은 민의民意의 광장으로 대규모 군중 집

• • •

30 전우용, 「근대이행기 서울의 객주와 객주업」, 『서울학연구』 24, 서울시립대학교 서울학연구소, 2005, 134~141쪽.
31 위의 논문, 146~150쪽.
32 이태진, 「18~19세기 서울의 근대적 도시 발달 양상」, 『서울학연구』 4, 서울시립대학교 서울학연구소, 1995, 21쪽.
33 위의 논문, 22~23쪽.

회의 장소로 등장하게 되었다.[34] 이태진은 이처럼 민의의 광장이 발달했다는 것은 한국 근대사의 가장 의미 있는 성과 중의 하나로 평가하였다.[35]

대한제국기 서울은 도시 개발과 함께 근대적 금융기관인 은행 등이 설립되면서 자본주의적 토대와 부의 축적이 형성되었다. 이승렬은 『제국과 상인』에서 1896년과 1897년에 각각 조선은행과 한성은행이 설립되고 1897년 대한제국 출범 이후 1899년 대한천일은행이 설립되는 과정에서 도고상인들이 은행가로 전환되는 등의 현상은 부르주아의 등장을 의미하며 이는 식민지 근대와 자본주의 전개의 발판이 되었던 것으로 보았다.[36] 특히, 그의 연구에서 주목되는 점은 당시 상인들이 성장할 수 있었던 구체적인 경로와 인적 네트워크를 상세하게 제시하고 있다는 것이다. 즉, 대동법 실시 이후 외획外劃[37]과 같은 정책으로 인해 관과 상인 간의 공생 관계가 형성되었으며 이후 황실이 주도하여 설립하였던 대한천일은행에도 측근 관료뿐만 아니라 상인들이 다수 참여하였다. 또한 조세청부를 대부분 상인들이 수행하였는데 이 과정에서 이들이 부를 축적할 수 있었고 이를 토대로 금융가나 유력자로 성장할 수 있었다고 보았다.[38] 이들 상인층은 광무정권이 추진했던 금융 근대화 정책에 정권 주도층을 도와 참여하면서 황실과 경제관료 등과의 교분 외에도 개성·인천·경강 등의 객주 간 네트워크를 공고히 하게 된다.[39] 그런데 이들 중에는 특정 지역에서 유력자로 등장하며 지역의 주도권을 행사했던 인물들도 있었다. 이들은 지역 의례에도 적극 참여했던 것으로 보이는데, 실제 거금의 기부금을 냈거나 제관 등으로도 참여했던 사례가 다수 있어 주목할 필요가 있다.[40]

. . .

34 위의 논문, 28~32쪽.
35 위의 논문, 33쪽. 이 밖에 참고할 만한 논저는 다음과 같다. 권영상, 「조선후기 한성부 도시공간의 구조: 주요시설과 도로체계를 중심으로」, 서울대학교 대학원 박사학위논문, 2003.
36 이승렬, 『제국과 상인』, 역사비평사, 2007, 56~59쪽.
37 외획이란 탁지부 대신이 지방관에게 걷은 세금을 중앙에 상납하는 대신에 제3자에게 지불하게 하는 명령을 말한다. 이는 세금납부로 인해 돈이 전부 서울로 빠져나가 생길 수 있는 전황을 예방하고 무거운 동전 운반의 비용을 절약하기 위해 시행한 것이다. 위의 책, 67쪽.
38 위의 책, 68쪽; 69~71쪽; 101쪽.
39 위의 책, 136~147쪽.

② 일제강점기 서울의 상업 발달과 도시화 과정

손정목의 연구에 따르면 일제 강점 초기에는 한반도 전역의 인구가 증가하는 추세 속에 신흥 도시 지역, 즉 철도역 도시, 항만 도시, 군사 도시, 공장 도시 등의 인구는 증가하였지만 서울의 인구는 감소하였다. 그는 그 이유를 일인들이 득세하고 한인들을 학대함으로써 서울의 양반·중인 계급의 도시 이탈이 늘어났고 회사령이 시행됨으로써 신규 노동력의 흡입 요인이 거의 없었기 때문이라고 보았다.[41] 1920년부터는 서울의 인구도 점차 증가하기 시작했다. 1914년에 24만 명 정도이었던 것이 1920년에는 25만 명, 1935년에는 44만 명이 넘었다. 이렇게 서울 인구가 다시 늘어난 것은 토지조사사업이 완료되면서 농촌에서 농민들이 이탈하여 서울로 들어오게 되었고 회사령도 1920년에 철폐되면서 사업 환경이 다소 완화된 것도 원인이다. 또한 식민지 사회 현실에 대한 인식의 변화, 즉 '대처(도회지)'로 진출하고자 하는 경향도 원인으로 작용했다.[42]

일제는 1930년대에 조선을 대륙 침략의 병참기지로 만들기 위해 본격적으로 공업화하기 시작한다. 1936년에 경성부의 구역도 대폭 확장하면서 한반도 내 도시화는 현저하게 진행이 되었다.[43] 특히, 일제가 진행한 병참기지화 정책에 의해 변화된 서울의 도시 경관과 공간 구조의 변화에 대한 연구도 눈여겨 볼 필요가 있다.[44]

일제 강점 이전에 5부 47방 체계였던 한성부는 1910년 경성부로 개편되면서 1911년에는 경성부가 5부 8면제로 개편되었다(그림 1).[45] 1914년에는 경성부의 지리적 영역이 기존의 1/8로 축소되었는데 8면제도 폐지되면서 성저 지역 대부분이 고양군에 편

• • •

40 이 밖에 대한제국기 서울의 공간의 변화에 대해서 참고할 만한 논저는 다음과 같다. 이규철, 『대한제국기 한성부 도시공간의 재편』, 서울대학교 박사학위논문, 2010.
41 손정목, 『(일제강점기)도시화과정연구』, 일지사, 1996, 47~58쪽.
42 김영근, 「일제하 경성 지역의 사회·공간구조의 변화와 도시 경험 : 중심-주변의 지역분화를 중심으로」, 『서울학연구』 20, 서울시립대학교 서울학연구소, 2003, 146~147쪽.
43 손정목, 앞의 책, 1996, 190~209쪽.
44 신주백, 「용산과 일본군 용산기지의 변화(1884~1945)」, 『서울학연구』 29, 서울시립대학교 서울학연구소, 2007.
45 〈그림 1〉은 김종근, 「식민도시 경성의 이중도시론에 대한 비판적 고찰」, 『서울학연구』 38, 서울시립대학교 서울학연구소, 2010, 16쪽 참조.

입되었다. 1936년에 다시 그 영역이 확장되면서 259개 정町으로 통일되었다. 서울에 거주하는 일본인들의 인구도 차츰 증가하여 1935년에는 30%에 육박하였다. 일본인들은 주로 서울의 남촌, 즉 청계천을 경계로 남쪽 지역에 거주하였는데 이로 인해 일본인의 남촌과 조선인의 북촌이라는 민족별 공간 분화가 일어났다.[46] 이러한 민족별 공간 분화 현상은 이후 도시 개발의 기조와 관련하여 중요한 기준이 되었고 지역사회에도 영향을 미치게 되었다. 즉, 일제 강점과 함께 본격적으로 진행된 도시 계획에 의해 일본인 거류지역을 중심으로 도로가 정비되면서(그림 2)[47] 가로 구조의 변화가 남촌 지역에 집중됨으로써 서울 도심의 중심은 과거 종로에서 남촌지역으로 이동하게 되었던 것이다.[48] 이러한 변화는 자연히 지역사회에도 영향을 미치게 되는데 예를 들어, 중심세력의 교체나 상업이나 경제적 조건의 변화, 구성원들의 신분이나 직업의 변화 등으로 나타난다.

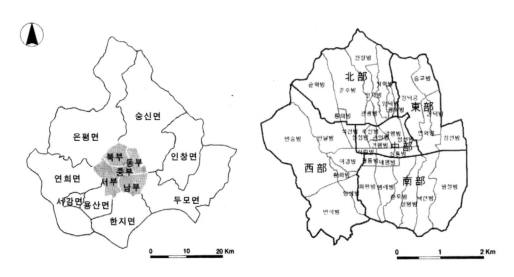

〈그림 1〉 일제 강점 초기 경성부 5부 8면의 행정구역(1911~1914)

• • •

46 김영근, 앞의 논문, 147~148쪽.
47 〈그림 2〉는 서울역사박물관 소장유물 이미지에서 인용하였다. 주황색으로 칠해진 부분이 장차 건설될 도로들이다. 격자형과 방사형 건설 형태를 알 수 있다.
48 김영근, 앞의 논문, 158쪽.

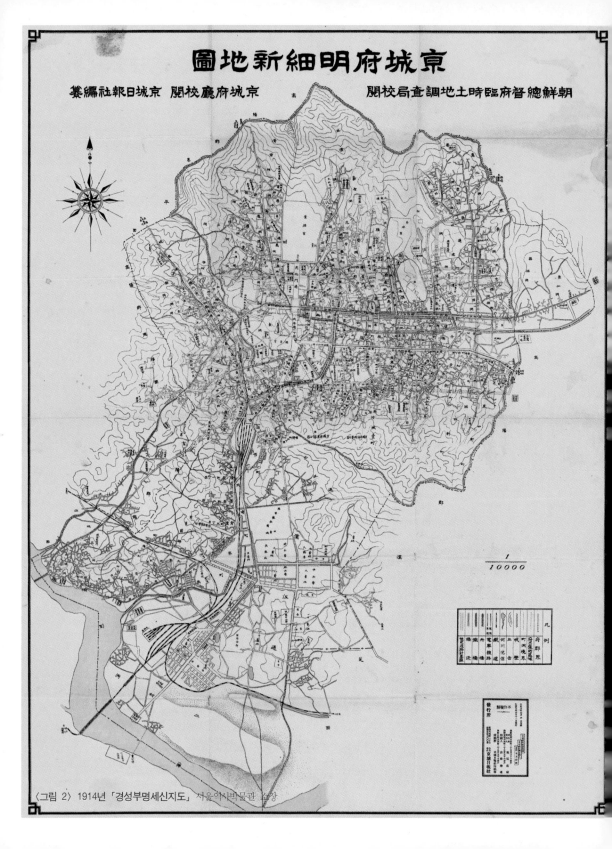

〈그림 2〉 1914년 「경성부명세신지도」 서울역사박물관 소장

일제 강점 후 서울 상업과 상인들은 여러 원인으로 인해 크게 위축되었다.[49] 일상
日商들이 상품의 독점판매권, 특약점권, 대리권 등을 가지면서 서울의 도매업을 거의
장악해 들어가자 서울의 상인들은 상전商廛을 설립하거나 상업회사·은행·금융기관
등 각종 회사를 설립하든지 아니면 정미업 혹은 염직업과 같은 공업 방면에도 진출
하였다.[50]

  그럼에도 불구하고 서울 객주들의 권익은 대부분 일본인이나 친일귀족·시전 상인
들이 설립한 회사들에게 넘어가게 되었고 객주들이 세운 회사들도 1911년 회사령 실
시 이후 대부분 강제 해산되었다.[51] 1910년대 서울의 상인들이 중심이 되어 설립한
'한일은행韓一銀行'의 주요 고객이었던 포목상과 곡물상을 통해 당시 상인들의 활동과
역할을 추적한 연구를 보면 한강동, 서빙고 지역, 마포 동막 등에서 활동했던 곡물상
들의 면면과 활동상을 개략적으로 알 수 있다.[52]

  ③ 광복이후 서울의 상업 발달과 도시화 과정

  광복 이후 서울의 변화는 실로 한국의 현대 정치사를 대변하는 것이라고 해도 과언
이 아닐 정도로 당시 정치와 밀접한 연관을 가지고 있다. 손정목은 최근 일련의 저작
들[53]을 통해 광복 이후 서울의 도시 계획 과정에서 정부의 정책이 어떻게 반영되고 절
대 권력자의 영향이 얼마나 작용되었는지를 구체적인 자료와 사례들을 통해 상세하게
설명하고 있다.[54]

• • •

49 그 원인으로는 서울에 거주하고 있는 한인들의 빈곤화와 구매력 저하, 부유 한인 계층의 일상(日商) 선호 경향,
    일제의 한상(韓商) 배제 정책 등이 있다. 유승렬, 「일제 강점기 서울의 상업과 객주」, 『서울학연구』10, 서울시립
    대 서울학연구소, 1998, 119~120쪽.
50 위의 논문, 142쪽; 155~156쪽.
51 전우용, 앞의 논문, 156~160쪽.
52 당시 대표적인 곡물상으로는 한강동의 이종묵(李宗默), 박순형(朴淳亨), 이만응(李晩應) 등이 있고 서빙고 지역에
    는 이승준(李承駿), 김천유(金天裕) 등이 있다. 마포 동막에는 고윤묵(高允默) 등이 있다. 정병욱, 「1910년대 한일
    은행과 서울의 상인」, 『서울학연구』 12, 서울시립대학교 서울학연구소, 1999, 126~127쪽.
53 손정목, 『서울도시계획 이야기』 (1)~(5)권, 한울, 2003.
54 손정목이 1970년부터 1977년까지 서울특별시에서 도시계획국장 등을 역임하고 이후 서울시립대학교 교수직으로
    옮긴 후에도 중앙도시계획위원 등을 역임하는 등 서울 도시 계획 분야에는 최고 전문가임에도 불구하고 광복 이

손정목의 논의는 크게 도심지 재개발과 강남 개발로 나누어 볼 수 있는데 이는 그의 의도라기보다는 실제 서울의 도시 개발이 도심지와 한강 주변, 그리고 그 이남인 강남을 위주로 진행되었기 때문이라고 할 수 있다. 광복 이후 서울의 도시 발전을 생각할 때 흔히 '개발독재시대' 혹은 '한강변의 기적' 등을 떠올린다. 손정목은 '개발독재시대'란 "1961년 5월 16일(5·16 쿠데타)부터 서울올림픽이 끝나는 1988년 10월 2일까지 혹은 분당·일산·평촌·산본 등지에 신시가지가 건설된 제6공화국 마지막까지를 지칭한 말"이라고 하였고, '한강변의 기적'이란 "제1차 경제개발 5개년 계획이 시작된 1962년 1월부터 20여 년 간의 한국경제의 고도성장을 가리키는 말"이라고 정의한 바 있다. 또한 서울시의 하부 구조, 즉 주택지·도로·상수도·하수도·지하철 등의 기본 구조는 개발독재가 전성기에 있었던 1966~80년의 15년 간에 거의 갖추어졌다고 보았다.[55] 특히 서울의 인구 증가에 있어서도 1966~80년 15년 동안 서울의 인구는 489만 3,499명으로 늘었는데 이는 하루 평균 894명의 인구가 새롭게 늘었다는 것으로 이러한 인구 증가는 지구상에 전무후무한 특례 중의 특례이며 문자 그대로 '광적인 집중'이었다고 평가했다.[56]

④ 서울 지역 공동체 의례에 대한 연구

서울 지역에서 행해졌던 공동체 의례의 전반적인 양상에 대한 조사보고서와 그 변화 등에 대한 연구들은 주로 실태 조사와 사례 분석, 유형 및 역사적 고찰 등의 영역에서 진행되어 왔다. 먼저, 서울의 공동체 의례에 대한 최초의 조사보고는 『부락제』[57]

• • •

후 도시 계획과 관련된 자료가 "거의 없다고 해도 지나친 말이 아니"라고 토로하였다. 그 이유로 한국전쟁 당시 정부가 부산에서 서울로 다시 올라올 때 대부분의 문서를 폐기했다는 것, 군사정부가 시행한 '폐지수집운동'으로 각종 공문서가 깨끗이 사라져 버렸다는 것, 정책을 결정할 때 문서의 기안 대신 차트에 관련 세부 내용을 적고 관련 간부들을 모아놓고 안건을 처리했던 '차트 행정' 등을 꼽았다. 손정목, 앞의 책(1권), 2003, 19~26쪽.

55 위의 책, 13~18쪽.

56 위의 책, 13쪽.

57 무라야마 지준(村山智順), 『부락제(部落祭)』, 조선총독부, 1937. 1930년대 일본인 학자 무라야마 지준(村山智順)이 촉탁(囑託)을 맡아 진행하였던 조선총독부의 '조선의 향토신사(鄕土神祀)' 조사 사업의 결과로서 발간된 것이다. 이 책에는 전국 동제의 구체적 사례와 제신(祭神), 제사형태, 제비(祭費), 동제를 위한 동회 등에 대한 조사

에서 찾아 볼 수 있다. 여기에서는 일제 강점기 경성부 신수정(현 마포구 신수동), 용강정(현 마포구 용강동), 우이리(현 우이동), 은평면 불광리 사정동(현 은평구 불광동)의 동제가 소개되어 있다. 그러나 여기서 제시한 사례가 많지 않아 당시 서울의 공동체 의례를 개관하기에는 한계가 있어 아쉬움이 있다.

해방 이후 정부 차원에서 시행한 서울시 공동체 의례 실태에 대한 조사는 총 3차례 정도 진행된 바 있다. 1967년 문화재관리국에서 실시한 '전국부락제당 서면조사'가 첫 번째 조사이다. 이를 토대로 간행된 『한국의 마을제당 : 서울・경기도 편』에서는 서울지역 동제당이 28건[58] 정도가 수록되어 있어서 1960년대 후반의 모습을 살피는데 도움이 된다. 다음은 1972년 서울시에서 실시한 동제당 조사가 두 번째 조사인데 서울시 동제당은 약 44건이었고 전술한 1967년 조사 자료 중 중복되지 않은 동제당을 합치면 총 66건이 확인되었다.[59] 여기에서는 서빙고동 부군당, 동빙고동 부군당, 보광동 김유신사당과 관련 의례에 대한 조사 보고가 첨부되어 있어서 1970년대 부군당 의례의 상황을 파악하는 데 도움이 된다. 마지막으로 1990년 『서울민속대관』편찬사업의 일환으로 시행되었던 조사사업이 세 번째 조사이다. 여기서는 서울시 동제당 59건이 조사 보고되었고 이중 33건은 전승이 유지되고 있었던 것으로 나타났다.[60] 최근의 성과로는 서울역사박물관에서 '서울 생활문화 자료조사'의 일환으로 조사하여 발간한 『한강변의 마을신앙』[61]과 국립민속박물관의 조사보고서인 『한국의 마을신앙』[62]이 있

• • •

내용이 통계적 분석과 함께 상세하게 수록되어 있다.

58 동대문구 답십리동, 전농1동, 마포구 관란동, 대흥동, 도화2동, 서대문구 역촌동, 성동구 도곡동, 사근동, 삼성동, 성수2가동, 역삼동, 자양동, 영등포구 가양동, 구로1동(1), 구로1동(2), 봉천동 당곡, 봉천동 자하동, 봉천동 청능, 봉천동 흐리목, 서초동, 신대방동, 신림동, 신풍동, 양평동(1), 양평동(2), 영등포동, 용산구 용문동, 이태원동 이상 28개 마을이다. 국립민속박물관 편, 『한국의 마을제당 : 서울・경기도 편』, 국립민속박물관, 1995.

59 논문의 서울시 동제당 일람표 상으로는 67건이나, 확인 결과 1건(동대문구 전농동)이 중복 기재되어 있어 실제로는 66건이다. 장주근, 「서울시 동제당 조사」, 『한국민속논고』, 계몽사, 1986.

60 특히, '민간신앙 편'에서는 서울시 마을제당을 실측조사하고, 이를 체계적이고 상세하게 기록하고 있어서 현재까지 행해진 조사사업 결과물들 중에서 가장 충실한 내용을 담고 있다. 서울특별시 문화재위원회, 『서울민속대관 : 민간신앙편』, 서울특별시, 1990, 353쪽.

61 서울역사박물관 편, 『서울 영상민속지 : 한강변의 마을신앙』, 서울역사박물관, 2006.

62 국립민속박물관 편, 『한국의 마을신앙 : 현장조사보고서』, 국립민속박물관, 2007.

다. 『한강변의 마을신앙』에서는 서울 한강변에 분포한 37곳의 마을 제당을 현지 조사하고 관련 의례를 영상 자료로 기록해 놓아 2006년 당시 서울의 공동체 의례를 조망하는 데 긴요한 자료를 제공하고 있다. 뿐만 아니라 마을굿의 절차, 무신도의 현황, 주재 집단과 무당과 악사 등에 대한 분석도 병행하고 있어 연구서로서의 가치도 충분하다고 할 것이다. 그러나 37곳의 마을 제당에 대한 현지 조사에 있어서는 체계가 일정하지 않고 내용 역시 소략하여 아쉬운 감이 있다. 그 밖에 조사 자료로 1979년 문화재관리국에서 펴낸 『한국민속종합조사보고서 : 서울편』과 1986년 서울시에서 펴낸 『서울의 전통문화』 등이 있다.[63]

서울의 공동체 의례에 대한 연구는 주로 민속학 분야에서 진행되어 왔는데 일찍이 김태곤의 연구가 있었고 최근 들어 많은 연구자들에 의해 활발하게 진행되고 있다. 김태곤은 1964년에 서울지역 신당을 조사할 때 실지 약 40여 개를 확인하였다[64]고 하였으나 「한국 신당 연구」에서는 이 중에 25건만이 언급되었다.[65] 또한, 서울지역 동신洞神의 종류, 동신당洞神堂의 형태, 신체神體 등을 유형별로 나누어 그 특징을 분석했다. 특히, 유교식 당제형의 사례로서 이태원 부군당 당제, 성동구 청수골 서낭제, 영등포구 자하동 당제를, 무속식 당굿형의 사례로서 남이장군 당굿을 제시하였다.[66]

박흥주는 2000년 당시 활발하게 전승되고 있는 한강 유역 20개 마을굿을 소개하였다.[67] 이후에 서울 마을굿의 유형을 한강변을 중심으로 한 부군당굿, 근교농업이 활발했던 평야 지대의 도당굿, 서울 북부지역의 산신제로 나눈 바 있다.[68] 이 연구는 서울

• • •

63 1979년 문화재관리국의 자료에서는 전체 현황은 제시되어 있지 않고 다만, 구체적 사례로서 성동구 행당1동 '애기씨 당굿'만을 조사보고하고 있다. 1986년 서울특별시 자료에서는 서울지역 35건의 사례를 제시하고는 있으나 서술체계가 다소 산만한 점이 있다.
64 김태곤, 「동신신앙」, 『서울육백년사』 민속편(하), 서울특별시 문화재위원회, 1990, 649쪽.
65 여기서 김태곤은 부군당 신앙에 대해서 부군 신앙은 日神 즉 天 숭배 사상으로 그 연원이 오래된 것이며 보편화된 신앙형태로 보았다. 그 근거로는 그 분포가 산신, 서낭신 다음으로 많으며 가정 단위로도 부군당이 있는 점, 관청신화(官廳神化)했다는 기록 등을 통해 보편적 신앙이었음을 주장하였다. 김태곤, 「한국신당연구」, 『국어국문학』 29, 국어국문학회, 1965, 81쪽.
66 김태곤, 앞의 논문, 1990.
67 박흥주 저, 정수미 사진, 『서울의 마을굿』, 서문당, 2001.
68 박흥주, 「서울 마을굿의 유형과 계통」, 『한국무속학』 12, 한국무속학회, 2006.

의 공동체 의례를 지리적 환경과 생업 조건을 고려하여 유형을 나누고 전체적인 조망을 시도하고 있다는 점에서 의의가 있다. 정형호는 20세기 용산 지역을 중심으로 지역의 변화에 따른 동제당의 변모를 연구한 바 있다.[69] 여기서는 구용산 지역(원효로 1~4가, 청암동, 산천동, 용문동), 서빙고 지역, 한남동 지역, 이태원 지역의 변화와 함께 그들 지역에 있었던 마을 제당들의 변모를 조사하였다. 각 지역에 대해 밀도 있게 조사가 진행된 것은 아니지만 2005년 당시 지역 토박이들에 대한 인터뷰는 해당 지역의 변천에 대한 정보를 전해주고 있다.

김태우는 한강 유역 부군당 의례의 전승과 변화 양상을 17개 지역을 대상으로 하여 연구하였다.[70] 그 이후에 서울 지역사회와 공동체의례를 주도했던 집단을 지역별로 연구하여 일련의 논문을 발표하였다. 즉, 조선후기에서 현대까지 서빙고 지역,[71] 대한제국기의 마포 지역,[72] 일제강점기 장충동 지역[73] 등의 지역사회와 의례 주도 집단을 연구했다. 김태우의 연구에 있어서 특징적인 것은 지역이나 의례 공간에 전승되는 현판이나 문서 등의 기록물에 기재된 인물들을 면밀하게 분석하여 당시 지역사회와 의례 주도 집단의 성격과 그 면면들을 실증적으로 밝히고 있다는 점이다. 그러나 기록물에서 누락된 주민들이나 의례 자체에 대한 연구는 미흡하여 이에 대한 종합적 연구가 추후 과제로 요구된다.

권선경은 서울 지역 부군당의 계열을 분류하고 이에 따라 부군당굿의 구성요소와

• • •

69 정형호, 「20C 용산지역의 도시화 과정 속에서 동제당의 전승과 변모 양상」, 『한국민속학』 41, 한국민속학회, 2005.
70 졸고, 『서울 한강 유역 부군당 의례 연구 : 전승과 변화 양상을 중심으로』, 경희대학교 일반대학원 박사학위논문, 2008a.
71 졸고, 「조선후기 서빙고 지역 부군당 주재집단의 성격과 변화」, 『한국무속학』 19집, 한국무속학회, 2009; 「일제시대 서울 서빙고 지역과 부군당 중수집단 연구 : 1927년 정묘년 부군당 중수기를 중심으로」, 『한국무속학』 20집, 한국무속학회, 2010a; 「19세기후반~20세기 초 서울 서빙고 지역 부군당 의례 주도 집단 연구 : 1875・1891・1903・1927년 부군당 현판을 중심으로」, 『서울학연구』 28, 서울시립대 서울학연구소, 2010b; 「광복이후 서울 서빙고 지역사회와 공동체 의례 주도집단의 변화 : 지역・지역사회・의례의 문화지형에 대한 시도」, 『한국민족문화』 37, 부산대 한국민족문화연구소, 2010c.
72 졸고, 「대한제국기 서울 마포 지역사회와 공동체의례 주도집단에 대한 연구 : 1903년 마포동 마을제당 현판을 중심으로」, 『서울학연구』 42, 서울시립대 서울학연구소, 2011.
73 졸고, 「일제강점기 서울 지역사회와 의례 주도 집단의 변화 : 장충동 지역과 관성묘 영신사를 중심으로」, 『문화재지』 46, 국립문화재연구소, 2013b.

구조 등을 살피고 있다.[74] 여기서는 부군당의 범주를 우선 확정하고 이 범주에 드는 제당들을 불당계열, 부근계열, 도당계열로 분류한 후 각 계열별로 특성을 설명하였다. 그런데 현재 서울 지역에 남아 있는 제당들의 현상적인 모습만 가지고 범주를 획정하고 계열을 나누는 것은 성급한 판단이다. 가령 마을에 화재가 많이 나고 무신도에 불의 신이 모셔졌다고 해서 이 제당을 특정한 계열(불당 계열)로 보았다. 그러나 마을 제당은 화재 예방뿐만 아니라 다양한 목적으로 세워지는데 그 목적 중에 두드러진 것을 기준으로 계열을 구분하는 것은 그 근거가 미약하다. 계열을 나누려면 보다 본질적이고 발생적 차이를 가지고 나누는 것이 합당하고 이는 현재로서는 쉽지 않은 일이다.

이런 점에서 역사학 분야에서 오문선의 연구는 부군당 계열에 있어서 의미 있는 하나의 시사점을 던져 주고 있다. 즉 오문선은 서울 부군당의 역사적 전개와 구성 요소를 다각적으로 다루었는데 그 중에 각사에 소속되어 있었던 부군당이 점차 민간화되었을 가능성을 제시하고 있다.[75] 이는 현재 서울 지역에 남아 있는 부군당의 기원과 관련하여 중요한 관점을 제공하고 있다는 점에서 의의가 크다. 이 보다 앞선 연구로 유승훈의 연구가 있다.[76] 유승훈은 조선 전기 관아 내 신당으로서의 부군당이 어떠한 역사적 경로를 거쳐서 마을 제당으로서의 부군당이 되었는가 하는 점을 중점적으로 다루고 있다. 그가 제기하고 있는 부군당의 민간화의 경로란 첫째, 관청의 아전들이 관청 내 신당에서 행하던 의례 전통을 자신들이 거주하던 마을까지 이끌어가서 행함으로써 민간화가 이루어졌으리라는 것과 둘째, 한강변 관청들에도 부군당이 설치되어 있었으며 이곳에 동원된 강민江民들이 이러한 관청들의 의례 전통을 보고 자신들 마을로 전승시켰으리라는 것이다.[77] 이러한 추정은 현재 남아 있는 부군당의 기원과 그 변

• • •

74 권선경, 「서울 마을굿의 계열과 의미 구조」, 고려대학교 박사학위논문, 2011.
75 오문선, 「서울 부군당제 연구」, 한국학중앙연구원 박사학위논문, 2010.
76 유승훈, 「경강변 부군당의 성격과 역사적 전개 양상」, 『서울학연구』 20, 서울시립대학교 서울학연구소, 2003.
77 유승훈이 제기한 부군당의 민간화 경로 중 첫 번째의 근거로는 공민왕 사당에 얽힌 전설을 들었으며, 두 번째의 근거로는 밤섬부군당과 명륜당부군당의 사례를 들었다. 공민왕 사당 전설은 일종의 당신화라 할 수 있는데 광흥창 고지기가 현몽을 받아 창전동에 공민왕 사당을 지었다는 것으로 이는 아전(고지기)에 의해 마을 제당이 설립되었을 가능성을 시사한다. 밤섬부군당은 관청의 노역에 종사했던 밤섬 주민들과 관서에서 파견된 전복(典僕)들에

36 서울의 공동체 의례와 주도집단

화 양상을 추론하는 데 있어 부군당이 관아의 부속건물에서 점차 민간에게 이양되었을 가능성을 처음 제기했다는 점에서 그 의의가 있다.

인류학 분야에서도 도시 공동체와 의례에 대한 연구가 진행되어 왔다. 권혁희는 밤섬마을과 주민들을 대상으로 하여 과거 밤섬이 폭파되기 이전부터 폭파된 이후 이주의 과정, 그리고 현재 부군당제를 중심으로 그들의 역사를 지속하고 있는 주민들의 문화적 실천에 주목하였다.[78] 권혁희는 이 연구에서 현대 한국 사회에서 민속의 현상들이 '법제화'되고 '행정적 패턴화'되어가는 구조에 대해 '전통의 발명' 혹은 '포크로리즘'의 구도로 보는 관점에 대해 비판하였다. 즉 이러한 기존 관점은 지역과 집단에 대한 구분 없이 적용되고 있으며 국가권력을 중심으로 해석하는 틀이라는 것이다. 따라서 이러한 사회구조 중심의 거대한 역사에서 벗어나 개인과 집단의 생활세계에 근접하여 사람들의 '문화적 실천'에 주목해야 한다고 주장하였다.[79] 또한 이 연구에서 밤섬 주민들이 실행한 문화적 실천이란 밤섬향우회와 밤섬부군당보존회 등 밤섬주민들의 모임을 지속적으로 결성하고 유지한 것, 밤섬부군당굿을 문화재에 지정될 수 있도록 노력하고 그 의례를 지속적으로 실천한 것, 밤섬실향민고향방문 행사를 실천해 온 것, 밤섬에 관한 아카이빙과 큐레이팅 그리고 조선造船 기술의 문화재 신청과 역사화 등 밤섬 역사의 재구성을 위한 실천을 계속해 온 것, '역사 없는 사람들'의 역사쓰기를 끊임없이 실천해 온 것 등이라고 밝혔다.[80] 이처럼, 밤섬에 대한 인류학적 논의는 그 이전에도 몇 편의 논문과 보고서[81]가 있어서 산업화 과정에서 폭파와 집단 이주라는

* * *

의해 설립되었을 가능성이 높고 명륜당부군당은 성균관의 하배(下輩)들이 벽송정 골짜기에 부군당을 만들었다는 역사적 기록에 근거하여 성균관 노비들에 의해 그들의 거주지에 세워졌을 것으로 보았다. 유승훈, 위의 논문, 127~132쪽; 졸고, 앞의 논문, 2008a, 10~11쪽.

78 권혁희, 「밤섬마을의 역사적민족지와 주민집단의 문화적 실천」, 서울대학교 박사학위논문, 2012.
79 위의 논문, 337~339쪽; 344쪽.
80 위의 논문, 256~336쪽.
81 최재선, 「밤섬 '부군당굿'에 대한 교육인류학적 연구」, 연세대학교 교육학과 석사학위논문, 1985; 한국샤머니즘학회 편, 『마포 부군당 연구』, 문덕사, 1999; 김진명, 「서울 밤섬 이주민의 주거 공간의 변화와 의례」, 『서울학연구』 13, 서울시립대학교 서울학연구소, 1999a; 김진명, 「찰나적 환상과 영겁의 종속 : 의례 분석에 종속적 시각의 도입을 위한 일고찰」, 『한국문화인류학』 32-2, 한국문화인류학회, 1999b.

극단적인 변화를 겪은 대표적인 사례로 꼽히고 있다.

그 밖에 지리학 분야에서의 연구도 있다.[82] 주세영은 경강의 상업적 발전과 부군당의 번성을 동궤로 파악하고 도시화에 따른 부군당 의례의 변화를 역사·문화지리적 관점에서 연구하였다. 그는 여기서 도시의 발전에 따라 부군당의 분포가 축소되고 주택이나 아파트 등에 의해 고립되는 등 현재 변화상과 부군당의 유형을 성쇠의 정도와 전승 주체의 중심이 누구인가에 따라 그 유형을 나누어 설명하였다. 그러나, 부군당 변화의 원인을 상업의 발달이나 도시화라는 것으로 단순화하여 지역 사회 내부의 역동적인 측면이 간과되어 있으며 부군당 문화 경관의 변화가 의례와 주재 집단에 어떠한 영향을 미쳤는가 하는 점 역시 설명이 미흡하다. 즉, 부군당과 같은 마을 제당의 분포와 변화를 다루는 데 있어서는 표면적인 위치적 변화 외에 경관 변화와 지역민·지역사회와의 영향 관계를 고려하여 그 의미를 도출하는 관점이 요구된다.[83]

2) 연구 방법

이 연구는 서울 지역에서 행해졌던 의례를 대상으로 하기는 하지만 의례 그 자체를 연구하는 것은 아니다. 이 연구는 서울 지역에서 공동체의례를 주도했던 집단들의 성격과 그 면모를 밝히는 것이 주된 목적이다. 그런데 지역 의례를 이끌었던 집단은 지역 사정과 밀접한 연관을 맺고 있으며 의례 역시 이러한 지역 사정에 자유로울 수 없다. 지역민들은 지역사회,[84] 즉 지역공동체를 형성하고 있었고 의례는 이러한 맥락 context에서 행해졌던 것이다. 따라서 의례와 그 주도 집단에 대해서 올바로 이해하기

• • •

82　주세영, 「서울 한강변 부군당의 문화지리적 연구」, 한국교원대 교육대학원 석사학위논문, 2002.

83　졸고, 앞의 논문, 2008a, 10쪽.

84　이 책에서는 지역사회를 지역에 거주하는 주민들과 그들의 공동체를 포괄하는 개념으로 사용했다. 따라서 이 책에서는 '지역사회'와 '지역민'을 명확하게 구분하지 않고 혼용하였다. 다만, 커뮤니티의 의미가 주요할 때는 지역사회라는 용어를, 그 커뮤니티의 구성원을 강조할 때는 지역민이라는 용어를 사용하였다. 이러한 지역사회에 대한 개념은 3절에서 자세하게 밝혀 놓았다.

위해서는 이러한 맥락적 이해가 필요하다. 이는 기어츠가 말한 '중층기술thick description'의 접근 방법을 의미하기도 한다. 기어츠는 어떤 당면한 상황은 여러 겹의 복합적인 의미 구조를 띠고 있고 이 개개의 의미 구조들은 서로 중복되면서 복잡하게 얽혀 있어 연구자들은 그것이 어떤 종류의 상황인가를 파악해야 하며 그 상황에 대한 설명은 그 이후에라야 가능하게 된다고 주장하였다.[85] 이와 같이 의례의 중층적 기술을 위해서는 의례가 행해졌던 지역과 그 지역에 살고 있었던 지역민들, 그리고 그들이 행했던 의례와의 상관성과 그로 인한 영향 관계를 밝히는 것이 선행되어야 한다. 그런데 이러한 세 가지 영역의 상관성은 중요한 연구 방법의 토대이기도 하다. 즉, 뒤에 자세히 설명하겠지만 이 세 가지 영역을 상호 교차하여 추적하다 보면 의례를 주도했던 인물들의 면면이 밝혀지고 나중에는 의례를 둘러싼 정황들이 하나씩 그 모습을 드러내게 된다. 마치 퍼즐을 한 조각씩 맞추듯 의례를 둘러싼 정황들을 맞춰 나가다 보면 그 지역의 문화지형이 입체적으로 구축될 수 있다.

이러한 목적을 달성하기 위해서는 기존에 사용되었던 조사 방법들, 즉 문헌조사나 현장조사, 인터뷰 등이 총동원되어야 할 것이다. 그러나 이러한 방법들은 한 지역의 문화지형을 구축하기 위한 수단들에 불과하다. 이 연구의 목적을 달성하기 위한 진정한 연구 방법은 이들 조사 방법들을 종합해 내는 연구 방법, 즉 지역과 지역민 그리고 의례의 상호 관련성을 추적하여 결국에는 그 지역의 문화지형을 구축하는 방법이 될 것이다. 이를 여기서는 '지역·지역사회(지역민)·의례의 문화지형'이라고 부르기로 하겠다. 그러면 이러한 문화지형을 구축하기 위한 과정, 즉 지역과 의례, 지역사회(지역민)에 대한 종합적인 정보를 알아 나가는 과정에 대해 살펴보고 이러한 결과를 토대로 어떻게 문화지형을 구축할 수 있는가에 대해 살펴보자.

· · ·

85 클리퍼드 기어츠 저, 문옥표 역, 『문화의 해석』, 까치, 1998, 20쪽.

(1) 지역·지역민·의례의 상호 추적과 종합

① 의례를 매개로 한 지역과 지역민에 대한 추적

어떤 지역에서 행해진 의례는 의례와 관련된 정보를 남기기 마련이다. 즉, 의례를 행했던 사람들 명단, 의례에 소요된 비용 내역, 의례에 사용된 축문이나 윤첩 등의 문서, 심지어 의례 공간과 관련된 토지나 건물 대장, 의례에 대한 신문기사나 참관기, 보고서, 연구서 등이 모두 이들 정보에 해당된다. 물론 의례에 직접 관여했거나 단순히 참관만 했던 사람들의 구술 자료도 이에 포함된다. 이것들 중 의례 참가자 명단, 소요 비용 내역, 축문이나 윤문 등은 의례 주체들에 의해 직접적으로 생산된 자료들이라 할 수 있다. 한편, 신문기사나 참관기, 보고서, 연구서 등은 간접적으로 생산된 경우이다.

이 모든 정보의 발상지이며 매개체는 의례이다. 따라서 일차적으로 의례를 매개로 추적해 가다보면 그 지역에 대한 정보를 추가로 알 수 있을 뿐만 아니라 의례를 행했던 지역민의 면면과 동태를 파악할 수 있다. 이를 위해서 가장 먼저 해야 하는 작업은 의례와 관련된 인물들을 추적하는 것이다. 즉, 의례와 관련된 정보들 중에 의례에 직접 관여했던 것으로 판단되는 인물들의 명단을 파악하는 일이다. 이 명단은 주로 의례 문서들, 즉 좌목, 중수기, 축문, 윤첩, 방명록, 기금 헌납 장부 등에서 얻을 수 있다.[86]

일단 명단이 확정되면 그 다음에는 이들에 대한 정보를 수집해야 한다. 정보를 수집하는 방법은 의례가 행해진, 정확히 말하면 그 정보가 생산된 시기가 해방 전인가 아니면 그 이후인가에 따라 달라질 수 있다. 해방 이전인 경우는 해방 이전의 각종 사료, 문집, 보고서, 신문기사, 공공 문서 등에 대한 데이터베이스[87]를 이용하는 것이

· · ·

86 이들 의례 문서의 종류와 그 의의에 대한 자세한 논의는 졸고, 「민속 지식의 기록, 유형(有形) 자료의 존재 양상과 기능 : 서울 지역공동체의례 관련 자료를 중심으로」, 『민속연구』 31, 안동대학교 민속학연구소, 2015 참조. 이 논문은 이 책의 보론에 실어 놓았다.
87 필자의 경우는 이러한 데이터베이스를 통합해 놓은 '한국역사정보통합검색시스템'(http://www.koreanhistory.or.kr)을 가장 많이 사용하고 있다. 이 사이트는 2000년 1월 지식정보자원관리법의 시행에 따라 2001년 3월 국사편찬위원회가 한국역사분야종합정보센터로 지정되어 운영하는 한국역사분야 포털사이트이다. 2015년 현재 국사편찬위

가장 효과적이다. 해방 이전만 하더라도 서울의 어떤 지역에서 의례가 행해지고 그 의례 명단에 이름을 올릴 정도의 인물이라면 대체로 그 이외의 활동 등에서도 그 행적을 남기는 경우가 많다. 즉, 상업 활동이라든지 소송이나 광고 등과 관련하여 행적이 포착되기도 하고 평범한 사람의 경우라 할지라도 어떤 집단적인 행동에 참여하여 그 족적이 남겨지기도 한다. 이런 경우에는 대체로 각종 데이터베이스의 검색을 통해 그 인물에 대한 추가 정보를 입수할 수 있다.

이렇게 의례와 관련된 인물에 대한 추가 정보가 입수되면 이 인물에 대한 검증 절차가 남아 있다. 즉, 의례 문서에 등장하는 인물(이하 실제 인물)과 각종 자료를 통해 수집한 그 인물(이하 예상 인물)이 서로 동일인인가 하는 일치성 문제를 검증해야 한다. 이러한 일치성은 대략 4~5단계를 거쳐서 최종 판단할 수 있다.

첫 단계는 각종 자료에서 수집한 인물에 대한 정보들 중에 의례 문서에 기재된 인물 이름의 한자와 일치하는 자료만 추리는 작업이다. 이는 당연한 것이기도 하지만 한자명의 변별성은 추적 범위를 좁히는 데 일차적인 도움을 준다. 그 다음 단계는 의례가 행해졌던 시기와 예상 인물의 생몰 연대나 활동시기가 일치하는가를 판단하는 단계이다. 대체로 의례에 참여했던 인물들은 70~80세 이하의 성인들이다. 따라서 의례가 행해졌던 시기와 예상 인물이 등장하는 시기가 이와 비슷하다면 일단 기본적으로 충족되어야 하는 조건에 부합된다고 볼 수 있다. 그러나 이것만 가지고는 실제 인물과 예상 인물이 완전히 일치한다고 단정할 수 없다.

그 다음 단계로서 의례가 행해지던 지역과 예상 인물이 지역적으로 연관성을 가지고 있는가 하는 점을 판단해야 한다. 만약, 지역까지 완전히 일치하거나 그 주변 지역이라면 일단 동일인으로 간주해도 크게 틀리지 않는다. 문제는 해당 지역과 별 연관성이 발견되지 않을 경우이다. 이런 경우에는 일단 판단을 보류했다가 다음 단계로 넘어갈 수밖에 없다. 그 다음 단계에서는 실제 인물들로 판명된 인물들의 활동상이나

. . .
회의 '승정원일기'를 비롯하여 서울대학교의 '규장각한국학연구원' 등 14개 기관 총 30개 사이트가 연계되어 있다.

조직, 직업 등에 대한 정보를 수집하다 보면 그 전 단계에서 보류되었던 인물들과의 접점이 발견되기도 한다.[88] 이런 경우 관련 인물들이나 단체, 조직 등의 유사성을 통해 그 일치성을 유추할 수 있다.

마지막으로 가장 확실한 방법은 가계를 조사하여 당대 혹은 선·후대 인물과 관련성이 있는지를 보고 판별하는 것이다. 가계는 보통 족보를 활용하여 파악하게 되는데 실제 품이 많이 드는 작업이기는 하지만 일단 해당 인물을 찾기만 하면 그 인물에 대한 정보뿐만 아니라 당대 혹은 선·후대 인물의 행적이나 신분 등을 알 수 있어 의외의 수확을 얻을 수 있다. 이렇게 가계 추적이 가능한 경우는 최대한으로 족보를 탐색하여 당대 혹은 선·후대의 인물뿐만 아니라 이주 시기, 직역이나 품계 등을 찾아 볼 것을 권장한다.

〈표 1〉 실제 인물과 예상 인물의 일치성 판별의 단계

1단계 : 한자명의 일치성
2단계 : 생몰 연대 혹은 활동시기의 일치성
3단계 : 지역적 연관성
4단계 : 활동상과 조직, 직업 등과의 연관성
5단계 : 가계의 일치성

② 지역을 매개로 한 의례와 지역민에 대한 추적

의례와 관련된 정보, 즉 의례에 참여한 인물, 의례나 의례 공간과 관련된 기사 및 문서 등에 대한 조사가 모두 끝나면 이번에는 의례가 행해졌던 지역과 관련된 정보를 수집할 차례이다. 해당 지역에 대한 정보를 수집하다 보면 그 지역에서 행해졌던 의

• • •

88 예를 들어, 일제 강점기에 어떤 회사 경영에 참여했던 인물로서 해당 의례 문서에 기재된 인물명과 같고 시기도 같지만 지역적 연관이 없어 보류된 A라는 인물이 있다. 그런데 같은 회사 경영진에 B라는 인물이 있는데 이 B라는 인물은 해당 의례가 행해졌던 시기와 이 인물이 활동했던 시기가 서로 부합되고 출신지 혹은 거주지가 해당 지역과 일치한다면 의례 문서에 등장하는 실제 인물이라고 볼 수 있다. 이런 경우 A는 해당 지역과 별 연고가 없지만 B와는 밀접한 이해관계가 있었던 자로 판단할 수 있고 해당 의례에 B와 함께 참여했을 개연성이 확보되는 것이다. 따라서 예상 인물 A는 의례 문서에 등장하는 실제 인물이라고 유추할 수 있다.

례와 지역민들에 대한 정보도 함께 수집될 수 있다. 즉, 의례를 매개로 했을 때 수집되지 않았던 정보들이 지역을 매개로 했을 때 추가로 수집될 수 있다는 것이다. 지역의 인구, 시설, 경제활동, 교육, 교통, 종교 등에 대한 자료에서 인물명이 나오는 경우에 의례 문서에 등장하는 인물들과 비교해 볼 필요가 있다. 예를 들어, 『시세일람市勢一覽』[89]이란 자료에서 1948년부터 1960년까지 서빙고 지역 동장 명단이 있는데 여기서 1946년과 1955년 서빙고부군당 현판에 기재된 인물이 발견되기도 하였다. 이렇게 되면 당시 동장을 지냈던 인물이 서빙고부군당 의례에도 참여했다는 새로운 사실이 밝혀지게 되는 것이다.

뿐만 아니라 지역에 대한 자료들을 통해 의례에는 참여하지 않았지만, 정확히 얘기하면 의례 문서에는 기재되지 않았지만 그 지역에 거주하고 있었던 지역민들을 추적할 수 있다. 지역과 관련된 호적대장이나 토지조사부 등이 가장 기본적인 것이고 그외 신문기사나 기타 문서 등에서 발견되는 그 지역 상인 명단, 소송자 명단, 여타 기부금 기탁자 명단 등에서 지역민들에 대한 정보를 찾을 수 있다.

③ 지역민을 매개로 한 지역과 의례에 대한 추적

마지막으로 의례 문서에서는 발견되지 않았지만 해당 지역에서 중요한 역할을 수행했거나 두각을 나타냈던 지역민에 대해서도 눈여겨 볼 필요가 있다. 왜냐하면 그 지역 유지나 동장, 주요 기관의 장이나 회사의 사장, 특정 집단 등은 의례에는 직접 관여하지 않았을지라도 간접적으로 영향을 미쳤을 수 있기 때문이다. 또한, 이들은 실제 의례에 참여했던 인물들과는 직·간접적인 인적 네트워크를 형성하고 있었을 가능성이 커서 이들을 매개로 의례에 참여한 인물이나 지역에 대한 추가 정보를 얻을 수 있기 때문이다. 따라서 의례 문서 등에는 직접 등장하는 인물들은 아닐지라도 해당 지역의 유지, 명망가, 대표자, 토착 성씨 인물들 등에 대한 명단을 별도로 파악해

• • •

89 서울특별시사편찬위원회, 『시세일람(1948-1960)』, 서울특별시, 1982.

둘 필요가 있다. 더 나아가 의례가 행해졌던 시기에 있었던 이들 행적을 추적하다 보면 당시 의례에 참여했던 인물과 조우하는 대목이 나올 수도 있고 지역에 대한 새로운 정보를 추가로 입수하는 소득을 얻을 수도 있을 것이다.

(2) 지역·지역사회·의례의 문화지형 구축

① 문화지형의 개념

이 책에서 문화지형이란 '지역'과 '지역사회(지역민)' 그리고 '의례'를 축으로 하는 사유적 틀을 의미한다. 즉, 이 세 가지 영역을 상호 교차하여 그 지역의 문화를 종합적이고 입체적으로 이해하는 것을 말한다.

이와 유사한 관점들은 인류학이나 민속학, 사회학이나 지리학 등에서 이미 제시된 바 있다. 예를 들어, 밤섬 주민들의 역사적 행위와 마을의 역사를 지속과 재편 과정으로 이해하기 위한 연구에서는 '시간', '공간', '사람들, 마을 공동체'라는 틀을 제시하고 이러한 틀로 내용을 구성하기도 하였다.[90] 또한, 장철수는 특정한 시대의 생활양식이 새로운 생활양식으로 변하는 과정을 설명하기 위해 인간, 시간, 공간이라는 3개의 구성요소 간에 이루어지는 역동적인 상관관계를 종합하여 '3간 구성체계'라는 분석틀을 제시하기도 했다. 이러한 분석틀은 의례 분석에 있어서 인적 측면(인간)과 역사적 측면(시간), 그리고 지역적 측면(공간)을 유기적으로 고려해야 한다는 관점을 드러내고 있다.[91]

지리학 분야에서도 지역 연구의 새로운 개념의 틀로 공간, 시간 그리고 사회·자연현상을 상호 작용의 관점에서 이해하고자 하는 방법이 등장했다. 이를 실행하기 위한 중심 개념으로 공간, 시간, 사회/자연을 제시하고 있으며 이러한 개념의 틀을 수립하는 데 도움이 될 만한 다양한 이론들이 1970년대 이후부터 발전되어 왔다.[92] 특히 역사지리학에서는 지역, 공간, 장소를 배경으로 형성된 지리적 패턴과 그 변화상을 복원

* * *

* 90 권혁희, 앞의 논문, 2012, 338~339쪽.
91 졸고, 앞의 논문, 2008a, 13쪽.
92 박규택·이상률, 「공간, 시간, 사회/자연의 상호 관계성에 의한 지역 이해」, 『한국지역지리학회지』 5권 2회, 한국지역지리학회, 1999, 16쪽; 23쪽.

하고 설명하고자 한다. 이를 위해 시간·공간·현상(주제)을 3대 기본 요소로 설정하였다.[93] 역사지리학에서 말하는 역사지리적 사건과 현상은 시간과 공간이 만나는 지점에서 발생하고 변화를 겪는 것으로 간주한다. 예를 들어 시간(T)이 t_0에서 t_n으로 추이하고 지역(R)은 r_0에서 r_n까지 다양성을 띤다고 할 때 역사지리적 현상(P)은 시간과 지역이 이루는 행렬의 셀 안에서 다채롭게 전개된다는 것이다.[94] 이처럼 시공간 행렬에서 발생하는 역사적 사건에 대한 이론은 시간과 공간, 그리고 인간 행위에 대한 입체적이고 유기적인 관점을 보여준다.

이처럼 어떤 지역과 그 문화를 연구함에 있어서 각 학문 분야별로 입체적이고 종합적인 다양한 방법들이 제시되고 있다. 그 중에서 정승모는 지역학 연구에 '역사·문화 지형'을 제안한 바 있다. 원래 지형topograpy이란 지구 표면의 고저기복 즉 산, 골짜기, 평야, 하천, 해안, 해저 등의 각종 지표 형태를 말하는데 역사·문화 지형은 이와 같이 특정 지역에서 벌어진 시공간적인 역사 문화의 산물들을 체계화하고 메타화하여 지표의 모습을 보듯이 입체적이고 시각적으로 인식할 수 있도록 하는 것이다.[95] 이러한 지형을 구상하기 위해서는 먼저 산발적이고 체계화되지 않은 자료들을 검증하고 분석하여 종합해야 한다. 이 때 정리해야 할 자료 아이템들은 인구이동, 교통, 유통, 토산물, 농업방식, 산업체 현황, 역사인물 데이터, 성씨 및 문중의 세거지와 분포, 족보 및 호구 자료 현황, 양안量案, 석물·가옥, 유형 문화재 분포, 전적·고문서·근대문서 등 역사자료 분포, 마을 관행 및 민속 데이터, 회화·사진자료 등 이미지 자료 데이터, 일기자료 등이 있다. 기초 자료의 정리와 보완이 끝나면 그 다음에는 평면적이고 단절적인 역사·문화 자료들을 메타화하기 위해 기초 자료들을 분류하고 유형화한다. 이때 요소들에 대한 시기 및 공간 분류를 위해 메타화에 필요한 주요 변수들을 추출한다. 그 다음에는 그 변수들에 대한 분석과 요소들의 메타화를 통해 입체

. . .

93 한국문화역사지리학회 편, 『한국역사지리』, 푸른길, 2011, 26쪽.
94 위의 책, 36쪽.
95 정승모, 「경기지역 연구에서 경기학으로」, 『경기문화』 2, 경기문화재단, 2010, 180쪽.

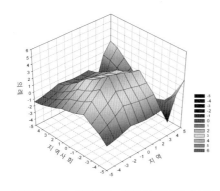

적인 역사·문화 지형을 구축한다.[96] 이러한 역사·문화 지형에 대한 개념은 기본적으로 위상학Topology[97]을 전제로 하고 있으며 이러한 지역의 역사·문화지형은 통상의 지형과 같이 높낮이, 밀도, 영향력, 단절, 흐름 등을 포괄하며 지형과 같이 등고선, 산맥, 강줄기를 지닌다고 평가되기도 하였다.[98]

〈그림 3〉 지역·지역사회·의례의 문화지형 추상도

　이러한 틀은 공통적으로 '시간, 공간, 인간'이라는 축을 기본으로 하고 있지만 이 연구에서는 지역(공간)과 인간(지역민)이라는 축은 동일하지만 '의례(문화)'라는 축이 시간이라는 축을 대신하고 있다. 시간이라는 개념은 각각의 축에 동일하게 적용되어 있는 것이다. 즉, 〈그림 3〉에서 보는 것처럼, 지역·지역사회(지역민)·의례의 축은 각각 -값에서 +값으로 나아가고 있다. 이는 시간의 흐름을 전제하고 각각의 영역이 시간의 흐름에 따라 어떻게 변화하고 있는가를 보여준다. 따라서 시간이라는 개념은 각각의 축에 이미 내포되어 있다고 간주한다. 이러한 틀은 기존에 제시된 틀과는 구별되는 것으로 공간과 인간, 그리고 문화가 어떻게 시간의 흐름에 따라 상호 관련을 맺으며 변화하는지를 입체적으로 조망할 수 있는 틀을 제공한다. 이 연구에서는 이 세 가지 영역의 상호 교차와 입체적 이해가 실제 연구 과정에서 구체적으로 어떻게 실현되고 있는지를 보여주고 있다. 전술했던 지역·지역민·의례의 상호 추적과 종합의 과정이 그러하고 이후 구축하고자 하는 지역·지역사회(지역민)·의례의 문화지형 역시 이

• • •

96 위의 논문, 180~181쪽.
97 어떤 형상을 구성하는 기하학적인 요소들의 공간적 관계를 나타내는 한 방법인 위상학을 지역 연구에 응용하면 한 지역을 다른 지역과 구별되는 것으로 범주화하고 기술하는 모든 작업은 위상학을 전제로 한 것이라고 볼 수 있다. (사)지역문화연구소 편, 『지역문화연구의 방법과 과제』(지역문화연구소 개소 10주년 심포지엄 자료집), 지역문화연구소, 2010.2.27.(미간행), 3쪽.
98 위의 책, 7쪽.

러한 사유의 과정을 보여줄 것이다.

이 연구에서는 지역과 지역사회(지역민) 그리고 의례는 유기적으로 연결된 하나의 체계system로서 인식한다. 즉, 이들은 끊임없이 상호 작용을 하며 각 영역의 요소들이 변화함에 따라 다른 영역의 요소들 역시 이에 반응하여 변화를 일으킨다. 세 영역의 연쇄적인 반응은 결국 시간의 흐름에 따라 통합되어 일정한 문화지형을 보여주게 된다. 물론 이러한 문화지형은 고정된 것이 아니라 시간의 흐름에 따라 마치 파도가 이동하는 것처럼 각각의 다른 모습을 띠며 흘러가게 되는 것이다. 이러한 사유는 한 지역의 문화나 지역성을 고정된 실체로 파악하는 한계를 넘어 중층적인 요소들에 의해 끊임없이 변모하는 유기체적 존재로 바라볼 수 있는 시각을 제공하게 될 것이다.

② 문화지형의 요소 : 축과 지표

여기서는 전술했던 '지역'과 '지역사회' 그리고 '의례'를 축으로 하는 사유적 틀의 구현 가능성을 타진해 보고자 한다. 여기서 지역문화에 대한 사유적 틀이란 지역·지역사회·문화(의례)라는 3차원의 좌표축을 설정하고 추출된 자료들을 기본적인 데이터로 하여 그 결절점들을 찾아 추상화된 좌표점을 찍어 나가면서 얻어질 수 있는 입체적인 문화지형도를 말한다. 그 지형의 선명도는 데이터의 정밀함과 풍부함이 좌우하게 될 것이다. 이러한 결과는 물론 기술된 텍스트를 따라 읽으면서 형이상학적으로 추상화하는 과정에서 얻어지는 것이지만 기술의 의도와 목적이 그러하다면 보다 입체적이고 실제에 근접한 문화지형을 그려낼 수 있을 것이라는 가설이다.[99] 여기서 문화는 지역공동체 의례 분야로 한정하여 의례와의 상관성에 집중하고자 한다.

전술한 바와 같이 지역과 지역사회, 의례는 각각 별개의 영역이 아닌 유기적으로

•••

99 이러한 착상은 최근 '로컬'이나 '로컬리티'에 대한 연구를 진행하고 있는 부산대학교 한국민족문화연구소의 연구 성과와 지역문화 연구에 있어서 공간성·시간성·계급성을 표방하고 있는 (사)지역문화연구소의 '지역체계'와 '역사문화지형'이라는 가설적 개념에서 아이디어를 얻었다. 부산대학교 한국민족문화연구소 편, 『로컬리티, 인문학의 새로운 지평』, 혜안, 2009; 지역문화연구소, 『지역문화연구의 방법과 과제』, 지역문화연구소 개소 10주년 심포지엄 자료집, 2010.

연결되어 있어 하나의 체계system를 형성하고 있다. 그리고 이들은 끊임없는 상호 영향을 미치며 변모하게 된다. 마치 지역이라는 평면 위에 지역사회와 의례라는 두 축이 다시 만나 삼차원의 그래프를 그려나가는 원리와 비슷하다. 이 세 가지 요소를 진행시켜 나가는 것은 시간이 된다. 결국 시간의 흐름에 따라 지역·지역사회·의례의 세 축을 세우고 시간과 세 요소가 각각 만나는 지점들을 연결해 나가면 입체적인 지형도가 추상화될 수 있다. 세 요소에 관련된 데이터가 많으면 많을수록 문화지형도는 보다 촘촘하고 매끈하게 추상화될 수 있을 것이다.

이때 이러한 문화지형도가 다른 지역들과 변별성을 가지고 실제 의미 있는 결과가 나오기 위해서는 그 세 가지 좌표들이 객관적인 지표를 근거로 작성되어야 할 것이다. 지역, 지역사회, 문화(의례)와 같은 추상적인 대상을 객관적인 지표로 나타내는 일은 쉽지 않은 일이다. 추상적이고 관념적인 대상에 대해 개관적인 지표를 마련하는 것도 어려운 일이지만 그 지표가 자칫 주관적이고 자의적인 기준이 될 수 있기 때문이다. 그러나 이러한 작업이 전혀 불가능한 것도 아니다. 2013년에 한국문화관광연구원에서 시·군 단위의 지역문화의 발전 현황과 변화 추이를 측정하기 위해 '지역문화지표'를 개발하고 실제 지역별로 적용하여 그 결과를 도출한 바 있다.[100] 여기서는 지역문화지표를 정책, 인력, 활동, 인프라, 문화자원, 향유 및 복지 등 6개 영역으로 구분하고 각 영역별로 세부적인 지표를 마련하였다. 예를 들면, 지역문화인력 영역의 경우에는 인간문화재 수, 지역문화재 대비 문화재 관리 인력 비율, 학예사 수, 문화복지 전문인력 지역별 배치수, 사서 1인이 감당하는 도서대여 인구 수, 사서 1인이 감당하는 도서장서 수, 인구 천 명 당 사서 수 등이 구체적인 지표가 된다.[101] 이와 같은 작업은 지역·지역사회·의례의 문화지형을 도출하는 데 그 가능성과 모델을 제시해

• • •

100 한국문화관광연구원 편, 『지역문화 지표개발 및 시범적용 연구』, 문화체육관광부, 2013. 여기서 지역문화지표란 지역문화정책의 목표와 가치가 내재되어 있는 통계자료이며 지역문화의 발전 현황과 변화 추이의 파악을 위한 측정 도구이다. 또한 지역문화지표는 추상 개념인 지역문화의 구축과 발전 정도를 객관적·정량적으로 파악하는 기본 틀이며 보다 효과적인 지역문화정책 방향 정립의 토대가 된다. 같은 책, 4쪽.
101 위의 책, 9쪽.

주고 있다. 즉, 지역, 지역사회, 의례의 영역에 해당되는 지표를 마련하고 그 지표에 해당되는 지수를 도출할 것이다. 이렇게 도출된 지수는 각각의 축에 해당되는 좌표점을 갖게 될 것이고 이를 연결하면 삼차원의 문화지형을 얻을 수 있을 것이다. 각각의 영역에 해당하는 지표를 설정해 보면 다음과 같다.

먼저, 지역의 축에서 좌표점으로 제시되는 수치는 '지역의 발전도' 지표라고 설정해 볼 수 있다. 지역의 발전도는 인구의 변동, 경제적 성장 정도, 지역 인프라의 구축 정도 등을 종합적으로 고려하여 추출된 지표가 되어야 할 것이다. 다음으로, 지역사회의 축에서 좌표점으로 제시되는 수치는 '지역사회의 활성도' 지표라고 설정해 볼 수 있다. 지역사회의 활성도는 공동체의 운영, 참여 인원, 경비의 조달, 공동행사의 빈도 등을 종합적으로 고려하여 추출된 지표가 되어야 할 것이다. 마지막으로, 의례의 축에서 좌표점으로 제시되는 수치는 '의례의 전승도' 지표라고 설정해 볼 수 있다. 의례의 전승도는 의례의 참여도, 의례 조직의 운영, 절차 및 비용 등을 종합적으로 고려하여 추출된 지표가 되어야 할 것이다.

3. 연구의 기본 개념

이 책에서는 '지역'과 '지역사회(지역민)', 그리고 그들의 '의례'가 주요한 논의의 틀이 된다. 이들 개념은 각 학문 분야에서 다양하게 정의되고 있고 논자마다 각기 달리 바라보고 있어서 이에 대한 개념들을 정리하고 넘어갈 필요가 있다. 따라서 여기에서는 이 세 가지 개념에 대해서 상세하게 살펴보고자 한다.

1) 지역

(1) 지역의 개념

이 책에서 설정되고 있는 '지역地域'이라는 개념은 국내외에서 활발하게 논의되고 있는 담론 중의 하나이다. 이러한 지역이라는 용어는 지역학, 지리학, 사회학, 인류학, 민속학 등 다양한 영역에서 사용되지만 그 범주와 개념에 약간씩 차이가 있다.[102]

기존의 지역학area studies은 국제 지역학과 국내 지역학으로 대분해 볼 수 있다. 흔히 국제 지역학에서 말하는 지역이란 한국·일본·중국 등 국경선에 의해 구역된 지역이나 아시아-태평양 경제공동체(APEC) 등 정치·경제적 목적이 일치하여 조직된 지역 혹은 유교권·기독교권 등 동일한 종교나 문화를 공유하여 구분된 지역으로 인식되어 왔다.[103] 한편, 국내 지역학은 주로 시도 단위의 범주에서 다루어지고 있다. 이러한 국내 지역학으로는 서울학, 인천학, 부산학, 제주학 등이 대표적이다. 이와 같이 지역학에서 사용되는 지역이라는 용어는 거시적·세계적 혹은 시도 단위 범주의 것으로 이 책에서 다루고자 하는 미시적·행정 기본 단위 범주의 지역과는 차이가 있다.

인류학에서도 지역연구area studies라고 하여 지역학에서 다루는 지역의 개념과 유사한 범주를 가지고 지역을 연구한다. 주로 동남아, 라틴아메리카, 일본, 미국, 폴리네시아, 동구, 이슬람, 아프리카 등의 권역들로 나타난다.[104] 이처럼 '지역'이나 '지역학'이란 개념은 일찍이 미국 등 강대국에서 '발명'한 것으로 보기도 한다.[105] 이러한 지역의

• • •

[102] '지역'이라는 용어에 대한 영문 표기는 'region' 혹은 'area' 등으로 쓰인다. 일정한 물리적 공간을 중심으로 할 때는 'region'으로서의 지역 개념이 사용되지만 범위를 중심으로 하는 지역 개념일 때는 'area'를 사용한다. 정지웅 외, 『지역사회학』, 서울대학교 출판부, 2000, 1쪽. 이처럼 대체로 지리학에서와 같이 구체적이고 국지적인 범위를 나타낼 때는 'region'을 사용하며, 지역학이나 인류학 등에서와 같이 포괄적이고 권역적인 의미로 쓰일 때는 'area'를 사용하는 경향을 보인다. 그 밖에 'local'이나 'locality'가 있는데, 최근 부산대학교 한국민족문화연구소에서는 '로컬리티 인문학'을 지향하면서 '로컬'이나 '로컬리티'를 굳이 '지역'이나 '지방'으로 번역하지 않고 사용함으로써 그간 혼용해 온 개념을 포괄하고자 하는 연구를 진행하고 있다. 부산대학교 한국민족문화연구소편, 『로컬리티, 인문학의 새로운 지평』, 혜안, 2009, 21쪽. 즉, 지역이라는 말이 비교적 가치중립적인 수평적 개념으로 사용되어지고 있고 지방이라는 말은 국가 내지 중앙과 대비되어 위계성을 나타내는 개념으로 사용되는 경향이 있는데 이 양자를 포괄하는 의미에서 로컬이라는 용어를 그대로 사용하였다. 여기서 로컬은 규모 또는 관계의 측면에서 대비되는 대상에 따라 상대적인 개념이기는 하지만 국가 하부의 지방 단위를 의미한다. 같은 책, 42쪽.

[103] 한국외국어대학교 지역학연구회, 『지역학연구의 과제와 방법』, 책갈피, 2000, 13쪽.

[104] 전경수, 『지역연구, 어떻게 하나』, 서울대학교 출판부, 1999, 2쪽. 또한, 인류학에서는 지역과 비슷한 개념으로 '문화영역(culture area)'라는 개념이 있다. 이는 일정한 지역 내에서 살고 있는 인간 집단의 전통적인 문화를 중심으로 하여 지역들을 구분하는 방식을 말한다. 같은 책, 27쪽.

[105] 야노 토루 편, 아시아지역경제연구회 역, 『지역연구의 방법』, 전예원, 1998, 21~43쪽. 이 책에서 일본의 야노 토루 등은 '지역연구'(area studies)라는 용어가 강대국 미국에 의해 만들어진 '추악한 신조어'(ugly neologism)이라고 한 에드워드 사이드의 관점에 동의하면서 '지역'이나 '지역연구' 등의 개념에 대한 비판적 검토를 촉구했다. 정승모 역시 '지역학'이라고 번역된 'area studies'와 'regional studies'를 구별하면서 전자는 국가 또는 몇 개의 국가들

연구 방법으로 공동체 연구community studies나 구역 연구regional studies 등이 제시되고 있으나[106] 아직까지는 거시적 차원의 지역 개념이 보편적으로 통용된다.

지리학에서는 기본적인 연구 대상인 '땅'이 흔히 '지역region'이라는 개념으로 대용되는데 이 땅은 '장소place' 혹은 '공간space'이라고도 불린다. 이때 지역은 "지표면의 구체적인 어떤 부분을 점유하는 실체인 동시에 지인화地人化(regional personification)의 속성을 함께 함축하고 있는 것"으로 정의된다.[107] 이러한 '지역'은 경계를 가지는 지리적 범역을 말하며 장소나 공간이 자연 환경과 유기적으로 상호 작용하며 하나의 공통된 성향을 가진 집합체를 이룬 것이다. 이러한 지역은 소지역, 지역, 광역, 국가, 대륙, 범세계라는 다양한 스케일을 가진다. 한편, '장소'란 집, 고향, 모국처럼 애착을 느낄 수 있는, 감정 이입된 실존적 지리 영역을 의미한다. 이러한 장소는 농경생활에 기초하여 오랜 기간 정착한 땅에 머물면서 애착감을 형성하는, 즉 장소에 얽매이는 전통이 형성되기도 한다. 이들에 비해 '공간'은 기하학의 지리적 범위를 지칭하는 것으로 종합보다는 분석의 대상으로서 기능적으로 복잡하게 얽힌 도시를 연구할 때 주로 거론되는 개념이다.[108] 또한, 지역은 자연환경, 경제환경, 문화환경이 유기적으로 교차하여 구성되는 지리공간이다.[109] 이를 도식화하면 〈그림 4〉와 같다.[110]

최근 지리학에서는 미시적·국가적 범주의 지역을 다루되 단순히 공간적·지리적 개념으로서의 지역이 아닌, 다양한 요소들과 상호작용하며 변화하는 유기체로서 지역

• • •

을 묶는 거대 지형을 연구 대상으로 설정하며 발생학적으로 국가 간에 상대를 적으로 설정하고 적을 이기기 위한 수단으로서 상대 지역에 대한 지식을 축적하려는 의도로 시작된 것으로 보았다. 반면 후자는 전자와는 이해의 주체와 동기가 다르다고 할 수 있는데 즉 스스로에 대한 이해와 이를 통한 정체성의 정립을 목표로 한다고 보았다. 정승모, 「경기지역 연구에서 경기학으로」, 『경기문화』 2, 경기문화재단, 2010, 169쪽.

106 한국외국어대학교 지역학연구회, 앞의 책, 20쪽.

107 여기서 '지인화'란 자연적인 지표가 인간으로 인해 그 서식처로 창출되는 것을 말한다. 김인, 『현대인문지리학』, 법문사, 1986, 13쪽.

108 한국문화역사지리학회 편, 『한국역사지리』, 푸른길, 2011, 32~33쪽.

109 이때 자연환경은 자연자원, 생활 공급 체계 등을 말하고 문화환경은 문화유산, 가치·태도·인지 등 정치적·사회적 조직 및 상호작용을 말한다. 또한 경제환경은 경제 가치, 경제적 하부구조로서 생산체계와 조직 등을 말한다. 김인, 앞의 책, 15~16쪽.

110 〈그림 4〉는 김인, 위의 책, 15쪽 참조.

서론 : 도시 지역과 의례연구, 어떻게 할 것인가? 51

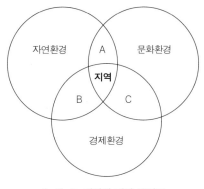

〈그림 4〉 지역의 개념 구성도
A : 자원의 문화적 가치
B : 자원의 경제적 가치
C : 경제-문화 환경의 관계

을 바라보기도 한다.[111] 이러한 관점은 필자가 논의하고자 하는 지역을 바라보는 기본적인 입장과 같다. 또한, 지리학에서 새로운 지역 연구를 위해 제시되고 있는 다양한 이론들은 지역 내의 지역사회와 문화의 상호 작용을 설명하고자 하는 이 책에서의 연구에 많은 시사점을 주고 있다.[112] 즉, 지리학에서 지역을 볼 때 인식론적 관점, 물리적 공간의 관점, 사회적 관점 등 다양한 관점에서 지역을 설명하고 있다. 먼저 인식론적 관점에서는 개별 혹은 집단적 인간의 주관이나 상상, 이념 등에 의해 만들어진 것으로 보며 물리적 공간의 관점에서는 물리학이나 기하학 등의 공간 개념을 적극 활용하여 지표의 다양한 현상 등을 인과 관계나 공간 법칙 등으로 이해하고자 한다. 또한, 사회적 관점에서는 지역이란 개념을 자연 발생적으로 주어진 것이 아니라 물리적 공간에 기초한 사회적 힘에 의해 형성된 것이며 이렇게 만들어진 지역은 역사적 시간 속에서 변화하는 것이라고 본다.[113]

사회학에서 지역region이란 물리적·지리적으로 일정한 공간적 영역[114]으로서 정의되는데 이는 주로 '지역사회community'를 설명하기 위해 사용된다. 즉, 지역 그 자체보

• • •

111 박규택·이상률, 앞의 논문, 1999, 16쪽. 특히, 여기서 지역 연구의 새로운 개념의 틀을 공간, 시간, 사회/자연의 상호 작용의 관점에서 이해하고자 하며 이를 실행하기 위한 중심 개념으로 공간, 시간, 사회/자연을 제시하고 있는 주장 등은 필자가 제시한 지역, 지역사회, 의례의 축의 개념과 유사한 면이 있다.
112 지리학에서 제시되고 있는 최근 지역연구의 방향을 보면, 공간은 사회적 힘(정치, 경제, 사회, 문화)에 의해 만들어지고 그 형성된 사회 공간은 내적 갈등이나 사회 공간간의 경쟁·마찰에 의해 사회변화에 적극적인 요인으로 작용한다는 '사회공간이론', 그리고 '신지역지리(new regional geography)'로 일컬어지는 이론들, 즉, 자본의 연속적 투자와 사회공간의 생산과 재구조화에 초점을 둔 정치경제학적 접근이나 구조와 행위 주체의 상호작용에 초점을 둔 구조화이론, 현상과 심층 구조의 관계를 연결시키려는 실재론적 관점 등의 연구가 있다. 위의 논문, 16쪽.
113 위의 논문, 17쪽.
114 이한기, 「지역사회문화론」, 『지역사회 종합 연구』, 교육과학사, 2005, 81쪽.

다는 지역 내 개인, 사회관계, 사회구조 등이 주된 관심이다.[115] 그럼에도 불구하고 지역에 대한 정의는 40여 개나 존재하고 있으며 많은 학자들이 지역을 등질적 단위 formal unit로 정의하고 있다.[116] 즉, "지역은 토지의 특성과 거주를 지표로 하여 일반적으로 등질성을 나타내는 영역의 윤곽을 그린 것"이라든지 "지역이란 환경적 요소들과 결합이 등질적인 경제, 사회적 구조를 형성하고 있는 영역"이라고 정의한다.[117] 이러한 정의들을 보면, 대부분 지역을 일정한 단위나 영역의 범주로 인식하고 있지만 다른 곳과 구별되는 성격이나 특징을 지닌 곳으로 인식하기도 한다. 이것을 사회학에서는 공간적 패러다임과 문화적 패러다임으로 구별하기도 한다.[118] 대체로 지역region은 물리적 형태를 가진 일정한 영역의 공간으로서의 의미를 가지며 전체의 일부 지역으로서 최소한 지구 표면상의 한정된 공간을 의미한다.[119] 사회학에서는 이처럼 지역에 대한 사회학적 고찰을 하는 분야로 '지역사회학regional sociology'이 있다.[120]

민속학에서 지역은 민속의 현장 혹은 민속 전승의 공간적 배경을 의미한다. 그러나 그간 민속학계에서는 지역이 가지는 의미에 대해 진지한 고민이 없이 연구 대상의 공간적 범주로서만 인식되어 왔던 것도 사실이다. 즉, 농촌 지역/도시 지역, 해안 지역/내륙 지역, 서울 지역/경기도 지역 등으로 지역적 범위를 한정하고 이 제한된 지역 내에서 전승되는 민속에 대해 기술하고자 할 때 지역이라는 용어가 사용된다. 그러나, 민속학에서도 지역이 가지는 의미는 민속 전승의 공간적 범위로서의 지역이라는 의미를 넘어서서 민속을 기술하는 데 결정적이고 매우 효용성이 있는 개념이라는 것을 강

• • •

115 이은진, 「사회학 연구에서의 지역의 위치」, 『지역사회학』 10권 2호, 지역사회학회, 2009, 6쪽.
116 임형백, 「지역사회학」, 『지역사회 종합 연구』, 교육과학사, 2005, 50쪽.
117 위의 논문, 76~77쪽.
118 즉, 공간적 패러다임은 일정한 물리적 공간을 중시하는 개념이고 문화적 패러다임은 지역사회의 인간적 요소가 강조되는 개념이다. 정지웅 외, 앞의 책, 1쪽.
119 위의 책, 2쪽.
120 사회학에서는 공동체적 특성에 연구의 초점을 맞춘 '지역사회학(Sociology of community)'과 지역의 사회학적 고찰에 초점을 맞춘 '지역사회학(regional sociology)'을 구별하기도 한다. 임형백, 앞의 논문, 49쪽. 지역사회학이 탄생하기 전인 20세기에는 농촌사회학과 도시사회학 · 도시생태학이 나뉘어져 있었는데 20세기 중반에는 이 둘을 합하여 '지역사회학'이라는 광범한 학문이 탄생하였다. 정지웅 외, 앞의 책, 5쪽.

조할 필요가 있다.

이 책에서는 '지역'을 지리적・공간적인 범주로서의 개념 이외에도 역사적・시간적인 성격과 도로・교통・시설 등의 물적 토대 등도 고려된 포괄적인 개념으로 사용하고자 한다. 즉, 어떤 지역을 상정할 때 단순하게 지리적・공간적인 의미만을 염두에 두는 것이 아니라 그 지역의 역사적인 발전 과정과 의미, 그리고 그 지역의 물적 토대를 이루고 있는 여러 요소들까지를 고려한다.[121] 이러한 '지역'에 대한 천착은 그 지역에 살고 있는 '민民'의 존재 양태를 가장 근접하게 이해할 수 있는 '맥락context'을 제공한다.

또한, 이 책에서는 서울이라는 지역을 연구 대상 지역으로 설정하고 있는데 주지하다시피 서울의 행정 구역 상의 범위는 역사적으로 몇 차례의 변동을 거쳐 왔다. 그러나 여기서는 시기별 범위에 얽매이지 않고 현재 최종적으로 구획된 서울의 범위에 속한 지역들을 대상으로 논의를 전개할 것이다. 보다 세부적인 분석 대상 지역은 현재 동洞 단위 정도의 지역이 될 것이다. 동 단위의 지역은 전술한 지역의 성격을 가장 동질적으로 형성하고 있는 범위가 되며 실제 공동체 의례 역시 단일하게 나타나는 경우가 일반적이다. 따라서 논의의 균질성과 비교 고찰의 형평성을 위해서는 분석의 범위를 동 단위로 설정하는 것이 합당할 것으로 생각된다.

(2) 도시의 지역적 특성

이 책에서는 서울이라는 도시 지역을 다루고 있다. 따라서 기본적으로 도시라는 지역적 특성을 전제로 하고 있다. 여기에서는 이 도시의 개념과 그 지역적 특성에 대해

• • •

121 전술했던 일본의 야노 토루 등의 '지역연구'에서 다카야 요시카즈는 '지역'의 개념을 '지역이란 그 자체가 존재 의의를 가지고 있는 것 같은 범위, 더 확실히 말하자면, 거기에서는 주민들 공통적인 세계관을 가지고 있는 것 같은 범위'로 설정하고 있다. 이 연구에서 사용하고 있는 '지역'의 개념에 보다 근접한 진술을 보여 주고 있다. 야노 토루 편, 아시아지역경제연구회 역, 앞의 책, 21~43쪽. 또한, 지역문화연구에 있어서 공간성・시간성・계급성을 표방하고 있는 (사)지역문화연구소에서는 '지역체계'와 '역사문화지형'이라는 가설적 개념을 제시하고 있다. 지역문화연구소, 앞의 책, 2010. 이 역시 이 연구에서 제기한 지역・지역사회・의례의 문화지형이라는 개념에 많은 시사점을 주고 있다.

간략하게 살펴보고자 한다. 이 도시를 대상으로 한 연구 역시 사회학, 지리학, 역사학, 인류학, 민속학 등에서 분과 학문 혹은 분과 학문까지는 아닐지라도 중요한 연구 영역으로 자리를 잡고 있다.

사회학에서는 도시라는 공간 단위 내에서 발생하는 인간 관계, 조직, 제도 등의 사회적 측면을 다루는 학문을 '도시사회학'이라고 한다.[122] 사회학에서는 도시를 '공생성'이 강한 공동체로 간주하고 도시화에 의해 야기된 현대의 기술, 제도, 신념, 이데올로기 체제 등의 특성을 '도시주의urbanism'이라 하여 도시 연구의 범주로 보고 있다.[123] 사회학에서 시·공간의 개념을 사회현상에 접목한 주장에 따르면 도시 공간이란 시·공간의 경로를 따라 구조와 행위가 복잡하게 얽힌 생활체계로 바라본다. 또한, 시·공간의 거리화time-space distanciation로 사회 변동을 설명하는 기든스의 '구조화이론structuration theory'[124]이나 도시 경관을 국가 권력과 자본, 계급 등을 표현하는 텍스트로서 해석하기도 한다.[125] 특히, 도시사회학은 "도시라는 공간단위 내에 상대적으로 자율적인 현상을 가지고 출현하는 사회적 측면, 특히 사람의 관계, 조직, 제도 등을 독자적으로 다루는 학문"[126]으로서 도시와 지역, 문화의 상관성을 살피는 연구에 다양한

· · ·

122 조명래, 『현대사회의 도시론』, 한울아카데미, 2002, 18쪽.
123 공동체는 공동의 이해와 운명의 성격을 띤 '공속적 사회집단'과 상호 보완적 관계와 교류가 중심이 되는 '공생적 사회집단'으로 나뉘는데 전자는 농촌의 경우에 해당되고 후자는 도시의 경우에 해당된다. 공생적 사회집단이 성립되기 위한 요건으로는 사람, 지리적 공간, 사회적 상호작용, 제도적·문화적·이념적 공동 유대 등이 있다. 위의 책, 20~23쪽.
124 기든스는 기존 사회학에서 논쟁이 되어 온 인간주의와 구조주의의 대립을 넘어 선 통합적인 이론을 제시하였는데 이것이 구조화 이론이다. 구조화 이론에서는 구조(structure)가 행위(action)의 단순한 제약적 장애가 아니라 오히려 행위가 구조에 의존하기 때문에 사회체계의 구조적 특성은 사회적 실행을 위한 매개가 됨과 동시에 그 산물로 본다. 따라서 구조화 이론에서는 인간의 행위가 매일의 맥락 속에서 어떻게 구조화되고 또 행위의 구조화된 사상이 그 행위 수행에 의해 어떻게 재생산되어지는가 하는 것이 중심 과제가 된다. 강학순·박찬석, 「기든스(A. Giddens) 구조화이론의 지리학적 함의와 문화경관 해석」, 『지리학』 27권 2호, 대한지리학회, 1992, 131쪽. 여기서 '구조화(structuration)'란 '규칙'과 '자원'이라는 매개에 상호 행위가 의존하는 그리고 이들 매개를 통해서 상호행위가 구조를 (재)생산하는 매커니즘을 말한다. 같은 논문, 134쪽. 또한 기든스는 사회체계의 변동에 있어서 시간과 공간의 문제를 고려하였다. 즉, 사회적 상호 행위는 시간과 공간 속에서의 현재(presences)와 부재(absences)의 혼합으로 나타나며 사회체계는 시간과 공간에 걸쳐 어떻게 통합되어지는가 하는 관점(시간-공간의 거리화, time-space distanciation)으로 보아야 한다고 했다. 같은 논문, 139쪽. '현재'가 대면접촉과 같은 것이라면 부재는 비대면접촉으로서 사회 발전에 따라 비대면접촉이 주요한 경향이 되면서 시공간적으로 확장되면서 시공간의 압축이 일어나게 된다. 이처럼 사회 체계의 변화에 시공간적 영향을 나타내는 개념이 '시공간의 거리화'인 것이다.
125 김왕배, 『도시, 공간, 생활세계 : 계급과 국가 권력의 텍스트 해석』, 한울, 2008(2000 초판), 21쪽; 30쪽; 134~135쪽.

이론적 배경을 제시해 주고 있다. 즉, 도시사회학에서 설정한 도시사회학의 영역인 '하부구조차원(인구·공간·환경) - 사회조직 차원(사회조직) - 문화·구조·이데올로기 차원(가치·신념·상징)'[127]의 개념은 이 책에서 설정된 '지역 - 지역사회 - 의례(문화)'의 개념과 유사함을 알 수 있는데 이는 필자가 시도하려는 지역·지역사회·의례의 문화지형론에 많은 시사점을 주고 있다.

또한, 전술한 시간과 공간, 구조와 행위를 엮는 기든스의 구조화 이론이나 부르디외의 아비투스habitus의 개념[128] 등은 도시공간의 생활세계를 이해하는 데 매우 유용한 이론적 배경을 제시하고 있다.[129] 도시에 대한 구체적인 연구로는 도시생태학, 도시근린近隣, 도시 계층과 민족집단ethnicity, 사회참여(교회, 클럽, 노동조직, 정치조직 등), 도시마을urban village, 도시공동체, 소수집단, 교외郊外, 주택, 도시범죄, 도시정책 및 도시계획 등에 대한 연구 등이 있다.[130] 이 중에 '도시마을'에 대한 연구는 허버트 갠즈Herbert J. Gans의 『도시의 마을사람들Urban Villagers』[131]에서 본격적으로 다루어진 바 있다. 갠즈는 미국 도시의 슬럼지역과 같이 생존력이 없고 평판이 나쁜 지역들과 이 도시마을을 구별하고자 했다. 즉, 보스턴의 웨스트 엔드를 조사하면서 이 지역은 슬럼과 달리 생존력 있는 도시의 공동체 형태를 가지고 있다고 보았다.[132] 이러한 갠즈의 논의는 이후 도시마을에 대한 관심과 연구를 촉발시키는 계기가 되었다.

이러한 사회학의 이론들은 도시 지역사회와 그 민속을 분석하는 데 있어서 입체적

• • •

126 조명래, 『현대사회의 도시론』, 한울아카데미, 2002, 18쪽.

127 위의 책, 27쪽.

128 부르디외는 일상생활에서 인간은 전통과 관습, 즉 사회적으로 틀 지워진 일정 성향인 '아비투스'가 형성되며 이 아비투스는 사회적으로 구성된 인식 및 행위구조체계로서 일상적 삶을 통해 형성되고 재생산되는 것으로 보았다. 김왕배, 앞의 책, 90쪽.

129 위의 책, 21쪽.

130 Robert A. Wilson, David A. Schulz 저, 유시중 외 역, 『도시사회학』, 경문사, 1988.

131 Herbert J. Gans, *The Urban Villagers*, New York : The Free Press, 1962.

132 갠즈는 도시 지역을 '도시의 밀림(urban jungle)'과 '도시의 마을(urban village)'를 구별하였다. '도시의 밀림'은 주로 독신자, 병리적인 가족, 사회로부터 숨어사는 사람들 등 평판이 나쁜 사람들로 구성되어 있지만 '도시의 마을'은 유럽 이민자들이 비도시적 제도와 문화를 도시적 환경에 적응시키려고 노력하는 지역이라고 보았고 도시의 마을은 외관상 비슷할지라도 진실로 슬럼이나 밑바닥 거리가 아니라고 주장하였다. Robert A. Wilson, David A. Schulz 저, 유시중 외 역, 앞의 책, 221쪽.

이고 역동적인 관점을 제공해 주고 있다. 즉, 도시 지역의 민속은 향촌 지역에 비해 상대적으로 개방적이며 다양하고 복잡한 관계망에 의해 행해진다. 그 주체들 역시 다양한 신분과 직업을 지니고 있다. 특히, 도시 지역에서 민속을 주도하는 세력은 향촌 사회에 비해 그 지역의 경제적 · 정치적 상황에 따라 부침浮沈이 반복되는데 이러한 변화는 또 다시 민속에도 영향을 미치게 된다. 이처럼 변화무쌍한 도시 지역의 민속을 분석하는 데는 보다 입체적이고 역동적인 관점이 필요한 것이다.

지리학에서 도시에 대한 연구는 주로 중심지 이론이나 문화 경관 이론, 시간지리학 등에서 다루어져 왔다. 특히, 문화지리학에서 문화경관culture landscape[133]이라는 개념이 있는데 사우어C. D. Sauer에 의해 집대성된 개념이다. 여기서, 문화경관이란 자연경관에 인간이 인공을 가해 변형된 경관을 말하는데, 이 과정에서 문화가 가장 중요한 동인이 된다. 시간의 흐름 속에 문화는 변화하며 이 문화의 영향 아래 새로운 문화경관이 창출된다. 영국과 미국에서는 경관의 형성 과정과 그 속에 포함된 인간의 사상에 주목하는 경관 연구가 지속적으로 행해지고 있으며 최근에는 경관에 내재된 물적 토대인 사회적 관계, 권력, 성性 등을 다루며 경관의 의미와 상징성에 초점을 두는 연구도 많이 행해지고 있다.[134]

지리학의 궁극적 과제 중의 하나가 '사회관계와 공간구조'에 관한 논의[135]라고 하는 것처럼 도시지리학은 도시 지역의 사회관계와 도시공간구조에 대한 논의라고 할 수 있다. 이러한 도시지리학 분야에서도 기든스의 구조화이론을 활용하여 문화경관을 해석하는 연구 등이 진행되고 있다. 특히 지리학에서는 '사회공간이론'이나 '시간지리학' 등의 이론이 있는데 사회공간이론에서는 "공간과 사회의 상호관계에 관한 것으로 공간은 사회적 힘(정치, 경제, 사회, 문화적 힘)에 의해서 만들어지고 형성된 사회공간은 내적 갈등 혹은 분리된 사회공간간의 경쟁, 혹은 마찰에 의해서 사회변화에 적극적인 요인

• • •

133 C. D. Sauer, *Human Geography*, Blackuell Publishers Ltd., 1996.
134 김봉수, 「서울 용산의 경관변화에 관한 연구 : 조선후기부터 일제시대까지」, 『지리교육논집』 45, 서울대학교 지리교육과, 2001, 27쪽.
135 강학순 · 박찬석, 앞의 논문, 129쪽.

으로 작용한다는 것"[136]이 핵심적인 내용이다. 또한 시간지리학이란 "매일의 틀에 박힌 개인의 활동이 공간과 시간을 통한 경로로 표현"될 수 있으며 주어진 시간대 속 개인의 삶의 시공간적 '코레오그라피Choreography'에 관심을 가지는 것이다. 이러한 방법론을 사용하면 상이한 개인 혹은 집단의 다양한 장소 이용과 길 이용을 그래픽이나 지도로 그릴 수 있다는 것이다.[137] 이러한 방법론은 비록 시간에 따른 개인적 경로를 지리학적으로 구현하는 것이지만 시공간적 개념을 가시적인 그래프로 표현할 수 있다는 점에서 필자가 시도하려고 하는 문화지형도의 구체적인 구현 가능성을 보여주고 있다. 특히, '지역'의 개념을 "한정된 물리적 공간에 기초한 다양한 사회·자연적 현상들이 상호 작용하여 형성, 지속/갈등, 변화되는 유기체"[138]로 보는 지리학적 정의 역시 이 책에서 말하는 '지역'에 대한 기본적인 관점과 유사하다.

역사학에서도 조선시대나 일제강점기의 도시에 대한 연구가 활발하게 진행되어 왔다. 특히 성곽, 철도, 근대건축 등의 도시 시설, 군사 시설, 도시 계획 등에 대한 연구와 상업과 교통의 발달에 따른 도시의 변화 등에 대한 연구들이 많다. 역사학에서도 도시에 대한 성격을 촌락 혹은 향촌 사회와는 다르게 규정하고 있다. 일찍이 한국 도시사의 기틀을 마련한 손정목은 도시란, 대화 기능이 일정한 지역 공간에 집중적으로 투영된 상태이며 각종 정보가 집중되는 지역이라고 보았다.[139] 그는 특히 17세기 후반에서 19세기 전반의 서울은 몰락한 양반들이 하향하고 지방에서 이탈한 농민들이 상경하여 주민층의 교체 현상이 일어나고 있었고 당시 서울의 사실상의 주역은 역관이나 의생 등 중인 계급과 상공인 층으로 소위 중산층이 주역으로 등장하고 있었다고 하는 탁견을 제시한 바 있다.[140] 또한, 서울 상업 발달사를 집중적으로 연구한 고동환

• • •

136 박규택·이상률, 앞의 논문, 1999, 15쪽.
137 마르쿠스 슈뢰르 저, 정인모·배정희 역, 『공간, 장소, 경계 : 공간의 사회학 이론 정립을 위하여』, 에코리브르, 2010, 124쪽.
138 위의 책, 16쪽.
139 손정목, 『조선시대 도시사회연구』, 일지사, 1977, 25~26쪽.
140 위의 책, 163~164쪽.

은 18세기 후반에 대동법이 실시되면서 노동력의 상품화와 고립제雇立制 등이 나타나고 사상도고私商都賈 등이 출현하면서 중세 국가의 인격적 예속을 바탕으로 한 지배체제가 향촌보다 도시에서 먼저 해체되어갔다고 하여 향촌 사회와의 차별성을 명확히 하였다.[141] 이러한 도시에 대한 역사학에서의 연구들은 시대별 도시의 지역적 특성을 이해하는 데 많은 도움을 준다. 즉, 조선시대만 하더라도 서울은 신분의 구성에 있어서나 지배 체제 혹은 예속 관계 등에 있어서나 당시 향촌 사회와는 명확히 구별되는 사회 체계를 가지고 있었음을 알 수 있다. 이러한 차별성은 도시 지역 민속을 역사적으로 통찰하고자 할 때 반드시 염두에 두어야 할 기본적인 인식이다.

인류학에서도 미개척 지역에 대한 연구에서 점차 도시나 산업화 지역에 대한 조사가 늘고 있으며 이를 도시인류학으로 칭하기도 한다. 도시인류학이 인류학의 한 분야로 등장하기 시작한 것은 1960년대부터 1970년대 초 무렵이다. 그 전인 1950년대부터 개발도상국의 노동이동과 도시화의 문제에 대한 인류학적 연구가 있었고 '도시인류학'이란 명칭도 1960년대부터 사용하기 시작하였다.[142] 도시인류학을 연구하는 데 있어서 갖춰야할 기본적인 시각으로 첫째, 문화와 사회의 제요소가 상호 관련되어 있어 하나의 체계를 이루고 있으며 둘째, 민족성ethnicity에 대한 개념과 문화상대주의적 입장을 도시 연구에 적용해야 하며 셋째, 도시와 농촌은 상호 밀접하게 연결되어 있으므로 농촌으로부터의 이주자가 어떻게 도시에 적응하고 문화가 어떻게 변하는가에 관심을 가져야 하며 마지막으로 성장 배경이 다른 도시들 간의 비교학적 관점에서 도시를 연구해야 한다고 제안하고 있다.[143] 도시인류학의 구체적인 연구들을 보면 롬니츠Lomnitz의 멕시코시 판자촌 주민들에 대한 연구, 펄만Perlman의 리오데자네이로의 무허가 슬럼이나 파벨라스favelas(무허가 판자촌)에 대한 연구, 카이저Keiser의 시카고 거리 갱단인 '악마왕Vice Lords'에 대한 연구, 리보Liebow의 워싱턴 길모퉁이의 특정 흑인집단

• • •

141 고동환, 『조선후기 서울상업발달사연구』, 지식산업사, 1998, 306~307쪽.
142 中村孚美 編, 『都市人類學』, 東京 : 至文堂, 昭和59年(1984), 7쪽.
143 한상복 외, 『문화인류학개론』, 서울대학교출판부, 1985, 442~443쪽.

에 대한 연구, 스프래들리Spradley의 시애틀 '도시부랑자urban tramps'에 대한 연구 등이
있다.[144]

한국에서는 도시마을urban village과 근린에 대한 연구,[145] 신도시에 대한 연구,[146] 도시
민의 생활,[147] 도시화와 지역사회의 변화,[148] 도시 빈민 연구[149] 등의 연구가 행해지고
있다. 이처럼 도시인류학에서는 역동적이고 다양한 도시인의 삶과 문화를 이해하기 위
해 총체적이고 비교학적인 방법 이외에 '연결망 분석network analysis', '상황분석situational
analysis', '주변부marginality 이론', '공식·비공식 부문의 구분', '분절segmentation과 정합
articulation에 대한 시각' 등이 동원된다.[150]

민속학에서는 도시민속학이라는 이름으로 도시 지역의 민속이 다뤄지고 있다. 도시
민속학은 미국, 독일, 일본 등지에서 일찍부터 시작되었지만 한국의 경우에는 최근에
야 점차 논의되는 형편이다.[151] 미국에서는 1970년대부터 리처드 도슨 등에 의해 응용
민속학Applied folklore 내지는 도시민속학이 제기된다. 리처드 도슨은 "민속학자들은
사람들을 다룬다. 그리고 이제 사람들은 시골을 떠나 도시에 모여들었다."라고 하여
'도시의 민중집단folk group'에 대한 연구를 제안하며 "오늘날 민속학은 과거를 연구하
는 학문으로서 뿐만 아니라 현재를 연구하는 학문으로서도 지향되어야 한다."라고 주
장하였다.[152]

• • •

144 Roger M. Keesing 저, 전경수 역, 『현대문화인류학』, 현음사, 1993, 581~587쪽.
145 박미혜, 「'도시촌락민'으로 살아가는 지역자영업자 : 자영업자의 근린 활동과 호혜관계」, 서울대학교 대학원 석사학
위논문, 2010; 권혁희, 앞의 논문, 2012.
146 박지환, 「분당 신도시의 사회적 생산과 구성 : 계급-공간의 사회문화적 형성에 관한 연구」, 『한국문화인류학』 38-1,
한국문화인류학회, 2005.
147 한상복, 「도시생활」, 『한국사회』 3, 서울대학교 인구및발전문제연구소, 1978; 송도영, 「문화산업의 속도성과 도시
적 일상문화 성격의 형성 : '방 문화'를 중심으로」, 『한국문화인류학』 33-2, 한국문화인류학회, 2000.
148 이창언, 「도시화와 지역사회의 재구조화」, 『한국문화인류학』 28권 : 내산 한상복 교수 회갑기념호, 한국문화인류학
회, 1995; 권혁희, 앞의 논문, 2012.
149 김효진, 「영등포 쪽방촌 주민들의 삶과 도시빈민 공간으로서의 기능」, 한양대학교대학원 석사학위논문, 2009; 조
옥라, 「여성인류학자 시각에서 본 도시빈민 지역운동 : 서울 사당2동 사례 연구를 중심으로」, 『한국문화인류학』
22-1, 한국문화인류학회, 1990.
150 한상복 외, 앞의 책, 448쪽.
151 아래 한국에서 진행된 도시민속학에 대한 연구 내용은 졸고, 앞의 논문, 2008a에서 참고하였다.
152 Richard M, Dorson, *Folklore in the Modern World*, Abstract : IXth International Congress of Anthropological

독일에서는 2차 세계대전 이후 모저, 크라머 등이 이끄는 뮌헨학파에 의해 도시민속학이 시도된다. 그들은 "민속은 역사를 초월한 고정된 결과물이 아니라 역사와 역사적 움직임을 통해 생성된 역사적 산물"이라고 주장한다.[153] 이처럼 이들은 민속학을 '과거학'이 아닌 '현재학'으로서 인식하고는 있었으나 주로 역사 민속학적 연구 방법을 취하여 본격적인 도시민속학으로 나아가지 못한 것으로 보인다. 반면, 발터 헤베르니크와 그의 함부르크대학의 민속학자들은 "민속적인 생활 방식과 민속적인 문화가 현대의 산업화와 전문화되어 있는 사회 안에서도 적용되고 있다는 점을 포괄적으로 정리"[154]하여 본격적인 도시민속학이 시작되고 있다. 이후 튀빙겐 연구소 등 전문 연구소들이 설립되면서 민속지도(ADV : Atlas der Deutschen Volkskunde), 민속 아카이브 등의 체계적이고 실제적인 작업이 수행되기에 이른다. 1970년대 이후부터 독일 민속학은 '문화변동', '비평적 경험문화학', '의사소통학' 등의 방법론이 등장하면서 그 대상과 연구의 폭을 넓혀가게 된다. 그 대표적인 학자로 헤르만 바우징거를 들 수가 있다. 현재 독일의 도시민속학은 '수공업·장인의 연구'에서부터 '휘트니스와 웰빙과 육체갈증(신체욕구)'에 이르기까지 도시의 온갖 일상을 그 대상으로 하고 있어 실용 내지는 응용민속학의 영역으로 확대되는 시점에 와 있다.

일본의 민속학은 도시민속학을 빼고서는 말할 수 없을 정도로 도시민속학이 차지하는 비중은 지대하다.[155] 일본에서 도시에 대한 관심은 일본 민속학의 태두라 할 수 있는 야나기타 구니오柳田國男[156]에서부터 시작된다. 그는 "도시에는 독자獨自의 핵심이 없고, 촌의 민속이 도시로 옮겨져 원형原型으로서의 민속이 도시에서 변화하고 그 위에 변화한 형型이 다시 촌으로 되돌아가 거기서 촌이 도시화한다"라는, 소위 '도비연속체론都鄙連續體論'을 제창하였다.[157] 이후 미야모토 츠네이치宮本常一, 쿠라이시 타다이

···

and Ethnological Science, Chicago, 1972; 이두현 외, 『한국민속학개설』, 일조각, 1991, 7쪽.
153 이정재, 「독일의 도시민속학 연구 경향」, 『한국민속학』 41, 한국민속학회, 2005, 150쪽.
154 위의 논문, 158쪽.
155 이와모토 미치야(岩本通弥), 「일본도시민속학의 현재」, 『일본 연구』 6, 중앙대학교 일본연구소, 1991, 242쪽.
156 야나기타 구니오(柳田國男), 「都市と農村」, 『定本柳田國男集』 16권, 朝日新聞社, 1929.

코쿠라 이시타다히코石忠彦, 미야타 노보루宮田登 등에 의해 도시민속학이 확고하게 자리를 잡아 나가게 된다. 특히, 미야타 노보루[158]는 야나기타 구니오의 관점을 완전히 벗어나 도시에는 농촌과는 다른 별종의 상민常民이 존재하고 있으며 이들이 현대 도시에서 벌어지고 있는 미신적이고 비합리적인 현상의 주체들임을 간파하고 '도시에서 발생한 민속의 발견'에 주의를 기울이게 된다.[159] 이러한 논의는 '도시이질론都市異質論'으로 정립되었으며 이후 구승문예의 한 장르인 '세상이야기世間話'를 확장하여 '입이 찢어진 여자口裂け女'와 같은 '도시전설'의 영역을 개척하기에 이른다. 여기서 더욱 발전된 논의는 나카노 다카시中野卓,[160] 오오츠카 에이지大塚英志[161] 등의 저작에서 발견된다. 나카노 다카시는 '구술의 생활사'와 라이프히스토리론 등을 제창하였는데 이는 민속학의 조사 대상이 집단에서 개인으로 옮겨가게 된 전환점을 마련했다고 할 수 있다. 오오츠카 에이지는 일본의 소비 양태와 문화적 저변에 깔려 있는 '소녀성少女性'을 날카롭게 분석해 내었다. 이러한 시도는 일상생활에 대한 연구를 통해 '문화의 번역'을 이끌어낸 좋은 사례가 된다.[162]

한국에서 도시민속에 대한 본격적인 논쟁은 1971년에 있었던 김태곤, 이상일의 문제 제기에서 시작된다. 이상일은 도시민속학을 현대민속학의 과제로 제기했고 김태곤은 민속학이 '과거학'이 아닌 '현재학'으로 나아가야 하며 이를 위해 민속학의 대상 영역을 '벽지의 민간인은 물론 도시의 민간인까지 포괄하는 현재의 민간층의 생활·문화 현상까지 확장'해야 한다고 역설한다.[163] 이후에 김택규,[164] 박계홍[165] 등도 도시민속학에 관심을 가지고 그 논의를 이어갔으며 이후 나경수,[166] 임재해,[167] 장철수[168] 등에

●●●

157 박계홍, 「일본의 도시민속학」, 『한국민속학』 16, 민속학회, 1983, 102~103쪽.
158 미야타 노보루(宮田登), 『都市民俗論の課題』, 未來社, 1982.
159 박계홍, 앞의 논문, 1983, 250~252쪽.
160 나카노 다카시(中野卓) 편, 『叢書ライフ·ヒストリ-1·口述の生活史』, 御茶ノ水書房, 1977.
161 오오츠카 에이지(大塚英志), 『少女民俗學』, 光文社, 1989.
162 이와모토 미치야(岩本通弥), 앞의 논문, 1991, 260~270쪽.
163 김태곤, 앞의 책, 1984, 48~60쪽.
164 김택규, 「한국에 있어서 민족학의 방향」, 『인간과경험 동서남북』 1, 한양대학교 민족학연구소, 1988.
165 박계홍, 『한국민속학개론』, 형설출판사, 1987.

의해 그 논의가 비교적 구체화되기에 이른다. 21세기가 시작되면서 도시민속학은 학회나 대학 연구소의 심포지움 등을 통해 한국 민속학의 본류에 서서히 그 모습을 드러내게 된다. 일상문화연구소,[169] 실천민속학회,[170] 경희대 민속학연구소,[171] 한국민속학회[172] 등이 대표적이다. 그 이후로 여러 학자들이 이러한 흐름에 가세함으로써 도시민속학에 대한 논의가 더욱 활기를 띠고 있다.[173] 특히 전술했던 '도시마을'이나 도시민속학의 문제를 전면에 내세운 학술대회도 여러 차례 개최된 바 있다.[174]

지금까지 한국에서 진행된 도시민속학의 연구 대상에는 도시 지역에서 전통적으로 행해지는 민속을 다룬 경우와 현대에 와서 도시 지역을 중심으로 생겨난 관행들을 다룬 경우가 있다. 전자인 경우에는 도시 지역 의례나 신앙,[175] 세시풍속[176] 등이 있고 후

• • •

166 Richard M. Dorson 편, 나경수 역, 『민속조사방법론』, 전남대학교 출판부, 1995.
167 임재해, 「민속학의 새 영역과 방법으로서 도시민속학의 재인식」, 『민속연구』 6, 안동대학교 민속학연구소, 1996.
168 장철수, 『한국 민속학의 체계적 접근』, 민속원, 2000.
169 일상문화연구회, 『한국인의 일상문화』, 한울, 1996.
170 임재해 외 저, 실천민속학회 편, 『민속문화의 새 전통을 구상한다』, 집문당, 1999; 『민속문화의 지속과 변화』, 집문당, 2001.
171 경희대학교 민속학연구소 편, 『한국문화연구』 6, 2002; 『한국문화연구』 7, 2003. 여기서는 2차례 진행된 도시민속에 대한 기획 학술대회의 결과물이 실려 있다.
172 한국민속학회 편, 『한국민속학』 41, 2005. 여기서는 〈도시공간 위의 민속문화 양상〉이라는 주제로 진행된 학술대회의 결과물이 실려 있다.
173 박환영, 「도시와 민속의 현장」, 『한국문화연구』 6, 경희대 민속학연구소, 2002; 『도시민속학』, 역락, 2006; 강정원, 「민속학과 현대사회, 도시」, 『한국문화연구』 7, 경희대 민속학연구소, 2003; 주영하, 「출산의례의 변용과 근대적 변화 : 1940~1990」, 『한국문화연구』 7, 경희대 민속학연구소, 2003; 이정재, 「독일의 도시민속학 연구 경향」, 『한국민속학』 41, 한국민속학회, 2005.
174 2013년에 안동대학교 민속학연구소에서는 도시마을을 주제로 학술지(『민속연구』 27, 안동대학교 민속학연구소, 2013)를 발행한 바 있다. 여기에 실린 논문들은 다음과 같다. 정형호, 「도시마을 민속 연구의 필요성과 접근 방법」; 김정하, 「도시마을 현대민속의 역동성과 진정성」; 이창언, 「도시화와 제의 주재집단: 대구시 진천동 동제 주재집단의 사례」; 이용범, 「도시마을에서의 마을신앙 변화 : 마을제의의 성격과 기능의 변화를 중심으로」; 권혁희, 「서울에서 마을 찾기 : 도시마을은 어디에 존재하는가?」; 권봉관, 「도시의 '마을만들기'에 다른 공동체의 형성과 메티스의 기능」. 그간 도시민속학을 주제로 개최된 주요 학술대회는 다음과 같다. 한국민속학회 제169차 학술대회 『도시공간 위의 민속문화 양상 I』(2005년 2월 25일~26일), 한국민속학회 제172차 학술발표회 『도시민속학의 방법과 향방 II』(2006년 2월 10일), 한국민속학회 2010년 동계학술대회 『도시 속 민속 전승의 실제』(2010년 12월 10일~11일), 경인민속학회 제1회·2회 학술발표회 『도시 민속 연구의 현재와 미래 I·II』(2009년 3월 28일; 2009년 9월 26일), 2015년 한국민속학대회 『도시와 민속, 소통과 연대』(2015년 10월 30일~31일).
175 정승모, 「마을공동체의 변화와 당제」, 『한국문화인류학』 13, 한국문화인류학회, 1981; 강정원, 「근대화와 동제의 변화 : 부천 먼마루 우물고사를 중심으로」, 『한국문화인류학』 35-1, 한국문화인류학회, 2002; 김시덕, 「현대 도시공간의 상장례 문화」, 『한국민속학』 41, 한국민속학회, 2005; 정형호, 「20C 용산지역의 도시화 과정 속에서 동제당의 전승과 변모 양상」, 『한국민속학』 41, 2005; 권혁희, 「마을 의례의 창출과 참여집단 : 노량진 장승제를 중심으

자인 경우에는 도시 괴담,[177] 귀성歸省 풍속이나 택시기사 등 특정 직업인들의 속신[178], 도시 문제[179]나 대중문화[180] 등이 있다.

이와 같은 도시 지역 민속을 연구하는 데 있어서 기존 민속을 바라보는 관점과 비교하여 달라진 것이 있다면 도시를 농촌과는 구별되는 이질적인 공간으로 바라본다거나[181] 1일을 주기로 하는 도시의 일상 등 시간의 단위를 도시 생활에 맞게 조정하게 된 것[182] 등이 있다. 무엇보다도 민속의 전승 과정보다는 변화와 창조에 더 큰 관심을 가지게 된 것과 민속의 대상을 과거뿐만 아니라 현재적 시점까지 포괄하게 된 것이 가장 크게 달라진 것이라 할 수 있다. 그런데 이러한 관점의 변화에도 불구하고 도시 지역에 대한 심도 깊은 민속학적 조명이 선행되지 못했다는 점은 무척 유감스런 일이다. 물론 도시 지역에 대한 심층적인 이해는 민속학만으로는 어렵다. 전술하였던 사회학이나 지리학, 인류학과 같은 인접 학문의 도움을 받아야만 가능할 것이다.

(3) 민속 연구를 위한 '지역'에 대한 이해

그렇다면 민속에 있어서 '지역'은 어떠한 의미인가? 그것은 일차적으로 민속의 주소

...

로」, 『한국문화인류학』 47-2, 한국문화인류학회, 2014.
176 김명자, 「도시생활과 세시풍속」, 『한국민속학』 41, 2005.
177 일본에서는 도시나 세간에 떠도는 이야기를 '세상이야기(世間話)'라고 하는데 宮田登의 『妖怪の民俗學』이나 野村純一의 '입 찢어진 여자' 등에 대한 연구 등이 대표적이다. 한국에서는 김종대, 「도시에서 유행한 〈빨간 마스크〉의 변이와 속성에 관한 시론」, 『한국민속학』 41, 2005 등의 연구가 있다.
178 황경숙, 「영업용 차량 운전자들의 자동차고사와 속신」, 『한국민속학』 42, 2005.
179 일본의 도시민속학에서는 도시인의 다양한 삶의 양태를 다루면서 '親子心中(동반자살)' 등과 같은 도시 문제에 대한 연구도 포괄하고 있다. 岩本通弥, 「일본도시민속학의 현재」, 『일본 연구』 6, 중앙대학교 일본연구소, 1991, 271쪽.
180 일본의 大塚英志 는 『少女民俗學』(1989)에서 소화 50년경(1976년)에 유행했던 소녀문학·소녀만화·소녀문자(변체)·시 등에서 '귀엽다'라는 소비문화의 소녀성을 분석한 바 있다.
181 미야타 노보루(宮田登)의 '도시이질론'(1982)이 대표적이다. 그의 주장에 따르면 도시에는 "농촌과는 다른 공간에서 생겨난 별종의 常民이 존재"하며 "대도시에 있을수록 신비적 영역이 확대"되고 "신과 부처와 죽은 자의 영혼들의 함부로 날뛰는 공간이 증가하고 있다"고 보았다. 이러한 비합리적 현상의 생성을 대도시 공간의 중심과 주변의 문제로 전개하여 이후 '경계론'으로 발전시켰다. 岩本通弥, 앞의 논문, 261쪽.
182 독일의 경우, Tübingen학파는 집단의 일상생활과 정체성, 도시의 하위 문화 등을 연구하면서 '일상생활(Alltag)'을 분석하였다. 즉, 농사의 단위인 1년이 아닌, 현재 집단의 분화를 분석하기 위한 단위로서 1일을 주기로 한 것이다. 한국에서도 일상문화연구회의 『한국인의 일상문화』(한울, 1993)에서 일상문화의 특징과 문화적 의미를 다룬 바 있다.

지와 같은 의미라고 할 수 있다. 그런데 즉, 민속은 각각 주소지에 따라 약간씩 다른 모습을 갖는다. 그 이유는 그 주소에 사는 사람들이 각각 다르기 때문이다. 사람들이 모두 다른데 그들에 의해 행해지는 민속이 완전히 같을 수가 없는 것이다. 따라서 민속 현상을 분석하기에 앞서 지역에 대한 면밀한 조사와 이해가 선행되어야 함은 앞에서 강조한 바 있다. 예를 들면 서울 서빙고동 지역의 부군당 의례를 분석하려고 한다면 서빙고동에 대한 현지 조사와 문헌 자료 등을 종합하여 지역사를 재구해야만 한다. 가령 일제 강점기 서빙고동은 어떠한 지역이었겠는가? 이에 대한 답을 구해기 위해서는 지리적 측면, 경제적 측면, 제도적 측면, 인적 측면 등에 대한 검토가 있어야 한다.

먼저, 해당 지역을 이해하고자 할 때 지리적인 검토는 가장 기본적인 사항이다. 당시 지도를 통해 지리적 범위와 주변 환경, 도로와 시설 등을 확인해야 한다. 지도가 아니라도 지리지나 군·현지 등의 문헌을 통해 이를 확인할 수도 있다. 지리적인 이해는 지역의 발전 정도, 도로나 나루, 항구 등을 통해 상업이나 교역의 상황 등을 가늠할 수 있는 토대가 되는 것이다. 예를 들어 〈그림 5〉[183]를 통해 당시 서빙고 지역에 대한 여러 가지 정보를 얻을 수 있다. 즉, 서남쪽 한강 연안에 서빙고역이 있고 중심 거주지는 서빙고나루를 기점으로 북쪽 이태원으로 넘어가는 대로를 축으로 길게 형성되어 있다. 북쪽으로는 공병영工兵營과 기병영騎兵營이 있는데 공병영은 동빙고리에, 기병영은 서빙고리 지역에 속해 있다.

이러한 지도 외에 1928년에 간행된 『경성도시계획조사서』[184]를 살펴보면, 평지 면적과 인구, 인구밀도, 총 호수뿐만 아니라 직업별 호수까지 알 수 있다. 그런데, 농업 호수는 1호에 불과하며 나머지 233호는 '상공업 기타 호수'로 분류되어 있다.[185] 이러한 정황을 종합해 보면 당시 서빙고동은 일제의 군사 기지가 들어서 있었고 기차역과 나루 등을 통해 교역과 물자 운송이 활발했을 것이며 주민들은 대부분 상업이나 공

---

183 〈그림 5〉는 서울역사박물관 유물관리과 편, 「용산시가도」, 『서울지도』, 예맥출판사, 2006, 53쪽 참조.
184 『경성도시계획조사서』, 경성부, 1928.
185 졸고, 「일제시대 서울 서빙고 지역과 부군당 중수집단 연구」, 『한국무속학』 10, 한국무속학회, 2010, 227~228쪽.

〈그림 5〉 1927년 「용산시가도」의 서빙고 지역 부분

업, 혹은 이와 관련된 직종에 종사하고 있었다는 것을 알 수 있다. 따라서 이러한 지역에서 공동체 의례가 행해졌다면 그 의례의 성격과 그 주체들은 이러한 지역의 특성이 반영되어 있을 것이다. 이와 같은 지역에 대한 이해는 이후 의례를 분석할 때 중요한 맥락을 제시해 줄 수 있다.

다음으로 그 지역에서 주요한 경제 활동은 무엇이고 당시 경제 규모와 교류 관계 등은 어떠했는가와 같은 경제적 측면을 검토해야 한다. 즉, 각종 통계나 조사 자료, 신문 기사 등을 종합하여 경제 관련 시설과 교역물의 종류와 교역량 등을 확인할 필요가 있다. 그 이유는 이러한 경제적 상황을 통해 그 지역의 생활수준과 인적 구성 등을 가늠할 수 있기 때문이다. 앞서 예로 든 일제시대 서빙고 지역의 경제 상황을 살펴보면 당시 서빙고 지역은 한강 상류에서 반입되는 미곡을 취급하던 곳이었고 콩의 집산지로도 유명했다. 또한 서빙고역이 1917년에 개통되었고 그 앞에는 콩을 일본에 수출하기 위한 '대두검사소大豆檢査所'와 '서빙고 곡물상회' 등도 있었다. 서빙고 지역에는 정미소가 4~5개가 밀집되어 있었는데, 인근 동빙고 지역에도 2~3개의 정미소가 있었다. 1920년대만 하더라도 서빙고나루를 이용한 수운이 활발해서 이웃한 한강리와 함께 연간 5만 톤 정도의 미곡이 유통되었다.[186] 이러한 경제 상황을 통해 당시 그 지역이 상공업이 활발했으며 이에 종사했던 주민들도 많았을 것이라는 추론을 뒷받침할 수 있다. 즉, 지역의 경제적 상황에 대한 고찰은 앞서 검토했던 지리적 상황과 상호 보완적 관계를 가지며 당시 지역의 성격을 보다 구체적이고 명료하게 이해할

• • •

186 졸고, 앞의 논문, 2010b, 229~230쪽.

수 있게 한다.

그 다음으로 당시 지배 구조 속에서 행정 단위와 구역 등은 어떠했는가와 같은 제도적인 측면을 검토해야 한다. 당시 그 지역이 어느 방坊, 어느 계契 혹은 어느 정町, 동洞에 속했으며 어떻게 통폐합 되었는가 하는 것과 행정 구역은 어떻게 변했는가 하는 것 등이 파악되어야 한다. 그 이유는 행정 단위와 구역 등의 변화는 국가의 정책을 반영하는 것인데 이는 지역의 발전 정도나 중요도에 따라 달라진다. 따라서 이들 변화를 검토하는 것은 지역의 발전 과정과 변화를 이해하는 데 전체적인 맥락을 제공한다. 예를 들어 조선시대 한성부 부部·방坊 편제는 건국 초기 5부 52방 체제였다가 이후 성내에 인구가 희소한 지역의 11개 방이 폐지되고 두모방, 한강방, 둔지방, 용산방, 서강방 등 경강변 5개 방이 신설되어 편입된다. 이러한 변화는 경강 지역 상업이 발달함에 따라 인구가 급증하였고 중앙에서는 이들 지역을 효율적으로 관리하기 위해 한성부 관할에 편입시켰던 정황을 보여 준다. 결국 이들 지역이 한성부에 편입되었던 시점과 그 과정은 이들 지역의 발전 과정과 맥을 같이 하고 있다는 데서 지역을 이해하는 데 중요한 단서를 제공해 주고 있는 것이다.

또한 그 지역의 행정 조직은 무엇이 있었고 그 주요 직책들은 어떠한 사람들이 맡았는가 하는 점도 중요하다. 서빙고 지역을 다시 예로 들면 조선시대에는 서빙고1계契로 묶여 있었던 지역이었다. 당시 계는 한성부의 방坊 하부에 있었던 이里나 동洞과 같은 최하부 단위이다. 그런데 서빙고 지역에는 이러한 행정 단위로서의 계 외에도 자치 조직인 노인계老人契나 이중계里中契 등이 존재했고 이들 조직에는 존위尊位나 중임中任과 같은 직책을 두어 의례를 비롯한 지역의 대소사를 관할했다.[187] 이처럼 대부분의 지역에서는 행정 조직과 자치 조직이 별개로 존재했다고 볼 수 있는데 이 두 가지를 모두 살펴볼 필요가 있다. 즉, 행정 조직은 중앙 정부의 지배를 관철하기 위해 존재했던 조직이었던 것인 만큼 그 조직의 운영이나 양상을 살펴서 당시 중앙의 지배 정책

• • •

187 졸고, 「19세기 후반~20세기 초 서울 서빙고 지역 부군당 의례 주도 집단 연구」, 『서울학연구』 38, 서울시립대학교 서울학연구소, 2010a, 200쪽.

이 지역에 어떠한 영향을 미쳤는지 검토해 보아야 한다. 또한 자치 조직은 지역사회의 체계와 직접 관련된다. 행정 조직이 관에서 관할하는 조직이라면 자치 조직은 지역사회에서 관할하는 조직이라 할 수 있다. 따라서 자치 조직에 대한 검토는 지역사회에 대한 이해를 위해서는 필수적이다. 이에 대해서는 다음 장에서 자세하게 살펴보도록 하겠다.

2) 지역사회

(1) 지역사회의 개념

지역사회는 흔히 지역의 공동체community를 의미하기도 하고 글자 그대로 '지역의 사회a regional society'를 가리키기도 한다. 사회학에서는 지역사회학regional sociology과 같은 분과 학문이 있을 만큼 자주 사용하는 개념이기는 하지만 지역의 민속이나 문화를 다룰 때는 지역사회의 개념을 명확히 인식하고 접근해야 할 필요가 있다. 사회학에서 지역사회란 좁게는 자연마을로부터 넓게는 면·군·도 등 행정구역이나 도시와 농촌, 국가, 세계와 같은 거대한 지역권에 이르기까지 일정한 지역에서 공동체의식과 그 지역공동체에 대한 소속감을 가지고 활동하는 인간집단을 말한다.[188]

또한, 지역사회를 다룰 때는 '지역'이라는 물리적 영역과 함께 '사회'라는 인간의 집합체로서의 관점이 중시되며 지역사회 구성원의 유대감이나 사회적 상호작용을 주요한 관점으로 제시한다.[189] 지역사회를 바라보는 관점에 있어서는 특정 지역의 공동체사회에 집중하는 관점[190]도 있지만 주민들의 일상생활을 영위하는 지리적 생활공간으로 인식하는 관점[191]도 존재한다. 보다 구체적인 정의로는 지역사회란 특정 주민들이

•••

188 정지웅 외, 『지역사회학』, 서울대학교 출판부, 2000, 9쪽.
189 위의 책, 6쪽.
190 지역사회에 대한 협의의 의미에 해당되는 정의로서 지역사회란 공간적 영역 외에도 사회적 공동체를 중점적으로 의미하며 독립된 하나의 특정 지역에서의 공동체 사회를 의미한다고 보았다. 이한기, 「지역사회문화론」, 『지역사회 종합연구』, 교육과학사, 2005, 81쪽.

거주하는 장소와 서로에 대해 심리적 유대감을 가지고 사회적 상호작용에 관여하면서 지리적으로 경계가 되는 지역으로 보기도 한다.[192]

이러한 지역사회를 구성하는 요소로는 일정한 지리적 '영역'과 그 안에서 사는 '사람', 그들의 사회적 '상호작용', 그리고 '공동유대감' 등이 있다.[193] 또 다른 요소로서 '지역성a locality',[194] '지역의 사회a local society', 지역성에 기초한 집단행동의 과정 등이 있다.[195]

이 책에서 '지역사회'는 지역에 거주하는 개개의 '민people'과 그들의 '공동체community'를 포괄하는 개념으로 사용할 것이다. 개개의 민에 대한 정보 축적은 공동체의 성격을 가늠할 수 있게 하고 지역사회 체계[196]를 이해할 수 있는 단초가 된다. 이 지역사회를 이해할 때는 그 지역 인구, 지역민들의 신분과 직업 구성 등을 살피는 것도 중요하다. 인구의 변화 과정은 지역의 변화 과정과 밀접한 연관 관계가 있다. 인구가 급증하였을 때와 급감하였을 때는 분명 지역 내외에 큰 변화가 있었던 시점이므로 이러한 시기를 눈여겨 볼 필요가 있다. 또한 인구 통계에서 직업별 통계나 내외국인 통계 등도 당시의 지역사회를 이해하는 데 중요한 단서가 된다. 즉, 직업별 통계는 그 지역의 주요 경제 현황과 주민들의 직업 구성을 반영하고 있고 내외국인 통계는 지역의 민족별 분화 상황과 시대별 특성을 보여 준다. 특히, 주민들의 직업 구성은 그 지역사회의 주도 세력을 추론하는 데 기본적인 자료가 된다. 예를 들어 어떤 지역에 상·공업 인

• • •

191 지역사회에 대한 광의의 의미에 해당되는 정의로서 지역사회란 주민의 대부분이 일상생활의 주요 부분을 그 안에서 영위하는 지리적 생활공간이라고 보았다. 김일철, 『지역사회와 인간생활』, 서울대학교 출판부, 1998, 94쪽.
192 신지은, 「사회학에서 지역연구의 현황」, 부산대학교 한국민족문화연구소편, 『로컬리티, 인문학의 새로운 지평』, 혜안, 2009, 287쪽.
193 정지웅 외, 앞의 책, 9~10쪽.
194 이러한 지역성을 한 인간이 지닌, 다른 사람과 다른 어떤 성격적 특성을 '퍼스낼러티(personality)'라고 하듯이 어떤 지역사회 주민들이 지닌, 다른 지역사회와 다른 공동의식이나 사회적 성격, 가치관 등을 '커뮤낼러티(communality)'라고 하기도 한다. 위의 책, 253쪽.
195 여기서 '지역성'이란 사람들이 모여서 그들의 일상의 필요를 함께 추구하는 영역을 말하며 '지역의 사회'란 공동의 요구와 관심사를 표현하기 위한 공동체의 종합적 네트워크를 말한다. 신지은, 앞의 논문, 2009, 286쪽.
196 지역사회의 체계란 지역사회 내에서 둘 또는 그 이상의 사람 또는 집단 간의 사회적으로 유의미한 관계가 고도로 조직화된 것이며 상호작용의 연결망을 말한다. 정지웅 외, 앞의 책, 15쪽.

구가 월등하게 많은 경우에는 상인이나 사업가 등이 이 지역사회에서 주도권을 행사할 가능성이 크다. 반면, 관리나 양반·유생이 많은 지역은 이들이 그 지역사회의 주도권을 행사할 가능성이 클 것이다. 그러나 이것이 반드시 일치하는 것은 아니어서 지역에 따라 면밀하게 살펴봐야 할 필요가 있다.

공동체의례와 같은 민속을 지역체계 내에서 작동되는 일련의 상징 행위[197]로 본다면 그 지역의 공동체의례를 설명하기 위해서 해당 지역체계에 대한 이해는 필수적이다. 만약 특정 지역의 민속을 연구한다고 했을 때, 그 '지역'과 '민'에 대한 천착이 없이 단지 그 지역에서 전승되는 '속俗'에 대한 연구만을 한다면 거기서의 지역은 그 '속'의 주소지라는 것 외에 별다른 의미가 없게 된다.

한편, 제시 버나드는 지역사회라는 개념에서 '지연적 지역사회'와 '공동체'를 구분할 필요가 있다고 했다. 즉, 공동체는 지연이라는 특성보다 '단위개념'으로 볼 수 있으며 "개인 간의 친밀도가 높고 정서적 집착이 깊으며 도덕을 바탕으로 연속성을 가지는" 특징이 있다.[198] 이러한 논의는 지역사회를 논의함에 있어서 지역사회의 성격을 공동체로서의 성격뿐만 아니라 기타 지연이나 행정적 편의를 위해 구성된 비공동체적 집단 등도 포괄하는 다원적이고 복합적인 성격으로 파악해야 함을 환기시키고 있다. 이 책에서는 지역사회는 공동체뿐만 아니라 비공동체적 집단, 그리고 개개의 사람들까지도 포괄하는 개념으로 사용하고자 한다.

(2) 지역사회와 지역공동체

지역사회는 이처럼 공동체를 포괄하고 있다. 그런데 이 책에서 거론되는 공동체는 주로 지역공동체를 말한다. 공동체에 대한 원론적인 논의는 퇴니스F.Tönnis의 '공동사회Gemeinschaft'와 '이익사회Gesellschaft'에 대한 개념에서부터 출발한다.[199] 퇴니스는 공

• • •

197 이기태, 『동제의 상징과 의미전달 체계』, 민속원, 2004. 16쪽.
198 제시 버나드 저, 안태환 역, 『지역사회학』, 박영사, 1982, 16쪽.
199 퇴니스는 사람의 여러 관계 중에 상호긍정적인, 적극적인 관계에 의해 형성되는 집단으로서 이 집단이 집단의 내부와 외부에 대하여 통일적인 작용을 하는 실체 또는 사실로 간주될 때 이를 '결합체(Verbindung)'라고 하였다.

동사회의 발전 단계를 3단계로 보았는데 제1의 공동사회는 존재의 통일로서 '혈연의 공동사회'를 말한다. 다음으로 제2의 공동사회는 공동 주거를 통한 '장소의 공동사회'를 말한다. 그 다음 단계는 제3의 공동사회로서 이것은 목적과 의도를 동일한 것으로 하는 공동 작용과 공동 관리로서의 '정신의 공동사회'이다.[200] 이 중에 제2의 공동사회가 지역공동체의 개념과 가깝다. 즉, 토지에 의해 규정된 복합체(제2의 공동사회)의 형태로는 나라Land, 주 또는 마르크Gan, Mark, 촌락Dorf이 있으며 촌락은 도시Stadt로 발전하기도 한다.[201] 이러한 공동사회의 이론은 공동체의 개념과 합치된다고 할 수 있다.[202] 따라서 공동체란 혈연과 지연을 바탕으로 하여 공동의 목적과 의도를 같이 하는 집단이라고 정의해 볼 수 있으며 지역공동체란 특정 지역을 범위로 하여 존재하는 공동체라고 정의해 볼 수 있겠다.

이처럼 지역공동체는 공동체보다는 좁은 의미로 규정된다. 지역공동체에 대한 정의를 구체적으로 살펴보면 일정한 지리적 영역을 배경으로 나타나는 공동체로 지리적 영역에 구애됨이 없는 정신적 공동체와는 구별되는 집단을 말한다. 또한, 공동체는 물리적 공간의 지리적 영역, 사회관계를 말하는 사회적 상호작용, 집단의식을 나타내는 공동 연대의 차원이 있는데 지역공동체는 지리적 영역이 강조되는 것을 말한다. 이들의 논의를 종합해 보면 지역공동체란 지리적 영역을 기반으로 하는 공동체이며 마을·촌락·도시·거대도시 등 지역적 단위들을 대상으로 하여 일어나는 사회적 관계들, 즉 상호작용과 문화적 공유의 연대성을 가지는 집단이라고 할 수 있다.[203] 이러

• • •

이 결합체 중에서 실체적인 유기적 생명체라고 이해되는 '공동사회'와 관념적인 기계적 형성물이라고 이해되는 '이익사회'를 구별하였다. 즉, 공동사회는 계속적이고 진실한 공동생활이며 이익사회는 일시적인 외면상의 공동생활에 불과한 형태로 보았다. 페르디난드 퇴니스 저, 변시민·김대환 역, 『공동사회와 이익사회』, 문교부, 1963, 3~5쪽.

200 위의 책, 15쪽.

201 위의 책, 261쪽.

202 실제 철학에서는 Gemeinschaft를 '공동체'로, Gesellschaft를 '사회'로 번역하기도 한다. 과거 대부분의 사회 형태가 '공동체'의 형태였던 것을 감안하면 이러한 '공동체'와 '사회'에 대한 구별은 상대적으로 최근의 일이라고 할 수 있다. 한승완, 「'전통 공동체'에서 '민주 공동체'로 : 서구 근대에서 공동체 기획의 두 가지 모델」, 김수중 외, 『공동체란 무엇인가』, 이학사, 2002, 181쪽.

203 채혜원·홍형옥, 「지역공동체에 대한 연구의 접근방법과 쟁점」, 『한국가정관리학회지』 20-1, 한국가정관리학회,

한 '지역공동체'에 대한 논의는 최근에 와서는 전통적인 공동체 논의에서 벗어나 '현대사회에서 과연 공동체는 가능한가'[204] 혹은 현대 사회에서 공동체 만들기의 실천적 대안을 논의[205]하는 등 변화된 환경에서의 공동체론이 전개되고 있다.

3) 지역의례

(1) 의례 연구의 의의

의례儀禮(ritual)에 대한 연구는 종교학, 인류학, 사회학, 심리학, 역사학, 민속학 등의 분야에서 가장 오래된 영역 중 하나이다.[206] 또한 의례는 다양한 관점에서 분석되었으며 그 기능과 의미에 대해서도 다양하게 주장되었다. 의례학자인 캐서린 벨Catherine M. Bell은 의례에 대한 해석의 역사를 다양한 영역으로 나누어 면밀하게 검토하였다. 즉, 신화와 의례와의 관련성에 대한 연구, 종교적 관점에서의 연구, 정신분석학적 접근에 의한 연구, 의례의 사회적 기능에 대한 연구, 의례의 구조에 대한 연구, 주술과 종교와의 비교적 관점에서의 연구, 의례의 상징과 상징체계에 대한 연구, 수행이론과 실천이론에 의한 연구 등이다. 이들 연구의 의미와 대표적인 학자들을 간략하게 소개하면 다음과 같다.

먼저, 신화와 의례와의 관련성에 대한 연구에는 막스 뮐러, 에드워드 타일러, 로버트슨 스미스, 그리고 신화와 의례학파로 불리는 프레이저, 새뮤얼 헨리후크, 제인 앨런 해리슨, 래글런, 오토 랭크 등이 대표적이다. 이들은 의례란 집단의 사회적 일체성

• • •

　　2002, 35쪽.
204 강대기, 『현대사회에서 공동체는 가능한가』, 아카넷, 2001.
205 이종수 편, 『한국사회와 공동체』, 다산출판사, 2008.
206 류성민에 의하면, 의례가 오래된 주제임에도 불구하고 '의례학(ritual studies)'이란 하나의 학문 분야로서 본격적으로 연구되기 시작한 것은 1970년대 말부터이다. 1987년 미국에서 『의례연구(Journal of Ritual Studies)』라는 잡지가 창안되었고 종교학, 신학, 인류학, 사회학, 철학, 심리학, 교육학뿐만 아니라 의학, 음악학, 미술학, 체육학, 건축학 등의 관련된 교차학문분야로 정착하였다. Catherine M. Bell 저, 류성민 역, 『의례의 이해 : 의례를 보는 관점들과 의례의 차원들』, 한신대학교 출판부, 2007, 641쪽.

과 유대를 성화聖化하는 것이며 이러한 의례를 설명하는 것이 신화라고 본다(로버트슨 스미스). 또한 신이나 신적인 왕의 죽음과 부활에 대한 규정이 모든 의례의 바탕이 되는 보편적인 패턴이라고 주장(프레이저)하기도 하고 신화라는 것은 제의에서 수행된 행위 중에 말해지거나 연계됨으로써 생겨난 것이라고도 주장(제인 앨런 해리슨)하였다.[207] 다음 으로 종교적 관점에서의 연구에서는 엘리아데와 조너선 스미스가 대표적이다. 이들 종 교현상학적 분석가들은 종교는 인간의 실존에서 볼 수 있는 우연적이고 무질서하며 변 하기 쉬운 실제들을 넘어서서 안정되고 의미가 충만한 차원을 형성하고자 하는 인간적 시도라고 보았다. 또한 신화와 의례는 모든 인간의 경험 속에서 일관되고 체계적인 통 일성을 제시하고 그 모델을 만들어 주입하고자 했던 시도들이라고 주장하였다.[208]

다음으로 정신분석학적 접근에 의한 연구에서는 프로이트와 로네 지라르, 조지프 캠벨이 대표적이다. 이들은 인간의 원초적인 억압과 터부(프로이트), 원초적 폭력(로네 지라르) 등이 의례와 관련이 있다고 보았다.[209] 다음으로 의례의 사회적 기능에 대한 연 구에는 에밀 뒤르켕, 마르셀 모스, 래드클리프 브라운, 말리노프스키, 로이 래퍼포드, 마빈 해리스 등이 대표적이다. 이들은 의례란 사회적 집단이 주기적으로 모이는 기회 를 제공하고 공동체를 표현하는 성스러운 이미지들을 투사하는 것으로 보기도 하며 (뒤르켕) 의례적 행동들이 자연적 자원들의 관계를 조절하고 환경적 평형을 유지시킨 다고 보기도 한다(로이 래퍼포드, 마빈 해리스).[210]

다음으로 의례의 구조에 대한 연구는 구조주의적 관점[211]을 말하는데 그레고리 베 이트슨, 에번스 프리처드, 아놀드 방주네프, 막스 글러크만, 빅터 터너, 레비 스트로스,

• • •

207 위의 책, 23~29쪽.
208 위의 책, 39쪽.
209 위의 책, 40~48쪽.
210 위의 책, 65~75쪽.
211 구조주의는 관념과 가치, 신학, 상징 등을 사회조직의 직·간접적 투사로 보는 기능주의와는 달리 그 문화적 가 치, 상징, 신념 등을 자율적인 질서로 존재하도록 한 것이 무엇인가를 밝히려는 시도에서 출현한 것이다. 따라서 상징은 고정된 의미가 있는 것이 아니라 다른 상징들과 어떻게 그룹을 이루고 관계를 맺는가에 따라 그 의미가 달라진다고 보는 것이다. 위의 책, 104쪽.

메리 더글러스, 에드먼드 리치 등이 대표적이다.[212] 이들 중에 아놀드 방주네프의 '통과의례the rites of passage'나 막스 글러크만의 '반란의 의례rituals of rebellion', 빅터 터너의 '사회적 드라마social drama', 레비 스트로스의 '이항대립binary opposition', 에드먼드 리치의 '문화와 커뮤니케이션communication' 등의 개념은 의례를 구조적으로 이해하는 데 많은 시사점을 준다. 다음으로 주술과 종교와의 비교적 관점에서의 연구가 있는데 여기에는 전술했던 타일러, 프레이저, 뒤르켐, 말리노프스키, 에번스 프리처드, 더글러스, 리치 등이 있다.[213] 이들은 대체로 주술과 의례는 비합리적인 것으로 보지만 내적 일관성과 목적에서 볼 때는 합리적인 것으로 볼 수 있다는 입장이다.

다음으로 의례의 상징과 상징체계에 대한 연구에는 전술했던 레비 스트로스, 리치, 터너 등이 있으며 그 외 클리포드 기어츠, 낸시 먼 등이 있다. 이들은 상징과 상징적 행동이 의례에 매우 중요하다고 인식했으며 전체적 상징체계의 정황 안에서 상징이 의미하는 것이 무엇인지에 대해 초점을 맞춰 해석하고자 했으므로 이들을 '상징문화주의자symbolic-culturalists'라고도 한다.[214] 마지막으로 수행이론performance theory과 실천이론practice theory에 의한 연구가 있다.[215] 수행이론에 의한 연구로는 전술했던 빅터 터너의 '사회적 드라마'로서의 의례 연구, 오스틴의 수행적 발화 이론, 사회적 상호 작용의 수행을 구성하는 의례 단위들에 대한 어빙 고프먼의 연구, 관례화된 말과 노래의 효과에 대한 블럭의 연구 등이 대표적이다.[216] 실천이론에 의한 연구로는 마셜 살린스의 연구, 피에르 부르디외의 '실천 이론theory of practice'과 '하비투스habitus'의 개념,

• • •

212 위의 책, 81~104쪽.
213 위의 책, 105~116쪽.
214 위의 책, 135~142쪽.
215 수행이론은 1970년대 중반에 대두된 '수행적 접근방법(performative approach)'을 말한다. 이 방법에서 중요한 개념으로는 의례는 이벤트라는 것, 의례를 행할 때 어떤 해석적인 틀 안에 짜맞추는 '틀짜기(framing)'가 이루어진다는 것, 공동체로 하여금 의례 수행을 통해 자신들의 행동과 정체성을 반성하도록 하는 '재귀성(reflexivity)'을 가지게 한다는 것 등이 있다. 위의 책, 154~158쪽. 실천이론 역시 1970년대 등장한 것으로 인간 행위를 '프라시스(praxis)' 또는 '실천(practice)'으로 공식화하는 이론을 말한다. 즉, 실천이론에서는 인간 행동이 어떻게 자신들의 사회적·문화적 환경을 재생산하고 재형성하는, 창조적 전략이 되는지를 신중하게 고려해야 한다고 주장한다. 같은 책, 160~161쪽.
216 위의 책, 154쪽.

모리스 블로크가 의례를 일종의 이데올로기적 신비화 내지는 특별한 형태의 권력 행사로 보는 연구 등이 대표적이다.[217] 특히 캐서린 벨은 의례를 실천으로 분석하면서 '의례는 의례화ritualization를 수반한다'고 보았다. 즉 의례는 의례가 하는 방식대로 행하게 됨으로써 그 자체를 다른 방식의 행동들과 구분하는 행동 방식을 포함하게 된다는 것이다. 따라서 의례에 대한 실천적 접근 방식은 어떤 특별한 공동체나 문화가 어떻게 의례화를 하는지, 즉 이러한 의례 행위와 다른 행위들 사이의 전략적 구분을 만드는 행위의 특징적 요인은 무엇인지에 우선적으로 집중적인 관심을 보이는 것이라고 주장한다.[218]

위와 같은 연구 중에서도 제의를 커뮤니케이션의 한 형태로 보는 리치의 견해[219]나 공동제의는 그 지역사회의 공동잉여의 재분배 의례라는 피에르 앙사르의 견해,[220] 그리고 마지막에 제시된 캐서린 벨의 '의례화ritualization'나 '전통성traditionalization'[221] 등의 논의는 공동체 의례를 분석할 때 유용한 관점을 제공하고 있다.

이처럼 의례에 대한 연구는 종교학이나 인류학, 민속학, 사회학, 역사학 등에서 주요하게 다뤄져 온 주제 중에 하나이다. 그 이유는 특정 국가나 사회, 혹은 개인들이 당시에 직면하고 있는 사회·정치·경제적 상황 속에서 그들의 요구와 이념을 상징적으로 가장 잘 보여주는 것이 바로 의례이기 때문이다.

· · ·

217 위의 책, 161~166쪽.
218 위의 책, 170쪽.
219 Leach, E.R., *Culture and Communication*, Londen : Cambridge University Press, 1976.
220 Pierre Ansart, 정수복 역, 『현대 프랑스 사회학』, 문학과 지성사, 1990.
221 전통성이란 의례의 범주에 속하지 않으면서도 의례처럼 보여지는, 즉 '유사의례(ritual-like)'적 행위의 하나이다. 유사의례적 행동의 사례는 6가지 범주로 나뉘는데, 형식성, 전통성, 불변성, 규칙제어성, 성례적(聖禮的) 상징성, 수행성 등이다. 이러한 유사의례적 행위는 결국 일반적인 의례화의 과정을 잘 보여주는 것들이기도 하다. Catherine M. Bell 저·류성민 역, 앞의 책, 273~274쪽. 이 중에 전통성은 일련의 행동들을 예전의 문화에 있던 행동들과 일치시키려고 하거나 철두철미하게 그것과 일관되어 있는 것으로 나타나게 만드는 시도를 말한다. 같은 책, 285쪽.

(2) 지역의례의 개념

　의례에 대한 연구는 공간적 범위를 기준으로 본다면 국가적 의례, 부족이나 민족 차원의 의례, 군·읍 등의 단위나 이里·동 단위의 의례, 집단이나 공동체 차원의 의례, 개인적 의례 등이 있을 수 있다. 이 중에 필자가 앞으로 다루고자 하는 의례는 특정 지역에 근거하고 있는 공동체 차원의 의례이다. 이러한 지역공동체 의례는 그 범위가 국가나 민족, 군·읍보다는 좁고 밀착된, 대면적인 관계망 속에서 행해지는 의례이다.

　'지역의례'는 '지역공동체의례(ritual of regional community)'를 의미하며 이 개념에는 '지역공동체'와 '공동체 의례'라는 개념이 중첩되어 있다.[222] 그러나 여기서 '지역공동체의례'라는 개념은 이 둘의 단순한 결합이 아닌, '지역'이라는 개념 안에서의 '공동체 의례'를 말한다. 따라서 이 책에서 논의되는 공동체 의례는 '지역'이라는 개념적 범위에서 자유로울 수 없으며, 보다 복잡한 의미망을 내포하고 있음을 환기할 필요가 있다. 전술했던 퇴니스 역시 공동사회에서 신神의 존재와 역할의 중요성을 지적한 바 있다. 즉, 공동사회에서 신은 공동 정신에 의해 만들어지고 이렇게 모셔지게 된 신은 공동사회의 유대 속에 생생하고도 영속적인 형태를 주는 까닭에 그 신은 그 유대를 유지하는 데 직접적인 의의를 지닌다고 하였다.[223]

　한국 학계에서는 지역사회에서 행해지는 공동체 의례를 '동제洞祭', '마을굿', '공동체 신앙', '공동체 의례(제의)', '마을신앙' 등의 다양한 명칭으로 지칭하고 있다. 그간 한국 민속학의 역사는 이러한 공동체 의례에 대한 연구사라 해도 과언이 아닐 정도로 공동체 의례에 관한 연구는 한국 민속학의 중심 테마로 다뤄져 온 것도 주지의 사실이다. 이러한 공동체 의례에 대한 연구는 민족지民族誌(ethnography)적 성격이 짙은 공동체 의

‧‧‧

[222] 이 책에서는 지역공동체의례를 간략하게 지역의례로 칭하였다. 지역의례라 함은 지역 단위의 의례를 의미하는 것으로 여기에는 지역 공동체의 존재가 전제된 것으로 볼 수 있다. 따라서 '공동체'라는 용어를 생략해도 무방하다고 판단된다.

[223] 이렇게 신이 모셔지게 된 이유에 대해 조상은 신이며 신이 되는 까닭에 신은 조상이며 아버지의 벗으로 믿어진다고 했다. 따라서 집의 신, 성(城)의 신, 종족의 신, 민족공동체의 신이 존재하게 되고 이 신 속에 그러한 공동사회의 힘이 가장 뚜렷이 존재하고 있다고 보았다. 페르디난드 퇴니스 저, 변시민·김대환 역, 앞의 책, 1963, 17~20쪽.

례의 현황과 분포에 대한 연구,[224] 공동체 의례의 기원이나 전개 과정 등 역사적 연구,[225] 공동체 의례와 당신화 연구,[226]공동체 의례의 기능이나 상징성에 대한 연구,[227] 도시화와 같은 사회 변동에 따른 공동체 의례의 변모에 대한 연구[228] 등의 영역에서 진행되어 왔다. 이 밖에 제관의 상징적 의미[229]나 제관 선정 방법[230] 등도 부분적으로 다뤄진 바 있다. 의례에 대한 경제적 측면에서의 논의는 의례 비용의 확보와 재분배[231]의 문제나 의례와 경제적 토대와의 상관성[232] 등이 다루어졌다.

이 책과 관련이 깊은 공동체 의례와 주재 집단과 관련된 연구도 그간 꾸준히 진행되었다.[233] 특히, 이기태는 공동체 신앙을 기존의 촌락 단위의 연구 범위를 넘어서서 촌락 간 또는 문화적 아이덴티티를 공유하는 여러 촌락을 포함하는 지역 중심으로 범위를 넓힐 것을 제안하였고 이렇게 함으로써 변화하는 상황 속에서 촌락의 특성과 민

• • •

224 김태곤, 「한국신당연구」, 『국어국문학』 29집, 국어국문학회, 1965; 박흥주, 「서울 마을굿의 유형과 계통」, 『한국무속학』 12, 한국무속학회, 2006.

225 박호원, 「한국공동체 신앙의 역사적 연구 : 동제의 형성 및 전승과 관련하여」, 한국정신문화연구원 한국학대학원 박사학위 논문, 1997; 유승훈, 「경강변 부군당의 성격과 역사적 전개 양상」, 『서울학연구』 20, 서울시립대학교 서울학연구소, 2003.

226 표인주, 『공동체 신앙과 당신화 연구』, 집문당, 1996; 박혜령, 「소야 堂神의 신화적 정체화와 제의의 당위성」, 안동대학교 대학원 민속학과 석사학위 논문, 1997.

227 이기태, 『동제의 상징과 의미전달 체계』, 민속원, 2004.

228 강은주, 「도당제를 통해서 본 공동체 의식의 지속과 변화 : 서울 답십리의 사례」, 서울대학교 대학원 석사학위 논문, 1986; 박혜준, 「문화전통과 전통의 재해석 : 위도 띠뱃놀이를 중심으로」, 서울대학교 대학원 인류학과 석사학위 논문, 1999; 김진명, 「서울 밤섬 이주민의 주거 공간의 변화와 의례」, 『서울학연구』 13, 서울학연구소, 1999a; 강정원, 「근대화와 동제의 변화 : 부천 먼마루 우물고사를 중심으로」, 『한국문화인류학』 35권 1호, 한국문화인류학회, 2002; 정형호, 「20C 용산지역의 도시화 과정 속에서 동제당의 전승과 변모 양상」, 『한국민속학』 41, 한국민속학회, 2005; 이창언, 「도시지역 민간신앙의 전승에 관한 연구 : 대구시 진천동 용천마을의 동제를 중심으로」, 『민속학연구』 18, 국립민속박물관, 2006.

229 이기태, 앞의 책, 2004.

230 이은창, 「금강 유역의 부락제 연구」, 『장암 지헌영선생 화갑기념논총』, 1971; 이기태, 위의 책, 2004.

231 栗本愼一郎 편, 양승필 역, 『경제인류학』, 예전사, 2000; 권삼문, 『동해안 어촌의 민속학적 이해』, 민속원, 2001.

232 김삼수, 『한국사회경제사연구 : 계(契)의 연구』, 박영사, 1966; 조정현, 「별신굿의 물적 기반과 지역 경제」, 『비교민속학』 27, 비교민속학회, 2004.

233 정승모, 「성황사의 민간화와 향촌사회의 변동」, 『태동고전연구』 7, 한림대학교 태동고전연구소, 1991; 이기태, 『읍치 성황제 주재집단의 변화와 제의 전통의 창출』, 민속원, 1997; 이기태, 『(공동체 신앙으로 바라 본) 지역문화사의 민속학적 인식』, 민속원, 2004; 황경순, 「상주 천봉산성황제 주재 집단의 지속과 변화」, 안동대학교대학원 민속학과 석사학위논문, 2001; 강정원, 「동제 전승주체의 변화」, 『한국민속학』 36, 한국민속학회, 2002; 권혁희, 「마을 의례의 창출과 참여집단 : 노량진 장승제를 중심으로」, 『문화인류학』 47권 2호, 한국문화인류학회, 2014.

民의 능동적 성격을 더 잘 이해할 수 있을 것이라고 하였다. 또한 이러한 공동체 신앙
과 같은 민속 종교를 이해하는 것은 민의 개념과 성격을 규정하는 지름길이며 계층별
로 서로의 이익과 정체성을 획득하는 중심에 공동체 신앙이 자리 잡고 있기에 그 연
구의 의의가 있음을 밝혔다.[234] 이러한 관점은 지역의례를 연구하는 데 있어서 지역민
에 대한 천착이 얼마나 중요한지를 잘 드러내 주고 있다. 이 책에서 의례를 바라보는
기본적인 틀로서 제시한 지역과 지역민, 그리고 그들에 의해 행해지는 의례라는 입체
적인 문화지형의 사유에서도 이러한 관점은 중요한 기초를 제공하고 있다.

• • •
234 이기태, 앞의 책, 2004, 9쪽; 12쪽.

서울 지역사회의 변화와
의례 주도 집단의 동향

본장에서는 서울의 변화에 따라 지역사회가 어떻게 바뀌었고 그에 따라 지역 의례를 이끌었던 주도 집단은 어떻게 변해갔는가 하는 것을 살펴보고자 한다. 서울의 변화는 지리적 측면, 제도적 측면, 경제적 측면, 인적 측면 등에서 살펴볼 수 있다. 조선시대에는 건국될 때 획정되었던 서울의 경계는 별 변화가 없었지만 경제의 발달과 인구 증가로 인해 도시 구조는 점차 확장되어 갔다. 조선 후기에 서울의 지역사회는 동洞이나 계契라는 단위로 묶여 있었고 존위나 중임 같은 직책을 두어 지역을 운영해 나갔다. 일제 강점기에 강제적으로 서울의 위상과 경계가 잠시 축소되기도 하고 도시 개발과 군사기지화 전략에 따라 서울은 급변하였다. 일제 강점기에는 지역사회가 동洞이나 정町으로 묶여 있었고 총대나 동장 등이 식민지 지배 정책을 수행하였지만 경우에 따라서는 지역의 자치적 성격을 유지하기도 하였다. 광복 이후에는 기존 일제의 구제區制가 명칭만 바뀌었을 뿐 골격은 거의 그대로 유지되었다. 정町이 동洞으로 바뀌고 이후 법정동과 행정동이 구분되면서 오늘날의 행정체계를 갖추게 되었다.

　이렇게 서울이 변해감에 따라 지역에서 의례를 주도하던 집단도 변모하게 된다. 조선후기에는 지역에서 유력한 토착세력이 중심이 되어 의례를 주도했다. 이러한 경향은 서울 이외에도 보편적인 현상이었다. 그런데 서울 지역의 경우는 이러한 토착세력이 대지주나 권문세가가 아닌 그 지역에 기반을 둔 무임이나 상인, 객주 등 중인 계층의 유력 집안이나 재력가, 명망가 등이었다. 대한제국기를 거쳐 이러한 경향은 보다 뚜렷해졌으며 특히 마포 지역과 같이 상업의 중심지의 경우에는 의례 공간을 새롭게 창출하면서 지역 유력자와 황실의 관리, 정치가나 자본가 등이 의례를 매개로 한 네트워크를 형성해 가고 있었다. 일제 강점기에는 지역에 근대적 금융 자본가들이 새로운 유력자로 등장하면서 이들이 의례에 적극 가세하기 시작했고 심지어는 지역과 이해관계에 있었던 일본인들까지 의례에 참여하게 된다. 또한 지역공동체를 중심으로 한 지역 의례 이외에도 장충동의 관성묘 영신사와 같이 관우신앙을 매개로 하여 지역적 범위를 넘어선 의례 형태도 행해지고 있었다. 광복과 한국 전쟁은 지역 의례에 새로운 변모를 가져왔다. 서울로의 대규모 이주와 주민 구성의 교체로 인해 지역 의례의 주도 집단은 토착민들에 의해 소수 정예화되거나 이주민들이 원주민들의 빈자리를 메우며 의례를 주도해 나가게 되었다.

01.
조선후기~대한제국기 서울 지역사회의
조직화와 의례의 주도

·

·

　이 장에서는 조선 후기에서 대한제국기까지 서울의 지역사회가 어떻게 조직화되어 갔으며 그 주도집단은 누구였는가 하는 점을 살펴보고자 한다. 이를 위해서 먼저 당시 서울의 행정적 편제와 지역 체계를 살펴 볼 것이다. 그리고 구체적인 지역사회의 구조와 운영을 살피기 위해 몇 개 지역을 집중적으로 분석하되 그 지역에서 행해졌던 '지역의례'를 매개 자료로 활용할 것이다. 그 이유는 지역사회를 주도해 나가던 집단들은 대체로 그들 지역의례에 깊이 관여하고 있었고 의례를 주도해 나갔던 것으로 볼 수 있는데, 이들 의례의 운영과 전개를 분석하면 거꾸로 그 주도집단들의 동향을 파악할 수 있기 때문이다. 여기서는 조선후기에서 대한제국기까지 지역의례의 동향을 잘 보여주고 있는 서빙고 지역과 마포 지역, 그리고 그 지역의례들을 주요 사례로 삼고자 한다. 서빙고 부군당에 남아 있는 현판들은 각각 1875년, 1891년, 1903년에 제작된 것으로 약 28년간(고종 12~광무 7) 의례 참여집단의 변화를 담고 있다. 또한 마포동 마을제당에 소장되어 있었던 현판은 1903년에 제작된 것으로 서빙고 부군당 현판과 함께 대한제국기의 지역 상황을 비교 고찰하는 데 도움이 될 수 있을 것이다.

1. 한성부 지역적 변화와 지역민의 편제

1) 인구 증가와 부·방제의 변화

조선은 건국과 동시에 한성부의 공간적 범위를 도성과 성저城底 10리로 설정하였다. 도성의 중심부를 중부로 정하고 중부 외곽과 성외 지역을 각각 방향에 따라 동·서·남·북부로 명하여 한성부를 5부로 나누어 운영하였다. 각 부部는 또 여러 지역으로 나누어 각각 방坊이라고 하였는데 건국 초기에는 52방이었던 것이 인구의 증감에 따라 폐지되기도 하고 신설되기도 하면서 몇 번의 변화를 겪는다. 기록에 의하면 네 번의 방제坊制의 변화가 있었다(표 1).[1] 그런데 이러한 방의 폐지와 신설은 서울 지역의 변화를 반영한 것으로 그 시점과 지역을 주목할 필요가 있다. 먼저 한성부의 경계는 초기에 동쪽으로는 양주 송계원松溪院과 대현大峴, 서쪽으로는 양화도와 고양 덕수원高陽德水院, 남쪽으로는 한강과 노도露渡, 노량진까지 이르는 지역이었다(그림 1).[2]

15세기만 하더라도 오부 전체 호수가 1만 7천 15호이고 성저 10리의 호수가 1천 7백 79호로 서울 인구 90%이상이 성 안에 거주하고 있었다.[3] 방의 수는 세종대에 와서 서부의 일부 방이 폐지되고 49방이 되었다. 그러다 18세기 중반, 즉 1751년 『어제수

• • •

1 〈표 1〉에서 제시된 자료들의 출처는 다음과 같다. 1405년 :『태조실록』 태조5년 4월 병오(19일), 세종대 :『세종실록 지리지』 도성 한성부조, 1750년 :『어제수성윤음』, 1789년 :『호구총수』 한성부.

2 '五部戶一萬七千一十五。城底十里【東至楊州松溪院及大峴，西至楊花渡及高陽德水院，南至漢江及露渡。】戶一千七百七十九，墾田一千四百一十五結。',『세종실록』권148 지리지 경도 한성부조. 보다 구체적인 경계를 알 수 있는 것으로, 영조 22년(1746)에 간포된 『속대전(續大典)』 형전(刑典) 금제(禁制)에 보면, 입장, 벌목을 금하는 '경성십리내'의 사계를 아래와 같이 규정하였는데 이것은 곧 종전부터의 '성저십리'의 경계와 대개 일치되던 것으로 보여 진다. 「東界는 大菩洞, 水踰峴, 牛耳川, 上伐里, 下伐里, 長位, 松溪橋, 中梁浦(모두 川流로 한계한다.) 南界는 箭串橋, 新村, 豆毛浦, 龍山(모두 川流, 江水로 한계한다.) 西界는 麻浦, 望遠亭, 城山, 沙川渡, 時威洞, 石串峴(모두 川流, 江水로 한계한다.) 北界는 石串峴 西南 合流處, 大棗里, 舊館基, 延曙, 峨嵋山, 猪三峴, 普賢峰, 大菩洞(모두 山脊을 한계로 한다.)」이상의 경계로 본다면, 한성부시대의 서울의 경역은 대개 성안의 지금 종로·중구와 성밖의 지금 마포, 용산구 및 서대문, 동대문, 성동, 성북구의 대부분을 차지하였던 것을 알 수 있는 일이다. 서울시사편찬위원회 편, 『서울육백년사』 1(상), 서울특별시, 1977, 43쪽. 〈그림 1〉은 서울특별시사편찬위원회 편, 『서울 2천년사』 16권, 서울특별시사편찬위원회, 2014, 51쪽에서 인용함.

3 양보경, 「서울의 공간확대와 시민의 삶」,『서울학연구』 1, 서울시립대 서울학연구소, 1994, 58쪽.

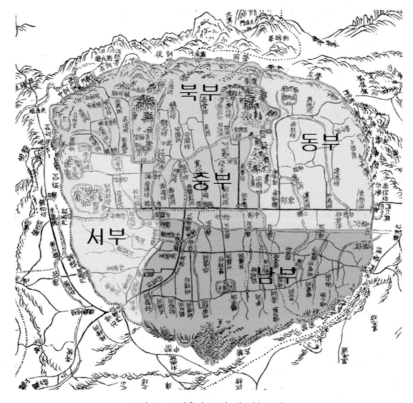

〈그림 1〉 조선후기 도성 내 5부 구역도

성윤음』이 편찬된 시점에 또 한 번 행정구역이 개편되면서 방의 수는 43방이 되었다. 중부를 제외한 동·남·서부의 일부 방이 폐지되어 방의 수는 줄었지만 남부의 두모방, 한강방, 둔지방과 서부의 용산방, 서강방이 신설되었다. 여기서 주목할 점은 폐지된 11개 방이 성내 지역에 해당되는 것인 반면 신설된 5개 방이 성 밖의 한강 유역이라는 것이다. 이는 전 시기 도성 중심의 도시 공간이 점차 성 밖으로 확대되고 있음을 시사하고 있다.[4] 그 다음 18세기 후반, 즉 1789년『호구총수』가 편찬된 시점에 또 한 번의 행정구역이 확장되었다. 방이 폐지된 지역은 없고 4개의 방이 신설되어 47방

• • •

4   고동환,「조선후기 한성부 행정편제의 변화 : 방·리·동·계의 변동을 중심으로」,『서울학연구』11, 서울시립대 서울학연구소, 1998, 50쪽.

이 되는데 이러한 방의 편성은 일제강점 전까지 유지되었다. 이 당시에 신설된 방 중에 북부의 상평방, 연희방, 연은방은 성 밖의 지역으로 서울과 의주를 잇는 도로변에 위치하고 있다. 당시 성내 지역과 성 밖의 지역의 인구 분포를 보면 1789년 한성부의 호수는 43,929호이고 인구는 189,153명이었다. 그 중에 성 밖의 인구가 21,835호에 76,782명으로 한성부 전체 호수의 50%에 달하고 있다(표 2).[5] 이와 같은 사실들은 18세기에 신설된 지역들은 모두 성 밖에 있으면서 경강 상업의 중심지나 주요 교통로의 주변에 위치하고 있어 당시 상업과 교통의 발달로 인해 지역이 변모하고 있음을 반영해 주고 있다.[6]

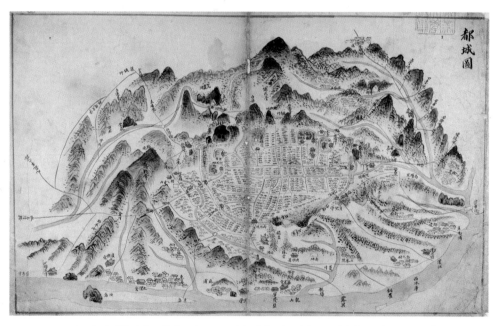

〈그림 2〉 『동국여도』 중 「도성도」 19세기 전반, 서울대학교 규장각한국학연구소 소장

• • •

5 양보경, 앞의 논문, 57쪽. 〈표 1〉은 같은 글, 55쪽.
6 이러한 방제의 변화에 대해 고동환은 서울 도시 구조의 변화를 반영한 것으로 도성 밖 지역에 거주하는 주민들이 증가하였음과 동시에 경강변이 상업 중심지로 전환됨에 따라 나타나는 변화로 보았다. 고동환, 앞의 논문, 1998, 52쪽.

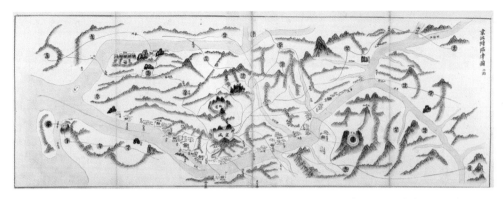

〈그림 3〉『동국여도』 중 「경강부임진도」 부분   19세기 전반, 서울대학교 규장각한국학연구소 소장

이와 같은 변화는 당시 편찬된 고지도를 통해서도 알 수 있다. 19세기 전반에 그려진 것으로 추정되는 『동국여도東國輿圖』의 「도성도」(그림 2)나 「경강부임진도京江附臨津圖」(그림 3)를 보면 도성 밖 서쪽 방향으로 시가지 확장이 두드러지게 나타나 있고 한강변에는 진津이나 창倉과 같은 관아 건물들과 주변에 집들이 많이 그려져 있어 새로운 상업 취락이 번성해 있음을 알 수 있다.[7]

〈표 1〉 조선시대 한성부 행정구역의 변천

시기		중부	동부	남부	서부	북부	계
1405년	방명	징청澄淸·서린瑞麟·수진壽進·견평堅平·관인寬仁·경행慶幸·정선貞善·장통長通	숭신崇信·연화蓮花·서운瑞雲·덕성德成·숭교崇敎·연희燕喜·관덕觀德·천달泉達·흥성興盛·창선彰善·건덕建德·인창仁昌	광통廣通·호현好賢·명례明禮·대평大平·훈도薰陶·성명誠明·낙선樂善·정심貞心·명철明哲·성신誠身·예성禮成	영견永堅·인달仁達·적선積善·여경餘慶·인지仁智·황화皇華·취현聚賢·양생養生·신화神化·반석盤石·반송盤松	광화廣化·양덕陽德·가회嘉會·안국安國·관광觀光·진장鎭長·명통明通·준수俊秀·순화順化·의통義通	52방
	방수	8	12	11	11	10	52
	폐지	–	–	–	–	–	–
	신설	8	12	11	11	10	52

• • •

7   양보경, 앞의 논문, 69쪽.

시기		중부	동부	남부	서부	북부	계
세종대	방명	상동	상동	상동	인달仁達·적선積善·여경餘慶·황화皇華·양생養生·신화神化·반석盤石·반송盤松	상동	**49방**
	방수	8	12	11	8	10	49
	폐지	0	0	0	3	0	3
	신설	0	0	0	0	0	0
1750년	방명	상동	숭신崇信·연화蓮花·숭교崇敎·창선彰善·건덕建德·인창仁昌	광통廣通·호현好賢·명례明禮·대평大平·훈도薰陶·성명誠明·낙선樂善·명철明哲·두모豆毛·한강漢江·둔지屯之	인달仁達·적선積善·여경餘慶·황화皇華·양생養生·반석盤石·반송盤松·용산龍山·서강西江	광화廣化·양덕陽德·가회嘉會·안국安國·관광觀光·진장鎭長·준수俊秀·순화順化·의통義通	**43방**
	방수	8	6	11	9	9	43
	폐지	0	6	3	1	1	11
	신설	0	0	3	2	0	5
1789년	방명	상동	숭신崇信·연화蓮花·숭교崇敎·창선彰善·건덕建德·인창仁昌·경모궁景慕宮	상동	상동	광화廣化·양덕陽德·가회嘉會·안국安國·관광觀光·진장鎭長·준수俊秀·순화順化·의통義通·상평常平·연희延禧·연은延恩	**47방**
	방수	8	7	11	9	12	47
	폐지	0	0	0	0	0	0
	신설	0	1	0	0	3	4

(밑줄 : 이후 폐지되는 방, 기울임 : 신설된 방)

〈표 2〉 17~19세기 한성부와 경기도의 인구 변화

연도	전국		한성부		경기도	
	호	구	호	구	호	구
1640(인조 18)	503,124		12,490	–	38,040	–
1648(인조 26)	441,321	1,531,365	10,066	95,569	26,043	81,244
1657(효종 8)	658,771	2,290,083	15,760	80,572	42,050	132,947

1663(현종 4)	809,365	2,851,192	–	–	–	–
1666(현종 7)	1,313,453	5,018,744	23,899	194,030	120,058	546,237
1678(숙종 4)	1,342,428	5,246,972	22,740	167,406	120,528	554,132
1688(숙종 14)	1,560,561	6,218,342	28,356	185,872	126,668	566,120
1717(숙종 43)	1,557,709	6,829,771	34,191	238,119	128,791	561,044
1724(경종 4)	1,574,066	6,865,286	25,844	147,772	127,873	563,158
1729(영조 2)	1,576,598	7,032,425	32,747	188,597	127,368	559,598
1753(영조 29)	1,772,472	7,298,730	34,953	174,203	157,236	642,012
1774(영조 50)	1,692,607	7,039,068	38,531	197,558	148,356	588,889
1776(정조 1)	1,715,371	7,238,522	38,593	197,957	149,771	607,252
1783(정조 7)	1,733,757	7,316,924	42,281	207,265	156,446	628,399
1786(정조 10)	1,737,670	7,356,783	42,786	199,127	157,270	637,482
1789(정조 13)	1,752,837	7,403,606	43,929	189,153	159,160	642,069
1792(정조 16)	1,741,359	7,446,256	43,963	189,287	160,027	648,918
1799(정조 23)	1,741,184	7,412,686	44,945	193,783	161,772	662,992
1807(순조 7)	1,764,504	7,561,403	45,707	204,886	164,351	674,627
1837(헌종 3)	1,591,963	6,708,529	45,640	203,925	156,767	657,680
1852(철종 3)	1,588,875	6,810,206	45,678	204,513	158,000	672,603
1864(고종 1)	1,703,450	6,828,521	46,565	202,639	158,091	674,399
1904(광무 8)	1,419,899	5,928,802	42,730	192,304	170,424	672,636

2) 지역의 신분적 분화와 주민 구성

조선 후기 서울은 주민집단의 신분과 직업에 따라 거주하는 지역이 어느 정도 구분
되어 있었다. 이러한 관점에서 서울의 공간 구조를 성내 지역 7촌과 그 밖에 지역으
로 나누어 볼 수 있다. 즉, 성내 지역을 북촌·남촌·중촌·동촌·서촌·상촌·하
촌[8]으로 구분해 볼 수 있고 그 밖에 시전상인이 주로 거주했던 운종가, 성균관 전복들

• • •

8   오부를 기준으로 보면, 북촌과 남촌, 중촌이 각각 북부와 남부, 중부에 속해 있고 상촌은 북부의 서쪽에 속한 경복
    궁과 인왕산 사이, 하촌은 남부의 동쪽에 속한 예지동 일대부터 동대문과 광희문 사이를 말한다.

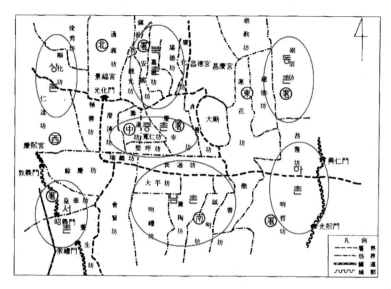

〈그림 4〉 개항 이후 한성부 오부 · 각방과 7촌의 범위

이 주로 거주했던 '반촌泮村', 경강 유역의 '강대사람'들, 도성 3문 인근에 형성되었던 '칠패' 등의 시장거리 등으로 구분해 볼 수 있다(그림 4).[9] 양반들은 주로 북촌 · 남촌 · 동촌 · 서촌에 거주하였는데 그 외 지역에서는 무관, 중인층이나 그 아래 계층들이 거주하였다. 즉, 종각과 수표교 일대의 중촌[10]에는 역관 · 의관 등 기술직 관리나 아전 등 중인들과 시전상인들이 주로 거주하였고 종로 네거리를 중심으로 시전상인들이 가게와 살림살이를 하고 있었던 운종가가 형성되어 있었다. 또한, 인왕산과 경복궁 사이를 상촌, 혹은 '우대'라고 하여 중앙 관청의 실무 관리들인 경아전과 시전상인들 일부가 거주하였다.[11] 동대문과 광희문 사이의 하촌[12]은 '아래대'라고 하여 군속들이 주로

• • •

9 〈그림 4〉의 오부와 각방의 경계는 「경성시가도」(德永勳美, 『한국총람』, 1908)를 기본으로 하였고, 7촌의 범위는 강명관의 글과 그림을 토대로 필자가 재구성하였다. 강명관, 「조선후기 서울 성안의 신분별 거주지」, 『역사비평』 33, 역사문제연구소, 1996; 졸고, 2013a, 182쪽 재인용.

10 중촌은 지금으로 말하면, 장교동, 수표동, 관철동, 관수동 일대를 말한다. 강명관, 위의 논문, 338쪽.

11 구체적으로 역관이나 의관 등 기술직 중인, 각사 서리나 겸종 등의 경아전층, 대전별감 등의 액예(掖隸), 군교 집 단, 승정원 사령 등 관서 하예(下隸), 그리고 시전상인들을 말한다. 고동환은 이들의 존재에 주목하여 이 우대사람 들을 조선 후기 서울의 도시문화를 이끌어갔던 여항인의 핵심으로 보았는데 이 여항인은 18세기 상업도시 서울이

거주하였다. 특히 하촌에 군속들이 많았던 것은 훈련원과 하도감 등이 근처에 있었기 때문이었다.

그 밖에 성외의 오강五江, 즉 용산강·마포·서강·양화진·한강진 유역에 살았던 '강대사람'들을 눈여겨 볼 필요가 있다. 이들은 주로 경강선인들, 주막이나 여각 종사자들, 임노동자들을 말하는데 특히 경강지역의 상인들[13]은 이후 축적된 자본력과 이로 인해 상승된 사회적 영향력을 토대로 지역의 의례에 깊게 관여하는 세력으로 등장하게 된다.

2. 동洞·계契의 운영과 지역사회

1) 동·계의 설치와 체계

조선시대에는 수도인 한양을 중심으로 전국을 8도로 나누고 그 아래 군현을 두었는데 그 읍세의 규모에 따라 주州·부府·군郡·현縣으로 설정하였다. 이들 밑에는 면面을 두었고 면 밑에 이里·동洞·촌村이 부속되어 있었다. 즉, 조선 전기의 행정구역은 서울 → 도 → 주·부·군·현 → 면(방坊·사社) → 이里(동·촌)로 편성되어 있었다.[14] 그런데 조선후기에는 '군-면-이里(동)-촌'으로의 편제가 확연하게 바뀌면서 이里와 동은 주로 사족들이 집거하면서 하위의 10여 개 마을들을 통제하였고 이里 밑에 있던

• • •

배출해 낸 새로운 인간으로서 한국 역사 상 최초의 도시인으로서 자각을 지닌 세력이라고 평가했다. 고동환, 「조선후기 서울의 공간구성과 공간인식」,『서울학연구』26, 서울시립대학교 서울학연구소, 2006, 24쪽.

12 하촌은 지금으로 말하면, 예지동, 주교동, 방산동, 을지로6가·7가, 광희동 일대를 말한다. 강명관, 앞의 논문, 334~335쪽.

13 경강지역의 상인층으로는 상품 매매를 중개하는 경강여객주인, 조세곡을 운송했던 경강선인, 경강선상, 목재상인, 하역운수업자, 장빙업자, 시전상인, 주류 판매업자 등이 있었다. 고동환,『조선후기 서울상업발달사 연구』, 지식산업사, 1998, 311~312쪽.

14 이수건, 「지방 통치체제」,『한국사』23, 국사편찬위원회, 1994, 144~183쪽.

자연촌들은 독자적이고 독립적인 마을들로 분화·발전하게 되었다.[15] 이처럼 조선조 지방의 경우에 이里·동·촌은 행정구역상 최하부 단위였고 이는 당시 공식적으로 편제된 가장 작은 지역사회라고 볼 수 있다.

서울의 경우에도 지방의 이里·동·촌에 해당되는 행정 단위로서 이里나 동洞, 계契 등이 있었다. 전술한 바와 같이 조선 조정에서는 한양 천도 이후에 도성 내에 부와 방을 두고 행정을 관할했는데 그 아래 단위, 즉 지역사회를 구성하는 이里·동·계와 같은 가장 작은 단위들은 실제 어떻게 존재하고 있었을까?

세종 10년(1428)의 기록을 보면, 방의 밑에는 이里, 그 밑에는 비比를 두었다. 즉, 한성부 5부 각 방坊마다 5집을 1비比로 하여 비장比長 1명을 두고 100집을 1리로 하여 이정里正 1명씩을 두도록 하였다.[16] 이처럼 조선 초에는 행정 하부 단위로 이里와 비가 존재했음을 알 수 있는데 이후에는 이里와 비라는 단위는 보이지 않고 다만 방 밑에 계契[17]가 그 하위 단위로 설정되어 있다. 즉, 1663년에 간행된 『북부장호적』[18]을 보면 이 당시에 계가 공식적인 행정 단위로 사용되고 있었던 것으로 보인다. 『북부장호적』에 기재된 계 중에서 호수가 가장 적은 계가 조지서계造紙署契로 3호가 거주하고 있었고 가장 많은 호를 보유한 계는 망원정계로 142호에 이른다. 평균적으로 한 계에는 40~50호 정도가 거주하고 있었다. 갑오개혁 이후에는 계 밑에 동洞이 행정구역 명칭으로 등장하는데 이로써 한성부 행정체계는 한성부 − 서署 − 방坊 − 계契 − 동洞 − 통統 −

• • •

15 이해준, 『조선시기 촌락사회사』, 민족문화사, 1996, 48쪽.
16 『세종실록』 권40, 세종 10년 윤4월 기축조.
17 한성부에 존재했었던 계는 공식적인 행정단위로서 기능하였던 것으로 지방의 촌계류와 같은, 자치기구로서의 계와는 구별된다. 다만, 한성부의 지역사회에도 이러한 행정단위로서의 계 외에 노인계, 이중계 등 자치기구의 성격을 띤 계들도 존재하였다.
18 한성부 북부장 호적의 공식적인 명칭은 『강희2년계묘식년북부장호적(康熙貳年癸卯式年北部帳戶籍)』으로 현종 4년(1663)에 작성된 총 152장으로 된 필사본 호적이다. 이 호적에 한성부 북부에 소속되었던 도성 밖 16계 683호가 기록되어 있다. 영조 27년(1751)을 기준으로 할 때 한성부에는 43방 328계가 있었는데 북부장호적에는 이 중에 아이고개계(9호), 연희궁계(17호), 가좌동계(38호), 수색리계(44호), 성산리계(57호), 세교리계(23호), 합장리계(90호), 망원정계(142호), 홍제원계(16호), 여의도신계(44호), 연서계(96호), 증산리계(41호), 신사동계(32호), 양철리계(11호), 말흘산계(20호), 조지서계(3호) 등 16계의 호적이 기재되어 있다. 서울특별시시사편찬위원회, 『국역 한성부 북부장호적』, 서울특별시, 1999, 1~3쪽.

호戸로 정착되었다.[19] 이상 서울의 행정체계 변화를 정리하면 〈표 3〉과 같다.

이러한 방의 변화는 결국 방 하위에 존재했었던, 지역의 최하위 단위인 동洞이나 계契의 변화를 의미하기도 한다. 동이나 계와 같은 범위에서의 인구 증가 혹은 이동 등이 축적되어 방의 체계에 영향을 미치고 이는 전체 서울 지역의 변화를 초래하게 되는 것이다. 따라서 동이나 계가 언제 설치되었고 어떻게 운영되었는지를 아는 것은 지역사회를 이해하는 데 선행 요건이 된다.

고동환의 연구에 의하면 동이나 계는 조선후기에 나타난 개념이다.[20] 조선초기에는 이里라고 하여 100호를 기준으로 편제되었던 단위가 있었으나 조선후기에는 거의 소멸되었다. 동은 조선후기에 자연촌을 지칭하는 용어로 쓰이다가 계와 함께 지역사회를 지칭하는 용어로 정착하였다. 동이 언제부터 쓰였는지는 명확치 않지만 행정 단위로서 동이 쓰이기 시작한 때는 갑오개혁 이후로 보기도 한다.[21] 그러나 동이 공식적인 행정기구는 아니었지만 각종 직임이 존재하여 자치적인 업무를 수행하고 있었다[22]는 것을 보아 일정한 지역사회의 체계로 이해할 수는 있을 것이다. 즉, 중종 14년에 각 동에 약정約正이 존재했다[23]는 것을 보아 이때 지역사회의 하부 단위로 동이 존재했을 가능성도 배제할 수 없다. 또한 영조 때 각 동에 존위 이외에도 유사有司, 삼별임三別任 등이 존재했다는 기사[24]는 이러한 가능성을 뒷받침하고 있다.

동과 계의 관계는 시대에 따라 변동이 있었던 것으로 보인다. 원래 각 동의 밑에는 여러 계가 속해 있었다. 즉, 정조 때 기사를 보면 한 동洞에 갈라진 계가 너무 많아 존위가 이를 다 통제하기가 어렵다는 내용이 나온다.[25] 이는 당시에 동은 계보다 더 포괄

• • •

19 박경룡, 『한성부연구』, 국학자료원, 2000, 61~62쪽.
20 고동환, 앞의 논문, 1998, 63쪽.
21 서울특별시사편찬위원회, 『서울행정사』, 서울특별시, 1997, 38쪽.
22 고동환, 앞의 논문, 1998, 64쪽.
23 "'경성(京城) 안에도 또한 방리(坊里)가 있어 반드시 향약을 시행할 것이니, 이 책을 오부(五部)의 관원으로 하여금 각 동(洞)의 약정(約正)에게 나누어 주게 함이 어떠하리까?' 하니, 윤허하였다. 京城之中, 亦有坊里, 必爲鄕約矣. 此冊, 令五部官員, 分給于各洞約正何如? 可之.", 『중종실록』 36권, 중종 14년 7월 18일(기유).
24 "故所謂洞內有司와 三別任之屬", 『승정원일기』 867책, 영조14년 1월 25일(무인).
25 『정조실록』 32권, 정조15년 4월 4일(무신). 자세한 내용은 각주 (39) 참조.

적인 범위로 설정되어 있었고 범위 내의 계들의 상부 단위였음을 의미한다. 그러다가 갑오개혁 이후 행정 체계가 '부-방-계-동'의 체계로 정비되면서 계 밑에 동이 편입되었던 것으로 보인다. 이처럼 정조 때만 하더라도 동이 계의 상부 단위였다가 이후 어떠한 계기로 인해 계의 하부 단위가 된 것인데 그 이유가 무엇인지 확실치는 않다.

한편, 계는 그 연원이 오래된 것이지만 행정 단위로서 공식적으로 설정된 것은 『북부장호적』의 사례로 보아 17세기 무렵으로 판단된다. 행정 단위로서 계는 자연 촌락이 모여 형성된 단위가 아니라 과세와 같은 행정 편의를 위해 만들어졌다는 의견[26]도 있지만 이후 지역적 범위를 나타내는 행정 단위로서 기능하게 되었던 것[27]은 분명한 사실이었던 것 같다.

한성부의 계는 1751년에 328계가 설치되어 있었고 1789년 『호구총수』에 의하면 당시에 338계가 설치되었다. 1865년에는 340계가 설치되어 갑오개혁 때 약간 줄어 288계가 되었다(표 4).[28] 계 아래로는 통과 호가 있었는데 영조 대(1765)에 작성된 호적에 통·호까지 지재되어 있어서[29] 이 당시에는 최하부 단위로 통·호가 사용되었던 것으로 보인다. 오가작통법에 의하면 한 통은 기본적으로 10호로 구성되지만 방의 사정에 따라 10호보다 적을 수도 있고 100통이 넘어가기도 했다.[30]

• • •

26 조성윤, 「조선후기 서울 주민의 신분 구조와 변화 : 근대 시민 형성의 역사적 기원」, 연세대학교 대학원 박사학위논문, 1992, 118쪽.

27 고동환은 계는 조선전기 里가 후기에 대체되어 오부-방-계의 구조로 변모하면서 생겨났다고 보았다. 또한 계는 처음에 방역의 응역 단위로 방의 하부 기구로 정착하자 한성부의 공식적인 파악 대상으로 설정되었다고 보았다. 고동환, 앞의 논문, 1998, 98~99쪽.

28 〈표 4〉는 임덕순, 『600년 수도 서울』, 지식산업사, 1994, 79쪽; 이대희, 「서울시 구동제의 변천과정에 관한 연구」, 『인문사회과학연구소논문집』, 광운대학교 인문사회과학연구소, 1996, 153쪽 재인용.

29 서울특별시사편찬위원회 편, 『서울행정사』, 서울특별시, 1997, 37쪽.

30 조성윤, 앞의 논문, 1992, 122쪽.

<표 3> 조선시대 한성부 행정 체계의 변화

시기	행정 체계	방	계	출전
건국초기	부-방	52방	-	-
세종10년(1428)	부-방-리-비	49방	-	세종실록
현종대(1663)	부-방-계	-	-	북부장호적
영조대(1751)	부-방-계-통-호	43방	328계/329계	어제수성윤음 李普寅 호적
정조대(1789)	-	47방	338계 362계	호구총수 각동 호구류
고종대(1865)	-	47방	340계	육전조례
갑오개혁(1894)	서-방-계-동-통-호	47방	288계-775동	

<표 4> 갑오개혁 이후 한성부 오서(五署)의 방(坊)·계(契)·동(洞)의 현황

署名＼구분	방수	계수	동수	署名＼구분	방수	계수	동수
中署	성내방 8 성외방 소 계 8	56 56	127 127	中署	성내방 5 성외방 4 소 계 9	46 24 70	150 40 190
東署	성내방 5 성외방 2 소 계 7	15 5 20	92 73 165	東署	성내방 9 성외방 3 소 계 12	13 29 42	58 72 130
南署	성내방 8 성외방 3 소 계 11	82 18 100	139 24 163	南署	성내방 35 성외방 12	212 76	566 209
				총계	47	288	775

2) 동·계의 운영과 기층 조직

앞에서 살펴 본 것처럼 조선시대 한성부 행정의 최하급 단위로 이里, 동, 계 등이 있었다. 특히 조선후기 한성부에는 동과 계가 최하부 지역사회를 구성하고 있었는데 이들 조직의 구성과 운영은 어떠했는지 이해할 필요가 있다. 여러 사료들을 살펴보면, 동이나 계에는 그 대표자로서 존위가 있었고[31] 그 아래에는 이 존위를 보좌하는 중임中任, 이임里任, 동장洞長 등이 있었다.

존위는 한성부뿐만 아니라 지방의 촌계에서도 공통적으로 나타나는 직임[32]으로서 원래 양반들 중에서 선임되었던 것으로 보인다. 존위로 선임되기 위한 몇 가지 조건이 있는데 첫째, 양반 신분이어야 하며[33] 둘째, 근착根着이 있으며[34] 셋째, 근실하고 풍력風力이 있어야[35] 했다. 즉, 존위가 되기 위해서는 그 지역에서 오랫동안 권세를 유지해 온 양반가 출신이어야 하고 성품도 좋아 지역민들에게 위신이 있어야 했다. 이처럼 초기에는 양반들 중에서 존위를 선출하였지만 점차 양반 외에도 중인이나 평민들 중에서도 맡게 되었던 것으로 보인다. 즉, 1710년(숙종 37)의「양역변통절목良役變通節目」에서 "존위에 있어서는 옛날에 모두 이름 있는 양반이 하였으나 본관本官이 관임官任과 같이 보고 예사로 침책을 가하였기 때문에 모두 회피하여 미천한 무리에게 돌아가게 되었고 그 때문에 전연 기강이 없어지게 된 것이다."[36]라고 한 것으로 보아 양반들이 존위직을 꺼려했음을 알 수 있다. 존위란 이임里任중에서 우두머리를 지칭하기도 하는데 17세기 후반에는 이임으로 서얼이나 천류가 임명되던 세태였다. 따라서 양반층이 존위직을 회피하기 때문에 전술한 1710년에는 존위직임을 상·부 존위로 나누어 양반층에서 상존위를 맡고 중서中庶와 평민 중에 부존위를 맡도록 하였다.[37] 이러한

- - -

31 "동(洞)에 장(掌)이 있는 것은 곧 대(隊)에 정(正)이 있는 것과 같고 이(里)에 임(任)이 있는 것은 여(旅)에 수(帥)가 있는 것과 같다. 방(坊)과 계(契)의 존위는 부장(部將)과 같고 각부의 관원은 오위(五衛)와 같으며 아윤(亞尹, 5152)은 곧 부총관과 같고 경조윤(京兆尹, 5153)은 곧 도총관과 같은 것이다."『정조실록』32권, 정조15년 4월 4일(무신). 이러한 기사에 의하면 당시 한성부에는 계 이외에도 방에도 존위가 있었음을 알 수 있다.

32 한성부나 지방에서 지역주민들의 교화나 규제 또는 행정의 일부를 수행했던 존위라는 직임은 촌계류 좌목에 나타나는 존위와는 구별되어야 할 것으로 보인다. 예를 들어, 소나무 채벌을 금지하기 위해 계를 조직하고 이 계의 수장으로 '금송(禁松)존위'를 두기도 하였는데 이러한 존위들은 지역사회의 대표자라기보다는 특정 계의 대표로 이해해야 할 것이므로 이를 구별해야 한다는 것이다. 금송존위의 사례는『국역 비변사등록』85책, 영조5년 4월 19일;『국역 비변사등록』90책, 영조7년 8월 24일 참조.

33 『국역 비변사등록』63책, 숙종 37년 12월 26일;『국역 비변사등록』85책, 영조5년 4월 19일;『국역 비변사등록』90책, 영조7년 8월 24일.

34 여기서 근착이란 어떤 사람의 확실한 내력이나 거주지 등을 말하는 것으로 그 지역에서 대대로 양반 가문으로 행세해 와서 그 집안의 내력이 잘 알려져 있어야 한다는 뜻으로 풀이된다.『국역 비변사등록』170책, 정조11년 1월 15일.

35 『국역 비변사등록』170책, 정조11년 1월 15일;『국역 비변사등록』90책, 8월 24일.

36 『국역 비변사등록』63책, 숙종 37년(1711년) 12월 26일.

37 김준형,「조선후기 면리제의 성격」, 서울대학교 석사학위논문, 1982, 85~86쪽; 오영교,「17세기 향촌대책과 면리제의 운영」,『동방학지』85, 연세대 국학연구원, 1994, 161~162쪽.

조치에도 불구하고 양반층이 존위직을 기피하는 현상은 여전하였으며 노비든 천민이든 부를 축적하여 새롭게 등장하는 부민富民들 중에서 존위를 맡게 되는 양상이 나타났다.[38]

이러한 존위가 주로 어떠한 일을 했는가 하는 것은 아래 기사를 보면 잘 알 수 있다. 특히, 아래의 기사는 한성판윤 구익具㿿(1737~1804)이 오부五部를 소생시킬 방침의 일환으로 왕에게 고하는 것으로서 당시 한성부의 상황임을 주시할 필요가 있다.

대체로 한 동洞 안에도 갈라진 계契가 매우 많아서 존위尊位가 민정을 두루 살필 수가 없습니다. 그러니 민간의 고통이며 선행과 악행, 마을 일에 부지런한가 태만한가에 관한 것을 중임中任이 사항에 따라 규찰하여 존위에게 보고해야 합니다. 그러면 존위는 이임里任과 동장洞長으로 하여금 해당 부部에 알리도록 하고, 다소 중요한 일이라면 중임으로 하여금 해당 부에 직접 글로 올리게 해야 합니다. 이렇게 사안의 경중에 따라 다스리게 한다면 거칠고 무식한 백성들도 두려워할 줄을 알게 되어 그 실효를 보장할 수가 있을 것입니다. 그러나 만약 조정에서 신칙하지 않는다면 특별한 하교로 존위를 복구시킨 뜻이 없어질 것입니다.[39]

위에서처럼 존위의 기본적인 임무는 지역민들의 애로 사항을 점검하고 행태를 규찰하는 것이다. 구체적으로는 재해가 났을 때 재해를 입은 전답을 수석유사首席有司 등과 함께 조사하여 관에 제출하거나[40] 역役이 없는 자의 내력과 주소를 조사하여 관가로 보내는 일[41] 등을 하였다. 이 외에도 백성들을 교화하기 위한 목적으로 존위들로 하여금 향약을 보급하고 지역에서 시행될 수 있도록 하였다.[42] 위의 기사에서도 알 수 있듯이 한성부의 각 계나 동과 같은 지역사회에는 존위 외에 중임, 이임과 동장 등이 있

• • •

38 김준형, 위의 논문, 1982, 72~87쪽.
39 『정조실록』 32권, 정조15년 4월 4일(무신).
40 『국역 비변사등록』 31책, 숙종1년 8월 29일.
41 『국역 비변사등록』 63책, 숙종37년 12월 26일.
42 『국역 비변사등록』 47책, 숙종19년 6월 21일; 『국역 비변사등록』 182책, 정조18년 10월 16일.

어서 존위를 보좌했다. 특히, 중임은 민간의 고통과 선악, 근태勤怠 등을 규찰하여 존위에게 보고하거나 중요한 일은 직접 오부에 보고하는 직책이었다.[43] 이와 같은 지역 사회의 조직과 그 직책 등은 다른 지역에도 동일하게 존재했던 것일까?

앞에서 살펴본 바와 같이 조선조의 행정구역은 한성부 → 도 → 주·부·군·현 → 면(방·사) → 이里(동·촌)로 편성되어 있었고 이곳에 각각 왕(중앙정부) → 감사 → 수령 → 면리임面里任 등을 두었다.[44] 즉, 중앙에서는 이들 상급 단위에서는 물론이고 하급 단위인 각 면뿐만 아니라 이里에도 지역을 관할할 직임을 선출하여 지방 통치권을 넓혀가고자 하였다. 흔히 이임里任이라고 하는 직임은 '이정里正', '이유사里有司', '상존위', '부존위', '이감里監', '기찰장譏察將' 등 다양한 직능이 존재했었다. 또한 이들 외에 색장色掌, 두두인頭頭人[45] 등도 존위와 함께 마을 일을 수행했다. 정조대 평안도 관찰사를 지냈던 홍양호洪良浩가 쓴 『목민대방牧民大方』에 의하면, 이정里正은 이里내의 검납檢納, 차역差役, 추착推捉 등을 담당하며 이감里監은 권농유사를 겸하며 이里내의 문보文報, 풍화風化, 권농勸農 등을 총괄했다. 기찰장은 이里내의 순경巡警, 금령禁令 등을 담당했다.[46]

또한 1889년(고종 26)에 작성된 「존위좌목안」에는 존위 2명과 좌목 6명의 명단이 열거되어 있다. 존위 2명은 '안일호장安逸戶長'으로 기재되어 있고 임기는 대략 2년이다. 나머지 6명의 직역은 한량, 사과, 공생貢生, 유학, 오위장 등으로 다양하다.[47]

그러면 당시 한성부에 속해 있던 지역사회에서 존위와 마을 주민들이 어떻게 소통하고 지역 조직을 이끌어 갔는지를 살펴보자. 이를 잘 알 수 있는 사례로서 1851년 2월 뚝섬에서 있었던 주민들의 저항 운동이 있다. 당시 뚝섬의 주민이었던 고덕철이

• • •

43 고동환은 동(洞)이란 요즈음과 같이 독자적인 행정단위가 아니라, 주민들이 자신들의 동네를 지칭할 때 편의적으로 붙였던 용어로 보았고 자치적인 촌락의 성격을 강하게 드러내는 용어라고 하였다. 동에는 자연촌 내부의 자치적인 행정업무를 처리하기 위한 각종 직임이 존재했는데 존위, 유사(有司), 중임, 이임(里任), 동장 등이 그것이다. 이러한 동 외에 계에도 존위와 중임을 두어 계 내부의 일들을 처리하도록 하였다. 고동환, 앞의 논문, 1998, 63~73쪽. 따라서, 계에서의 존위와 중임의 역할도 동의 그것과 유사할 것으로 보인다.
44 이수건, 「조선전기 지방통치와 향촌사회」, 『대구사학』 37, 대구사학회, 1989, 9쪽.
45 『국역 비변사등록』 63책, 숙종37년 12월 26일.
46 김준형, 「조선후기의 사회」, 『한국사』 34, 국사편찬위원회, 1995, 197~198쪽.
47 윤경진 해제, 「존위좌목안」, 서울대학교규장각한국학연구원, 고366.951-J739. '안일호장'이란 퇴임한 호장을 말한다.

라는 인물이 도적으로 몰려 포교들에게 잡혀 가자 주민들이 고덕철을 가두어 놓은 유개막流丐幕에 몰려가 포교 1명을 타살하고 4명을 크게 다치게 한 사건이 발생하였다. 이에 대한 구체적인 정황을 살펴보는 것은 당시 뚝섬과 같은 서울 인근 지역의 지역사회 구조와 운영 체계 등을 가늠하는 데 도움이 된다.

당시에 뚝섬纛島은 1계와 2계 이외에도 여러 동으로 나뉘어져 있었던 것으로 보인다.[48] 당시 1계에 살고 있었던 고덕철이 도적으로 몰려 포교들에게 잡혀 가는 일이 발생한다. 이에 존위인 홍희일이 중임인 한종호를 불러 동네 사람 고덕철이 적한賊漢으로 애매하게 잡혀갔으니 동민들과 함께 가서 빼앗아 올 것을 명한다.[49] 그런데 이 과정을 살펴보면, 당시 어떤 지역에 중대한 일이 발생했을 때 이를 해결하기 위해 지역체계가 어떻게 작동되는지를 잘 알 수 있다. 즉, 마을 주민들 중 한 명이 부당한 이유로 관에 잡혀가는 중대한 일이 발생하자 존위는 두 가지 조치를 취하였다. 하나는 존위 아래 직임인 중임을 불러 이에 대한 대응 조치를 명하는 것이었다. 그러면 중임은 다시 사환 등을 동원하여 이 명령을 시행하게 된다.[50] 다른 하나는 본인이 단독으로 결정하기 어려운 사안인 경우, 노인계와 같은 원로 회의를 소집하여 이들의 의견을 청취하는 한편 이들의 동의를 구하는 일이었다.[51] 일단 이렇게 명령이 내려지면 주민들은 절대적으로 이를 따랐는데 그만큼 당시 존위와 중임 등의 권위가 대단했던 것으로 보인다.[52]

• • •

48 이 사건을 다룬 포도청의 기록에는 둑도1계, 둑도2계, 대창동, 숙강동, 상동 등의 지명이 등장한다. 『우포청등록』 30책(규15144), 철종 2년(신해년) 2월 9일.

49 홍희일은 당시 76세로 양반 신분이었고 본명은 낙철이었다. 한종호는 둑도1계에 거주하고 있었고 54세였다.

50 "죄인 이경철. '저는 纛島에 살면서 刑曹의 禁亂使令을 수행하였습니다. 동내에 사는 高德哲이 애매하게 도둑놈으로 기찰포교에게 붙잡혀 본 洞의 尊位 洪樂喆, 中任 李尙吉이 使喚軍인 성을 잘 모르는 達金 등을 시켜 큰 소리로 洞안에 있는 사람에게 呼諭하며 말하기를, '모든 사람들은 일제히 入城하여 譏校의 소재처를 찾아가서 함께 高德喆을 빼앗아 오되, 비록 한사람이라도 혹 누락하여 불참한 자가 있으면 즉시 나쁜 행동을 한 사람으로 동내에서 내쫓을 것이라고 합니다'. 罪人李景喆 矣身段 居生于纛島 以刑曹禁亂使令隨行是白乎㫆洞內居高德哲 曖昧以賊漢 被捉於譏校處是如 本洞尊位洪樂喆 中任李尙吉 使使喚軍姓不知達金等 高聲呼諭於洞中者曰 諸民一齊入城 尋往譏校所在處 同高德喆奪來是矣 雖一人 如或有漏落不參者 則卽爲損徒出洞是如是白乎", 『우포청등록』, 앞의 자료; 유승희, 「18∼19세기 한성부의 범죄실태와 갈등양상」, 서울시립대 박사학위논문, 2007, 195쪽 재인용.

51 "존위 역시 노인계를 소집하여 서로 상의한 연후에 여러 사람들로 하여금 함께 소장을 내도록 하였다.尊位亦爲聚會老人契相議後使諸民同爲入送之狀矣", 『우포청등록』, 앞의 자료.

당시 뚝섬에는 한종호 외에 중임이 한 명 더 있었는데 당시 형조금란사령^{刑曹禁亂使令}을 수행하고 있었던 이경철도 중임을 맡고 있었다. 또한, 둑도 2계에는 임장任掌도 있었는데 당시 2계에 정말금이란 자가 임장을 맡고 있었다.⁵³ 이렇게 보면 당시 뚝섬의 지역사회를 운영했던 임원으로는 존위 1인과 그 밑에 중임 2인, 임장 2인, 사환 등이 있었고 원로 기구로 노인계가 존재하고 있었음을 알 수 있다(표 5).⁵⁴ 이처럼, 이 사건이 진행되는 과정에 존위와 중임, 이임, 그리고 노인계 등이 개입하는 정황은 당시 지역사회의 운영과 의사 결정 과정을 보여주는 좋은 사례가 된다.

〈표 5〉 뚝섬 사건의 가담자 명단

연번	성 명	나 이	거주지	직 임/ 직 업	비 고
1	홍희일洪羲壹	76	(1동)	존위	본명 樂喆, 중임 한종호 등에게 奪來 지시
2	이상길李尙吉	–	(본동)	중임	달금에게 지시
3	한종호韓宗浩	54	둑도蠹島1계	중임	
4	달금達金	–		사환	탈래 알림
5	정말금鄭末金	64	둑도2계	임장	
6	이경철李景喆	28	둑도	형조금난사령 刑曹禁亂使令	포교 포박
7	김관희金寬喜	29	둑도 대창동大倉洞	담부擔負	포교 착거
8	김순길金順吉	38	둑도 대창동	담부	
9	유은길柳殷吉	29	둑도1계	시목상柴木商	
10	전호길全好吉	48	둑도 대창동	마부	

• • •

52 당시 동민들은 존위를 비롯한 중임, 노인계와 같은 마을 대표자들이 수단과 방법을 가리지 않고 고덕철을 빼앗아 올 것을 지시하고 지휘한 것으로 인식했던 것 같다. 즉, 가담자들은 일관되게 존위와 중임의 명령을 감히 거역할 수 없어서 그에 따랐다고 진술하고 있다.

53 그는 1계에서 벌어진 일을 몰랐다가 나중에 이 일을 들었지만 자신은 1계의 임장이 아니어서 명령할 수가 없었고 같이 가서 일을 도모할 수도 없었다고 했다. 따라서 1계에도 임장이 있었음을 알 수 있다. "罪人鄭末金矣身段本以居生于楊根靑苦灘是白加尼四年前移居于蠹島二契以**任掌**隨行是白乎￼ 矣身他**任掌**之致不知一契洞中之事是白乎矣 得聞高德喆以賊漢被捉事尊位洪班及中任李尙吉韓宗浩及自老人契知委於洞民同侪等訴云 是白乎矣 矣身非一契**任掌**之故不爲知委亦不同侪是白置此外無他可違之辭相考處置敎味白齊", 『우포청등록』, 앞의 자료.

54 〈표 5〉는 『우포청등록』, 앞의 자료를 토대로 작성한 것이다.

11	고완철高完喆	43	둑도 숙강동淑江洞	담부	고덕철의 아우
12	한복대韓福大	51	둑도 하동下洞	담부	한종호의 아우, 가담
13	원치성元致性	31	둑도1계	면상麵商	
14	정영손鄭英孫	28	둑도	–	
15	함순길咸順吉	35	둑도1계	주상酒商	
16	차개우리車介尤里			–	
17	고덕철高德喆	54	둑도1계	–	적한賊漢 용의자

이처럼 서울 지역의 대부분은 지역사회에 존위를 중심으로 지역 조직이 구성되어 있었다. 한편, 역을 수행하기 위해서나 이익을 목적으로 계를 조직하고 존위를 둔 경우도 있었다. 구체적인 사례로 영조 대에 있었던 역인계 사건이 있다. 그 구체적인 내용은 다음과 같다.

한강漢江 선인船人들이 정장呈狀하였는데 이 정장에 '한강 강변에 살고 있는 백성들은 다만 조운漕運으로 직업을 삼고 있습니다. 전에는 세선稅船이 닿은 뒤 창고에 넣을 때, 이 배의 사공沙工·격군格軍 및 이웃 족속族屬들이 함께 짊어지고 넣어 왔습니다. 그런데 근래에 나쁜 규례規例가 있는데, 역인계役人稧라 칭하는 것이 그것입니다. 명가名家의 교활하고 사나운 노복奴僕들이 무리를 지어 계稧를 만들고, 강변에 사는 한 종반宗班이 스스로 존위尊位가 되고 향도香徒처럼 하고서 백분의 일의 세를 강제로 규정으로 만들고 100명당 쌀 2석 2두 남짓을 거두고 있습니다. 이 밖에도 소임가所任價·색장가色掌價라 칭하고, 그 값은 각 3두씩, 방미房米는 12두, 역인役人 한 명 당 3승씩을 받고 있는데 이를 합하여 보면, 1,000석에 소요되는 비용이 17석에까지 이르게 됩니다. 1,000석 이상이나 싣는 배에 곡물의 허비됨이 얼마나 많겠습니까?' …(중략)… 또 들으니, '종반宗班이 강변 요지에 살면서, 강江 상하로 왕래하는, 땔나무를 파는 배를 번번이 잡아서 강제로 염가廉價로 정하고 다른 데에 팔지 못하도록 하여 배 상인들로 하여금 원망을 사고 있다'고 합니다. 이는 말예末裔 종반宗班이 빈궁에 절박하여 이런 모리牟利하는 일을 하게 되니, 백성들의 원망이 극심하므로 각별히 신칙하여야 하겠습니다. 만약 이후에 이런 나쁜 버릇을 뉘우치지 않고 또 존위라고 칭하고 사사로이 붙잡아

다스리는 행동과 종奴을 풀어놓아 소요를 일으키는 폐단이 있게 되면, 발각되는 대로 중구重

究한다는 뜻을 거듭 밝혀 알려주는 것이 어떻겠습니까?[55]

이처럼, 1728년(영조 4)에 있었던 한강 유역의 '역인계役人契'와 관련된 사건은 당시 명문가의 노복들이 '역인계'라는 것을 만들어 한강 선인들을 협박하여 세금을 걷었던 악행들로 벌어진 일들이었다. 이 역인계의 존위를 종친들이 스스로 맡아 세금을 강제로 걷는 일이 잦자 좌의정 조태억趙泰億 등이 이를 금할 것을 왕에게 고하였다는 내용이다. 여기에서의 존위는 이익 집단의 수장으로서 지역사회의 수장과는 구별되는 경우라고 할 수 있다.

3. 지역사회의 조직화와 토착세력의 주도 : 서빙고 지역의 사례[56]

〈그림 5〉 19세기 후반 서빙고 지역

여기서는 조선후기부터 대한제국기까지 서빙고 지역을 구체적으로 살펴볼 것이다. 서빙고 지역은 조선후기에 한성부 관할로 서빙고1·2계로 편제되어 있었던 곳이다(그림 5).[57] 이곳에 존재하고 있었던 부군당은 지역의례의 공간이었으며 이를 통해 당시 지역사회와 주도집단들의 면면을 확인할 수 있다.

• • •

55 『국역 비변사등록』 83책, 영조4년 2월 28일.
56 3절은 졸고, 「19세기후반~20세기 초 서울 서빙고 지역 부군당 의례 주도 집단 연구 : 1875·1891·1903·1927년 부군당 현판을 중심으로」, 『서울학연구』 28, 서울시립대 서울학연구소, 2010b; 『조선후기 서빙고 지역 부군당 주재집단의 성격과 변화』, 『한국무속학』 19집, 한국무속학회, 2009의 일부 내용을 수정 보완하여 실었다.
57 『경조오부도』(1860년) 서빙고 부분, 서울대학교 규장각한국학연구원 소장.

1) 역사적 배경과 의례 공간으로서의 부군당

현재 반포대교 북단의 한강변에 위치한 서빙고동은 조선시대에 있었던 얼음을 저장하는 창고인 서빙고로 인해 그 동명이 유래되었다. 서빙고의 건립 시기가 확실치는 않으나 태종 5년(1405)에 예조에서 육조의 직무를 분담하고 소속을 상정했었던 기록[58]에 빙고가 예조에 이미 편제되었던 것으로 보아 그 전부터 존재했었던 것으로 보인다. 『용재총화』에 서빙고에 대한 자세한 내용이 전해지는데 다음과 같다.

〈그림 6〉 서빙고 지역과 서빙고 부군당의 위치(2012년 기준)

지금의 빙고氷庫는 옛날의 능음凌陰이다. 동빙고는 두모포豆毛浦에 있는데, 오직 하나뿐이어서 제사지내는 데만 사용하였다. 얼음을 저장할 때에는 봉상시奉常寺가 주관하고, 별제別提 두 사람과 함께 검찰檢察하였다. 또 감역부장監役部將과 벌빙군관伐氷軍官이 저자도楮子島 사이에서 채취하는 것을 감독하였는데, 이는 개천 하류의 더러움을 피하기 위함이다. 서빙고西氷庫는 한강 하류 둔지산屯知山의 기슭에 있는데, 무릇 고庫가 8경梗이나 되므로, 모든 국용國用과 제사諸司와 모든 재추宰樞가 모두 이 얼음을 썼다. 군기시軍器寺·군자감軍資監·예빈시禮賓寺·내자시內資寺·내섬시內贍寺·사담시司贍寺·사재감司宰監·제용감濟用監이 주관하여 별제 두 사람과 같이 검찰하였고, 또 감역부장과 벌빙군관이 있고 그 나머지 각사各司는

• • •
58 "禮曹詳定六曹分職及所屬以聞 …(중략)… 禮曹所屬, 藝文館, 春秋館, 經筵, 書筵, 成均館, 通禮門, 奉常寺, 禮賓寺, 典醫監, 司譯院, 書雲觀, 校書館, 文書應奉司, 宗廟署, 司醞署, 濟生院, 惠民局, 雅樂署, 典樂署, 司欞所, 膳官署, 道流房, 福興館, 東·西大悲院, 氷庫, 種藥色, 太淸觀, 昭格殿, 圖書院, 架閣庫, 典廐署, 社稷壇, 慣習都監, 僧錄司, 各道學校·醫學", 『태종실록』 태종 9권, 5년(1405 을유) 3월 1일(병신).

8경에 나누어 소속시켰는데, 얼음이 얼어서 4치가량 된 뒤에 비로소 작업하였다.(하략)…[59]

이처럼 서빙고西氷庫는 예조에 소속된 얼음 창고로 둔지산 산기슭에 설치하여 겨울에 한강물이 4촌 이상 얼었을 때 채취하여 저장하였다. 서빙고의 얼음은 전殿·궁宮, 궁방, 장번내관, 내반원, 종친, 문·무 2품 이상, 삼사장관, 육승지 등에게 나누어 주었다.[60] 얼음을 저장할 때나 개방할 때에는 빙신氷神인 현명玄冥에게 제사를 지냈다.[61] 관원으로는 제조提調 1인이 동·서빙고를 겸하여 관장하고, 별제別提와 별검別檢 각각 1인이 배치되었다.[62]

조선시대 서빙고 지역에 거주하였던 주민들의 구성과 생활 모습을 살피기 위해서는 강변 주민들에게 주어졌던 장빙역의 변화, 서빙고의 관직과 관원 규모, 서빙고 지역에

• • •

59 하략한 내용과 전체 원문은 다음과 같다. "그때는 제사(諸司)의 관원들이 서로 다투어 힘쓰므로 군인이 비록 많으나 잘 채취하지 못하고, 촌민들이 얼음을 캐가지고 군인들에게 팔았다. 또 칡끈을 얼음에 동여매어서 넘어지는 것을 방지하고, 강변에는 땔나무를 쌓아놓아 얼어 죽는 사람을 구제하며, 또 의약을 상비(常備)하여 다친 사람을 구제하는 등 그 질환에 대한 조치가 상비되었다. 처음 8월에는 군인을 빙고에 많이 보냈는데, 고원(庫員)이 군인을 인솔하여 고(庫)의 천정을 수리하고 대들보와 서까래가 썩은 것을 바꾸고, 담이 허물어진 것을 수리하였다. 또 고원 한 사람은 압도(鴨島)에 가서 갈대를 베어다가 고의 상하 사방을 덮는데, 많이 쌓아 두텁게 덮으면 얼음이 녹지 않는다. 전술한 관인들은 밤낮으로 마음껏 취하도록 마시고 얼음을 저장하는 일은 하리(下吏)들에게 맡겼다. 계축년에 얼음의 저장을 소홀히 하자 왕이 노하여 모두 파직을 시켰고, 갑인년에는 관리가 주의하여 얼음을 저장했기 때문에, 국상(國喪)과 중국 사신을 대접하는 연회에도 얼음이 넉넉하고 가을까지 빙고에 남아 있었으니, 그 검사하는 방법을 치밀하게 하지 않을 수 없는 것이다. 今之氷庫。即古之凌陰也。東氷庫在豆毛浦。只有一庫。以供祭祀之用。其藏氷時。奉常寺主之。與別提二人同力檢察。又有監役部將伐氷軍官。監取於楮子島之間。所以避開川下流之汚也。西氷庫在漢江下屯知山之麓。庫凡八梗。諸國間諸司諸宰樞皆須用之。軍器寺軍資監禮賓寺內資寺內贍寺司贍寺司宰監濟用監主之。與別提二人同力檢察。又有監役部將伐氷軍官。其餘諸各司。分屬於八梗。氷堅四寸。然後始役。當其時。諸司之員。爭相務勝。軍人雖多。不能善取。村民鑿取賣於軍人。又施葛繩於氷上。以防顚躋。設柴木於江邊。以救凍人。又置醫藥。以濟痛傷。其備患深矣。當初八月。多給軍人於氷庫。庫員率軍人。修理庫井。樑桷之敗者易之。墻籬之毁者改之。又庫員一人往鴨島。刈取葭亂。蓋覆庫之上下四傍多積而厚藏之。則氷不消融。前者官人等日夜縱酒酣醉。以藏氷之事。委諸下吏。癸丑年藏氷疏漏。上怒皆罷。甲寅年官吏用心藏氷。故乙卯年國之大喪。使臣宴需。氷用不乏。至秋庫有餘氷。其檢審之方。不可不密也。", 『대동야승』 2권, 용재총화 8권.

60 『만기요람』 재용편 5, 장빙, 서빙고조.

61 "乙卯/上祗迎雪祭香。左副承旨兪漢蕭, 以雩祀祭司寒祭, 俱祭玄冥氏, 而雩祀祭祝書以玄冥氏, 司寒祭祝只書玄冥而無氏字, 宜有一番定式仰達, 命添氏字, 仍爲定式", 『영조실록』, 영조 108권, 43년(1767 정해) 2월 21일(을묘).

62 "本朝因麗制置 二氷庫於江上 提調一員兼管東·西 別提各一 別檢各一 在豆毛浦者爲東氷庫 在漢江者爲西氷庫", 『만기요람』, 재용편 5, 장빙, 총례. 그 외 종5품 별좌(別坐) 등이 있었고 장빙을 담당할 부서로서 감역부장(監役部長)과 벌빙군관(伐氷軍官) 등이 있었다.

설치되었던 진과 군사 규모, 사빙업을 중심으로 한 상권의 형성 등에 대해 면밀하게 검토할 필요가 있다.

먼저, 장빙역[63]의 변화를 살펴보자. 조선 전기에 빙고의 유지와 보수, 반빙역頒氷役은 빙부氷夫들이 담당했는데 서빙고에는 40인의 빙부가 있었다. 빙부들의 빙역이 고역이었으므로 유망流亡이 잦아 병자란 이후에는 빙고의 유지 관리역과 반빙역은 빙부가 아닌 빙고 주변의 주민들에게 고가雇價를 지급하여 운영하게 된다. 즉, 서빙고의 장빙역은 1663년(현종 4)에 무상으로 강제 입역하는 방식에서 물납세物納稅에 기초한 고립제雇立制로 전환되었다. 이처럼 물납세로 부과되던 동서빙고의 장빙역은 1741년(영조 17)을 계기로 완전히 폐지되었으며 1773년(영조 49)에는 빙계氷契가 창설되기에 이른다. 여기서 빙계란 이 역을 담당할 사람을 모민募民하여 창설한 것으로 무상으로 얼음을 진배進排하는 대신 일정한 특권, 즉 장빙업에 대한 독점권을 부여받게 된 것이다. 빙계에서는 8곳에 총 1만 냥을 들여 빙고를 건설하였으며 규모는 사빙고에 비해 10배나 컸고 100만여 정丁의 얼음을 저장할 수 있었다. 이익금은 빙고 설치 이후 1년 사이에 투자금 1만 냥을 제하고도 2만 냥에서 20여만 냥의 이익을 볼 수 있었다. 빙계 창설 이후 얼음 가격이 올라갔을 뿐만 아니라 장빙역 면제 이후 다른 방역의 부과로 연강민들은 더욱 힘들게 되었으며 결국 정조 10년(1786)에 빙계가 혁파된다. 이후 장빙역을 그전의 규칙대로 빙고의 원역과 장빙군藏氷軍이 담당하게 되었고 이후 얼음 판매는 모든 민간업자에게도 허용되었다.[64] 이 과정에서 18세기 후반부터 민간 장빙업이 성장하게 되는데 관직에 있거나 양반 계층인 자들이 이 지역 장빙업을 장악하게 된다. 1920년대까지 얼음을 실어 나르는 화차貨車가 있었다는 기사[65]를 보면 일제시대에도 장빙업은 번성했던 것으로 보인다.

• • •

63 장빙역은 크게 한강에서 얼음을 채취하는 벌빙역, 채취한 얼음을 운반하여 저장하는 운빙역, 여름에 각사와 정2품 이상 관원 등에게 나누어주는 반빙역, 그리고 빙고의 수리와 관리를 담당하는 역으로 구분된다. 고동환, 「조선후기 장빙역의 변화와 장빙업의 발달」, 『역사와 현실』 14권, 한국역사연구회, 1994, 161쪽.
64 장빙업의 발달과 사빙업의 정황에 대해서는 고동환, 위의 논문, 161~189쪽 참조.
65 "서빙고역(西氷庫驛)의 충돌(衝突) – 어름실은 화차가 (하략)", 『동아일보』(1922년 2월 9일자) 3면 기사.

다음으로, 조선전기 정부는 한강변에 세곡을 보관하는 강창의 관리와 도적을 검속하기 위한 목적으로 도진渡津을 설치하게 된다. 이후 17~18세기를 거치면서 한강변이 급격하게 상업지역으로 변모하게 되면서 인구 증가와 함께 도시범죄들이 증가하게 된다. 이에 정부는 숙종 29년(1703)에 한강변의 주요 진도津渡인 한강, 노량, 양화도, 삼전도, 임진도 등 5진에 별장別將을 설치하고 강촌민 50명을 이에 배속시킨다. 영조 대에는 동작과 서빙고에도 각각 5척이 배치되기에 이른다. 19세기 초반이 되면 해당 지역을 거주하는 금군禁軍을 군관으로 차출하여 주찰晝察과 야순夜巡을 담당하게 하였는데 서빙고의 경우 군관 6원과 군사 4명이 배속되었다.[66] 이처럼 당시 서빙고 지역에는 진에 소속된 군관과 군사, 그들의 가솔들과 진에 배속된 강민들 등이 거주하고 있었음을 짐작해 볼 수 있다.

한편, 18세기 후반에는 경강의 상업지역이 5강江 지역에서 8강으로 확대되는데 서빙고 지역 역시 상업 유통의 중심지로 자리잡게 된다.[67] 이렇게 상업이 발달함에 따라 상인들뿐만 아니라 객주, 여각, 선인들, 부역자들도 다수 거주하고 있었을 것이다.

따라서, 이 시기에 서빙고지역에서 생활했던 주민들은 서빙고와 관련된 관리와 이속吏屬 및 부역자들, 장빙업과 관련된 장빙업자와 장빙 노동자, 서빙고진과 관련된 군관과 군속 및 부역자들, 상인들과 선인 등으로 구성되어 있었던 것으로 판단된다.[68] 이들 중 서빙고나 진의 관리 혹은 군관들이나 양반들은 장빙업 등의 이권에 개입하여 상당한 부의 축적을 이루었을 것으로 보이며 이들 집안은 이러한 경제적 기반을 토대로 부군당 의례와 같은 지역공동체 의례에도 영향력을 행사했을 것으로 생각된다.

이 곳 서빙고 지역에는 일찍이 서울시 민속자료로 지정된 부군당이 있다.[69] 대지 80

---

66 김웅호, 「조선후기 도성중심 방위전략의 정착과 한강변 관리」, 『서울학연구』 24, 서울학연구소, 2005, 86~91쪽.
67 고동환, 앞의 책, 1998, 217~220쪽.
68 조선 초기 경강지역의 주민들은 관리 및 군관·군속들과 선인(船人)·차부(車夫)·선상(船商)·진부(津夫)·빙부(氷夫)·어부로 구성되어 있었으나 17세기 중엽 이후 요역제에서 고립제, 즉 고용노동제가 정착되면서 경강 지역으로 품팔이 노동자 등이 대거 이주해 들어오면서 주민들의 성격이 변화하게 된다. 고동환, 「조선후기 경강지역 행정편제의 변동과 인구추세」, 『서울학연구』 24, 서울시립대학교 서울학연구소, 2005, 4~6쪽.
69 서빙고동 부군당은 1973년에 서울특별시 민속자료 제2호로 지정되었으며 현재 서빙고역에서 얼마 떨어져 있지 않

평에 제당이 3평, 부속건물인 '하주청'이 10평 정도이니 한강 지역에서는 꽤 너른 편이다. 제당의 문짝에는 삼태극 문양이 그려져 있고 문 위에는 '부군당府君堂'이라고 적힌 현판이 걸려 있다. 제당 안에는 3개의 신도神圖와 2개의 현판이 걸려 있다. 정면 왼쪽에는 부군님, 오른쪽에는 부군 부인이 그려져 있는데, 부군님은 태조 이성계로, 부군 부인은 강씨부인으로 알려져 있다.[70] 서울에 있는 부군당 중에서 가장 먼저 문화재로 지정된 데에는 역사적 연원을 명확하게 제시해주는 현판들이 다수 존재하고 있는 것이 결정적인 역할을 하였다.[71] 이 부군당에는 총 8개의 현판이 전하고 있으며 가장 오래된 현판이 1875년(고종 12)에 제작된 것이고 가장 최근의 것이 2001년에 제작된 것이다.[72] 이 중에 조선 후기와 대한제국기에 해당하는 현판이 1875년 을해년 중건기, 1891년 노인계 좌목, 1903년 이중계원 좌목 현판이다.

이 시기는 전술한 바와 같이 서빙고의 장빙역과 빙계, 민간 장빙업 등으로 상당한 부가 축적되었던 시기이며 이들은 서빙고진에 소속된 무관들과 함께 지역의 주도권을 잡아 나갔던 것으로 보인다. 현판에 등장하는 중요한 직책을 맡은 인물이나 주목되는 성씨와 그 인물들의 면면을 살펴보면 그들이 부군당 의례에 어떻게 관여하고 있으며 얼마나 지속적으로 참여하고 있는지를 알 수 있다.

• • •

은 서빙고 할아버지 경로당 옆(서빙고동 195번지 3호)에 자리 잡고 있다. 서빙고동 부군당 역시 위치를 세 번 옮겼는데 맨 처음 위치는 미군 우체국 자리(혹은 미8군 사령부 앞 둔지산)였다고 한다. 일제 강점기에 일본군이 훈련장을 만들면서 부군당을 헐어냈는데 이 때 옮긴 곳이 현 경로당 바로 뒤 옛날 보안사 서빙고분실 자리였다. 서빙고 분실이 들어오면서 현재 위치로 최종 옮겨 오게 된다. 박흥주 저, 정수미 사진, 『서울의 마을굿』, 서문당, 2001, 147쪽.

70 강씨부인은 신덕왕후(神德王后 ?~1396)로 조선 태조의 계비(繼妃)이다. 본관은 곡산(谷山) 또는 신천(信川)이며 판삼사사(判三司使) 강윤성(康允成)의 딸이다. 고려 말기 권문세족의 배경을 지닌 강씨는 이성계의 둘째부인으로, 조선이 개국되자 1392년 8월 현비(顯妃)에 책봉되었다. 방번·방석과 경순공주를 낳았고, 죽은 뒤 존호를 신덕왕후, 능호를 정릉(貞陵)이라 하였다. 1669년(현종 10) 순원현경(順元顯敬)으로 휘호(徽號)를 추상하였다. 부군님으로 이태조를 모시게 된 이유에 대해서는 자세히 알려져 있지는 않으나 요즈음 치성위원들 중 이태조의 후손(전주이씨)들이 있어 이들이 부군당 의례에 적극 참여하고 있다.

71 지정 당시 전년도에 실시한 서울시 민속조사(장주근, 「서울시 동제당 조사」, 한국민속논고, 계몽사, 1986)에서 서빙고 부군당과 그 현판의 존재가 보고되었고 그 지정의 필요성을 역설했던 것이 유효했던 것으로 판단된다.

72 '숭정기원'으로 시작되는 가장 오래된 1875년 현판은 박물관으로 옮겨졌다고 알려져 있었는데 2014년 재조사를 한 결과 부군당에 그대로 소장되고 있음을 확인하였다. 보관되어 있는 현판을 제작 시기별로 나열하면 다음과 같다. 1875년 을해년 중건기, 1891년 노인계 좌목, 1903년 이중계원 좌목, 1927년 정묘년 중수기, 1946년 보건친목회 명부, 1955년 재건위원회 명부, 1991년 중수기, 2001년 치성위원회 명부가 그것이다.

〈그림 7〉 서빙고 부군당 전경(2007년)   〈그림 8〉 서빙고 부군당 내부(2007년)

또한, 당시 서빙고 지역의 지역민들의 자치 조직으로 '노인계老人契'나 '이중계里中契' 등이 존재했다. 서빙고 부군당 현판 중에 1891년에 제작된 현판은 '노인계 좌목'이, 1903년에 제작된 현판은 '이중계원 좌목'이 기재되어 있는 것으로 보아 당시 노인계와 이중계와 같은 자치 조직이 존재했음을 알 수 있다. 또한 이들 좌목의 서두에 존위尊位 와 중임中任 등의 직함이 보이는데 이들이 바로 그 지역 조직의 대표들이었던 것이다.

2) 의례의 주도집단 조직과 변화

(1) 1875년 중건 집단

'숭정기원 상지 삼년 을해 사월 십팔일 중건崇禎紀元上之十三秊乙亥四月十八日重建'으로 시 작되는 현판은 별도의 발문 없이 중건에 참여했을 인물 16명의 직역과 성명, 생년 간 지, 본관이 기재되어 있다. 이들의 직역은 오위장五衛將(1명), 첨사僉使(3명), 별장別將(1명), 유학幼學(5명), 출신出身(2명), 착역着役(1명), 별착역別着役(1명), 화원畵員(1명), 목수木手(1명), 기타(1명) 등이다.[73] 주요 성씨로는 수원 백씨(2명), 강음 단씨(2명), 김해 김씨(2명) 등이

• • •

73 팔호 안 숫자는 해당되는 인물 건수를 말하며 '기타'는 특별한 직역명이 기재되지 않은 경우이다.

있다. 현판이 제작되었던 시기는 1875년(고종 12)으로 비정되는데[74] 서빙고 부군당에서는 가장 이른 시기에 제작된 현판에 해당된다. 현판에 기재된 인물들 중에 추적이 가능했던 수원 백씨와 강음 단씨에 해당하는 인물들에 대해 살펴보고 이들을 중심으로 중건 집단의 성격을 가늠해 보고자 한다.[75]

먼저, 수원 백씨 인물들 중 당시 존위尊位를 맡고 있었던 전前 오위장 백남승白南升(1828~1879)은 수원 백씨 훈정공파 28세世에 해당하는 인물로, 19세에 무과에 급제[76]하였고 이후 가선대부동지중추부사嘉善大夫同知中樞府事 겸兼 충장위장忠壯衛將을 제수 받았다.[77] 고종 대 병인양요가 벌어지던 당시(1866년 10월 1일)에 남승의 숙부인 낙선은 선오위장 출신으로, 남승은 전 감목관 출신으로서 돈 일만 삼천 백 냥을 영건도감에 헌납하고 낙선은 수령을 제수 받고 남승은 오위장에 가자加資되었다.[78] 또한, 남승은 9월 15일에 소 2마리, 9월 28일에 소 3마리를,[79] 10월 20일에는 남승과 낙선, 낙선의 아들 남항南恒이 각각 또다시 소 2마리를 군량으로 내 놓는다.[80] 이처럼 남승과 낙선 집안의 재산이 보통은 넘었던 것으로 보이며 이러한 집안의 경제력은 품직과 지역에서의 세력을 얻을 수 있었던 배경이 되었던 것으로 보인다.[81]

• • •

74　선행연구에서 그 제작연도에 대한 근거를 밝힌 바 있다. 졸고, 앞의 논문, 2009.

75　수원 백씨와 강음 단씨 집안은 이후 서빙고부군당 현판에 다수가 지속적으로 등장하고 있어 서빙고 부군당 의례에 적극 관여했던 지역 세력으로 판단된다. 이들의 가계도는 2장 3절 참조.

76　수원백씨대동보 편찬위원회, 『수원백씨대동보』 1권, 「등과록」, 1997, 640쪽.

77　수원백씨대동보 편찬위원회, 『수원백씨대동보』 제7권 훈정공파, 수원백씨중앙화수회, 양지사, 1997, 383쪽.

78　"營建都監願納人施賞別單 …(중략)… 進士金奎燁錢一萬一千五百兩並初仕調用前五衛將白南善前牧官白南升父子錢一萬一千三百兩白樂善守令除授白南升加資五衛將除授",『일성록』, 고종 3년 1866년 10월 1일, 규장각한국학연구원.

79　"宋謙洙, 以摠戎廳言啓曰, 臣營軍官前五衛將白南升, 黃牛二隻, 守門將白南恒, 黃牛二隻, 前中軍鄭重儉松炬三千柄民魚十尾, 閑良金允七, 松炬二千柄, 前五衛將李福賢, 白蝦醢五瓮土醬一瓮, 來納于本陣, 願助軍需之意, 敢啓. 傳曰, 知道.",『승정원일기』 고종 3년 9월 15일 (신미) 원본2706책/탈초본128책 (49/57) 1866년 同治(淸/穆宗) 5년, 국사편찬위원회; "又以摠戎廳言啓曰, 臣營軍官前五衛將白南升, 再次黃牛三隻, 折衝李福賢, 再次白蝦醢三瓮, 內(肉)魚物廛市民洪元錫等, 鹽民魚一百尾·甘藿一百同, 來納本陣, 願助軍需之意, 敢啓. 傳曰, 知道.",『승정원일기』 고종 3년 9월 28일(갑신) 원본2706책/탈초본128책 (41/43) 1866년 同治(淸/穆宗) 5년, 국사편찬위원회.

80　"仍敎曰 : 巡撫營撤罷. 巡撫營士民助餉秩 : …(중략)… 白南升牛二隻, 白樂恒牛二隻, …(중략)… 白樂善一百兩、米五石、牛二隻, (하략)…",『고종실록』, 고종 3년 병인년 (1866년) 10월 20일.

81　백남승의 집안을 자세히 살펴보면, 현판을 작성한 남규와는 사촌간이 되며 선대의 경우에는 증(贈)한 관직명만 확인되어 실제 관직에 올랐는가 하는 것은 확실치 않다. 부친인 낙철(樂喆)은 가선대부 호조참관에 증했고, 조부인 성수(成洙) 역시 가선대부 호조참관에 증해졌다. 증조부인 재진(載鎭)은 통정대부 호조참의에, 고조부인 동흥(東興)은 통정대부 장악원정에 증해졌다. 수원백씨대동보 편찬위원회, 앞의 책, 382쪽. 백남승의 숙부들인 낙선(樂

본장 : 서울 지역사회의 변화와 의례 주도 집단의 동향　107

〈그림 9〉 서빙고동 부군당 1875년 중건기 현판(원문은 부록 참조)

이러한 수원 백씨 가문은 18세기 초반에 서빙고 지역으로 이거해 온 것으로 생각된다.[82] 서빙고 지역에 새롭게 정착한 백씨들은 낙선과 남승의 행적을 보더라도 부의 축적과 가세가 상당한 수준에 도달했었던 것으로 보인다. 남승이 48세의 나이로 존위를 맡을 수 있었던 것도 이러한 배경이 있었기 때문에 가능했을 것이다. 이들 백씨들은 지역 조직에서뿐만 아니라 부군당 의례에도 상당한 영향력을 미치면서 의례를 주도해 나갔을 것으로 생각된다. 특히, 백남규白南奎(1840~미상)가 부군당 중건기를 썼다는 것도 백씨 집안이 부군당에 적극 관여하고 있었다는 단서가 된다.

다음으로는 강음 단씨인 단기황段基璜(1799~미상)과 단치긍段致兢(1820~미상)을 살펴보자. 강음 단씨 13세世 기황은 14세인 치긍에게는 숙부가 되며 두 사람 모두 무과에 급제하였으며 치긍은 첨사까지 지낸 인물이다. 강음 단씨는 약 17세기 초반에 서빙고 지역으로 이거했던 것으로 추정되며,[83] 대대로 관직을 지내며 지역 기반을 다져 나갔

<hr />

善)과 낙만(樂萬)의 경우도 보면, 낙선의 경우는 병오년 무과에 급제한 후 가선대부(嘉善大夫) 행(行) 통진부사(通津府使)를 제수 받았고 낙만은 가선대부 행 용양위부호군(龍驤衛副護軍)을 제수 받았다.

82 남승의 5대조인 사후(師厚) 전까지는 묘를 충북 중원군에 쓰다가 사후부터는 묘를 고양군 부원면(富源面)에 썼으며 4대조인 동흥(東興)부터는 광주군 분당리에 묘를 쓰기 시작한다. 이러한 정황으로 미루어 보아 수원 백씨가 충북지역에서 서빙고 인근으로 이주해 온 시점은 남승의 5대조 사후(師厚, 1729~?) 이후인 18세기 초반일 것이다. 졸고, 앞의 논문, 2009, 210~211쪽.

83 『강음단씨세보』에 의하면, 강음 단씨는 중국 강음현 출신인 단일하(段一河)를 시조로 받들고 있으며 조선으로 이주한 시점은 5세인 희상(希詳)이 명나라 총병장 자격으로 1597년(선조 30년)에 원병을 이끌고 왔던 아버지 만리(萬里)를 따라 평양성에 정착했던 때로 본다. 서빙고 지역에 정착한 시기는 6세이었던 사량(仕良)에서부터인 것으

던 것으로 보인다.[84]

　그런데, 이러한 당시 수원 백씨와 강음 단씨들이 대대로 관직에 있었고 지역에서도 상당한 세력을 지니고 있었던 유지들이었으나 신분에 있어서 양반층으로 보기는 무리가 있다. 즉, 백남승이 무과에 급제하고 오위장에 가자되고 '가선대부동지중추부사 겸 충장위장'을 제수 받았다고 했는데, 충장위 등을 제수 받은 이들의 대부분은 17세기 중반부터 반班・상常의 중간 존재로서의 중인中人 직역이었다.[85] 또한 숙부인 낙선과 남승이 돈 일만 삼천 백 냥을 영건도감에 헌납하고 낙선은 수령을 제수 받고 남승은 오위장에 가자加資되었다는 것은 이들이 납속納贖을 통해 관직을 받았을 가능성이 크다. 납속의 주 대상은 양인층이었으며 주로 당시 농업・수공업・상업의 발달에 편승하여 부를 축적한 부농층・대상大商・대고大賈・역관 등[86]이었던 것을 보면 백남승 집안의 신분적 성격을 중인층으로 보는 것이 타당할 것이다.[87] 결국, 백남승 이하 첨사・별장・유학・출신 등의 직역을 가졌던 이들과 직역이 없었던 이들은 백남승과 동일하거나 그 보다 낮은 계층이었던 것으로 판단된다.[88]

• • •

로 보인다. 사량은 음보로 좌랑벼슬을 지냈다고 하며 1602년생이며 묘를 동작리(銅雀里) 이목동(梨木洞)에 썼다고 했다. 동작리는 서빙고에서 한강을 건너면 바로 닿을 수 있는 곳으로 서빙고 지역에서 가장 가까운 묘역이었다. 그 후손들 역시 대대로 고위 관직을 지내며 가세를 확장했는데 그들의 묘도 대부분 서빙고 지역과 가까운 동작이나 압구정 등이다. 특히, 12세 복현(福顯)의 묘는 고양 부원면 둔지산의 서빙고로 명시되어 있어 서빙고 지역에 직접 묘를 쓰기도 하였다는 것을 알 수 있다 ("墓 高揚富原面芚芝山酉坐之原[西氷庫]", 강음단씨세보편찬위원회, 『강음단씨세보』, 강음단씨종회, 기증족보사, 1996, 8쪽). 또한, 근무지가 비교적 명확하게 나타나는 8세 묵철(墨鐵)과 10세 태형(兌炯)의 경우를 보더라도 각각 와서(瓦署)와 군자감(軍資監)의 관리를 지냈는데 와서는 특히 서빙고 서쪽 둔지산에 기슭에 존재했었던 관청이었다. 이러한 정황을 종합적으로 검토해 보면, 강음 단씨는 17세기 초반에 서빙고 지역으로 이거했음을 알 수 있다. 졸고, 앞의 논문, 2009, 207쪽.

84 단씨 조상들이 지냈던 주요 관직을 순서대로 나열하면, 와서별제(瓦署別提)는 8세 묵철(墨鐵), 가선대부 동지중추부사는 9세 오성(五星), 군자감정(軍資監正)은 10세 태형(兌炯), 통정대부 공조참의는 11세 붕서(鵬瑞), 가선대부 공조참판겸오위도총부부총관(工曹參判兼五衛都摠府副摠管)은 12세 복현(福顯), 가선대부 동지중추부사겸오위장은 13세 기완(基完)이 지낸 바 있다.

85 이준구는 충장위를 비롯한 충순위・충찬위 등 제위속(諸衛屬)의 역 및 처우 등 반・상을 구별할 수 있는 여러 징표를 통해 이들은 17세기 중반부터 반・상의 중간존재로서의 중인 직역임을 밝혔다. 이준구, 『조선후기 신분직역변동연구』, 일조각, 1993, 204쪽.

86 서한교, 「17・18세기 납속책의 실시와 그 성과」, 『역사교육논집』 15, 역사교육학회, 1990, 132~133쪽.

87 이처럼 서빙고지역에서 백남이 존위를 맡고 있었다는 사실은 전술한 바와 같이 조선후기에는 존위직을 양반보다는 부를 축적한 새로운 계층, 즉 천민이든 중인이든 부민 중에서 맡게 되었다는 정황과 맥락을 같이 하고 있다.

88 지역사회의 대표격인 존위의 신분이 중인층이라고 한다면 그 아래에 속한 이들이 존위의 신분보다 높을 수는 없으며 실제 유학이나 출신 등은 사족과 평민층의 중간계층으로 인식된다. 즉, 영조 대 원납인(願納人)의 신분이 전

정리하자면 1875년 당시 부군당 중건을 주도했던 인물들은 서빙고 지역에서 대대로 거주하면서 국가로부터 관직과 품직을 제수 받고 지역에서 세력을 형성해왔던 수원 백씨나 강음 단씨와 같은 성씨 집단이었으며 신분적으로는 중인 계층이었던 것으로 판단된다.

(2) 1891년 '노인계老人契'

노인계는 서빙고 지역에서 1891년에 제작된 부군당 현판에서 등장하고 있다. 이 노인계 좌목 현판은 앞서 제작된 1875년 현판보다 16년이 지난 1891년에 제작된 것으로 총 42명이 계원으로 등재되어 있다. 이 현판의 발문을 보면 다음과 같다.

> 자신들을 보호해주는 신령을 위하여 당우를 수리한 후, 재해를 막아 주고 영원히 아름다운 향기를 흠향해 주실 것을 바라는 제사를 지내게 되었다

이와 같은 발문의 내용으로 보아 당우를 보수한 후 제사를 올리면서 이를 기념하기 위해 현판이 제작되었음을 알 수 있다.[89] 당시 존위는 현직 오위장 이흥묵李興黙이 맡고 있었으며 중임은 기재되어 있지 않다. 앞서 제작된 숭정기원 현판과 비교해 보면, 당시 존위였던 백남승과 중임이었던 이윤용이 빠졌으며 전 첨사 단치긍과 유학 김화현(1825~미상)은 노인계 좌목 현판에서도 등장하고 있다. 노인계 좌목 현판이 제작될 당시 이들은 각각 72세와 67세인 고령임에도 불구하고 생존해 있었으며 지속적으로

...

(前) 만호(萬戶)·출신(出身)·사과(司果)·절충(折衝)·한량(閑良) 등인데 특히, 사족과 평민층의 중간계층으로 짐작되는 절충·한량이 전체 원납인의 89%를 차지했다고 한다. 서한교, 앞의 논문, 167쪽. 또한 유학(幼學)이란 18세기 이전까지만 하더라고 양반 신분 중에서 관직이나 품계를 가지지 못하였던 이들을 총칭하는 명칭이었으나 18세기 이후 기존의 양반이 아니었던 신분층에서 점차 유학을 호칭하게 되었다. 이를 모칭(冒稱)·모록(冒錄) 유학이라 하는데 신분적으로는 중서(中庶), 경제적으로 요호(饒戶)·부민층(富民層)이라고 할 수 있다. 정진영, 「향촌사회에서 본 조선후기 신분과 신분변화」, 『역사와 현실』 48, 한국역사연구회, 2003, 61~67쪽.

89 '凡生民所聚之社必有守護之靈今此五月修此堂宇齊誠擇吉以禱以祀除其灾害降之吉祥於萬斯年永享芬芬', 이하 내용은 〈부록〉참조.

부군당 의례에 참여하고 있었음을 알 수 있다. 특히 전 첨사 단치긍은 숭정기원 현판 (당시 56세)에서는 말미에 기재되어 있다가 노인계 좌목 현판에서는 존위 바로 다음에 기재된 것이 주목된다.[90]

노인계 좌목에도 역시 계원들의 직역이 기재되어 있는데, 숭정기원 현판에 등장했던 오위장(2)·첨사(1)·유학(6)·출신(4) 외에도 사과(3), 한량(6), 절충(1), 도사(1), 기타(18) 등이 등장한다. 이들 직역 역시 전술한 바와 같이 중인 계층일 가능성이 크며 특히 상인층 중에 이러한 직역을 제수 받았을 경우도 배제할 수 없다. 즉, 조선시대 경강주인들의 신분과 직역 중에는 한량과 군관이 가장 많으며 절충·통정·동지同知 등의 직역도 많이 나타난다. 그런데 절충·통정·동지 등은 양반 관료일 가능성이 없지는 않으나 그것이 실직實職이었을 가능성은 거의 없다.[91] 그렇다면 당시 장빙업이나

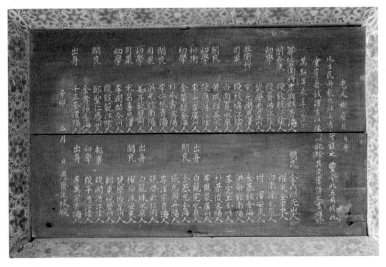

〈그림 10〉 서빙고동 부군당 1891년 노인계 좌목 현판(원문은 부록 참조)

• • •

90 졸고, 앞의 논문, 2009, 201~202쪽.
91 특히, 한량은 신분적으로 뚜렷하게 양반 또는 양인 계층으로 구분하기 어렵고 경우에 따라서 생원·진사 등의 대열에 끼이기도 하고 때로는 일반 양인보다 다소 가벼운 役을 지는 '양반·양인의 중간적 존재'라고 지적된다. 이병천, 「조선후기 상품유통과 여객주인」, 『경제사학』 6, 경제사학회, 1983, 115쪽.

경강 상업 등 상업이 활발했었다는 정황으로 미루어 보아 상업을 통해 부를 축적한 강주인이나 상인들이 각종 직역을 실제 제수 받았거나 모칭冒稱하였을 가능성이 크다.

당시 서빙고 지역의 유력 성씨였던 수원 백씨와 강음 단씨의 동향을 살펴보면, 먼저 수원 백씨는 노인계 좌목에 4명이 등재되어 있다. 이 중 백남하白南夏(1839~1894)는 앞선 백남승과는 사촌지간이 되며 1878년에 40세라는 나이로 무과에 급제하여 사과를 지냈다.[92] 이 시기에는 서빙고 지역의 백씨들이 관직으로의 진출이나 지역적 영향력이 전대에 비해 다소 축소되었던 것으로 보인다. 백남승은 존위를 맡은 지 4년 뒤 사망하며 어떤 이유에서인지 그 아들 대부터는 예산군으로 낙향을 하게 된다.[93] 따라서 이 시기에는 지역적으로 백씨들의 영향력이 다소 약화되고 대신 강음 단씨가 이 지역에서 득세했던 것으로 보인다. 다만 백남하의 경우처럼 여전히 서빙고 지역을 지켜갔던 인물들로 인해 백씨의 가세가 지탱될 수 있었다.[94]

강음 단씨의 경우, 노인계 좌목에 7명이 등재되어 있다.[95] 단치궁은 이미 72세의 고령이 되어 있었고 아우인 단치협段致協을 위시하여 여러 조카들과 함께 부군당 의례에 참여하고 있었다. 아우 치협은 무과에 급제하여 사과司果를 받았으며 조카인 윤호潤浩 역시 무과에 급제하여 의금부 도사都事를 지내고 있었다.[96] 그리 높은 직위들은 아니나 지역 사회에서 위세를 부릴 만한 가문이었음은 틀림이 없다. 이러한 가문의 성원들이 지역공동체 의례인 부군당 의례에 대거 참여하고 있다는 것은 결코 우연한 일이 아니다. 특히, 단치궁 집안의 경우는 그 윗대는 확인할 수 없으나 아들 덕호德浩, 손자 현주現柱와 홍주興柱, 증손자 희연熙淵에 이르기까지 4대가 내리 부군당 의례에 지속적으로 참여하고 있다는 것이 확인된다.[97]

· · ·

92 졸고, 앞의 논문, 2009, 211쪽.
93 수원백씨대동보 편찬위원회, 앞의 책, 제7권, 383쪽 참조.
94 졸고, 앞의 논문, 2009, 211~212쪽.
95 이는 현판에 수록된 성씨(동일 본관) 중에 가장 많은 비중을 차지하고 있다.
96 졸고, 앞의 논문, 2009, 208쪽.
97 아들 덕호는 '이중계원 좌목'(1903년) 현판에서, 손자 현주는 '정묘년 중수기'(1927년 추정) 현판에서, 증손자 희연 은 '보건친목회 명부'(1945년) 현판에서 그 이름을 확인할 수 있다. 졸고, 앞의 논문, 2009, 208쪽.

1891년 서빙고 지역의 부군당에서는 노인계원들이 주축이 되어 부군당 의례를 주재하였음은 자명한 것 같다. 당시 노인계의 정확한 성격은 알기 어려우나[98] 당시 의례의 주도 집단은 전대의 중건 집단과는 달리 노인계老人契라는 특정한 조직으로 묶여 있었으며 성격에 있어서는 전대와 마찬가지로 토착 성씨 집단이 중심이 되고 있음을 알 수 있다.

(3) 1903년 '이중계里中契'

1903년 대한제국기에 서빙고 부군당 의례를 주재했던 집단은 이중계원들이었다. 이중계원 좌목 현판은 노인계 좌목 현판보다 12년 후에 제작되었다. 발문의 내용은 노인계 좌목 현판의 내용과 동일하며 이중계원으로는 노인계원보다 8명이 많은 총 50명이 기재되어 있다. 그 중 4명은 노인계 좌목에서도 나타났던 인물이고 그들을 제외하고는 모두 새로운 인물들이다. 이러한 사실은 노인계 좌목에 있었던 인물들이 대부분 고령으로 사망하고 이로 인해 부군당 주재 집단의 세대교체가 이루어졌음을 시사하고 있다.[99] 존위는 사과司果 단덕호段德浩(1847~?)이며 중임은 오위장 이완옥李完玉이다. 숭정기원 현판이나 노인계 현판에서 보였던 오위장(1), 사과(3), 절충(3), 별착역(1), 유학(11), 출신(5) 외에도 주사主事(3), 정헌正憲(1), 가선嘉善(1), 감찰監察(1), 화원畵員(1), 기타(19) 등이 등장하고 있다.[100]

서빙고 지역의 유력 성씨인 수원 백씨와 강음 단씨의 동향과 관련하여 특징적인 점은 강음 단씨의 약진이다. 즉, 이중계 좌목에 강음 단씨는 전대와 비슷한 7명이 등재

• • •

98 다만, 지역 전체를 포괄하는 조직이었다기보다는 지역 원로와 유지들로 구성된 조직이었을 것으로 생각된다.

99 노인계 현판과 비교해 보면, 당시 존위였던 이홍묵이 제외되었고 이완옥과 이용래, 장유국, 이만종 등은 양쪽에 모두 기재되어 있는 인물들이다. 특히 이완옥은 노인계 현판에서는 별 직책이 없으나 이중계원 현판에는 직책이 오위장으로 되어 있어 주목된다. 졸고, 앞의 논문, 2009, 204쪽.

100 여기서 새롭게 보이는 주사·정헌·가선 등은 조선 후기 대표적인 납속직이었음을 상기할 필요가 있다. 즉, 17·18세기 납속책이 확대 실시되는데 납속을 통해 얻은 직역으로는 가선, 통정, 별좌, 감찰, 도사, 참의, 동지 등이 있었다. 그리고 납속의 주 대상은 양인층이었으며 구체적으로는 경제적 여유가 있는 부농층·대상(大商)·대고(大賈)·역관(譯官) 들이었다. 서한교, 앞의 논문, 132~143쪽. 따라서 서빙고 지역에서 이 같은 직역을 가진 인물들의 대부분은 경제적 여유가 있었던 중인 계층이었을 가능성이 크다 할 것이다.

되어 있지만 단덕호가 이중계의 존위를 맡게 되었다는 사실이 주목된다. 단덕호는 당시 66세로, 무과에 급제하여 사과를 제수 받았다. 단덕호가 당시 지역 자치 조직에서 으뜸이라 할 수 있는 존위를 맡게 된 것은 66세의 고령이라는 것도 있겠으나 그 동안 꾸준히 성장해 온 단씨 가문의 지역적 영향력이 있었기 때문이라고 생각된다.[101] 그 외 인물들 모두 노인계 좌목에는 없었던 새로운 인물들이다. 즉, 존위를 맡은 단덕호를 위시하여 치용致容과 육촌지간인 문호文浩, 그 아래 세대인 영주永柱와 용주龍柱, 학주學柱, 후주厚柱가 새롭게 참여하고 있다.[102]

다음으로 수원 백씨의 경우 이중계원 좌목에 5명이 등재되어 있다. 그들 중 백세기

〈그림 11〉 서빙고동 부군당 1903년 이중계 좌목 현판(원문은 부록 참조)

• • •

101 현직 오위장인 전주 이씨 이완옥(李完玉)을 제치고 사과인 단덕호가 존위를 맡게 되었다는 점이 주목된다. 이완옥은 노인계에도 참여했던 인물인데 당시에는 별 직함이 없다가 이중계 좌목 시기에 와서는 오위장이라는 직함에 중임을 맡게 된 인물이다. 이는 당시 오위장이라는 직역이 사과 등과 대등한 것이었거나 납속 등을 통해 부여받은 허직(虛職)일 가능성을 보여주고 있다.

102 이러한 단씨 가문의 지역적 영향력은 '정묘년 중수기'(1927년) 시기와 '보건친목회 명부'(1946년) 시기까지 이어졌던 것으로 보인다. 즉, 정묘년 중수기 시기에는 단형주(段亨柱)가 구장을, 보건친목회 시기에는 단홍주(段鴻柱)가 회장을 맡고 있었으며 이들의 주도 하에 부군당 의례도 행해졌을 것으로 생각된다.

白世基(1860~1919)는 노인계에 속해 있었던 백남하의 아들로 궁내부 주사를 지냈다. 백완기白完基(1861~1945)는 세기와 육촌간이 되며 완기 역시 궁내부 주사를 지냈다. 세기는 당시 44세이며 완기는 당시 43세였다. 이 시기 역시 수원 백씨들은 고위 관직에 오르거나 지역 조직의 중요 직책을 맡고 있지는 않으나 여전히 지역사회나 부군당 의례에 지속적인 영향력을 행사하고 있었다고 볼 수 있다.

1903년 의례를 주도하던 이중계는 전대의 노인계와는 달리 지역민 모두를 포괄하는 일반적인 동계洞契의 한 형태로 볼 수 있으며[103] 이는 의례가 지역민 전체의 공동체 의례로 변모하고 있음을 의미한다. 단지, 강음 단씨와 수원 백씨로 대표되는 토착 세력들이 여전히 의례에 영향력을 행사하고 있었다는 사실이 전대와는 크게 달라지지 않은 점이다.

(4) 토착 세력의 주도와 교체

19세기 후반까지만 하더라도 서빙고 지역 부군당 의례의 주도 집단은 수원 백씨와 강음 단씨와 같은 토착 세력이었다고 할 수 있다. 강음 단씨는 17세기 초반에, 수원 백씨는 18세기 초반에 각각 1세기 정도의 시차를 두고 서빙고 지역에 이거해 들어 온 것으로 보았다. 두 집안 모두 대대로 무과 급제자를 꾸준히 배출하였으며 오위장・별제・참의・참판 등의 직역을 제수 받았다. 19세기 후반에 와서는 서빙고 지역에서 존위직을 번갈아 역임하고 지역 의례에도 다수가 참여하는 등 지역의 주도권을 잡아나갔던 것으로 보았다.

• • •

103 일제시대의 중추원 조사자료 중 『출장조사보고서』에 의하면, "이중계(里中契)는 마을의 잡역(雜役)과 마을 사람의 혼상(婚喪) 등의 일에 쓰는 기구(器具)를 사놓는 것을 목적으로 하는데, 갹금(醵金)하는 방법은 다른 계와 동일하고, 그 액수 및 계원 수는 당초에 의논해서 정한다고 한다. 계원은 그 마을 안에 살고 있는 사람 모두가 가입한다고 한다. 계에서는 공사잡역(公事雜役)의 경비를 보조할 뿐 아니라 도로 및 교량의 수선과 그 외 마을 전체에서 사용할 일이 있을 때에 보용(補用)하기도 한다고 한다. 만약 행려사망자(行旅死亡者)가 있으면, 계에서 비용을 내어 매장한다고 한다. 계원이 죽은 경우에는 그 자식이 승계한다고 한다."라고 하였다. 중추원, 「문제 4. 각 계에 관한 관례 - 婚契 및 農契 등 각 계의 명칭 및 집행 실례」, 『중추원 조사자료』, 국사편찬위원회 한국사데이터베이스. 서빙고 지역의 이중계 역시 이와 크게 다르지 않을 것으로 생각되며 이 당시 이중계 역시 존위 및 중임 등의 직임이 존재하고 있어 지역 자치 조직의 관행이 여전히 존속하고 있음을 알 수 있다. 졸고, 앞의 논문, 2009, 204~205쪽.

이러한 토착 세력들의 동향에 주목하고자 하는 것은 첫째, 이들의 신분적 문제와 관련하여 전통적으로 부군당 의례를 주재했던 집단의 성격이 각사의 아전이나 서리와 같은 중인 계층이었다는 측면에서 의례 집단의 신분적 지속성을 찾을 수 있다는 점이다. 둘째, 서빙고 지역의 사례를 통해 지역사회의 세력권과 의례 주도권이 밀접하게 연관되어 있다는 사실을 발견하게 되었다는 점이다. 즉, 지역 세력권의 향방에 따라 의례의 주도권이 교체되는 현상을 목격하게 된 것이다.

먼저, 부군당 의례 주재 집단의 신분적 문제를 검토해 보면, 조선시대 부군당 의례는 전통적으로 각사의 아전이나 서리 등에 의해 집행되어 왔었다는 것을 상기할 필요가 있다. 15세기 이전부터 존재[104]했을 것으로 보이는 부군당은 서울 각사各司의 부속 건물로 세워졌으며 이곳에서는 해마다 아전衙前이나 서리胥吏에 의해 제사가 행해졌으며[105] 현풍현이나 영암군·원주목과 같은 지방 관아에서도 부군당이 있어 호장戶長 등의 향리鄕吏들에 의해 제사가 행해졌다.[106] 즉, 부군당이 각사나 관아의 부속 건물이었기는 하나 관행官行의 공공 의례公共儀禮는 아니었으며 주재자 역시 아전이나 서리, 향

- - -

104 "우리나라 풍속에 도하(都下)의 관부(官府)들이 으레 하나의 자그마한 집을 마련하고는 여기에 지전(紙錢)을 주렁주렁 매달아 놓고 이를 이름하여 '부군(府君)'이라 하면서 서로 모여들어 난잡스럽게 제사를 지내는데, 새로 제수받은 관원들은 너나없이 그저 열심히 제사를 올렸으며 심지어 법사(法司)까지도 역시 이와 같이 하였다. 어효첨(魚孝瞻)이 집의(執義)가 되었을 때 하인이 이를 옛날부터 내려오는 고사(古事)라고 보고하자, 어효첨이 말하기를, '부군이 대체 무슨 물건이란 말이냐' 하고는 지전을 거두어 불태우도록 하였으며, 그간에 부임한 관부에서는 모조리 부군의 사당들을 불태우고 헐어 버렸다. 都官府君置一小宇叢掛紙錢號曰府君相聚而瀆祀之 新除官必祭之 惟謹雖法司亦如之 公爲執義下人告以古事公曰府君何物令取紙錢焚之 前後所歷官府其府君之祀率皆焚毁之 東閣雜記 稗官雜記行狀", 『연려실기술』 제4권, 문종조고사본말(文宗朝故事本末), 문종조의 명신(名臣) 어효첨(魚孝瞻, 1405~1475).
105 "부군사(符君祠) : 각사(各司) 아전의 청방 곁에 있으며, 해마다 10월 1일에 제사지낸다. 세상에서 혹 말하기를, 고려의 시중(侍中, 고려 관제의 수상직) 최영(崔瑩)이 관직에 있을 때 재물에 깨끗하고 징수를 하지 않아서, 이름이 떨쳤으므로 아전과 백성들이 사모하여 그 신을 모셔 존숭한다고 한다. 각 고을에도 모두 있다.", 『신증동국여지승람』 제3권, 비고편 동국여지비고 제2편 한성부.
106 "제사하는 날 저녁이 되자 戶長이 온 고을의 아전과 노복들을 거느리고 크고 작은 일들을 분주히 처리하기를 조심하고 엄숙하게 하였다. …세간에서는 또한 이른바 府君이라는 것이 무슨 귀신인지 알지 못한다. 그려 놓은 神像을 보면 주립朱笠에 구슬 갓끈을 달고 虎鬚를 꽂아 위엄과 사나움이 마치 장수와 같은데, 혹 고려 侍中 崔瑩의 귀신이라고도 말한다. 그가 관직에 있을 때 재물에 청렴하여 뇌물과 청탁이 행해지질 못하였고, 당세에 위엄과 명망이 드날렸으므로 서리와 백성들이 그를 사모하여 그 신을 맞아 부군으로 받들었다고 한다. 及祭之夕. 戶長率一縣之吏隷童奴小大奔趨. 震悚嚴恭. … 然世亦不識所謂府君何神. 而所畫神像. 朱笠用纓揷虎鬚. 威猛如將帥 或言高麗侍中崔瑩之神. 其居官廉於財. 關節不行. 有威名於當世. 吏民懷之. 迎其神. 尊之爲府君.", 『연암집』, 안의현(安義縣) 현사(縣司)에서 곽후(郭侯)를 제사한 기(記); 졸고, 앞의 논문, 2008a, 29~32쪽.

리와 같은 중인 계층이었던 것이다.[107] 앞서 19세기 후반 서빙고 부군당 의례를 주도
했던 인물들의 신분이 대체로 중인 계층일 것이라는 점을 밝힌 바 있다. 이를 통하여
아전이나 서리 등에 의해 주재되었던 전대 부군당 의례의 전통은 19세기 후반 서빙고
부군당 의례에서도 지속되고 있음을 알 수 있다. 또한, 서빙고 부군당의 경우 각사에
속한 아전이나 서리 등에 의한 것이 아니고 지역 토착 세력인 유력 성씨 집단과 자치
조직에 의해 주도되었다는 점에서 전대와 구분된다. 이러한 양상은 부군당 의례의 주
도권이 점차 지역 주민들에게 이양되고 있음을 의미하며 아전이나 향리 등의 특정 집
단의 의례가 지역공동체의례로 변모해 가고 있음을 의미하기도 한다.

　다음으로, 19세기 후반 서빙고 지역의 토착세력이라고 할 수 있는 수원 백씨와 강
음 단씨들을 중심으로 지역 세력권의 향방과 의례의 주도권과의 상관성을 살펴보면,
먼저 1875년에는 수원 백씨인 백남승이 존위를 맡고 있었고 납속을 통해 수령이나 오
위장 등의 직역을 제수 받는 등 당시 백남승을 비롯한 수원 백씨들은 서빙고 지역에
서 상당한 부와 세력을 가지고 있었다. 이는 당시 지역사회의 주도권이 수원 백씨들
에게 있었다는 것을 시사한다. 한편 강음 단씨로서는 이 당시 단치긍과 단기황이 중
수에 참여하고 있었으며 둘 다 무과에 급제하였으나 치황은 별다른 직역을 지닌 바
없고 치긍만이 첨사를 제수 받았던 상황이었다. 수원 백씨들에 비해 그 세력이 미약
했을 것이며 의례에 있어서도 그 주도권은 수원 백씨들에게 있었던 것으로 볼 수 있
다. 당시 수원 백씨 집안인 백남규白南奎가 중수기를 작성하고 있었던 사실에서도 이
를 확인할 수 있다.

　16년이 지난 1891년에는 단씨 집안이 점차 가세를 회복하기 시작했던 것으로 보인
다. 첨사를 지낸 단치긍을 위시하여 치협과 윤호가 당시에 각각 사과와 의금부 도사
를 지내고 있었고 양호·응호·평호가 모두 유학幼學의 직역을 가지고 있었다. 이들

• • •
107 이와 관련하여 이훈상의 연구를 참고할 만하다. 이훈상은 조선시대 읍치 성황제의 다층성, 즉 수령이 주재하는 공
　공의례와 향리 등이 주재하는 비공식적 의례의 공존을 밝히고 부군당 의례가 이서 집단만이 참여하고 특히, 이를
　향리들이 주도한다는 측면에서 향리 주재의 읍치 제의와 같은 맥락으로 보았다. 이훈상, 「조선후기 읍치에 있어서
　공공의례의 다층성과 향리 주재의 중재 제의」, 『성곡논총』 32(상), 성곡학술문화재단, 2001, 30~31쪽.

본장:서울 지역사회의 변화와 의례 주도 집단의 동향　117

직역의 허실 여부와 상관없이 지역에서 공식적으로 유학 등을 칭할 수 있었던 것은 그들의 세력이 대단했음을 의미한다. 그러나 이 당시 단씨 집안사람이 아닌 청해靑海 이씨李氏인 이흥묵李興黙이 존위를 맡고 있었던 것으로 보아 단씨 집안이 지역 주도권을 완전하게 장악하지는 못했던 것 같다. 의례에 있어서도 단씨 집안사람들이 대거 참여함으로써 회복된 가세에 힘입어 의례에도 적극적으로 참여하는 모습을 보여주고 있다.

한편, 앞선 시기에 위세를 떨쳤던 백남승이 1879년에 52세의 나이로 사망하고 그 아들 대부터는 예산지방으로 낙향하는 등의 이유로 지역에서의 기반이 약화되었던 것으로 보이며 다른 수원 백씨들 경우에도 용완과 용주만이 출신의 직역을 가지고 있었을 뿐이었다. 이러한 사정은 의례에도 반영되어 있는데 단씨들은 7명이나 참여하고 있지만 백씨들은 4명에 그치고 있어 의례의 주도권에서 멀어지고 있었음을 알 수 있다.

12년이 지난 1903년에는 강음 단씨가 지역의 주도권을 완전히 장악하게 되며 수원 백씨의 경우는 전대보다는 다소 세력이 회복되기는 했으나 지역의 주도권을 재장악할 정도는 아니었다. 강음 단씨의 경우, 1903년에 단덕호가 존위를 맡게 된 것을 통해 그 전대부터 지속적으로 성장시켜온 가세家勢의 영향력을 확인하게 된다. 특히, 강음 단씨는 이후 일제강점기를 거쳐 해방되던 시기까지 부군당 의례에 지속적으로 참여하고 있어 토착 세력의 지속적인 영향력을 엿볼 수 있다.[108]

반면, 수원 백씨의 경우는 현주·세기·완기·남성 등이 주사·가선·유학·출신 등의 직역을 지니고 있었던 것을 통해 전대보다는 가세가 회복된 것을 알 수 있다. 그러나 존위나 중임 등의 직임에서 배제되어 있는 것으로 보아 지역의 주도권을 장악할 정도는 아니었던 것이다. 그럼에도 불구하고 부군당 의례에 다수의 인원이 참석하고 있어서 의례를 통해서도 백씨 세력이 회복되고 있었음을 알 수가 있다.

• • •

108 단치궁 집안의 경우는 전술한 바와 같이 아들 덕호(德浩), 손자 현주(現柱)와 흥주(興柱), 증손자 희연(熙淵)에 이르기까지 4대가 부군당 의례에 지속적으로 참여하고 있다는 것이 확인되었다. 또한, 단씨 가문의 지역적 영향력은 '정묘년 중수기'(1927년) 시기와 '보건친목회 명부'(1946년) 시기까지 이어졌던 것으로 보인다. 즉, 정묘년 중수기 시기에는 단형주(段亨柱)가 구장을, 보건친목회 시기에는 단홍주(段鴻柱)가 회장을 맡고 있었으며 이들의 주도 하에 부군당 의례도 행해졌을 것으로 생각된다.

이와 같이, 서빙고 지역의 세력을 형성했던 토착 성씨 집단인 수원 백씨와 강음 단씨들 세력의 부침浮沈에 따라 의례의 주도권이 수원 백씨에서 과도기로, 과도기에서 강음 단씨로 넘어가고 있음을 알 수 있었다(표 6). 이는 지역에서 세력권의 향방에 따라 의례의 주도권도 변화되고 있음을 의미하며, 조선 후기 서빙고 지역 사례를 통해 이를 확인할 수 있었다.

〈표 6〉 19세기 후반 ~ 20세기 초 서빙고 부군당 주도 집단의 변화

주재집단	부군당 중건 집단	노인계	이중계
근거	숭정기원 현판	노인계 좌목 현판	이중계원 좌목 현판
연대	1875년	1891년	1903년
규모	16인	42인	50인
수원 백씨	尊位 前五衛將 白南升 出身 謹書 白南奎	白南夏 白南泳 出身 白龍完 出身 白龍珠	白龍基 嘉善 白龍現 幼學 白世基 白完基 出身 白南星
강음 단씨	段基璜 前僉使 段致兢	前僉使 段致兢 幼學 段養浩 司果 段致協 幼學 段應浩 段致範 都事 段潤浩 幼學 段平浩	尊位 司果 段德浩 幼學 段學柱 段厚柱 段龍柱 段致容 段文浩 段永柱
주도 성씨	수원 백씨	수원 백씨 < 강음 단씨	강음 단씨

4. 상업의 발달과 상인, 관료의 지역 세력화 : 마포의 사례[109]

마포 지역[110]은 조선후기 경강 상업이 발달하면서 경강지역의 중심지 중 하나로 자

● ● ●

[109] 4절은 졸고, 「대한제국기 서울 마포 지역사회와 공동체의례 주도집단에 대한 연구 : 1903년 마포동 마을제당 현판을 중심으로」, 『서울학연구』 42, 서울시립대 서울학연구소, 2011의 일부 내용을 수정 보완하여 실었다.

리 잡았던 곳이다. 17세기 후반 서울에 다양한 시전이 창설되는데, 마포 지역에서는 1680년경 마포 미전米廛이 창설되면서 본격적인 상품유통의 중심지로 부상하게 되었다. 18세기 후반에는 미전 외에도 염전鹽廛, 칠목전漆木廛, 잡물전雜物廛, 양수전良水廛, 염해전鹽醢廛 등이 밀집해 있었다. 또한 마포지역은 경강여객주인들의 최초 영업지이기도 하여 18세기 초반까지도 여객주인이 존재했던 유일한 지역이기도 하였다.[111] 이러한 마포 지역의 상권은 19세기 후반까지 꾸준히 성장하게 되는데, 특히 대한제국이 출범하면서 황실과 밀접한 연관성을 띠게 된다. 즉, 황실의 재정을 확보하기 위한 수세 원천지의 하나로서 마포 지역은 중요한 의미를 가지고 있었고 황실에서 깊게 관여했던 근대 금융기관에 마포 객주들이 진출하게 된다. 이러한 정황 속에서 130여 명의 미전 상인들과 객주들, 관료 등이 기금을 모아 마을제당을 건립했다는 사실은 각별한 의미를 지닌다고 할 수 있다.

여기에서는 마포동의 마을제당인 '영당靈堂'[112] 건립에 참여했던 인물들의 면면을 통해 당시 마포 지역 의례를 주도했던 집단의 성격을 살펴보고 대한제국기 당시 정세와 관련하여 건립의 배경을 추론해 보고자 한다. 건립의 배경에 있어서는 당시 지역사회에 대두되었던 사회·경제적 요구와 정치적 함의에 주목하고자 한다. 이를 위해 먼저, 마포동 영당에 소장되어 있는 현판에 기재되어 있는 인물들을 추적해 볼 것이다.

• • •

110 마포 지역은 17세기 중엽 경강 유역이 상업 지역으로 부상하고 인구가 증가하자 서부 지역에 5개방을 신설하게 되는데 이 때 서부 용산방 마포계로 편제되었던 것으로 보인다. 또한, 조선시대에 마포라 함은 흔히 동막·토정·도화동을 아우르는 개념으로 이해되었던 것으로 보이며 '삼호(三湖)'라고도 불리었다. 이때의 편제는 1900년대까지 지속되다가 일제 강점 이후 1910년 10월 1일 「조선총독부지방관관제」에 의해 경기도 용산면 마포동으로 격하되었다. 1913년에는 용산면 일부가 경성부 서부에 편입되면서 이 때 마포 지역도 경성부 서부로 편입되어 1943년 이후부터 1947년까지 마포정으로 불렸다가 이후부터 다시 마포동이 된다. 이처럼 행정구역과 명칭 상의 변화가 있었지만 그 지역적 범위는 현재 마포동의 범위와 거의 일치했던 것으로 보인다. 이 글에서 마포 지역이라고 함은 현재 마포구 마포동 일대를 말하는데, 전통적으로는 마포계 혹은 마포동으로 존재했던 곳으로 제한하여 사용하기로 한다.

111 조선후기 경강 상업과 마포 지역 상업의 역사적 전개에 대해서는 고동환의 연구들을 참고하였다. 고동환, 『조선후기 서울상업발달사연구』, 지식산업사, 1998; 고동환, 「17세기 서울상업체제의 동요와 재편」, 『서울상업사』, 태학사, 2000; 고동환, 『조선시대 서울도시사』, 태학사, 2007.

112 마포동에 건립된 마을제당의 명칭이 '불당' 혹은 '부군당'으로 불리지만, 이 글에서는 제당 현판에 명기된 '영당'이라는 명칭을 사용하기로 한다. 이 영당은 안타깝게도 2010년 추석 이틀 전인 9월 20일에 헐리고 말았다.

영당이 건립될 당시 마포 지역을 재구성하기 위해서 당시 관보나 언론 기사뿐만 아니라 각종 통계 자료[113]와 지도[114] 등이 활용될 것이다. 그 인물과 당시 지역사회와의 관련성을 알기 위해서는 서울·경강지역 상업사[115]와 당시 객주와 상인들에 대한 연구,[116] 각종 공문 및 언론 자료,[117] 족보 등이 활용될 것이다. 특히, 마포 상권 혹은 객주들과 황실과의 연관성을 살피기 위해서는 대한제국기 금융정책과 황실에 대한 연구[118] 등도 검토할 필요가 있다.

1) 대한제국기 정세와 마포

(1) 상품유통 중심지로서의 성장

마포 지역이 본격적으로 상업의 중심지로 성장한 시기는 18세기 중엽으로 보는데, 경강 상업 지역이 한강·용산강·서강 즉 삼강三江에서 망원정과 마포가 포함된 오강

---

113 마포 지역의 인구 통계에 대해서는 일제강점기 이전에는 구체적으로 알 수가 없고 다만, 일제강점 이후 통계가 잡힌 가장 이른 시기의 것이 1911년 자료인 『조선총독부통계연보』이다.

114 대한제국기 당시 마포의 지리적 상황을 추정할 수 있는 지도로서 1910년 「경성용산시가도」(허영환, 『정도(定都) 600년 서울지도』, 범우사, 1994)를 활용하였다.

115 대한제국의 경강지역 상업사에 대해서는 앞의 고동환의 연구 외에도 다음과 같은 연구가 있다. 손정목, 『한국 개항기 도시사회경제사 연구』, 일지사, 1982; 최완기, 『조선후기 조운업사 연구』, 일조각, 1997; 이헌창, 「1882~1910년간 서울 시장의 변동」, 『서울상업사』, 태학사, 2000.

116 조기준, 『한국자본주의성립사론』, 대왕사(전정판), 1977; 이병천, 「조선후기 상품유통과 여객주인」, 『경제사학』 6, 경제사학회, 1983; 정병욱, 「1910년대 한일은행과 서울의 상인」, 『서울학연구』 12, 서울시립대학교 서울학연구소, 1999; 이홍락, 「식민지기 조선내 미곡유통」, 『경제사학』 19, 경제사학회, 1995; 유승렬, 「일제강점기 서울의 상업과 객주」, 『서울학연구』 10, 서울시립대학교 서울학연구소, 1998; 홍성찬, 「한말 서울 동막의 미곡객주연구 : 창희조합, 서서동막합자상회」, 『경제사학』 42, 경제사학회, 2007; 전우용, 「근대이행기 서울의 객주와 객주업」, 『서울학연구』 24, 서울시립대학교 서울학연구소, 2005; 이승렬, 『제국과 상인』, 역사비평사, 2007.

117 이 연구에서 활용된 공문은 주로 『조선총독부관보』, 각종 소장(訴狀) 및 재판 기록 등이 있으며 언론 자료로는 『황성신문』, 『매일신보』, 『동아일보』 등이 있다.

118 서영희, 「1894~1904년의 정치체제 변동과 궁내부」, 『한국사론』 23, 서울대학교 국사학과, 1990; 김윤희, 「대한제국기 황실 재정 운영과 그 성격 : 탁지부 예산 외 지출과 내장원 재정 운영을 중심으로」, 『한국사연구』 90, 한국사연구회, 1995; 이영호, 「대한제국시기 내장원의 외획운영과 상업활동」, 『역사와 현실』 15, 한국역사연구회, 1995; 이승렬, 「광무정권의 화폐·금융정책과 대한천일은행의 영업」, 『한국사연구』 123, 한국사연구회, 2003; 이승렬, 「한말 은행가 집단의 형성과 광무정권 : 대한천일은행의 주도 세력을 중심으로」, 『동방학지』 124, 연세대학교 국학연구원, 2004; 박성준, 「대한제국기 해세 징수와 어염의 유통」, 경희대학교 사학과 박사학위논문, 2004; 조영준, 「조선후기 궁방의 실체」, 『정신문화연구』 31권 3호, 한국학중앙연구원, 2008.

五江지역으로 확대된 시점이 그것이다.[119] 서강과 용산이 세곡 운송의 중심지라면 마포는 상품유통의 중심지로 볼 수 있으며[120] 이는 전술한 바와 같이 미전을 비롯한 각종 시전이 밀집되어 있었을 뿐만 아니라 유력한 객주들이 다수 존재했기 때문일 것이다. 18세기 후반 마포 지역에서 발생했던 용산민들 간의 미전 설치 건에 대한 쟁송 사건이나 염전 독점 건에 대한 분쟁 등은 당시 마포 지역 상권의 일부 품목에 대한 독점적 운영과 함께 용산 등의 다른 지역과 치열한 경쟁 관계에 있었음을 알게 해 준다.[121]

19세기 후반 마포 지역은 새로운 국면을 맞게 된다. 1886년부터 한강에 기선이 운행되는데 용산진 또는 마포까지 2~3백 톤의 소기선小汽船이 통행하였으며 경인철도가 개통되기 전까지는 이러한 소기선의 왕복이 빈번하였다.[122] 마포에는 동막과 함께 국유지 소작미의 수납소收納所가 있었으며[123] 철도가 개통되었던 1930년대까지도 철도 이외에 배편으로 10만 석의 세곡미가 반입되었다는 것으로 보아 철도가 놓이기 전까지는 그보다 많은 세곡미가 반입되었을 것이다.[124] 또한, 1910년대 전반기 경성의 1년 미곡 소비량은 25.6만 석인데 이 중에 3분의 2는 철도편을 통해 대부분 남대문(경성)역으로 집하되었고 3분의 1은 한강 수운이나 우마 편을 통해 현석리·마포·한강통·서빙고·둑도·두모포 등에 집하되었는데 이중에 마포의 물동량이 가장 많았다고 한다.[125] 따라서, 1900년대 마포 지역에는 미곡을 보관할 창고[126]와 미곡 상점이 다

119 고동환, 앞의 책, 1998, 217~220쪽. 앞서 불렸던 三江 중에 용산강 범위에 마포가 포함되어 있었기는 하지만 五江에 이르러 마포가 독립적으로 지칭된 것은 그 만큼 마포의 지위가 높아졌음을 의미한다.
120 고동환, 앞의 책, 2007, 389쪽.
121 마포와 용산민들과 미전 설치 건에 대한 쟁송 사건이란 경강의 미전이 서강미전과 마포미전 등 두 군데가 있었는데 용산민들이 마포까지 가서 쌀을 구입하는 것이 불편하다는 이유로 용산에 미전을 설치해 줄 것을 요구했던 것을 말한다. 또한 염전 독점권에 대한 분쟁이란 마포의 염해전(鹽醢廛)이 용산염전을 자신들의 외전이라고 주장하고 용산염전에서 걷는 수세액의 일부를 마포에서 차지하게 되자 비변사에서 이를 부당하다고 하여 원래대로 용산염전에 빼앗은 소금세를 되돌려 주라고 판결한 사건을 말한다. 고동환, 앞의 책, 1998, 254~255쪽.
122 이헌창, 「1882~1910년간 서울시장의 변동」, 『서울상업사』, 태학사, 2000, 377쪽.
123 정병욱, 앞의 논문, 127쪽.
124 철도 개통 이전에는 마포와 현석리 일대에 수상미(水下米, 한강 하류에 반입되는 쌀)가 70만~80만 석이 반입되었으나 1936년을 기준으로 했을 때는 20만 석 정도가 반입되었다. 이 중에 마포에 반입되었던 쌀은 배편으로 10만 석, 철도편으로 3만 석이 들어왔다. 이홍락, 앞의 논문, 195쪽.
125 이승렬, 앞의 책, 2007, 257쪽.
126 인천의 거상 서상집이 경성에 진출하면서 1893년에 마포에 창고를 지어 사업 거점을 마련하고 1895년에는 마포

수 존재했음을 짐작해 볼 수 있다. 실제
1907년 당시만 하더라도 마포 지역에 약
30여 동의 미전이 밀집되어 있었다[127]는
사실에서도 마포가 미곡 유통의 중심지로
자리잡고 있었음을 알 수 있다.

이처럼 19세기 말~20세기 초 마포에는
마포나루와 소작미의 수납소와 창고, 미전
을 비롯한 각종 시전들이 있었고 이 외에
도 1903년경에는 한성우체사지국, 한성전
보사지사와 한성전화소지소 등이 설치되
었다.[128] 일제시대 제작되었던 지도들을

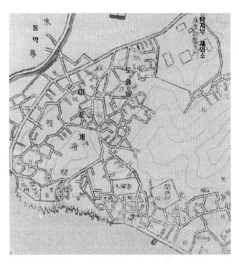

〈그림 12〉 1910년 마포 지역

통해 1910년경에는 도화동 쪽에 탁지부 제와소製瓦所가 있었고 1914년경에는 관세국 출
장소가 있었으며 1924년에는 세관감시소, 마포학교, 도화동에 있었던 연와공장과 형무
소가 있었음을 알 수 있다. 또한 당시에 전철이 마포까지 개통되어 있었던 것도 확인
할 수가 있다(그림 12).[129] 교육기관으로는 마포보성소학교(혹은 마포사립보통학교) 등이 있
었다.[130]

당시 마포의 지역사회community를 재구성하기 위해서는 지역의 인구와 지역민의 생업이
나 직업, 자치 조직 등을 살펴볼 필요가 있다. 마포 지역의 인구가 처음으로 집계된 것은

• • •

별영창을 수리하여 창고로 사용했다고 한다. 위의 책, 133쪽. 이처럼 미곡상이나 객주들에 있어서 미곡을 저장할
수 있는 창고는 필수적이었으며 이러한 사실을 통해 미곡의 유통량이 많았던 마포 지역에 창고가 많이 존재했음
을 알 수 있다.

127 『황성신문』, 1907.4.20.

128 "部令 通信院令第三号 漢城郵遞司支局를 設置하는 事 位置난 西署龍山坊麻浦契 光武七年 四月十四日 通信院第
四号 漢城電報司支司와 漢城電話所支所를 設置하난事 位置난 西署龍山坊麻浦契", 『황성신문』, 1903.4.17.

129 〈그림 12〉는 허영환, 「경성용산시가도」(1910년), 『정도 600년 서울지도』, 범우사, 1994, 98쪽 참조. 일제 강점기
마포 지역의 여러 시설에 대해서는 「경성부시가강계도」(1914년), 『서울지도』, 서울역사박물관, 2006, 41쪽; 「경성
도」(1924년), 『서울지도』, 서울역사박물관, 2006, 49쪽에서 참조.

130 마포보성소학교는 1904~1905년경에 설립되었던 것으로 보인다. 『황성신문』, 1910.5.1. 또한, 1908년 기사에는 마
포사립보통학교가 나오는데 마포보성소학교의 명칭이 변경되었던 것으로 보인다. 『대한매일신보』, 1908.8.25.

<그림 13> 1903년경 마포 나루 전경

1907년으로 당시 호수는 1,495호(일본인 44호 포함)였으며 인구는 4,871명(일본인 142명 포함) 정도였다(표 7).[131] 이는 당시 인근 지역이 평균적으로 500~600여 호에 3,000여 명이었던 것에 비하면 가옥과 인구가 밀집되어 있었음을 알 수 있다(그림 13).[132]

이후 4년 뒤인 1911년에는 총 5,297명으로 조사되었는데[133] 이러한 인구분포는 인근 용산의 인구인 총 17,307명 보다는 적고 동막의 인구인 4,794명 보다는 많은 수치이다.[134]

당시 마포 주민들의 대부분은 상업이나 운수업 혹은 이와 관련된 일에 종사했을 것으로 보인다. 전술한 바와 같이 미전을 비롯하여 염전, 칠목전, 잡물전, 양수전, 염해전 등이 밀집해 있었고 여기에 종사하는 상인들과 종업원, 물품을 운송하는 운수업자

• • •

131 〈표 7〉은 원경무고문부(元警務顧問部) 편, 『한국호구표』, 원경무고문부, 1909, 4쪽 참조. 이 자료는 1906~1907년에 경찰에서 조사하여 작성된 호구를 바탕으로 내부 경무국에서 만든 것이며 조사 지역은 각 경찰서와 주재소의 관할구역으로 편제되어 있었다. 여기서 확인할 수 있는 용산경찰서 관할 파출소와 주재소가 산하정파출소·정차장파출소·마포제1주재소·마포제2주재소·동호주재소·서호주재소·혈맥리주재소·현석리주재소·하수일주재소·한강주재소·서빙고주재소·두모포주재소·둑도주재소 등이다. 당시 호구 수는 이들 파출소와 주재소의 관할 지역에 대한 조사치로 볼 수 있는데, 마포 지역의 호구 수는 마포 제1주재소와 마포 제2주재소에서 조사한 호구 수를 합친 것임을 밝혀 둔다.

132 잘 알려진 1903년경 마포나루의 사진 〈그림 13〉을 보면, 초가와 기와집이 연달아 빼곡히 들어서 있음을 알 수 있다. 마포구 문화공보실 편, 『마포 : 어제와 오늘, 내일』, 마포구, 2006, 85쪽.

133 일본인이 141명이고 한국인이 5,139명, 중국인이 17명으로 조사되었다. 1911년(명치 44) 『조선총독부통계연보』, 조선총독부.

134 1925년에는 일본인이 12명, 조선인이 2,498명, 기타 외국인이 11명으로 총 2,521명으로 조사되었다. 이는 1911년 조사 자료보다 인구가 2,600여명이 줄어든 것인데 1936년 조사에서는 총 2,360명이었던 것을 보면, 1911년 당시 조사의 지역적 범위가 1925년 이후보다 넓었던지 혹은 조사의 정밀도가 떨어져 과도하게 집계되었을 가능성이 있으나 1907년 조사치와 1911년 조사치가 각각 4,871명과 5,297명이라는 점에서 당시에 과도하게 집계되었을 것이라고 단정할 수만은 없어 그 이유가 확실치 않다.

와 노동자들이 대부분이었을 것이다. 또한, 상업이 번성하였으니 대부업과 창고업을 하는 객주들도 많았을 것이고 각종 관서에서 근무하던 관료들도 있었을 것이다.

실제 1909년에 조사된 『민적통계표』에 따르면, 마포가 속해 있었던 용산경찰서 관할 구역[135]에는 일용직 노동자가 4,357명으로 가장 많았고 그 다음이 상업 인구로 3,126명이었으며 농업 인구도 1,326명이었다. 관리나 양반, 유생 등은 한성부의 다른 지역에 비해 가장 적게 분포하고 있어 주목된다(표 8).[136]

1903년 당시 마포 지역은 마포계로 묶여 있었으나 전통적인 자치 조직이 존재했었는가에 대해서는 확인되지 않았다. 즉, 1903년 당시 서빙고 지역만 하더라도 '이중계里中契'가 존재했었고 존위와 중임 등의 직임도 존재하고 있었다.[137] 시기가 앞서기는 하지만 인근 마포구 신수동 지역에도 1868년 당시에 존위와 중임에 존재했었던 것으로 보아[138] 존위와 중임을 중심으로 한 지역 자치 조직이 경강 지역에 존재했음은 보편적인 현상이었던 것으로 보인다. 그러나 마포동 마을제당인 '영당'에 보관되어 있는 1903년에 쓰인 현판에는 이러한 직임이 제시되지 않아 이미 이 시기에 마포 지역에는 이러한 전통적인 자치 조직이 해체되었을 가능성을 보여 주고 있다. 다만, 1903년에 있었던 영당의 건립과정에서 '영당靈堂 사원社員'이 구성되었는데 이는 이전부터 존재했다기보다 영당 건립과 함께 구성되었던 것으로 보는 것이 타당할 것이다. 이러한 영당 사원 조직은 전체 주민들을 포괄하는 조직이라기보다는 영당 의례를 수행하기 위해 결성된 지역 자치 조직의 하나로 볼 수 있다.

• • •

135 1914년 용산경찰서의 관할구역은 마포동을 포함하여 청엽정1 · 2 · 3정, 원정1 · 2 · 3 · 4정, 금정, 미생정, 대도정, 낙정, 청수정, 산수정, 암근정, 경정, 삼판정, 강기정, 한강통, 이촌동 등이었다. 마포구 문화공보실 편. 앞의 책, 89쪽.

136 〈표 8〉은 내무경무국 편, 『민적통계표』, 내무경무국, 1910, 1쪽 참조. 일제는 1909년 3월 민적법을 공포하고 신고에 의하여 호적을 작성하고 그 내용을 변경하도록 했는데 한성부는 경찰관서에, 기타 지역은 면장에 준하는 사람에게 신고하도록 했다. 이렇게 작성된 결과가『민적통계표』라고 할 수 있다. 이헌창, 「『민적통계표』의 검토」, 『고문서연구』 9, 고문서학회, 1996, 485쪽.

137 졸고, 「19세기 후반~20세기 초 서울 서빙고 지역 부군당 의례 주도 집단 연구 : 1875 · 1891 · 1903 · 1927년 부군당 현판을 중심으로」, 『서울학연구』38호, 서울시립대학교 서울학연구소, 2010, 208~209쪽.

138 마포구 신수동에 있었던 마을제당인 '복개당(福介堂)'에 보관되어 있었던 1868년 현판에는 '존위 정헌 장천택(尊位 正憲 張天澤)'과 '중임 정석진(仲任 鄭錫瑨)'이 기재되어 있다. 「부록 : 복개당 자료 소개」, 『생활문물연구』 26, 국립민속박물관, 2010, 74쪽.

<표 7> 1907년 마포 지역 호수 및 인구 현황

호구 / 주재소명	호수				인구			
	한인	일본인	기타 외국인	계	한인	일본인	기타 외국인	계
마포 제1주재소	745	44	–	789	2,361	142	–	2,503
마포 제2주재소	685	–	1	686	2,366	–	2	2,368
총 계	1,430	44	1	1,475	4,727	142	2	4,871

<표 8> 1909년 한성부 인구와 직업별 분포

종별	청서명	경시청	동부서	중부서	남부서	북부서	서부서	용산서
호수		55,463	8,466	7,650	8,350	8,030	12,961	10,006
인구	남	121,279	19,705	13,950	19,686	19,422	26,089	22,427
	여	112,311	17,645	13,753	18,206	17,808	24,296	20,603
	계	233,590	37,350	27,703	37,892	37,230	50,385	43,030
직업	관공리	2,095	237	1,301	249	670	515	123
	양반	1,189	51	242	149	554	173	20
	유생	188	38	45	27	21	41	16
	상업	13,672	2,355	1,568	2,096	1,114	3,413	3,126
	농업	8,643	3,631	6	1,082	2,103	494	1,327
	어업	87	–	–	–	25	–	62
	공업	3,310	728	245	895	388	696	358
	광업	60	–	8	14	4	2	32
	일가	9,825	335	1,680	1,351	909	1,193	4,357
	기타	4,055	344	1,541	564	524	728	354
	무직	12,886	747	2,286	1,981	1,808	5,797	267
	계	56,010	8,466	7,922	8,408	8,120	13,052	10,042

* 청서명의 경시청은 각 서에서 조사된 수치의 총계에 해당됨.
* 직업 종류 중 관공리(官公吏)는 관리를 의미하며 일가(日稼)는 일용직 노동자를 의미함.

(2) 마포 상권의 세력화와 근대 금융업으로의 진출

19세기 말~20세기 초 정세에서 경강 상인들 혹은 객주들의 동향과 관련하여 궁방[139] 혹은 황실과의 관련성을 찾아보는 것은 중요한 의미가 있다. 이들은 서로 밀접한 유착 관계를 형성하고 있었고 이러한 유착 관계를 기반으로 경강 상인과 객주들은 근대 금융업에 진출하여 막대한 부를 축적할 수 있었음은 주지의 사실이다.[140]

마포 지역의 경우, 마포를 근거지로 하는 상인·객주들과 중앙 권력과의 관계성을 알 수 있는 사례로서 마포에서 유통되는 소금에 대한 세금을 걷어 궁방에 상납했었다는 사실이나 마포의 유력 객주들이 황실에서 추진하던 근대 금융기관에 참여하고 있었다는 사실 등이 있다. 이 당시 이러한 정황을 살펴보는 것은 당시 마포 지역사회를 이해하는 데 도움이 될 수 있다.

1884년에 명례궁은 마포의 염도여객주인鹽都旅客主人들에게 구례舊例에 근거하여 염세鹽稅를 상납할 것을 명하는 절목을 내린다. 당시 명례궁에서 내린 절목의 내용을 보면 다음과 같다.

마포염도여객주인수세책 절목. 오른쪽 절목은 영구하게 행사할 것이라. 마포에 있는 염수세도여객주인들은 지금 옛 관례에 따라 본 궁에 다시 부속될 것이다. 전하는 교지를 받들어서 일체의 거간행위를 하지 말 것이며 본궁에서 별도로 정한 감독관이 바로잡을 일을 살피기

* * *

139 조영준은 조선후기 궁방을 세 가지로 구분하였는데 ① 왕실 재정의 일부로 기능한 내탕으로 곡물로 충당할 수 없는 왕실의 수요를 담당한 곳(1사 4궁 : 내수사, 수진궁, 명례궁, 용동궁, 어의궁), ② 왕실 일족의 개인 또는 가계의 재정으로 기능한 궁방, 즉 후궁·대군·공주 등 해당 인물의 생활자료를 공급하는 기능을 한 곳(1사 7궁 외 모든 궁방), ③ 제사궁으로 기능한 궁방(제향 3궁 : 육상궁, 선희궁, 경우궁) 등이다. 조영준, 앞의 논문, 281~282쪽.

140 대한제국기의 이러한 정황은 이승렬의 연구에 자세히 나타나 있다. 대동법 실시 이후 1894년부터 쌀 대신 화폐인 동전으로 납부할 수 있는 대전납(代錢納)이 허용되면서 '외획'이 성행하여 관찰사·군수·상인 간의 공생관계가 형성된다. 1897년 서울과 개성 등의 상인들은 마차주식회사를 설립하는 등 본격적인 상인 네트워크를 구축하게 된다. 1898년부터 백동화 남발로 인해 생긴 인플레이션은 미곡 수출과 저장을 할 수 있었던 부농·지주·상인들에게는 성장의 기회가 되었으며 이후 설립되는 조선은행과 대한천일은행 등 근대 금융기관의 경영진과 주주 그룹에 적극 참여하게 된다. 이러한 상인층의 역할에 대해서 이승렬은 당시 도고 상인층은 갑오정권의 개혁정책을 보조하는 세력으로 부상하고 있었고 광무정권이 추진했던 금융 근대화 정책 역시 정권 주도층과 상인층의 협력관계를 토대로 진행된 것이라고 평가했다. 이승렬, 앞의 책, 2007, 64~136쪽.

위해 파견될 것이다. 세금을 걷을 때는 즉, 매매가 되는 매 석마다 일 전씩을 걷어서 상납하여야 한다. …(중략)… 수세 상납은 매년 일 천 냥인데 5번 내지 2번에 나누어 상납하도록 하여라.[141]

이처럼, 명례궁에서는 한때 없어졌던 전례를 회복하여 마포의 염도여객주인들을 명례궁에 다시 복속시킬 것이고 이에 따라 염도여객주인들은 사적인 거간 행위를 하지 말 것이며 궁에서는 관리관을 직파하여 수세할 것임을 공표하였다. 염세에 대한 궁방의 수취가 임진왜란을 계기로 본격화되었다[142]는 것으로 보아 마포 지역에 대한 명례궁의 염세 수취는 위의 절목이 내려지기 전부터 행해졌던 것인데 어느 시기에 중단되었다가 위에서처럼 1884년에 다시 시작되었던 것 같다.[143] 마포 지역은 남양·수원·안산·인천·통진·부평·김포 등 경기도 지역에서 생산되는 소금이 결집되는 곳[144]으로 일찍이 소금 유통의 중심지가 되었던 곳이다. 이로 인해 소금 거래와 수세 업무를 전담하는 염도객주가 다수 존재했으며 이들은 해마다 명례궁에 일천 냥을 상납하고 있었던 것이다. 이러한 사실은 18세기 이후 경강상인들이 궁방 권력과의 관계를 통해 막대한 부를 축적했다[145]는 점에서 시사하는 바가 있다. 이러한 상인 계층과 중앙 정부와의 유착 관계는 1897년 대한제국이 출범하면서 본격화된다.

• • •

141 "麻浦塩都旅客主人收税冊 節目 右節目爲永久遵行事 麻浦所在塩收税都旅客主人今復舊例付属于本宮事奉承傳教矣私自居間一並勿施自本宮別定監官董飭看檢爲去乎收税則每石買賣間壹戔式收刷納上以 …(중략)… 一收税上納每年壹仟兩分於五至兩等來納事一未盡條件追後磨鍊事 甲申閏五月 日 明禮宮 (明禮宮印 一三個處)". 『관부문서(官府文書) 절목(節目)』 13책, 「마포염도여객주인수세책절목(麻浦塩都旅客主人收税冊節目)」, 규18288-8, 1884년(高宗21年), 서울대학교 규장각한국학연구원.

142 어전(漁箭)은 조선 전기부터 궁방에 사여(賜與)되었고 임란을 계기로 하여 어전·염분(鹽盆)은 궁방에 본격적으로 절수되기 시작하였다. 박성준, 앞의 논문, 4쪽.

143 1826년 기록을 보면, 마포염전에서 염혜에 대해서 절수하여 응역 비용을 조달하고 있었는데 근래 각궁각사의 관원, 한강하류지역 관원과 양반들이 그것을 뜯어가 응역에 지장이 크기 때문에 이러한 폐단을 영구히 방지해 달라고 하였다. 『비변사등록』, 순조 26년 병술 정월 14일조; 유원동, 「19세기초기의 봉건상업의 붕괴과정 : 초기 독점의 붕괴를 중심으로」, 『역사학보』 48, 역사학회, 1970, 42쪽에서 재인용. 이런 정황을 보면, 당시에도 명례궁 등에서의 절수가 공식적이지는 않지만 공공연히 행해지고 있었던 것을 알 수 있다.

144 박성준, 앞의 논문, 132쪽.

145 고동환, 앞의 책, 1998, 183쪽.

대한제국이 출범한 후 광무정권은 열악해진 황실 재정을 충당하기 위해 백동화白銅貨를 남발하게 되는데 이로 인해 백동화 인플레이션이 심화되자 이를 타개해 나가기 위한 방편으로 1899년 대한천일은행이란 근대적 금융기관을 설립하게 된다.[146] 그런데 이 은행의 건립과 운영에 있어서 유력한 상인들과 객주들이 깊이 관련되어 있었다는 점이 주목된다. 즉, 은행의 주주는 소수의 관료를 제외하고는 시전상인·경강상인·개성상인·인천객주들로 구성되어 있었으며 그들은 대부분 황실과 밀접한 관계가 있는 자들이었다는 것이다.[147]

대한천일은행의 중요한 업무 중에 하나가 조세에 대한 징수인데 지방의 조세를 운수하는 세납차인으로 상인 조직을 적극 활용하게 된다. 특히 1899년 329개 군현 가운데 205개 군현의 조세를 운수했는데 이 때 세납차인으로 활약한 상인들이 100여 명이나 되었고 마포 상인으로는 최사영, 김진섭, 최문환 등[148]이 참여하게 된다. 1900년에는 이들 중 최문환이 다른 상인들과 함께 주주로 참여하였고 1903년에는 최사영도 주주로 참여하게 된다.[149] 최사영은 같은 해 중앙은행이 창설되면서 창설사무위원으로 활약하기도 했다.[150]

이처럼, 마포 지역 상인과 객주들은 명례궁과 같은 궁방과 지속적인 관련을 맺고 있었고 그 중에 유력자들은 대한제국 설립 이후에 황실과 보다 밀접한 유착 관계를 형성해 나갔던 것으로 보인다. 이러한 마포 지역 상인들의 입지가 강화되는 과정에서 마포 미전 30여 명이 자신들이 살던 땅과 집을 강창희라는 인물이 임의로 매득하여 일인에게 팔아 넘기려고 하자 이를 바로잡아 줄 것을 요구하는 쟁송 사건이 발생한다. 이들의 쟁송 내용을 요약하면 다음과 같다.

• • •

146 이승렬, 앞의 논문, 2003, 101~103쪽.
147 위의 논문, 103쪽.
148 이들은 모두 1903년 마포동 영당 현판에 등장하는 인물들이다.
149 이승렬, 앞의 논문, 2004, 562쪽.
150 위의 논문, 569쪽.

저희가 거주하고 있는 땅은 본래 월산대군의 사패지인데 사패를 받은 지 300여 년이 되었고 대저 본 마을이 생길 때는 촌락이 영성零星하다가 점점 마을이 이루어져 한 뼘의 공간도 없게 되었고 마을 주변에 미전이 있어 시정市井이 세워진 고로 그 사패지로서의 의미를 잃었으나 미전주인들은 월산대군의 제수 비용으로 매년 1백 4냥씩 상납하여 왔습니다. 그런데 뜻밖에 북서北署 백운동에 사는 전 참령 강창회가 무술년에 이 터를 김진수로부터 매득했다며 시장세는 모아서 가고 가옥세는 아무 말이 없더니 양력 3월경에 장시 내에 살고 있는 28호에 대해 가세家稅를 독촉하니 이 무슨 말입니까? …(중략)… 시장의 궁기宮基는 사패의 양안이 있는지라 그 강씨가 엄한 제칙에도 불구하고 탐욕을 부려 다시 시끄럽게 할 것이니 강창회를 잡아들여 그 가짜 문서를 찾아 그 근거를 없애버리시옵소서. 마포 미전 임창수(외 29명 성명 하략).[151]

위의 기사에서 볼 수 있듯이, 마포 미전이 있었던 지역은 월산대군의 사패지로서 궁방에 속한 토지였으며 미전 상인들이 월산대군의 제수 비용을 해마다 보조해 왔음을 알 수 있다. 이러한 사실에서도 마포 지역과 궁방과의 밀접한 연관성을 엿볼 수가 있는데 당시 쟁송에 참여했던 미전 상인들 중에는 전술했던 최문환 등의 유력 상인들도 있었고 이들은 이러한 쟁송 사건을 치르면서 조직적인 기반을 마련해 나갔을 것으로 보인다. 쟁송 사건에 앞서 국채보상 의연금 모집에도 주민 56명이 참여하고 있었는데[152] 이러한 조직적 기반은 1903년 영당 건립의 토대가 되었다고 볼 수 있다.

* * *

151 "伏以矣等所居本洞은 卽月山大君賜牌之地 而賜牌年祚今爲三百餘年이온 바 大抵 本洞刱始之初에 村落이 零星이다가 稍稍 成村ㅎ야 無片土之空閑ㅎ고 洞里邊에 略設市井而有米廛 故로 以無失賜牌基地之意로 使米廛主人으로 月山大君祭需次로 每年 一百四兩式 納上爲定ㅎ와 自米廛으로 該市場所生物品賣買之人에 葉錢一分式 收捧而給于月山宮幹事 金鎭洙ㅎ야 使之納宮而已오 初無家屋及垈睹稅가 至屢百年由來之例이옵더니 至甲午年ㅎ와 無名雜稅革罷之場에 該市基稅納도 亦爲革罷ㅎ고 自月山宮으로도 亦無督稅이옵더니 不意北署白雲洞居 前參領 姜昌熙가 稱以去戊戌年分에 該市基을 買得於金鎭洙處이다 ㅎ고 市場收稅と 渠自捧去ㅎ고 家屋稅と 初無其言이더니 本陽曆三月分에 市場内居民 二十八戶處에 家稅을 督推이오니 是豈成説乎인가 …(중략)… 該市場之宮基と 自有賜牌量案이온지라 叮彼姜哥가 以鑿慾으로 不顧嚴明題飭而必復有起鬧 故로 玆以據實齊聲仰請ㅎ오니 伏乞洞燭ㅎ신 後에 姜昌熙을 卽爲捉致ㅎ시와 嚴繩僞券之律而該券을 不日 推納丂周ㅎ옵서 以杜後弊之地伏望 / 麻浦米廛 林昌洙 (하략)….", 『황성신문』, 1907년 4월 19일자; 20일자.
152 『황성신문』, 1907.3.7.

〈그림 14〉 마포동 영당 전경   〈그림 15〉 헐려진 마포당 영당   2010년, 필자 촬영

2) 영당 건립 배경과 주도집단의 성격

(1) 현판에 나타난 '영당靈堂'의 건립 목적과 배경

영당이 건립될 당시인 1903년의 마포동은 당시 한성부 서서西署 용산방 마포계에 속했던 지역[153]이었으며 지금의 불교방송국 자리가 원래 마포동 영당이 세워졌던 곳이라고 한다.[154] 1984년경에 현재 위치(마포동 337-1)로 옮겼다가[155] 전술한 바와 같이 2010년 9월에 헐렸다(그림 14, 15).

영당에 봉안되어 있었던 현판은 총 3개인데, 「마포 영당 사원 성명 연록靈堂社員姓名聯錄」(이하 사원성명록)과 「마포 영당 건축 보조금 인원 성명 연록靈堂建築保助金人員姓名聯錄」(이하 보조금성명록), 그리고 대황제폐하大皇帝陛下 이하 태후와 황태자·황태자비, 영친왕을 축원하는 현판(이하 황실축원 현판)이 그것이다.

153 "部令 通信院令第三号 漢城郵遞司支局를 設置하ᄂᆞᆫ事 位置ᄂᆞᆫ 西署龍山坊麻浦契 光武七年 四月十四日 通信院第四号 漢城電報司支司와 漢城電話所支所를 設置하난事 位置ᄂᆞᆫ 西署龍山坊麻浦契", 『황성신문』, 1903.4.17.

154 2010년 10월 11일 함인수(남, 75세, 마포동민회장)씨 면담. 동민회 총무에 의하면 그 원 위치의 번지가 마포동 152-1번지라고 하는데 이전 박홍주가 조사했던, 156번지라는 것과 차이가 있어 추후 면밀한 조사가 필요하다. 박홍주·정수미, 앞의 책, 2001, 218쪽.

155 영당이 현재 위치인 마포동 337-1번지로 이건한 시기는 1984년경으로 추정되는데 그 근거는 토지를 매입한 시기가 1984년 3월 10일이며 '마포동민회(麻浦洞民會)'라는 명의로 임병권(林炳權)으로부터 매입한 것으로 되어 있다. 「폐쇄등기부 등본」 제10486호, 2010년 11월 25일 발급. 〈그림 14〉는 서울역사박물관 조사연구과에서 펴낸 『서울 영상민속지 : 한강변의 마을신앙』(서울역사박물관, 2006, 73쪽)에서 인용함.

먼저, 사원성명록 현판을 살펴보면, 서두에 발문이 나오고 그 다음에는 종일품 품직의 김종한을 비롯하여 총 56명이 기재되어 있다. 사원명단 다음에는 현판의 제작 연도(광무 7년 계묘년 5월)가 기재되었다. 보조금성명록 현판에는 특별한 서문 없이 표제 다음에 곧바로 성명이 기재되어 있는데 평창군수를 지낸 최의삼을 비롯하여 총 76명이 기재되어 있다. 명단 다음에는 역시 현판의 제작 연도가 기재되어 있고 그 다음에는 보조금 기부자가 한 명 추가되어 있다. 마지막으로 황실축원 현판에는 대황제 폐하·명헌태후 홍씨 전하·황태자 전하·황태자비 민씨 전하·황귀비 엄씨 전하·영친왕 전하 등을 기재하고 대황제 폐하·명헌태후 홍씨 전하 밑에는 성수만세聖壽萬歲를, 그 이하 인물들 밑에는 수천세壽千歲를 부기하여 축원하고 있다. 사원성명록과 보조금성명록에 기재된 인물들 중에 중복으로 기재된 인물은 없으며 따라서 두 현판에는 총 132명의 이름이 기재되어 있다.

영당이 세워진 이유에 대해서 주민들은 마포 지역에 화재가 많이 발생하자 이를 막기 위해 세웠으며 그래서 이 당의 명칭을 '불당'이라고 불렀다고 한다. 이에 대한 설화의 내용을 요약하면 다음과 같다.

> 100여 년 전 마포에 불이 많이 났는데 임林씨 성을 가진 만신 내외가 꿈에 당을 지으면 화재를 예방할 수 있을 것이라는 도사의 선몽을 듣자 동네에서 대동회의를 열고 성금을 모아 당을 건립하게 된 것이다.[156]

실제, 당시 마포 지역에서 여러 차례 화재 사건이 발생했으며 이로 인해 주로 상인들의 피해가 컸던 것으로 보인다.[157] 또한, 2000년 조사 당시에 불을 관장하는 신으로 알려져 있는 '화주장군'이 봉안되어 있었다[158]는 사실도 영당이 빈번하게 발생했던 화

• • •

156 박흥주·정수미, 앞의 책, 219~223쪽.
157 "(麻浦失火) 日昨麻浦文明鉉氏家에서 失火ᄒᆞ야 瓦草家幷二百五十餘間이 沒燒ᄒᆞ얏더라.", 『황성신문』, 1900년 10월 24일자; "再昨日初昏에 薰賊이 麻浦市邊家屋에 衝火ᄒᆞ야 三十一戶가 沒燒ᄒᆞ얏다더라.", 『황성신문』, 1901년 11월 13일자.

재를 예방하기 위해 건립되었을 것이라는 추정에 힘을 실어주고 있다. 마포 인근에는 영당 외에도 이처럼 화재를 예방하기 위해 지어졌다는 제당이 여럿 있었는데 용강동에 있었던 '명덕당明德堂'과 대흥동에 있었던 '광진당光眞堂'이 대표적이다.[159] 이들 제당들도 후대에 '불당'이라 불리며 화재를 예방하기 위해 지어졌다고 전해진다. 그런데 당시 조사 기록에는 이러한 내용이 없어 명확한 건립의 목적은 보다 면밀하게 살펴볼 필요가 있다. 마포동의 영당 역시 실지 현판에는 화재 예방에 대한 구절이나 불당이라는 명칭은 등장하지 않고 있어 그 건립 배경이 명확치가 않다. 현판에 적힌 서문을 보면 다음과 같다.

무릇 백성들이 모여 살게 되면 반드시 수호해주는 신령이 있어 지금 계묘년 여름에 당우를 건립하였다. 나성원·박영식·김윤흥·노경렬·이완식·류건실·양희서·최문환·이군칠·우경선·정광택 이상 11명이 상의하여 기둥과 들보를 모아 신사를 건축하였으되 그 공력이 있으니 어찌 성대하고 아름답지 않겠는가? 엄숙하게 가려 택일을 하고 축원함으로써 길한 운수를 하늘에서 내려 주시니 영원히 그 향기로움을 누릴지이다.[160]

이처럼, 영당 현판에는 화재 예방에 대한 직접적인 언급이 없다. 다만, 당우를 건립함으로써 길한 운수를 바란다는 내용에서 화재 예방에 대한 기원도 포함되어 있을 것이라는 추정은 해 볼 수 있다.

한편, 마포동 영당에서 주목할 점은 황실축원 현판이 발견되고 있다는 점이다. 이

● ● ●
158 박흥주·정수미, 앞의 책, 223쪽.
159 일제시대에 조사된 자료를 보면, '명덕당'은 당시 고양군 용강면 동막상리에 있었는데, 당시 주민들은 300여 호가 거주하고 있었으며 반상반농의 생활을 하고 있었다. 공민왕과 최영장군, 부처가 주신으로 모셔지고 있었다. '광진당'은 동막하리에 있었던 당으로 명덕당이 여신이라면 광진당은 남신이라고 하였다. 당시 자료에는 화재 예방과 관련된 내용은 없다. 무라야마 지준(村山智順), 『部落祭』, 조선총독부, 1937, 12쪽.
160 "凡生民所聚之社必有守護之 靈今此癸卯季夏營建堂宇羅聖元朴英植金潤弘盧敬烈李完植柳建實梁義瑞崔文煥李君七禹慶善鄭光澤十一員齊會商議鳩聚棟樑建築神祠其有功於一社盛且美矣齊誠擇吉以禱誠以祝降之吉祥於萬斯年永享芯芳.", 「마포 영당사원성명연록 병서(幷序)」, 마포구 마포동 영당 소재.

〈그림 16〉 마포동 영당에 걸려 있었던 황실 축원 현판(원문은 부록 참조)

러한 왕실 혹은 황실을 축원하는 현판이 서울지역에는 은평구 진관외동에 있는 사신성황당에 고종과 왕비·왕대비·세자·세자빈 등을 축원하는 현판이 남아 있으며[161] 서울 지역 외에도 충남 공주의 세동리에 남아 있는 문서 중에 1896년에 쓰여진 황실 축원문이 있다.[162]

이처럼 황실을 축원하는 사례가 영당의 사례만 있었던 것은 아니지만 그렇다고 보편적인 현상이라고 보기도 어렵다.[163] 다만, 황실과 특별한 연고가 있었거나 혹은 대한제국 당시의 특수한 현상으로 이러한 관행이 행해졌을 것이라는 추정은 가능하다.[164] 마포동의 황실축원 현판 역시 당시 영당 건립의 주체들과 깊은 연관을 가지고 있었던 것으로 보인다. 이러한 점에서 본다면 당시 영당 건립의 목적이 화재 예방과 같은 지역민들의 요구가 반영되었던 것과 함께 주도집단들의 정치적 요구가 함께 반영되어 있지 않았을까 하는 의문을 가지게 한다. 이러한 의문은 당시 영당 건립을 주도했던 인물들에 대한 탐색을 통해 해결될 수 있을 것이다.

(2) '영당' 건립 참여 집단의 유형과 면면

영당 건립에 참여했던 인물들은 현판을 기준으로 볼 때, 영당 사원 집단과 보조금

---

161 양종승, 「서울 무속의 자존심, 존립 위기에 직면한 금성당·사신성황당」, 『민속소식』 119, 국립민속박물관, 2005, 14~15쪽.
162 축원문의 내용은 다음과 같다. "皇帝陛下聖壽萬歲 大行王[皇]后陛下往生極樂 太子殿下壽千秋 太子妃殿下寶體奉平 諸宮宗室各安寧 (하략)…." 강성복·박종익, 「공주 태화산 산향계의 성격과 산신제 : 19세기 말~20세기 세동리 산향계 문서를 중심으로」, 『한국민속학』 51, 한국민속학회, 2010, 229쪽.
163 동일한 연대에 제작되었던 서빙고동의 부군당의 1903년 현판에서는 황실 축원과 관련된 내용이 발견되지는 않았다. 졸고, 「조선후기 서빙고 지역 부군당 주재 집단의 성격과 변화」, 『한국무속학』 19집, 한국무속학회, 2009.
164 왕실에 대한 축원문이 고종 대에 집중적으로 나타나고 있는 사실은 당시 민비와 관련이 있을 것으로 생각된다. 민비는 고종과 아들 순종의 수명장수를 위해 명산대천과 무신당, 무녀가에 많은 비용을 들여 축원하였으며 전술한 使臣城隍에 봉안되어 있는 왕실 봉축 현판 역시 민비가 정권을 잡은 1889년에 내린 현판이라고 한다. 최길성, 「한말의 궁중무속 : 궁중 '발기'를 중심으로」, 『한국민속학』 3, 한국민속학회, 1970, 65쪽.

기부 집단으로 나누어 볼 수 있다. 또한 신분과 직업을 기준으로 본다면, 상인을 비롯하여 객주와 관료가 있었던 것으로 보이며 그 외는 일반 주민들이었을 것이다. 현판에 기재되어 있는 인물들의 대부분은 당시 마포에 거주했던 인물들로 밝혀졌으며[165] 그 밖의 인물들도 대부분 마포에 거주했을 것으로 보아도 큰 무리는 없을 듯하다. 다만 몇몇 유력 인사들의 경우 거주지가 마포가 아닐 가능성을 보이고 있어서 이들은 다른 연고나 목적을 가지고 참여했을 것이라고 판단된다. 이들의 면면을 사원 집단과 보조금 집단으로 나누어 살펴보도록 하겠다.

① 사원社員 집단

사원 집단이라 함은 영당 현판 중 「마포 영당 사원 성명 연록」에 기재되어 있는 인물들을 말하는 것으로 영당 건립과 의례의 주체들이라고 볼 수 있다. 전술한 바와 같이 이 현판에는 종일품 품직의 김종한金宗漢을 비롯하여 총 56명이 기재되어 있다. 이중에서 중앙 관료였던 김종한과 당시 마포에서 미전을 운영하고 있었을 것으로 보이는 김현우金賢友, 최문규崔文圭, 최경천崔敬天, 노경렬盧敬烈, 이성선李聖善, 김응성金應成 등의 상인들과 마포의 유력한 객주 최문환, 이후 동장을 역임했던 최춘기崔春基와 전당포 주인 이완식李完植 등에 대해서는 추적이 가능하였다.

먼저, 사원 명단의 제일 앞에 김종한金宗漢(1844~1932)이 기재되어 있다. 그의 당시 품직은 종일품으로 '숭정대부 전 행 예조판서 겸 홍문관 제학崇政大夫前行禮曹判書兼弘文館提

• • •

165 "國債報償義務金集送人員及額數 …(중략)… 麻浦爲誠契義捐金爲誠契中 十환 朴元淑 洪光賢 各一환 羅聖元 **崔春基** 各五十錢 盧敬烈 一환 鄭光澤 五十錢 金應烈 四十錢 崔文煥 一환 梁義瑞 二환 金永植 四十錢 林元亨 張敬均 趙完璧 朴昌漢 各五十錢 金德兼 一환 尹義善 李聖善 李錫憲 柳健實 金錫俊 洪舜澤 各五十錢 崔文圭 金賢友 金大龍 白允淡 金濟贊 吳洪文 **崔鳳來** 各一환 尹成五 金相龍 梁聖烈 崔敬天 金寬爕 安聖文 李仁培 李君七 李圭三 李相鉉 張敬化 崔聖鉉 康敬實 金殷洙 沈洛鼎 宋致浩 李應善 各五十錢 崔錫宗 三十錢 姜奉國 二十五錢 **全明善** 金順範 韓子成 張順植 朴敬信 各五十錢 金寬輔 一환 成文益 高允化 宋敬學 各三十錢 以上合 新貨 四十四환 七十五錢". 『황성신문』, 1907년 3월 7일자. 여기서 밑줄은 사원 성명록 현판에 기재된 인물들이고 기울임은 보조금 성명록 현판에 기재된 인물들이다. 또한, 마포 미전 주인들을 알 수 있는 기사가 있다. "麻浦米廛 **林昌洙** 金賢友 崔文圭 林元亨 許敬善 李應善 **金昌大** 高允和 **鄭奉圭** 金大龍 李尙賢 崔文煥 崔敬天 金春浩 南道元 **金士元** 盧敬烈 權聖云 李致順 李聖善 李興仁 崔召史 林順汝 金允七 金明順 姜善文 姜召史 **金應成** 李敬元 白允一 等 告白". 『황성신문』, 1907년 4월 19일자; 4월 20일자. 여기서도 밑줄과 기울임의 표시는 앞에서의 의미와 같다.

學 규장각 학사 시강원 일강관奎章閣學士侍講院日講官'을 지낸 것으로 되어 있다. 그는 안동김씨 판관공파 문충공파의 27세로서 자신은 병자년(1876)에 문과에 급제하였으나 그의 5대조인 덕순德淳부터 그의 조부까지 모두 음직蔭職을 지냈다. 계부繼父인 경진敬鎭은 문과에 급제를 해서 이참吏參을 지냈으며 생부인 계진啓鎭은 계부 경진의 아우로서 그역시 먼 친척 숙부 정균鼎均의 계자繼子가 되었다. 생부 계진 역시 음직으로 거창 부사를 지냈다.[166] 그의 집안이 대대로 음직을 했던 것으로 보아 대단한 권세를 지닌 집안이었던 것으로 보이며 이는 이후 그가 예조판서, 홍문관제학 등을 거쳐 궁내부 특진관과 함경도 관찰사를 두루 역임하면서 종일품에 오를 수 있었던 배경 중 하나였을것이다.

그의 이력에서 주목할 만한 것은 1895년에 궁내서리宮內署理에 재직한 이래 1899년 6월 궁내부 특진관에 임명되었다가 1900년 1월부터 1902년 3월까지 각각 함경북도와 함경남도 관찰사를 지내고 1903년 8월에 품직이 종일품으로 올라 궁내부 특진관으로 재임명된 이후 1904년 1월에도 빈전도감제조殯殿都監提調에 재직하게 되는 등 황실과 꾸준하게 관련을 맺고 있었다는 점이다.[167]

그런데, 김종한은 1914년 당시에는 경성부 북부 청풍계淸風溪(18통 10호)에 살고 있어서 영당이 건립되었던 1903년에 마포에 거주했는지는 알 수가 없다. 다만, 그가 관직에 있을 당시 경강상인들과 깊은 관계를 맺고 대금업을 겸했다는 기사[168]를 통해 마포객주나 상인들과의 연관성을 추론해 볼 수는 있다. 또한, 김종한은 1896년 6월에 설립된 조선은행과 2년 뒤에 설립된 한성은행의 발기인으로 참여하고 1899년에는 철도회사를 설립하는 등 "이재理財에도 천부天賦의 재질"을 가지고 있던 인물이었다.[169]

대한제국 당시 궁내부는 정부의 모든 중요 업무를 담당했던 막강한 권력 기관이었

• • •

166 안동김씨대동보편찬위원회 편, 『안동김씨 대동보』 제5권, 안동김씨대동보편찬위원회, 1980, 977쪽.
167 김종한의 이력에 대해서는 『한국사데이터베이스』(국사편찬위원회, http://db.history.go.kr)를 활용하여 『고종시대사』, 『황성신문』 등에서 발췌하였다.
168 『조선귀족열전』에 의하면 김종한은 재계의 거물로서 이미 관직에 있을 때부터 경강상인들과 깊은 관계를 갖고 있었다고 한다. 조기준, 앞의 책, 314쪽. 재인용.
169 위의 책, 311~315쪽.

다. 재정 기반 강화를 위해 궁내부는 궁장토 등의 경영 외에도 각종 잡세를 수세收稅
하였는데 여기에는 해세海稅·염정염분세鹽井鹽分稅 등의 영업세 외에도 선세船稅·포세
浦稅 등의 유통세와 객주영업·객주 단체 등에 대한 수세가 있었다. 따라서 객주단체
들이 궁내부에 세납하는 대가로 궁내부가 부여한 특권에 의거하여 독점권을 행사할
수 있었다.[170] 이러한 정황은 김종한이 마포 객주들과 긴밀한 관계를 유지했다는 기록
의 신빙성을 높이고 있으며 마포 지역 상인들이나 객주들이 궁내부와 황실에 대해서
각별한 관심을 가질 수밖에 없음을 시사해주는 대목이기도 하다.[171]

다음으로 영당 시원으로 최문환崔文煥이 참여하고 있는데, 그는 현판에 올라와 있는
11명의 발기인 중의 한 명이다. 또한 후술할 보조금 성명록에 올라가 있는 김진섭, 최
사영과 함께 마포에서는 이름난 객주의 한 사람이었다.[172] 최문환은 1897년에 설립되
었던, 당시 거상들의 네트워크라고 할 수 있는 마차주식회사에 참여[173]하면서 유력 상
인으로 성장할 수 있는 발판을 마련하였다. 이후 1899년 대한천일은행의 세납차인으
로 활약했으며 다음 해 1900년에는 주주로 참여하게 되었다.[174] 그는 1907년 당시 미
전을 경영하고 있었는데 1931년에는 부동산 담보 대부업체인 '마포 친우사麻浦親友社'
(마포동 304번지)를 건립하였으며 그해 경성곡물협회 중위부장을 역임하였다.[175] 그가 이
후 마포의 유력자로 성장할 수 있었던 것은 1899년 대한천일은행의 세납차인으로 활

• • •

170 서영희, 앞의 논문, 382~383쪽.
171 그러나 무엇보다 그의 존재가 중요하다고 생각되는 점은 바로 영당에 봉안되어 있는 황실 축원 현판과 관련하여
그가 황실과의 관계가 밀접하다는 사실이 결국 그 현판의 봉안 배경을 암시하고 있다는 것이다. 즉, 영당의 건립에
있어서 황실을 겨냥한 정치적 의도가 반영되었으리라는 또 하나의 배경을 추론하는 단서가 될 수 있기 때문이다.
172 이들 세 명은 모두 1912년 마포동 토지조사부에 토지 소유자로 등록되어 있다. 조선총독부, 『경성부 용산면 마포
동 토지조사부』(1912년 생산), 국가기록원(관리번호: CJD0001017). 최문환은 192번지 (79평)에, 최사영은 114번지
(138평), 236번지(407평), 312번지(82평), 351번지(35평) 등에 토지를 소유하고 있었다. 김진섭은 42번지(510평),
43번지(435평), 68번지(104평), 142번지(28평), 234번지(145평), 307번지(307평), 310번지(591평) 등에 토지를 소유
하고 있었다. 같은 자료.
173 이승렬, 앞의 책, 2007, 87쪽.
174 위의 책, 141쪽.
175 『조선은행회사조합요록(朝鮮銀行會社組合要錄)』, 1933년판, 1931.11.25; 「[경성곡물협회 중립부(京城穀物協會 仲
立部)] 집회취체 상황보고(集會取締 狀況報告) 통보(通報)」, 『사상에 관한 정보 (副本)』, 경종경고비(京鍾警高秘)
제322호(1931.1.12.). 이상은 「일제강점기일제경성지방법원 편철자료」, 『한국사데이터베이스』(국사편찬위원회) 참조.

약했던 것이 결정적인 계기가 되었을 것으로 보인다.

그 외 사원으로 참여하고 있었던 인물로 최춘기崔春基과 이완식李完植 등이 있다. 최춘기는 1907년 당시 마포에 거주하고 있었으며 1909년까지 동장을 지냈던 인물이다.[176] 이완식은 1901년 당시 마포에서 전포典鋪(전당포)를 운영했던 인물이다.[177] 이들 외에 1907년 당시 미전을 운영했던 인물로는 김현우金賢友, 최문규崔文圭, 최경천崔敬天, 노경렬盧敬烈, 이성선李聖善, 김응성金應成 등이 있다.[178]

② 보조금 기부 집단

다음으로 보조금 기부 집단에 대해 살펴보도록 하겠다. 보조금 기부 집단이라 함은 영당에 봉안되어 있는 또 하나의 현판인 「마포 영당 건축보조금 인원 성명 연록」에 기재되어 있는 인물들로서, 이들은 영당 사원에는 들지 않았지만 당시 영당을 건립할 때 일정 정도의 돈을 내서 참여했던 인물들이었다. 전술한 바와 같이 이 현판에는 평창군수를 지낸 최의삼을 비롯하여 총 76명이 기재되어 있다. 이 중에서 당시 마포에서 미전을 운영하고 있었을 것으로 보이는 임창수林昌洙, 김창대金昌大, 정봉규鄭奉圭, 김사원金士元 등의 상인들과 최사영崔思永·김진섭金鎭燮 등의 유력 객주들, 기타 백종수白宗洙, 양군실梁君實, 최창윤崔昌潤 등에 대해서는 추적이 가능하였다.

보조금 성명록에는 가장 먼저 최의삼崔義三의 이름이 올라가 있다. 최의삼은 1890년경에 평창군수[179]를 지냈던 인물인데 그가 당시 마포에 거주하고 있었는지는 확인할 수가 없었다. 보조금 기부 집단에서 가장 유력한 인물은 당시 마포뿐만 아니라 전국적으로 유명했던 마포 객주 최사영과 김진섭이다. 이들은 사원에는 들지 않았으나 당

• • •

176 『황성신문』, 1908년 8월 6일자; 1909년 7월 22일자.
177 『황성신문』, 1901년 11월 21일자.
178 『황성신문』, 1907년 4월 19일자; 1907년 4월 20일자. 이들 중에 최경천은 마포동 120번지(72평)에 토지를 소유하고 있었다. 조선총독부, 『경성부 용산면 마포동 토지조사부』, 앞의 자료.
179 "李命憲爲珍島府使 金奎貞爲礪山府使 李秉翊爲端川府使 崔義三爲平昌郡守 李㮣鍾爲朔寧郡守 金演夏爲樂安郡守 韓章烈爲熙川郡守 李鍾健爲協辦內務府事 韓鶴敎 李東耆 趙秉健 權鍾吉 崔慶源爲昭寧園守奉官 趙文熙 韓秉會爲禁府都事 鶴敎以下初仕也". 『일성록』, 1890년(고종 27년) 9월 6일(음).

시 마포에 거주하고 있었으며[180] 이들은 1911년 경 전국 50만 원 이상 한국인 자산가 32명에 나란히 이름을 올릴 정도로 성공한 객주들이었던 것이다.[181] 또한 이들은 전술한 바와 같이 1899년 황실에서 주도했던 대한천일은행의 지방 세납차인으로 활약했던 인물들이기도 하다.

최사영은 1903년 영당 건립 당시 정삼품의 품직으로 중앙은행 창설사무위원으로 임명[182]되는데 중앙은행 역시 황실에서 주도하여 설립하였던 은행이었던 것으로 보아 최사영이 황실로부터 신임이 돈독했던 것으로 보인다. 또한 같은 해 대한천일은행의 주주로 참여하면서 어음을 대출하는 등[183] 과거에는 세납차인으로 활동했던 인물이 이제는 유력한 주주가 된 것이다. 이후 그는 1905·1906·1910년에 한성공동창고회사 이사를 역임하였고 1906년에는 한성농공은행 설립위원 및 주주에 참여하기도 하였다.[184] 1908년에는 한성수형조합 평의원을 역임[185]하고 1912년에는 조선상업은행의 새로운 경영진에 임명[186]되는 등 근대 금융업의 유력자로 성장했던 것이다.

김진섭은 1903년 영당 건립 당시 품직은 주사主事로 되어 있으며 전술한 바와 같이 1899년에 마포 객주인 최사영, 최문환과 함께 대한천일은행의 세납차인으로 활약했다. 1906년에 경성상업회의소 건축에 50환을 기부하였고 같은 해 한성수형조합 오강

---

180 "孤兒義捐 前局長崔文植氏는 京城孤兒院에 親往ᄒᆞ야 該院情況을 觀察後正租十石을 爲先寄附ᄒᆞ고 自今以後로 每年十石式寄附ᄒᆞ기로 的定ᄒᆞ엿고 麻浦居崔思永氏도 自今年으로 每年正租十石式寄附ᄒᆞ기로 酌定ᄒᆞ엿고 龍山居閔錫植氏는 白米三石을 寄附ᄒᆞ엿다라.", 『황성신문』, 1908년 1월 26일자. 김진섭은 1909년 당시 주소가 용산방 마포 35통 7호인 것을 보아 그 전부터 마포에 거주하고 있었던 것으로 판단해 볼 수 있다(주 190 참조). 『황성신문』, 1909년 5월 6일자. 전술한 바와 같이 1912년 『토지조사부』에 의하면 실제 이들은 마포 지역에 다수의 토지를 소유하고 있었음을 알 수 있다. 조선총독부, 『경성부 용산면 마포동 토지조사부』, 앞의 자료.
181 "時事新報 조사에 의하면 전국 50萬圓 이상 資産家는 1,018명이며 그 중 韓國人은 32명으로 京城의 太子 李熹을 비롯하여 李㙉, 朴泳孝, 李完用, 李載完, 宋秉畯, 閔泳徽, 閔泳達, 李東九, 李根培, 龍山의 高允黙, 金鎭燮, 金敦熙, 金鎔夏, 崔思永, 開城의 金麗煌 淸州의 片廷津 全州의 白南信 扶安의 金祺中, 金曠中 慶州의 崔鉉軾 仁同의 張吉相 元山의 金秉彦 城津의 吳重黙, 許泰和, 鎭南浦의 姜裕承등이다." 『매일신보』, 1911년 7월 28일자.
182 『고종시대사』 5집, 1903년 9월 7일.
183 이승렬, 앞의 책, 2007, 146쪽; 192쪽.
184 『회사기업가연표』, 1905. 10;『황성신문』, 1906년 8월 20일자;『일성록』, 1910(융희 4)년 8월 26일;『회사기업가연표』, 1906.6.1.
185 『황성신문』, 1908년 8월 1일자.
186 이승렬, 앞의 책, 2007, 230~231쪽.

지소五江支所 평의원에 임명되기도 하였다.[187] 1907·1908년 당시에도 마포에서 곡물상을 하고 있었는데[188] 호남과 충청도 등 서해안 지방에서 선박으로 수송해온 미곡을 동대문시장의 상인들에게 판매했었던[189] 경성의 대표적인 미곡상 중의 한 명이었다. 1909년에는 한성부 재무감독국의 조세봉상사촉탁원으로 임명된다. 당시 촉탁원은 면장의 자격에 준하여 지위·명망·자산이 있는 자 중에서 임명했다[190]고 하니 김진섭의 영향력을 알 수 있는 대목이기도 하다. 전술한 바와 같이 전국 50만 원 이상 자산가의 한사람으로 꼽힐 정도로 대단한 재산가였으며 1920년에는 경남광업주식회사를 공동으로 설립하기도 했다.[191]

이처럼 최사영과 김진섭은 당시 마포뿐만 아니라 전국적인 영향력을 행사했던 객주 출신의 유력가였다고 할 수 있으며 이들은 1910년에 마포보성소학교에 김진섭은 일천 환을, 최사영은 5백 환을 기부[192]하기도 하는 등 지역사회에서도 명망을 얻어나갔던 것으로 보인다.

기부자 집단에서 이들 이외에 백종수白宗洙와 양군실梁君實, 최창윤崔昌潤 등을 살펴볼 필요가 있다. 먼저 백종수는 현판에는 오위장을 지낸 인물로 나오는데 1899년에 마포에 살면서 동막에 사는 차경순으로부터 자신이 매득한 빙고전氷庫田을 환수해 달라는 소訴를 궁내부에 올리기도 하였으며 1900년에는 자신이 환수한 땅은 민전民田인데 이를 다시 집도執賭하는 것에 대해 궁내부에 명백한 조사를 호소하기도 하였다.[193]

•••

187 『황성신문』, 1906년 6월 5일자; 7월 23일자.
188 「私印 私文書 偽造行使 詐欺取財犯送致의 件」, 『한국독립운동사 자료』 19(의병편XII), 1909년 1월, 국사편찬위원회 한국사데이터베이스.
189 고승제, 『한국금융사연구』, 일조각, 1970, 196~198쪽; 이승렬, 앞의 책, 2007, 259쪽, 재인용.
190 "各坊囑託 漢城府內ᄂᆞᆫ 從來 典舖稅外에 租稅의 賦課가 無ᄒᆞ읜 契에 關ᄒᆞ 下級行政機關을 缺ᄒᆞ얏슴으로 今回 家屋稅, 酒造稅, 烟草稅를 施行ᄒᆞᆷ에 際ᄒᆞ야 不便ᄒᆞ읜 多ᄒᆞ지라 漢城財務監督局에서ᄂᆞᆫ 府內各坊에 一人의 租稅 捧上事務囑託員을 眞ᄒᆞ고 面長과 公錢領收員을 兼ᄒᆞ 資格에 準ᄒᆞ야 地位 名望 資産이 有ᄒᆞ 者로써 此에 任ᄒᆞ고 稅務上 諸般 事務를 處理케 ᄒᆞᆯ 事로 定하고 左記ᄒᆞᆫ 者에게 此를 囑託ᄒᆞ얏ᄂᆞ듸 …(중략)… 龍山龍山坊麻浦 三五統七戶 金鍾燮 (하략)…". 『황성신문』, 1909년 5월 6일자.
191 국사편찬위원회 편, 『일제침략하 한국36년사』 5권, 1920년 3월 15기사, 국사편찬위원회, 1970.
192 『황성신문』, 1910년 5월 1일자.
193 『각도각군소장(各道各郡訴狀)』 奎19164, 1899년(光武 3年); 서울대학교 규장각한국학연구원; 奎 19148, 1900년(光武 4年).

양군실은 1894년에 마포미상회사의 직원이었다. 이 당시에 탁지아문은 미곡상들을 동원하여 지방의 세곡미를 수취하였던 것으로 보이는데 양군실은 마포미상회사의 직원으로서 동호東湖의 최덕재崔德哉, 김흥준金興俊, 김명화金明和 등과 함께 청주와 홍주 등지로 파견되어 가기도 했다.[194] 최창윤은 1909년 당시 주소가 서부 마포(174통 1호)였던 것으로 보아 그 이전부터 마포에 거주했던 것으로 보인다. 그는 1903년 영당 건립 당시 정이품의 품직에 올랐으며 1909년 한성수형조합에서 제명되기 전까지 회원으로 활동했다.[195] 기부자 집단에서 이들 외에 미전을 운영하고 있었던 인물들은 임창수林昌洙, 김창대金昌大, 정봉규鄭奉圭, 김사원金士元 등이 있다.

3) 정치적 고려와 지역 조직화의 장

마포 지역은 일찍이 '마포삼주麻浦三主'라고 하여 객주客主·당주堂主·색주色主로 유명했다고 한다. 즉, 18세기 후반 경강 유통의 중심지인 만큼 객주들이 많고 뱃길의 안녕을 기원하는 당집이 많았으며 술집이 600~700여 개가 있어 술제조 미곡만 일 년에 수만 석이 들어갔다고 한다.[196] 이 중에 당집이 많았다는 사실은 영당과 관련하여 주목할 만하다.[197] 즉, 18세기 후반에도 당들이 많았던 것에 비해 1903년에 건립된 영당은 상당히 그 시기가 늦은 편인데 이 시기에 와서 마포 지역에 또 다른 당의 건립이 필요했던 이유가 무엇이었는가 하는 점이 의문이다. 이러한 의문점은 화재 예방과 같은 일차적인 목적 이외에 또 다른 시대적 요구가 대두되었을 것이라는 추정을 가능케 한다.

• • •

194 『공문편안(公文編案)』奎18154, 1894년 9월 28일, 서울대학교 규장각한국학연구원. 당시 미상회사(米商會社)는 경성에서 소비되는 미곡을 조달하고 공전(公錢)을 대납하기 위해 설립되었는데 주로 시전상인·경강상인·객주 여각 등 사상도고들이 주도하였다. 이승렬, 앞의 책, 2007, 134쪽.
195 『황성신문』, 1909년 10월 20일자.
196 고동환, 앞의 책, 2007, 389쪽.
197 마포동 영당을 비롯하여 전술한 용강동, 대흥동 이외에도 창전동, 밤섬, 당인동, 도화동, 현석동, 신정동, 신수동, 망원동 등에 마을제당이 있었던 것으로 조사되었다. 졸고, 「서울 한강 유역 부군당 의례 연구 : 전승과 변화 양상을 중심으로」, 경희대학교 박사학위논문, 2008a, 90쪽.

당시 영당 건립을 주도하였던 중심 세력은 마포에서 장사를 했던 상인 집단이었을 것이나 이들에게 영향력을 행사할 수 있었던 세력은 고위 관료나 지역 명망가 혹은 유력 객주나 재산가로서 지역 유지 세력이었음은 자명하다. 즉, 황실의 신임을 받고 있었던 고위 관료인 김종한과 객주 출신이면서 대재산가인 최사영과 김진섭이 이들에게 영향력을 행사했을 것으로 보인다. 그런데 이들의 공통점은 황실과 깊은 연관을 가지고 있다는 점이다. 궁내부 특진관을 지냈던 김종한은 물론 최사영과 김진섭 역시 황실과의 유착 관계를 유지하고 있었음은 전술한 바와 같다. 궁방에 소금세를 걷어서 바쳤던 마포의 염도여객주인들 역시 수세의 대가로 일정 정도의 특권을 보장 받았을 것이다. 미전 등을 운영했던 일반 상인들이나 그 고용인들은 고위 관리들과 유력 객주들의 세력권을 벗어날 수 없었을 것이다. 즉, 황실과의 관계를 각별하게 하는 것은 그들로서의 생존권이 걸린 매우 중요한 문제인 것이다. 이러한 이해관계는 영당이 건립될 당시 황실 축원 현판이란 형식으로 구체화되었다고 볼 수 있다. 결국, 영당 건립은 당시 화재 예방과 상업의 번성이라는 지역민들의 신앙적 요구와 함께 황실과의 각별한 관계를 지향했던 유력가들의 요구 등이 만들어낸 결과물이라고 할 수 있다.

한편, 영당이 건립될 당시 마포 지역은 1876년 개항 이래 1900년부터 시작된 철도 유통의 본격적인 가동 등 급격한 전환기를 맞고 있었으며 일본 상권에 맞서 한인 객주와 상인들은 근대적 금융업이나 상업회사 등으로의 전환을 꾀하고 있는 등 일대 지각 변동이 시작되었다. 그러한 정황 속에서 지역 상권의 단합과 조직적 대응은 매우 중요한 문제였을 것이다. 전술한 바와 같이 1900년대에 마포 지역사회에서 벌어졌었던 일련의 사건들은 이러한 징후를 알려 주는 것이다. 이러한 시점에서 영당이 건립되었다는 것은 시사하는 바가 크다. 즉, 지역공동체의례의 공간인 영당을 건립하고자 의견을 모으고 건축에 필요한 기부금을 내는 과정은 의례를 통해 마포 지역사회 community를 조직화하는 과정이라고 할 수 있다. 또한, 해마다 영당 의례가 행해질 때면 당시 건립을 주도했던 사람들이 여기에 참여했을 것이고 이 의례의 장에서 마포 상권의 단합과 지역사회의 공고함을 재생산해냈을 것이다.

그런데 여기서 한 가지 살펴보아야 할 것은 영당 건립에 참여한 인원이 마포 전체로 보면 일부에 그치고 있다는 점이다.[198] 인근의 서빙고 지역에서 1927년에 행해졌던 부군당 중수에 거의 모든 세대가 참여했던 것과는 분명 다른 양상을 보인다.[199] 이러한 사실은 영당 건립 주체들이 지역 전체 주민들이라기보다는 제한된 규모의 집단이라는 점을 의미한다. 즉, 지금까지 살펴 본 바와 같이 영당 건립에 참여했던 자들 중에서 추적이 가능했던 인물들 대부분이 상인과 객주들이었다는 사실을 감안하면, 영당 건립 집단이 마포 상인들을 중심으로 구성된 결사체였을 가능성도 배제할 수 없다. 특히, 상인이나 객주들과 밀접한 관련을 맺고 있었던 중앙 관료였던 김종한과 같은 인물이 첫 자리를 차지하고 있었다는 사실이 그러한 가능성을 더욱 농후케 하고 있다.

영당이 건립되었던 1903년 당시와 그 이후의 의례가 어떠한 형태로 행해졌는지는 자세히 알 수가 없다. 다만, 최근까지 전승되었던 의례에 관한 자료를 통해 그 대강을 짐작해 볼 수 있다. 먼저 2000년 조사 당시 마포동 영당에 봉안되어 있었던 무신도에는 대신할머니(임씨 할머니)·산신할아버지·장군부인·장군님·화주장군님 3분·별상님·별상부인·오방신장·수문장·삼불제석·칠성님·용왕님 등이 있었다.[200] 이 중에 화주장군님이 화재를 관리하는 신으로 알려져 있는데, 이 신격으로 인해 영당이 화재를 예방하는 '불당'이라고 인식이 강하게 유지되었던 것으로 보인다. 당시 자료로서는 한강 유역 제당에서 흔히 모셔지는 '부군' 신격이 나타나지는 않고 주 신격으로 화주장군이 모셔지고 있다는 점이 특이하다.

2000년에 조사되었던 영당의 무굿은 부정 - 용신맞이(불사와 칠성 포함) - 장군(거상) - 조상 - 별상 - 신장 - 대감 - 성주 - 창부 - 걸립·뒷전의 순서로 진행되었고 당시 당주

---

198 즉, 영당 건립 시 기부금을 낸 132명은 당시 마포 전체 호수의 약 10%정도로 추정된다. 이러한 수치는 〈표 7〉에서와 같이 1907년 당시에 마포 전체 조선인의 호수가 1,430호였다는 점을 감안하여 1903년 당시에는 1,300여 호 정도일 것이라는 추정치를 전제한 것이다. 즉, 당시에도 지역에서 공동의 기금을 추렴할 때 각 호의 가장이 대표로 돈을 내는 관행을 따랐다면 영당 건립 시 132호가 참여했으며 이는 추정치인 1,300여 호의 10%에 불과하다는 결론이다.

199 1927년 서빙고 부군당 중수에 참여했던 인원은 총 219명인데 당시 서빙고리의 총호수는 234호로 거의 비슷한 수치를 보여 주고 있다. 졸고, 「일제시대 서울 서빙고 지역과 부군당 중수집단 연구」, 『한국무속학』 20, 한국무속학회, 2010, 232쪽.

200 박흥주·정수미, 앞의 책, 223쪽.

무당은 이를 '부군대동굿을 하는 것'이라고 했다.[201] 이처럼, 영당이 건립되었던 당시의 의례가 어떠했는지 알 수는 없으나 인근 한강 유역에서 행해졌던 공동체의례와 마찬가지로 최근까지도 무굿을 위주로 행해졌으며 여러 무신들을 모시고 있었고 지역민들이 추렴을 통해 의례를 치렀다는 점에서 당시 영당 역시 이러한 전통을 따랐을 것으로 판단된다. 이처럼 마포동의 영당에 모셔졌던 신격이 한강 유역에 분포한 마을제당의 신격들과 별반 다르지 않으며 의례 역시 무굿이 위주가 되었던 점은 비록 영당이라는 의례 공간이 창출되기는 하였으나 일단 창출된 의례 공간에서 행해졌던 의례의 내용은 기존 한강 유역 공동체의례의 전통을 계승하고 있었다는 점에서 그 의의를 찾아 볼 수 있다.[202]

한편, 마포동 영당 건립 과정에서 의례가 가지는 정치적 면모를 강하게 엿볼 수 있다. 영당 건립을 계기로 '영당 사원'을 조직하게 되는데 사원 명단의 맨 처음에 김종한을 올린 것은 그 사원의 수장으로 김종한을 옹립했을 가능성이 크다. 김종한이 비록 마포와의 지역적 연고가 없다고 하더라도 마포 객주들과 상인들을 좌우할 실질적인 권력을 지니고 있었다고 한다면 충분히 가능한 일일 것이다. 이러한 사례는 1927년 서빙고 지역 부군당 중수 과정에서도 나타나는데 당시 이승준이란 인물은 서빙고 지역과의 연고가 확실치는 않으나 유력한 곡물상이었으며 대단한 재산가·명망가로서 당시 존위로 추대된 자이다. 존위란 구장과는 달리 자치 조직에서 부여한 '상징적 권위'의 수장을 의미한다고 하면 이 역시 정치적 의미가 반영되어 있음을 알 수 있다.[203] 결국 김종한은 의례를 통해 '상징적 권위'를 마포 지역민들로부터 부여받았고 의례의 장소에 황제와 황실을 축원하는 현판을 봉안함으로써 그 정치적 의미를 극대화했던 것으로 보인다.

이처럼, 마포 영당의 건립 주체들은 건립 과정에서 고위 관료-객주-상인-지역민으로

• • •

201 위의 책, 224쪽.
202 서울 한강 유역 공동체 의례의 전통에 대해서는 졸고, 앞의 논문, 2008a; 졸저, 『한강 유역 부군당 의례의 전승과 변화 양상』, 민속원, 2017 참조.
203 졸고, 앞의 논문, 2010, 237쪽.

연결된 인적 네트워크를 공고히 하면서 황실에 대한 충성심의 구체화와 황실과 밀접한 인물에 대한 상징적 권위의 부여를 통해 지역사회를 유지하고 지역민들의 안녕과 풍요를 보장받고자 했던 것이다.

02 .

일제강점기 지역사회의 변동과
주도 집단의 다변화

•

•

  1910년 일제는 본격적으로 식민지 정책을 시행하면서 가장 먼저 행한 시책의 하나
가 한성부를 경기도에 복속된 경성부로 축소·재편하는 것이었다. 즉, 5부 47방 체계
였던 한성부를 1910년 경기도 산하 경성부로 격하시키더니 1911년에는 경성부 성내
를 5부로 하고 성외 지역을 8면으로 개편했다. 1914년에는 기존 경성부의 면적을 8분
의 1로 줄이고 성외 대부분 지역을 고양군에 편입시켜 8면 제도를 폐지했다. 또한 군
사 전력 기지와 식량과 군수품 조달을 용이하게 하기 위해 도로와 항만, 철도 등을 본
격적으로 건설하기 시작하였다.

  일제가 행한 서울 도시 계획의 주된 방향을 살펴보면, 첫째는 일본인 거류 지역을
중심으로 가로망을 정비하고 확충함으로써 경성의 중심지를 이동시키는 것이었다.
즉, 가로 구조가 청계천을 중심으로 했을 때 남쪽 지역에 집중됨으로써 북쪽의 조선
인 거주지와 남쪽의 일본인 거주지가 확연히 구분되기 시작하였고 남·북촌이라는
민족별로 차별화된 공간 구조가 새롭게 형성되었다.[1] 둘째는 식민지 수탈에 유리하도
록 도심 외곽의 상공업 지역을 도심으로 연결하고 이를 위해 새로운 교통 체계를 형
성하는 것이었다. 서울의 외곽 지역도 경성부와 지방에서 유입된 인구들로 인해 지속

• • •

1 김영근, 「일제하 경성지역의 사회·공간 구조의 변화와 도시 경험 : 중심-주변의 지역분화를 중심으로」, 『서울학연
   구』 20, 서울시립대학교 서울학연구소, 2003, 158쪽.

적으로 인구가 증가하였으며 공장이 들어선 지역이나 상업이 발달한 지역의 경우 점차 도시적 성격을 띠게 되었다. 따라서 이들 지역과 도심을 연결하기 위해 전차 노선을 확장하고 도로를 정비하는 등의 교통 체계가 정비되었다. 그러나 서울 외곽 지역은 대부분 도시 빈민이 거주하고 있었던 이중적인 모습을 보이고 있었다.[2] 이처럼, 지역에 철도역이나 전차역이 신설되거나 군사 시설 혹은 공업 시설 등이 들어섬으로써 지역사회는 급변하게 된다.

일제 강점기의 서울 지역사회의 모습을 살피기 위해서는 당시 개편된 지역 행정 체계를 고려할 필요가 있다. 즉, 1914년 개편 때 서울 지역의 하부 단위가 186개 동洞・정町・통通으로 개편이 되었다가 1936년에는 시역이 확장되었고 259개 정町으로 통일되면서 완전히 일본식 지역 체계로 바뀌게 된다.[3] 이러한 정・동에는 각 총대와 평의원을 두어 경성부의 말단 행정 업무를 분담시키고 주민들의 통제를 수행하였다. 이들 총대와 평의원들은 무보수 명예직으로서 지역 사회의 명망가와 유지들로 구성되어 있었다.[4] 이처럼 일제강점기에는 조선총독부와 밀접한 연관을 맺고 새롭게 등장한 지역 유력자들에 의해 지역사회는 재편되고 있었다. 또한, 이러한 지역사회의 변화는 지역 의례까지 영향을 미치게 되는데, 지역사회의 주도 세력이 도시화 혹은 산업화에 따라 교체되는 것과 마찬가지로 지역 의례의 주도 세력도 이에 따라 다변화되는 양상을 보이게 된다.[5]

<hr />

2   1914년 행정구역 개편으로 인해 대부분 고양군에 편입되었다가 1936년에 일부 지역이 다시 경성부로 환원되었다. 경성의 외곽 지역 중 청량리, 왕십리, 공덕리, 마포 등이 경성의 도시화 과정에서 점차 도시적 성격을 갖는 지역이었고 도시 빈민이 집단적으로 거주했던 지역으로는 이현동, 신당동 일대, 청량리 일대, 미아리 일대, 마포구, 영등포동 일대 등이 있었다. 위의 논문, 160~161쪽.

3   서울특별시사편찬위원회 편, 『서울행정사』, 서울시, 1997, 44~45쪽.

4   이들은 지역 유지이자 행정 보조자의 지위를 동시에 부여받고 있었으며 부의 행정 시책 전달, 납세 및 거주・영업 관리, 지역의 위생 문제, 생활환경 개선, 미풍 양성 등의 역할을 수행하였다. 김영미, 「일제시기 서울 지역 정・동 회제와 주민생활」, 『서울학연구』 16, 서울시립대학교 서울학연구소, 2001, 181~186쪽.

5   일제의 문화정치 하에서 지역공동체 의례의 경우 지역 신사로의 병합을 위해 지역 의례를 의도적으로 활용한 경우나 친일 인사들의 지원 하에 지역 의례가 시행되면서 일제의 정책에 일정 정도 부합되는 경우도 있었다. 그럼에도 불구하고 그 의도와 목적과는 별개로 당시 지역 의례를 주도했던 인물들이라면 해당 민속의 주도 세력에 포함시켜 논의하는 것이 합당하다고 본다.

1. 도시 개발과 지역사회의 재편

1) 일제의 도시계획사업과 지역의 변화

1910년 일제 강점 이후에 일본은 식민지 정책의 일환으로 가장 먼저 수도 서울에 대한 전면적인 도시 계획을 단행한다. 그 첫 번째가 행정구역 개편이었으며 그 다음이 도시 개발이었다.[6] 이 중에 특히, 도시 개발은 지역사회에 있어서도 근본적인 변화를 가져왔다. 이러한 일제의 도시 개발, 즉 도시계획사업은 도로와 철도 건설, 근대 건축물의 신축 등으로 요약된다. 일제의 도시 개발은 본격적인 도시계획법인 '조선시가지계획령'이 실시되었던 1936년을 기점으로 그 전과 후로 나누어 살펴 볼 수 있다.

1936년 이전에 행해졌던 도시개발로서 시구개정사업으로는 먼저, 용산을 중심으로 한 일본인 거류 지역의 도로 개수, 즉 남대문-서울역-용산을 연결하는 도로 개수 사업이 1908년부터 1910년까지 시행되었다. 1912년부터는 광화문-서울역-을지로 구간을 정비하였고 1913년부터 1928년까지는 도심 격자형 가로망을 형성하였다. 또한 이 때 마포-용산 간 도로도 개설하였다. 이러한 도로 개수 사업은 남촌과 북촌을 연결하는 남북축 가로가 먼저 형성되고 이후에 동서축 가로들이 연결됨으로써 남북·동서 방향으로 직선화된 격자형의 도로망 구조가 갖춰져 가는 과정이었다.[7] 또한, 이러한 일련의 도로 개수 사업은 결국 조선총독부 통치의 효율성, 일본인 거주 생활과 상업 활동의 편리성을 중심으로 해서 전면적으로 개편된 것이다.[8]

이러한 경성의 시구개정사업으로 인해 1912년부터 1929년까지 총 47개 노선이 정비되었다. 이 중에 총독부가 들어선 광화문에서 경성부청이 들어선 대한문 앞 광장을 잇는 직선도로를 대폭 확장하여 남대문을 거쳐 일본군사령부가 있는 용산으로 직접

• • •

6 행정 구역의 변화는 도시 개발의 과정과 맞물려 있다. 따라서 도시 개발의 과정을 먼저 살펴보고 이에 따른 행정 구역의 변화를 살펴볼 것이다.

7 김영근, 앞의 논문, 157쪽.

8 위의 논문, 151~154쪽.

연결시킨 것은 주목할 필요가 있다.[9] 즉, 총독부와 경성부청, 일본군사령부를 '태평로'라는 대로로 연결시킴으로써 식민 지배의 위엄을 상징적으로 보이고자 하는 의도가 엿보이기 때문이다. 아래의 「경성시구개정노선」(그림 1) 도면에서도 확인할 수 있듯이 이러한 시구재정사업을 통해 결국, 이전의 T자형을 기본으로 한 가로망 체계와 자연 지형을 살리면서 불규칙하게 얽혀 있던 경성 시가지 중심부의 가로 경관은 격자형 모습으로 바뀌게 되었다.[10]

〈그림 1〉 경성시구개정노선
타원은 새롭게 형성된 태평로 축

・・・

9   이규목, 「서울 근대도시 경관 읽기」, 『서울 20세기 공간 변천사』, 서울시정개발연구원, 2001, 121쪽. 이규목은 이러한 시도는 합병 전 경운궁(현 덕수궁)을 중심으로 한 고종의 황국건설구도를 파괴한 것인 동시에 항일 군중 집회의 근거지를 없애려는 의도가 있었던 것으로 보았다.
10 이규목, 위의 논문, 121쪽. 〈그림 1〉은 같은 글, 120쪽 참조.

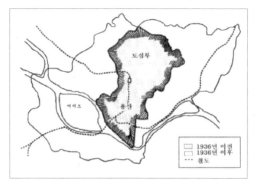

〈그림 2〉 1936년 경성부 행정구역의 확장
확장된 영역은 빗금이 쳐진 기존 도심부 영역의 약 3배에 이른다.

1936년에는 시가지계획안이 시행되면서 경성부가 기존보다 약 3배 정도 확장되었다(그림 2).[11] 이에 따라 도심에서 외곽지역으로 연결되는 도로들이 확장 혹은 신설되었다. 이때부터는 도로망이 주로 도성 외부 지역, 특히 동부와 서부 지역에 집중되었는데 이는 경성 지역의 도시화에 따른 경성부 영역의 확대를 반영한 것이라고 할 수 있다.[12]

경성부에서는 1936년 시가지계획안을 세울 때 도심부와 신편입 구역을 연결하는 도로망을 짜기 위해 도시 전체를 크게 7개 구역으로 나누었다(그림 3).[13] 즉, 구도심부를 중심으로 용산구, 청량리구, 왕십리구, 한강리구, 마포구, 영등포구로 나누었다. 그리고 구도심부의 경성부청 앞을 도로망 전체의 주심主心으로 하고 나머지 6개의 교통구를 각각의 부심副心으로 정해 이를 기준으로 도로를 배치하였다. 그런데 이러한 도로망의 기본 구도는 병합 초기 구도심부의 중심적 위치를 그대로 유지하면서 그 동심원적 확장을 도모한 것이다.[14]

• • •

11 이처럼, 성외 지역의 상공업이 발달하고 인구가 증가하자 1936년에 경성부 구역을 확장하기는 하지만 원래 면적의 절반 수준을 회복하는 데 그쳤다. 김영근, 「일제하 경성지역의 사회·공간 구조의 변화와 도시 경험: 중심·주변의 지역분화를 중심으로」, 『서울학연구』 20, 서울시립대학교 서울학연구소, 2003, 141~145쪽. 〈그림 2〉의 출처는 이태진 외, 『서울상업사』, 태학사, 2000, 490쪽.

12 김영근, 앞의 논문, 156쪽.

13 〈그림 3〉은 염복규, 「식민지근대의 공간형성: 근대 서울의 도시계획과 도시공간의 형성, 변용, 확장」, 『문화과학』 39, 문화과학사, 2004, 211쪽 참조.

14 염복규, 위의 논문, 210쪽. 이를 두고 '동질적 공간의 복제'라는 현대 도시의 발전 패턴이 관철되고 있는 것으로 보았다. 또한, 이러한 시가지계획 도로망 사업은 5개년씩 총 25년간 사업으로 계획되었고 1기 5개년 사업으로 30개 노선 사업이 먼저 시행되었다. 이 때 주요 사업 지역은 크게 세 지역으로 청량리구·왕십리구와 구도심부를 연결하는 구간, 마포구·영등포구와 구도심부를 연결하는 구간, 남산 남록(주로 한강리구)의 주회도로(周廻道路)와 그 지선도로 등이다. 염복규, 같은 논문, 211쪽.

한편, 시역이 확장되면서 시외지역에서 시역으로 포함된 10개 지구(돈암, 영등포, 대현, 한남, 용두, 사근, 대방, 청량리, 신당, 공덕) 553만 평에 처음으로 토지구획사업을 시행하여 택지를 개발하였다.[15] 이러한 시외 지역의 주거지 확장 사업은 당시 급성장하는 서울의 인구 수용을 위해 절실하게 필요했다(그림 4).[16] 실제, 1937년부터 영등포와 동부 돈암 지구(보문동, 안암동, 동소문동, 동선동, 삼선동 일부)에 토지구획정리사업이 시작되었다. 구획 정리가 마무리된 돈암 지구에는 1940~1941년 사이에 활발하게 주택건설이 이루어졌고 당시 신축된 주택만 2천여 호에 달했다. 이때 지어진 주택들이 '개량한옥' 혹은 '도시형 한옥'으로서 해방 후 1960년대까지 대표적인 도시 주택 형식으로 자리를 잡게 된다.[17]

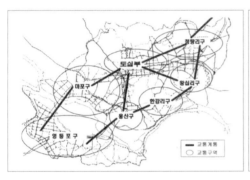

〈그림 3〉 경성시가계획의 교통계통 구상
도시 전체를 크게 7개 구역으로 나누어 이를 연결하는 도로망을 짜고 있음을 보여 준다.

〈그림 4〉 경성시가계획의 지역지구 구상도

이러한 시구개정사업과 토지구획정리사업으로 인해 발생한 또 하나의 현상은 토막 촌과 같은 빈민 계층의 집단 거주지의 발생과 그 성장이다. 1920년대 토지조사사업 이후 농촌에서 기반을 상실하고 도시로 유입된 이농민이나 도시 시구개정사업이나 토

• • •

15 이기석, 「20세기 서울의 도시성장」, 『서울 20세기 공간 변천사』, 서울시정개발연구원, 2001, 42쪽.
16 〈그림 4〉는 조선총독부, 『경성시가지계획결정이유서』, 1937, 127쪽; 염복규, 앞의 논문, 209쪽 재인용.
17 염복규, 위의 논문, 213~214쪽.

지구획정리로 인해 쫓겨난 철거민들, 그리고 수해와 재해로 강제 이주된 도시 빈민 등이 토막민의 대다수를 이루고 있었다. 1931년에는 토막민이 5천여 명에 달했고 1939년에는 2만여 명으로 급증하였다.[18] 토지구획정리사업의 경우를 예로 들면, 돈암 지구에서 살고 있었던 토막민들은 1938년 초까지 토지 소유자들에 의해 약 1만여 호가 철거되었다.[19]

일제에 의해 행해진 도시계획사업은 도심지역은 물론이고 주변부 지역에도 큰 영향을 미쳤다. 청량리·왕십리 등지, 노량진·영등포 방면, 용산을 비롯한 마포, 서빙고 등의 한강 유역 등이 대표적이다. 1914년 행정구역 개편으로 인해 대부분 고양군에 편입되었다가 1936년에 일부 지역이 다시 경성부로 환원되었다. 경성의 외곽 지역 중 청량리, 왕십리, 공덕리, 마포 등이 경성의 도시화 과정에서 점차 도시적 성격을 갖는 지역이었고 도시 빈민이 집단적으로 거주했던 지역으로는 아현동, 신당동 일대, 청량리 일대, 미아리 일대, 마포구, 영등포동 일대 등이 있었다.[20] 이러한 지역은 공업이나 상업 지역으로 변모해 갔으며 주민들은 이러한 업종에 종사하기 위해 몰려든 빈민층이 다수를 차지하였다.[21] 특히, 서부와 용산에 상업과 일용직 인구가 집중되어 있고 남부는 공업 인구가, 동부는 농업 인구가 우세하게 나타나고 있다.[22]

이러한 도심 주변부 지역의 시가지 형성에는 전차 노선의 확장이 큰 몫을 했다. 당시 도심 주변부 지역에 시가지가 형성되어 있는 곳에는 모두 전차 노선이 부설되어 있었다. 예를 들어 도시 밖 가장 큰 시가지를 형성하고 있던 곳이 왕십리인데 1914년 왕십리선이 신설되었고 청량리선, 마포선, 용산선 등 전차 노선을 따라 길게 시가지가

• • •

18 이기석, 앞의 논문, 42~43쪽.
19 염복규, 앞의 논문, 216쪽.
20 김영근, 앞의 논문, 160~166쪽.
21 1909년 지역별 신분 분포와 직업군을 살펴보면, 당시 6%에 불과했던 양반층(관공리·양반·유생)이 중부와 북부에 집중되어 있었고 대다수는 상공업과 농업, 그리고 일용노동에 복무하던 이들이 거주하고 있었다. 졸고, 앞의 논문, 2011, 233쪽.
22 1909년의 이와 같은 당시 신분과 직업의 현황은 조선후기부터 지속되어 왔던 지방 농민과 서울 양반들의 교착 현상이 상당히 진행된 결과로 보인다. 손정목, 『조선시대도시사회연구』, 일지사, 1977, 163~164쪽. 당시에 이미 서울은 상공업과 일용직에 종사하는 인물들이 다수를 차지하고 있었음을 알 수 있다.

형성되어 있어 전차노선의 영향을
잘 반영해주고 있다(그림 5).[23]

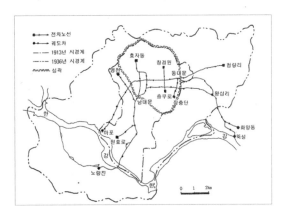

〈그림 5〉 1936년 서울의 전차 노선

이처럼 일제의 도시계획사업은
지역별 분화를 심화시켰을 뿐만 아
니라 전통적인 지역사회의 구조도
변화시키고 있었다. 특히, 도로와
철도 건설은 여러 사회·경제적 변
화를 가져 온 요인이기도 하지만
무엇보다도 지역의 분화와 재편을
가져온 주된 원인 중 하나이다. 즉, 일본인들이 많이 거주하고 있었던 남촌 지역에 도
로 건설이 집중되면서 서울의 중심부는 북촌에서 남촌으로 이동하게 되었고 명동 등
의 충무로 일대가 새로운 근대 문물의 메카로 등장하게 되었다. 이로써 식민지적 공
간 분할에 의해 남·북촌이라는 민족별로 차별화된 공간구조가 새롭게 형성되었다.[24]

또한, 경성 도심과 변두리 지역 사이의 공간 분화가 일어남에 따라 중심-주변의 위
계화된 공간 구조가 형성되었다. 외곽 지역에서도 기능적 변화에 따라 도시적 성격을
갖는 지역이 있는 반면 도시 빈민이 집단적으로 거주하게 되는 지역 등으로 지역적
불균형을 지니게 되었다.[25] 이와 같은 당시 서울의 특징적인 공간구조를 정리해 보면,
그 하나가 일본인 중심의 남촌과 조선인 중심의 북촌으로 이루어진 민족에 따른 공간
구조이며 다른 하나는 근대적 도시의 공간분화 현상으로 중심-주변의 이중구조이다.[26]

실제 당시 구체적인 지역으로 들어가 보면, 마포 지역은 전통적으로 미곡 유통의
중심지로 상업이 발달한 곳이었다. 18세기 후반에도 미전米廛을 비롯하여 염전鹽廛 등

• • •

23 이혜은, 「서울 20세기 교통의 발달」, 『서울 20세기 공간 변천사』, 서울시정개발연구원, 2001, 169쪽. 〈그림 5〉는
   같은 논문.
24 김영근, 앞의 논문, 158쪽.
25 위의 논문, 160~166쪽.
26 위의 논문, 141쪽.

각종 상점들이 밀집해 있었고 일제 강점기에는 관세국 출장소, 세관 감시소 등 교역 관련 건물들도 다수 들어서 있었다. 마포에는 비교적 이른 시기인 1907년경에 전차가 다니기 시작하였고[27] 1936년에는 복선화[28]도 추진할 만큼 유동 인구가 많았던 지역이었다.[29] 그런데, 일제는 경의선 철도를 당시 서울의 중심 상권인 마포가 아닌 일제의 군사 기지가 있는 용산에 건설하였다. 이는 조선 상권을 약화시키고 일본에서 중국으로 진출할 수 있는 가장 빠른 교통망을 건설하기 위한 것이었다.[30] 그 결과 마포 지역을 비롯한 경강의 상권이 급격히 위축되면서 이 지역을 근거지로 하고 있었던 객주·상인들뿐만 아니라 도성 안의 상인들까지 일본인들과 그들과 결탁한 신흥 사업가들에 의해 점차 상권을 잠식당하게 되었다. 이러한 일제의 도시 정책은 마포 지역 사회가 변화되는 중요한 원인으로 작용하였다.[31]

다른 지역의 사례로서 서빙고 지역은 1936년까지도 당시 고양군 한지면 서빙고리로 편제되어 있었지만 이미 서빙고역이 개설되어 있었고 북쪽에는 일본 병영들이 들어서 있었다. 특히, 서빙고 지역은 일찍부터 곡물의 집산지로 유명했던 터라 곡물상회와 정미소가 다수 존재하였다. 서빙고역 앞에는 콩을 일본에 수출하기 위한 '대두검사소大豆檢査所'가 설치되는 등 콩의 집산지로도 유명해졌다. 이처럼 이 일대에 정미소가 집중적으로 설치되고 일본의 군사 시설까지 들어서면서 상공업 중심 지역으로 재편되기에 이른다.[32] 1903년 당시만 하더라도 '이중계'가 조직되어 있어서 지역 토착세

...

27 이규철, 「대한제국기 한성부 도시공간의 재편」, 서울대학교 박사학위논문, 2010, 97쪽.
28 최인영, 「일제시기 경성의 도시공간을 통해 본 전차노선의 변화」, 『서울학연구』, 서울시립대학교 부설 서울학연구소, 2011, 48쪽.
29 실제 1909년 마포가 속한 용산 지역에는 일용직 노동자가 4,357명으로 서울 지역에서 가장 많이 거주하고 있었고 그 다음이 상업 인구로 3,126명이었다. 이는 서부지역(3,413명) 다음으로 많은 사람들이 상업에 종사하고 있었음을 의미한다. 반면에 관리나 양반, 유생 등은 다른 지역에 비해 가장 적게 거주하고 있었다. 졸고, 앞의 논문, 2011, 232쪽.
30 고동환, 『조선시대 서울도시사』, 태학사, 2007, 49~50쪽.
31 마포 지역은 전통적으로 조선인 상권이 강했던 지역이기도 하지만 이러한 정책으로 인해 서울 지역의 다른 지역에 비해 일본인 거주 비율이 낮은 지역으로 남게 되었다. 즉, 1923년에 총 인구 2,521명 중에 조선인 2,498명, 일본인 12명이었던 것이 1940년에는 총 인구 3,202명 중에 조선인 3,184명, 일본인 12명으로 일본인 수는 별 변화가 없다. 경성부, 『경성도시계획조사서』, 1928, 39쪽; 경성부, 『경성부 호구통계』, 1927, 31쪽.
32 1928년에 간행된 『경성도시계획조사서』(경성부)에 의하면, 1927년 당시 총 234호 중에 농업에 종사하는 1호만 제

력들을 중심으로 지역사회가 유지되었던 것이 일제강점기에 오면 다른 지역의 유력자나 명망가, 일본인 사업가까지도 지역사회에 개입하게 되었다.[33]

이처럼, 일제가 식민지 수탈과 군사 기지화를 위해 전면적으로 실시하였던 도시계획사업은 이들 지역 외에도 거의 모든 지역에 영향을 미치며 지역사회를 재편해 나가고 있었다.

2) 지역의 민족별 분화와 재편

서울의 인구는 1910년 합병 시에는 24만 명에 달했다. 1914년에 서울의 관할 구역을 대폭 축소하면서 서울의 인구도 시역에서 배제된 지역의 인구수만큼 감소했다. 이후 1925년에 인구 30만 명의 도시로 성장하였고 1935년에는 인구 40만 명의 도시가 되었다. 1935년 당시 이미 서울 인구의 25%를 일본인이 차지하고 있었다. 1936년에 시역이 확장되면서 서울 인구는 70만 명을 넘었고 1942년에는 처음으로 인구 100만 명의 도시가 되었다. 그러나 제2차 세계대전을 거치고 1945년까지는 약 15만 명 정도가 감소하였다(그림 6).[34]

일제 강점 초기인 1914~1935년까지 서울의 인구 성장률이 평양이나 다른 신흥 도시의 평균 성장률에 비해 낮았던 사실이 주목할 만하다(표 1).[35] 또한, 그 시기 대체로 조선인과 일본인 비율이 70대 20정도(나머지 10은 외국인)를 유지하고는 있었으나 조선인의 인구와 비율은 계속 감소하고 있는 것에 비해 일본인의 인구와 비율은 계속 증가하고

* * *

외하고 나머지 233호는 상공업 기타 호수로 분류되어 있다. 졸고, 앞의 논문, 2010a, 227~230쪽.

33 졸고, 앞의 논문, 2010a, 227~231쪽. 이와 같은 서빙고 지역사회의 변화는 전술했던 1903년경 마포지역보다는 시기적으로 늦게 나타나는데 이는 지역의 도시화 혹은 산업화의 정도에 따른 차이라고 할 수 있다.

34 이기석, 앞의 논문, 40쪽. 〈그림 6〉은 서울시정개발연구원 편, 『서울 20세기 공간변천사』, 서울시정개발연구원, 2001, 40쪽 참조.

35 이러한 현상에 대해서 손정목은 합방이 되면서 일인들이 득세하고 한인들이 학대받는 것으로 인해 양반·중인 계급이 서울을 이탈했으며 회사령의 시행으로 신규 노동력의 흡입 요인이 거의 없었기 때문이라고 보았다. 손정목, 『일제강점기 도시화과정 연구』, 일지사, 1996, 58쪽. 〈표 1〉은 장세훈, 「한국전쟁과 남북한의 도시화 : 서울과 평양의 전후 복구 과정을 중심으로」, 『사회와 역사』 67, 한국사회사학회, 2005, 214쪽 참조.

있었다(표 2).[36] 이처럼 도시가 성장하면서 일본인들은 급속하게 증가하였는데 주로 신시가지인 용산과 성내의 을지로 남쪽에서 남산 북쪽 산록에 이르는 하류 계층의 거주지가 우선적으로 일본인들의 주요 거주지로 전환되었다. 이들 지역은 각 정町별 주민의 70%이상이 일본인일 정도로 주요 일본인 거주 지역으로 발전하였다.[37]

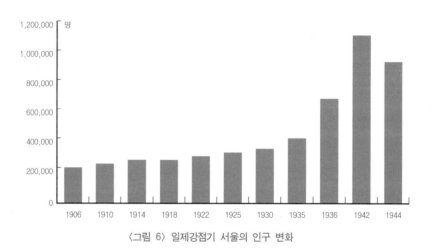

〈그림 6〉 일제강점기 서울의 인구 변화

〈표 1〉 일제 강점기 연평균 인구 성장률 추이 (단위 : %)

연도	서울 인구 성장률	평양 인구 성장률	도시 인구 성장률	농촌 인구 성장률	전국 인구 성장률
1915~20	0.69	8.53	3.32	0.43	0.52
1920~25	6.49	4.52	7.29	0.91	1.14
1925~30	2.85	9.49	6.96	1.25	1.53
1930~35	2.41	5.30	6.18	1.40	1.69
1935~40	16.07	9.44	11.90	0.20	1.22
1940~44	1.39	4.55	4.90	1.14	1.60
1915~44	4.98	7.08	6.79	0.88	1.27

• • •

36 〈표 2〉는 이준식, 「일제강점기 경성부의 공간구조 변화와 인구변동 : 1925~1935년의 민족별 거주지 분리를 중심으로」, 『향토서울』 69, 서울특별시사편찬위원회, 2007, 310쪽 참조.
37 이기석, 앞의 논문, 40~42쪽.

<표 2> 일제 강점기 경성부 인구 추세(1910~1944)

연도	총인구		조선인			일본인		
	인구수(명)	증가율 (연간)	인구수	비율	증가율	인구수	비율	증가율
1910	245,985	–	198,011	80.50	–	56,076	18.73	–
1915	241,085	-0.34	176,026	73.01	-2.35	62,914	26.10	7.81
1920	250,208	0.74	181,829	72.67	0.65	65,617	26.22	0.84
1925a 1925b	306,363 324,626	4.05	220,312 247,404	71.91 72.21	3.84	81,559 88,875	26.62 25.94	4.35
1930	394,240	2.81	279,865	70.99	2.47	105,639	26.80	3.49
1935	444,098	2.38	312,587	70.39	2.21	124,155	27.96	3.23
1940	935,464	14.90	775,162	82.86	18.16	154,687	16.54	4.40
1944	988,527	1.54	824,976	83.45	1.74	158,710	16.06	0.72

전술한 바와 같이 경성부의 공간은 일제 강점기 내내 북쪽의 조선인 거주지와 남쪽의 일본인 거주 지역으로 이원화되어 있었다.[38] 이러한 이원화는 정동의 명칭에서도 드러난다. 즉, 일제는 1914년 4월부터 경성부 구역을 186개 정町·동洞·통通으로 개편하면서 조선인 집중 거주지역인 청계천 이북은 거의 동洞이라는 명칭을 사용했고 청계천 이남, 일본인이 다수 거주하는 지역은 주로 정町이라고 하여 민족별 거주지 분리를 제도적으로 뒷받침하고 있었다.[39] 실제 1925년과 1935년 경성부 각 정동별 조선인과 일본인의 거주 현황을 보면, 1935년에 이미 조선인과 일본인이 집중적으로 거주하는 지역의 분리가 고착화되었음을 알 수 있다. 즉, 1925년 조선인이 90%이상을 차지하고 있던 곳은 총 186개 중에 절반에 해당하는 83개이고 일본인이 50%이상 차지하고 있는 곳은 49개이다. 그 중 11곳은 90%이상이 일본인이다. 그런데 청계천 이북 지역에서 일본인 인구가 조선인 인구보다 많은 곳은 단 한 곳도 없다. 그러나 청계천

---

38 이러한 이중 구조는 단순히 인구분포와 공간구조의 분할에 그친 것이 아니라 두 지역 주민들의 생활양식과 의식에도 큰 영향을 미쳤으며 두 민족사이의 불평등과 그에 따른 민족 대립의 원인이 되었다. 이준식, 앞의 논문, 2007, 303쪽.

39 위의 논문, 308쪽.

이남에서는 1925년에는 50개, 1935년에는 53개 지역에서 일본인이 조선인보다 많이 거주하는 것으로 나타난다(표 3).[40] 또 하나의 특징은 조선인이 밀집한 지역은 남부나 북부를 막론하고 대부분 동서의 외곽지역에 집중되어 있다는 것이다. 이는 반대로 일본인들은 중심부에 집중되어 있음을 의미한다(그림 7, 8).[41] 이처럼 일제강점기 조선인들과 일본인들은 남과 북, 중앙과 외곽이라는 지역적 분할을 통해 각자의 영역권을 형성해 나갔다.

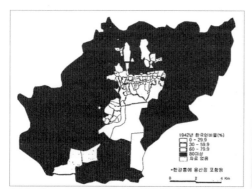

〈그림 7〉 1942년 서울의 한국인 비율　　　　〈그림 8〉 1942년 서울의 일본인 비율

〈표 3〉 1925~1935년 일본인·조선인 우위 지역의 현황과 변화

	1925년	1935년
일본인 우위 지역	경정, 고시정, 길야정1정목, 길야정2정목, 낙생정1정목, 낙생정2정목, 남대문통3정목, 남대문통5정목, 남미창정, 남산정1정목, 남산정2정목, 남산정3정목, 대도정, 대화정1정목, 대화정2정목, 대화정3정목, 명치정1정목, 명치정2정목, 미생정, 본정1정목, 본정2정목, 본정3정목, 본정4정목, 본정5정목, 삼판통, 수정, 신정, 앵정정1	- 남대문통5정목, 황금정2정목, 미생정 등 3개 지역 제외 - 화천정, 북미창정, 황금정6정목, 방산정, 병목정, 동사헌정 등 6개 지역 추가 총 53개 지역

• • •

40 이준식, 앞의 논문, 332쪽. 원래 이 글에서는 1935년 일본인 우위 지역에 삼판통이 추가되어 총 54개 지역이라고 했는데 1925년에 이미 삼판동이 포함되어 있다. 따라서 1935년 일본인 우위 지역은 53개 지역으로 수정하였다. 〈표 3〉은 이준식, 앞의 논문, 332쪽 자료를 이용하여 필자가 작성하였다.
41 〈그림 7〉, 〈그림 8〉은 서울시정개발연구원 편, 앞의 책, 2001, 41쪽 참조.

	1925년	1935년
	정목, 앵정정2정목, 약초정, 영정, 왜성대정, 욱정1정목, 욱정2정목, 욱정3정목, 원정1정목, 원정2정목, 일출정, 초음정, 한강통10번지, 한강통11번지, 한강통13번지, 한강통15번지, 한강통16번지, 한강통2번지, 한강통3번지, 한강통8번지, 화원정, 황금정2정목, 황금정3정목 이상 50개 지역	
청계천 이북에서 일본인 30% 이상인 지역	원남동, 송현동, 광화문통 등 3개 지역	원남동, 연건동, 서대문정2정목, 효자동, 궁정동, 청운동 등 6개 지역
조선인 우위 상위 20개 지역	계동, 관동, 관철동, 광희정2정목, <u>교북동</u>, <u>금정</u>, 낙원동, 도화동, <u>마포동</u>, 봉래정4정목, 사직동, <u>삼판통</u>, 종로5정목, 종로6정목, 죽첨정3정목, 중림동, 창신동, 청진동, 필운동, 현저동	<u>가회동</u>, 계동, 관동, 관철동, 광희정2정목, 낙원동, 도화동, 봉래정4정목, 사직동, <u>숭인동</u>, 원동, 종로5정목, 종로6정목, 죽첨정3정목, 중림동, 창신동, 청진동, 필운동, <u>행촌동</u>, 현저동

<u>밑줄</u>은 두 시기 동안 변동이 있었던 지역임. 1925년과 1935년 일본인 우위지역은 모두 청계천 이남에 해당.

한편, 일본인들은 원래 집중적으로 거주했던 지역 외에도 점차 그 영역을 넓히며 진출하는 경향도 보인다. 즉, 1920년대 중반 이후부터 청계천 남부의 일본인들이 점차 청계천 이북으로 진출하게 된다. 종로나 관철동, 누상동, 원남동, 팔판동 등이 대표적인 경우이다.[42] 이러한 일본인들의 인구 증가와 진출, 조선인들의 이주 등으로 인해 서울은 지역적인 재편과 변화가 급속하게 진행되었다. 이러한 과정은 당시 언론을 통해서 구체적으로 살펴볼 수가 있다. 즉, 1938년에 『조선일보』에서는 「새 정회町會 새 기염氣焰 순청기巡廳記」라는 고정란을 신설하고 10월부터 12월까지 총 56개 정회에 대한 소개를 하고 있다. 첫 회에서 이번 기획의 의도를 밝히고 있는데 지난 1936년에 경성부의 경계가 확장되면서 정회 역시 240개로 늘었으나 1938년 8월 1일 이후에 많은 정회가 통폐합되었고 앞으로 116개 정회로 정비가 될 것이라는 것이다. 이에 새로 통폐합되어 생겨난 정회의 '장래를 축복하는 의미'에서 순례를 떠나게 되었다고 한다.[43]

• • •

42 이준식, 앞의 논문, 333~334쪽. 이러한 현상은 조선총독부를 비롯한 각종 관공서나 회사 등에서 지은 일본인 관서 건축과도 관련이 있는데 총독부와 경성부 신청사가 들어선 인근의 적선동, 통의동, 청운동, 효자동 등과 일본인 관사가 들어선 연건동, 동숭동, 정동, 광화문통 등이 여기에 해당된다. 같은 글, 336쪽.

43 「새 정회(町會) 새 기염(氣焰) 순청기(巡廳記) 1 : 춘생정회(삼청·팔판·소격·화동)」, 『조선일보』, 1938.10.1.

이 순례기에서 언급된 대부분의 정회들은 2개 이상의 정회가 통합되어 새롭게 정회를 구성한 경우이며 늘어난 인구와 시설들로 인해 급속하게 발전된 지역 혹은 이로 인해 생겨난 문제점을 안고 있는 경우들이 많다. 개발이 급격하게 진행되었거나 진행 중인 지역으로는 서부제1구정회(의주통1·2정목, 미근정, 합정), 안암종암연합정회(안암정, 종암정), 중앙정회(종로2정목, 관철정), 성북정정회, 주성동빙고서빙고정회(주성정, 동빙고정, 서빙고정), 이태원중부정회, 아현제1구정회, 신설숭인정회(신설정, 숭인정), 명수대정회(흑석정, 동작정), 도화정2구정회, 경복정회(청운정, 궁정정, 효자정, 신교정) 등이 대표적이다.

이 중에 도로나 철도 등의 개설로 인해 지역이 급격히 변화한 경우는 성북정정회, 주성·동빙고·서빙고정회, 도화정2구정회 등이다. 구체적인 사정을 보면 다음과 같다.

십 년 전의 **성북동**은 인구래야 겨우 삼사백 명 밖에는 살지 않던 문자 그대로의 호젓한 산촌이었다. 그렇던 이 동네가 지금은 호수 일천 호, 인구 육천여 명을 가진 커다란 마을을 이루게 된 것이다. 대경성의 발전도 발전이려니와 이처럼 당당한 마을이 된 데에는 동민, 특히 동네의 발전을 위하여 십년을 하루같이 애를 써온 동정洞政을 맡아오던 인사들의 노력을 잊어서는 아니 된다. …(중략)… 호젓한 일개 산촌에 지나지 않던 이 동네에 **전기가 들어왔고 버스도 통하였고 수도**마저 들어오게 되어 오랫동안 문안과는 동떨어져서 같은 경성부에 적을 두고서도 의붓자식 대접을 받아오던 이 동네도 문안 부럽지 않은 호화로운 문화적 혜택을 나눌 수 있게 된 데에도 씨의 노력은 적지 않다고 한다.[44]

서부일대에서 가장 급진적으로 발전을 보이고 있는 **도화정**은 본시 대정 십사 년 한강대홍수에 처참하게도 피해를 당한 서부이촌동의 이재민들을 경성부에서 구제의 목적으로 이곳으로 이전시킨 곳인데 최근에 와서는 사방으로 퍼진 **교통망의 편의**와 한강을 부감케 되는 풍치구 적지대로 변화하여 신축가옥이 은성해지고 따라 인구도 벅적벅적 늘어가고 있다.[45]

• • •

44 「새 정회(町會) 새 기염(氣焰) 순청기(巡廳記) 11 : 성북정정회」, 『조선일보』, 1938.10.14.
45 「새 정회(町會) 새 기염(氣焰) 순청기(巡廳記) 34 : 도화정2구정회」, 『조선일보』, 1938.11.15.

1927년 당시의 서빙고 지역 상황을 보다 구체적으로 알 수 있는 자료로서 1928년에 간행된 『경성도시계획조사서』[118]가 있는데, 이 자료에 의하면 1927년 당시 서빙고 지역은 경기도 고양군 한지면 서빙고리로 편제되어 있었으며 평지 면적(75m이하)은 83,000평, 인구는 1,304명(〈표 14〉 참조),[119] 인구밀도는 16명/1천 평, 총 호수는 234호 정도였다. 학교로는 한지사립학교가 있었으며 동빙고리와 서빙고리가 통학권에 해당 되었다. 직업별 호수를 보면, 농업호수는 1호에 불과하며 나머지 233호는 '상공업 기타 호수'로 분류되어 있다.[120] 이러한 정황은 주민들의 대부분은 상업이나 공업 등의 업종에 종사하고 있었다는 것인데 이는 1927년 서빙고 지역 부군당의 중수에 참여했던 주민들이 결국, 대부분은 상업이나 공업 등의 직업에 종사하고 있었음을 시사하고 있는 것이다. 실제 1933년 신문기사에 의하면, 서빙고 일대 주민들의 삶에 대하여 아래와 같이 기술하고 있다.

이 한강변의 동리- 한강리니 서빙고, 동빙고, 보광리 등은 이러한 단순한 유원지는 아니다. 그 발전의 경로를 본다면 강가의 동리라 배편을 이용하여 한강 상류지방과 장사를 하며 내려온 곳인데 그 장사가 보통 시가지의 장사와는 종류를 달리하야 옛 시대의 물물교환의 법칙을 오랫동안 답습하여 왔다는 점에서 더 주목을 끄는 곳이다. 즉 한강 하류에서 생선젓이나 소금 등속을 배에 싣고 상류지방에 올라가 경기도의 여주, 양평, 광주 등을 지나 강원도 원주, 횡성, 홍촌, 충청도 충주, 제천, 음성 등지에서 곡물, 장작, 숯 등속과 바꾸어 내려 왔던 것이다. 이 같이 하여 경성을 배경으로 한 이 곳 서빙고, 한강리 등지는 조그마한 무역지로서 오랜 시일을 두고 발전하여 온 것이다.[121]

• • •

118 경성부, 앞의 자료, 1928. 여기서 인구통계는 29쪽, 인구밀도는 68쪽, 평지면적은 71쪽, 총호수와 직업별 호수는 78-82쪽, 학교는 88쪽 참조.
119 〈표 14〉는 경성부, 『경성도시계획조사서』, 1928, 29쪽 참조.
120 평지면적과 인구밀도 산출은 1921년을 기준으로 하고 있는데 1921년 당시 서빙고리의 인구가 1,447명(국세조사인구)으로 집계되어 있어 『경성도시계획조사서』의 1,207명과 240명 정도 차이를 보인다. 총호수와 직업별 호수는 1926년 말의 집계이다.
121 「대경성후보지 선보기 순례(5) : 교외(郊外)의 명승지인 서빙고는 고포구(古浦口)」, 『조선일보』 1933년 10월 4일자

이와 같이 서빙고 일대는 전통적으로 상업에 종사하던 인구가 많이 있었음을 알 수 있다.

한편, 일제 강점기의 서울의 상업 환경은 크게 변하게 되는데, 전체적으로 한국 상인들의 활동이 위축되었던 상황이기는 하였으나[122] 한강 유역의 경우는 주요 포구를 거점으로 철도가 개통되기 시작하면서 이전의 상권을 이어갈 수 있었던 것으로 보인다. 실제, 1910년대 한강 유역은 한강을 이용한 배편으로 들어오는 쌀의 양[123]이 전체 서울로 들어오는 양의 43%정도를 담당하고 있었으며 1936년에는 철도편으로 60만 석, 배편으로 70만 석, 우마·트럭 편으로 30만 석, 총 167만 석이 반입되었다. 이는 철도 건설에 의해 한강 수운의 기능이 다소 약화되기는 하였으나 20세기 초반까지는 여전히 그 기능이 유지되고 있었음을 의미한다.[124]

특히, 서빙고 지역은 한강 상류에서 반입되는 '상수미上水米'[125]를 취급하던 곳이었으며 일제시대에는 특히, 콩의 집산지로도 유명했다. 따라서 서빙고 지역은 미곡과 관련된 제반 시설이나 상점 및 상가 등이 번성했을 것으로 보인다. 실제 1917년 10월 개설된 서빙고역과 그 앞에는 콩을 일본에 수출하기 위한 '대두검사소大豆檢査所'가 설치되어 있었고 '전선곡물계全鮮穀物界의 대왕'이라 불렸던 이종묵李宗黙의 '서빙고 곡물상회'[126] 등이 있었다고 한다. 서빙고 지역에는 정미소도 밀집되어 있었는데, 1930년대 당시 영풍정미소·동흥정미소·영화정미소·태화정미소 등이 있었으며 인근 동빙고 지역에도 서정정미소·서빙고 정미소가 있었다(표 13).[127] 이러한 정미소는 서빙고·동

•••

　　조간 2면.
122 일제의 일상(日商) 위주의 상업정책, 교통운수체계의 변화, 인구변동, 한인구매력 감소 등을 그 요인으로 들 수 있다. 유승준, 「일제 강점기 서울의 상업과 객주」, 『서울학연구』 10, 서울시립대학교 서울학연구소, 1998, 155쪽.
123 1911년 한해 동안 서울로 반입된 쌀의 양은 철도편으로 26만 2682석, 배편으로 21만 5926석, 우마편으로는 정확하게 알 수는 없지만 대략 2만 4천석이 들어와 전체적으로는 대략 50만석 이상이 된다. 정병욱, 「1910년대 한일은행과 서울의 상인」, 『서울학연구』 12, 서울시립대학교 서울학연구소, 1999, 123쪽.
124 이홍락, 「식민지기 조선내 미곡유통」, 『경제사학』 19, 경제사학회, 1995, 192쪽.
125 미곡을 반입하는 한강 연안의 포구로는 한강 상류로부터 반입되는 '상수미'를 취급하였던 한강동(지금의 한남동), 서빙고, 뚝섬이 있고 한강 하류로부터 반입되는 '하수미'를 취급하였던 마포, 동막, 현석리 등이 있었다. 정병욱, 앞의 논문, 124쪽.
126 위의 논문, 125~126쪽.

빙고 지역 외에도 동막, 한강리 등에도 집중되어 있어서 당시 한강 유역의 활발했던 경제적 상황을 알 수가 있다.[128] 서빙고 부군당이 중수될 1927년 무렵에도 서빙고나루를 이용한 수운이 활발했는데 이웃한 한강리와 함께 연간 5만 톤 정도가 유통되었다.[129]

이러한 정황을 미루어 보면, 1927년 서빙고 지역 부군당이 중수될 당시 서빙고 지역은 서빙고역과 함께 역 앞에

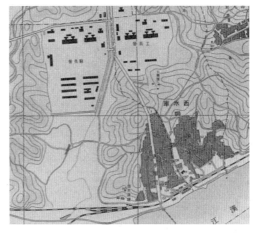

〈그림 10〉 1927년 「용산시가도」의 서빙고 지역 부분

대두검사소와 서빙고곡물상회 등이 설치되어 있었다. 서빙고나루에서도 대두·미곡·땔나무·소금 등의 유통이 활발하게 이루어지고 있었다. 주민들의 대부분은 상공업 등에 종사하고 있었으며 남북으로 연결된 도로를 축으로 길게 취락과 상가가 형성되어 있었음을 알 수 있다.

---

127 영풍정미소는 『동아일보』, 1935년 3월 26일 2면 4단; 동흥·영화·태화정미소는 「치안정황(소화 십삼년 구월, 경기도)」, 『국내외 항일운동문서』, 국사편찬위원회 한국사데이터베이스; 서정정미소는 「서정정미소」, 『조선은행회사조합요록』(1939년판), 국사편찬위원회 한국사데이터베이스; 서빙고정미소는 『조선은행회사조합요록』(1933년판), 국사편찬위원회 한국사데이터베이스 참조. 서빙고 지역은 1936년을 기점으로 그 전에는 경기도 고양군 한지면 서빙고리로 편제되었다가 이후 경성부 서빙고정으로 개편되었다. 정미소들의 주소가 서빙고리 혹은 서빙고정으로 달라지는 것은 이러한 이유 때문이다.

128 동막의 경우 1918년 경 12개소의 정미소가 있어서 연간 100만엔 이상의 정미를 생산하였다고 한다. 정병욱, 앞의 논문, 127쪽. 한강리에도 서빙고동정미소의 사장이기도 한 이봉렬이 운영하던 한강정미소가 있었다. 『동아일보』 1932년 2월 14일자 2면 10단. 이외에도 서빙고동에는 경신·장흥·동일·두산·도흥·서창정미소 등이 있었다고 하며 1930년대만 하더라고 9곳의 대형 정미소가 있었다고 한다. 정형호, 「20C 용산 지역의 도시화 과정 속에서 동제당의 전승과 변모 양상」, 『한국민속학』 41, 한국민속학회, 2005, 426~427쪽.

129 경성부, 앞의 자료, 1928, 220~224쪽. 주된 유통 품목과 화물량을 살펴보면, 대두 4만 석(石)·잡곡 1만 3천 석(石)·땔나무(薪柴) 5만 4천 속(束)·제염(製鹽) 3천 석(石)·원염(原鹽) 8만 석(石) 등이었다. 이 자료에서는 출입물 품목에 쌀이 포함되지는 않았지만 1936년 자료에서는 서울로 반입되는 쌀 중에 철도편과 배편을 통해 서빙고 지역에도 반입되고 있음이 확인된다. 이홍락, 앞의 논문, 193쪽.

〈표 13〉 일제시대 서빙고·동빙고 지역 정미소 현황

명 칭	주소지	대 표	설립일
영풍永豊 정미소	경기도 고양군 한지면 서빙고리	유영수柳英秀 유웅수柳雄秀	미상(1935년 당시 존재)
동흥東興 정미소	경성부 서빙고정	미상	미상(1938년 당시 존재)
영화永和 정미소	경성부 서빙고정	미상	미상(1938년 당시 존재)
태화泰和 정미소	경성부 서빙고정	미상	미상(1938년 당시 존재)
서정西鼎 정미소	경기도 고양군 한지면 동빙고리	합명合名：柳英秀, 柳雄秀, 金某, 金德天, 柳永秀, 金德俊, 柳聖秀	1934.12.15
서빙고西氷庫 정미소	경기도 고양군 한지면 동빙고리	이봉렬李鳳烈	1931.10.25

〈표 14〉 서빙고·동빙고 지역 인구 추세(1916~1927년)

년도 지역	1916	1917	1918	1919	1920	1921	1922	1923	1924	1925	1926	1927	증가율
서빙고	1,241	1,252	1,174	1,175	1,260	1,207	1,221	1,229	**1,355**	1,389	1,344	**1,304**	0.005
동빙고	1,123	1,210	1,124	1,124	1,106	1,094	1,117	1,120	1,336	1,343	1,437	1,439	0.024

〈표 15〉 1912년 서빙고리 토지조사부

지번	지목	지적 (평)	소유자		출처(쪽)
			주소	성명	
1	田	27	서빙고1계	金寅植	467
2	田	327	경성부 명치정3정목	東洋拓殖株式會社	467
3	田	184	서빙고1계	金熙泰	467
4	田	138	경성부 명치정3정목	東洋拓殖株式會社	467
5	田	525	서빙고2계	李順甫	467
6	田	56	서빙고1계	金寅植	467
7	田	106	同上	崔德元	467
8	田	132	同上	姜大熙	467
9	林野	1,653		國	467
10	田	103		西氷庫里	467

지번	지목	지적 (평)	소유자		출처(쪽)
			주소	성명	
11	田	4,536	경성부 명치정 3정목	東洋拓殖株式會社	467
12	田	694	경성부 서부면 광암동	亡 段貞浩 妻 李召史	467
13	畓	726	경성부 욱정 2정목	原勝	467
14	畓	503	서빙고2계	金在明	467
15	田	1,320	서빙고1계	**白世基**	467
16	田	681	同上	尹明壽	467
17	田	391	同上	鄭益俊	467
18	田	933	서빙고2계	景斗鉉	467
19	田	366	서빙고1계	金熙泰	467
20	田	121	同上	柳元萬	467
21	林野	4,846		國	467
22	垈	329	서빙고1계	白龍欽	467
23	垈	56	同上	**金昌植**	467
24	垈	63	서빙고1계	**李圭弘**	468
25	垈	25	同上	李寬根	468
26	垈	48	同上	金鎭完	468
27	垈	101	同上	黃汝順	468
28	垈	273	同上	**尹明俊**	468
29	垈	37	同上	金龍甫	468
30	垈	86	同上	朴瑞順	468
31	垈	27	同上	魯致玉	468
32	垈	126	同上	崔士元	468
33	垈	37	同上	**黃命伯**	468
34	田	457	同上	**李元根**	468
35	垈	31	同上	朴相順	468
36	垈	64	同上	權龍文	468
37	垈	111	서빙고1계	**白龍現**	468
38	垈	51	同上	**趙永成**	468
39	垈	35	同上	金錫老	468
40	垈	47	同上	鄭興實	468
41	垈	43	同上	徐丙汶	468
42	垈	225	同上	**尹興植**	468

지번	지목	지적 (평)	소유자		출처(쪽)
			주소	성명	
43	垈	22	同上	**金基鍾**	468
44	垈	35	同上	權敬萬	468
45	垈	35	同上	**尹明仁**	468
46	垈	56	同上	**金成五**	468
47	田	690	同上	白敬一	468
48	田	103	경성부 죽원정 3정목	內藤利一	468
49	田	338	서빙고1계	金熙泰	469
50	田	144	서빙고2계	李元俊	469
51	田	37	서빙고1계	**段亨柱**	469
52	田	509	경성부 용산면 원정2정목	中山三平	469
53	垈	61	서빙고1계	**金在榮**	469
54	垈	73	同上	洪建燁	469
55	垈	32	同上	**金基鍾**	469
56	垈	17	同上	安元俊	469
57	垈	102	同上	金丁龍	469
58	垈	51	同上	**崔建三**	469
59	垈	117	同上	嚴興有	469
60	田	163	同上	**張汶和**	469
61	垈	103	同上	洪明賢	469
62	垈	53	서빙고1계	**金有明**	469
63	垈	40	同上	權元植	469
64	垈	25	同上	**金鼎殷**	469
65	垈	72	同上	金興祥	469
66	垈	49	同上	**金善盒**	469
67	垈	62	同上	呂聖九	469
68	垈	69	同上	姜聖云	469
69	垈	32	同上	**李枝賢**	469
70	垈	91	同上	**段悏柱**	469
71	垈	103	同上	李元錫	469
72	垈	75	同上	**金在河**	469
73	垈	63	同上	權文敬	469
74	垈	20	서빙고1계	亡 朴元根 妻 李召史	470

지번	지목	지적 (평)	소유자		출처(쪽)
			주소	성명	
75	垈	24	同上	姜壽萬	470
76	垈	21	同上	**金順澤**	470
77	垈	26	同上	鄭興根	470
78	垈	48	同上	**李龍三**	470
79	垈	39	同上	黃德實	470
80	垈	24	同上	**洪益順**	470
81	垈	24	同上	**尹聖天**	470
82	垈	21	同上	金永善	470
83	垈	17	同上	崔德元	470
84	垈	44	同上	**白完基**	470
85	垈	34	同上	張啓三	470
86	垈	94	同上	徐珠賢	470
87	垈	21	서빙고1계	**朴學圭**	470
88	垈	46	同上	李順基	470
89	垈	12	同上	李龍來	470
90	垈	51	同上	朴聖奇	470
91	垈	47	同上	**朴聖五**	470
92	垈	30	同上	亡 辛賢甫 妻 李召史	470
93	垈	58	同上	**白敬三**	470
94	垈	30	同上	黃興日	470
95	垈	57	同上	白敬喜	470
96	垈	50	同上	金正琦	470
97	垈	45	同上	姜台秀	470
98	垈	67	同上	朴正祥	470
99	垈	73	서빙고1계	成德昌	471
100	垈	43	同上	崔德源	471
101	垈	28	同上	金相玉	471
102	垈	49	同上	**鄭善在**	471
103	垈	24	同上	**鄭元基**	471
104	垈	181	同上	白敬知	471
105	垈	40	同上	**白斗鉉**	471
106	垈	107	同上	金濟善	471

지번	지목	지적 (평)	소유자		출처(쪽)
			주소	성명	
107	垈	8	同上	**金在河**	471
108	垈	17	同上	李德俊	471
109	垈	45	同上	李亨錫	471
110	垈	45	同上	**李逢雨**	471
111	垈	37	同上	金寅植	471
112	垈	90	서빙고1계	段性浩	471
113	垈	58	同上	朴慶順	471
114	垈	53	同上	權重燮	471
115	垈	74	同上	**金應俊**	471
116	垈	57	同上	**白斗鉉**	471
117	垈	83	同上	白龍雲	471
118	垈	56	同上	**李善厚**	471
119	垈	114	同上	白敬一	471
120	垈	97	同上	李龍來	471
121	垈	97	同上	**張汶和**	471
122	垈	71	同上	黃棹玉	471
123	垈	114	同上	**李枝盛**	471
124	垈	96	서빙고1계	朴興順	472
125	垈	35	同上	**李承麒**	472
126	垈	68	同上	金千鎭	472
127	垈	24	同上	**李敬錫**	472
128	垈	46	同上	黃汝先	472
129	垈	144	同上	**千順巨**	472
130	垈	25	同上	**黃善泰**	472
131	垈	37	同上	**張競植**	472
132	田	31	同上	**千順巨**	472
133	垈	45	同上	**段永柱**	472
134	垈	35	同上	許萬釗	472
135	垈	73	同上	**李承龜**	472
136	垈	111	同上	**李承鳳**	472
137	垈	80	서빙고1계	宋鍾牧	472
138	垈	84	同上	張啓完	472

지번	지목	지적 (평)	소유자 주소	소유자 성명	출처(쪽)
139	垈	18	同上	**李承鳳**	472
140	垈	87	同上	段致仁	472
141	田	9	同上	白敬一	472
142	垈	121	同上	千舜龍	472
143	垈	30	同上	黃奉云	472
144	垈	16	同上	**李敬錫**	472
145	垈	33	同上	黃奉云	472
146	垈	62	同上	**金啓俊**	472
147	垈	21	同上	**金鼎模**	472
148	垈	31	同上	姜聖初	472
149	垈	13	서빙고1계	金基禹	473
150	田	16	同上	禹仲九	473
151	田	63	同上	白敬一	473
152	垈	354	同上	**李承駿**	473
153	田	83	同上	宋鍾牧	473
154	垈	67	同上	**李枝盛**	473
155	垈	81	同上	段性浩	473
156	田	32	同上	段亨株	473
157	田	92	同上	**李元根**	473
158	田	178	同上	**李承駿**	473
159	垈	124	경성부 영산면 원정1정목	廣池原次郞	473
160	垈	180	충남 예산군 군내면 앙대	白雲龍	473
161	垈	67	서빙고1계	金熙泰	473
162	垈	12	서빙고1계	段亨株	473
163	垈	116	同上	**金鍾學**	473
164	垈	39	同上	金寅植	473
165	垈	114	同上	白鴻基	473
166	垈	42	同上	李承實	473
167	垈	37	同上	白龍現	473
168	垈	14	同上	**李春敬**	473
169	垈	41	同上	李順文	473
170	垈	43	同上	金濟允	473

지번	지목	지적 (평)	소유자		출처(쪽)
			주소	성명	
171	垈	23	同上	李明根	473
172	垈	22	同上	**李完錫**	473
173	垈	32	同上	**金應有**	473
174	垈	34	서빙고1계	**段亨柱**	474
175	垈	15	同上	亡 金聖俊妻 崔召史	474
176	垈	62	同上	鄭萬柱	474
177	垈	89	同上	金明振	474
178	垈	33	同上	張啓云	474
179	垈	40	同上	鄭熙重	474
180	垈	225	同上	**李鍾馥**	474
181	垈	147	同上	**李承麒**	474
182	垈	121	同上	姜大熙	474
183	垈	99	同上	白龍欽	474
184	田	123	同上	**千順巨**	474
185	垈	79	同上	**李斗錫**	474
186	垈	98	同上	**李敬錫**	474
187	垈	171	서빙고1계	**李承駿**	474
188	垈	32	同上	鄭甫兼	474
189	垈	50	同上	趙元成	474
190	垈	55	同上	金基允	474
191	垈	43	同上	權炳恢	474
192	垈	26	同上	**李聖文**	474
193	垈	77	同上	黃段書	474
194	垈	48	同上	吳仁伊	474
195	垈	104	同上	白孝基	474
196	垈	156	同上	**白世基**	474
197	垈	56	同上	**千順昌**	474
198	垈	34	同上	**李承業**	474
199	垈	126	서빙고1계	**李元根**	475
200	垈	150	同上	李奉民	475
201	垈	20	同上	金錫根	475
202	垈	57	同上	李興原	475

지번	지목	지적 (평)	소유자		출처(쪽)
			주소	성명	
203	垈	89	同上	段學瑞	475
204	垈	60	同上	宋鍾奭	475
205	垈	46	同上	李聖敏	475
206	垈	24	同上	**李文順**	475
207	垈	33	同上	張啓光	475
208	垈	11	同上	李文成	475
209	垈	17	同上	朴春興	475
210		32	同上	李春敬	475
211	垈	58	同上	**安厚根**	475
212	垈	60	서빙고1계	金濟允	475
213	垈	34	同上	**黃興祚**	475
214	垈	19	同上	亡 李德南 妻 金召史	475
215	垈	82	同上	段得柱	475
216	垈	123	同上	安寬甫	475
217	垈	236	同上	白庠鉉	475
218	垈	123	同上	嚴聖範	475
219	垈	16	同上	朴允根	475
220	垈	33	同上	**元世俊**	475
221	垈	15	同上	千舜韶	475
222	垈	32	同上	曺秉璉	475
223	垈	83	同上	李潤赫	475
224	垈	91	서빙고1계	**元世俊**	476
225	垈	49	同上	朴命祿	476
226	垈	32	同上	**金允宰**	476
227	垈	36	同上	禹仲九	476
228	垈	41	同上	尹明壽	476
229	垈	14	同上	**金錫俊**	476
230	垈	23	同上	金鍾雲	476
231	垈	56	同上	朴道陽	476
232	垈	37	同上	金錫俊	476
233	垈	36	同上	李德有	476
234	垈	81	同上	**鄭元敬**	476

지번	지목	지적 (평)	소유자		출처(쪽)
			주소	성명	
235	田	27		西氷庫里	476
236	田	309	서빙고1계	金熙泰	476
237	田	1211	서빙고1계	金應俊	476
238	墳墓地	103	同上	尹明壽	476
239	田	324	경성부 명치정 3정목	東洋拓殖株式會社	476
240	田	94	서빙고1계	李元根	476
241	林野	1994		國	476
242	垈	99	서빙고1계	安致云	476
243	垈	85		國	476
244	墳墓地	468	인천부 남면 발리동	宋鍾益	476
245	墳墓地	354	서빙고1계	黃奉云	476
246	田	453	同上	鄭善在	476
247	田	334	同上	宋鍾九	476
248	社寺地	271		西氷庫里	476
249	田	4(?)76	용산면 신창내계	朴琪俊	477
250	墳墓地	412	서빙고1계	鄭益俊	477
251	田	321	同上	白世基	477
252	田	2,064	同上	李承駿	477
253	田	960	경성부 남부 반송방 지하계 옥천동	洪在應	477
254	垈	59	서빙고1계	柳元文	477
255	垈	41	同上	元世貞	477
256	垈	27	同上	金吉成	477
257	垈	78	同上	姜致玉	477
258	田	671	同上	金錫根	477
259	墳墓地	500	住所不明	姜南陽	477
260	墳墓地	77	서빙고1계	李敬錫	477
261	墳墓地	132	同上	李達雨	477
262	墳墓地	180	서빙고1계	■致陽	477
263	田	432	同上	金敬文	477
264	畓	865	同上	金在明	477
265	田	408	同上	金敬文	477
266	畓	2,976	경성부 욱정 2정목	原勝	477

지번	지목	지적 (평)	소유자		출처(쪽)
			주소	성명	
267	田	117	서빙고2계	金敬文	477
268	田	632	경성부 용산 한강통 3정목	橫田尙二	477
269	田	501	경성부 욱정 2정목	原勝	477
270	田	1,514	경성부 용산 한강통 3정목	高野直二	477
271	田	56	서빙고1계	**李元根**	477
272	田	26	同上	吳仁伊	477
273	田	516	同上	金濟善	477
274	田	1,296		國	478
275	田	198	서빙고1계	徐珠賢	478
276	田	72	同上	鄭益俊	478
277	畓	1,355	서빙고2계	金在明	478
278	畓	94	同上	張益善	478
279	田	150	苊芝味	李鍾祥	478
280	畓	4,039	경성부 용산 한강통 3정목	高野直二	478
281	田	181		國	478
282	田	885	서빙고1계	尹明壽	478
283	田	126	경성부 명치정 3정목	東洋拓殖株式會社	478
284	田	51	서빙고2계	景斗鉉	478
285		291		國	478
	以下 餘白				478
合計					

지목	지적	내 역		479
		국유	민유	479
田	28,506	1,768	26,738	479
畓	10,558		10,558	479
垈	12,989	85	12,904	479
林野	8,493	8,493		479
社寺地	271		271	479
墳墓地	2,226		2,226	479
총계	63,043	10,346	52,697	479

*굵은 글씨로 표시된 성명은 서빙고동 현판에 기재된 인물임.

2) 토착세력의 유지와 신흥 세력의 등장

(1) 중수기의 분석과 기부자 현황

중수기 현판이 제작된 시기는 중수기에 적힌 상량문과 준공 시기, 즉 '정묘오월 상량丁卯五月 上樑'·'정묘칠월 준공丁卯七月 竣功'에 나타난 '정묘'년이라는 것과 중수기에 적힌 당시 인물들의 생존 연대를 비교하면 알 수 있다. 기부자들 중에 생몰 연대를 파악할 수 있었던 강음 단씨들[130]과 백두현(? ~1959) 등을 기준으로 했을 때 중수기가 쓰인 정묘년은 1927년으로 비정된다.

중수기는 발문, 기부자 명단과 기부금액 내역, 건축감역원과 기부물품 내역, 준공 일자 순으로 되어 있다. 먼저, 발문에서는 서빙고 지역의 지세와 형승에 대한 예찬과 부군당 중수 동기를 서술하고 있다. 즉, 부군당을 지은 지가 오래되고 좁아 중수할 것을 상의하던 중에 존위로 있었던 이승준이란 자가 거액을 기부하여 사묘를 정돈하게 되었다고 하였다.[131] 발문에 이어서 기부자들의 성명이 기재되어 있다. 기부자 명단에는 가장 많은 액수를 낸 이승준을 비롯하여 총 214명의 명단이 기재되어 있다.[132] 다음으로는 건축감역원의 직책과 성명이 기재되어 있다. 존위尊位, 구장區長, 이중소임里中

• • •

130 강음 단씨 족보에서 확인된 인물은 총 6명이며 이들의 생몰연대와 기재되어 있는 페이지수는 다음과 같다. 단승주(段承柱, 1894~1949, 119쪽), 단현주(段現柱, 1895~1944, 90쪽), 단협주(段恊柱, 1887~1936, 124쪽), 단형주(段亨柱, 1886~1959, 108쪽), 단홍주(段鴻柱, 1882~1954, 114쪽), 단흥주(段興柱, 1900~1974, 92쪽). 강음단씨세보편찬위원회, 앞의 자료.

131 발문의 내용은 다음과 같다. "남쪽 끝 산기슭에 남으로 수 리에 걸쳐 용과 호랑이의 형세가 펼쳐졌고 아득함이 골짜기와 산굴과 같구나. 강과 호수의 절묘함과 구름과 산안개의 일어났다 잦아듦은 진실로 천연의 형승이 아닐 수 없다. 서쪽 마을에서부터 기반을 닦기 시작하여 부군당을 설치하였으므로 후토수호지신을 제사한 유래가 이미 오래되었다. 돌아보건대 당우를 지은 지 이미 오래되고 협루하여 의지하기가 불안하고 두려웠다. 이에 사람들이 중수할 것을 서로 상의하여 각자가 능력에 따라 재물을 기부하고 판목과 기둥을 자르고 주초를 갈고 기와와 벽돌을 굽고 담을 쌓았다. 얼마 지나지 않아 규모를 이루고 옛 제도를 회복하여 크고 아름답게 되었으며 예전에 비해 새롭게 되었다. 그때가 바로 이승준이 존위로 있을 때로 가장 많은 노력을 기울였다. 이로 인하여 혁혁히 신묘가 정돈되고 장엄해졌다. 신의 길이 가히 소요할 만하고 사람의 마음이 편안해져서 마음이 서로 기쁘고 화평하게 되어 때가 되면 기도하고 축원하며 성명(誠明)을 깨달아 기쁨이 충만하구나. 영원히 보호해 주시고 도와주셔서 때에 따라 신령님의 베풀어 주심이 있을 것이니 어찌 성대하지 않겠는가?". 원문은 부록 참조.

132 기부자 성명은 현판을 5단으로 나누어 한 단이 45칸으로 나누어져 있다. 한 칸에 기부자 이름이 적히게 되며 왼쪽으로 기부금액이 적혀 있다.

所任, 감역監役, 화원畫員, 하소임下所任 등의 인물 10명의 성명이 기재되어 있다.[133] 그 다음은 물품 기부자 명단인데 화본畫本 수장繡帳을 비롯한 각종 물품을 기부한 6명의 이름과 부역夫役 항에는 '이중일동里中一同'이라고 밝히고 있다.[134] 현판에 기재된 인물은 총 219명이며 기부에 참여한 인원은 총 218명이다.[135] 이는 전술한 바와 같이 당시 서빙고리 총 호수가 234호라는 것과 비교해 보았을 때 거의 비슷한 수치임을 알 수 있다.[136]

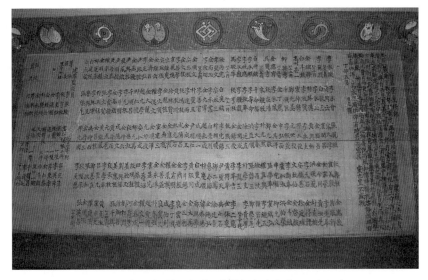

〈그림 12〉 서빙고동 부군당 정묘년 중수기 현판(원문은 부록 참조)

• • •

133 존위 이승준(李承駿), 구장 단형주(段亨柱), 이중소임 이규홍(李圭弘)・김용식(金龍植)・김종운(金種云)・박경순(朴慶順)・김영수(金永洙), 감역 이승기(李承麒), 화원 단홍주(段鴻柱), 하소임 이성칠(李成七) 등이 그들이다. 여기서 '건축감역원'이란 건축 공사를 관리・감독하는 관리를 말하지만 부군당 중수를 위해 결성된 중수 추진위원회 정도의 의미일 것으로 생각된다.

134 다음으로 하소임의 성명이 나오고 있지만 이는 앞서 살펴 본 건축감역원 항과 연계되어 있는 것으로 보아야 할 것 같다.

135 금전 기부자 214명, 물품 기부자 중 금전기부자와 중복되지 않은 자 4명, 기부 명단에는 올라가 있지는 않으나 감역원에 포함된 하소임 1명, 총 219명이다.

136 전통적인 관습 상 지역공동체 내에서의 추렴이나 갹출은 각 호당(세대주당) 참여한다는 사실을 감안하면, 이와 같이 비슷한 수치가 나타난 것은 결코 우연의 일치만은 아닐 것이다. 즉, 대부분의 주민들(세대주)이 부군당 중수에 참여하였음을 시사한다.

기부금 내역을 살펴보면, 가장 많은 액수인 이백 원 1인, 십 원 1인, 오 원 3인, 삼원 1인, 이 원 오십 전 2인, 이 원 5인, 일 원 오십 전 4인, 일 원 39인, 오십 전 132인, 사십 전 21인, 이십 전 5인 등 총 214인이 기부금을 냈으며 총액은 363원 40전이다. 이 중에 이백 원은 이승준이 낸 것이고 그 다음 고액 기부자로는 이범렬이 십 원, 김종학, 백두현, 高村甚一 등이 오 원, 유영수가 삼 원을 내었다.

기부 물품의 경우, 화본 수장畵本繡帳, 풍경風磬, 등롱燈籠, 차일遮日, 보욕의補褥衣, 수유水油가 있다. 물품기부란에 '이중일동里中一同'은 부역夫役을 제공한 것으로 기재되어 있어 중수에 동원되었던 주민들의 노고도 기부의 내역에 포함시키고 있다. 이승준의 기부금 이백 원은 전체 기부금의 절반을 넘는 액수로 부군당 중수의 결정적인 역할을 했음을 알 수 있고 기부자 중에는 일본인도 포함되어 있어 주목된다.

기부자들의 성씨별 분포를 살펴보면, 이李씨가 45명으로 가장 많으며, 그 다음이 김金씨로 42명이다. 그 다음은 박朴씨 12명, 황黃씨 11명, 단段씨와 최崔씨가 각각 9명, 백白씨와 장張씨가 각각 8명, 정鄭씨와 서徐씨가 각각 7명이고 그 밖에 권權씨(7명)·윤尹씨(5명)·송宋씨(5명)·성成씨(4명) 등 36개 성씨가 등장하고 있어 당시 주민들이 성씨분포를 살펴 볼 수가 있다(표 17).

〈표 17〉 1927년 서빙고동 부군당 중수기 성씨별 분포

성씨	수	성씨	수	성씨	수	성씨	수
李	45	徐	7	元	3	文	1
金	42	權	6	趙	3	馬	1
朴	12	尹	5	姜	2	河	1
黃	11	安	5	盧	2	呂	1
段	9	成	4	劉	2	林	1
崔	9	宋	3	申	2	魯	1
白	8	柳	3	禹	2	田	1
張	8	洪	3	裵	2	韓	1
鄭	7	千	3	嚴	1	吳	1

그러나 이러한 정회 합병 과정에서 당사자들이 강력하게 반발하였고 그 실효성에 대한 반증이 드러나면서 1942년 10월 1일에는 다시 정회를 분리하기 시작하였다.[69] 1943년 4월 '정회규정'의 개정에 따라 정회의 분리가 제도적으로 이루어졌는데 다시 개정된 규정을 정리해 보면 다음과 같다.[70]

1. 정회는 정 혹은 정목 단위로 하여 500호 이내에서 설치하되 구역 내 전 거주자를 대상으로 조직한다.
2. 정町의 구역은 약 10호戶 정도로 '애국반'을 설치하고 10개 애국반은 다시 조組로 묶어 각 반과 조에는 부윤이 위촉한 반장과 조장을 둔다.
3. 정회에는 총무부, 경제부, 방위부 등 3부를 설치한다.

이렇게 하여 한때 132개까지 줄었던 정회는 다시 1944년 10월에는 266개 정회가 되었고[71] 광복 직후까지 268개 정회가 존재했었다.[72] 이상 광복 직전까지 총대와 정회, 정·동의 변화를 정리하면 〈표 7〉과 같다.[73]

〈표 7〉 경성부 정·동과 총대·정회 수의 변화

	총대제	정회제			
		초기 1933~1936	府域 확장 1936~1938	廣域 정회 1938~1943	小정회 1943~
기준 연도	1929	1936	1936	1938	1944
정·동의 수	187	187	260	260	267
총대 수	152	155	237	135	266
정회 수	–	155	237	135	266

• • •
69 서현주, 앞의 논문, 2001, 137쪽.
70 위의 논문, 138쪽.
71 위의 논문, 139쪽.
72 1946년 6월 6일에 서울시는 해방 후 존재했던 268개 정회를 대표하는 기관으로 '경성부정회연합회'를 결성하였다. 『동아일보』, 1946년 6월 7일자.
73 〈표 7〉은 김영미, 앞의 논문, 2005, 33쪽 참조.

총대제가 실시되었을 때만 하더라도 각 정의 사무는 총대와 평의원들에 의해서만 시행될 수밖에 없었다. 이들의 사무는 주로 경성부 고지 사항에 대한 전달과 세금 등 체납에 대한 독려, 취학이나 학사에 대한 사무, 위생이나 풍속에 대한 사무 등이다. 그런데 이들은 정기적으로 경성부 담당자들과 회의를 하면서 부의 정책과 밀접한 관계를 유지하고 있었다. 즉, 일 년에 수차례 '정동총대 통상 타합회打合會'를 개최하여 총대들의 노고를 치하하고 경성부의 시정 방침을 전달하였다.[74]

실제 타합회 개최 사례를 들어 보면, 1926년 4월 8일에 있었던 타합회에서는 그 전해 모금되었던 수재의연금 사용에 대한 논의가 있었다.[75] 같은 해 일본의 왕이 죽자 12월 25일 정동총대회의를 열어 연말연시의 각종 장식을 폐지하고 집집마다 조기弔旗와 상장喪章을 달게 하는 등의 결의를 하였다.[76] 1930년 6월 5일에는 조선호텔에서 '경성부 항례 정동총대 타합회'를 열어 국세조사 사무와 이등공伊藤公 기념사업 자금 거출에 대해 논의하기도 하였다.[77]

1933년에 정회제가 실시되면서 각 정의 사무는 보다 조직적이고 규모가 있게 진행될 수 있었던 것으로 보인다. 즉, 그 전에는 총대와 평의원들만이 담당했던 사무를 부총대와 회계 및 사무원, 고문과 상담역 등이 그 업무를 분담하게 된 것이다. 또한 정회사무소를 건립하여 공식적인 집회 공간으로 활용하였고 문서 작성을 의무화하는[78] 등 총대제보다도 근대적인 행정 조직의 면모를 강하게 가지고 있었다.[79]

무엇보다 정회제에서는 정회 내 계층적인 구조를 주목할 필요가 있다. 즉, 1938년 정회가 통폐합되면서 각 정회의 내적 구조가 '정회-구區-호戶-세대주'에 이르는 계

•••

74 김영미, 앞의 논문, 2001, 181~182쪽.
75 『매일신보』, 1926년 4월 9일자.
76 『매일신보』, 1926년 12월 25일자.
77 『매일신보』, 1930년 6월 3일자.
78 정회 사무소에는 기록, 회원명부, 총회의사록, 역원회의사록, 출납부, 정(동)회비 징수부, 정(동)회유재산대장, 정(동)회비 수지예산 및 결산서철, 정(동)회비 지출증빙서류철, 왕복문서철 등을 구비하도록 하였다. 경성부, 「경성부하정(동)정(동)회 규약준칙」 제42조, 『경성휘보』 114호(1933년 9월), 1933, 17쪽.
79 김영미, 앞의 논문, 2001, 200쪽.

층적 조직으로 정비되었다.[80] 실제 1938
년 행촌정과 현저정이 통합된 행촌·현
저정회의 사례를 보면, 이 정회에 거주
하는 주민들은 약 3,500세대에 2만 명
정도이다. 정회 내 조직을 보면, 총대 1
명(채성석)에 부총대가 2명(민승기, 한봉석)
있고 그 아래 몇 명의 역원들과 평의원
들이 다수 있다. 역원에는 회계검사원이
3명이 있고 평의원으로 18명이 있다. 이
정회는 그 하부조직을 다시 7개의 구로

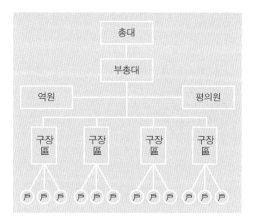

〈그림 9〉 정회 내적 구조

나누고 그 아래 다시 호를 두어 세포조직을 갖추고 있다(그림 9).[81]

정회 조직이 보다 세분화된 경우도 있는데 관훈·인사·견지·공평정회의 경우에
는 총대 1명(고영순), 부총대 1명(이도영)이 있고 역원으로는 회계 1명, 고문 8명, 상담역
17명을 두었다. 평의원은 35명으로 다소 많은 편에 속한다. 이 정회도 정회를 다시
10개 구로 나누고 각각 구장을 두었다. 그런데 정회 중앙에 역원이나 평의원 이외에
제전부, 경조부, 교화부, 위생부, 보안부, 조사부, 국방부, 서무부 등의 각 부서를 두어
실무를 분담케 하였다.[82] 이처럼 정회 중앙에 체계적인 각 부서까지 둔 경우는 영등포
북부정회나 도림정동부·신길정서부정회, 본동정회 등에서도 볼 수 있다.[83]

1940년에는 다시 '정회 - 구區 - 반班'의 조직으로 정비가 되었다. 또한 일반 주민들

• • •

80 정회에 구를 설치하고 구장을 두도록 한다. 또한 구내에는 호를 설치하고 호장을 두도록 한다. 경성부, 「경성부
    정회규정의 개정에 대하여」, 『경성휘보』 201호(1938년 8월), 1938, 5쪽.
81 「새 정회(町會) 새 기염(氣焰) 순청기(巡廳記)」4, 『조선일보』, 1938년 10월 6일자. 〈그림 9〉는 해당 기사를 토대
    로 필자가 작성한 것이다. 이 구조도와 같이 정회는 총대 이하 부총대를 두고 그 아래 각 역원들과 평의원들을
    두었다. 전체 구역을 몇 개의 구로 나누어 구장을 두고 이들이 할당된 각 호를 통솔하였다. 이 호는 1940년 이후
    에는 반으로 묶이게 된다.
82 「새 정회(町會) 새 기염(氣焰) 순청기(巡廳記)」 22, 『조선일보』, 1938년 10월 29일자.
83 「새 정회(町會) 새 기염(氣焰) 순청기(巡廳記)」 28, 『조선일보』, 1938년 11월 6일자; 36회 1938년 11월 17일자;
    42회 1938년 11월 26일자.

은 매월 초 3일에 정회의 상회常會에 참석해야 하고 매월 초 5일에는 구 단위의 상회에 참석해야 하고 매월 초 7일에는 반 단위의 상회에 참석해야 한다. 이에 대한 기사를 보면 다음과 같다.

경성부민은 부의 행정 기관의 한 단위로 된 정회를 통한 행사 이외에 국민정신총동원경성연맹의 각 정 연맹의 지시사항이며 그 위에 가정방호조합 등 세 갈래의 기관을 통하여 부담되는 행사에 번잡을 느끼고 있다. 그리하여 경성부에서는 이러한 부민들의 불편불리를 덜어버리는 동시에 모든 행사를 간단하게 진행시키기 위하여 전기의 세 가지 단체를 한데 묶어놓은 단체를 각 정회에 통일시키기로 되었다. 그리고 각 정회에는 구區와 반班의 세포단체를 두어서 모든 행사의 주지 철저를 도모하게 되었다. 즉 각 정회의 반을 기초단위로 하여가지고 그에 정 연맹의 애국반과 가정방호조합을 합류시키되 정회의 상회常會는 매삭 초사흗날, 구의 상회는 매삭 닷샛날, 반의 상회는 칠七일로 정하여서 여러 가지 행사에 대한 실천을 도모하는 한편 인보단결隣保團結을 굳게 하여서 교린협력을 도모하기로 되어서 구일九日 고교부윤高橋府尹의 명의로 각 정회에 이 뜻을 통첩하는 동시에 경성부 정회 규정과 정회규약준칙을 개정한다는 통지도 겸하여 발송하였다.[84]

이처럼 정회의 조직은 보다 체계적이면서 한 달에 3번의 단위별 상회를 개최하는 등 지역에 대한 장악력을 높여 나갔다. 1943년에 다시 한 번 정회 내 조직을 개편하는데 10호 단위로 '애국반'[85]을 조직하고 10개의 애국반을 묶어 '조組'로 편제하였다.

---

84 「정회의 세포체(구와 반) 조직 인보단결의 기능강화 : 정훈(精勳)·방호(防護)조합의 사무도 정회에서 통일」, 『매일신보』, 1940년 5월 10일자.

85 여기서 '애국반'은 원래 1938년 7월 7일 조직된 '국민정신총동원조선연맹'의 말단 기초 조직이었다. 일제는 대륙침략정책을 수행하기 위해서는 병참기지인 조선의 적극적인 협력이 필요했기에 이와 같은 말단 조직망을 일본보다 먼저 조직하였다. 총독부는 애국반 단위를 통해 후방에서의 마음가짐과 임무에 대해 선전하면서 노동력이나 자원 등을 체계적으로 동원하고자 했다. 애국반 조직은 1938년 10월 말 28만 반에 409만 명, 1939년 2월말에는 31만 반에 425만여 명으로 증가하였고 1940년 12월에는 약 38만여 반 정도가 되었다. 이종민, 「전시하 애국반 조직과 도시의 일상통제 : 경서부를 중심으로」, 『동방학지』 124, 연세대학교 국학연구원, 2004, 841~845쪽.

이 반과 조는 부윤이 임명한 반장과 조장이 있어서 각 단위를 관리하였다.

1942년은 태평양전쟁이 본격화된 시기로 일제는 전 조선을 전시체계에 입각하여 지배하고자 했다. 1943년에 개편된 정회의 내부 조직 변화는 이러한 일제의 의도를 반영하고 있다고 볼 수 있다. 즉, 일제가 전시체제기에 들어가면서 정회를 통해 실시한 중요한 몇 가지 정책이 있다. 첫째는 정회를 통해 실시한 양곡 및 생필품에 대한 배급제이다. 둘째는 정회에 정적부町籍簿를 비치하고 전출입이 있을 시 이를 빠짐없이 기록하여 전출입 사항과 주민들의 동태를 철저히 파악한 것이다. 셋째, 각종 인적·물적 동원업무들이 정회로 일원화되었다.

이처럼 이 시기의 정회는 일정 부분 자치적 문제를 해결했던 조직으로서의 기능을 완전히 상실하고 애국반과 더불어 전시동원체제의 세포적인 역할을 하는 조직으로 변모하게 된다. 각종 인적·물적 동원이 정회와 그 하부 애국반을 단위로 할당되었으며 정회와 애국반 단위로 이루어지던 식량과 생필품 배급은 주민 동원의 중요한 기반이 되었다.[86] 이상 일제 강점기 총대제와 정회제의 변화를 정리하면 〈표 10〉[87]과 같다.

〈표 10〉 총대제와 정회제의 시기별 변화

	총대제	전시 이전 정회제		전시 체제기 정회제		
개편시기	1916	1933	1936	1938	1940	1943
개편특징	총대제	정동회제	정회 증설	정회 통합	조직 일원화	정회 분할
구역 수	152	155	238	145	135	267
총대 선출자	주민			부윤·주민		부윤
정회 구역 결정자	주민			부윤		
회원	없음	세대주				全 거주자
회비	없음	정회비				

• • •
86 김영미, 「일제시기~한국전쟁기 주민 동원·통제 연구 : 서울지역 정·동회 조직의 변화를 중심으로」, 서울대학교 박사학위논문, 2005, 77쪽.
87 〈표 10〉은 김영미, 위의 논문, 67쪽 참조.

부 보조금	없음	없음	120원	600원	1,200원	미상
정내 주민 조직	–			防護團·국민정신총동원 정연맹·청년단· 애국부인회·국방부인회		
정내 세포	區(部)			區-組-班		
총대 연합회	조선인·일본인 총대 연합회			본청동부·중앙·용산·동부·강남·북부· 서부정총대회		
사무	행정 보조·자치 사무			행정 보조· 자치 사무· 국방원호사무	행정 보조·자치 사무· 국방원호사무·물자배급사무	

그렇다면 당시 지역의 대표자라고 할 수 있는 총대들은 과연 어떠한 사람들이었을까? 총대는 해당 지역을 대표하는 인물이었기에 대체로 그 지역 유지들과 명망가 등 영향력 있는 인물들이 맡았다. 실제 1936년 당시 정총대로서 부의원을 겸직하고 있는 자가 9명, 경성상공회의소 의원을 겸직하고 있는 자가 4명, 도의원 겸직자가 2명이었다고[88] 하는 것을 보아도 정총대에 대한 당시 인식이나 권위를 짐작해 볼 수 있겠다. 좀 더 구체적인 자료로 앞서 예로 들었던 1938년 『조선일보』의 「새 정회町會 새 기염氣焰 순청기巡廳記」에 총대들의 면면이 잘 나타나 있다. 총대들은 주로 관계官界, 교육계, 실업계, 법조계, 의료계, 금융계 등의 인사들로 되어 있다(표 11).[89] 관계에 있었던 경우에는 중추원 참의나 경성부회의원, 총독부 관리 등을 지냈던 총대들이 다수 있다. 교육계의 경우는 교사나 교장 등을 지냈던 인물이고 실업계에 있었던 경우는 정미소 대표나 미곡상 등이 있다. 법조계의 경우는 판사나 변호사를 지냈던 인물이 더러 있다. 의료계의 경우에는 의사, 병원장, 약국 대표 등을 지냈던 인물들이고 금융계의 경우는 은행이나 금융조합에 근무했던 인물들이다.

_{•••}

88 임대식, 앞의 논문, 111쪽. 또한 당시 정총대들의 대체적인 경력을 살펴보면, 각종 이익 단체(연합회, 동맹회, 조합), 교육후원단체(학교조합평의회, 학무위원), 친일단체(대정친목회, 갑자구락부, 경성신사씨자, 애국부인회, 청년회, 재향군인회), 기타 하부단체(방면위원, 납세조합, 위생조합, 농사개량조합, 국세조사원, 교화위원), 회사설립 및 중역·대지주·상업 등이다. 즉 당시 정총대들은 회사 경영자나 대지주 혹은 상업 행위를 하고 있던 자들로 일정하게 사회사업을 수행할 경제적 능력과 사회활동 능력을 소유한 자들이었다. 임대식, 같은 논문, 112쪽.
89 〈표 11〉을 작성할 때 참고한 자료는 다음과 같다. 「새 정회(町會) 새 기염(氣焰) 순청기(巡廳記)」(1~56), 『조선일보』, 1938.10.1.~12.27. *표시는 『한국근현대인물자료』, 한국사데이터베이스 참조.

이들 대부분은 현직에서 물러나고 정동 총대나 총대 조직 등에 관계하고 있음을 알 수 있다. 특히, 중추원 참의를 지냈던 원덕상, 주영환, 현헌과 중추원 의관을 지낸 예 종석 등 당시 거물급에 해당되는 인물들이 다수 총대를 맡고 있었다는 것은 총대직이 가지는 사회적 위상과 영향력을 짐작하게 해 준다.

〈표 11〉 1938년 경성부 각 정회 총대와 경력 현황

연번	정회명	총대	경력	연번	정회명	총대	경력
1	춘생정회 (삼청·팔판·소격·화동)	원덕상	병원장, **중추원 참의**★	29	신설숭인정회(신설정, 숭인정)	김관현	–
2	서부제1구정회(의주통1·2 정목, 미근정, 합정)	강창희	경성부회의원	30	종로4·5정목예지정회 (종로4정목, 종로5정목, 예지정)	유전	초대 공학사
3	자료 누락			31	서부15구정회(서교정, 합정정, 망원정)	김상돈	종교인
4	행촌현저정회 (행촌정, 현저정)	채성석	–	32	명수대정회(흑석정, 동 작정)	木下榮	경성부회의원
5	가회동재동계통정회 (가회정, 재동정, 계동정)	우종관	정미소 대표★	33	중학수송광화문통정회 (중학정, 수송정, 광화 문통)	김흥태	–
6	당내염정회 (당주정, 내수정, 도렴정)	정복	행정고위직	34	도화정2구정회	강지도	재목점, 경성방면위원★
7	안암종암연합정회 (안암정, 종암정)	유해창	교사, 토지경영업★	35	당산양평양화정회(당 산정, 양평정, 양화정)	박인덕	지방법원 등 관직
8	대관정회(훈정정, 봉익정, 수은정, 돈의정)	소완규	법조인	36	도림정동부신길정서부 정회(도림정 일부, 신길 정 일부)	민윤식	동일은행 등 금융인
9	중앙정회 (종로2정목, 관철정)	이홍주	목사	37	아현정제2구정회	–	
10	종로1정회(종로1정목, 청진정, 서린정)	문기옥	의사	38	남부제1정회(다옥정, 무 교정, 남대문통1정목, 삼 각정)	예종석	**중추원 의관**, 경성부회의원★
11	성북정정회	이신구	교사	39	충효정회(충신정, 효제 정, 종로6정목)	방태영	–
12	서부제6구정회(송월정, 평 동, 교남정, 냉천정)	김현익	–	40	노량진상도정회(노량 진정, 상도정)	高澤藤子	금융조합감사★

연번	정회명	총대	경력	연번	정회명	총대	경력
13	신당정제1구정회	김성수	–	41	서부제4구정회(봉래정4정목)	최상진	경찰서 경부, 군수 등 관원*
14	교동정회(낙원정, 경운정, 익선정)	심희택	의사(병원장)	42	본동정회	池田長次郎	기업가, 경성부회의원*
15	서부제9구정회(부암정, 홍지정, 신영정)	森川安次郎	–	43	도림정서부정회	이장하	약국 경영*
16	한남정회	이봉렬	정미소 운영, 경기도의원*	44	신공덕정회	長谷川삼랑	–
17	필운사직정회(필운정, 사직정)	주영환	**중추원 참의**	45	서대문구1·2정회	太宰明	지방법원 판사*
18	주성동빙고서빙고정회(주성정, 동빙고정, 서빙고정)	단현주	씨자총대, 금융조합총대	46	제기용두마장제1구정회(제기정, 용두정, 마장정제1구)	정기현	–
19	통인옥인누하누상창성정회(통인정, 옥인정, 누하정, 누상정, 창성정)	현헌	**중추원 참의**	47	돈화문정회(운니정, 와룡정, 권농정, 원서정)	–	–
20	이태원중부정회	성준덕	용산방면위원, 황국신민서사보급회 이사	48	서부제2구정회(서소문정, 정동, 화천정)	미정	–
21	아현정제3구정회	김학석	미곡상인	49	서부제7구정회(홍파정, 교북정, 옥천정, 천연정, 관동정)	송창원	공공사업가
22	관훈인사견지공평정회(관훈정, 인사정, 견지정, 공평정)	고영순	의사	50	병목정회	三上豊	전환국 사무장 등 금융계 관원*
23	아현제1구정회	차상호	경성부의원	51	경복정회(청운정, 궁정정, 효자정, 신교정)	남상찬	교육자
24	안국송현사간정회(안국정, 송현정, 사간정)	양재창	경성부회의원	52	혜화명륜정회(혜화정, 명륜정)	성원경	실업계와 행정 관련 명망가
25	입정정회	강용희	사업가*	53	수화장교정회(수화정, 장교정)	장두현	–
26	장사관수종3정회(장사정, 관수정, 종로3정목)	최백순	변호사	54	연희동교정회(연희정, 동교정)	장태영	–
27	보광정회	장영환	–	55	동숭이화연건정회(동숭정, 이화정, 연건정)	牧山正德	조선총독부 관리*
28	영등포북부정회	김민식	경기도회의원	56	공덕정서부정회(공덕정1구, 공덕정 2구)	박용구	관리

총대들의 민족별 분포를 보면 1929년만 하더라도 조선인과 일본인이 절반씩 차지하고 있었다. 그러다 1936년에는 조선인이 60%를 상회하게 되는데 이는 1936년 당시 편입된 지역이 대부분 조선인이 다수 거주하는 지역이었기 때문이다. 앞서 제시한 〈표 11〉의 1938년 자료만 보더라도 56개 지역 중에 일본인 총대는 8명에 불과하다. 또한 민족별 인구 비중에 따라 그 지역에서 우세한 민족의 총대가 선출되는 것이 보편적이었다. 즉, 조선인이 절대 우세한 종로구나 서대문구와 같은 지역은 조선인 총대가 대부분이고 일본인이 우세한 중구나 용산구의 경우는 일본인 총대가 다수 선출되었다. 이들 연령 분포를 보면 주로 40~60대 인물들이 대다수이지만 일본인들은 50대 이상이 대부분으로 조선인들보다 연령이 높았음을 알 수 있다(표 12, 13).[90]

〈표 12〉 경성부 지역별 정총대의 민족별 분포(1929년, 1936년)

	민족별	중구	종로구	서대문구	용산구	영등포구	동대문구	성동구	합계
1929년	조선인	8	51	13	4	0	3	0	79(52%)
	일본인	47	0	4	22	0	0	0	73(48%)
	합계	**55**	**51**	**17**	**26**	**0**	**3**	**0**	**152**
1936년	조선인	9	52	44	5	13	14	8	145(61%)
	일본인	46	3	8	27	5	0	4	93(39%)
	합계	**55**	**55**	**52**	**32**	**18**	**14**	**12**	**238**

〈표 13〉 경성부 정총대의 연령별 분포(1936년 5월 현재)

	40세 이하	41~50세	51~60세	61세 이상	합계
조선인(비율)	21(15.2%)	47명(34.1%)	44명(31.9%)	26명(18.8%)	138명
일본인(비율)	2명(2.4%)	13명(15.5%)	46명(54.8%)	23명(27.4%)	84명
합계(비율)	23명(10.4%)	60명(27%)	90명(40.5%)	49명(22.1%)	**222명**

...

90 임대식, 앞의 논문, 111쪽. 〈표 12〉과 〈표 13〉는 같은 논문, 110쪽; 112쪽 참조. 〈표 12〉의 1929년 자료는 有賀信一郎 편, 『大京城』, 조선매일신문사, 1929, 14~17쪽을, 1936년 자료는 『대경성공직자명감』을 근거로 하고 있다. 〈표 13〉도 『대경성공직자명감』을 근거로 하고 있다. 〈표 13〉의 정총대 수가 〈표 12〉의 그것과 다른 것은 연령을 알 수 없는 인물들이 〈표 13〉에서는 반영이 안 된 것으로 판단된다.

2) 지배와 자치 조직의 공존

일제강점기에 서울을 비롯한 도시 지역에 실시한 정동총대제와 그 이후 정회제는 일제의 식민지 지배를 지역의 말단 조직까지 장악하고자 하는 의도로 실시되었지만 실제 지역에서는 지역 문제 해결과 이해를 대변하는 자치적 성격도 띠고 있었다.

1920~30년대 당시 총대들의 활동상을 살펴봄으로써 이러한 이중적 성격을 알 수가 있다. 즉, 전술한 바와 같이 총대들이 기본적으로 수행해야 했던 경성부 하부 조직으로서의 의무와 시국 관련 활동 등은 당시 총대제가 가지는 일제의 하부 지배 조직으로서의 성격을 잘 보여주고 있다. 그러나 각 지역에서 발생하는 각종 문제들에 대해서는 총대와 평의원, 지역 유지들이 협력하여 대처해 나감으로써 지역 자치적인 역할도 수행했던 것이다.

예를 들어 1920년 서울에 콜레라가 발생했을 때 경성부는 무조건 격리·통제 정책으로 비난을 받았지만 각 지역의 총대와 유지들이 주도하여 자위적인 위생 조직을 결성하고 적극적으로 대처하였다.[91] 즉 삼청동에 '인민자위방역단'이 조직되어 총대와 평의원들이 환자의 집마다 소독을 실시하고 약품을 조달하였다. 이때 경비는 지역 유지들이 출연出捐하였다.[92] 또한 가회동의 경우, 총대 이신목이 동리 유력자 10여 명을 소집하여 '방역자위단'을 조직하고 의연금을 모금하고 동리 입구에서 소독을 진행하기도 하였다.[93] 누상동, 서대문2정목, 안국동 등에서도 총대와 유지들의 주도로 예방 소독이 실시되었다.[94] 특히, 삼청동과 팔판동에서는 자위적 방역조합을 설치하고 '동회洞會'를 설립하여 이를 상설화하기도 하였다.[95] 당시 지역 의례를 통해 이 난국을 타개하고자 했던 경우도 눈에 띄는데 필운동에서는 동네 유지가 주도하여 동민의 무사

...

91 김영미, 앞의 논문, 2001, 183쪽.
92 『조선일보』, 1920년 8월 18일자.
93 『조선일보』, 1920년 9월 5일자.
94 『조선일보』, 1920년 8월 20일자.
95 『조선일보』, 1920년 12월 3일자.

안일을 위해 뒷산에서 산제山祭를 지낸 일이 있었다.[96]

뿐만 아니라 1922년 5월 연지동과 종로5정목 주민들이 동네 길과 개천에 권상장勸商場[97]이 들어서려고 하자 이에 반대하는 운동이 일어났다. 이 때 연지동 총대인 김원재를 비롯한 동네 대표들이 경성부에 탄원을 하는 데 중심적인 역할을 하였다. 당시 기사를 살펴보면 다음과 같다.

종로4정목 연지동 어귀에 월전부터 일본인 항곡港谷이라는 사람이 큰 규모의 권상장勸商場을 건축하는 터인데 길과 개천을 막아서 집을 짓는다 하여 연지동 사는 일백 칠십여 호의 주민과 기타 중대한 영향을 받게 된 종로 5정목 일부의 사람들이 모여 반대운동을 일으키며 김원제金元濟·이건룡李建龍의 두 사람을 총대로 하여 그 동안 여러 번 경성부 토목과에 진정을 하였으나 아직도 목적을 달성하지 못하여 작일에도 네 사람의 총대가 토목과에 출두하여 탄원을 하였는데 사실의 내용을 들은 즉 지금 권상장을 건축하는 곳은 연지동으로 통하여 다니는 길과 밑 개천을 막아 그 위에 집을 짓게 된 까닭에 종래에 통하는 길이 막힐 뿐 아니라 여름 장마 때는 물이 넘칠 위험이 있다 하여 그 개천과 길은 그대로 두고 집을 길 좌우편으로 나누어 짓고 길과 개천은 그대로 두어 달라는 것이 그곳 주민의 주장인 바 작일 경성부 토목과에서는 그러면 집 가운데로 열두 자 통의 길을 내게 할 터이니 그리 타협을 하라는 뜻으로 총대에게 말하였으나 총대들은 다시 협의하여 통지할 터이라고 돌아갔는데 금일은 다시 경성부윤에게 진정을 한다더라.[98]

• • •

96 "삼청동에서는 그 동리 유지의 발기로 자위방역단(自衛防役團)을 조직하야 불행히 환자가 발생하는 경우에는 각 평의원 총대로 하야금 환자의 집에 대하야 소독 시행, 음식물 공급, 약품 조달, 기타 여러 가지 환자의 관계되는 일은 모다 실행케하고 …(중략)… 필운동에서도 그 동리 인민의 무사함을 기도하기 위하여 재작일 오전 11시경 그 동네 윗산에서 1동이 모히어 산제(山祭)를 거행하였더라.", 「호환자(虎患者)를 위하여 자위방역단조직, 삼청동, 누상동, 필운동 등 각 리에 자위방역 또는 산제」, 『조선일보』, 1920년 8월 18일자; 김영미, 앞의 논문, 2005, 42쪽 재인용.

97 권상장이란 일종의 극장을 말한다. 자세한 내용은 백두산, 「식민지 조선의 상업·오락 공간, 종로 권상장 연구 : 1920년대를 중심으로」, 『한국극예술연구』 42, 한국극예술학회, 2013. 참조할 것.

98 「蓮池洞民의 反對運動, 길을 막는 勸商場 주민의 손해 막대」, 『동아일보』, 1922년 5월 9일자.

1926년 4월에는 경성부에서 아현리와 마포에 분뇨 탱크를 설치하려고 하자 이 곳 주민들이 이에 반대하는 운동이 일어났다. 이때 마포동과 도화동 총대가 실행위원으로 참여하면서 적극적으로 반대 의사를 개진하였다.[99] 특히, 1931년 '전기 부영화府營化 운동'과 1932년 '교외선 전차 구역 철폐 운동' 등은 정동총대들이 개별 정동을 넘어서 경성부 전체 주민의 의지를 대변하여 당국과 교섭을 하는 역할을 수행했던 대표적인 사례이다.[100]

이처럼 총대들은 지역의 위생 문제, 교통 문제, 수도 설치, 전기 문제, 학교 설립 문제 등을 해결하기 위해 정(동)민 회의를 열고 이를 경성부에 적극적으로 건의하는 등 각 지역의 자치적 활동을 전개하기도 하였다.[101] 이러한 자치적 성격의 활동은 1933년 정동회제가 실시되면서 보다 체계적이고 구체적으로 진행된 것으로 보인다. 1938년에 통합된 정회의 총대들에 대한 인터뷰 기사를 보면, 하나같이 지역에 산재한 문제점에 골머리를 앓고 있었고 당시 정회의 최대 관심사는 이렇게 직면에 있는 문제를 해결하는 것이었음을 알 수 있다. 즉, 물 부족과 좁고 불편한 도로, 토막민들의 이전, 기생이나 유곽 등으로 인한 풍기 문란, 오물 처리와 같은 위생 문제 등이 대체적으로 안고 있는 문제들이었는데 이에 대한 해결이 최대 과제로 제시되고 있다.

그 다음은 정회비의 수입에 대한 문제가 그들의 중요한 관심거리 중 하나이다. 지역에 산재한 문제들을 해결하기 위해서는 경성부에 탄원을 하는 방법만 가지고는 한계가 있었으므로 정회 자체적으로 해결해야만 했다. 이를 위해서는 예산이 필요했으므로 정회비가 얼마나 잘 걷히는가 하는 점은 자연히 총대들의 관심사가 될 수밖에 없었다. 당시 이러한 정황을 알려 주는 기사를 살펴보면 다음과 같다.

* * *

99 『조선일보』, 1926년 4월 11일자.
100 서현주, 앞의 논문, 2001, 146쪽.
101 김영미, 앞의 논문, 2001, 184~185쪽. 김영미는 이 글에서 당시 총대들은 지역유지로서 지역민이 이해를 일정하게 대변하여 경성부와 대립할 수도 있었던 존재로 보았다. 또한 총대들이 일반적으로 주민들에게 군림한 것도 아니었다고 보았는데 1925년 도화동 주민들이 부에서 지정한 총대를 동민대회를 통해 배척했던 사건 등을 그 근거로 제시하고 있다. 김영미, 같은 논문, 186쪽.

광화문통 1번지는 총독부의 대관고작이 가득 자리 잡은 관사가官舍街로서 정회 수입의 '노
다지' 판이라 그 귀속 문제를 둘러싸고 중학정회와의 사이에 지난 8월 대정회제 실시 이래
쟁탈전이 연출되었으나 지리적 위치와 역사적 관계로 그곳 관사 오십여 호는 지난 1일 부고
시로 정식으로 경복정회로 편입되어 그 정회의 승리로서 문제는 완전히 해결되었다.[102]

이 기사에서 확인할 수 있는 것처럼 광화문통 1번지의 귀속 문제가 지대한 관심사
였다. 그 이유는 그 지역에 사는 이들이 주로 총독부 고위 관료들이었고 이들이 내는
정회비의 규모가 꽤 컸었기 때문이다. 이처럼 정회비를 낼 만한 생활수준이 되는지
또한 얼마나 걷히는지 등이 주요한 관심사였다.

한편, 정회비는 정회마다 조금씩 다른데 대체로 호별세戸別稅[103]를 기준으로 등급에
따라 책정하였다. 가령 중학·수송·광화문통정회의 경우에는 총 1,000호 중 정회비
는 309명만 부담했고 나머지는 면제였다. 이 지역의 정회비 금액은 호별세의 등급에
따라 최저 연 40전에서 최고 400원 가량인데 1원 이상 부담하는 세대주는 68명 정도
이고 나머지는 40전에서 1원 이하의 정회비를 낸다. 이 정회의 일 년 정회비 수입은
2,000원 정도이다.[104] 정회에 따라서는 정회의 수입을 높이기 위해서 다양한 활동을
펼치기도 한다. 연희·동교정회에서는 구역 안에 있는 시내에 세탁장을 설치하여 3전
씩 사용료를 받아 재정에 충당하였다. 하루에 100명 이상이 이 세탁장을 이용했다고
하니 재정에 큰 보탬이 되었을 것이다.[105]

이처럼 1933~1938년 동안 정회와 총대들이 지역의 현안에 더욱 관심을 집중시키고
있었던 경향은 전시체제가 본격화되기 전이라는 이유도 있겠지만 당시 도시 개발과

• • •

102 「새 정회(町會) 새 기염(氣焰) 순청기(巡廳記)」51, 『조선일보』, 1938년 12월 11일자.
103 호별세란 경성부에 내는 세금의 일종으로 집집마다 연 수입을 기준으로 일정 금액 이상이면 등급에 따라 세금을
내었다. 예를 들어 1936년 신문 기사에 의하면 "호별세란 부세(府稅)로 경성부에 주소를 두고 있는 사람은 연 수
입 오(五)백 원 이상에만 이르면 세등(稅等)에 따라 세금을 내어오게 되었으며 또 특별 호별세라는 명목 하에 교
육세를 내어 왔다." 라고 하였다. 『동아일보』, 1936년 2월 14일자 2면.
104 「새 정회(町會) 새 기염(氣焰) 순청기(巡廳記)」33, 『조선일보』, 1938년 11월 13일자.
105 「새 정회(町會) 새 기염(氣焰) 순청기(巡廳記)」54, 『조선일보』, 1938년 12월 21일자.

공업화, 인구의 급증 등으로 하루가 다르게 급격하게 변모하는 당시 서울의 상황과 관련이 깊다. 즉, 1936년은 경성부의 시역이 3배 이상 확장된 시기이면서 도시계획법인 '조선시가지계획령'이 실시되면서 본격적인 도시 개발이 진행되었던 시점이기도 하다. 따라서 경성부에 새로 편입된 지역은 정회를 구성하여 체계를 정비하는 것이 급선무였으며 도시 개발과 직간접적으로 관련된 지역들은 그로 인해 발생되는 영향에 대처하는 것이 가장 시급한 문제였던 것이다.

또한, 1938년에 있었던 정회의 통폐합은 해당 정회와 총대들에게는 큰 부담이 아닐 수 없었다. 즉, 통합된 지역을 포괄하여 새롭게 정회를 구성해야 하는 일도 만만치 않았겠지만 통합된 지역끼리 화합을 이끌어내는 것 또한 쉬운 일을 아니었다. 따라서 이 시기에 정동회는 지역의 현안 문제를 해결하기 위한 자치적 성격이 강하게 나타날 수밖에 없었다.[106] 그러나 1940년 이후가 되면 정동회는 이러한 자치적 기능이 쇠퇴되고 전시동원체계의 세포적 단위로 변모하게 된다.[107]

그런데, 당시 서울의 지역사회는 과연 이러한 정총대제나 정동회라는 체계로만 운영되었을까? 즉, 전통적인 지역 자치 조직이라 할 수 있는 계契나 동회洞會의 조직, 존위尊位나 중임中任과 같은 전통적인 지역 대표들은 완전히 소멸하였는지가 의문이다. 실제 1927년 서빙고 지역을 예로 들면 당시 서빙고 지역은 경성부에 편입되기 전이라 경기도 고양군 한지면 서빙고리로 편제되어 있었다. 이 서빙고리에는 구장區長 이외에 존위, 소임 등이 함께 존재했는데[108] 이는 관변 대표였던 구장과 전통적 수장인 존위가 동시에 존재하고 있었음을 의미한다. 이러한 이중적 체계는 오늘날 지역에서 볼

• • •

106 이러한 견해에 대해서는 연구자들 간에 의견이 대체로 일치하고 있는 것 같다. 김영미는 총대제와 초기 정동회제는 자치제의 요소를 일정하게 포함하고 있었다고 보았다. 즉 총대가 주민들의 총회에서 선출된다는 점, 총대의 관할 구역이 주민들에 의해 설정된다는 점, 총대는 행정 사무와 동리 고유의 사무를 담당한다는 점 등이 주요한 자치적 요소라고 보았다. 김영미, 앞의 논문, 2005, 68쪽. 서현주 역시 정동총대회가 부회(府會)를 추종・보조하는 입장에서 활동하기는 하지만 주민의 의지를 대변하여 그 관철을 도모한다는 점에서 주민의 대표로서의 성격을 가지 있는 것을 부정할 수는 없다고 보았다. 서현주, 앞의 논문, 2001, 151쪽.
107 즉 이 시기에는 각종 인적・물적 동원이 정회와 그 하부 애국반을 단위로 할당되었으며 정회와 애국반 단위로 이루어지던 식량과 생필품 배급은 주민 동원의 중요한 기반으로 등장한다. 김영미, 위의 논문, 2005, 77쪽.
108 졸고, 앞의 논문, 2010, 232쪽.

수 있는 이장과 대동계장의 체계와 흡사하다. 따라서 이러한 이중적 체계가 현재까지
도 유지되는 것을 보면 일제강점기에도 보편적인 현상이 아니었는가 생각된다.

전통적인 자치 조직은 지역에 따라 '동회洞會',[109] '구락부',[110] '청년회', '노인회' 등으
로 나타나고 있다. 그러나 이러한 전통적 자치조직이 경성부에 편입되면서 정회와 같
은 관변 조직으로 전환하는 사례[111]도 있어서 지역별로 편차는 존재했을 것으로 생각
된다. 이러한 전통적인 자치 조직이 관변 조직인 정회 등과는 어떻게 구별되었고 실
제 지역사회에서의 영향력은 어떠했는가 하는 자세한 정황은 추후에 면밀한 연구가
이루어져야 할 것이다. 다음에는 서빙고 지역과 장충동을 사례로 지역사회와 의례가
구체적으로 어떻게 운영되었는지 살펴보고자 한다.

3. 자본가의 성장과 토착 세력의 양립 : 서빙고 지역의 사례[112]

1) 용산 지역의 개발과 상권의 발달

강화도 수호 조약에 의해 1884년 용산포구가 개시장으로 설정되면서 용산지역이
본격적으로 개발되기 시작한다. 1900년에는 경인선 철도(인천-용산)가 개통되고 1901
년에는 전차노선(남대문-구용산)이 신설되며 1906년에는 용산에 일본 군사기지가 건설
되기 시작한다. 이 때 둔지리와 인근 주민들은 서빙고 동북쪽으로 강제 이주되기도

...

109 1920년 삼청동과 팔판동에서는 콜레라 방역을 위해 자위적인 방역조합을 결성하고 상설적인 '동회'를 설립하였다
고 하는데 이때의 동회는 정동회와는 다른 차원의 것이다. 김영미, 앞의 논문, 2001, 184쪽. 이는 전통적 자치 조
직을 계승한 것으로 판단된다.
110 1920년대 성북동에는 토박이 청년들로 구성된 '성북구락부'가 조직되어 있었다. 이들은 관변 조직인 성북정회와
함께 지역사회에서 주도권을 장악하고 있었다. 김영미, 「일제시기 도시문제와 지역주민운동 : 경성지역 성북동이
사례를 중심으로」, 『서울학연구』 28, 서울시립대학교 서울학연구소, 2007, 53쪽.
111 김영미, 위의 논문, 2007, 58쪽.
112 3절은 졸고, 「일제시대 서울 서빙고 지역과 부군당 중수집단 연구 : 1927년 정묘년 부군당 중수기를 중심으로」,
『한국무속학』 20집, 한국무속학회, 2010a의 일부 내용을 수정 보완하여 실었다.

하였다.[113] 1925년 을축년 대홍수를 겪고 나서 일본인들은 보다 안전한 거주지를 찾아 진출을 시도하면서 조선인들은 서빙고동을 비롯한 이태원, 한남동(한강리), 이촌동 등 한강변으로 이주해갈 수밖에 없었다.[114] 또한, 1923년에서 1927년 사이에는 서빙고 지역 북쪽에 대규모 일본 군사 기지가 들어서게 된다.[115]

1927년에 제작된 「용산시가도」[116]를 통해 당시 서빙고 지역의 공간 구조를 구체적으로 알 수 있다(그림 10). 즉, 서남쪽 한강 연안에 서빙고역이 있고 중심 거주지는 서빙고나루를 기점으로 북쪽 이태원으로 넘어가는 대로를 축으로 길게 형성되어 있다. 북쪽으로는 공병영工兵營과 기병영騎兵營이 자리잡고 있는데 공병영은 동빙고리에, 기병영은 서빙고리 지역에 속해 있다. 1938년에 작성된 신문기사를 보면, 이러한 서빙고 일대의 모습이 잘 묘사되어 있다.

이태원정에서 서쪽으로 뻗-한 큰 길을 이십분 가량 걸어가면 영문營門들이 마주한 것이 보이니 왼편 쪽은 공병대工兵隊요 바른편 쪽은 기병대騎兵隊다. 여기서 다시 가파르게 서쪽으로 난 언덕을 한동안 오르면 눈앞에 번쩍 뜨이는 것이 서빙고의 한강이요 언덕 아래 절벽 같이 폭 가라앉은 동리가 즉 서빙고정이다. 또 이 서빙고정에서 왼편쪽 등성이 하나를 가로 놓고 저편 쪽이 동빙고정이며 또 동빙고정에서 손등 같은 언덕을 하나 넘으면 또 주성정이다.[117]

...

113 서울특별시사편찬위원회 편, 『서울육백년사』 3권, 서울특별시, 1979, 416쪽.
114 김봉수, 「서울 용산의 경관변화에 관한 연구 : 조선후기부터 일제 강점기까지」, 『지리교육논집』 45, 서울대학교 지리교육과, 2001, 38쪽. 실제 한지면(漢芝面) 전체의 경우, 1925년에 인구가 32,527명이었던 것이 1930년에는 49,299명으로 대폭 늘어나는데 이는 경성부 다음으로 최고 증가치를 보여주고 있다. 그런데 한지면에 속해 있던 서빙고 지역의 경우는 1916년에 1,241명이었던 것이 1927년에는 1,304명으로 완만한 증가율(0.005%)을 보이고 있으며 1939년에도 1,825명에 그치고 있다. 조선총독부, 앞의 책, 1930; 경성부, 앞의 책, 1928. 이렇게 보면, 당시 서빙고 지역의 경우는 한지면 다른 지역에 비해 급격한 인구 변동은 없었던 것으로 볼 수 있다.
115 1923년 용산지역 지도를 보면, 이태원 서쪽에 있었던 공병대와 기병대가 1927년 지도에서는 서빙고 북쪽으로 이전되어 있는 것을 볼 수 있다. 신주백, 「용산과 일본군 용산기지의 변화(1884~1945)」, 『서울학연구』 29, 서울시립대학교 서울학연구소, 2007, 204~205쪽. 따라서, 일본의 공병대와 기병대가 각각 동빙고와 서빙고 지역 북쪽으로 이전한 시기는 1923년에서 1927년 사이였을 것이다. 실지 이들 지역의 인구 추세를 보면, 1924년 무렵에 다른 시기에 비해 인구가 큰 폭으로 늘어난 것으로 보아 일본 기지 이전과 관련이 있을 것으로 보인다(〈표 14〉 참조).
116 서울역사박물관 유물관리과 편, 「용산시가도」, 『서울지도』, 예맥출판사, 2006, 53쪽.
117 「새정회 새기염 순청기(18) : 주성(鑄城), 동빙고(東氷庫), 서빙고(西氷庫) 정회(町會)」, 『조선일보』, 1938년 10월 25일자 3면.

    1927년 당시의 서빙고 지역 상황을 보다 구체적으로 알 수 있는 자료로서 1928년에 간행된 『경성도시계획조사서』[118]가 있는데, 이 자료에 의하면 1927년 당시 서빙고 지역은 경기도 고양군 한지면 서빙고리로 편제되어 있었으며 평지 면적(75m이하)은 83,000평, 인구는 1,304명(〈표 14〉 참조),[119] 인구밀도는 16명/1천 평, 총 호수는 234호 정도였다. 학교로는 한지사립학교가 있었으며 동빙고리와 서빙고리가 통학권에 해당되었다. 직업별 호수를 보면, 농업호수는 1호에 불과하며 나머지 233호는 '상공업 기타 호수'로 분류되어 있다.[120] 이러한 정황은 주민들의 대부분은 상업이나 공업 등의 업종에 종사하고 있었다는 것인데 이는 1927년 서빙고 지역 부군당의 중수에 참여했던 주민들이 결국, 대부분은 상업이나 공업 등의 직업에 종사하고 있었음을 시사하고 있는 것이다. 실제 1933년 신문기사에 의하면, 서빙고 일대 주민들의 삶에 대하여 아래와 같이 기술하고 있다.

    이 한강변의 동리- 한강리니 서빙고, 동빙고, 보광리 등은 이러한 단순한 유원지는 아니다. 그 발전의 경로를 본다면 강가의 동리라 배편을 이용하여 한강 상류지방과 장사를 하며 내려 온 곳인데 그 장사가 보통 시가지의 장사와는 종류를 달리하야 옛 시대의 물물교환의 법칙을 오랫동안 답습하여 왔다는 점에서 더 주목을 끄는 곳이다. 즉 한강 하류에서 생선젓이나 소금 등속을 배에 싣고 상류지방에 올라가 경기도의 여주, 양평, 광주 등을 지나 강원도 원주, 횡성, 홍촌, 충청도 충주, 제천, 음성 등지에서 곡물, 장작, 숯 등속과 바꾸어 내려 왔던 것이다. 이 같이 하여 경성을 배경으로 한 이 곳 서빙고, 한강리 등지는 조그마한 무역지로서 오랜 시일을 두고 발전하여 온 것이다.[121]

• • •

118 경성부, 앞의 자료, 1928. 여기서 인구통계는 29쪽, 인구밀도는 68쪽, 평지면적은 71쪽, 총호수와 직업별 호수는 78-82쪽, 학교는 88쪽 참조.
119 〈표 14〉는 경성부, 『경성도시계획조사서』, 1928, 29쪽 참조.
120 평지면적과 인구밀도 산출은 1921년을 기준으로 하고 있는데 1921년 당시 서빙고리의 인구가 1,447명(국세조사인구)으로 집계되어 있어 『경성도시계획조사서』의 1,207명과 240명 정도 차이를 보인다. 총호수와 직업별 호수는 1926년 말의 집계이다.
121 「대경성후보지 선보기 순례(5) : 교외(郊外)의 명승지인 서빙고는 고포구(古浦口)」, 『조선일보』 1933년 10월 4일자

이와 같이 서빙고 일대는 전통적으로 상업에 종사하던 인구가 많이 있었음을 알 수 있다.

한편, 일제 강점기의 서울의 상업 환경은 크게 변하게 되는데, 전체적으로 한국 상인들의 활동이 위축되었던 상황이기는 하였으나[122] 한강 유역의 경우는 주요 포구를 거점으로 철도가 개통되기 시작하면서 이전의 상권을 이어갈 수 있었던 것으로 보인다. 실제, 1910년대 한강 유역은 한강을 이용한 배편으로 들어오는 쌀의 양[123]이 전체 서울로 들어오는 양의 43%정도를 담당하고 있었으며 1936년에는 철도편으로 60만 석, 배편으로 70만 석, 우마·트럭 편으로 30만 석, 총 167만 석이 반입되었다. 이는 철도 건설에 의해 한강 수운의 기능이 다소 약화되기는 하였으나 20세기 초반까지는 여전히 그 기능이 유지되고 있었음을 의미한다.[124]

특히, 서빙고 지역은 한강 상류에서 반입되는 '상수미上水米'[125]를 취급하던 곳이었으며 일제시대에는 특히, 콩의 집산지로도 유명했다. 따라서 서빙고 지역은 미곡과 관련된 제반 시설이나 상점 및 상가 등이 번성했을 것으로 보인다. 실제 1917년 10월 개설된 서빙고역과 그 앞에는 콩을 일본에 수출하기 위한 '대두검사소大豆檢査所'가 설치되어 있었고 '전선곡물계全鮮穀物界의 대왕'이라 불렸던 이종묵李宗黙의 '서빙고 곡물상회'[126] 등이 있었다고 한다. 서빙고 지역에는 정미소도 밀집되어 있었는데, 1930년대 당시 영풍정미소·동흥정미소·영화정미소·태화정미소 등이 있었으며 인근 동빙고 지역에도 서정정미소·서빙고 정미소가 있었다(표 13).[127] 이러한 정미소는 서빙고·동

- - -

조간 2면.

122 일제의 일상(日商) 위주의 상업정책, 교통운수체계의 변화, 인구변동, 한인구매력 감소 등을 그 요인으로 들 수 있다. 유승준, 「일제 강점기 서울의 상업과 객주」, 『서울학연구』 10, 서울시립대학교 서울학연구소, 1998, 155쪽.

123 1911년 한해 동안 서울로 반입된 쌀의 양은 철도편으로 26만 2682석, 배편으로 21만 5926석, 우마로는 정확하게 알 수는 없지만 대략 2만 4천석이 들어와 전체적으로는 대략 50만석 이상이 된다. 정병욱, 「1910년대 한일은행과 서울의 상인」, 『서울학연구』 12, 서울시립대학교 서울학연구소, 1999, 123쪽.

124 이홍락, 「식민지기 조선내 미곡유통」, 『경제사학』 19, 경제사학회, 1995, 192쪽.

125 미곡을 반입하는 한강 연안의 포구로는 한강 상류로부터 반입되는 '상수미'를 취급하였던 한강동(지금의 한남동), 서빙고, 뚝섬이 있고 한강 하류로부터 반입되는 '하수미'를 취급하였던 마포, 동막, 현석리 등이 있었다. 정병욱, 앞의 논문, 124쪽.

126 위의 논문, 125~126쪽.

빙고 지역 외에도 동막, 한강리 등에도 집중되어 있어서 당시 한강 유역의 활발했던 경제적 상황을 알 수가 있다.[128] 서빙고 부군당이 중수될 1927년 무렵에도 서빙고나루를 이용한 수운이 활발했는데 이웃한 한강리와 함께 연간 5만 톤 정도가 유통되었다.[129]

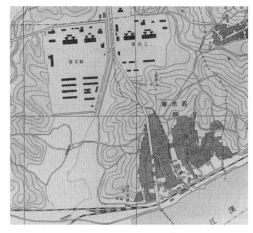

〈그림 10〉 1927년 「용산시가도」의 서빙고 지역 부분

이러한 정황을 미루어 보면, 1927년 서빙고 지역 부군당이 중수될 당시 서빙고 지역은 서빙고역과 함께 역 앞에 대두검사소와 서빙고곡물상회 등이 설치되어 있었다. 서빙고나루에서도 대두·미곡·땔나무·소금 등의 유통이 활발하게 이루어지고 있었다. 주민들의 대부분은 상공업 등에 종사하고 있었으며 남북으로 연결된 도로를 축으로 길게 취락과 상가가 형성되어 있었음을 알 수 있다.

* * *

127 영풍정미소는 『동아일보』, 1935년 3월 26일 2면 4단; 동흥·영화·태화정미소는 「치안정황(소화 십삼년 구월, 경기도)」, 『국내외 항일운동문서』, 국사편찬위원회 한국사데이터베이스; 서정정미소는 「서정정미소」, 『조선은행회사조합요록』(1939년판), 국사편찬위원회 한국사데이터베이스; 서빙고정미소는 『조선은행회사조합요록』(1933년판), 국사편찬위원회 한국사데이터베이스 참조. 서빙고 지역은 1936년을 기점으로 그 전에는 경기도 고양군 한지면 서빙고리로 편제되었다가 이후 경성부 서빙고정으로 개편되었다. 정미소들의 주소가 서빙고리 혹은 서빙고정으로 달라지는 것은 이러한 이유 때문이다.

128 동막의 경우 1918년 경 12개소의 정미소가 있어서 연간 100만엔 이상의 정미를 생산하였다고 한다. 정병욱, 앞의 논문, 127쪽. 한강리에도 서빙고동정미소의 사장이기도 한 이봉렬이 운영하던 한강정미소가 있었다. 『동아일보』 1932년 2월 14일자 2면 10단. 이외에도 서빙고동에는 경신·장흥·동일·두산·도흥·서창정미소 등이 있었다고 하며 1930년대만 하더라도 9곳의 대형 정미소가 있었다고 한다. 정형호, 「20C 용산 지역의 도시화 과정 속에서 동제당의 전승과 변모 양상」, 『한국민속학』 41, 한국민속학회, 2005, 426~427쪽.

129 경성부, 앞의 자료, 1928, 220~224쪽. 주된 유통 품목과 화물량을 살펴보면, 대두 4만 석(石)·잡곡 1만 3천 석(石)·땔나무(薪柴) 5만 4천 속(束)·제염(製鹽) 3천 석(石)·원염(原鹽) 8만 석(石) 등이었다. 이 자료에서는 출입화물 품목에 쌀이 포함되지는 않았지만 1936년 자료에서는 서울로 반입되는 쌀 중에 철도편과 배편을 통해 서빙고 지역에도 반입되고 있음이 확인된다. 이홍락, 앞의 논문, 193쪽.

〈표 13〉 일제시대 서빙고·동빙고 지역 정미소 현황

명 칭	주소지	대 표	설립일
영풍永豊 정미소	경기도 고양군 한지면 서빙고리	유영수柳英秀 유웅수柳雄秀	미상(1935년 당시 존재)
동흥東興 정미소	경성부 서빙고정	미상	미상(1938년 당시 존재)
영화永和 정미소	경성부 서빙고정	미상	미상(1938년 당시 존재
태회泰和 정미소	경성부 서빙고정	미상	미상(1938년 당시 존재)
서정西鼎 정미소	경기도 고양군 한지면 동빙고리	합명合名 : 柳英秀, 柳雄秀, 金某, 金德天, 柳永秀, 金德俊, 柳聖秀	1934.12.15
서빙고西氷庫 정미소	경기도 고양군 한지면 동빙고리	이봉렬李鳳烈	1931.10.25

〈표 14〉 서빙고·동빙고 지역 인구 추세(1916~1927년)

년도 지역	1916	1917	1918	1919	1920	1921	1922	1923	1924	1925	1926	1927	증가율
서빙고	1,241	1,252	1,174	1,175	1,260	1,207	1,221	1,229	**1,355**	1,389	1,344	**1,304**	0.005
동빙고	1,123	1,210	1,124	1,124	1,106	1,094	1,117	1,120	1,336	1,343	1,437	1,439	0.024

〈표 15〉 1912년 서빙고리 토지조사부

지번	지목	지적 (평)	소유자 주소	소유자 성명	출처(쪽)
1	田	27	서빙고1계	金寅植	467
2	田	327	경성부 명치정3정목	東洋拓殖株式會社	467
3	田	184	서빙고1계	金熙泰	467
4	田	138	경성부 명치정3정목	東洋拓殖株式會社	467
5	田	525	서빙고2계	李順甫	467
6	田	56	서빙고1계	金寅植	467
7	田	106	同上	崔德元	467
8	田	132	同上	姜大熙	467
9	林野	1,653		國	467
10	田	103		西氷庫里	467

지번	지목	지적 (평)	소유자		출처(쪽)
			주소	성명	
11	田	4,536	경성부 명치정 3정목	東洋拓殖株式會社	467
12	田	694	경성부 서부면 광암동	亡 段貞浩 妻 李召史	467
13	畓	726	경성부 욱정 2정목	原勝	467
14	畓	503	서빙고2계	金在明	467
15	田	1,320	서빙고1계	**白世基**	467
16	田	681	同上	尹明壽	467
17	田	391	同上	鄭盆俊	467
18	田	933	서빙고2계	景斗鉉	467
19	田	366	서빙고1계	金熙泰	467
20	田	121	同上	柳元萬	467
21	林野	4,846		國	467
22	垈	329	서빙고1계	白龍欽	467
23	垈	56	同上	**金昌植**	467
24	垈	63	서빙고1계	**李圭弘**	468
25	垈	25	同上	李寬根	468
26	垈	48	同上	金鎭完	468
27	垈	101	同上	黃汝順	468
28	垈	273	同上	**尹明俊**	468
29	垈	37	同上	金龍甫	468
30	垈	86	同上	朴瑞順	468
31	垈	27	同上	魯致玉	468
32	垈	126	同上	崔士元	468
33	垈	37	同上	**黃命伯**	468
34	田	457	同上	**李元根**	468
35	垈	31	同上	朴相順	468
36	垈	64	同上	權龍文	468
37	垈	111	서빙고1계	**白龍現**	468
38	垈	51	同上	**趙永成**	468
39	垈	35	同上	金錫老	468
40	垈	47	同上	鄭興實	468
41	垈	43	同上	徐丙汶	468
42	垈	225	同上	**尹興植**	468

지번	지목	지적 (평)	소유자		출처(쪽)
			주소	성명	
43	垈	22	同上	**金基鍾**	468
44	垈	35	同上	權敬萬	468
45	垈	35	同上	**尹明仁**	468
46	垈	56	同上	**金成五**	468
47	田	690	同上	白敬一	468
48	田	103	경성부 죽원정 3정목	內藤利一	468
49	田	338	서빙고1계	金熙泰	469
50	田	144	서빙고2계	李元俊	469
51	田	37	서빙고1계	**段亨柱**	469
52	田	509	경성부 용산면 원정2정목	中山三平	469
53	垈	61	서빙고1계	**金在榮**	469
54	垈	73	同上	洪建燁	469
55	垈	32	同上	**金基鍾**	469
56	垈	17	同上	安元俊	469
57	垈	102	同上	金丁龍	469
58	垈	51	同上	**崔建三**	469
59	垈	117	同上	嚴興有	469
60	田	163	同上	**張汶和**	469
61	垈	103	同上	洪明賢	469
62	垈	53	서빙고1계	**金有明**	469
63	垈	40	同上	權元植	469
64	垈	25	同上	**金鼎殷**	469
65	垈	72	同上	金興祥	469
66	垈	49	同上	**金善盇**	469
67	垈	62	同上	呂聖九	469
68	垈	69	同上	姜聖云	469
69	垈	32	同上	**李枝賢**	469
70	垈	91	同上	**段惱柱**	469
71	垈	103	同上	李元錫	469
72	垈	75	同上	**金在河**	469
73	垈	63	同上	權文敬	469
74	垈	20	서빙고1계	亡 朴元根 妻 李召史	470

지번	지목	지적 (평)	소유자		출처(쪽)
			주소	성명	
75	垈	24	同上	姜壽萬	470
76	垈	21	同上	金順澤	470
77	垈	26	同上	鄭興根	470
78	垈	48	同上	李龍三	470
79	垈	39	同上	黃德實	470
80	垈	24	同上	洪益順	470
81	垈	24	同上	尹聖天	470
82	垈	21	同上	金永善	470
83	垈	17	同上	崔德元	470
84	垈	44	同上	白完基	470
85	垈	34	同上	張啓三	470
86	垈	94	同上	徐珠賢	470
87	垈	21	서빙고1계	朴學圭	470
88	垈	46	同上	李順基	470
89	垈	12	同上	李龍來	470
90	垈	51	同上	朴聖奇	470
91	垈	47	同上	朴聖五	470
92	垈	30	同上	亡 辛賢甫 妻 李召史	470
93	垈	58	同上	白敬三	470
94	垈	30	同上	黃興日	470
95	垈	57	同上	白敬喜	470
96	垈	50	同上	金正琦	470
97	垈	45	同上	姜台秀	470
98	垈	67	同上	朴正祥	470
99	垈	73	서빙고1계	成德昌	471
100	垈	43	同上	崔德源	471
101	垈	28	同上	金相玉	471
102	垈	49	同上	鄭善在	471
103	垈	24	同上	鄭元基	471
104	垈	181	同上	白敬知	471
105	垈	40	同上	白斗鉉	471
106	垈	107	同上	金濟善	471

지번	지목	지적 (평)	소유자		출처(쪽)
			주소	성명	
107	垈	8	同上	金在河	471
108	垈	17	同上	李德俊	471
109	垈	45	同上	李亨錫	471
110	垈	45	同上	李達雨	471
111	垈	37	同上	金寅植	471
112	垈	90	서빙고1계	段性浩	471
113	垈	58	同上	朴慶順	471
114	垈	53	同上	權重燮	471
115	垈	74	同上	金應俊	471
116	垈	57	同上	白斗鉉	471
117	垈	83	同上	白龍雲	471
118	垈	56	同上	李善厚	471
119	垈	114	同上	白敬一	471
120	垈	97	同上	李龍來	471
121	垈	97	同上	張汶和	471
122	垈	71	同上	黃樟玉	471
123	垈	114	同上	李枝盛	471
124	垈	96	서빙고1계	朴興順	472
125	垈	35	同上	李承麒	472
126	垈	68	同上	金千鎭	472
127	垈	24	同上	李敬錫	472
128	垈	46	同上	黃汝先	472
129	垈	144	同上	千順巨	472
130	垈	25	同上	黃善泰	472
131	垈	37	同上	張競植	472
132	田	31	同上	千順巨	472
133	垈	45	同上	段永柱	472
134	垈	35	同上	許萬釗	472
135	垈	73	同上	李承龜	472
136	垈	111	同上	李承鳳	472
137	垈	80	서빙고1계	宋鍾牧	472
138	垈	84	同上	張啓完	472

지번	지목	지적 (평)	소유자		출처(쪽)
			주소	성명	
139	垈	18	同上	**李承鳳**	472
140	垈	87	同上	段致仁	472
141	田	9	同上	白敬一	472
142	垈	121	同上	千舜龍	472
143	垈	30	同上	黃奉云	472
144	垈	16	同上	**李敬錫**	472
145	垈	33	同上	黃奉云	472
146	垈	62	同上	**金啓俊**	472
147	垈	21	同上	**金鼎模**	472
148	垈	31	同上	姜聖初	472
149	垈	13	서빙고1계	金基禹	473
150	田	16	同上	禹仲九	473
151	田	63	同上	白敬一	473
152	垈	354	同上	**李承駿**	473
153	田	83	同上	宋鍾牧	473
154	垈	67	同上	**李枝盛**	473
155	垈	81	同上	段性浩	473
156	田	32	同上	段亨株	473
157	田	92	同上	**李元根**	473
158	田	178	同上	**李承駿**	473
159	垈	124	경성부 영산면 원정1정목	廣池原次郞	473
160	垈	180	충남 예산군 군내면 양대	白雲龍	473
161	垈	67	서빙고1계	金熙泰	473
162	垈	12	서빙고1계	段亨株	473
163	垈	116	同上	**金鍾學**	473
164	垈	39	同上	金寅植	473
165	垈	114	同上	白鴻基	473
166	垈	42	同上	李承實	473
167	垈	37	同上	白龍現	473
168	垈	14	同上	**李春敬**	473
169	垈	41	同上	李順文	473
170	垈	43	同上	金濟允	473

지번	지목	지적 (평)	소유자		출처(쪽)
			주소	성명	
171	垈	23	同上	李明根	473
172	垈	22	同上	李完錫	473
173	垈	32	同上	金應有	473
174	垈	34	서빙고1계	段亨柱	474
175	垈	15	同上	亡 金聖俊妻 崔召史	474
176	垈	62	同上	鄭萬柱	474
177	垈	89	同上	金明振	474
178	垈	33	同上	張啓云	474
179	垈	40	同上	鄭熙重	474
180	垈	225	同上	李鍾馥	474
181	垈	147	同上	李承麒	474
182	垈	121	同上	姜大熙	474
183	垈	99	同上	白龍欽	474
184	田	123	同上	千順巨	474
185	垈	79	同上	李斗錫	474
186	垈	98	同上	李敬錫	474
187	垈	171	서빙고1계	李承駿	474
188	垈	32	同上	鄭甫秉	474
189	垈	50	同上	趙元成	474
190	垈	55	同上	金基允	474
191	垈	43	同上	權炳恢	474
192	垈	26	同上	李聖文	474
193	垈	77	同上	黃段書	474
194	垈	48	同上	吳仁伊	474
195	垈	104	同上	白孝基	474
196	垈	156	同上	白世基	474
197	垈	56	同上	千順昌	474
198	垈	34	同上	李承業	474
199	垈	126	서빙고1계	李元根	475
200	垈	150	同上	李奉民	475
201	垈	20	同上	金錫根	475
202	垈	57	同上	李興原	475

지번	지목	지적 (평)	소유자		출처(쪽)
			주소	성명	
203	垈	89	同上	段學瑞	475
204	垈	60	同上	宋鍾奭	475
205	垈	46	同上	李聖敏	475
206	垈	24	同上	**李文順**	475
207	垈	33	同上	張啓光	475
208	垈	11	同上	李文成	475
209	垈	17	同上	朴春興	475
210		32	同上	李春敬	475
211	垈	58	同上	**安厚根**	475
212	垈	60	서빙고1계	金濟允	475
213	垈	34	同上	**黃興祚**	475
214	垈	19	同上	亡 李德南 妻 金召史	475
215	垈	82	同上	段得柱	475
216	垈	123	同上	安寬甫	475
217	垈	236	同上	白庠鉉	475
218	垈	123	同上	嚴聖範	475
219	垈	16	同上	朴允根	475
220	垈	33	同上	**元世俊**	475
221	垈	15	同上	千舜韶	475
222	垈	32	同上	曺秉璇	475
223	垈	83	同上	李潤赫	475
224	垈	91	서빙고1계	**元世俊**	476
225	垈	49	同上	朴命祿	476
226	垈	32	同上	**金允宰**	476
227	垈	36	同上	禹仲九	476
228	垈	41	同上	尹明壽	476
229	垈	14	同上	**金錫俊**	476
230	垈	23	同上	金鍾雲	476
231	垈	56	同上	朴道陽	476
232	垈	37	同上	金錫俊	476
233	垈	36	同上	李德有	476
234	垈	81	同上	**鄭元敬**	476

지번	지목	지적 (평)	소유자		출처(쪽)
			주소	성명	
235	田	27		西氷庫里	476
236	田	309	서빙고1계	金熙泰	476
237	田	1211	서빙고1계	**金應俊**	476
238	墳墓地	103	同上	尹明壽	476
239	田	324	경성부 명치정 3정목	東洋拓殖株式會社	476
240	田	94	서빙고1계	**李元根**	476
241	林野	1994		國	476
242	垈	99	서빙고1계	安致云	476
243	垈	85		國	476
244	墳墓地	468	인천부 남면 발리동	宋鍾益	476
245	墳墓地	354	서빙고1계	黃奉云	476
246	田	453	同上	**鄭善在**	476
247	田	334	同上	**宋鍾九**	476
248	社寺地	271		西氷庫里	476
249	田	4(?)76	용산면 신창내계	朴琪俊	477
250	墳墓地	412	서빙고1계	鄭益俊	477
251	田	321	同上	**白世基**	477
252	田	2,064	同上	**李承駿**	477
253	田	960	경성부 남부 반송방 지하계 옥천동	洪在應	477
254	垈	59	서빙고1계	柳元文	477
255	垈	41	同上	元世貞	477
256	垈	27	同上	金吉成	477
257	垈	78	同上	姜致玉	477
258	田	671	同上	金錫根	477
259	墳墓地	500	住所不明	姜南陽	477
260	墳墓地	77	서빙고1계	**李敬錫**	477
261	墳墓地	132	同上	**李逢雨**	477
262	墳墓地	180	서빙고1계	■致陽	477
263	田	432	同上	金敬文	477
264	畓	865	同上	金在明	477
265	田	408	同上	金敬文	477
266	畓	2,976	경성부 욱정 2정목	原勝	477

지번	지목	지적 (평)	소유자		출처(쪽)
			주소	성명	
267	田	117	서빙고2계	金敬文	477
268	田	632	경성부 용산 한강통 3정목	橫田尙二	477
269	田	501	경성부 욱정 2정목	原勝	477
270	田	1,514	경성부 용산 한강통 3정목	高野直二	477
271	田	56	서빙고1계	**李元根**	477
272	田	26	同上	吳仁伊	477
273	田	516	同上	金濟善	477
274	田	1,296		國	478
275	田	198	서빙고1계	徐珠賢	478
276	田	72	同上	鄭益俊	478
277	畓	1,355	서빙고2계	金在明	478
278	畓	94	同上	張益善	478
279	田	150	苀芝昧	李鍾祥	478
280	畓	4,039	경성부 용산 한강통 3정목	高野直二	478
281	田	181		國	478
282	田	885	서빙고1계	尹明壽	478
283	田	126	경성부 명치정 3정목	東洋拓殖株式會社	478
284	田	51	서빙고2계	景斗鉉	478
285		291		國	478
	以下 餘白				478
	合計				

지목	지적	내 역		479
		국유	민유	479
田	28,506	1,768	26,738	479
畓	10,558		10,558	479
垈	12,989	85	12,904	479
林野	8,493	8,493		479
社寺地	271		271	479
墳墓地	2,226		2,226	479
총계	63,043	10,346	52,697	479

*굵은 글씨로 표시된 성명은 서빙고동 현판에 기재된 인물임.

2) 토착세력의 유지와 신흥 세력의 등장

(1) 중수기의 분석과 기부자 현황

중수기 현판이 제작된 시기는 중수기에 적힌 상량문과 준공 시기, 즉 '정묘오월 상량丁卯五月 上樑'·'정묘칠월 준공丁卯七月 竣功'에 나타난 '정묘'년이라는 것과 중수기에 적힌 당시 인물들의 생존 연대를 비교하면 알 수 있다. 기부자들 중에 생몰 연대를 파악할 수 있었던 강음 단씨들[130]과 백두현(? ~1959) 등을 기준으로 했을 때 중수기가 쓰인 정묘년은 1927년으로 비정된다.

중수기는 발문, 기부자 명단과 기부금액 내역, 건축감역원과 기부물품 내역, 준공 일자 순으로 되어 있다. 먼저, 발문에서는 서빙고 지역의 지세와 형승에 대한 예찬과 부군당 중수 동기를 서술하고 있다. 즉, 부군당을 지은 지가 오래되고 좁아 중수할 것을 상의하던 중에 존위로 있었던 이승준이란 자가 거액을 기부하여 사묘를 정돈하게 되었다고 하였다.[131] 발문에 이어서 기부자들의 성명이 기재되어 있다. 기부자 명단에는 가장 많은 액수를 낸 이승준을 비롯하여 총 214명의 명단이 기재되어 있다.[132] 다음으로는 건축감역원의 직책과 성명이 기재되어 있다. 존위尊位, 구장區長, 이중소임里中

•••

130 강음 단씨 족보에서 확인된 인물은 총 6명이며 이들의 생몰연대와 기재되어 있는 페이지수는 다음과 같다. 단승주(段承柱, 1894~1949, 119쪽), 단현주(段現柱, 1895~1944, 90쪽), 단협주(段協柱, 1887~1936, 124쪽), 단형주(段亨柱, 1886~1959, 108쪽), 단홍주(段鴻柱, 1882~1954, 114쪽), 단흥주(段興柱, 1900~1974, 92쪽). 강음단씨세보편찬위원회, 앞의 자료.

131 발문의 내용은 다음과 같다. "남쪽 끝 산기슭에 남으로 수 리에 걸쳐 용과 호랑이의 형세가 펼쳐졌고 아득히 골짜기와 산굴과 같구나. 강과 호수의 절묘함과 구름과 산안개의 일어났다 잦아듦은 진실로 천연의 형승이 아닐 수 없다. 서쪽 마을에서부터 기반을 닦기 시작하여 부군당을 설치하였으므로 후토수호지신을 제사한 유래가 이미 오래되었다. 돌아보건대 당우를 지은 지 이미 오래되고 협루하여 의지하기가 불안하고 두려웠다. 이에 사람들이 중수할 것을 서로 상의하여 각자가 능력에 따라 재물을 기부하고 판목과 기둥을 자르고 주초를 갈고 기와와 벽돌을 굽고 담을 쌓았다. 얼마 지나지 않아 규모를 이루고 옛 제도를 회복하여 크고 아름답게 되었으며 예전에 비해 새롭게 되었다. 그때가 바로 이승준이 존위로 있을 때로 가장 많은 노력을 기울였다. 이로 인하여 혁혁히 신묘가 정돈되고 장엄해졌다. 신의 길이 가히 소요할 만하고 사람의 마음이 편안해져서 마음이 서로 기쁘고 화평하게 되어 때가 되면 기도하고 축원하며 성명(誠明)을 깨달아 기쁨이 충만하구나. 영원히 보호해 주시고 도와주셔서 때에 따라 신령님의 베풀어 주심이 있을 것이니 어찌 성대하지 않겠는가?". 원문은 부록 참조.

132 기부자 성명은 현판을 5단으로 나누어 한 단이 45칸으로 나누어져 있다. 한 칸에 기부자 이름이 적히게 되며 왼쪽으로 기부금액이 적혀 있다.

所任, 감역監役, 화원畵員, 하소임下所任 등의 인물 10명의 성명이 기재되어 있다.[133] 그 다음은 물품 기부자 명단인데 화본畵本 수장繡帳을 비롯한 각종 물품을 기부한 6명의 이름과 부역夫役 항에는 '이중일동里中一同'이라고 밝히고 있다.[134] 현판에 기재된 인물은 총 219명이며 기부에 참여한 인원은 총 218명이다.[135] 이는 전술한 바와 같이 당시 서빙고리 총 호수가 234호라는 것과 비교해 보았을 때 거의 비슷한 수치임을 알 수 있다.[136]

〈그림 12〉 서빙고동 부군당 정묘년 중수기 현판(원문은 부록 참조)

• • •

133 존위 이승준(李承駿), 구장 단형주(段亨柱), 이중소임 이규홍(李圭弘)·김용식(金龍植)·김종운(金種云)·박경순(朴慶順)·김영수(金永洙), 감역 이승기(李承麒), 화원 단홍주(段鴻柱), 하소임 이성칠(李成七) 등이 그들이다. 여기서 '건축감역원'이란 건축 공사를 관리·감독하는 관리를 말하지만 부군당 중수를 위해 결성된 중수 추진위원회 정도의 의미일 것으로 생각된다.

134 다음으로 하소임의 성명이 나오고 있지만 이는 앞서 살펴 본 건축감역원 항과 연계되어 있는 것으로 보아야 할 것 같다.

135 금전 기부자 214명, 물품 기부자 중 금전기부자와 중복되지 않은 자 4명, 기부 명단에는 올라가 있지는 않으나 감역원에 포함된 하소임 1명, 총 219명이다.

136 전통적인 관습 상 지역공동체 내에서의 추렴이나 갹출은 각 호당(세대주당) 참여한다는 사실을 감안하면, 이와 같이 비슷한 수치가 나타난 것은 결코 우연의 일치만은 아닐 것이다. 즉, 대부분의 주민들(세대주)이 부군당 중수에 참여하였음을 시사한다.

기부금 내역을 살펴보면, 가장 많은 액수인 이백 원 1인, 십 원 1인, 오 원 3인, 삼 원 1인, 이 원 오십 전 2인, 이 원 5인, 일 원 오십 전 4인, 일 원 39인, 오십 전 132인, 사십 전 21인, 이십 전 5인 등 총 214인이 기부금을 냈으며 총액은 363원 40전이다. 이 중에 이백 원은 이승준이 낸 것이고 그 다음 고액 기부자로는 이범렬이 십 원, 김종학, 백두현, 高村甚一 등이 오 원, 유영수가 삼 원을 내었다.

기부 물품의 경우, 화본 수장畵本繡帳, 풍경風磬, 등롱燈籠, 차일遮日, 보욕의補褥衣, 수유水油가 있다. 물품기부란에 '이중일동里中一同'은 부역夫役을 제공한 것으로 기재되어 있어 중수에 동원되었던 주민들의 노고도 기부의 내역에 포함시키고 있다. 이승준의 기부금 이백 원은 전체 기부금의 절반을 넘는 액수로 부군당 중수의 결정적인 역할을 했음을 알 수 있고 기부자 중에는 일본인도 포함되어 있어 주목된다.

기부자들의 성씨별 분포를 살펴보면, 이李씨가 45명으로 가장 많으며, 그 다음이 김金씨로 42명이다. 그 다음은 박朴씨 12명, 황黃씨 11명, 단段씨와 최崔씨가 각각 9명, 백白씨와 장張씨가 각각 8명, 정鄭씨와 서徐씨가 각각 7명이고 그 밖에 권權씨(7명)·윤尹씨(5명)·송宋씨(5명)·성成씨(4명) 등 36개 성씨가 등장하고 있어 당시 주민들이 성씨 분포를 살펴 볼 수가 있다(표 17).

〈표 17〉 1927년 서빙고동 부군당 중수기 성씨별 분포

성씨	수	성씨	수	성씨	수	성씨	수
李	45	徐	7	元	3	文	1
金	42	權	6	趙	3	馬	1
朴	12	尹	5	姜	2	河	1
黃	11	安	5	盧	2	呂	1
段	9	成	4	劉	2	林	1
崔	9	宋	3	申	2	魯	1
白	8	柳	3	禹	2	田	1
張	8	洪	3	裵	2	韓	1
鄭	7	千	3	嚴	1	吳	1

기부자들의 거주지와 직업 등을 추정해 보면, 대부분은 현지 주민들일 것으로 판단되나 예외인 경우도 있었던 것으로 보인다. 즉, 高村甚一이나 이만웅이 각각 1935년과 1925년에 경성 본정과 한강리에 거주했던 것으로 보아[137] 1927년 당시에도 서빙고지역에 거주하지는 않았을 것으로 판단된다. 기부자들의 직업은 전술한 바와 같이 대부분 상업이나 공업과 관련된 업종이었을 것이며 실제 직업이 확인된 몇몇의 고액 기부자들만 보더라도, 미곡상 혹은 정미업자, 사업가로 나타난다(표 18).

(2) 토착세력의 지속적 참여

1927년 부군당 중수에 참여한 인물들의 대부분은 서빙고 지역에서 대대로 살고 있는 토착민들로 생각된다. 특히, 강음江陰 단씨와 수원水原 백씨들은 조선후기 이래로 부군당 의례에 지속적으로 참여하고 있음을 알 수 있다. 먼저, 구장區長을 맡고 있었던 단형주段亨柱(1886~1959)와 화원畵員으로 참여하고 있는 단홍주段鴻柱(1882~1954)는 육촌지간이다.[138] 홍주의 조부인 치협은 서빙고동 부군당에 남아있는 1891년 노인계 좌목에, 형주의 조부인 치긍은 역시 서빙고동 부군당 1875년 현판과 1891년 노인계 좌목에 등장하는 인물들이다.[139] 치긍의 아들 덕호德浩가 서빙고동 부군당 1903년 현판이 제작될 당시에 존위를 맡았던 것을 보면 1927년에 조카인 형주가 42세의 나이로 구장을 맡게 된 것은 결코 우연이 아니다.

또한, 단홍주와 단현주는 친형제이며 그들의 부친은 1903년 이중계원 좌목에 등장하는 단덕호이며 조부가 전술한 치긍이다. 따라서 형주와는 사촌지간이 된다. 단현주는 서빙고리가 경성부 서빙고정으로 편입되었던 1936년에 서빙고정 총대로 선출되었던

. . .

137 "부내본정(本町) 二정목 八十七번지 미곡상 <u>고촌심일(高村甚一)</u>은 수일 전에 자기의 사재 육십만 원을 경성부 이달(伊達) 부윤에게 의뢰하여 사립중학교설립의 재단법인성립의 건을 의뢰하엿다한다."『동아일보』 1935년 7월 9일자; "高揚郡 漢芝面 漢江里 <u>李晚應氏</u>는 同里罹災同胞三十餘戶에 一千十五圓을 分配하엿다는데", 『동아일보』 1925년 8월 2일자.
138 1912년 당시 단형주는 서빙고1계 174번지 대지(122평)을 소유하고 있었다. 조선총독부, 『토지조사부』(고양군 한지면 서빙고리), 1912년, 국가기록원 소장, 474쪽.
139 졸고, 앞의 논문, 2010, 209쪽 참조.

인물이며 원래는 지산학교 교원이었으나 1926년부터 상업에 종사하면서 '남산동남부발전조성회 이사'를 지내는 등 지역에서 정치적인 입지를 다져나갔던 것으로 보인다.[140]

한편, 홍주와 승주 역시 친형제이며 홍주와 현주, 형주와는 육촌간이 된다. 이들은 모두 16세世에 해당하는 동일 세대 인물들이며 그들의 3대조에 해당되는 단기황段基璜 (13世)이 1875년 현판에 등장하고 있고 이후 제작된 1946년에 제작된 '보건친목회 명부'에 단홍주와 함께 단현주의 아들인 단희연段熙淵(1922~?)이 올라와 있어 단씨 집안의 참여는 적어도 4대에 걸쳐 지속되었던 것이다. 또한, 화원을 맡은 홍주 역시 1946년 현판이 제작될 당시에 '보건친목회' 회장을 맡고 있었는데 이러한 정황은 강음 단씨 집안이 오랫동안 서빙고 지역의 토착 세력으로서 영향력을 행사하고 있었음을 시사하고 있다.

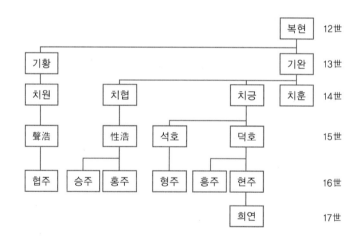

〈그림 14〉 조선~일제강점기 서빙고 지역 강음 단씨 가계도

• • •

140 경성신문사 편, 『대경성공직자명감(大京城公職者名鑑)』, 1936, 176쪽. 1938년 신문기사에 의하면, 당시 단현주는 서빙고・동빙고・주성정 등 이 합병된 삼정의 총대를 맡고 있었다. 당시 단총대는 이 지방에 '뭇소링(무솔리니)' 격으로 한 몸에 방호단장, 적십자분구장, 위생조합장, 금융조합총대, 애국부인회고문, 씨자총대, 남산동남부발전조성회이사, 성남체육회총대 등을 역임하고 있다고 했다. 또한 당시 부총대는 김세희(金世熙), 상담역은 이민설, 백두현, 김진홍 등이 맡고 있었다. 「새정회(町會) 새기염(氣焰) 순청기(巡廳記)(18) : 주성(鑄城), 동빙고(東氷庫), 서빙고(西氷庫) 정회(町會)」, 『조선일보』, 1938년 10월 25일자 3면.

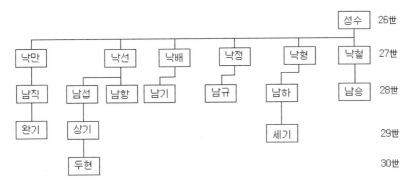

〈그림 15〉 조선~일제강점기 서빙고 지역 수원 백씨 가계도

　　중수기에 보이는 백씨는 총 8명인데 이중 백두현白斗鉉의 가계만 확인할 수 있었
다.[141] 백두현의 본관은 수원 백씨인데 서빙고동 부군당의 1875년・1891년・1903년
현판들을 통해 수원 백씨가 서빙고 지역에서는 연원이 오래된 토착 세력이었음을 알
수 있었다.[142] 백두현은 수원 백씨 훈정공파訓正公派 30세世[143]에 해당하는 인물로 대대
로 서빙고동 부군당에 관여해 왔던 가문의 한 사람이기도 하다.[144] 수원 백씨들은 서
빙고 지역에서 지속적으로 영향력을 행사하고 있었음을 서빙고동 부군당 1891년・
1903년 현판을 통해 알 수 있었는데[145] 이들의 후손인 백두현 역시 1926년에 서빙고

•••
141 수원백씨대동보 편찬위원회, 『수원백씨대동보』 제7권 : 훈정공파, 앞의 책, 394쪽. 중수기에는 백두현 외에 백건식
　　(白建植), 백경렬(白景烈), 백경삼(白敬三), 백석현(白奭鉉), 백점성(白点成), 백중현(白仲鉉), 백풍성(白豊成)의 이
　　름이 올라와 있다. 1912년 토지조사부의 의하면 당시 백두현은 서빙고1계 105번지와 116번지 대지를 소유하고 있
　　었고 백경삼은 93번지 대지를 소유하고 있었다. 조선총독부, 『토지조사부』(고양군 한지면 서빙고리), 앞의 자료,
　　470~471쪽.
142 졸고, 앞의 논문, 2010, 210~212쪽.
143 수원백씨대동보 편찬위원회, 『수원백씨대동보』제7권 훈정공파, 앞의 책, 394쪽.
144 두현의 조부인 남섭(南燮)의 사촌 형제인 남승(南升)과 남규(南奎)는 서빙고동 부군당 1875년 현판에 등장하는 인
　　물들이다. 남승은 오위장 벼슬을 지냈던 인물로 당시 존위를 맡고 있었으며 남규는 당시 부군당 중수기를 썼던
　　인물이다. 또한, 두현의 증조부 낙선(樂善)은 병오년 무과에 급제한 후 가선대부 행 통진부사(嘉善大夫 行 通津府
　　使)를 역임하였고 고종 대 병인양요가 벌어지던 당시(1866년 10월 1일)에 낙선은 전 오위장 출신으로, 남승은 전
　　감목관 출신으로서 돈 일만 삼천 백 냥을 영건도감에 헌납하고 낙선은 수령(守令)을 제수 받고 남승은 오위장에
　　가자(加資)되는 등 재력도 대단한 집안이었던 것을 알 수 있다. 졸고, 앞의 논문, 2010, 210쪽.
145 위의 논문, 209~212쪽 참조.

보통학교를 설립[146]하는 등 일제시대 서빙고 지역에서 여전히 지역 유지로 행세하고 있었음을 알 수 있다.

이 밖에 인물들의 면면을 구체적으로 확인할 수는 없으나 1903년과 1946년 현판에 지속적으로 나타나는 인물들을 살펴보면, 1903년과 1927년에 중복 등재되어 있는 인물은 총 6명이며 1927년과 1946년 현판에 중복 등재된 인물은 총 37명이다.[147] 이들 역시 서빙고 부군당 의례에 지속적으로 참여하고 있었던 것으로 보아 이 지역 주민의 자격으로 부군당 의례에 참여했을 것으로 판단된다. 실제로 앞의 〈표 15〉에서도 볼 수 있듯이 1927년 당시 서빙고 지역 의례에 참여했던 인물들 중 60여 명은 서빙고리에 토지를 소유하고 있어서 대부분 이 지역에 거주하고 있었던 주민들로 보아도 큰 무리는 없을 것이다.

(3) 미곡상의 진출과 외부 인사의 참여

당시 존위를 지내고 있었던 이승준은 서빙고 부군당 중수를 위해 거금 2백 원을 기부하였고 이것을 계기로 본격적인 중수를 촉발시킨 결정적인 인물이다. 이승준의 출생지와 활동에 대해 명확치는 않으나 1917년 경 한강리 곡물상 박순형과 서빙고리 곡물상 김천유 등과 거래를 했던 것으로 보아 적어도 1917년 전부터 곡물상을 했던 인물임에는 틀림없다. 실제 1912년 당시 서빙고1계에 거주하고 있었던 것으로 보인

• • •

146 "시외서빙고 보통학교 七주년 기념식을 지난 一일 오전 十시 동교 강당에서 거행하고 설립자 백두현(白斗鉉)씨의 교육공로 표창을 하얏다 한다.", 「서빙고공보기념(西氷庫公普記念) 교육공로자표창」, 『동아일보』, 1933년 12월 3일자 5면 7단.

147 1903년 현판과 1927년 현판에 중복되어 등재되어 있는 인물들은 김기현(金基鉉), 김응준(金應俊), 윤명준(尹明俊), 이성문(李聖文), 이지현(李枝賢), 장긍식(張兢植) 등 이상 6명이다. 1927년 현판과 1946년 현판에 중복되어 등재 인물들은 김제인(金濟因), 강응환(姜應桓), 김선익(金善益), 김응유(金應有), 김중운(金仲云), 단홍주(段鴻柱), 단희삼(段熙三), 박경순(朴慶順), 박성기(朴聖基), 박춘홍(朴春弘), 백두현(白斗鉉), 백석현(白奭鉉), 서정길(徐廷吉), 서정직(徐廷直), 서병완(徐丙完), 신홍서(申弘西), 안억선(安億善), 안치삼(安致三), 윤흥식(尹興植), 이두명(李斗明), 이수명(李壽命), 이영규(李永圭), 이이룡(李二龍), 이종복(李鐘馥), 이추봉(李秋奉), 이홍원(李興源), 장계삼(張啓三), 장영창(張英昌), 장학봉(張學奉), 정원기(鄭元基), 정홍학(鄭興學), 최건삼(崔建三), 최진홍(崔鎭弘), 하수남(河壽男), 황경조(黃敬祚), 황선태(黃善泰), 황은봉(黃銀鳳) 등 이상 37명이다. 이 중에 밑줄 친 인물들은 1912년 당시 서빙고1계 토지 소유자로 확인되었다(표 15〉 참조). 따라서 이들은 당시 서빙고 지역에 거주하고 있었을 것으로 판단된다. 조선총독부, 『토지조사부』(고양군 한지면 서빙고리), 앞의 자료.

다.[148] 이승준의 무곡貿穀 사업은 경성은 물론이고 전국 항만 도회지에 영향을 미칠 정
도로 규모가 컸다. 또한 1927년 3월에 서빙고역전에 있었던 동아일보 한강지국의 고
문顧問으로 정식 임명되었으며[149] 같은 해 서빙고 부군당 중수를 위해 거액을 기부하는
등 그가 서빙고 지역에 미쳤을 영향력이 지대하였다는 것은 미루어 짐작해 볼 수 있
다. 당시 이승준이 맡고 있었던 '존위'라는 직임은 1878년·1891년·1903년 부군당
현판 맨 앞자리에 줄곧 등장하고 있는데, 1927년 현판에는 구장區長이 별도로 존재했
음에도 불구하고 구장 앞에 존위를 먼저 기재하고 있어 지역사회에서 존위가 구장보
다 높은 지위임을 상징적으로 보여주고 있다.[150]

이승준 다음으로 큰 액수인 십 원을 기부한 이범열李範烈은 1920년경에 공진상회
(주)[151]와 조선제사(주)[152]의 중역 및 대주주를 역임하였고 서대문구 미근동에서 정미
소를 경영하다가 1921년에는 서빙고 지역으로 이주하여 미곡상[153]을 하였다. 서빙고
동 부군당 중수가 있던 1927년에는 '만선사滿鮮社'[154]라는 합자회사를 설립하였는데 이

• • •
148 일제시대 이승준에 대한 자료를 보면, 황해도 출신의 유지인 이승준과 서빙고 지역 곡물상인 이승준이 등장한다.
즉, 일제시대 자료에 의하면, 이승준의 출생지는 황해도 해주 상정(上町) 160이며 생년월일은 1886년 7월 1일이며
사망년월일은 1946년 3월 6일로 되어 있다.『국가보훈처 공훈전자사료관』. 또한, 이승준은 1920년 6월에 연지동
에 있었던 경신학교(儆新學校)에 백원을 기부한 일이 있었다. 이에 대해서 "황해도 해주읍내에 사는 리승준씨는
그 근처의 공공사업에도 여러번 긔부사업을 한 유지인데 향자에 경성에 올나왓다가 련지동경신학교에 빅원을
긔부하얏는대"라고 하였는데, 이러한 기사 내용은 이승준이 상당한 경제력을 가진 황해도 해주의 유지였으며 경
성에 온 것은 최근의 일임을 시사하고 있다.「이씨의 선심」,『동아일보』, 1920년 6월 18일자 3면 9단. 한편, 같은
서빙고 곡물상 김천유(金天裕)와의 어음 거래 상황을 보면 이승준은 김천유에게 1917년 6월부터 1918년 12월까
지, 1년 6개월 만에 4만엔 상당의 곡물을 공급하였음을 알 수 있다. 또한, 그가 "京城은 물론하고 其他 各地方港
灣都會之地에 散布한 곡물이 擧皆 同店(이승준상점)으로부터 分配한"것으로 "巨額의 金으로 穀物을 多量買入하
여 機를 隨하고 時에 應하야 散賣 혹은 都賣함이 同店의 특색"(정병욱, 앞의 논문, 127쪽)이라는 자료를 보면,
1920년 무렵에 경성에 올라온 황해도 해주의 유지 이승준과 동일 인물로 보기에는 무리가 있다. 특히, 1912년
『토지조사부』에 의하면, 이승준은 당시 서빙고1계 152번지(354평)와 187번지(171평) 대지의 소지유자였고 밭
2,064평(252번지)을 소유하고 있었다. 조선총독부,『토지조사부』(고양군 한지면 서빙고리), 앞의 자료, 473쪽; 474
쪽; 477쪽. 따라서 당시 존위였던 이승준은 후자인 서빙고 곡물상인 이승준으로 간주된다.
149「한강지국 위치 변경」,『동아일보』, 1927년 3월 3일자 6면 10단.
150 일제시대에는 전술한 바 있는 존위 제도가 원칙적으로 폐지되었을 것이나 지역사회에서는 '상징적 권위'로 잔존해
있었던 것으로 보인다.
151『조선은행회사조합요록』(1927년판), 국사편찬위원회 한국사데이터베이스.
152『조선은행회사조합요록』(1921년판), 국사편찬위원회 한국사데이터베이스.
153「증인 이범열 신문조서」,『한민족독립운동사자료집』36 : 독립군자금모집(5).
154『조선은행회사조합요록』(1927년판), 국사편찬위원회 한국사데이터베이스.

회사는 정미업 및 미곡 판매·위탁판매업·창고업·금융업 등을 담당하였다. 고액 기부자 중의 한사람인 유영수柳英秀는 1927년 당시만 하더라도 전술한 이범렬이 사장으로 있었던 만선사滿鮮社의 사원으로 재직하고 있었다.[155] 이후 경성흥업京城興業[156]의 이사로 있으면서 1934년경 동빙고리에 있었던 서정정미소西鼎精米所[157]의 사원으로도 재직하고 있었다. 다음 해 1935년에는 서빙고리에서 독립적으로 정미소(영풍정미소)[158]를 경영하고 이후 광산업에도 진출[159]하는 등 그간 상당한 자본을 축적했던 것으로 보인다.

이처럼 서빙고 지역에서 미곡상이나 정미소 운영 등을 통해 자본을 축적한 인물들이 부군당 중수에 고액을 기부하며 적극적으로 참여하였다. 한편, 고액 기부자 중에는 서빙고 지역민이 아닌 외부 인사도 있었는데 이만응李晩應과 일본인 高村甚一이 그들이다. 부군당 중수를 위해 이 원을 기부한 이만응 역시 정미업자로 알려져 있다. 1925년 당시까지 서빙고 지역이 아닌 한강리(고양군 한지면 한강리 557)에서 정미업을 하던 인물로서 1920년 한강리 자택에서 대한민국 임시정부원을 자칭하는 자에게 군자금으로 쓸 거금 일천 원을 내 놓으라는 협박을 당했다는 사실[160]이나 1925년 대홍수 때에는 홍수 피해를 당한 한강리 이재민들을 위해 일천 오십 원을 분배했다는 기사[161]

• • •

155 위의 책.
156 경성흥업(주)은 1929년 7월 10일에 설립된 회사로 곡물·새끼·가마니 매매 및 위탁 판매 및 부대 업무를 담당하였다. 유영수는 1931년에는 이사로 있다가 1933년에는 전무이사로 승진했다. 본점의 주소는 경성부 황금정 7정목이었으나 유영수가 1927년에 부군당 중수를 위해 기부금을 냈고 1935년에도 서빙고리(183번지)에 거주하고 있었던 것으로 보아 거주지는 서빙고지역에서 벗어나지 않았던 것으로 보인다. 『조선은행회사조합요록』(1931년판); (1933년판); (1939년판); (1942년판); 「광업권설정」, 『조선총독부관보』 2581호, 조선총독부관보 데이터베이스.
157 서정정미소는 1934년 12월 15일에 설립되었으며 정미 외에도 새끼·가마니·곡물 무역 및 위탁판매업을 수행하고 있었다. 주소지는 경기고 고양군 한지면 동빙고리 170으로 되어 있다. 『조선은행회사조합요록』(1935년판), 국사편찬위원회 한국사데이터베이스.
158 "시외 서빙고리(西氷庫里)에서 영풍정미소(永豊精米所)를 경영하든 유영수(柳英秀)는 얼마전부터 정미소 문을 닫고 정미업을 경영하는 것을 기화로 평택(平澤) 모 회사로부터 삼천여원어치의 가마니를 주문해다가 돈도 지불하지 안코 사용해버린 혐의가 잇어 이십사일 용산서원이 유영수의 집을 습격하고 가택수색을 한 결과 이를 사기해먹든 계획이 확연하야 용산서에 유치하고 방금 엄중한 취조를 계속하는 중인데 여죄가 남혼듯하다고 한다.", 「三千圓騙取 嫌疑로 引致」, 『동아일보』, 1935년 3월 26일 2면 4단.
159 유영수는 1935년 7월 박순병(朴順秉)과 함께 경기도 포천군 청산면 백만 평 금은광을 등록하였다. 「광업권설정」, 『조선총독부관보』 2581호, 조선총독부관보 데이터베이스.
160 국사편찬위원회, 「이만응 시말서」, 『한민족독립운동사자료집』 36 : 독립군자금모집(5).

등은 그가 당시 상당한 재산가였음을 시사하고 있다. 또한, 기부한 자들 중에 외지인이면서 유일한 일본인으로 高村甚一이 있다. 그는 1868년에 일본에서 출생하여 28세가 되던 1895년에 한국으로 건너온 것으로 보인다. 그는 경성에 있는 헌병대에서 통역으로 활동하다가 1902년경에 충주로 근거지를 옮기게 된다.[162] 이곳에서 토지를 경영하고 육군에 납품을 하면서 재산을 모으기 시작하였는데 특히, 고리대금업[163]을 통해서 막대한 재산을 축적했던 것으로 보인다. 서빙고 지역과는 어떻게 인연을 맺게되었는가는 확실치 않으나 1927년 부군당 중수를 위해 오 원을 기부하였다. 이후 그는 60만 원을 출자하여 성동중학城東中學을 설립(1936년)[164]하고 경성부에 50만 원(1935년), 충주중학에 일만 원(1939년)을 기부하는 등 교육가와 자선사업가로 명망을 높이게된다. 그는 1945년 4월에도 강원도 영월과 경상북도 봉화군에 있는 광산을 매입하여등록[165]하는 등 해방 직전까지 활발한 경제 활동을 보였다.

이처럼, 1927년 서빙고 지역 부군당 중수에는 대대로 거주해오던 토착민과 집안 세력 외에도 곡물상이나 정미업 등으로 부를 축적한 사업가 혹은 명망가들이 적극적으로 참여하고 있었으며 외부 인사들까지도 참여하고 있었음을 알 수 있다.

〈표 18〉 1927년 서빙고동 부군당 중수기 주요 인물 현황

성명	직업	지역 직책	출생지 및 거주지	기부 내역	비고
이승준	곡물상	존위	서빙고리(1계 152, 187번지)	2백원	동아일보 한강지국 고문(1927년)
이범렬	미곡상·정미업, 사업가	없음	서빙고리 196번지	10원	만선사(합자회사) 설립(1927년)

• • •
161 「李晩應氏 美擧」, 『동아일보』, 1925년 8월 2일자.
162 국사편찬위원회, 『한국근현대인물자료』.
163 "그는 일즉 四十여년전에 조선에 건너와서 헌병대 통역으로 잇다가 그를 그만두고 그동안 고리대금을 하여 모혼 것이라 한다.", 「六十萬圓으로 法人組織依賴」, 『동아일보』, 1935년 7월 9일자.
164 그가 성동중학을 설립하기 위해 내 놓은 재산은 충주읍내에 있는 전답대(田畓垈) 45만 평, 부내에 있는 대지 1,581평, 가옥 51호와 현금 20만 원이었다. 위의 기사.
165 「광업권 이전」, 『조선총독부관보』 5362호, 조선총독부관보 데이터베이스.

백두현	교육가	없음	서빙고리(1계 105, 116번지)	5원, 보욕의 3건	서빙고보통학교 설립(1926년)
高村甚一	미곡상, 사업가	없음	일본출생(1868년) 경성 본정2정목 87번지(1930년)	5원	성동중학 설립(1936년)
유영수	정미업, 사업가	없음	서빙고리 183번지	3원	영풍정미소 (서빙고리) 운영
이만응	정미업	없음	한강리 557번지(1925년)	2원	–
단형주	미상	**구장**	서빙고리(1계 174번지)	1원	단치긍의 손자
단홍주	미상	**회원**	서빙고리 거주 추정	50전	단치협의 손자

3) 전통의 지속과 교류의 장으로의 활용

1927년에 서빙고 부군당이 중수되었다는 사실은 당시에도 부군당 의례가 행해지고 있었음을 의미한다. 지역 의례가 탄압받았던 일제시대에도 부군당 중수와 의례가 행해질 수 있었던 배경으로 지역 의례가 기본적으로 지니고 있는 전통의 지속성, 의례의 주도 세력들 간의 이해관계와 활용, 당시 일제시대의 문화 정책의 변화 등을 들 수 있겠다.

먼저, 부군당 중수를 위해 기부금을 냈던 인물들이 부군당 의례에도 참여했을 것이며 이들이 부군당 의례의 주재 집단이라고 한다면 대대로 서빙고 지역에서 거주해 오던 토착민들은 과거 조상들이 행해오던 부군당 의례를 지속하고자 하는 요구를 지녔을 것은 자명하다. 과거 전통을 지속시키고자 하는 욕망은 전술했던 강음 단씨와 수원 백씨들을 통해서 구체적으로 확인해 볼 수 있다. 특히, 강음 단씨의 경우는 1875년 이래로 4대에 걸쳐 부군당 의례에 참여하고 있어서 집안 대대로 지역 의례에 참여하고 있음을 알 수 있다.

다음으로, 서빙고 지역을 포함하여 한강 유역에서 활동하던 유력 상인들은 지역과의 연계성을 긴밀하게 유지하려고 노력했을 것이다. 이들은 지역에 대한 기부나 선행 등을 통해 지역 유지임을 각인시켰으며 공적인 조직에서도 명예직이나 고문직을 맡아 지역에서의 권위를 유지하고자 하였던 것이다. 서빙고 부군당 중수 시에 고액을 기부한 인물들의 면면이 이 지역 유력 상인들이었다는 것이 이러한 정황을 시사하고 있다. 앞서 언급했던 이승준은 당시 서빙고 지역에서는 '존위'로서, 유력 신문사의 지역 고문으로서 그 지역에서는 가장 영향력 있는 인사 중 한 명이었다. 또한, '만선사(합자)'를 설립한 이범열이나 '경성홍업'의 이사이면서 영풍정미소를 운영했던 유영수 역시 미곡상으로 출발한 재력가들이었다. 더욱이 전술한 高村甚一이나 이만응은 외지인이지만 서빙고 부군당 중수에 고액을 기부한 인물들로서 그들 역시 미곡상으로 재산을 모은 자들이다. 이들은 이후 지역 사회에 여러 차례 기부를 하였으며 이를 통해 명망이 높아졌던 인물들이었다. 高村甚一이나 이만응이 부군당 중수에 참여하게 된 배경에는 서빙고 지역에 대한 사업적 고려와 지역 상인들과의 교분이 있었다고 볼 수 있다. 즉, 그들은 유력 미곡상들이 거주하고 있는 서빙고 지역을 고려하지 않을 수 없었을 것이고 이승준이나 유영수·이범열 등과의 교분으로 인해 상호부조의 측면에서 기부에 참여했을 가능성이 크다. 그 이유가 어찌 되었던 이러한 정황은 서빙고 지역의 경우, 부군당과 그 의례가 지역민들뿐만 아니라 인근 혹은 교분 있는 유력자(상인·사업가·유지들)들 간의 '소통과 교류의 장場'으로도 활용되고 있었음을 의미한다.

마지막으로, 1920년대는 일제가 무단통치의 정책 기조를 유화적이고 회유적인 문화정치로의 변환을 꾀하던 시기였다. 종교적인 측면에서 보면, 3·1운동 이후에는 한국인의 전통문화와 관습을 존중한다는 명분을 내걸고 각종 선심 정책을 폈으며 집회 문제에 있어서도 종교나 체육단체에 한해서 자유를 주었던 시기이기도 하다.[166] 1912년에 공포된 '경찰범처벌규칙'(조선총독부령 제40호)과 1915년에 공포된 '포교규칙'(조선총독부령 제83호)은 일제가 미신이라고 규정한 유사종교의 단속을 위한 법적 장치였다. 따라서, 조선의 민간신앙, 특히 무속[167]이나 공동체 신앙 등은 미신타파의 주 대상이었을 것이

* * *

166 정덕기, 「일제하 한국 사회문화사 연구 : 1920년대 문화정치와 문화운동을 중심으로」, 『호서사학』 17, 호서사학회, 1989, 75쪽.
167 최석영은 1910년대 일제가 공포한 경찰범처벌규칙과 포교규칙은 조선 무(巫) 조직의 해체를 촉진시켰으며 1920년에 결성된 숭신인조합은 무속과 같은 유사종교에 대한 단속의 편의를 위해 묵인된 조직이었다고 보았다. 최석영, 『일제하 무속론과 식민지 권력』, 서경문화사, 1999, 87~94쪽.

다. 그렇지만, 전술한 바와 같이 1920년대에는 공동체 의례나 무속적인 행위 등에 대한 정책적 묵인이 있었던 것으로 보인다. 즉, 1923년에 사이토우 마코토齊藤實 총독에게 제출된 '진정서'에 "무격에 대한 단속과 통제에도 불구하고 숭신인조합에서는 경찰의 이목을 피하여 이전과 마찬가지로 무격행위를 계속하고 있다"라고 한 것, 평양에서는 인가가 없는 시외의 일정한 장소에서는 밤12시까지 굿 등을 하는 것을 허용하고 있었다고 한 것, 함흥에서는 무녀들이 횡행하고 있는 바 개업피로開業披露까지 하면서 떠들어도 경찰이 묵인하고 있었다고 한 것, 특히 경남 개천 군우리에서는 단오에 무당들이 당굿을 하는 것을 청년들이 제지했다는 기사 등[168]이 이러한 정책적 묵인을 시사한다. 이러한 정치적 묵인의 배경은 전술했던 문화정치와 관련이 깊고 그 사상적 배경에 대해서는 다음 절에서 제시한 장충동 관성묘의 사례에서 자세히 다루도록 하겠다.

1927년에 있었던 서빙고 지역의 부군당 중수는 이러한 맥락에서 지역민들의 내적 요구와 필요성에 의해 이루어진 것이기도 하지만 당시 일제의 종교 정책에 대한 변화가 이러한 부군당 의례와 대대적인 중수 사업을 가능하게 했던 배경의 하나로 볼 수 있다.

4. 민족 분포의 변화와
주도 집단의 다변화 : 장충동 지역의 사례[169]

앞에서 사례로 든 마포와 서빙고 지역이 도시화된 성외 지역이라면 일제강점기의 장충동 일대는 성내 지역이면서도 중심가에 해당하는 지역이었다. 장충동 지역은 일제강점기에 서사헌정으로 불렸던 곳이고 일본인들이 다수 거주했던 번화가 중에 한 곳이다. 특히 이곳에는 관성묘[170]라는

---

168 위의 책, 93~94쪽.
169 4절은 졸고,「일제강점기 서울 지역사회와 의례 주도 집단의 변화 : 장충동 지역과 관성묘 영신사를 중심으로」,『문화재지』46, 국립문화재연구소, 2013b의 일부 내용을 수정 보완하여 실었다.
170 관성묘(서울시 중구 장충동2가 186-140, 서울특별시 민속자료 제6호) 건물은 정면 1칸, 측면 2칸의 맞배지붕을 하고 있다. 내부에는 정면에 관우와 그 부인상의 화상이 있고 왼쪽에는 장군님, 오른쪽에는 신령님의 화상이 있다.

관우를 모신 제당이 있는데 1911년부터 1943년까지 작성된 제의 관련 문서가 전해지고 있다.[171] 이 관성묘의 사례는 일제강점기 지역공동체 의례와 주도 집단이 다변화되는 양상을 보여 주고 있어 다른 지역의 사례들과 좋은 비교가 된다. 즉, 여기서는 앞에서 사례로 들었던 마포와 서빙고 지역들과 일제 때 조사되었던 몇몇 사례들을 비교하여 일제강점기의 서울 지역사회와 의례 주도 집단의 변화를 살펴보고자 한다.

이를 위해서 우선, 일제강점기에 행해진 도시 정책과 이로 인한 장충동 지역의 변화를 살펴 볼 것이다. 여기에는 일제강점기에 행해진 각종 도시계획과 행정구역의 변화[172], 지역 구조에 대한 연구[173] 등이 참고가 된다. 다음으로, 일제의 문화정치 하에서 지역공동체 의례가 어떻게 진행되었는가를 살펴보고자 한다. 전반적으로 공동체 의례는 대체로 지속되었지만 지역의 유력자들이 교체되면서 그 주도 세력은 변화되었다. 이에 대한 정황을 살피기 위해서 일제강점기에 행해졌던 일제의 민속 혹은 민간신앙에 대한 정책과 이에 대한 대응에 대한 연구[174] 등을 참고할 필요가 있다. 또한, 문화정치 하에서 관우 신앙의 전개와 장충동 관성묘 의례가 지역공동체 의례의 성격도 지니고 있었음을 살펴 볼 것이다. 여기에는 관우 신앙의 전래와 역사적 전개 과정에 대한 연구[175]나 일제강점기의 유사 종교, 즉 관우 신앙이나 단군교 등에 대한 연구[176]

• • •

건립 연도는 정확하게 알려져 있지 않고 과거에 주민들은 관성묘를 부군당이라고도 불렀다고 한다. 서울특별시문화재위원회, 『서울민속대관』, 서울특별시, 1990, 261쪽. 서울 지역에는 관우 신앙 공간이 이 관성묘 외에도 동묘, 남묘, 성제묘 등이 있지만 이곳 관성묘에 의례 관련 문서가 가장 풍부하게 남아 있어 일제강점기의 정황을 상세하게 알 수 있어 주목된다.

171 현재 관성묘에는 제의 관련 문서로는 좌목류가 6건(1918~1938년), 윤첩류가 15건(1918~1943년), 축문류가 29건(1911~1942년), 절목·홀기류가 3건(1920~1927년)이 있으며 서책류가 7종이 보관되어 있다. 자세한 목록과 원문은 부록에 실었다.

172 김영근, 「일제하 경성 지역의 사회·공간구조의 변화와 도시 경험 : 중심-주변의 지역 분화를 중심으로」, 『서울학연구』 20, 서울시립대학교 부설 서울학연구소, 2003.

173 김영미, 「일제시기 서울 지역 정·동회제와 주민생활」, 『서울학연구』 16, 서울시립대학교 부설 서울학연구소, 2001.

174 정덕기, 「일제하 한국 사회문화사 연구 : 1920년대 문화정치와 문화운동을 중심으로」, 『호서사학』 17, 호서사학회, 1989; 최석영, 『일제하 무속론과 식민지권력』, 서경문화사, 1999; 이지원, 「1920~30년대 일제의 조선 문화 지배 정책」, 『역사교육』 75, 역사교육연구회, 2000; 정승모, 「일제시기 민속의 특징」, 『역사민속학』 12, 역사민속학회, 2001; 이용범, 「무속에 대한 근대 한국사회의 부정적 시각에 대한 고찰」, 『한국무속학』 9, 한국무속학회, 2005; 허용호, 「일제강점기 경기도 민속신앙의 양상과 의의」, 『한국무속학』 11, 한국무속학회, 2006; 졸고, 위의 논문, 2010b.

175 김용국, 「관왕묘 건치고」, 『향토서울』 25, 서울시사편찬위원회, 1965; 이경선, 「관우신앙에 대한 고찰」, 『논문집』

〈그림 16〉 장충동 관성묘 전경 국립민속박물관 제공   〈그림 17〉 관성묘에 모셔진 관우 내외 국립민속박물관 제공

가 참고가 될 것이다. 특히, 서울 지역 관우 신앙에 대한 연구[177]는 관성묘의 건립과 의례 집단을 살피는 데 많은 도움이 된다.

마지막으로 일제 강점기에 각 지역공동체 의례를 주도했던 세력들의 전반적인 변화 속에서 관성묘 의례 집단은 어떠했는가를 구체적으로 살펴 볼 것이다. 관성묘 의례 집단인 영신사에 대해서는 관성묘에 소장되어 있는 방명록이나 좌목, 윤첩이나 축문, 현판 등에 기재되어 있는 인물들의 이름과 활동 시기, 가계 등을 추적하여 그 면면을 살피고 그 집단의 성격을 밝힐 것이다. 이로써 당시 지역 의례 집단들이 다양하게 변화하고 있었음을 알 수 있을 것이다.

1) 조선인 지역에서 일본인 중심 지역으로

장충동 일대는 조선 초기에는 북쪽으로는 훈련원과 훈련도감의 하도감이 있었고 남

· · ·

8집, 한양대학교, 1974; 김일권, 「한말시기 도교적인 종교정체성과 삼교 통합주의 흐름 : 관왕신앙의 성장과 선음즐교의 전개를 중심으로」, 『종교연구』 32, 한국종교학회, 2003; 김탁, 『한국의 관제신앙』, 선학사, 2004; 전인초, 「관우의 인물 조형과 관제 신앙의 조선 전래」, 『동방학지』 134, 연세대학교 국학연구원, 2006.

176 서영대, 「한말의 단군운동과 대종교」, 『한국사연구』 114, 한국사연구회, 2001; 삿사 미츠아키, 「한말·일제시대 단군 신앙 운동의 전개 : 대종교·단군교의 활동을 중심으로」, 서울대박사학위논문, 2003.

177 장장식, 「서울의 관왕묘 건치와 관왕신앙의 양상」, 『민속학연구』 14, 국립민속박물관, 2004.

쪽으로는 남별영과 남소영이 설치되어 있었다(그림 18).[178] 따라서 장충동은 전통적으로 이러한 군사 시설에서 근무하는 군졸이나 무관들이 집단적으로 거주했던 지역이었다.[179] 일제강점기에 장충동 1가 지역은 동사헌정東四軒町, 2가 지역은 서사헌정西四軒町으로 획정되었다. 북쪽으로는 병목정과 인접해 있었으며 서쪽으로는 신정이 인접해 있었다. 당시 장충동을 비롯한 병목정, 신정 일대에는 일본인들이 많이 거주하고 있었고 유곽[180]이나 음식점 등이 무척 번성하였다.

한편, 장충동 일대에는 이러한 유곽이나 음식점 외에도 일본인들의 사찰과 주거지가 집중적으로 형성되어 있었다(그림 19).[181] 즉, 장충단 터에 건설된 박문사博文寺를 비롯하여 6곳 정도의 사찰[182]이 있었고 일본인들의 고급 주거지도 분포했었던 것으로 보인다.[183] 실제 이 지역은 1930년대 이후에는 일본인이 이 지역 인구의 50%이상을 차지하게 된다(표 19).[184] 또한, 이들을 위한 새로운 거주 공간과 그 외 종교 시설이나 병원 등이 신설되었다. 1926년에는 광희문에서 장충단공원까지 운행되는 전철도 개통되었다.[185]

...

178 〈그림 18〉은 이규철의 지도를 필자가 재편집한 것이다. 이규철, 「대한제국기 한성부 군사 관련 시설의 입지와 그 변화」, 『서울학연구』 35, 서울시립대학교 부설 서울학연구소, 2009, 117쪽.

179 동대문과 광희문 사이 지역을 '하촌' 즉 '아래대'라고 하여 군속들이 주로 거주하였다. 특히 이 하촌에 군속들이 많았던 것은 훈련원과 하도감 등이 근처에 있었기 때문인데, 남소영에 근무했던 이들은 이 장충동 지역에 집중적으로 거주했을 것으로 보인다. 여기서 하촌은 지금으로 말하면, 예지동, 주교동, 방산동, 을지로6가·7가, 광희동 일대를 말한다. 강명관, 「조선후기 서울 성안의 신분별 거주지」, 『역사비평』 33, 역사문제연구소, 1996, 334~335쪽.

180 장충동에는 취암루, 만월루, 대흥루 등의 유곽이 성업 중이었다.『동아일보』, 1924년 4월 17일자; 1929년 12월 5일자; 1934년 8월 19일자. 이들 유곽에 고용된 창기들만 해도 198명에 이르렀다. 창기들은 서사헌정 외에 신정에 293명, 병목정에 87명, 용산 미생정에 126명이 있었고 업자들은 신정에 99명, 한성에 65명, 용산에 20명이 있었다고 한다. 『동아일보』, 1946년 5월 28일자.

181 〈그림 19〉는 森田仙堂, 「지번구획입 대경성정도」, 『대경성정도』, 至誠堂, 1936, 26쪽 참조.

182 당시 서사헌정에는 진종흥정파 포교관리사무서, 진종흥정파 수교사, 광운사, 박문사, 일연종 묘법포교소, 각심사 등이 설치되어 있었다. 이상은 순서대로 『총독부관보』 1348호, 3288호, 1468호, 1682호, 2804호, 2932호를 참조하였다.

183 김기호 외, 「남촌: 일제 강점기 도시계획과 도시구조의 변화」, 『서울 남촌: 시간, 장소, 사람』, 서울시립대학교 부설 서울학연구소, 2003, 18쪽.

184 1923년 인구통계에 의하면, 서사헌정 전체 인구 1,969명 중의 28%정도인 558명이 일본인이었던 것으로 나타난다. 그러던 것이 1936년부터는 일본인이 50% 이상이 되면서 조선인보다 일본인이 더 많이 사는 지역이 되었다. 경성부, 『경성도시계획자료조사서』, 1927, 34쪽; 경성부, 『경성부 호구통계』, 1940, 8쪽; 경성부, 『경성부 호구통계』, 1941, 27쪽.

185 "꽃시절을 당하여 시내 황금정7정목에서 장충단공원 입구까지 약 반 '마일'가량의 단선 전차선의 부설", 『조선일보』, 1926년 3월 13일자.

이처럼, 장충동 지역이 일본인 중심 지역으로 변모하게 된 배경에는 전술했던 일제의 도시계획사업이 자리 잡고 있다. 즉, 일본인 거류지역을 중심으로 도로 정비가 우선 실시되면서 조선인의 북촌과 일본인의 남촌으로 민족별 거주 공간이 분화되었는데 이러한 공간적 분화에 의해 일본인 주 거주지로 변모한 장충동 지역은 결국 전통적인 지역사회의 구조가 흔들리며 새롭게 재편되었던 것이다.

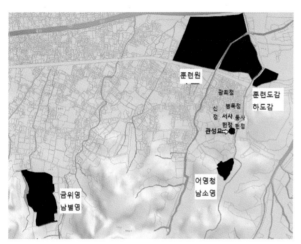

〈그림 18〉 조선후기 장충동 주변 군사 시설과
일제 강점기 행정구역, 그리고 현재 관성묘의 위치

〈그림 19〉 1936년 서사헌정(장충동) 지역

〈표 19〉 1923~1940년 서사헌정 인구의 변화

| 연도 | 인구(명) | | | | | | | |
| | 일본인 | | 조선인 | | 외국인 | | 계 | |
	서사헌정	경성부	서사헌정	경성부	서사헌정	경성부	서사헌정	경성부
1923년	558	76,188	1,367	207,496	35	4,576	1,960	288,260
1936년	1,473	126,735	1,049	541,828	51	8,678	2,573	677,241
1938년	1,472	134,027	1,115	599,758	9	3,429	2,596	737,214
1940년	1,540	150,627	1,270	775,021	11	4,899	2,821	930,547

2) 관성묘와 지역 의례적 성격

(1) 문화정치의 전개와 지역 의례의 지속

일제는 식민지 정책의 하나로 조선의 민간 신앙에 대해서도 일련의 단속 정책을 시행해 나갔다. 이러한 정책은 일제가 자국에서 전개한 미신타파운동의 연장이며 그들의 국교인 신도神道를 조선에 이식하고자 하는 노력의 일환이었다.[186] 따라서, 조선의 민간신앙 특히 무속이나 공동체 신앙 등은 미신타파의 주 대상이었다. 그런데, 1920년대 일제가 식민 지배의 영구화를 위해 펼쳤던 '일선동조론'이나 '내선일체' 등의 논리가 전개되면서 조선의 민간 신앙에 대한 정책은 소위 '문화정치'란 이름으로 보다 주도면밀하게 전개되었다.[187]

뿐만 아니라 1930년대는 이러한 정신적·신앙적 일체화를 더욱 강화하기 위해 '심전개발心田開發'의 방법들이 모색되는데 이 과정에서 무속과 공동체 의례는 새롭게 주목을 받게 되었다. 즉, 조선인의 무속적 신앙을 토대로 신사神社 신앙에 대한 조선인의 일본인화가 도모될 수 있을 것이라고 보았고 '부락제'에 대해서도 일본의 부락제사와도 공통점이 있다고 하여 심전개발을 하는 데 도움이 될 수 있을 것이라는 입장을 취하게 되었다.[188]

조선의 민간 신앙에 대한 일제의 이와 같은 입장 변화는 조선 민중들에게는 어쩌면 다행한 일일 것이나 한편으로는 일제의 정책에 활용될 수 있는 여지를 남겨 놓았던 것이다. 가령, 숭신인조합과 같은 무속인 단체의 활동을 허용한 것은 겉으로는 무속에 대해 유화적인 태도를 보이는 듯하지만 실상은 이 단체를 통해 무속인을 간접적으

· · ·

186 일제가 1912년에 공포된 '경찰범처벌규칙'(조선총독부령 제40호)과 1915년에 공포된 '포교규칙'(조선총독부령 제83호)은 일제가 미신이라고 규정한 유사종교의 단속을 위한 법적 장치였다. 최석영, 『일제하 무속론과 식민지권력』, 서경문화사, 1999, 87~90쪽.
187 일본이 그들의 신도를 샤머니즘의 일종으로 간주하면서 불교가 유입되기 이전의 조선이나 일본 등은 신도와 같은 고유 신앙을 지니고 있었으며 이는 결국 일본과 조선은 하나의 뿌리에서 나왔다는 일선동조론의 근거로 제시하게 된 것이다.
188 최석영, 앞의 책, 1999, 145쪽; 158쪽.

로 단속하기 위한 의도였다.[189] 지역공동체 의례의 경우에도 지방 신사神社로의 병합을 위해 지역 의례를 의도적으로 활용한 경우[190]도 있었고 친일 인사들의 지원 하에 지역 의례가 시행되었던 경우는 그들의 의도와는 무관하게 당시 일제의 정책에 일정 정도 부합되는 측면도 있었던 것이다.

이러한 분위기 속에서 지역 의례들은 꾸준히 지속되었던 것으로 보인다. 앞에서 살펴본 바와 같이 서빙고 지역의 경우 1927년 이승준이란 인물이 거금을 기탁함으로써 부군당을 중수하기도 하였다. 그간 서빙고 부군당 의례는 지역의 토착 세력들이 주도했으나 당시 무곡상으로 이름을 날린 이승준과 이범열, 유영수 등 정미업자 혹은 사업가들이 또 하나의 주도 세력으로 등장하고 있었다.[191] 뿐만 아니라, 이 지역과 별 연고가 없는 사업가들도 부군당 중수에 참여하고 있었다. 이러한 정황은 부군당 의례가 지역민들뿐만 아니라 교분이 있는 유력자들 간의 소통과 교류의 장으로 활용되고 있었음을 의미한다.[192] 이러한 모습은 지역 토착 세력을 중심으로 행해졌던 일제 강점 이전과는 분명 다른 양상을 보여주고 있다.

그 밖에 1930년대 조사된 자료를 보면, 마포구 신수동의 복개당福介堂,[193] 마포구 용강동 동막의 명덕당明德堂,[194] 강북구 우이동의 산제당,[195] 은평구 불광동의 산신제당[196] 등에서도 의례가 행해지고 있었음을 알 수 있다. 다만, 불광동의 산신제와 같이 과거

• • •

189 위의 책, 94쪽.
190 1937년 강원도에서 7월부터 신사를 짓고 철폐되었던 '이동사(里洞祠)'를 복원하여 목신(木神), 화신(火神), 수신(水神) 등을 신앙케 하였다. 『조선일보』, 1937년 7월 16일자. 여기서 이동사는 동제당을 의미하는 것으로 보이며 이러한 조치는 당시 일제의 심전개발의 일환으로 행해진 것으로 보인다.
191 이들에 대한 자세한 설명은 졸고, 2010a, 236~240쪽.
192 위의 논문, 241쪽.
193 당신(堂神)은 세조대왕이며 제당은 건평 4칸 반의 기와집이다. 조사 당시에도 제사를 지내고 있었다. 무라야마 지준(村山智順), 『부락제(部落祭)』, 조선총독부, 1937, 11~12쪽.
194 음력 1월 15일 자정에 동제를 행했다. 공민왕과 최영장군 부부를 주신(主神)으로 모셨으며 4칸 제당 안에 다른 11위의 신을 봉안했다. 위의 책, 15~16쪽. 또한 이 자료에서 동막하리에도 광진당(光眞堂)이라는 마을 제당이 있었음을 알 수가 있다.
195 500년 전 마을이 시작된 때부터 삼각산신령을 치제해 왔다. 위의 책, 18~19쪽.
196 약 300년전 이 마을이 생겼을 때부터 부락제가 행해졌다고 하며 1920년대까지만 해도 무녀에 의해 도당제가 행해졌으나 1930년경에는 무녀를 부르지 않고 제사만 지냈기에 산신제 또는 농제(農祭)라 불렸다 한다. 위의 책, 7쪽.

에는 무녀들에 의해 도당제가 행해졌으나 무녀들에 의한 마을굿은 중단되고 산신제만 지내는 등의 변화는 있었지만 전반적으로 기존 지역 의례들은 지속되고 있었다.

(2) 관우신앙의 성행과 지역공동체 의례적 성격

일제의 문화정치 하에서 무속 행위뿐만 아니라 단군교 등의 민족종교나 관우 신 앙[197] 등도 여전히 성행하였다. 특히, 관왕묘는 초기에 주로 국가적 차원에서 건립·치제되었지만[198] 이후에는 민간 차원에서 의례가 행해지기도 했다. 즉, 관왕묘 의례는 '○○사(社)'와 같은 특정 집단이 의례를 주관하기도 하였는데[199] 경우에 따라서는 지역 공동체 의례의 성격도 함께 지니고 있어서 주목된다. 예를 들어, 서울 방산동 성제 묘[200]에는 관우와 관우의 부인이 모셔져 있는데, 성제묘가 조선시대 염초청에 부속된 부군당이었을 가능성이 있고[201] 현재 성제묘 의례가 인근에 거주하는 상인들이 중심이 되어 의례가 행해지고 있는 것으로 보아 일찍부터 지역 의례적 성격을 지니고 있었다

• • •

197 관우 신앙은 전래 초기에는 외침으로부터 나라를 구해주는 신으로 인식되었지만 점차 출산과 자손 번영, 재신(財神)으로서 숭배되었다. 김탁, 앞의 책, 90쪽. 고종 대에는 관우 신앙 관련 경전들이 왕명으로 다수 간행되는 등 관우 신앙이 국가적으로 장려되었다. 김일권, 앞의 논문, 2003, 193쪽. 일제강점기에도 관우 신앙은 꾸준하게 성행 하였는데 특히, 단오나 관제 탄신일에는 부녀들이 인산인해를 이루었다고 한다. 무라야마 지준(村山智順) 저, 최길성·장상언 역, 『조선의 유사종교』, 계명대학교 출판부, 1991, 346~353쪽. 1920년에는 박기홍(朴基洪)과 김용 식(金龍植)이 종래 관제를 숭배한 숭신단체와 전내무(殿內巫) 및 일반 민중을 규합하여 관성교를 창립하였다. 창 립 당시에는 약 6천명의 입교자가 있었으나 점차 교세가 쇠퇴하여 1934년에는 교도 수가 2천여 명으로 줄었다. 조선총독부, 『조선의 유사종교(朝鮮の類似宗敎)』, 1935, 435~444쪽; 무라야마 지준(村山智順) 저, 최길성·장상언 역, 앞의 책, 351쪽.

198 관우를 모신 제당은 1597년(선조 31) 남대문 밖에 남묘라는 관왕묘가 처음 세워진 이래 성주·안동·남원·강 진·동래 등 전국에 관왕묘가 건립되었고 서울에만 동묘(동관왕묘)·북묘(관제묘)·서묘(숭의묘)·중묘(현성묘) 등이 건립되었다.

199 천수사(千壽社), 독성사(篤誠社), 월성사(月誠社), 한명사(漢明社), 충진사(忠眞社) 등은 동묘에 근거지를 둔 30여 개의 단체였으며 춘추사(春秋社), 일성사(日誠社), 보성사(普成社), 영명사(永明社), 경명사(敬明社) 등은 남묘에 근거지를 두고 '남묘유지사(南廟維持社)'라는 조직으로 통합적으로 운영되기도 했다. 조선총독부, 앞의 책, 1935, 435~441쪽. 특히, 입전 등 시전상인들은 관왕묘에 매년 치성을 드렸고 상공인 조합인 도가(都家)에서는 경쟁적으 로 대대적인 참배 활동을 하였다. 무라야마 지준(村山智順) 저, 최길성·장상언 역, 앞의 책, 347~348쪽.

200 정확한 건립 연도는 알려지지 않으며 현재 서울특별시 유형문화재 제7호로 지정되어 있다.

201 축문에서는 관우와 그 부인을 '현대장군관운장부군(顯大將軍關雲長府君)'과 현혜숙인송씨(顯惠淑人宋氏)'로 언급 하고 있다. 오문선, 「서울지역공동체신앙 전승과정 고찰 : 조선시대 각사 신당의 존재 양상과 변화를 중심으로」, 『문화재』 41−2, 국립문화재연구소, 2008, 20쪽. 각사의 부군당 의례가 이후 지역 의례로 전승되는 사례들을 염두 에 둘 필요가 있다.

고 볼 수 있다.[202]

또한, 장충동의 관성묘 역시 언제 건립되었는지 정확하게 알 수는 없지만 관성묘 문서인 「제원하임청첩諸員賀臨請牒」(1918년)에 '어영청 남창 내에 있는 관성제군전묘'라고 하여 어영청 부속인 남소영의 남창 내에 부설된 제당이었음을 알 수 있다.[203] 그런데, 일제강점기 관성묘 의례에 장충동과 인근에 거주하고 있었던 인물들이 다수 참여하였고[204] 마을의 사정에 따라 제의 날짜를 조정했던 정황[205]을 보면 이 당시에도 관성묘 의례가 지역공동체 의례의 성격을 지니고 있었음을 알 수 있다. 광복 이후 1990년경에는 '관성묘 관리위원회'가 의례를 주관하였고 그 이후에는 주민자치위원회가 몇 차례 의례를 주관하였다.[206]

한편, 지방의 사례를 살펴보면 동래 지역의 경우, 1874년경 관왕이 개인집에서 숭배되다가 지방관이 그 개인의 발원을 받아들여 정식으로 관왕묘가 세워졌다. 이후에 그 지역의 무임武任 및 이서吏胥 집단이 의례의 주도권을 장악해 가면서 점차 공식적인 지역 의례로 자리를 잡게 되었다.[207] 또한, 1912년 안동 지역 관왕묘 의례 집단으로 영명사永明社가 있었다.[208] 이 영명사는 1905년에 창립되었는데, 33인의 상인들이 관왕묘 제사를 지내기 위해 구성되었다.[209] 그런데 그 이전에도 마을 사람들이 계를 조직

• • •

202 음력 10월 19일에 상조회 주최로 제사를 지낸다. 상조회 회원은 약 90여명으로 구성되어 있으며 제사를 지낼 때는 상조회원뿐만 아니라 동민 전체가 참여하는 동제 형태를 띤다. 서울특별시문화재위원회, 『서울민속대관1 : 민간 신앙편』, 서울특별시, 1990, 237쪽.

203 "敬啓者今番前御營南倉內 關聖帝君殿廟에 修改를 畢竣ᄒ옵고 今陰曆十五日이 以上吉辰고로 還御奉案키爲ᄒ와 玆以仰達ᄒ오니 列位社員은 當日十時頃에 獎忠壇下 全昌黙家로 駕臨之地를 千려□伏望"(밑줄은 필자).

204 관성묘 문서에서 거주지가 서서헌정으로 기재되어 있는 경우도 다수 있으며 인근의 광희정, 병목정 등에 거주하던 인물도 다수 등장한다(〈표 20〉 참조).

205 1924년에 작성된 윤첩에 마을에 부정한 일이 생겨 제의 날짜를 연기하자는 내용 등이 이미 관성묘 의례가 마을과 밀접한 연관을 맺고 있는 근거로 보기도 한다. 오문선, 앞의 논문, 2008, 21~22쪽.

206 1990년 조사 당시에 10여명으로 구성된 '관성묘관리위원회'가 제의를 주관했으며 동네 사람들도 다수 참여했던 것으로 보인다. 서울특별시문화재위원회, 앞의 책, 264쪽. 한 동안 의례가 중단되었다가 마을에 자꾸 안 좋은 일이 생기자 2005년경에는 주민자치위원회에서 다시 제사를 지내기도 하였다. 이정일씨(남, 72세, 장충경로당 총무), 2013년 5월 25일 면담.

207 손숙경, 「19세기 후반 관왕숭배의 확산과 관왕묘 제례의 주도권을 둘러싼 동래 지역사회의 동향」, 『고문서연구』 19, 한국고문서학회, 2003, 220~224쪽.

208 경북 안동의 관왕묘(경상북도 민속자료 제30호)는 1598년 임진왜란 당시 조선에 온 명나라 장수 설호신(薛虎臣)이 건립한 것으로 1904년 해체하여 복원하였다.

하여 의례를 행했다는 것을 보아 이 경우에도 지역공동체 의례의 성격을 지니고 있었음을 알 수 있다.[210] 이처럼 관우 신앙 의례는 특정 단체에 의해 행해지는 경우도 있었으나 관왕묘가 있는 지역을 중심으로 한 지역공동체 의례의 성격도 지니고 있었다.

3) 영신사와 주도 집단의 다양화

(1) 자본가·명망가·관료의 세력 확장과 의례의 주도

일제에 의해 행해진 일련의 식민지 정책들과 이에 부합하여 부와 권세를 얻게 된 친일 인사들은 지역에 있어서도 영향력을 미치면서 지역의 주도권을 행사하였다. 이들은 특히 지역 의례에도 깊이 관여하면서 '상징적 권위'를 부여받고자 하였으며 지역 인사들과의 네트워크를 공고히 하고자 하였다.

일제 강점기에 지역 의례를 주도했던 인물들의 부류를 살펴보면 먼저, 지역 상권을 토대로 성장한 객주나 상인들, 금융이나 사업을 통해 부를 축적한 자본가들이 있다. 마포 지역의 객주였던 최문환·최사영·김진섭, 서빙고 지역에서 정미소나 미곡상을 경영하였던 이범열·유영수 등이 대표적이다.[211] 다음으로는 사업이나 교육 등으로 지역에서 명성을 얻은 명망가들이 지역 의례를 주도하기도 하였다. 서빙고 지역의 이승준이 대표적인데, 그는 무곡 사업을 통해 명성을 얻고 서빙고 지역 동아일보 고문을 맡는 등 지역의 명망가였다.[212] 그런 그가 존위에 추대되고 거액을 기부하여 부군당 중수를 주도하기도 하였다. 마지막으로 고위 관료들 중에도 지역 의례에 깊이 관

• • •

209 이 영명사는 관왕묘를 신앙하고 사당에서 탄신 제사를 지내고 등유 비용을 제공하기 위해 설립하였다. 상인 33인으로 조직하였으며 1인의 출연액은 10냥 이상 50냥 이하로 하고 수의로 돈을 내어 제사 비용 및 등유 비용에 충당하였다. 김한목, 「경상남도·경상북도 관내 계·친족관계·재산상속 개황보고」, 『중추원조사자료』, 1912, 조선총독부 취조국.

210 당시 군수가 영명사에 보내온 취지서를 보면, 관왕에 대한 제사는 오래전부터 마을 사람들이 계를 설립하여 정성을 드려왔던 행사인데 새롭게 영명사라는 모임을 만들어 제향 비용을 충당하게 되었으니 참으로 아름다운 일이라고 치사한 대목이 나온다. 위의 논문.

211 졸고, 2011, 242~245쪽; 2010b, 237~238쪽.

212 졸고, 2010b, 236~237쪽.

여하는 이가 있었는데 마포 지역의 김종한이 대표적이다. 대한제국기에는 궁내부 특진
관을 지냈던 인물인데 그는 마포동의 영당 건립을 주도했던 인물 중에 한 명이었다.[213]

한편, 친일 인사들 중에는 일제의 지역 지배 정책에 힘입어 지역 총대나 평의원 등
으로 선출된 인물들도 있었다. 이들 역시 지역 의례에 영향력을 미치면서 그들의 권
위를 인정받고자 하였다. 즉, 1936년에 서빙고정 총대로 선출된 단현주는 서빙고 부
군당 의례를 주도했던 집단의 일원이었으며[214] 필운동의 유지인 한규정이 1920년에
발기하여 콜레라의 위험으로부터 동민의 안전을 바라는 산제를 지냈고,[215] 경성부 조
선인 정동총대연합회장을 지냈던 예종석[216] 등은 1920~30년대 장충동 관성묘 의례를
주도했던 인물이다.

이와 같이 일제 강점기에는 지역공동체 의례를 주도하던 세력이 다양하게 나타난
다. 과거 지역 토착 세력에 의해 주도되던 공동체 의례는 일제의 식민지 정책과 도시
화, 상업의 발달, 지역의 분화 등을 거치면서 다양한 세력에 의해 주도되고 있었다.

(2) 관성묘 의례 집단의 성격과 의례 주도 집단의 다변화

지역공동체 의례의 주도 집단이 다변화되고 있었던 상황에서 관성묘의 의례 집단은
또 다른 주도 집단의 성격을 보여 주고 있다. 전술한 바와 같이 관성묘에서 의례를
행했던 집단은 영신사라는 단체였다. 전술한 바와 같이 일제강점기에 관우를 모셨던
신앙 집단은 'ㅇㅇ社'와 같은 이름으로 활동하였는데 영신사 역시 이들 단체 중 하나
였던 것으로 보인다.

또한, 영신사는 신앙 집단이면서 영리 목적의 기능도 가지고 있었던 것으로 보인
다. 1930년에 영신사장을 맡았던 이종택李鍾澤에 관한 기사를 보면, 1928년 영신사계
를 통계桶楔[217]로 운영하다가 보안계에 적발되어 과태료를 물었다는 내용이 나온다.[218]

· · ·
213 졸고, 2011, 241~242쪽.
214 졸고, 2010b, 234쪽.
215 김영미, 앞의 논문, 2001, 184쪽.
216 「한국근현대인물자료」, 국사편찬위원회 한국사데이터베이스.

즉, 영신사원들 간에 목돈을 마련하기 위해 통계를 운영했다는 것인데 이러한 것은 영신사가 신앙적 목적 이외에도 상호부조나 영리를 위한 목적으로 운영되었다는 것을 암시한다.

일제강점기에 관성묘 의례를 주도했던 인물들 중에서 주목되는 인물로 조성근趙性根, 어담魚潭, 예종석芮宗錫 등이 있다. 먼저, 조성근은 일본에 가서 육군사관학교를 졸업한 후 귀국하여 육군 중장의 자리까지 올랐고 전역 후 중추원 참의까지 지낸 인물이다. 1918년에 영신사 총재를 맡았고 1938년까지 영신사의 좌장격으로 관성묘 의례를 주도했던 인물이다.[219] 어담은 조성근의 일본 육군사관학교 후배로서 주로 왕실을 호위하는 시종무관을 하다 육군 중장까지 오르고 전역 후 역시 중추원 참의를 했던 인물이다.[220] 조성근과 어담은 1931년 해산될 당시까지 왕실 호위군이었던 조선보병대에 나란히 중장으로 재직하고 있었으며 전역 후 중추원 참의로 있었던 이들은 1935년 영신사에도 함께 참여하고 있었다. 예종석은 대한제국의 관료 출신으로 일제 강점 이후에 각종 회사의 중역을 맡으며 실업가로 변신하였으며 이를 바탕으로 경성부회 의원 등 지역의 권력가로 행세했던 인물이다.[221] 그는 1918년 조성근이 영신사 총재를 하고 있었을 때 사장을 맡고 있었다. 그 후에도 10여 년간 사장을 맡으면서 의례를 주도했던 인물 중 한 명이다.[222] 그런데, 이들 모두 서사헌정과는 별 지역적 연고는 없었던 것으로 보이나 중추원 참의 혹은 경성부회 의원 등 당시 권력의 핵심 주변에 있었던 친일 성향의 인물들이라는 공통점이 있다.[223]

• • •

217 당시 유행했던 계의 한 형태로서, 순서가 적힌 가지를 통에 넣고 이를 흔들어 뽑아 돈을 몰아서 주는 계를 말한다. 이러한 계는 당시 요행심을 일으키는 것이라 하여 경찰서의 허가를 얻도록 규정하였다. 「桶楔도 許可制, 불원간 규측발표」, 『동아일보』, 1923년 3월 27일자.
218 『동아일보』, 1928년 3월 15일자.
219 조성근(1876~1938년)의 자세한 행적은 『한국근현대인물자료』, 국사편찬위원회 한국사데이터베이스 참조.
220 어담(1881~1943년)의 자세한 행적은 『한국근현대인물자료』, 국사편찬위원회 한국사데이터베이스; 『한국역대인물자료』, 한국학중앙연구원 한국역대인물종합정보시스템; 『매일신보』1931년 4월 7일자 참조.
221 예종석(1872~?)의 자세한 행적은 『한국근현대인물자료』, 국사편찬위원회 한국사데이터베이스; 이승렬, 「경성지역 중추원 참의들의 관계망과 식민권력의 지역지배」, 『향토서울』 69, 서울특별시시사편찬위원회, 2012, 127~131쪽 참조.
222 예종석은 영신사 사장직을 1918년에 맡았다가 다시 1934년부터 1941년까지 맡았다. 즉, 관성묘 소장 윤첩 중에 1918년, 1934년, 1935년, 1937년, 1941년에 해당되는 것들이 당시 영신사 사장인 예종석의 명의로 작성되었다.

이들 외에 영신사에는 육군 보병 출신, 정 총대 출신, 유곽 경영자나 사업가, 상인 등 다양한 직업과 신분의 사람들이 참여하고 있었다(표 20). 영신사에 육군 보병 출신들이 다수 있었던 것은 19세기 말까지 이 지역 인근에 훈련원, 하도감, 남소영, 남별영 등의 군사 시설이 있었고 군대 해산 이후에도 이들 군사 시설에 한국주차군사령부, 헌병대 등이 들어서면서 이들 군대에 복무하던 군인 출신들이 영신사에 참여하였던 것으로 보인다.[224] 정 총대를 지냈던 유력 인사들도 다수 참여하고 있는데 김완준金完俊은 경성신사씨자京城神社氏子 총대와 황금정 7정목 총대 등을 지냈고 김경희金敬熙는 광희정 총대와 경성신사씨자 총대를 지낸 인물로서 관성묘 의례에는 헌관으로 여러 차례 참여하였다. 정민수鄭敏洙는 숭신면 종암리의 동수洞首가 되었다가 종암정 총대에 추천된 인물이다.[225]

영신사원들 중에는 인근 병목정이나 광희정에서 유곽 혹은 대좌부업貸座敷業[226]이나 사업을 하던 인물들도 있었다. 함경창咸慶昌과 김학성金學成은 병목정에서 춘풍루 등의 유곽을 경영하던 인물들이었으며[227] 서사헌정에 거주하였던 최유성崔柳星과 병목정에

* * *

223 이들 친일 유력 인사들의 행적 중에 '단군신전봉찬회'에 관성묘 영신사의 중심 인물들인 조성근과 어담을 비롯하여 이원식, 최창현 등도 참여하고 있었다는 사실이 흥미롭다. 「단군신전봉찬회(檀君神殿奉讚會) 대성황리 거행 비오는 날임에도 불구하고 회원다수가 진참(進參)」, 『매일신보』, 1931년 11월 17일자. 단군신전봉찬회는 1931년 10월 단군성전을 항구적으로 유지 관리하기 위해 발족한 단체로 당시 총독부 중추원의 부의장을 맡고 있었던 박영효를 비롯하여 조선인 총독부 관료들과 윤치호 등 친일 성향의 유력자들이 다수 가입되어 있었다. 이들이 대거 단군신전봉찬회에 참여하게 되었던 이유에 대해서 일제의 탄압을 피하기 위한 단군교단의 불가피한 선택도 있지만, 친일 인사의 입장에서는 민족에 대한 숨겨진 자존심을 심리적으로 보상받을 수 있는 종교 단체였기 때문일 것이라고 분석하기도 한다. 삿사 미츠아키, 앞의 논문, 175쪽. 그러나 당시 군인이나 사업가 출신의 친일 유력 인사들이 관우 신앙 단체를 주도하게 된 배경을 이렇게 보기 보다는 관우 신앙이 지니는 무신(武神)과 재신(財神)의 성격이 가장 크게 작용했을 것이고 이러한 조직을 통해 인적 네트워크를 유지하고자 하는 심리도 영향을 미쳤다고 보는 것이 적절할 것이다.
224 인근 신당정에 거주하였던 김성근이나 광희정에 거주하였던 김완준 등이 대표적이다.
225 김완준은 관성묘 의례에 1935년부터 1943까지 꾸준히 참여했던 인물이고 김경희는 영신사에 1935년부터 1937년까지 참여했던 인물이다. 정민수는 영신사에 1918년부터 1935년까지 참여했던 인물이다. 이들에 대한 자세한 행적은 『한국근현대인물자료』, 국사편찬위원회 한국사데이터베이스 참조.
226 경성부에서는 '대좌부영업자'를 "제2종 요리점 영업을 행하는 자(을종 예기 영업을 목적으로 하는 요리점 영업자 포함)는 대좌부영업자"로 규정했고 "제2종 예기와 을종 예기영업을 행하는 자(조선인 창기 포함)는 창기영업자"로 규정하여 대좌주영업과 창기영업을 구분했다. 서울특별시사편찬위원회 편, 국역『경성부사』3, 서울특별시, 2014, 343쪽. 그러나 여기서 '좌부(座敷)'란 순일본식 용어로 방(房)을 뜻하는 말로, '대좌부'란 '남녀밀회의 장소로서 방을 빌려주는 직업' 즉 사창업 혹은 매춘업을 말한다. 손정목, 『한국개항기 도시사회경제사 연구』, 일지사, 1982, 230쪽.

거주하였던 신태일申泰日, 박성삼朴聖三 등은 광산업을 했던 인물들이다.[228] 또한, 광희정에 거주하였던 김홍모金泓模와 김희용金熙瑢은 모두 사업가로서 김홍모는 영신사 사장을 지내기도 했고 김희용은 경성직물공업소조합 이사를 지낸 인물로서 헌관으로 참여하였다.[229] 그 밖에 상업에 종사했던 인물들도 있는데, 박중식朴重植이나 이순원李淳元 등은 남정동에서 입전立廛을 하고 있었던 인물이었다. 이종원李鍾源과 양성운梁聖雲 등도 각각 서사헌정과 병목정에서 상업을 하고 있었다.[230]

이처럼, 군인 출신 고위 관료나 유력 사업가 등이 영신사의 사장이나 헌관 등을 맡았고 상인들과 지역 인사들이 다수 참여하여 광범위한 네트워크를 형성하고 있었다. 그런데, 1938에 작성된 방명록을 보면, 영신사원들의 거주지가 서사헌정뿐만 아니라 광희정, 병목정, 신설정, 신당정, 숭인정, 상왕십리정 등으로 다양하게 나타난다.[231] 또한, 1918년에 작성된 「제원하임청첩諸員賀臨請牒」에는 사원들의 거주지로 수구문내, 지례동, 석교, 쌍림동, 남정동, 찬우물골 등도 보인다.[232] 이처럼 영신사원들의 거주지 역시 관성묘가 있는 서사헌정을 중심으로 주변 지역인 병목정이나 광희정 등 넓게 퍼져 있음을 알 수 있다.

이와 같이 관성묘의 의례 집단인 영신사를 주도했던 인물들은 군인이나 고위 관료 출신, 정 총대 출신, 유곽 경영자나 사업가, 상인 등 다양한 직업과 신분의 사람들이 참여하고 있었음을 알 수 있다. 또한, 영신사는 관우 신앙을 매개로 한 신앙 집단이었

• • •

227 『동아일보』, 1928년 3월 4일자; 1931년 3월 11일자.
228 「조선총독부 관보」 제3164호; 제3259호. 이 중에 관보 제3259호에 의하면, 신태일과 박성삼은 양평에 있었던 금은광의 공동 소유자로 나란해 등재되어 있다.
229 『황성신문』, 1906년 6월 28일자; 「조선총독부 관보」제5081호.
230 박중식과 이순원은 『황성신문』1907년 3월 5일자를, 이종원과 양성운은 『동아일보』1922년 2월 6일자, 1921년 6월 3일자를 참조하였다. 영신사에는 박중식과 양성운은 1918년부터 참여하였고 나머지는 1930년 전후로 참여하였다.
231 이 방명록에 기재되어 있는 주소의 분포를 보면 서사헌정이 4명, 광희정이 9명, 병목정이 2명, 신설정이 3명, 신당정이 2명, 숭인정이 1명, 상왕십리정이 2명이고 나머지 9명은 주소가 불분명하다. 「남영영신사사원국방헌금방명록(南營永信社社員國防獻金芳名錄)」, 장충동 관성묘 소장.
232 수구문내는 광희문을 수구문이라 하여 붙여진 지명으로 장충동과 광희동 일부 지역을 말한다. 지례동과 석교 등도 수구문내계에 속했던 지역으로 장충동과는 가까운 지역이다. 쌍림동도 현재 광희동에 속하는 지역이다. 남정동은 중구 봉래동과 남대문로 일부 지역을 말하며 찬우물골은 중구 저동 일대 혹은 종로 연지동 일대를 말한다. 서울특별시사편찬위원회, 『서울지명사전』, 서울특별시사편찬위원회, 2009.

지만 관성묘 의례가 지역 의례의 성격도 함께 가지고 있어서 당시 지역 의례의 주도 세력이 한층 다양화되고 있음을 보여주고 있다.

〈표 20〉 일제강점기 장충동 관성묘 영신사원 현황

연번	성명	주요 경력	역할	거주지	활동 시기	출처
1	조성근趙性根	군인(육군 중장), 중추원 참의, 단군신전봉찬회	영신사 총재(1918년)	중서 누동	1918~1938	근현대, 매일(1931.11.17)
2	어담魚潭	군인(육군 중장), 중추원 참의, 단군신전봉찬회	헌관, 기부	서서 반송방 신교동	1935~1942	근현대, 역대인물, 매일(1931.11.17)
3	신극申極	군인(육군보병 정위 정3품), 救老院 원장, 단군신전봉찬회	헌관	남서 명철방	1928~1935	근현대, 황성, 매일(1931.11.17)
4	김성근金聖根	군인(헌병)	기부	전농정, 신당정	1935~1941	근현대
5	예종석芮宗錫	관리, 사업가, 경성부회 의원,	영신사 사장(1934~1941)	다옥정	1918~1941	근현대, 요록
6	김완준金完俊	군인, 정 총대	헌관(1934~1943)	황금정, 광희정	1934~1943	근현대
7	김경희金敬熙	관리, 정 총대	헌관	광희정	1935~1938	근현대
8	정민수鄭敏洙	농업, 정 총대	기부	종암정	1918~1935	근현대
9	이원식李元植	女, 단군신전봉찬회	기부	청운동	1918~1935	동아(1931.12.10)
10	최창현崔昌鉉	女, 단군신전봉찬회, 대창학원 설립자	기부	남정동, 관훈동	1918~1935	동아(1931.10.8)
11	김홍모金泓模	사업가	영신사 사장(1928)	광희정	1918~1930	황성(1906.6.28)
12	김희용金熙瑢	사업가(경성직물공업소조합 이사)	헌관	광희정	1911~1943	관보(5081)
13	최유성崔柳星	광산업자	기부	서서사헌정	1935~1937	관보(3164)
14	신태일申泰日	광산업자	회원	병목정	1935	관보(3259)
15	박성삼朴聖三	광산업자	회원	병목정	1930~1935	관보(3259)
16	함경창咸慶昌	대좌부업貸座敷業	회원	병목정 (춘풍루)	1935~1937	동아(1928.3.4)
17	김학성金學成	대좌부업	회원	병목정	1935	동아(1931.3.11)
18	박중식朴重植	상업立廛	기부	남정동	1918~1935	황성(1907.3.5)
19	이순원李淳元	상업立廛	회원	—	1935~1937	황성(1907.3.5)
20	김종원金鍾源	상업	헌관	서서사헌정	1924~1937	동아(1922.2.6)
21	양성운梁聖雲	상업	기부	병목정	1918~1930	동아(1921.6.3)

연번	성명	주요 경력	역할	거주지	활동 시기	출처
22	이종택李鍾澤	永信社稧 운영	영신사 사장(1930)	광희정	1929~1935	동아(1928.3.15)
23	김영순金永順	傭人	기부	서빙고리	1935~1937	근현대
24	신덕경申德敬	-	文司長, 헌관	병목정	1918~1943	동아(1921.11.20)
25	오의선吳義善	-	회원	서사헌정	1935	동아(1924.9.24)
26	박성녀朴姓女	-	기부	서사헌정	1937	동아(1926.1.26)
27	전창묵全昌黙	-	기부	장충단 아래	1918~1930	제원하임청첩

* 출처(근현대 : 「한국근현대인물자료」, 요록 : 「조선은행회사요록」, 역대인물 : 「한국역대인물자료」, 관보 : 「조선총독부관보」, 동아 : 「동아일보」, 황성 : 「황성신문」, 매일 : 「매일신보」)

〈그림 20〉 장충동 관성묘 소장 문서들
목록과 원문은 부록 참조

〈그림 21〉 장충동 관성묘 현판
1935년, 원문은 부록 참조

03

광복 이후 지역사회의 재구성과 주도 집단의 정예화

•

•

•

　1945년 광복과 함께 시작된 미군정은 1946년 「서울시헌장」이 발표되기 전까지도 서울을 경성부로 호칭하였다. 광복 1주년이 되는 1946년 8월 15일에 미군정은 「서울 시헌장」을 발표하고 경성부를 서울시로 개칭하였다. 같은 해 9월 28일 미군정법령 제 106호에 의해 「서울특별시의 설치」가 공포·시행되었다.[1] 이로써 일제에 의해 경기도 의 한 개 도시로 강등되었던 서울은 수도로서 그 지위를 회복하게 된 것이다. 광복과 함께 밀려드는 월남민과 해외 동포들로 인해 서울은 급격한 변화를 맞이하게 되었고 얼마 있지 않아 겪게 되는 한국전쟁은 서울을 또 한 번 혼란의 도가니로 몰고 갔다.

　전쟁 이후 전란 수습과 함께 시작된 서울 재건 사업은 이후 도시 개발 사업으로 이 어지면서 서울은 극심한 변화를 겪게 된다. 특히 지속적으로 확장되는 시역과 함께 지역별 인구의 불균형 현상은 끊임없이 구區와 동洞이 분할되고 편입되는 결과를 낳았 다. 이 과정에서 서울의 지역사회는 유래 없는 혼란과 변화를 경험하게 된다. 그러나 이러한 과정에서도 지역공동체는 그 생명을 유지하면서 그들의 의례를 지속시키고 있 었다.

• • •

1　서울특별시사편찬위원회 편, 『서울육백년사』 5, 서울특별시, 1995, 311쪽. 이 법령 1조에는 경기도 관할로부터 서 울시를 분리하며 제2조에 서울시는 조선의 수도로서 이를 특별시로 하고 서울시는 도와 동등한 직능과 권한을 가 진다고 명시하고 있다. 같은 책, 312쪽.

1. 광복과 한국전쟁으로 인한 지역사회의 재구성

1) 시역의 확장과 지역의 분할 혹은 신설

광복 이후 서울의 공간적 규모와 행정구역 체계는 몇 번의 변화를 거쳐 오늘날에 이르게 되었다. 1949년과 1963년, 1973년에 걸쳐 시역이 점차 확장되었으며 이에 따라 행정구역이 재편될 수밖에 없었고 해당 지역의 경우 신설과 병합 등의 과정을 거치게 되었다. 한국전쟁 직전인 1949년에 서울의 행정구역은 268㎢로 확장되었고 인구는 약 140만 명으로 증가하였다. 그 후 1963년에 또 한 번의 시역 확장이 있었는데 강남지역과 북동부 지역을 흡수하면서 기존의 2배인 594㎢로 확대되었고 인구 역시 3백만 명을 넘어섰다(그림 1).[2] 1973년에 최종적으로 현재와 같은 시역 확장이 이루어진다. 즉 경기도 고양군 신도면 구파발리, 진관내리, 진관외리를 편입하면서 시역이 605㎢로 확장되고 도봉구, 관악구가 신설되었다.

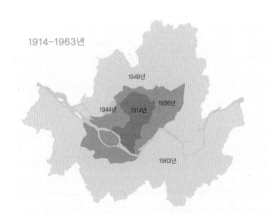

〈그림 1〉 1914~1963년 서울 시역의 확장

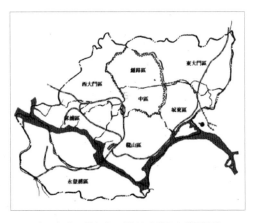

〈그림 2〉 광복 후 서울시 8개구와 행정구역

· · ·

2 김광중, 「20세기 서울의 성장과 변화」, 『서울 20세기 공간변천사』, 서울시정개발연구원, 2001, 14쪽. 〈그림 1〉은 서울시정개발연구원 편, 『지도로 본 서울 2000 역사』, 서울시정개발연구원, 2002, 25쪽 참조. 원래 그림에서는 1936년이 1966년으로 되어 있는데 이는 1936년의 오기로서 여기서는 이를 바로 잡았다.

이처럼, 시역이 확장되는 과정에서 지역이 분할되거나 신설되었던 현황을 구체적으로 살펴보면 다음과 같다. 1943년에 구제區制를 실시하면서 중구, 종로구, 동대문구, 성동구, 서대문구, 용산구, 영등포구 등 7개구를 설치하였다. 해방 직전에 마포구(1944)가 신설되어 광복 직후에는 8개구로 출발하였다(그림 2).[3] 정부 수립 후 1949년에는 경기도 고양군 숭인면의 9개리, 뚝도면의 15개리, 은평면의 16개리, 시흥군 동면 일부 중 3개리 등 45개리 134.413㎢가 서울에 편입되었다. 새로 편입된 숭인면 지역은 성북구를 새로 신설하여 여기에 편입시켰다. 그리고 뚝도면은 성동구에, 은평면은 서대문구에 편입시켰다. 또한, 시흥군 동면東面에 속하였던 구로리, 도림리, 번대방리番大方里 등 세 동리만은 영등포구에서 직접 관할하도록 하였다.[4] 이로써, 1961년 5월 16일 당시 서울의 행정구역은 9개 구 252개 행정동에서 348개 법정동을 관할하였으며, 3개 구출장소區出張所가 설치되어 있었다.[5]

1963년에는 「서울특별시·도·군·구의 행정구역변경에 관한 법률」(법률 제1172호)에 의하여 시역이 대폭 확장되었다. 서울시와 인접하여 도시화 경향이 강한 주변 경기도 지역의 12개면個面 90개리個里를 편입시켰다. 또한 편입지구에 10개 출장소와 43개 동을 설치하여 9개구 13개 출장소 457개 법정동 및 295개 행정동으로 구성된 행정 기구로 확대되었다(표 1).[6] 당시 편입된 지역을 구체적으로 살펴보면, 경기도 양주 지역과 광주 지역, 김포 지역 등의 일부가 서울시로 편입되었다. 즉, 경기도 양주군 구리면 중의 5개 동이 동대문구에 편입되었다가 이후 중랑구가 되었고 광주군 구천면과 중대면 중 10개 동리가 성동구에 편입되었다가 이후 강동구와 송파구가 되었다. 광주군 언주면 전역과 대왕면 중 5개 동리가 성동구에 편입되었다가 이후 강남구가 되었다. 양주군 노해면이 성북구에 편입되었다가 이후 노원구가 되었다. 김포군 양동면과 양서면이 영등포구에 편입되었다가 이후 서초구가 되었다. 시흥군 동면과 부천군 소

• • •

3 서울특별시사편찬위원회 편, 앞의 책, 1995, 319쪽. 〈그림 2〉는 같은 책.
4 위의 책, 316쪽.
5 서울특별시사편찬위원회 편, 『서울육백년사』 6, 서울특별시, 1996, 360쪽.
6 위의 책, 362쪽. 〈표 1〉은 같은 책.

사읍 중 7개 동과 오정면 2개 동이 영등포구에 편입되었다가 이후 구로구와 금천구가 되었다.[7]

〈표 1〉 1963년 시역 확장 시 편입 지역 현황

구명	출장소명	행정동	관할구역	비고
성동구	천호출장소	구천동 선린동 성내동 천호동 암사동	명일동, 하일동, 고덕동, 상일동 길동, 둔촌동 성내동, 풍납동 곡교동 암사동	광주군 구천면
	송파출장소	송파동 거문동 옥천동 원서동 자현동 세곡동	송파동, 석촌동, 삼전동, 가락동 문정동, 장지동, 거여동, 마천동 이동, 방이동, 오금동 일원동, 수서동 자곡동, 율현동 세곡동	광주군 중대면 대왕면
	언주출장소	도곡동 사평동 수도동 탑곡동	역삼동, 도곡동(전 양재리), 포이동, 개포동 논현동, 신사동, 학동, 압구정동 청담동, 삼성동, 대치동 염곡동, 내곡동, 신원동	광주군 언주면
성북구	노해출장소	창동 태릉동 노원동 도봉동	창동, 월계동, 쌍문동 공릉동, 하계동 중계동, 상계동 도봉동, 방학동	광주군 노해면
영등포구	관악출장소	가산동 봉신동 시흥동	가리봉동, 독산동 봉천동, 신림동 시흥동	시흥군 동면
	신동출장소	양재동 남성동 서초동 잠포동	양재동, 원지동, 우면동 사당동, 방배동 서초동 반포동, 잠원동	시흥군 신동면
	오류출장소	오류동 고척동 개봉동 수궁동	오류동, 천왕동 고척동 개봉동 궁동, 온수동, 항동	부천군 소사읍
	양동출장소	양천동	가양동, 마곡동	김포군

• • • •
7 손정목, 『서울도시계획 이야기』 (3)권, 한울, 2003, 70쪽.

		염촌동	등촌동, 염창동, 목동	양동면
		신곡동	화곡동, 신월동	
		신정동	신정동	
	양서출장소	발산동	내발산동, 외발산동	김포군 양서면
		공항동	공항동(송정리)	
		방화동	방화동	
		개화동	개화동	부천군 오정면
		과오동	과해동, 오곡동, 오쇠동	
동대문구	망우출장소	상봉동	상봉동	양주군 구리면
		중화동	중화동, 묵동	
		망우동	망우동	
		신내동	신내동	

〈그림 3〉 2010년 서울시 행정구역 (25개구, 행정동 424개)

이후 계속되는 지역의 분할과 관할구역의 변경 등으로 복잡한 구조 변화를 겪게 되는데 1970년에 이르기까지 서울특별시는 465개 법정동에 302개의 행정동이 존재하게 된다. 그러나 지역 간 인구 편차가 심해 또 다시 1970년 「동장정원 및 명칭과 관할구역 변경조례」(시조례 제613호)에 의해 56개동을 113개 동으로 분할하고, 117개 동을 통합하여 64개 동으로 줄였으므로 결국 행정동 302개, 동은 306개 동으로 조정되었다. 그리고 1971년 10월 10일 시조례 제676호에 의하여 영등포구 여의도동이 신설되어 서울시의 행정동은 모두 307개 동이 되었다.[8] 이후 도봉구・관악구(1973), 강남구(1975), 강서구(1977), 은평구・강동구(1979), 구로구・동작구(1980), 송파구・중랑구・노원구・서초구・양천구(1988), 광진구・강북구・금천구(1995) 등이 차례로 신설되어[9] 2010년 현재와 같은 총 25개 구가 되었다(그림 3).[10]

이처럼 광복 직후부터 20세기 말까지 서울의 구조적 변화는 거의 매년마다 새로운 구가 신설되거나 분할되지 않으면 다른 구에 편입되는 등 급격하게 이루어졌다. 이를 두고 14세기말 조선이 한양으로 천도한 이래 가장 역동적이며 한국 역사상 가장 급격한 도시개조의 역사라고 평가되기도 한다.[11] 이 시기 서울의 구조적 변화는 외부적으로는 공간을 지속적으로 확장하면서 시역을 넓혀갔고 내부적으로 확장된 공간으로 인해 생겨나는 밀도의 불균형을 조정해 나가는 작업이 연쇄적으로 진행되었다고 볼 수 있다.

서울의 공간적 변화를 가져온 원인으로는 크게 인구의 증가와 도시 개발이라는 두 가지 측면에서 살펴볼 수 있다. 도시 개발과 관련해서는 다음 절에서 구체적으로 살펴보고 여기서는 인구의 증가라는 측면만 간략하게 살펴보자.

해방 후 전체 인구 이동의 특징은 첫째, 해방과 남북분단이라는 정치적 변화에 따른 200만 명이 넘는 해외 귀환 동포의 이입과 북한 주민의 월남 인구의 이동을 들 수

• • •

8 서울특별시사편찬위원회 편, 앞의 책, 1996, 364~375쪽.
9 이대희, 「서울시 구・동제(區洞制)의 변천 과정에 관한 연구」, 『인문사회과학논문집』 25, 광운대학교 인문사회과학연구소, 1996, 155쪽(* 도봉구와 관악구의 신설 연도를 1972년에서 1973년으로 필자 교정).
10 〈그림 3〉은 「지도로 본 서울」, 서울시 홈페이지, http://data.si.re.kr/node/55.
11 김광중, 앞의 논문, 2001, 23쪽.

있다. 둘째, 50년대 전반의 6·25 동란에 따른 피난 및 수복에 따른 인구 이동이 있다. 셋째, 60년대 이후의 경제 발전 및 산업화에 따른 이농향도형離農向都型 인구 이동을 주류로 하는 인구 이동의 흐름이 있다.[12] 이를 시기별로 살펴보면, 먼저 해방직후기인 1945년 8월~1950년 6월에 서울을 중심으로 한 도시로의 인구 이동은 도시화의 급속한 진전을 가져온다.[13] 특히, 이 시기 서울시 인구의 급속한 성장이 특징적이다. 즉, 해방 직전 1945년 4월말 서울 인구가 90만 명 정도였던 것이 6·25 동란 직전 1950년 4월말에는 169만 명으로 79만 명 정도가 증가하였다.[14]

아래 〈표 2〉[15]에서 알 수 있듯이 이러한 서울 인구의 증가에는 월남민과 해외 동포의 귀환이 큰 역할을 했는데 1945~1949년간 서울 인구의 총 증가분 79만 명 중에 41%에 해당하는 33만 명 정도를 차지하고 있다. 나머지 59%에 해당하는 46만 명은 지방 각지에서 서울로 몰려온 인구라고 할 수 있다.

〈표 2〉 해외 동포 및 월남민의 유입 규모(1945~1949년)   (단위: 명, %)

직전 이주지 \ 현거주지	전국(남한)		서울	
	총수	비중(%)	총수	비중(%)
일본	936,000	55.5	29,555	9.0
만주	212,007	12.5	59,235	18.0
중국	42,113	2.5	21,272	6.5
기타 외국	16,261	1.0	1,925	0.6
북한	481,204	28.5	216,804	65.9
합계	1,687,585	100	328,791	100

• • •

12 윤종주, 「해방 후의 인구 이동과 도시화」, 『해방 후 도시성장과 지역사회의 변화』, 한국정신문화연구원, 1991, 2쪽.
13 그 원인으로 해외 귀환 이입 인구 및 북한으로부터의 월남 이입 인구의 도시 정착적인 성향, 이 시기 농촌지역 인구의 과승인구(過乘人口)상태에서 오는 도시지역으로의 배출 요인, 행정부의 지방행정 단위(읍·면)의 시승격 규정 등이 있다. 위의 논문, 5~6쪽.
14 특히 해방 이듬해 1946년 4월말에는 127만 명으로 한 해 동안 37만 명이 증가해 40.5%의 폭등 현상을 보였다. 위의 논문, 16쪽.
15 〈표 2〉는 서울특별시사편찬위원회 편, 앞의 책, 1995, 693쪽 참조. 원래 표에서 남한 총수 합계가 이주지별 총합과 달라서 여기에서는 이주지별 총합을 기준으로 합계를 수정하였다.

그 다음, 한국 동란기인 1950년~1953년에는 전쟁 중 생명 손실과 관련하여 해방 후 가장 낮은 1.0%정도의 인구 성장률을 보인다. 서울은 동란 발발 다음 해인 1951년 12월에 약 65만 명으로 급감하였다. 휴전을 전후한 1953년과 1954년에는 피난했던 서울 시민들이 귀환함으로써 각기 76만 명과 124만 명이 된다. 1955년에 157만 명으로 동란 전의 인구 규모로 회복하게 되었다(표 3).[16]

〈표 3〉 1950~1955년 서울시의 연도별 인구성장

년 도	조사 시일	인구수(상주인구)	년평균 인구성장률(%)
1950	4월말	1,693,224	−43.8
1951	12월 16일	648,432	10.5
1952	12월말	716,865	22.3
1953	3월말	757,380	36.7
1954	12월말	1,242,880	14.9
1955	12월말	1,428,060	

그 다음 시기인 한국 동란 직후에 해당하는 1955~1961년에는 남한의 인구가 1955년 2,153만 명에서 1960년 2,499만 명으로 약 346만 명이 증가하여 연평균 2.9%의 높은 인구 성장을 보인 시기이다. 이 시기는 우리나라에서 인구 증가율이 가장 높았던 자연 증가의 시대였다. 또한 이 시기에 약 75만 명의 군郡 지역 인구가 시市 지역으로 유입되고 있어 이군향시적離郡向市的 흐름이 뚜렷하게 나타나고 있으며 그 중 83%에 해당되는 62만여 명이 서울로 집중되어 있다. 따라서 이 시기 도시화는 주로 서울이 주도하고 있음을 알 수 있다.[17] 〈표 4〉[18]는 광복 직후에서부터 1959년까지 서울 각 지역별 인구 증가 추이를 보여 주고 있다.

• • •

16 윤종주, 앞의 논문, 18~28쪽. 〈표 3〉은 같은 책, 21쪽.
17 위의 논문, 32쪽.
18 〈표 4〉는 장세훈, 앞의 논문, 2005, 236쪽 참조. 원래 표에서 합계의 일부 수치가 각 구의 인구 총합과 달라서 여기에서는 각 구의 인구 총합을 기준으로 합계를 수정하였다.

마지막 시기인 1960년대 이후는 1960년 초에 시행된 인구 억제 정책으로 인해 저 출생 – 저사망의 유형적 변화를 가져왔고 인구의 연령 구조가 '피라미드형'에서 '종형 鐘型'으로 전환됨으로써 인구의 양적·질적 변화를 초래한 시기였다. 이 시기 전체 인 구 증가율은 1960년대 초 연평균 3%에서 1985년 1.3%로 둔화되었다. 그러나 1960~1970년간에 각 도道에서 빠져나간 인구 순이동량의 85.3%가 서울로 집중되어 있어 이 시기 역시 인구 이동의 흐름이 서울 지향적이었음을 알 수 있다.[19]

1970년 이후에도 이러한 인구 도시화 과정은 지속되었다. 그러나 1980년대에는 서 울과 부산의 인구 순 증가 폭이 60~70년대의 20~40%대에서 80년대 초반에는 3~6% 대로 크게 감소하고 있다. 이는 70년대 후반부터 서울을 비롯한 수도권 지역에 대한 인구집중 방지책과 지방도시의 육성, 사업기지의 분산화 등에 기인한 것이다.[20]

〈표 4〉 광복 직후~1959년 서울시 구별 인구 추이 (단위: 명, %)

구분	1945년	1949년	1951년	1954년	1955년	1959년
중구	77,902	198,736	40,046	191,628	204,801	205,774
종로구	160,070	220,518	69,726	124,796	131,694	164,990
동대문구	146,392	142,309	69,431	130,554	158,307	265,670
성동구	95,008	189,618	91,166	141,563	166,717	263,274
성북구	–	144,545	51,840	112,437	129,262	242,132
서대문구	105,921	197,165	65,587	141,386	166,471	282,941
마포구	117,688	172,974	67,381	119,134	133,756	189,742
용산구	78,288	183,484	35,058	122,270	152,306	225,369
영등포구	111,102	166,086	158,197	159,112	184,904	254,077
합계	892,371	1,615,435	648,432	1,242,880	1,428,218	2,093,969

• • •

19 윤종주, 앞의 논문, 47쪽.
20 위의 논문, 51쪽.

1960~1990년까지 30년 동안 서울과 부산 등 대도시의 인구 증가율이 전국 평균 인구 증가율을 상회했던 것이 1990년대 들어서면서 인구의 절대수와 인구 비중이 최초로 감소하게 된다. 즉, 서울은 1990년에 전국 인구의 24.4%로 최정점을 찍었으나 2000년에는 21.4%로 감소하기 시작했고 인구 절대수에 있어서도 서울은 약 72만 명이 줄어들었다. 이는 서울로 유입되는 인구와 직접 관련이 있는데 1960~1970년에 전국 인구 증가분에 대해 서울은 47.8%를 흡수했으나 1980~1990년에는 37.6%로 대폭 감소하였다. 1990년대에는 도리어 -26.3%로 감소하여 거꾸로 인구가 유출되고 있는 추세다(표 5, 6).[21] 그렇지만 2000년 현재 서울 인구는 전국 인구의 21.5%로서, 한국사람 5명 중 1명은 서울시민인 셈이다. 이러한 추세를 그래프로 나타내면 〈그림 4〉와 같다.[22]

〈표 5〉 1960~2000년 서울과 수도권의 인구 증가분

(단위 : 천 명, %)

	1960~1970	1970~1980	1980~1990	1990~1995	1995~2000	1990~2000
서울	3,080	2,839	2,249	**-382**	-336	-718
경기도	605	1,580	3,040	1,984	1,501	3,485
수도권	3,685	4,419	5,289	1,602	1,165	2,767
전국	6,445	6,002	5,975	1,198	1,527	2,725
서울/전국	47.8	47.3	37.6	**-31.9**	-22.0	-26.3
경기도/전국	9.4	26.3	50.9	165.6	98.3	127.9
수도권/전국	57.2	73.6	88.5	133.7	76.3	101.5

＊ 경기도 : 인천 포함, 수도권 : 서울+경기도

• • •

21　최진호, 「인구분포와 국내 인구 이동」, 『한국의 인구』 2, 통계청, 2002, 467~469쪽; 471쪽. 그러나 1960~2000년간 수도권과 대도시로의 불균형적인 인구 집중은 지속되었다. 즉, 그 기간 전국 인구는 총 2,115여만 명이 증가했고 그 중 서울이 35.2%, 경기도 31.4%, 인천이 9.7%를 흡수하여 전국 인구 증가분의 76.3%를 수도권이 흡수하였다. 최진호, 앞의 논문, 469쪽. 〈표 5〉와 〈표 6〉은 각각 같은 논문, 472쪽; 470쪽.
22　서울시정개발연구원 편, 『지도로 본 서울 2000 인구』, 서울시정개발연구원, 2002, 31쪽.

<표 6> 1960~2000년 서울과 수도권의 인구 집중

(단위 : 천 명, %)

	1960	1970	1980	1990	1995	2000
서울	2,445	5,525	8,364	10,613	10,231	9,895
경기도	2,749	3,353	4,934	7,974	9,958	11,459
수도권	5,194	8,879	13,298	18,587	20,189	2,354
전국	24,989	31,434	37,436	43,411	44,609	46,136
서울/전국	**9.8**	**17.6**	**22.3**	**24.4**	**22.9**	**21.5**
경기도/전국	11.0	10.7	13.2	18.4	22.3	24.8
수도권/전국	20.8	28.2	35.5	42.8	45.3	46.3

* 경기도 : 인천 포함, 수도권 : 서울+경기도

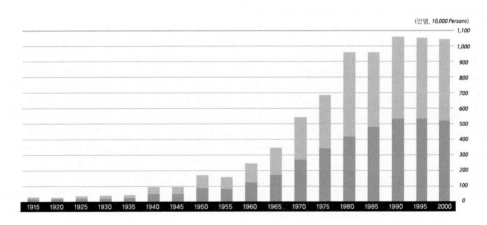

<그림 4> 1915~2000년 서울 인구 변화 진한 색: 남자, 흐린 색: 여자

2) 한국전쟁 이후 지역의 재구성

1945년 8월 15일 광복이 되고 9월 19일 미군정이 시작되었다. 그러나 그 당시 미군정은 질서 유지와 식량정책만이 최우선이었고 도시 계획과 같은 정책은 추진할 수가 없었다. 1948년 8월 15일 대한민국정부 수립 후에도 당시 질서를 회복하고 정비하기에 급급해 서울의 도시 정책에는 별다른 변화가 없었다.[23] 1950년 6월 25일에 발발한 한국전쟁은 서울 중심부는 물론이고 한강변 지역 등 거의 모든 지역에 있던 공공건물과 공장, 주택 등이 파괴되어 결과적으로 대대적인 도시 계획을 촉발시켰다. 이처럼 국가적으로 추진된 도시 계획에 의해 서울은 지역적으로도 전면적인 변화를 거치게 된다.

한국전쟁으로 인한 서울 지역의 피해는 9만 5천만 명 이상의 사상자와 행방불명자가 생겼고 전쟁 전 19만 동의 주택 중 3만 5천 동 이상이 불에 타 없어졌다. 560여 개 이상의 공장이 파괴되었으며 한강 인도교를 비롯한 48개의 교량이 파괴되었다.[24] 특히, 서울 지역에서 행해졌던 집중 포격을 보면, 1950년 7월 16일의 대규모 용산 폭격이 미군에 의해 감행되어 이촌동~후암동, 원효로~마포 도화동·공덕동 지역이 1시간가량 폭격을 당했다.[25] 1950년 9월에 단행된 인천상륙작전과 서울 진격 과정에서 서대문·독립문, 세종로·도렴동, 황학동시장·남대문시장, 남창동, 북창동, 명동, 종로, 충무로 일대의 주요 건물들이 모두 파괴되었다.[26]

또한, 1951년 1·4후퇴 때 북한군의 한강 도강을 막기 위해 나루터 일대를 맹폭함으로써 인근 민가가 대부분 파괴되었다.[27] 아래 〈표 7〉[28]을 살펴보면, 전쟁 피해가 가장 심한 곳이 용산구로 전쟁 전 주택의 70%정도가 불에 타거나 파괴되었다. 그 다음으로 심한 곳이 중구(52.1%), 성동구(28.1%), 서대문구(26.2%), 영등포구(25.5%) 등이다. 용산 지역이 특히 그 피해가 심각했던 이유는 역시 대규모 용산지역 폭격에 기인한 것으로 볼 수 있다.

• • •

23 손정목, 앞의 책(1권), 2003, 11쪽.
24 위의 책, 11쪽; 42쪽.
25 위의 책, 50쪽.
26 위의 책, 66~68쪽.
27 위의 책, 78쪽.
28 〈표 7〉은 서울특별시, 『시세일람』, 1952, 166쪽; 장세훈, 「한국전쟁과 남북한의 도시화 : 서울과 평양의 전후 복구 과정을 중심으로」, 『사회와 역사』 67, 한국사회사학회, 2005, 229쪽에서 재인용.

<표 7> 한국전쟁에 의한 서울시 주택 피해 상황 (단위: 동, %)

지역	전쟁 전 주택 호수(A)	전소 · 전파 주택 호수(B)	반소 · 반파 주택 호수(C)	비중 ((B+C)/A)
중구	17,097	6,926	988	52.1
종로구	20,736	2,410	765	15.3
서대문구	22,515	4,372	1,522	26.2
용산구	26,218	9,516	8,838	70.0
동대문구	18,183	419	945	7.5
마포구	23,244	2,711	1,697	19.0
성동구	25,557	5,017	2,154	28.1
영등포구	20,119	2,512	2,620	25.5
성북구	17,591	859	811	9.5
합계	191,260	34,742	20,340	28.8

　이렇게 주요 시가지와 용산, 한강 주변 지역 등이 대부분 파괴되고 주민들은 뿔뿔이 흩어진 상황에서 서울의 도시 재건은 새롭게 시작되었다. 도시 재건은 전후 복구 사업으로 시작되었지만 점차 도시 계획에 따라 도시 개발 사업으로 본격화되었다. 이런 과정에서 각 지역은 새롭게 재편되고 재구성되었다.

　1960년대 중반까지도 서울 중심부와 일부 주변 지역을 제외하고는 서울의 여타 지역은 도시 지역으로 보기는 미흡했다. 1960년대 중반 마포나 왕십리, 동대문 밖 신설동, 안암동, 답십리, 전농동 등지에는 아직도 논밭이 있을 정도였고 서울이라 하면 사대문 안과 그 바로 바깥인 독립문 · 신촌 · 신설동 · 돈암동 · 신당동 · 용산 등지까지로 인식되었다. 즉, 노면 전차가 다니고 있던 지역, 동으로는 청량리 · 왕십리까지, 남으로는 한강을 건너 노량진 · 신길동 · 영등포까지, 서쪽으로는 마포 종점과 신촌까지, 서북쪽은 독립문까지, 동북쪽은 돈암동 전차 종점까지가 도시화된 서울의 모습이었다는 것이다.[29] 이러했던 도심 지역은 한국전쟁 이후부터 1980년대까지 지속적으로 진행된 도시 계획에 의해 크게 변화하였다.

　한국전쟁이 끝나고 시작된 서울 도심부 개발은 크게 구획정리사업과 재개발사업,

두 영역으로 추진되었다. 구획정리사업이란 1952년 '서울 도시계획 가로변경·토지구획 정리지구 추가 및 계획지역·변경'이란 이름으로 추진된 서울 '전재복구계획'을 말한다.[30] 이 계획이 시행된 1966년~1979년 동안에 계획된 가로는 모두 신설·확장되었으며 광장에 대한 계획은 계속 미뤄지다가 이후 30여 개 광장이 크게 넓어졌다.[31] 도심부 재개발사업은 1962년에 제정된 '도시계획법'이 1971년에 전면 개정되면서 촉진되었다.[32] 이로써 1975년 이후부터 대규모 호텔과 백화점, 고층 빌딩 등이 새롭게 들어서면서 도심부의 경관을 크게 바꿔놓기 시작하였다. 예를 들어 마포지역과 같은 곳은 1962년 최초의 아파트(그림 6)[33]가 들어선 이후에 꾸준히 발전하여 1980년대 10여 년 간 28개의 고층건물이 들어서는 등 '공간혁명'이 일어났던 대표적인 곳이다.[34]

서울 도심부 개발과 함께 빼놓을 수 없는 도시 변화는 한강과 강남 개발이다. 1960년대 만원 상태인 서울의 공간적 문제를 해결하기 위해서는 강남이 개발되어야 했고 이를 위해서는 먼저 한강 유역이 정리될 필요가 있었다.[35] 1967년에 '한강개발 3개년 계획'이 시작되어 강변도로가 본격적으로 확충되었고 여의도와 잠실이 개발되었다. 일제 때 비행장으로 이용되던 여의도는 광복 후 공군부대로 활용되었고 1967년에 여의도 주변에 둑을 쌓는 공사가 시작되어 이후 조성된 대규모 택지에 대규모 아파트 단지와 여의도 광장, 한국방송공사, 증권거래소 등 방송과 금융·증권사 빌딩들이 들

• • •

29 손정목, 앞의 책(2권), 2003, 100~101쪽.

30 1952년 3월 25일자로 발표된 이 계획은 첫째, 39개의 계획 가로를 신설하고 6개 기존 계획 가로를 폐지하는 대신 18개 기존 계획 가로를 확장하는 것, 둘째, 광장을 크게 신설·확장하는 것으로 중앙청 앞과 광화문 네거리 광장 등 19개 광장을 신설하고 태평로 1가 시청 앞 광장 등 5개 기존 광장을 확장하는 것, 셋째, 19개 지구를 구획정리 지구로 선정하고 1차 지구인 을지로3가·충무로·관철동·종로5가·묵정동과 2차 지구인 남대문·원효로·왕십리·행촌동 지구가 대한 사업을 시작하는 것이었다. 손정목, 앞의 책(1권), 2003, 115~127쪽.

31 손정목, 앞의 책(1권), 2003, 118~119쪽.

32 1962년 도시계획법이 제정된 이후에 선정된 재개발지구는 4대문 안팎 6개 지구로서 용산구 한남동·보광동, 해방촌, 광희문 밖 신당동·옥수동, 동대문 밖 창신동, 서대문 밖 냉천동·현저동, 마포구 신공덕동·만리동 등이었다. 1971년 도시계획법이 개정된 이후에 새롭게 선정된 재개발지구는 서울역-서대문(의주로 11개 소구), 태평로 2가, 남대문로 3가, 남창동, 을지로 1가, 소공동, 장교동, 도렴 지구, 적선 지구, 무교 지구, 다동 지구, 서린 지구 등이었다. 손정목, 앞의 책(2권), 2003, 107~164쪽.

33 국가기록원, http://theme.archives.go.kr/next/education2010/house03.do.

34 손정목, 앞의 책(2권), 2003, 185쪽.

35 손정목, 앞의 책(1권), 2003, 292쪽.

어섰다. 그 와중에 1968년 밤섬이 폭파되었다. 강변도로를 쌓으면서 얻어진 매립 공간에 택지를 조성하여 한강을 따라 대규모 고층 아파트 단지가 건설되었다.

특히, 1966년 서울시의 요청으로 강남 지역인 서초구·강남구 일원이 '서울시 토지구획정리 예정지'로 지정되었는데, 경부고속도로와 제3한강교(한남대교) 건설로 인해 그 개발이 촉발되었다. 강남 지역은 원래 1960년 이전까지는 한적한 변두리 지역이었다. 1963년 1월 1일 서울시에 편입되기 전 강남지역의 풍경은 다음과 같다.

가난하고 조용한 농촌마을이었다. 서빙고나루나 한강진에서 나룻배를 타고 이 일대를 가 보면 겨우 달구지 한 대나 지날 수 있을까 할 정도로 좁았고, 보이는 것은 논과 밭, 그 사이사이에 배나무 과수원이 흩어져 있었다. 여기저기 낮은 언덕 기슭에 초라한 초가집 몇 채만 보이는, 한 없이 한정하고 평화로운 마을의 연속이었다.[36]

실제 1970년대 초에 촬영된 〈그림 5〉[37]에서 보더라도 강남 지역은 일부 지역을 제외하고는 아직까지 농지가 대부분인 한적한 교외의 모습을 보여주고 있다.

1967년 말부터 시작된 영동지구 구획정리사업은 1970년까지 이어졌고, 이렇게 조성된 광활한 택지에 공무원아파트를 시작으로 하여 시영주택단지 등 대규모 아파트 단지가 들어서기 시작했다(그림 7).[38] 이처럼 대규모 아파트 단지 건설은 1960년대 후반에 용산구 동부이촌동에서 시작해서 1970년대에는 여의도로, 1970년대 후반부터 1980년대에 걸쳐 영동(강남·서초)으로, 다시 잠실 일대 오늘날 송파구로 번져갔다.[39]

• • •

36 손정목, 앞의 책(3권), 2003, 71쪽.
37 안창모, 「강남개발과 강북의 탄생과정 고찰」, 『서울학연구』 41, 서울시립대학교 서울학연구소, 2010, 84쪽에서 재인용.
38 손정목, 앞의 책(3권), 2003, 88~167쪽.
   〈그림 7〉은 국가기록원, http://theme.archives.go.kr/next/koreaOfRecord/ apartment.do.
39 손정목, 앞의 책(3권), 2003, 324쪽. 2010년 현재 서울시 총면적인 605㎢ 중 주거지역은 307㎢이고 이중 학교·공공청사 등을 제외한 순수한 주거지는 223㎢이다. 이 중 30%에 달하는 66.5㎢가 이미 아파트 단지로 채워졌다. 박인석, 『아파트 한국사회 : 단지 공화국에 갇힌 도시와 일상』, 현암사, 2013, 38쪽.

〈그림 5〉 1970년대 초 한강변 풍경

〈그림 6〉 최초의 아파트 단지_마포아파트항공사진(1963년)

〈그림 7〉 영동단지 및 반도아파트 전경(1974년)

한편, 이처럼 급변하는 서울의 구조적 변화 속에서 최말단 단위에 해당하는 지역사
회는 과연 어떠한 영향을 받았을까? 1960년대 당시 서울의 전체적인 인상은 다음과
같이 그려지고 있다.

당시의 서울은 한강이 끝이었다. 오늘날의 강남은 잡초가 우거진 야산과 전답이었고 거주

하는 사람은 몇 만 명에 불과했다. 강남으로 오가기 위해서는 나룻배를 이용할 수밖에 없었고 한강은 백사장의 연속이었다. 서울 시민의 행동반경은 사대문 안이었고 세종로(중앙청)에서 한국은행까지를 직경으로 원을 그리는 내부, 명동·충무로·을지로·종로 네거리가 도심부였으며 이 도심부의 끝에 남대문·동대문의 두 개 시장이 있었다. 충무로·을지로도 골목 안으로 들어가면 뜰에 몇 그루 나무를 심은 목조 가옥들이 밀집해 있었고 남대문에서 종각까지에 이르는 서울 최대의 비즈니스 거리도 높은 건물이라야 겨우 5층이었다. 당시의 서울에서 가장 높은 건물은 겨우 8층밖에 안 되는 반도호텔이었고 아파트라는 것은 남의 나라의 말로 여겨지던 시대였으니 서울은 평면적·입체적으로 만원일 수밖에 없었던 것이다.[40]

구체적인 사례로 용산구 서빙고동의 경우를 살펴보면, 서빙고 지역은 한국전쟁 당시 한강 양쪽에서 집중적인 포화로 초토화되다시피 했던 '한강전선'에 속했던 지역이다. 전쟁이 끝난 후 원주민들이 다시 돌아오기는 했지만 예전처럼 그 자리에서 다시 정착해 살기가 어려워 지역을 떠난 사람이 많았다.[41] 이러한 지역은 지방에서 올라온 이주민들과 도심에서 밀려난 빈민들이 몰려들면서 판자촌을 형성하게 되는 경우가 많았다. 1970년대까지 서빙고 지역은 판자촌이 즐비했고 달구지나 수레를 끌고 시내를 나갈 수밖에 없었던 낙후된 서울 변두리의 정황을 보여주고 있다.[42]

서빙고동과 가까운 보광동의 경우에도 주로 공동묘지가 많았던 곳이었지만 1950년대 후반 해방과 한국전쟁 이후 각지에서 몰려든 이주민들이 몰려들어 '하꼬방'들이 빽빽하게 들어서기 시작했다(그림 8).[43] 1950년대 말에는 전재민주택과 상이용사주택 등이 들어서기 시작했고 1970년대까지 이주민들이 꾸준하게 들어오면서 보광동 전역에 거의 빈틈없이 집들이 세워졌다. 1970년대 후반부터 주택을 소유한 주민들은 주로 임

• • •

40 손정목, 앞의 책(1권), 2003, 291~292쪽.
41 졸고, 「광복이후 서울 서빙고 지역사회와 공동체 의례 주도집단의 변화:지역·지역사회·의례의 문화지형에 대한 시도」, 『한국민족문화』 37, 부산대 한국민족문화연구소, 2010, 333쪽.
42 졸고, 위의 논문, 331쪽.
43 〈그림 8〉은 오산학원 제공; 서울역사박물관 편, 『보광동 사람들, 보광동』(1), 서울역사박물관, 2008, 45쪽에서 재인용.

〈그림 8〉 1950년대 후반 보광동 경관

대를 목적으로 당시 유행하던 문화주택 형태나 빌라 등이 지어지기 시작했다. 1990년
대부터는 아랫말 지역에 삼성아파트와 신동아아파트가 건설되고 1990년대 말에는 '건
넌말' 지역을 중심으로 현대홈타운아파트가 건설되었다. 그럼에도 불구하고 2007년 6
월 현재 전체 3,154동 가운데 단독주택이 2,750호, 연립주택이 124호, 아파트가 280호
로 단독주택이 단연 압도적으로 많은 지역이라고 할 수 있다.[44]

서울 중앙부의 경우에는 1960년대 중반만 하더라도 일제 강점기 당시 청운동·효
자동 일대에 형성되었던 총독부 관사촌이나 장충동·신당동 일대, 남대문로·충무

---

44 위의 책, 44~49쪽.

로・을지로 뒤편의 일본식 주택들, 그리고 명륜동・혜화동・동숭동 일대와 서대문구 북아현동 일대에 빽빽이 들어선 한옥 등이 뒤섞여 있었다. 당시 이들 지역에 대한 기억을 들어보면 다음과 같다.

종로구 신문로, 청운동・효자동 일대에 있던 총독부 관사촌은 여전히 일등 주택지였다. 지금 장충체육관이 들어선 자리 맞은편, 장충로 2가 일대 그리고 중구 신당동 일대의 일본식 저택들, 남대문로・충무로・을지로 등의 큰길을 가다가 뒷골목에 들어가면 비교적 규모가 큰 일본식 주택들이 밀집되어 있었다. 넓이도 꽤 되고 정원도 있었다. 그 당시 부자들이 이 일대에 살고 있었다. 일본식 건물들이 비교적 규모가 컸던 데 반해 한옥들은 규모가 작았다. 종로구 가회동 일대, 명륜동・혜화동・동숭동 일대 그리고 서대문구 북아현동 일대에 비교적 튼튼한 한옥들이 밀집되어 있었지만 일본식 고급 주택지에는 미치지 못했다.[45]

1960년 말부터 시작된 판잣집 철거와 시민아파트 건설도 서울의 경관과 지역의 변화를 촉진하는 역할을 하였다. 즉, 1968년 12월 3일 서울의 무허가 판잣집을 정리하고 주택난을 해결하기 위해 13만 천여 동(23만 3천 가구)의 판잣집을 철거하고 그 자리에 3년간에 걸쳐 2천 동의 시민아파트를 짓는 계획을 발표하였다. 1968년에 이미 시민아파트가 5개 지구에 31동 1천 3백 67가구분이 지어지기는 했지만 1969년 4월 21일 금화지구 아파트 준공식을 첫 시작으로 하여 본격적인 시민아파트 건설이 시작되었다. 그러나 부실공사와 급수・전기・화장실 등 부대시설이 충분히 갖춰지지 못해 입주자들로 하여금 "시민아파트에 산다는 건 목숨을 건 생활"이라고 할 정도로 불평이 나오기도 했다. 이렇게 시작한 서민아파트 건설은 1970년 12월 당시까지 총 36개 지구에 4백 31동, 1만 7천 3가구가 살고 있었고 당시 "산꼭대기까지 우뚝우뚝 서서 온통 고층빌딩인 양" 세워진 서민아파트는 서울의 경관을 새롭게 바꿔 놓고 있었다.[46]

• • •

45 손정목, 앞의 책(2권), 2003, 100쪽.
46 「서울-새풍속도(43) : 시민 아파트」, 『경향신문』, 1970년 12월 1일자.

이와 같은 시민아파트뿐만 아니라 공무원아파트, 그리고 영동지구와 잠실지구를 중심으로 대규모로 조성되었던 아파트 단지 등 서울의 아파트 단지 건설과 이로 인한 지역의 분할은 이후 서울 지역사회와 공동체에 커다란 변화를 야기하는 중요한 요소로 작용하게 된다. 즉, 이러한 아파트 단지화가 지역에 미치는 주요한 영향으로 소필지 감소로 인해 도시 생태계가 파괴되고 도시 기능의 자율 조정 능력이 약화되어 주변 도시 공간과 격리된 '사막형 주거단지'가 되어 버린다고 하여 그 심각성이 지적되기도 한다.[47]

특히, 지역공동체가 점차 와해되어 가는 원인의 하나로, 주민들이 지역 내에서 이동하는 동선의 변화를 들 수 있다. 단독주택과 상가 등이 어우러진 소택지의 경우는 각자의 집에 이르는 길이 그물망처럼 여러 경로가 있어 이동 중에 다른 주민들이나 상점 등과 빈번하게 접촉하게 된다. 이러한 이동 경로의 구조를 '그물망 구조'라 한다. 그러나 아파트 단지가 들어서면 단지에 막혀 이동 경로가 변경될 수밖에 없는데 그 경로의 수는 축소되기 마련이다. 또한 아파트 주민들의 경우는 거의 정해진 동선으로만 이동을 해야 하는데 이를 '나무 구조'[48]라 한다. 이러한 경로로 이동할 때 사람들은 제한된 사람들과 접촉할 수밖에 없다. 따라서 아파트 단지로 인해 아파트 단지 주변의 주민들 간에, 단지 내 주민들 간에, 단지의 주민들과 주변의 주민들 간에는 소통의 축소 내지는 단절을 가져오게 된다. 이는 결국 지역공동체의 와해를 초래하기도 하고 지역사회가 재구성되기도 하는 주요한 요인으로 작용한다.[49]

• • •

47 박인석, 앞의 책, 39~48쪽.
48 '나무 구조'라는 이름은 나무뿌리에서부터 가지 끄트머리에 달린 잎에 이르는 경로가 한 가지뿐이라는 점이 닮아서 붙여진 이름이라고 한다. 위의 책, 49쪽.
49 박인석은 아파트 단지로 인해 도시는 점점 길과 건축물이 격리된 소통 부재의 공간이 되어가고 있으며 서로 다른 개체들이 부딪치고 어울리는 곳이 아니라 제각각 자신의 영역에서 자신들만의 생활공간을 챙기는 이기적 소집단들이 무심하게 지나치는 곳이 되어간다고 보았다. 위의 책, 54쪽.

2. 동제洞制와 각종 자치 조직의 신설

1) 동제의 실시와 운영

광복 직후 미군정이 실시되는 중에도 서울은 일제 때와 별 변동 없이 268개 동洞 · 가街에 283개 정회町會가 설치되어 있었다. 1946년 8월 15일에는 정회를 동회洞會로 개칭하였다. 그 해 9월 현재 동회 수는 280개가 존재했고 동 · 가의 수는 300개, 이리는 44개로 총 344개의 동리洞里가 존재했다. 이후 1949년 8월 18일에 제정된 지방자치법 (32호 145조)에 의하면 "도道에 군郡을 두고 서울특별시와 인구 50만 이상의 시市에는 구區를 두고 시, 읍, 면과 구에 동리洞里를 둔다. 군과 구의 명칭과 관할구역은 종전에 의하고 이것을 변경하거나 폐치廢置분합分合할 때에는 법률로써 정한다. 동리의 구역은 자연부락을 기본으로 하되 그 명칭과 구역의 확정은 시, 읍, 면 조례로써 정한다."라고 하였다.[50]

1955년 4월에는 서울시 동회연합회가 해체되고 동제洞制가 실시되기에 이른다. 이로써 종래 '동회'라고 부르던 시행정의 말단 단체를 '동洞'이라고 부르게 된 것이다. 동제 설치에 대한 규정을 살펴보면 다음과 같다.

제1조 동의 명칭과 구별은 별표와 같다.

제2조 동에 서기書記를 둔다.

서기는 동장洞長의 명을 받아 그 사무를 처리한다.

서기의 정수定數는 매년 말 현재 인구조사에 의한 인구를 기준으로 하여 160호에 1인

을 초과하지 아니하도록 하고 각동에 두는 서기의 정수는 시장이 정한다.

* * *

50 서울특별시사편찬위원회 편, 『서울육백년사』 5, 서울특별시, 1995, 308쪽. 이러한 법령을 근거로 하여 두 가지 중요한 사실이 결정되는데, 첫째는 각 군, 구의 명칭과 관할구역이 일제 때의 것이 그대로 계승되는 결과를 가져왔고 둘째는 법정동과 행정동이 구별되면서 불일치의 법적 근거가 마련되었다는 것이다. 같은 책, 308~309쪽.

제3조 시장市長이 필요하다고 인정할 때에는 동에 지방 주사主事를 배치할 수 있다.

　　　전항前項의 지방 주사는 동장의 명을 받아 일체의 사무를 총괄하고 소속 직원을 지휘

　　　감독하며 동장이 사고事故 있을 때는 그 직무를 대리한다.

　　　동에 지방 주사를 배치할 때에는 전조前條의 규정에 의한 서기 정수에서 이를 감한다.

제4조 동에 3인 이내의 고문顧問을 둘 수 있다.

　　　고문은 무급으로 하고 동장의 자문諮問에 응하며 동정洞政에 관한 중요 시책을 건의할

　　　수 있다.

제5조 본 조례 시행에 관하여 필요한 사항은 시장이 정한다.

부칙

본 조례는 공포일부터 시행한다.

단기 4281년 3월 26일자 서울시령 제1호 서울시동회규정은 이를 폐지한다.

종전 동회洞會의 소유 또는 관리에 속하는 재산은 따로 시장이 정하는 바에 의하여 동정이

개시되는 날부터 20일 이내에 전 동회장이 청산인淸算人이 되어 이를 청산한다.

종래의 동회는 본 조례에 규정에 의한 동 행정이 개시될 때까지 종전에 의한 직무를 수행하

여야 하며 각 동회 책임자는 당해 구청장의 지시에 따라 소관하였던 사무 일절을 동장에게

즉시 인계하여야 한다.[51]

이 조례에 의해 245개의 동장 관할구역이 설치되었다. 1959년 10월에는 6개 동이
신설되고 16개 동명이 개칭되었다. 1962년 12월 18일 조례 274호와 275호에 의해 서
울시 행정구역 확장이 이루어지고 법정동은 457개, 행정동은 295개 구역으로 증가하
였다.[52] 1963년에는 확장된 행정구역 하에서 조례 276호에 의해 동의 하부구조로 270

...
51 서울특별시 조례 66호, 1955년 4월 18일 제정. 서울특별시사편찬위원회 편, 『서울육백년사』 5, 서울특별시, 1995, 323쪽, 재인용.
52 위의 책, 337쪽. 여기서 법정동이란 주민등록 상에 나와 있는 실제 주소로 예를 들어 신길1동, 신길2동과 같이 세부적으로 지칭되는 동명을 말한다. 반면, 행정동은 동주민센터(동사무소 혹은 동장)가 관할하는 동을 통합하여 대표적으로 지칭되는 동명을 말한다. 그러나 실제 행정동의 경우, 여러 법정동을 통합하여 지칭하기도 하지만 반대로

개의 통統과 1,891개 반班을 설정하였다.[53]

1955년 동제 실시로 인해 광복 이후 서울의 말단 행정은 동과 그 밑에 통, 반이라는 체계를 통해 행해지게 되었다. 이 때 서울시 최초로 동장 선거가 치러졌는데 1955년 5월 8일에 시행된 동장 선거에서 전체 245개 선거구, 53만 명의 유권자 중에 80%에 해당되는 42만 명이 투표에 참여해서 높은 투표율을 보였다.[54] 처음에는 이처럼 선출직이었던 동장 제도는 1959년부터는 임명제로 바뀌었다. 1962년부터는 민간인 중에 행정 능력을 갖춘 자를 구청장이 임명하였다.[55] 1963년 초부터는 아예 '초등학교 졸업 이상의 경력을 가진 자로서 동민을 지도할 수 있는 능력을 가진 자'도 동장 임용 요건에 포함시켜[56] 그 제한을 대폭 낮췄다.

동 행정의 범위는 시기에 따라 조금씩 변하였다. 동제가 처음 실시된 1955년 5월 7일 제정된 「서울특별시규칙 제62호 서울특별시 동洞 사무규칙」을 보면, 동(동장)의 사무는 다음과 같다.[57]

(1) 동인관수洞印管守에 관한 사항

(2) 당직 및 청중단속廳中團束에 관한 사항

(3) 동직원 신분 진퇴 및 상벌에 관한 사항

(4) 통·반장 위해촉에 관한 사항

• • •

하나의 법정동이 여러 행정동으로 나누어지기도 한다. 아무튼 행정동은 행정 편의 상 구획되었기에 현실과 맞지 않는 경우가 종종 발생한다. 예를 들어 공덕동과 하현동은 행정동의 명칭인데 행정동인 공덕동에는 법정동인 아현2동, 아현3동, 공덕2동이 관할구역으로 포함되어 있고 역시 행정동인 아현동에는 법정동인 아현1동, 공덕1동, 신공덕동이 포함되어 있다. 이처럼 행정동과 법정동이 일치하지 않게 된 이유는 마포대로를 기준으로 서쪽을 '공덕동'으로, 동쪽을 '아현동'으로 일괄적으로 구획하다가 보니 생겨난 결과이다.

53 서울특별시사편찬위원회 편, 앞의 책, 1996, 363쪽.

54 서울특별시, 『서울특별시 조직변천사』, 서울특별시, 1986, 233쪽; 이대희, 「서울시 구(區)·동제(洞制)의 변천 과정에 대한 연구」, 『인문사회과학연구소 논문집』 25, 광운대학교 인문사회과학연구소, 1996, 156쪽, 재인용.

55 당시 동장의 임용 요건을 보면, 보통 고시 합격자로서 2년 이상 경력자, 국가공무원 5급 이상으로 5년 이상 근무한 자, 4년제 대학 졸업자로서 2년 이상 경력자, 고졸자로서 5년 이상 경력자, 5년 이상 군 장교로 근무한 경력자로 되어 있다. 「서울시 규칙」 제250호, 1962년 3월 1일 제정; 이대희, 앞의 논문, 1996, 157쪽, 재인용.

56 「서울시 규칙」 제313호, 1963년 1월 4일 제정; 이대희, 앞의 논문, 1996, 157쪽, 재인용.

57 나각순, 「서울특별시 동행정 변천고」(하), 『향토서울』 44호, 서울특별시사편찬위원회, 1984, 91~92쪽.

(5) 문서접수 발송 및 보관에 관한 사항

(6) 통·반 구역 획정에 관한 사항

(7) 통·반 지도 감독에 관한 사항

(8) 고문회의에 관한 사항

(9) 선거에 관한 사항

(10) 동적洞籍에 관한 사항

(11) 통계와 제諸 조사에 관한 사항

(12) 각종 행사 참가에 관한 사항

(13) 각종 간행물 배부에 관한 사항

(14) 법령 기타 주지사항 공지에 관한 사항

(15) 여론조사 및 계몽선전에 관한 사항

(16) 병사兵事에 관한 사항

(17) 근로동원에 관한 사항

(18) 회계에 관한 사항

(19) 재산관리에 관한 사항

(20) 시세市稅 기타 공과금 징수에 관한 사항

(21) 세원稅源 조사 및 통보에 관한 사항

(22) 국민저축에 관한 사항

(23) 국채와 공채 소화消化에 관한 사항

(24) 상공업에 관한 사항

(25) 농림 축산 기타 산업에 관한 사항

(26) 농지에 관한 사항

(27) 생활필수품 배급에 관한 사항

(28) 명승고적, 천연기념물 보호에 관한 사항

(29) 국민학교 적령아동조사에 관한 사항

(30) 성인교육에 관한 사항

(31) 생활개선에 관한 사항

(32) 사회 구호救護에 관한 사항

(33) 군경軍警 원호援護에 관한 사항

(34) 청소에 관한 사항

(35) 방역에 관한 사항

(36) 보건위생에 관한 사항

(37) 상하수도에 관한 사항

(38) 도로 및 하천에 관한 사항

(39) 소방 및 수방에 관한 사항

1957년 5월 1일을 기해 각종 증명사무가 구에서 동으로 이양되었다. 1961년 5·16 군사쿠데타 이후 '모범동'을 선정 육성하는 정책을 폈는데 이 때 모범동은 도로공사, 포장공사, 보안등 수리, 하수도 공사, 상수도 공사, 실비식당의 운영, 공동목욕탕의 설치, 공동우물의 신설, 환경위생정화사업으로서의 조기早起 재건再建 체조 실시, 청소작업과 소독실시 등을 주요 육성 사업으로 하였다.[58] 1962년 6월부터 주민등록법이 시행되면서 동 행정으로 주민등록 사무가 추가되었다.

1970년대 이후 새마을 운동이 전개되면서 일선 동 행정이 크게 강화되었다. 즉, 각종 자문위원회를 설치하고 통·반 조직을 강화했으며 새마을사업 추진과 향토 예비군, 민방위 업무가 추가되었다.[59] 이 때 설치된 자문위원회는 어머니회, 방범위원회, 방위협의회 등이다.[60] 1975년 11월 6일에 통반설치조례가 제정되어 종래의 통·반 조직을 보다 강화하였다. 즉, 통·반장은 동장을 보좌하고 반장은 통장을 보좌하면서 주민지도 및 주거파악, 지역방위의 주도, 새마을사업 선도, 기타 동장 지시사항의 실

• • •

58 나각순, 「서울특별시 동행정 변천고」(상), 『향토서울』 42호, 서울특별시사편찬위원회, 1984, 166~167쪽.
59 이대희, 앞의 논문, 1996, 157쪽.
60 나각순, 앞의 논문(상), 1984, 175쪽.

시 등[61] 시정의 말단 조직으로서 그 역할을 할 수 있도록 하였다.

1976년에 특기할 만한 사실은 5월 31일에 처음 반상회班常會가 전국적으로 일제히 실시되었다는 것이다. 이 반상회는 도시인都市人 이웃 간에 인보협동隣保協同의 새 풍토를 조성하여 통반 조직을 주민의 생활 및 민방위의 기본단위조직으로 육성하고자 매월 정기적으로 개최되었다. 그러나 이러한 반상회는 법적 근거 없이 당시 내무부 지침에 의해 행해졌다. 즉, 이러한 반상회 개최는 1976년 4월 30일 내무부가 매월 말일을 반상회의 날로 정하고 5월부터 전국 25만개 반에서 실시하라고 지시한 데 따른 것이다. 반상회의 참석을 유도하기 위해 도시 지역은 반 내 저명인사로 하여금 1가구 1인 참여를 독려하도록 하였고 반상회 참석자에게는 민방위 교육시간을 참작해 주는 등 다양한 방법으로 반상회 출석률을 높이려고 하였다. 결국, 첫 전국 반상회의 출석률은 78.4%에 달했다.[62] 그 당시 반상회에 대한 정부의 정책이 얼마나 강력했는지 짐작할 만하다. 이때부터 시작된 반상회는 2016년 현재까지도 매월 25일에 열리고 있다.

1963년 이후에는 각 구의 관할구역이 변경을 거듭하였다. 이 과정에서 다수의 동 단위 지역들은 분할 혹은 편입의 과정을 겪게 된다. 예를 들어, 서대문구와 마포구의 경우 서대문구 노고산동과 대현동 일부 지역은 마포구에, 마포구 아현동의 일부 지역은 서대문구로 편입되었다. 또한 하왕십리동 일부가 도선동과 홍익동으로 분동되었다. 중구와 동대문구의 경우에도 관할구역이 조정되었고 영등포구 봉신동이 신림동과 봉천동으로 분리되었다.[63] 이처럼 1960~1970년대까지 서울 각 지역은 분동과 편입을 거듭하면서 혼란스러운 시기를 겪게 된다.

1970년에는 법정동이 465개, 행정동이 302개였으나 각 구역별 인구의 편차가 너무 심해 그 해 5월 인구 수준에 맞게 분할과 통합 과정을 거쳐 306개 동으로 조정하였

• • •

61 위의 논문, 181쪽. 또한 구청이나 동사무소에서는 정기적으로 통장회의를 동장 주재하에 개최하여 지역에 대한 현안을 토의 결정하도록 하였다. 같은 논문.
62 김환표, 「반상회의 역사 : 국민 동원과 통제의 수단에서 이익집단화까지」(1), 『인물과 사상』 156, 인물과 사상사, 2011, 172~173쪽.
63 서울특별시사편찬위원회 편, 앞의 책, 1996, 363~364쪽.

다. 1971년에 영등포구 여의도동이 신설되면서 서울시 행정동은 총 307개가 되었다.[64] 1975년 10월 전폭적이고 대폭적인, 구·동의 관할구역 재편성과 확대로 인해 행정동은 총 343개로 늘어났다. 결국, 1961년에 9개 구, 348개의 법정동, 252개의 행정동, 2,856개의 통, 24,643개의 반이 1979년에 이르면 15개 구, 473개의 법정동, 382개의 행정동, 9,885개의 통, 61,613개의 반으로 확장되었다.[65]

이 시기에 행해진 지속적인 관할구역의 조정 작업은 도심 인구가 변두리로 이동하는 경향에 따라 도심지역은 통폐합되고 변두리 지역은 분동되는 원칙이 계속 추진되었기 때문이다.[66]

2) 자치 조직의 신설과 지역사회에서의 역할

1955년 동제 실시 이후 동의 행정을 일정 부분 분담하고 말단 지역사회를 통제·조직화하기 위해 각종 자치 조직이 결성되어 운영되었다. 1966년에는 동 산하에 동고문회洞顧問會, 청년회, 부인회, 향우회, 친목회, 민자위대民自衛隊, 수방대책위, 재해복구단, 지역사회개발위, 소년소녀선도위, 식량대책위, 가족계획위, 이웃돕기회, 경로회, 기타 등 18개 조직이 있었다.[67] 이들 조직은 동사무소나 구청 혹은 시에서 원조를 받으며 자치적 활동을 하였다.

그런데 그 해 8월 서울시는 이들 조직들을 단일한 조직으로 통합하라는 지시를 내린다. 즉, 1966년 8월 1일에 서울시의 지시로 동 단위로 '흥진회興進會'가 설치되었다. 흥진회는 주민자치조직으로 15인 이상 20인 이하의 대의원과 의장 1명, 부의장 1명을 두고 지역개발, 환경미화, 생활개선, 재해방지 등 시정을 후원하도록 하였고 동 단위 각종 현행 조직의 기능을 흡수·통합 운영하도록 하였다.[68] 그러나 이러한 자치 조직

• • •
64 위의 책, 364~375쪽.
65 위의 책, 395쪽.
66 위의 책, 377쪽.
67 「타율적인 동민(洞民) '자치' 조직」, 『동아일보』, 1966년 8월 11일자.

의 통합은 관의 일방적 행정에 의해 그 자치성을 해치는 것이고 이는 다음 해 선거를 위한 사전 작업이 아닌가 하는 각종 의혹과 비판을 받기도 하였다.[69]

한편, 1970~1980년대 대규모 아파트 건설과 함께 생겨난 아파트 부녀회의 활동은 주목할 만하다. 당시 서울의 새로운 풍속도의 하나로 시민 아파트마다 생겨난 부녀회를 들고 있다. 당시 부녀회는 의무 가입도 아니었고 회비도 없었으나 가입하면 여러 가지 이점을 얻을 수 있어서 특별히 직장이 없는 주부들이면 대부분 가입하였다. 이러한 부녀회는 대부분 자생적으로 생겨난 경우로서 그 사례를 하나 들면 다음과 같다.

1970년 당시 응봉아파트는 진입로가 30도 이상 경사진 가파른 길이라 통행의 불편이 있었다. 이에 주민들이 지속적으로 시 당국에 진정을 했으나 예산 타령만 하고 진전이 없자 주부들이 직접 삽과 괭이를 들고 길을 닦기 시작했다. 이것이 토대가 되어 시멘트로 닦아진 진입로가 완성되었다. 이를 계기로 정식으로 부녀회를 조직하게 되었는데 당시 부녀회장은 부녀회 조직의 배경을 이렇게 설명하고 있다.

> 작업장에서 얼굴을 익히고 같이 일하는 동안 친숙해진 주부들이 자기들이 스스로 이루어 놓은 결과를 보고 협동정신을 새삼 크게 느껴 좀 더 체계적인 조직을 통해 더 큰 일을 해보자는 의견들이 나와 바로 (7월초) 부녀회를 조직했다.[70]

이와 같이 당시 서민아파트를 중심으로 조직되었던 부녀회는 당시 아파트 지역사회를 주도했던 대표적인 자치 조직이었다고 할 수 있다.

1980년대 이후에도 이러한 자치 조직은 지속적으로 생겨나면서 새로운 조직이 추

• • •

68 「동 단위로 지역개발·환경미화 등 명목 둔 조직 "홍진회 두라"」, 『동아일보』, 1966년 8월 1일자; 나각순, 앞의 논문(상), 1984, 170~171쪽.

69 급기야 1966년 8월 16일에 당시 박정희 대통령은 선거를 앞두고 말썽이 날 수 있는 그런 조직, 즉 홍진회 조직을 중지할 것을 지시하였다. 「박대통령 지시 '홍진회' 조직 중지」, 『동아일보』, 1966년 8월 16일자. 그 이후에 홍진회에 대한 별 기사나 나타나지 않는 것으로 보아 더 이상 조직은 결성은 이루어지지 않았던 것으로 보인다.

70 「서울−새풍속도(49) : 시민 아파트(7)」, 『경향신문』, 1970년 12월 10일자. 이 부녀회는 각동 각층에 1명씩의 대의원을 두고 각 지구 아파트마다 1명의 부녀회장과 총무 등 간사진이 구성되었다.

가되기도 하였다. 구체적인 사례로 보광동의 경우를 살펴보면, 새마을협의회, 통장방
위협의회, 자율방범대, 새마을부녀회, 방위협의회, 주부환경봉사단, 바르게살기위원회,
보광체육회, 노인회, 상이군인회 등이 있다. 이들 조직 중 바르게살기위원회·새마을
부녀회·주부환경봉사단 등은 전국 단위 조직의 하부 조직에 속한다. 이들 조직들은
각각 고유의 조직 목적과 역할을 가지고 있으며 동 단위 행사에서는 각 조직들이 연
합하여 역할을 분담하기도 한다.[71]

　이 밖에 비공식 조직으로는 각종 향우회와 동호회, 친목회, 동문회 등이 있다(표 8).[72]
특히, 지역 의례 조직으로 '무후묘제전위원회'와 '명화회' 등이 있다. 무후묘제전위원
회는 둔지미에서 이주해서 온 윗보광동 사람들이 중심이 되어 마을 제당인 '무후묘'에
제사를 지내기 위해 결성된 조직이다. 명화회는 원래 보광동 사람들이 역시 이 지역
마을 제당인 '명화전'에 제사를 지내기 위해 1998년에 결성한 조직이다.[73]

〈표 8〉 보광동 자치 조직 현황

공식 모임	비공식 모임							
	취미 동호	출신지역 기반	친목 도모	경제	신앙 및 신앙전승	학연 기반	지역사회 공헌	기타
주민자치위원회	보광조기축구회	보광향후회	신우회	각종 돈계	무후묘제전 위원회	한남28회	정나눔회	보광시장 상인 연합회
새마을협의회	드림스조기축구회	보팀	보우회	제3 노인정	명화회	오산학교	한강청년회	신현회
통장방위협의회	비룡조기축구회	광팀	청우회	보광노인회	각종교단체 구역모임	기수별 동문회 등		직업별 지역단체
새마을협의회	보광체육회	토팀	보광형제회	자산관리 위원회				
자율방범대	보광골프클럽	박팀	17통 친목회					

• • •

71 서울역사박물관 편, 『보광동 사람들, 보광동』, 서울역사박물관, 2008, 130쪽.
72 〈표 8〉은 위의 책, 129쪽 참조.
73 위의 책, 2008, 145쪽. 이처럼 보광동에는 둔지미 거주자들이 이주할 때 함께 함께 이전해 온 '무후묘'와 원래 보
　광동에 소재하고 있었던 '명화전', 이렇게 두 곳의 마을 제당이 존재한다.

공식 모임	비공식 모임							
	취미 동호	출신지역 기반	친목 도모	경제	신앙 및 신앙전승	학연 기반	지역사회 공헌	기타
새마을부녀회	보광산악회	이팀	우주회					
방위협의회	거성산악회	충청향우회	통장친목회					
주부환경봉사단	청송산악회	청심회	913회					
바르게살기위원회	보광낚시회	보광충청여 성향우회	717회					
보광동노인회 (8개소)		호남향우회	장문길회					
상이용사회		경상친목회	칠성회					
보광체육회		서울경기친 목회	동심회					
		이중계 (보광제1통)	보광동우회					
			청송회					
			오산친목회					
			21일 모임					
			삼거리 친목회					
			아주머니 친목모임					

이와 같은 지역공동체 의례 조직은 공식적인 자치 조직은 아니지만 그 지역 주민들이 대부분 참여하면서 지역 원로와 유지들, 청·장년들이 위계적인 질서를 지키며 지역사회를 유지해 왔던 핵심적인 지역 조직이었다.

다른 지역의 사례로 서빙고 지역을 예로 들면, 서빙고동은 19세기 후반부터 지속적으로 의례 조직을 유지해왔다. 1890년대에는 '노인계'가 있었고 1900년대에는 '이중계 里中契'가 조직되어 있었다. 광복 직후인 1946년부터는 '보건친목회', 한국전쟁 직후인 1955년에는 '재건위원회'가 의례를 주도했다. 1980년 중반부터는 '치성위원회'를 중심으로 지역 의례를 지내고 있다.[74] 광복 직후 결성된 보건친목회는 1946년 5월 오랜 장마에 부군당 후벽이 허물어지자 주민들이 결성한 조직으로 기부금을 걷어 당을 보수하였다. 여기에 주민들 290여 명이 참여하고 있으며 회장, 총무 등 일정한 조직 형태를 갖추고 있다.

당시 서빙고동에도 '동회洞會'가 공식적으로 조직되어 있었을 것으로 보이나 이와는 별도로 대부분의 주민들이 참여하는 보건친목회를 조직했던 것이다. 이러한 보건친목회는 농촌지역에 구성되어 있었던 대동회 또는 대동계와 같이 서빙고동 전 주민의 회의 기구이며 실제적 자치 조직이었을 것으로 보인다. 대동회나 대동계에서 마을 동제를 주관하는 것과 마찬가지로 보건친목회를 중심으로 부군당 보수와 의례가 주도되고 있다는 점도 이러한 가능성을 강하게 뒷받침해주고 있다. 그 이후에는 재건위원회가 이러한 역할을 계승하고 있다.

서울의 도시 건설과 지역 재개발 사업으로 인해 생겨난 또 하나의 자치 조직으로 '향우회'를 들 수 있다. 여기서의 향우회는 지방에서 올라 온 지방민들이 서울에 살면서 조직한 향우회가 아닌, 재개발로 인해 그 지역을 떠나 다른 지역으로 뿔뿔이 흩어져 살게 되면서 예전 지역에 살았던 사람들이 조직한 향우회를 말한다. 이들을 혹자는 같은 서울에 살면서도 예전 고향의 모습을 잃어버린 '제자리 실향민'이라고도 칭한다.[75] 이러한 향우회는 주로 회원들의 경조사 부조와 친목 유지가 주 목적이기는 하지만 마을의 대소사와 공동체 의례를 지원하는 중요한 역할을 한다. 서울 지역 공동체 의례의 후원 집단으로 대부분 향우회가 있다는 사실은 이러한 서울 지역 향우회의 특징을 잘 드러내 주고 있다.[76]

. . .

74 졸고, 앞의 논문, 2010c, 345~346쪽.
75 박흥주 저, 정수미 사진, 『서울의 마을굿』, 서문당, 229쪽.
76 졸고, 앞의 논문, 2008a, 158쪽.

3. 이주민에 의한 주도권의 교체 : 서빙고 지역의 사례[77]

1) 광복 이후 서빙고 지역의 변화

서빙고 지역[78]은 조선시대에는 서빙고1계契로 묶여 있었던 지역이었으며 일제시대에는 한 때 경성부에서 제외되었다가 다시 편입되면서 해방 전까지 서빙고정町으로 존재했었다. 과거 서빙고 지역의 역사적 성격은 군사·교통시설과 상·공업시설 지역으로 요약해 볼 수 있다.[79] 해방이 되면서 서빙고동으로 명칭이 변경되었으며 1955년에는 용산동 6가 일원이 관할구역으로 포함된다. 1970년에는 동빙고동의 동사무소가 폐지되면서 서빙고동의 관할구역이 이전의 관할 구역이었던 서빙고동과 용산동 6가는 물론이고 동빙고동을 포함해서 동빙고동이 관할했던 주성동도 포괄하게 되었다(표 9). 일제시대부터 일제가 점유하고 있었던 서빙고 지역 서쪽은 해방 이후에 미군이 접수하여 주둔하고 있었으며 군사정권 시절 설치되었던 서빙고 북쪽의 국군보안사령부 서빙고 분실은 서빙고 지역이 군사시설 집중 지역이라는 이미지를 고정시키는 요인이 되기도 했다.

한편, 서울시 인구는 광복 후 급속한 인구 증가를 보여 주는데 해방 직전 대략 90만 명에 불과하였던 인구가 해방 직후에는 120만 명 이상으로 증가하게 된다. 특히, 서빙고 지역이 포함된 용산구 지역은 광복부터 한국전쟁 전까지 인구의 급성장(20.7%)을 보여주고 있으며 한국전쟁 기간 중에는 급감(-36%)했다가 수복 시에는 급증(61%)했

• • •

77 3절은 졸고, 「광복이후 서울 서빙고 지역사회와 공동체 의례 주도집단의 변화 : 지역·지역사회·의례의 문화지형에 대한 시도」, 『한국민족문화』 37, 부산대 한국민족문화연구소, 2010c의 일부 내용을 수정 보완하여 실었다.

78 이 연구에서 지칭하는 서빙고 지역이란 현재 서빙고동을 말한다. 그러나 지역민들은 과거에 서빙고동과 동빙고동, 그리고 주성동을 한 마을로 인식했다고 한다. 즉, 서빙고동 인근을 '견진모탱이', 동빙고동 인근을 '간데말', '연못개' 등으로 불렀고 주성동은 '점말'로 불렀으며 전체를 일컬어 '서빙고'라고 했다는 것이다. 경원직 씨(남, 1929년생, 4~5년 전까지 동빙고에 거주, 현재 보광동 거주) 2010년 5월 18일 현지 면담.

79 조선시대에는 빙고와 서빙고진과 군영, 그리고 서빙고 나루와 창고 등이 있었고 일제시대에는 서빙고역, 일본기지, 곡물상점 등이 존재했었다. 조선 후기와 일제시대 서빙고 지역의 변화 과정은 졸고, 「조선후기 서빙고 지역 부군당 주재 집단의 성격과 변화」, 『한국무속학』 19집, 한국무속학회, 2009; 졸고, 「일제시대 서울 서빙고 지역과 부군당 중수집단 연구 : 1927년 정묘년 부군당 중수시를 중심으로」, 『한국무속학』 20집, 한국무속학회, 2010b 참조.

음을 보여준다.[80]

이러한 현상은 서빙고 지역도 예외는 아니었다. 서빙고 지역은 일제시대 초기에는 1,300여 명의 인구 수준에서 완만한 증가 혹은 유지를 보여주다가 1930년 후반부터 매년 100여 명씩 늘어나고 있으며 해방 직전인 1940년에는 1,800여 명에 이른다. 해방 후에는 인구가 더욱 늘어나 1947년에서 1949년까지 불과 2년 만에 1,000여 명이 늘어 전체 인구가 3,000여 명을 넘기게 된다. 그러나 전쟁 전인 1949년만 하더라도 3,156명(403세대)이었던 것이 전쟁 직후인 1953년에는 고작 943명(176세대)으로 급감하였다. 그 후에는 점차 예전의 인구를 회복하여 1961년에는 3,339명(688가구)에 이르게 된다(표 10).

이처럼, 서빙고 지역에 급격한 변화를 가져온 것은 다름 아닌 1950년 한국전쟁 때문이었다. 한강을 사이에 두고 치러졌던 치열했던 전투는 한강 유역에 형성되었던 마을들은 물론이고 경제적인 제반 시설을 초토화시켰다.[81] 전쟁이 끝나고 당시 지역 상황에 대해 현지민들은 이렇게 기억하고 있다.

들어올 장소가 없어서 나갔던 곳에 그냥 정착한 사람도 주로 많고. 들어와 봐야 집이 있어야지. 새까맣게 타버렸는데. 그래서 이 동네 원주민들이 사변 때 전부 분산이 되다시피 한거야. 거주하던 사람들이. 땅으로 팔기도 하고 딴 사람들이 땅을 사서 그 터에다 집을 짓기도 하고. 사변 이후로도 살던 사람들이 주로 많이 살고 있었는데 생활하기가 힘드니까 공장지대라도 노동을 할 만한 곳을 찾아 다 분산을 하게 된 거지.[82]

전쟁이 끝나고 속속 주민들이 돌아와 예전의 모습을 되찾아 가기는 했으나 전후 시작

• • •

80 이는 용산구가 군주둔 및 군시설과 관련된 지역이라는 특성 때문으로 분석하였다. 서울특별시사편찬위원회, 『서울육백년사』 5권, 서울특별시, 1995(2판), 516~519쪽.
81 즉, 한강을 경계로 길게 '한강전선'이 형성되었고 양쪽으로 집중적인 포화가 계속되었으며 실제 전쟁이 끝나고 이주했던 당시 주민들의 증언에 따르면 서빙고 지역뿐만 아니라 동빙고 지역까지 쑥대밭이 되어 있었다고 한다.
82 김진억 씨(남, 1935년생, 4대째 동빙고동에서 거주했으며 현재는 보광동에 거주) 2010년 5월 18일 면담.

된 재건 사업과 한강변이 본격적으로 개발되기 시작한 1967년 '한강건설 3개년 계획'의 시작은 서빙고 지역에 또 한 번의 과도기를 가져온 계기가 되었다.

1960년대 각 구별 인구성장 양상을 살펴보면, 서울이 전후 복구사업을 거쳐 근대도시의 기능을 갖추기 시작하면서 도심지 구역이 업무지역화되는 동시에 포화점에 다다른 도심지 구역을 피해서 전입인구가 주거지역이나 외곽 여러 구로 옮겨지고 있는 현상을 발견할 수 있다.[83] 전라도·경상도 등 지방에서 올라온 이주민들뿐만 아니라 서울 도심에서 밀려난 빈민들이 서빙고 지역으로 밀려들어 판자촌을 형성하게 된 시기가 1960~1970년대 무렵이다. 서빙고 지역의 원주민들은 전쟁의 피해에서 벗어나지 못하고 가난한 생활을 하다가 결국 지역을 떠나기 시작했으며 2007년 현재 대부분이 외지인들로 구성되어 있다.

이들이 기억하고 있는 1970년대의 서빙고동은 판자촌이 즐비했었고 달구지나 수레를 끌고 시내를 나갈 수밖에 없었던 낙후된 서울 변두리였다. 이러한 모습은 과거 비교적 번성했던 지역 상황에 비해 다소 쇠퇴했던 것으로 보인다. 이는 한국전쟁 당시 집중적인 포격으로 인해 초토화될 정도의 심각한 타격을 받았고 이후 도심 중심의 재건사업에서 소외된 이 지역은 결국 자생적 발전 토대를 마련하지 못하고 도태되었던 것으로 보인다.

그러나 이 지역으로의 인구 유입은 꾸준히 지속되어 1961년에 3,000여 명이었던 인구는 동빙고동이 편입되는 1970년에 1만 명을 넘어섰으며 1975년에는 1만 4천여 명에 이르게 된다. 이렇게 꾸준히 증가하던 인구는 1980년에 1만 2천여 명으로 급감하게 되는데(표 10) 이는 당시 서빙고 지역에 큰 변화가 있었던 것을 암시한다. 1970년 후반까지는 일제시대에 형성되었던 지역 경관에 별다른 변화가 없었으나 1970년 후반에 반포대교와 반포대로, 서빙고 역 앞으로 지나가는 서빙고로가 완공되면서 지역에 큰 변화를 가져오게 되었다.

반포대교 1층 교각인 잠수교는 1976년에 완공[84]되었고 이 잠수교에서 철도병원까지

---

83 서울특별시사편찬위원회, 앞의 책, 1995, 520쪽.
84 서울특별시사편찬위원회, 『한강사』, 서울특별시, 1985, 934~938쪽.

의 도로(서빙고로)가 1979년에서 1980년에 완공[85]되었다. 반포대교가 완공되면서 반포로[86]가 확장되었는데 구대로에서 4~5배 확장되면서 인근에 살았던 주민들이 다수 이주해 간 것으로 보인다.[87] 반포로가 확장될 당시가 1970년대 후반이므로 집단적인 이주의 움직임은 그 이전부터였을 것이고 1980년에 인구가 2,000여 명이 줄어든 것은 서빙고동이 아닌 타 지역으로 이주해 간 것임을 시사한다.

또한, 서빙고로의 개통 역시 서빙고역 부근에 살았던 주민들이 이주해 간 계기가 되었을 것이다. 이 당시를 기억하고 있는 주민의 진술을 들어 보면 다음과 같다.

> 박귀돌(이하 박)[88] : 견지모탱이가 당 넘어서부텀은 견지모탱이야. 그전에는 산등이 이렇게 있었거든. 옛날에는 중등학교 있지? 견지모탱이는 당이 있으면 조금 나가면 집이 있고 철둑이 있고 그랬다고. 우리 집이 여기고. 철로둑이고. 역 있는 데까지 견지모탱이야. 8·15 해방되면서 길이 뚫리지 않았소. 거기가 산 밑으로다가 길이 났지. 그리고 특무대가 거기 다 있었거든. 옛날에 빨갱이들 잡아다가 거시기 하던데. 지금은 군인 아파트가 됐지. 거기가 견지모탱이여. …(중략)…
>
> 조사자(이하 조) : 전쟁 후에 많이들 들어오셔서 사시다가 많이 떠났을 때가 언제쯤 되나요? 혹시 반포대교 세워지고 길이 동네 가운데로 나면서 그 뒤로 많이 떠나지 않았나요?
>
> 박 : 그 전에 많이 떠났지. 6·25나면서 많이 떠났어.
>
> 조 : 반포대교 나면서 보상이 좀 됐나요?

• • •

85 『도로대장』, 서울시청 도로계획과 자료제공.
86 반포로의 원 도로는 이미 일제시대 있었던 길로서 서빙고 나루에서 이태원으로 연결되는 길이었고 이 길을 1962년에 서울역에서 서빙고동 서쪽에 있는 미8군 사령부 후문까지 도로포장을 하면서 1차 확장되었다가 반포대교가 개통되면서 대폭 확장되어 연결된 것으로 보인다.
87 강대철 씨(남, 1937년생, 2010년 현재 74세, 현 경로회장, 전북 정읍 출생, 1969년에 이주해 옴)에 따르면, 서빙고역 앞에는 외지인들이 지어놓은 무허가 판자촌들이 즐비했고 반포로가 확장되기 이전에는 버스가 다닐만한 좁은 도로였지만 반포대교가 개통되자 4~5배로 확장되면서 인근에 살고 있었던 주민들이 대부분 지역을 떠났다고 한다. 2010년 5월 18일 면담.
88 박귀돌 옹(남, 2010년 현재 95세)은 천안 소정리 출생이며 20대에 상경하여 일제시대인 1930년 후반부터 1980년대까지 서빙고동에 거주하였다. 박귀돌 옹은 1946년과 1955년 부군당 현판에 기부금을 낸 인물로 이름이 올라와 있다. 현재 의정부에 거주하고 있으며 2010년 6월 15일에 박귀돌 옹의 자택에서 면담이 이루어졌다.

박 : 엉터리여. 그때는. 용산까지 길이 크게 나지 않았소. 그거 날 때 나도 집이 두 채 있었어.
　　무허가긴 하지만. 집 한 채에 2만 원 밖에 하지 않았어. 하나는 2만 원 받고 그만 말고,
　　하나는 아파트를 짓는다고 해서, 저 장안평. 그래서 거기다 신청을 해 놨지. 처음에 돈
　　얼마를 냈지. …(중략)… 나중에 그걸 팔았어.

조 : 그때 도로 나면서 사람이 많이 나갔죠?

박 : 많이 나갔지. 그래서 없는 사람이 많이 살지 않았소. …(중략)…

조 : 길나기 전에는 견지모탱이 쪽에 사람이 많이 살았나 봐요?

박 : 많이 살았지. 정거장 옆까지 사람이 많이 살았어. 옛날에 정거장 요 앞으로는 왜정 때
　　지은 정거장 사택이 있었어요.

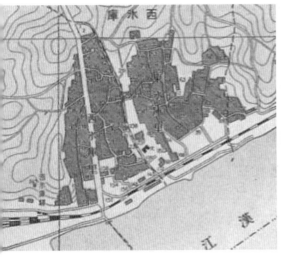

〈그림 9〉 일제시대 서빙고 지역　1927년 〈용산시가도〉 부분,
왼쪽 진한 부분이 서빙고리, 오른쪽이 동빙고리

〈그림 10〉 서빙고 지역 과거와 현재의 문화경관
흰 실선이 서빙고동의 현 경계

　　이후 1990년까지는 지속적인 인구의 증가를 보여 왔으나 1990년을 기점으로 인구
는 감소 추세에 들어섰고 2006년 현재 1,100여 명에 이르고 있다(표 10, 그림 11).[89] 이
처럼 서빙고 지역은 증가와 감소가 반복되는 인구 변화를 통해서도 알 수 있듯이 다
소 불안정하게 지역 상황이 전개되었다.

〈표 9〉 서빙고동과 동빙고동의 연혁과 관할구역 변화

구분	시행 일자	서빙고동	동빙고동	비고
동연혁	1751년 영조27년	한성부 남부 둔지방 서빙고1契	서빙고2契	한성부 소속
	1894년 갑오개혁	서빙고1契의 서빙고洞	서빙고2契의 동빙고洞	
	1911년 4월 1일 (경기도령 제3호)	경기도 한지면 서빙고동	동빙고동	5부 8면제 시행
	1914년 4월 1일 (경기도고시 제7호)	경기도 고양군 한지면 서빙고里	동빙고里	경성부에서 제외
	1936년 4월 1일	경성부 서빙고町	동빙고町	경성부에 편입
	1943년 6월 9일	경성부 용산구 서빙고町	동빙고町	區制 실시로 용산구에 편입
	1946년 10월 1일	서울특별시 용산구 서빙고洞	동빙고洞	한국식 명칭으로 개칭
관할구역 변천 현황	1946년 8월 15일	서빙고洞會가 관할	동빙고洞會가 관할	
	1949년		동빙고동, 주성동 관할	
	1955년 4월 18일 (시조례 제66호)	서빙고동사무소가 관할 (용산동6가 관할)	동빙고동사무소가 관할 (주성동 일원 관할)	
	1970년 5월 18일 (시조례 제613호)	동빙고동사무소 폐지로 서빙고동사무소가 현재 행정구역을 관할 (서빙고동, 동빙고동, 주성동, 용산동6가 포함)		

〈표 10〉 용산구 서빙고동 인구 및 세대수 변화 추이(1916~2006년)

연도	인구 및 세대수			비고
	총인구	세대수	외국인	
1916	1,241	−	−	
1917	1,252	−	−	
1918	1,174	−	−	
1919	1,175	−	−	

• • •

89 〈표 10〉에서 산출한 인구와 세대수의 출처는 다음과 같다. 1916년: 『경기도통계연보』, 1916~1927년: 『경성도시계획조사서』, 1930년: 『소화5년 조선국세조사보고』, 1928・1929・1931~1933년: 『서울통계자료집』, 1935년: 『소화10년 조선국세조사보고』 제1권 경기도, 1936년: 『소화11년 호구통계』, 1937년: 『소화13년 호구통계』, 1938년: 『소화14년 호구통계』, 1940년: 『소화16년 호구통계』, 1945~1946년: 『서울육백년사』 5권. 1947・1949・1953・1955・1960년: 『시세일람(1948~1960)』, 1961년: 『제2회 통계연보』, 1970~2000년: 「인구총조사」, 통계청 국가통계포털, 2005・2006년: 『용산통계연보』.

1920	1,260	–	–	
1921	1,207	–	–	
1922	1,221	–	–	
1923	1,229	–	–	
1924	1,355	–	–	
1925	1,389	–	–	
1926	1,344	234호	–	
1927	1,304	–	–	
1928	1,341	246호	–	
1929	1,289	250호	–	
1930	–	–	–	
1931	1,414	259호	–	
1932	1,393	261호	–	
1933	1,332	245호	日18명	
1934	–	–	–	
1935	–	–	–	
1936	1,447	213주거/266세대	日18명/6호	경성부로 편입
1937	1,544	220주거/298세대	日32명/7주거/7세대	
1938	1,612	227주거/304세대	日34명/6주거/6세대	
1940	1,825	241주거/386세대	日39명/8주거/10세대	
1945	–	–	–	
1946	–	–	–	
1947	2,133	221주거/386세대	–	
1949	3,156	403주거/403세대	–	
1953	943	150주거/176세대	–	
1955	–	–	–	용산동6가 편입
1961	3,339	688가구	–	
1970	11,930	–	–	동빙고동 편입
1975	14,593	–	–	
1980	12,731	–	–	
1985	15,368	–	–	
1990	15,700	–	–	
1995	13,887	–	–	
2000	12,877	–	–	
2005	10,997	4,395세대	–	13통 124반
2006	11,490	4,557세대	526명	15통 138반

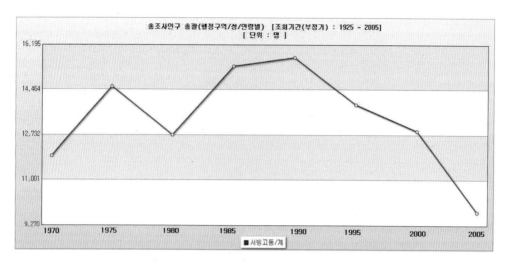

〈그림 11〉 1970~2005년까지 서빙고동 인구 변화 그래프
1970년 이후 조정된 행정구역에 의한 인구 변화임(서빙고동과 동빙고동, 주성동 통합)

2) 이주민의 증가와 의례 주도권의 교체

(1) 광복 이후 '보건친목회'와 지역사회의 지속

서빙고 지역 사회는 광복 이후에도 큰 변화 없이 일제시대의 지역 구도가 유지되었던 것으로 보인다. 해방과 함께 일제 때의 정회를 동회로 개칭하였으며 일제 때 구성되었던 '경성정회연합회京城町會聯合會'가 '서울동회연합회'로 이름만 바뀐 채 1955년까지 존속하였다.[90] 서빙고 지역에서는 1946년에 오랜 장마에 부군당 후벽이 허물어지자 주민들이 일치단결하여 '보건친목회'를 결성하고 당을 보수하는 데 필요한 기부금을 걷었다.[91] 그 인원수가 289명에 이르고 있어 역대 서빙고 부군당 의례 집단 중에서 가장 큰 규모이다.

• • •

90 서울특별시사편찬위원회, 앞의 책, 1995, 320쪽.
91 "檀紀四千二百八十八年乙酉五月　日泰甚霖雨堂舍後壁山尾崩壞故惶恐不己堂舍被害不小不勝惶悚而憂慮千萬惟
　　我愚人促成協議結一致團結而堂舍保建親睦會名稱本會組織而會員一同一心合力堂保建功無支障協力以是哲約也",
　　「서빙고부군당사당사보건친목회(西氷庫府君堂舍堂舍保建親睦會)」현판, 용산구 서빙고동 부군당 소장.

당시 지역사회를 구체적으로 가늠하기는 어려우나 1927년 부군당 중수에 참여했던 인물들 중 37명 정도가 19년이 지난 1946년 중수에도 참여했으며 일 년 뒤인 1947년에는 거주 세대가 비록 386세대이기는 하지만 289명이 1946년 중수에 참여했다는 것은 예전 지역사회의 구도가 일정 정도 지속되고 있음을 시사해 주고 있다. 이처럼, 광복 이후 나타난 의례 공동체인 '보건친목회'는 당시 지역 규모를 고려했을 때 지역사회 내지는 지역공동체와 많은 부분이 중첩될 수 있을 것으로 판단되므로 당시 지역사회를 살피기 위해 공동체 의례 집단을 분석하는 것이 도움이 된다.

당시 보건친목회 구성원의 면면을 살펴보면 먼저, 회장은 단홍주段鴻柱이며 총무는 김제인金濟因이었다. 단홍주(1882~1954)는 1927년 중수 당시 화원으로 참여하고 있었으며 홍주의 조부인 치협致協도 서빙고동 부군당에 남아있는 1891년 노인계 좌목에 올라와 있는 인물로서 부군당 의례에 지속적으로 참여하고 있었던 강음 단씨의 후손이었다.[92] 단홍주 외에 희백熙伯, 희삼熙三, 희연熙淵이 참여하고 있는데 희삼은 1927년 중수에도 참여했던 인물이며 희연은 1936년 서빙고정의 총대로 선출되었던 단현주의 장남이기도 하다.

수원 백씨 역시 12명이 참여하고 있는데 이 중 백두현白斗鉉(?~1959)은 1927년 중수 당시에도 참여했다. 그는 수원 백씨 훈정공파訓正公派 30세世[93]에 해당하는 인물로 대대로 서빙고동 부군당에 관여해 왔던 가문의 한 사람이기도 하다.[94] 수원 백씨들은 서빙고 지역에서 지속적으로 영향력을 행사하고 있었음을 서빙고동 부군당 1891년 · 1903년 · 1927년 현판을 통해 알 수 있었는데[95] 이들의 후손인 백두현 역시 1926년에 서빙

· · ·

92 졸고, 앞의 논문, 2010b, 239쪽.
93 수원백씨대동보 편찬위원회, 『수원백씨대동보』 제7권 훈정공파, 수원백씨중앙화수회, 양지사, 1997, 394쪽.
94 두현의 조부인 남섭(南燮)의 사촌 형제인 남승(南升)과 남규(南奎)는 서빙고동 부군당 1875년 현판에 등장하는 인물들이다. 남승은 오위장 품직을 받았던 인물로 당시 존위를 맡고 있었으며 남규는 당시 부군당 중수기를 썼던 인물이다. 또한, 두현의 증조부 낙선(樂善)은 병오년 무과에 급제한 후 가선대부 행 통진부사(嘉善大夫 行 通津府使)를 역임하였고 고종 대 병인양요가 벌어지던 당시(1866년 10월 1일)에 낙선은 전 오위장 출신으로, 남승은 전 감목관 출신으로서 돈 일만 삼천 백 냥을 영건도감에 헌납하고 낙선은 수령(守令)을 제수 받고 남승은 오위장에 가자(加資)되는 등 재력도 대단한 집안이었던 것을 알 수 있다. 졸고, 앞의 논문, 2009, 210쪽.
95 위의 논문, 209~212쪽 참조.

고 보통학교를 설립[96]하는 등 일제시대부터 지역 유지로 행세하고 있었던 인물이다. 또한, 백승욱白承旭 역시 이후 1954년에 서빙고동장에 선출[97]되는 등 수원 백씨들의 영향력이 해방 이후까지도 지속되었던 것으로 보인다.

서빙고 지역민들에게 백씨들과 단씨들에 대한 기억은 아직까지도 강하게 남아 있다. 특히 백두현과 백승욱은 아직까지도 지역 유지로서 회자되는 인물들이다.

> 경원직 옹(이하 경) : 서빙고와 동빙고 사이에 살고 있었어. 내가. 백승욱이란 분이 유명한 사람이여. 용산구 노인회 전체 회장을 지낸 양반이야. 4~5대 살았지.
>
> …(중략)…
>
> 경 : 돌아가신, 백씨…
>
> 조사자 (이하 조) : 백승욱씨요?
>
> 경 : 아니 백승욱씨 말고, 그 선대가 정미소를 했는데 마차로 돈을 실어 나르던 사람이여. 돈이 그렇게 많았던 사람이여.
>
> 조 : 백두현씨인가요?
>
> 경 : 아 그래 백두현. 그 양반이 방앗간을 했어.
>
> 조 : 백두현씨가 그 당시에 유지였던 것 같아요?
>
> 경 : 유지지 뭐여. 건드릴 사람이 누가 있어. 일본사람도 못 건드려.[98]

한편, 강음 단씨들 역시 이 지역에서 상당히 많이 살고 있었고 금은방이나 정미소[99] 등을 운영했던 지역 유지로 인식하고 있다.

• • •

96 "시외서빙고 보통학교 七주년 기념식을 지난 一일 오전 十시 동교 강당에서 거행하고 설립자 백두현(白斗鉉) 씨의 교육공로 표창을 하얏다 한다.", 「서빙고공보기념(西氷庫公普記念) 교육공로자표창」, 『동아일보』, 1933.12.3.
97 서울특별시사편찬위원회 편, 『시세일람(1948~1960)』, 서울특별시, 1982, 210쪽.
98 제보자는 백두현과 백승욱이 부자지간인 것으로 인식하고 있지만, 족보를 검토한 결과 실제 부자지간은 아닌 것으로 판명되었다.
99 당시 현판에 이름이 있었던 박귀돌 옹(남, 2010년 현재 95세, 현재 의정부 거주)은 단씨네가 정미소를 운영했었다고 한다. 2010년 6월 15일 면담.

조 : 혹시 단씨 집안은?

김 : 단씨 집도 많았지. 단씨 집안, 백씨 집안…

경 : 단씨네가 옛날에 금방을 했나, 은방을 했나. (조 : 단씨네는 뭐를 해서 잘 살았나요?) 잘
　　살긴 잘 살았는데, 은방을 한 것 같아. 지금 금방.

　그 외에 인물들로서 최석근崔錫根, 윤규尹奎, 이추봉李秋奉, 서徐○○, 양분임梁粉任, 박
귀돌朴貴乭, 이준옥李俊玉 등이 있다. 최석근은 이후 1955년과 1956년에 동장을 지낸 인
물로서 1955년 부군당 중수에 참여하고 있다. 윤규는 당시 서빙고에서 약방을 했다고
하며 이후 노인회장을 지낸 인물이다. 이추봉 역시 이후 노인회장을 지냈으며 1955년
부군당 중수에도 참여하고 있다. 서○○은 서빙고동 부군당 대지를 임의로 매각하여
분란을 일으킨 인물이며 역시 1955년 부군당 중수에도 참여하고 있다. 양분임은 드물
게 여성으로서 현판에 오른 인물인데, 남편이 서양인이었다고 하며 남편을 대신해서
자신이 기부금을 냈던 것으로 보인다. 박귀돌은 당시 현판에 올라 있는 인물들 중에
서는 유일하게 생존하고 있는 인물로서 1946년 현판에 이어 1955년 현판에도 등장하
고 있다. 박귀돌은 20대에 이주해 들어 온 인물이지만 부군당 제의에는 적극적으로
참여했다고 하며 주로 남영동 군수공장이나 용산철공소 등지에서 근무하다가 서빙고
동에 쌀과 연탄가게를 열어 장사를 했다고 한다.[100] 박귀돌은 당시 서빙고 주민들이
대부분 막노동이나 소달구지 등을 끌어 물건을 나르는 일 혹은 정미소나 공장에서 하
는 노동 등으로 생계를 유지했다고 기억하고 있다. 이준옥은 현재 생존해 있는 이정
태의 부친인데 1955년 부군당 중수에도 참여했으며 당시 일본어를 잘해 감독관 일을
주로 했다고 한다.[101]

　이 시기 지역사회는 전술했던 바와 같이 일정 정도 일제시대의 구도가 유지되었던

* * *

100 박귀돌은 1946년 부군당 중수에 참여했던 인물들 중 윤규와 이추봉, 서응석, 양분임, 백승욱 등을 기억하고 있었
　다. 특히 백승욱과는 비슷한 연배로 친하게 지냈으며 30여 년 전에 의정부로 이사를 했지만 백승욱이 사망한 5~6
　년 전까지도 서로 왕래를 했다고 한다.
101 이정태(李正泰, 남, 1928년생, 2010년 당시 84세, 전주 이씨), 2010년 5월 18일 면담.

것으로 볼 수 있지만, 부군당 중수에 참여하지 않은 100여 호는 당시 이주민들이었을 가능성이 크다. 1927년 당시 부군당 중수 때만 하더라도 거주했었던 234호 중에서 220명[102]이 기부금을 내었으니 지역민들 대부분이 중수에 참여했다는 것인데 이는 이주민이 거의 없었거나 있었다 하더라도 참여도가 무척 높았다고 할 수 있다. 이에 비해 1946년에 100여 호가 기부에 참여하지 않았다는 사실은 원주민과 이주민들 간의 간극이 생겨나고 있음을 의미한다. 지역공동체에 있어서도 전대에 있었던 준위나 중임 및 소임 등의 직임이 사라지고 회장과 총무의 직임만 존재하였다.

그러나 이 시기 서빙고 지역공동체는 그 수적으로도 가장 규모가 컸고 광복을 맞이하여 대대적인 사업을 진행하였다. 이 사업이 바로 부군당에 대한 보수 작업이었던 것으로 보인다.

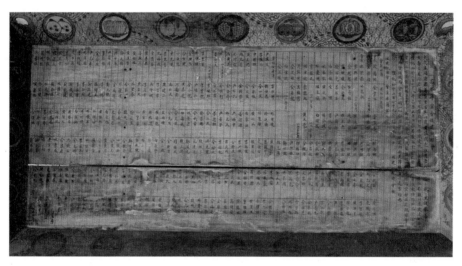

〈그림 12〉 서빙고동 부군당 보건친목회 현판 (1946년, 원문은 부록 참조)

---

102 여기서 기부자들은 각 가정의 호주라고 할 수 있으며 그들의 숫자를 기부에 참여한 호수로 간주해도 무방할 것이다.

(2) 한국전쟁 이후 '재건위원회'와 지역사회의 재건

1950년은 한국전쟁이 발발한 시기이며 서빙고 지역 사회가 침체되기 시작했던 시점이기도 하다. 휴전이 되고 2년이 지난 1955년경에는 피난 갔던 주민들이 돌아와 어느 정도 안정을 되찾았을 시기였던 것으로 보인다. 이 때 조직된 지역공동체가 '재건위원회'이다. 그 목적이 부군당을 재건하고자 조직했다고는 하지만 궁극적으로는 한국전쟁으로 전소되다시피 한 마을을 재건하고자 하는 상징적인 노력이라고 볼 수도 있을 것이다.[103]

당시에 참여했던 인원은 243명으로, 전쟁 전에 비해 40여 명이 줄어든 수치다. 그런데 이러한 감소치는 1947년에 서빙고동에 거주했던 세대가 386세대였던 것이 전쟁 직후인 1953년에 176세대로 줄어든 것을 감안하면 당연한 수치라고 할 수 있다.

재건 당시 지역은 행정 조직으로는 동洞으로 묶여 있었으나 지역공동체로서 전술했던 '재건위원회'가 조직되어 있었다. '재건위원회'는 19명의 위원과 목공木工, 토공土工, 화필畵筆 등이 중심이 되었고 1946년 중수에 참여했던 인물들 중 56명이나 참여하고 있어 이 당시까지도 과거의 지역사회 구도가 유지되고 있었음을 알 수 있다. 즉, 재건위원회의 결성 동기와 전대 '보건친목회'에 참여했던 다수의 인물들을 보더라도 전대 보건친목회 조직을 그대로 계승한 것으로 볼 수 있다. 다만, 토착세력인 수원 백씨의 경우는 전술한 백두현과 백승욱을 위시하여 7명 정도가 참여하고 있으나 강음 단씨의 경우는 단희연 한 명만이 참여하고 있다.

당시 지역사회를 가늠할 수 있는 자료가 많지 않은 상황에서 동 행정에 대한 자료는 약간의 도움을 준다. 1951년 말 동빙고동(239번지)에 '서빙고 국민학교'가 있었으며 당시 교장은 이용기李龍基였고 학생수는 815명 정도였다. 당시 서빙고동 동장으로는 1953년에 이기덕李起德(82번지), 1954년에는 백승욱白承旭(84번지), 1955년과 1956년에는 최석근崔錫根(75번지)이 역임하였다.[104] 이 중에 백승욱과 최석근은 1946년과 1955년 부

---

103 박귀돌 옹에 의하면 전쟁의 포화 속에서도 서빙고동 부군당은 피해를 크게 입지 않았다고 한다. 따라서 이 당시 부군당의 재건은 완전히 새로 짓는 것이 아니라 보수의 수준이었을 것으로 보인다.

군당 중수에 참여하였던 인물이며 백승욱은 특히 사망하기 몇 년 전인 2001년까지 부군당에 개입하고 있었던 인물이기도 하다.[105]

이 밖에도 김윤만金允萬, 박귀돌朴貴乭, 이준옥李俊玉, 이추봉李秋奉, 백순문白順萬, 황천홍黃千興, 박금성朴今成 등의 인물이 확인되었다. 1946년 부군당 중수에도 참여했던 박귀돌은 김윤만을 '노동꾼'으로 기억하고 있었다. 이준옥 역시 1946년 부군당 중수에 참여했던 인물이다. 이추봉과 백순만 역시 1946년 부군당 중수에 참여했던 인물들이며 1972년 조사[106] 당시 제보를 해 주었던 인물들이기도 하다. 이들에 대한 기억들 속에서도 당시 어려운 지역 경제와 지역민들의 삶을 엿 볼 수가 있다.

조사자(이하 조) : 1955년 현판에 올라와 있는 분들 혹시 이름 아시겠어요? 황천홍씨…

경원직(이하 경)[107] : 황천홍. 서빙고 사람 아니예요?

조 : 박금성?

경 : 박금성? 서빙고 사람들이여. 옛날 할아버지들이여. 몇 명은 알겠네.

조 : 이 분들 혹시 뭐 하셨는지 아세요? 이 분들이 돈을 꽤 내셨어요.

경 : 그 때는 서빙고에는 노동일 뿐 더 있수? 한 잔 먹고 기분 좋아서 낼 수도 있지 뭐.

조 : 5천 5백 환에 황천홍.

경 : 황천홍은 두환이 아버지 같어. 당구장 했던 애 아버지야.

조 : 뭐 하셨던 분인지 아세요?

경 : 뭐 했는지 어떻게 알어? 주로 등짐 져서 먹고 살던 사람들이야. 사변 전에 등짐 져서 먹고 살았어.

• • •

104 서울특별시사편찬위원회, 『시세일람(1948-1960)』, 서울특별시, 1982, 95; 157~393쪽.
105 「치성위원회 명부」 현판(2001년), 용산구 서빙고동 부군당 소장.
106 장주근, 「서울시 동제당 조사」, 『한국민속논고』, 계몽사, 1986, 64쪽.
107 경원직(景源直, 남, 29년생, 2010년 당시 82세, 태인 경씨, 현 보광동 거주), 2010년 5월 18일 보광동 제1경로당에서 면담. 경원직 씨는 4~5대째 동빙고동에서 거주해 오다가 4~5년 전에 보광동으로 이사를 왔다. 이사 오기 전에 동빙고 부군당 관리를 6년 정도 해오다가 2006년에 조대호 씨에게 관리를 넘겨주었다고 한다.

또한, 1955년 당시 서빙고동뿐만 아니라 동빙고동, 주성동 주민들은 그나마 인근 용산철도국이나 미군부대 등에서 노동을 하며 지역을 떠나지 않고 생계를 유지할 수 있었던 것을 다음의 진술을 통해 알 수 있다.

주로 55년도에는 어떻게 먹고 살았냐면, 노동해 먹고 사는 사람도 있고, 기병대 있던 자리에 미군이 주둔해버렸어. 주로 철도청에 철도국에 댕기는 사람들. (조사자 : 어디 철도국이요?) 용산 철도국. 미군부대에 주로 종사해서 먹고 살았지. 기갑부대. 탱크 수리하는 부댄데, 전방에서 탱크 수리할라면 여기서 와서. 고치지 못하면 폐차를 해서 고철로 내보내고. 주로 동서빙고에 있는 사람들, 보광동에 사는 사람들이 주로 미군부대가 그런 일을 하니까 미군 밑에서 그런 일을 하고 주로 미군부대에서 생활을 다 유지했어.[108]

이와 같이 전쟁의 상처로 인해 힘들게 살아가는 와중에서도 공동체를 재건하고 공동의 신앙과 의례를 전승하는 일련의 과정을 통해서 전쟁의 상처를 극복하고자 하는 지역민들의 노력의 일단을 볼 수 있다.

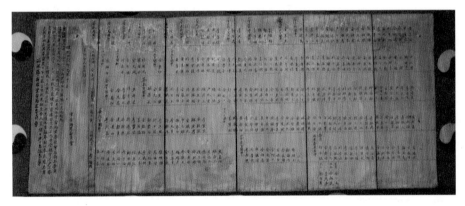

〈그림 13〉 서빙고동 부군당 재건위원회 현판 (1955년, 원문은 부록 참조)

• • •
108 김진억, 앞의 제보자.

(3) 1960년대 이후 '치성위원회'와 지역사회의 변화

1960년대 이후 서빙고 지역사회는 전술한 바와 같이 이주민의 증가와 원주민의 이탈로 인해 지역사회의 구도가 급격하게 변화했던 것으로 보인다. 이러한 변화는 의례에도 영향을 미쳐 의례공동체는 점차 축소되면서 경로회 회원들을 중심으로 행해지게 되었다.

1972년 조사 자료에서부터 이러한 양상이 나타난 것으로 보아[109] 1955년 재건위원회 시기가 온전한 의례공동체 존속의 고비였던 것으로 보인다. 1973년에 서빙고부군당이 시문화재로 지정되기는 하였으나 예전의 의례공동체의 위세를 회복하기에는 당시 원주민이 대거 이탈해 간 지역사회의 사정으로 인해 역부족이었던 것으로 판단된다.

1990년대에 부군당이 중수되고 서빙고노인정이 재건축되는 등 일련의 변화가 있었다. 서빙고 부군당에 보관되어 있는 1991년 부군당 중수기에 의하면, 부군당이 낡고 허물어진 곳이 많아 서울시 예산 2,940만 원을 들여 본당과 제기고祭器庫, 사주문四柱門 등을 보수하였다고 했다.[110] 이듬해 1992년에는 서빙고 노인정을 현재 위치인 195번지로 이전하여 29,300만 원을 들여 재건축을 하게 된다. 이 사업 추진자 명단에 역시 1991년 부군당 중수를 추진했던 인물들이 그대로 올라와 있다.[111]

이후 2001년 또 한 번 부군당을 보수하고 '치성위원회' 명의로 현판을 제작하였다. 현판에 이름이 올라와 있는 인물들은 총 55명으로 그 수가 전대에 비해 대폭 줄어들었다. 이들 중 백승욱과 박귀돌은 1946년·1955년·2001년 현판에 모두 이름이 올라와 있는 인물들이며 김봉근, 박정석, 서재필, 정내세, 이상규, 이석경, 이영재 등은 2007년 현재 치성위원들을 맡고 있는 인물들이다. 이상규와 이석경은 노인회장 겸 치

• • •

109 1972년 당시에도 매년 경로당에 노인 20여 명이 나서서 제관을 뽑고 추렴을 다닌다고 했다. 추렴을 해서 10만 원이 넘으면 무당을 데려다가 당굿을 하는데 당시에는 10만 원이 못 걷혀 유교식 제의만 지냈으며 자꾸 교인들이 많아지고 타관인들도 관심이 없어 제를 지내기가 어렵다고 했다. 장주근, 앞의 논문, 63~67쪽.
110 여기에 참여한 인물들은 국회의원 서정화, 용산구청장 허재구, 서울시의원 이금룡, 용산구의원 박장규, 서빙고동장 이진달, 서빙고노인회장 채병묘 이상 6인이다.
111 『건축기』 현판(1992년), 서빙고할아버지경로당 소장.

〈그림 14〉 서빙고동 부군당 1991년 중수기
(원문은 부록 참조)

〈그림 15〉 서빙고동 부군당 치성위원회 현판
(2001년, 원문은 부록 참조)

성위원장을 역임했던 인물들이다. 이진달과 채병묘는 1991년 중수기에도 나오는 인물들인데, 이진달은 당시 서빙고동장을 지냈고 채병묘는 노인회장을 지낸 인물이다.

실제 2001년에 조사된 자료에 의하면 당시 치성위원회는 5명으로 구성되어 있었는데 채병묘, 이상규, 허재필, 김봉근, 성내세였다. 이 중 채명묘가 경로회장이었고 이상규가 치성위원장을 맡고 있었다.[112] 당시에도 치성위원들의 대부분은 40여 년 전에 서빙고동으로 이주해 온 타향 사람들이었다는 것을 보아 이 당시에도 의례의 주도권은 이미 원주민이 아닌 타향 출신들에게 넘어가 있었다는 것을 알 수 있다.

2007년 현재 서빙고 부군당 제의를 이끌고 있는 의례공동체는 서빙고동 할아버지 경로당 회원들이 주축이 되고 있다. 경로당 회원은 41명(2007년 기준)이며 정회원과 준회원으로 구성되어 있다. 정회원은 실거주자인 경우 자격이 주어지며 다른 지역으로 이사를 가게 되면 준회원으로 남게 된다. 몇 년 전만 하더라도 부군당 제의를 위한 '치성위원회'가 명확하게 구성되어 있었던 것으로 보이나 현재는 그 조직이 불분명하고 경로당 임원들이 겸임하고 있는 것으로 보인다. 요즘에는 제관을 따로 선출하지 않고 제의 당일 참여하는 치성위원들이 곧 제관이 된다.

그런데 의례공동체 구성원의 대부분이 타 지역에서 이주해 왔다는 사실이 주목된

---

112 박흥주 지음, 정수미 사진, 앞의 책, 2001, 142~152쪽. 여기서 경로회장이 '채병묵'이라고 되어 있으나 서빙고 경로당에 확인 결과 채병묵이란 인물에 대해 전혀 아는 바가 없는 것으로 보아 이는 채병묘의 오기인 듯하다.

다. 물론 이들의 대부분은 이주해 온 지가 40여 년 이상 되지만 다른 지역 의례공동체 구성원이 대부분 본토박이인 것에 비추어 볼 때 분명 다른 양상이다. 이러한 양상은 과거 토착세력에 의해 지역사회가 유지되었던 것이 현재는 1960~70년대 이주해 와서 40~50년 정도 이 지역에서 생활해 온 이들에 의해 지역사회가 주도되고 있음을 의미한다. 이는 전술했던 지역의 변천 과정에서 연유한 것이다. 다음은 1970년 당시 이주해 왔던 이들의 진술이다.

예전에 이곳 사람들이 드세기로 유명했어. 젊은 것들은 어른들 앞에서 고개도 들지 못했지. 어딜 맞을라고. 밤에는 맞을까봐 돌아다니지를 못했어. 시내 사람들도 여기에 오지를 못했지. 수영할라고. 스물이나 서른 먹은 사람들이 이사를 와갔고 술 한 잔 안 사면 백사장에 데려다가 맨 날 패갔고 나중에는 배겨나지 못하고 쫓겨 갔다니까.[113]

이처럼, 1970년 당시 동네 분위기가 험악했던 시절이 있었는데 이는 전쟁의 상처가 채 아물지도 않은 상황에서 각지에서 이주해 온 이주민들과 원주민들이 서로 얽히어 지역사회가 무척 불안전했던 상황을 보여주고 있다. 즉, 1970년대 이후부터는 전술한 바와 같이 이주민이 점차 늘어나고 원주민들은 지역을 떠나게 됨으로써 지역공동체는 점차 무너지게 되었으며 이는 의례공동체의 결성에도 영향을 미쳐 경로회 회원들이 위주가 된 의례로 축소되었던 것으로 보인다.

최근 2006년 서빙고동의 주민들은 주로 건설업이나 제조업, 운수업 등에 종사하고 있으며 그밖에 도소매업, 사업·교육·개인 서비스업, 숙박 및 음식점 등에 종사하고 있다(표 12).[114]

• • •
113 서○필 씨(남, 2009년 당시 73세) 제보.
114 『2007년 용산통계연보』, 용산구청, 2008.

〈표 11〉 서빙고동 지역사회와 의례공동체의 변천(1875~2007년)

시기	행정조직		지역 사회		의례 조직		근거
	명칭	구성	명칭	구성	명칭	구성	
1773년 영조49년	서빙고1契	尊位, 中任	氷契	–	–	–	
1875년 고종 12년 4월 18일	서빙고1契	尊位(1), 中任(1)	–	尊位(1), 中任(1)	–	尊位(1), 中任(1), 畵員(1), 木手(1) 등 총16명	부군당 현판
1891년 고종 28년 5월	서빙고1契	尊位(1)	–	–	老人契	尊位(1) 등 총42명	부군당 현판
1903년 광무 7년 5월	서빙고1契	尊位(1), 中任(1)	里中契	尊位(1), 中任(1)	里中契	尊位(1), 中任(1), 畵員(1) 등 총50명	부군당 현판
1927년 7월 26일	서빙고리	區長(1)	–	尊位(1), 里中所任(5), 下所任(1)	–	尊位(1), 區 長(1), 里中所任(5), 監役(1), 畵員(1), 下所任(1) 등 총214명	부군당 현판
1936년 5월 11일	서빙고町會	總代(1), 副總代(1~2), 會計役(1), 評議員(약간)	–	–	–	–	–
1946년 8월 15일	서빙고洞會	동회장(1)	–	–	保健親睦會	會長(1), 總務(1) 등 총283명	부군당 현판
1955년 4월 18일	서빙고洞	洞長(1), 書記(약간), 地方主事, 고문(3인 이내)	–	–	再建委員會	委員(19), 木工(2), 土工(1), 畵筆(1) 등 총194명	부군당 현판
1972년	상동	洞長(1) 외	–	–	경로회	–	「서울시 동제당 조사」
1986년	상동	〃	–	–	치성위원회	위원장(1), 위원	『서울의 전통문화』 2권
1990년	상동	〃	–	–	상동	위원장(1), 임원(9)	『서울민속대관』 1권
2001년	상동	〃	–	–	상동	위원장(1), 위원(5)	『서울의 마을굿』
2007년 현재	상동	〃	경로회	회장(1), 총무(1)	상동	위원장(1), 위원(9)	현지 조사

〈표 12〉 2006년 서빙고동 산업별 사업체수 및 종사자수(『2007년 용산통계연보』)

총계		농업 및 임업	어업	광업	전기, 가스 및 수도사업	제조업		건설업	
사업체수	종사자수					사업체수	종사자수	사업체수	종사자수
359	3,629	–	–	–	–	16	463	14	947

도소매업		숙박 및 음식점업		운수업		통신업		금융 및 보험업		부동산업 및 임대업		사업 서비스업		공공행정, 국방 및 사회보장행정	
사업 체수	종사 자수	사업 체수	종사 자수	사업 체수	종사 자수	사업 체수	종사 자수	사업 체수	종사 자수	사업 체수	종사 자수	사업 체수	종사 자수	사업체수	종사자수
88	328	44	132	71	433	3	207	4	37	27	209	7	310	2	35

교육서비스업		보건 및 사회복지사업		오락문화 및 운동관련서비스업		기타공공수리 및 개인서비스업	
사업체수	종사자수	사업체수	종사자수	사업체수	종사자수	사업체수	종사자수
21	281	28	122	27	53	148	230

3) 위기와 갈등 속의 지역 의례

(1) 무속식 당굿과 유교식 제의의 공존에서 무속식 당굿의 중단

서빙고동 부군당 제의 역시 무속식 제의인 당굿이 벌어지는 때도 있었는데 당굿을 이끌었던 무당 집단에 대해서는 자세히 알려져 있지 않다. 다만, 당굿은 '당할머니'로 알려진 분과 단골만신인 '남옥씨'가 주로 맡아 하였다고 한다. 굿은 1994년을 마지막으로 중단되었고 당할머니는 2006년(당시 96세)에 작고하였다. 즉, 1994년 전까지는 무속식 당굿과 유교식 제의가 공존하고 있었음을 알 수 있다. 이러한 사정에 대해 주민들은 다음과 같이 설명한다.[115]

• • •

115 김진억과 경원직, 앞의 제보자.

김진억(이하 김) : 가가호호로 이름을 낸 사람들은 직접 돈을 낸 사람들이고. 돈이 모자르면 가가호호로 당굿을 하니까 얼마 협조해야 하느냐 해서 가가호호로 방문을 하면서 거출을 했어.

경원직(이하 경) : 돈이 많이 걷히면 굿을 하고 돈이 적게 걷히면 고사를 하고 있지. 옛날 굿 안하면 큰일 나는 줄 알았잖아.

김 : 그래 동네가 발전되고 잘 산다고 해서 명절 때 정초 때면 그 굿을 꼭 해야 사는 줄 알았다고.

경 : 제일 힘든 것은 고사 다 지내고 돈 낸 사람들 100가구면 100가구 떡을 다 노나 줘야 돼 그거 다 노나 줄라면 아이고... 정월 초하룻날 우리 조상은 뒤로 해 놓고 지금은 3월 며칠 날 지내 잖아? 그것도 얼마 안 돼. 그럼. 예전에는 (서빙고, 동빙고) 다 정월 초하룻날 지냈지.

1972년 조사 자료에 의하면, 당시 기록된 유교식 제차祭次는 다음과 같다.[116]

일반 참배원 집합 - 일반 참배석 정돈 - 초헌관 분향 헌작 - 축관 봉독奉讀 - 초헌관 사배四 拜 - 거행 집사 퇴작 - 아헌관 분향 헌작 - 아헌관 사배 - 거행 집사 퇴작 - 삼헌관 분향 헌작 - 삼헌관 사배 - 소지관 부군전 소지 삼장三張 - 집사 퇴석 - 일반 사배 - 일반 퇴석 - 사례謝禮

이 당시만 하더라도 경로당에서 노인 20여 명이 나서서 제사를 준비하는데 뽑힌 제 관들은 12월 1일부터 목욕재계에 들어갔다. 추렴을 돌면 매호 십 원에서 백 원 정도 를 냈고 나중에 반기를 돌렸다고 한다.[117] 1970년대 당굿의 형태를 알 수 있는 자료로 는 1978년에 서빙고동 부군당 당굿을 찍은 사진이 있어 당시 당굿의 면모를 짐작해 볼 수 있다. 사진에 의하면, 만신말명, 성주대잡기, 호구거리, 언월도세우기, 계면떡 산주기, 본향거리 등의 장면이 소개되어 있다(그림 16, 17).[118]

• • •
116 장주근, 앞의 논문, 65~66쪽.
117 위의 논문, 67쪽.

<그림 16> 서빙고동 부군당굿 만신말명　　　　　<그림 17> 서빙고동 부군당굿 성주대잡기
1978년, 장주근 촬영　　　　　　　　　　　　　1978년, 장주근 촬영

　　이후 1980년 당시에도 경로당이 주축이 돼서 일 년에 1~2회 정도 당제를 지냈으며[119] 1986년에는 '부군당치성위원회'가 중심이 되어 당제를 준비했다고 한다. 1986년에는 섣달 20일부터 제의 준비가 시작되었고 집집마다 추렴을 하러 다녔다. 부군당할머니가 추렴에 참여한 집을 위해 소지를 올려 주고 축원을 해 주었다.[120]

　　1990년에도 역시 '부군당치성위원회'에서 주관하였고 이때는 3~4일 전에 당제 준비를 하였다. 이때도 부군당할머니가 소지와 축원, 그리고 반기를 맡아 하였다. 이 당시 추렴할 때 집집마다 쌀 한 말이나 돈 2,000원에 쌀 반 말을 냈다. 음식 준비를 할 때는 인건비를 주고 아주머니들에 맡겼으며 치성위원들 9명 외에 유지들 30여 명이 참여하였다.[121] 1994년에는 마지막으로 당굿을 했다고 하며 그 이후에는 당굿이 중단된 채 지금에 이르고 있다.[122]

　　2001년에도 부군당 제삿날 3~4일 전에 치성금을 받으러 다녔다고 한다. 10여 집 정도는 자발적으로 치성금을 냈고 15집 정도는 마지못해 냈다고 한다. 그해 부군당

• • •

118 국립민속박물관 편, 『(1950~2000년대 사진으로 보는 민속의 어제와 오늘』 1, 국립민속박물관, 2003, 58쪽; 52쪽.
119 서울특별시사편찬위원회, 『동명연혁고 5 : 용산구편』, 서울특별시, 1980, 188쪽.
120 서울특별시 문화재위원회, 『서울의 전통문화』 2권, 서울특별시, 1986, 840쪽.
121 서울특별시 문화재위원회, 『서울민속대관 : 민간신앙편』, 서울특별시, 1990, 100~101쪽.
122 박흥주 지음, 정수미 사진, 앞의 책, 150쪽.

제의에 참여한 제관은 3명이었고 간단한 유교식 제의를 끝낸 후 원하는 집에 한해 반기를 돌렸다. 유교식 제의는 초헌, 독축, 아헌, 종헌, 부군당 소지 3장, 사례謝禮 등의 순서로 진행되었다.[123]

2006년의 당제는 서빙고 노인정에서 주관하였으며 당시 노인회원은 46명이고 제관은 6명이 선정되었다.[124] 2007년 조사 때에는 추렴이나 반기 등도 생략되었다. 유교식으로만 간단하게 지내고 절차 역시 예전에 비해 간소화되었다. 비용은 서울시에서 나오는 지원금 310만 원(2007년 기준)으로만 충당하고 2002년부터는 추렴을 하지 않았다.

제의 절차는 대체로 유교식 제차를 따르고는 있으나 점점 약식화되어가고 있는 실정이다. 부군님 내외와 삼불제석님께 헌작과 4배拜 후 축을 읽고 터줏대감에게 절하는 것으로서 간단하게 끝이 났다. 소지도 생략되었고 시간도 채 20분이 걸리지 않았다. 제의 후에는 동사무소에 제출할 결과보고서에 첨부하기 위해 동네잔치 때 사용할 돼지고기나 제물 등의 사진을 찍는 모습도 볼 수 있었다.

(2) 부군당 이건과 소유권 분쟁

서빙고동 부군당은 현재 서빙고역에서 얼마 떨어져 있지 않은 '서빙고할아버지경로당' 옆(서빙고동 195번지 3호)에 자리 잡고 있다. 서빙고동 부군당은 위치를 세 번 옮겼는데 맨 처음 위치는 현 미8군 사령부 앞 둔지산이었다고 한다.[125] 1972년 조사 자료에서 60여 년 전이라고 했으니 1910년~1920년대가 된다.

실제 1912년 『토지조사부』에 의하면 248번지가 '사사지社寺地'로 되어 있고 소유자는 '서빙고리'로 되어 있다. 즉, 사사지란 종교시설 용지를 의미하고 소유자가 서빙고리라는 것은 이곳에 마을 공동 소유로서 마을 제당이 있었음을 의미한다.[126] 일제 강점기에 일본군이 훈련장을 만들면서 부군당을 헐어냈는데 이 때 옮긴 곳이 현 경로당

• • •

123 위의 책, 147~148쪽.
124 서울역사박물관 편, 『서울 영상민속지 : 한강변의 마을신앙』, 서울역사박물관, 2006, 70쪽.
125 박흥주 지음, 정수미 사진, 앞의 책, 147쪽.
126 이 248번지는 현재 서빙고초등학교 자리(현재 235-1번지)이다. 용산구청 지적과 제공.

바로 뒤 옛날 보안사 서빙고분실 자리였다. 서빙고분실이 들어오면서 현재 위치로 최종 옮겨 오게 되었다. 그런데 예전에는 부군당 대지에 대한 등기가 동네 명의로 되어 있던 것인데 누군가가 부군당 땅을 '팔아먹으려다'가 주민들과 맞붙은 소송에서 져서 결국 서울시 소유로 전환되었다고 한다.[127]

실제 서빙고 부군당이 있는 대지(195-3)는 1986년 2월 6일에 서울특별시로 소유권이 이전되었다. 서빙고동 부군당은 1973년 1월 26일에 서울시 민속자료(2호)로 지정되었는데 그 이전 소유 내력을 보면, 일단 등기상으로는 대정 8년(1919년) 7월 19일 가독상속家督相續이 되었고 그 취득자는 서빙고정 86번지에 살았던 서주현徐珠賢이였다. 이후 1933년 1월 15일에 협의 분할에 의해 서○○에게 재산상속이 이루어졌다고 하는데 그 이전인 1920년 9월 15일에 대지가 분할되었던 것으로 보인다.

그런데 1981년에 와서야 소유권이 서○○에게 이전되는데 이는 주민들이 증언하는 것처럼 서○○이 대지를 매각하기 위해 소유권 이전 신청을 했던 것으로 보인다. 1981년에 대지 6평이 동소 동번지 3호에, 대지 5평이 동소 동번지 4호에 이기移記된 것으로 보아 매각이 이루어진 것으로 판단된다(표 13).[128]

이처럼 서○○이 매각을 결심하게 된 동기에 대해서 주민들은 그가 새마을금고의 돈을 사적으로 유용하고 이를 메꾸기 위해서였다고 한다. 그 진위는 확실하지는 않으나 실제 1982년에 새마을금고 측에서 근저당권을 설정했던 것으로 보아 일정 정도 채무관계가 있었던 것은 사실인 것 같다. 그런데, 이 과정에서 부군당 대지가 마을 공동

- - -

127 이 당시 상황을 주민들은 이렇게 기억하고 있다. "서○○이 새마을금고 이사할 때 새마을금고 돈을 막 썼어. 어디서 갖다 메꿀 데가 없으니까 신○○이 회장할 때야. 형님, 이 땅 우리 아버지 땅이라고만 해 주면 2,800만 원을 준다 이런 말이야. 이렇게 하니 누구 누구 이렇게 짜 가지고 서○○씨 아버지 땅이 맞아. 이렇게 해서 팔았는데 돈 2,800만 원을 안 주는 거야. 그래서 신○○이가 나발 불어서 누구누구가 돈 뜯어 먹을라고 재판을 막 고발하는 거야. 서○○이 재판에서 (졌어). 아무튼 돈 먹은 사람은 다 죽었어. 다 죽었어. 시문화재로 팔리고 나서 없는 애들이 들어가서 살고. 아무도 관여를 안 하니까. 들어가서 똥 싸고 그릇도 다 팔아먹고 했는데, 우리가 다 그릇도 사다 놓고 했어." 서○필씨, 앞의 제보자. 2009년 9월 15일 제보.

128 〈표 13〉을 작성할 때 참고한 서류들은 다음과 같다. 「등기 117호」경성부 서빙고정 200-2 부동산 등기부, 2005년 1월 25일 전자촬영, 2010년 5월 25일 열람; 「등기 5108호」폐쇄등기부등본, 2001년 4월 23일 폐쇄, 2010년 5월 25일 열람.

소유였다는 점을 객관적으로 증명하기는 어려웠으며 등기본 상의 그 전대 소유자는 서주현 개인으로 나타나고 있어 의문이다. 이러한 정황에 대해 박귀돌 옹은 이렇게 증언한다.

　　원래는 그것이 개인땅이였어요. 근데 그것을 나중에 동네에서 사 버렸지. 서씨라는 사람이 이것을 팔았어. 그래서 이것 때문에 무척 말이 많았어. 그거 원래 (서씨의) 할아버지 땅이었어. 근데 그것을 그냥 내버려 두었는데 그냥 서씨 명의로, 할아버지 명의로 돼 있었지. 결국 그것을 따져 보니까 그것을 서씨 앞으로 해 놓어. 그래서 그것을 팔아 먹었어. 옛날에는 구장이 있었잖아. 이 서씨의 할아버지가 구장을 봤었거든. 명의가 그렇게 됐다고. 그래서 동네 명의로 않고 구장을 봤으니까 구장 명의로 해 놨다고.[129]

　위의 증언과 정황을 정리해 보면, 부군당 대지의 원 소유자는 서○○의 조부였으며 당시 주민들은 이 조부로부터 이 땅을 구입하였는데 그 명의를 당시 구장이었으며 원 소유자이기도 했던 이 조부의 명의를 그대로 유지하였던 것이다. 1972년 조사 당시에는 부군당 대지가 140평에 소유자는 서주현씨였고 그는 이미 작고한 상태였다.[130] 그런데 이를 후손인 서○○이 임의로 소유권을 자신에게 이전시키고 이를 또한 개인적으로 매각함으로써 주민들로부터 지탄을 받게 된 것이다.[131]

　결국, 마을제당인 부군당에 대해 주민들은 그들의 공동 신앙 장소이면서 공유 재산으로 인식하고 있었다. 또한, 부군당에 대한 법정 소송과 관련된 이들이 모두 비운의

* * *

129 박귀돌, 앞의 제보자.
130 장주근, 앞의 책, 64쪽.
131 여기서 몇 가지 의문이 있는데, 먼저 서주현이 서○○의 조부인지 부친인지 확실치가 않고 당시 서○○의 조부로부터 마을사람들이 대지를 구입했다면 다른 마을의 사례에서처럼 공동의 명의로 하지 않고 그가 아무리 구장이라고 해도 원 소유자인 그의 명의를 그대로 유지했다는 것은 쉽게 납득이 가지 않는다. 이태원 부군당의 경우가 부군당 대지를 공동 명의로 해 놓은 대표적인 경우이다.

<표 13> 서빙고동 부군당 대지 소유권 변경 내역

일시	변동 내용	근거 서류
대정8년(1919년) 7월 19일	가독상속, 취득자는 경성부 서빙고정 86번지 徐珠賢	등기 117호
대정8년(1919년) 11월 6일	제38049호 위의 사항 접수	상동
대정9년(1920년) 9월 15일	경성부 서빙고정 200번지 2 대지 129평 분할로 인한 등기 제183호에서 이기	상동
1933년 1월 15일	협의분할에 의한 재산상속 소유자 徐○○, 서울시 용산구 주성동 49번지	등기 5108호
1981년 6월 3일	1933년의 소유권 이전 접수 서울특별시 용산구 서빙고동 200번지 2 대지 118평, 분할에 의하여 대지 6평을 동소동번지 3호, 대지 5평을 동소동번지 4호에 이기	상동
1982년 11월 2일	제61594호 근저당권 설정 접수 채권최고액 800만원정, 채무자 徐○○, 근저당권자 서빙고동마을금고	상동
1983년 12월 7일	제104386호 근저당권 말소 접수	상동
1983년 12월 23일	서울특별시 용산구 서빙고동 195번지의 3, 대지 272.1㎡ 구획정리로 인한 환지	상동
1986년 2월 6일	제6066호 소유권 이전 접수 위 번지의 토지 수용, 소유자 서울특별시, 환지에 의해 사적지로 지목 변경	상동

결말을 맞이했다는 후일담을 통해 부군당에 대한 지역민들의 믿음은 더욱 공고하게 되었다.

(3) 원주민에서 이주민으로의 의례 주도권 이양

무엇보다도 광복 이후 서빙고동 부군당 주재 집단에서 주목해야 할 점은 먼저, 다른 지역에서는 노인회(경로회)가 주체가 되어 제의를 준비하는 경우가 드문데 이 곳 서빙고동은 노인회가 주체가 되어 제의를 준비하고 있다는 사실이다.[132] 이러한 관행은 1980년 조사에서도 언급되어 있다.[133]

• • •

132 그 이유를 19C 및 20C 초까지 마을의 노인들 중심으로 계를 조직해서 부군당의 치성을 주관했던 것에서 찾기도 한다. 서울특별시 문화재위원회, 앞의 책, 1990, 101쪽. 그러나 1891년에는 노인계가 주관했지만 1903년에는 이중계(里中契)로 그 범위가 넓어지고 있으며 1927년의 경우와 그 이후 1946년과 1955년에도 30~40대 주민들이 참여하고 있어 반드시 노인들이 주축이라고 단정할 수 없다. 졸고, 앞의 논문, 2010a 참조.

또한, 제관을 따로 선출하지 않고 제의 당일 참여하는 치성위원들이 곧 제관이 된다. 따라서 해마다 치성위원들 사정에 따라서 제관 수도 바뀌게 된다. 이러한 관행은 보편적인 현상은 아니며 서빙고 지역 의례에서 볼 수 있는 예외적인 현상이다.

마지막으로, 주재 집단 구성원의 대부분은 타 지역에서 이주해 왔다는 사실이 주목된다. 전술한 바와 같이 이들 중 대부분은 이주해 온

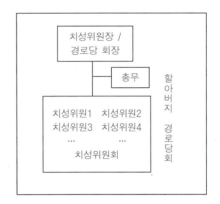

〈그림 18〉 용산구 서빙고동 부군당 의례 주재 집단 구성도

지가 40여 년 이상 되지만 다른 지역 주재 집단의 구성원이 대부분 본토박이인 것에 비추어 볼 때 주목되는 사실이다. 2001년 조사에서도 치성위원들의 대부분이 40여 년 전에 서빙고 지역으로 이주해 온 타향 출신이라는 것을 보면 부군당 제의는 이미 그 이전에 주도권에 변화가 있었던 것으로 보인다.

실제 2007년에 부군당 제의를 주관했던 제관들 10명 중 본토인은 단 1명에 불과했으며 다른 제관들은 타지에서 이주한 지 30~40년이 된 인물들이었다(표 14). 이는 지역사회의 변화에서도 살펴보았듯이 본토인들이 이탈해간 지역의 공백을 1960년대 꾸준히 이주해 온 이주민들이 메우고 있으며 이들은 이미 자신들을 이 지역의 토박이로 인식하고 있을 정도이다. 이러한 지역사회의 변화는 결국 의례의 주도권에 있어서도 세력 교체를 가져왔으며 현재는 이들이 의례를 이끌어가는 주체로 인식되고 있다.

현재는 부군당 의례가 간소화되어 가고 있으나 예전에는 치성위원이 모두 270명이었다는 증언[134]이나 부군당 의례를 을축년 대홍수와 한국전쟁 때 말고는 한 해도 거른 적이 없다는 진술[135] 등으로 부군당 의례가 과거에는 성대하고 흥성거렸던 의례였음을

• • •

133 서울특별시사편찬위원회, 앞의 책, 1980, 188쪽.
134 서○필, 앞의 제보자. 이는 1946년이나 1955년 부군당 현판에 기재되어 있는 기부자 명단을 두고 하는 말로써 이들을 치성위원들로 인식하고 있는 듯했다.
135 이석경 씨(남, 2007년 당시 79세, 당시 노인회장 겸 치성위원회장) 제보.

강조하고 있다. 결국 이들은 비록 타 지역에서 이주해 들어온 이들이지만 부군당 의
례에 대한 기억을 재구성하고 창출함으로써 서빙고 지역 의례에 대한 정통성과 각별
한 의미를 확보하고자 하는 것이라고 볼 수 있다.

〈표 14〉 용산구 서빙고동 부군당 의례공동체 구성원의 인적 사항

성 명	나이	성별	직 책	지역 연고	비 고
이○경*	79	남	치성위원회 회장 겸 경로당 회장	황해도 금천 生, 53년도 서빙고 이주	2006년 4월 취임
홍○경*	67	남	경로당 총무	30년 전(1970년대) 이주	축관
서○필*	72	남	치성위원	안산에서 6·25이후에 이주	제차에 대해 잘 알고 있음
이○규*	71	남	상동	타지에서 이주	전대 치성위원장
이○재*	68	남	상동	경상도에서 40년 전(1960년대) 이주	-
이○범*	69	남	상동	전라도에서 50년 전(1950년대) 이주	-
김○배*	70	남	상동	30년 전(1970년대) 이주	-
성○세	69	남	상동	부산에서 이주	-
김○근	69	남	상동	타지에서 이주	-
박○석	70	남	상동	현지 출생	-

2007년도 기준, '*'는 2007년 정월 제의 제관으로 참가함.

4. 의례의 변화와 주도집단의 정예화 :
한강 유역 부군당의 사례[136]

전술했던 바와 같이 1960년대 이후 서울 도
시 개발이 본격적으로 전개되었고 특히 강남과 한강 개발로 인해 서울의 모습은 급격

• • •

136 4절은 졸고,「도시 지역공동체 의례 주재 집단의 대응전략과 전통의 현대화」,『한국민속학』48호, 한국민속학회,
  2008b의 일부 내용을 수정 보완하여 실었다. 여기서 제시된 사례는 대체로 2006~2007년 상황임을 미리 밝혀 둔다.

하게 변해갔다. 이로 인해 서울의 지역사회는 커다란 변화를 맞게 되었고 지역 의례를 주도하는 집단들도 이러한 변화에 대응해 나갔다. 여기에서는 1960년대 이후 서울지역 공동체 의례의 변화된 양상을 살펴보고 주도집단이 변화된 현실에 어떻게 대응해 나갔는지를 살펴보고자 한다. 이를 위해 그 대상 지역을 한강 유역으로 한정하고 그 지역에서 행해지고 있는 부군당 의례와 그 주도집단을 집중적으로 살펴보고자 한다.[137]

1) 부군당 의례의 지속과 변화

(1) 구성 요소별 특징과 변화

한강 유역 부군당 의례의 특징을 인적 요소, 물적 요소, 제도적 요소, 내적 요소로 구분하여 변화상을 살펴보자.[138]

먼저, 인적 요소 중 주재 집단의 양상을 보면, 주재자主祭者 집단 – 의결자 집단 – 후계자 집단 등 중층적인 구성을 보이고 있으며 현재는 주로 토박이를 중심[139]으로 하여 소수 정예화되는 양상을 띤다. 부군당 의례에 관여하는 무당 집단 역시 특정 지역을

---

137 조사 대상 지역은 일단 한강 유역(한강과 인접한 12개 구)에 분포한 부군당으로서의 외형적 근거가 명확한 제당을 일차적 조사 대상으로 선정하였다. 그 이유는 연구자에 따라 부군당에 대한 판별 기준이 다를 수 있기 때문에 외형적인 근거를 기준으로 한 것이다. 선정된 지역은 성동구 금호동, 성동구 응봉동, 성동구 성수동, 성동구 옥수동, 용산구 동빙고동, 용산구 산천동, 용산구 서빙고동, 용산구 이태원동, 용산구 한남동(큰한강), 용산구 한남동(작은 한강), 용산구 청암동, 마포구 창전동, 마포구 당인동, 마포구 도화동, 영등포구 당산동, 영등포구 영등포동, 영등포구 신길2동 등 이상 17개 지역이 된다. 이 중에 성수동과 마포구 도화동을 제외한 15개 지역에서 현재(2006년 기준)도 부군당 의례가 행해지고 있다.
138 인적 요소라 함은 부군당과 관련을 맺고 있는 사람들에 관한 사항으로서, 이를 다시 부군당 의례를 주관하는 주재 집단과 무속적 의례를 전문적으로 맡아하는 무당 집단, 그리고 주재 집단을 도와 부군당 의례를 보조하고 직·간 접으로 참여하는 참여 집단으로 나누어 볼 수 있겠다. 물적 요소라 함은 부군당과 관련된 물적 토대를 총칭하는 것으로서, 이는 다시 경제적 요소와 공간적 요소, 물질적 요소 등으로 나누어 볼 수 있다. 경제적 요소에는 소요 비용, 비용 조달 경로, 재분배 과정 등이 포함되며, 공간적 요소에는 제당 건물, 전승지(전승 권역), 신앙체의 분포 등이 포함된다. 제도적 요소는 부군당과 관련하여 형성된 관습적 공식적 제도와 의례적 제도에 관한 사항으로서, 부군당 의례가 제도적으로 어떻게 전승되는가 하는 전승 제도, 민속자료나 무형문화재 지정 등과 같은 문화재 제도, 당굿 절차나 식순과 관련한 의례적 제도로 나누어 볼 수 있다. 내적 요소라 함은 당굿 자체의 내용과 관련된 것으로 부군당굿의 굿거리나 무가, 무악 등이 여기에 포함된다. 졸고, 앞의 논문, 2008b, 145~146쪽.
139 조사 대상 지역 중 서빙고동과 동빙고동을 제외하고 대부분 지역이 이에 해당된다. 졸고, 앞의 논문, 2008a, 204~207쪽 참조.

근거지로 삼아 그 지역민들과 오랫동안 단골 관계를 유지하며 해당 지역 부군당 의례를 세습하여 독자적인 계보를 형성하고 있다. 참여 집단[140]에는 지역 인사들뿐만 아니라 정치인, 기자들과 학자들도 포함되는데 이들의 영향력과 참여도가 점차 높아지고 있다.

물적 요소의 측면에서 보면, 과거에 비해 관의 재정적 지원이 보편화되고 있다.[141] 또한, 의례를 위해 추렴이나 찬조금, 혹은 노동력 제공 등의 형태로 수집된 재화나 서비스[142]는 의례 당일 무상으로 제공되는 식사나 술과 안주, 또는 의례가 끝난 후 집집마다 남은 음식을 담아 돌리는 '반기'와 같은 형태로 주민들에게 재분배된다. 과거에는 대부분 추렴과 반기와 같은 호혜시스템이 작동되고 있었으나 현재에는 추렴과 반기가 점차 생략되거나 다른 형태로 대체되는 추세이다.

제당들은 대부분 몇 번의 이전과 재건립을 거듭한 이력을 가지고 있으며 주변 환경도 전망 좋은 한강 변이 아닌, 주택이나 아파트로 인해 고립된 형국이다. 제당의 소유권은 크게 공동 소유와 국가 소유로 나타나는데 공동 소유인 경우 법적 분쟁의 소지가 있어 점차 국가에 그 소유권을 양도하고자 하는 곳이 늘어나고 있다.[143]

...

140 참여 집단이란, 주재 집단과 무당 집단을 제외하고 의례에 참여하는 모든 사람들을 말한다. 이들은 통상 '손님'으로 불리며 주로 찬조금을 낸다든지 의례 당일에 음식을 접대 받고 구경을 하는 것으로 의례에 참여한다. 공동체 의례에 있어서 주재 집단과 같이 의례를 주도하는 집단 못지않게 단순히 음식을 먹으러 온다든지 구경을 한다든지 하는 집단도 중요한 의미를 갖는다. 이들의 존재는 주재 집단으로 하여금 그들 노력에 대한 정신적인 보상을 제공하며 의례에 대한 전파자 역할도 수행한다. 뿐만 아니라 이들은 이후 주재 집단으로 편입될 수 있는 잠재적인 존재들이기도 하다. 따라서 이들을 단순히 방문자 집단이나 손님 집단이라고 하기보다는 적극적 의미의 참여 집단이라고 명명하였다.

141 조사 대상 지역 중 2006년 당시 의례가 행해지고 있는 거의 모든 곳에 관의 지원이 있었다. 금액은 지역에 따라 차이가 있는데 적게는 30만 원, 많게는 300만 원 정도이다. 졸고, 앞의 논문, 2008a, 208쪽.

142 의례를 위해 특정 시기에 재화나 서비스를 수집하는 것 이외에 평소 공동자산(토지나 건물, 또는 공동어장 등)을 통한 공동잉여의 축적도 있을 수 있다. 권삼문은 동해안 풍어제를 사례로 "동해안 풍어제의 물적 기반은 마을의 총유자원(총유어장)과 주민의 노동에서 비롯되는데 별신굿의 의례 경비는 촌락 공동의 잉여에서 비롯된다"라고 보았고 이러한 촌락 공동 잉여는 "노반이 장악하여 의례를 통하여 마을 주민들에게 재분배하는 것"으로 보았다. 권삼문, 『동해안 어촌의 민속학적 이해』, 민속원, 2001, 203~204쪽.

143 이태원동의 경우, 예전에 부군당의 대지를 마을 원로 2명 앞으로 명의신탁을 해 놓았는데 이들이 죽자 그 자식들이 그 소유권을 다른 이에게 팔아넘기고 말았다. 주민들은 부당하게 넘어간 소유권을 되찾고자 법원에 호소하였고 2004년도에 드디어 승소하였다. 그러나 상대방 측에서 다시 소송을 걸었고 2006년 12월에 2차 재판이 열렸는데 주민들이 최종 승소하였다. 한남동 작은 한강 부군당의 경우도 공동 소유로 되어 있는데 명의 변경의 번거로움과 후계자가 나서지 않는 점 등을 들어 부군당을 국가에서 관리해 줄 것을 소망하고 있다.

물질적인 측면에서도 의례와 관련된 지식을 점차 문서로 작성 보관하게 되면서 '의례 지식의 공유화'[144]가 생겨나고 있다. 또한, 부군당에 설치된 기록물에는 편액[145]이나 중건·중수기,[146] 기념비,[147] 문서류[148] 등이 있는데 그 외에도 관에서 설치한 안내판[149] 등이 있다.

제도적 요소를 살펴보면, 대부분의 부군당 의례 주체들은 특정한 전승 단체[150]를 조직해 놓고 있으며 '당주'로 불리는 종신형 회장도 존재한다.[151] 또한, 의례 형식에 있

• • •

144 까다로운 유교식 제차를 종이에 적어 다른 제관이 볼 수 있도록 한다든지(동빙고동, 이태원동) 복잡한 제물 준비와 진설의 내용을 도표화해서 벽면에 부착해 놓거나 의례 시 이를 펼쳐 놓고 참고한다든지(밤섬 부군당) 또는 굿거리가 진행될 때 손님들의 이해를 돕기 위해 굿거리 순서를 적은 괘도를 설치해 놓는다든지(밤섬 부군당) 하는 것들이 이러한 사례가 된다. 이러한 '의례 지식의 공유' 현상은 소수의 제관들만으로는 전승이 어려워진 요즈음 세대와 제도적인 정립을 통해 정통성 등을 인정받기 위한 노력 등이 반영된 결과로 해석된다.

145 편액은 보통 부군당 건물의 문 위에 걸려 있다. 편액의 글씨는 '府君堂' 이외에 '府君廟'(이태원동)라는 형태도 있으며 한자가 아닌 한글로 쓰인 경우(신길2동)도 있다.

146 대표적인 사례가 서빙고동 부군당으로서, '崇禎紀元 上之十三季乙亥四月十八日 重建'이라고 적힌 중건기와 '老人稧座目序'라고 적힌 현판이 있다.

147 부군당 중에는 제당 앞에 기념비가 세워져 있는 경우가 있는데, 이태원동과 당산동이 그 예이다. 이태원동 부군당 기념비에는 1967년에 보수했다는 사실이, 당산동 부군당 기념비에는 부군당이 1450년에 창립되었고 비는 1974년에 세운 것이라고 기록되어 있다.

148 문서류에는 의례와 관련된 입출금 장부, 기부자 방명록, 기타 문서 등이 있다. 대부분의 부군당 주재 집단들은 입출금 장부를 작성하고 있으며 의례가 끝난 후 이를 결산하고 다른 대표자들로 하여금 감사를 받는다. 기부자 방명록은 입출금 장부에 함께 수록하는 것이 일반적인데, 특별한 경우에는 현판으로 제작되어 부군당에 걸어놓기도 한다. 기부자 방명록은 문서로 작성되기도 하지만, 행사 당일 별도로 한 사람씩 이름과 금액을 종이에 적어 걸어 놓기도 한다.

149 대체로 문화재로 지정된 경우(서빙고동)에 안내판이 설치되어 있지만 그렇지 않은 경우(동빙고동, 신길2동, 당산동 등)에도 점차 설치되고 있는 추세이다.

150 이러한 단체는 '준비위원회'나 '보존위원회' 등의 형태를 띠고 있는데, 이러한 '회'의 구성원들이 바로 의례를 준비하는 실질적인 주체들이다. 한강 유역에서 부군당 의례를 전승하고 있는 지역에서도 대부분 이러한 회가 구성되어 있다. 즉, 조사 대상 17지역 중 11개 지역이 이에 해당된다. 한강 유역 부군당에서의 '회' 역시 '(치성·관리·보존)위원회'의 형태를 띠는데, 이들 조직은 주재 집단 중에서도 의결자 집단에 속한다. 이러한 회가 구성되기 이전에는 전술한 '대동계'나 '어촌계'와 유사한 촌락공동체 또는 제사 공동체가 존재했던 것으로 보인다. 실제 서빙고동 부군당에는 예전 부군당 의례의 주재 집단으로 추정되는 '老人稧'와 '里中稧'의 座目 현판이 전해지고 있다. '노인계'와 '이중계'라는 명칭에서 보이는 '계(契·稧)'라는 조직은 일반적으로 촌락 공동체로서의 성격을 지니지만 공동체 의례를 위한 제사 공동체로서의 성격도 함께 지니고 있다는 주장은 눈여겨 볼 만하다. 김삼수, 『한국사회경제사연구 : 계(契)의 연구』, 박영사, 1966, 57~58쪽.

151 이는 일종의 주민들 중에 선출된 '사제자'의 직책으로서, 무당과는 별도로 평상시 부군당을 대표하는 존엄한 존재인 '당주'를 두었던 제도의 존재 가능성을 말한다. 현재 당주들은 가계를 통해, 혹은 오래 동안의 후계자 수업을 통해 당주로서의 품성과 의례 전반에 대한 지식을 체득한 인물들이다. 당산동과 당인동, 신길2동, 한남동 작은한강 등이 대표적이다. 2006년 당시 한남동 작은한강의 최상현 회장은 부친의 뒤를 이어 2대째 당을 맡아 회장직을 수행하고 있다. 당인동의 김현종 회장 역시 부친의 뒤를 이어 회장직을 맡고 있다. 당산동의 경우, 회장에 해당하는 직함을 '제주'라고 한다. 송승성 제주 역시 전 제주가 사망한 뒤에 제주직을 맡게 되었으며 그 역시 사망 전까

어서는 대부분 당굿(무속식)과 당제(유교식)가 결합된 형태를 띠고 있다.[152] 현재는 무속식 당굿이 점점 중단되는 추세이다. 부군당이나 의례를 문화재로 지정하는 사례는 점차 늘고 있는 추세이다.[153]

내적 요소라 할 수 있는 굿거리와 무가 등을 살펴보면, 굿거리 구성은 대체로 서울의 개인굿이 확장된 구성을 보이고 있으며 부군거리나 군웅거리, 본향거리 등과 같은 특징적인 굿거리[154]가 존재한다. 무가에 있어서도 개인굿의 무가와 별반 다르지는 않으나 개인굿과 마을굿이라는 상황이 다름으로 인해 공수에 있어서나 불러들이는 신격에 있어서 차이가 있다. 서울 한강 부군당에는 대부분 무신도가 봉안되어 있는데, 무신도에 나타난 부군신은 고귀한 지위에 있는 인격신으로 표현되어 있으며 대체로 내외간이 함께 모셔져 있다.[155]

이러한 구성 요소들이 과거에 비해 무엇이 변화하고 또 무엇이 그대로인지 혹은 사라진 것은 무엇인지를 살펴보자.

부군당 의례에서 지속되고 있는 것으로 먼저, 부군당 의례가 과거뿐만 아니라 현재에도 그 지역의 발전과 주민의 안녕을 신에게 기원하는 '지역 공동체 의례'로 기능하

• • •

지 제주직을 수행하게 될 것이다. 마지막으로 신길2동의 경우인데, 회장격에 해당하는 인물은 김종순 할머니이다. 그녀는 윤씨 집안에 시집 온 후 시어머니 뒤를 이어 부군당을 맡아 오고 있다.

152 현재 보이는 부군당 의례들 중에는 유교식 당제로만 지내는 곳이 많은데, 이들 경우도 사실은 과거에는 당굿과 당제를 같이 했지만 여러 사정으로 인해 당굿이 중단되었을 뿐이지 원래부터 유교식 당제의 형태를 고수하고 있는 것은 아니다.

153 서울 지역에는 무형문화재가 5건, 민속자료가 2건 지정되어 있다. 본 연구 대상 중에서는 밤섬부군당굿(제35호, 2005년 지정)과 서빙고 부군당(제2호, 1973년 지정)이 무형문화재와 민속자료로 각각 지정되어 있다.

154 부군거리라는 명칭이 말하고 있듯이 이 굿거리는 부군당굿에서 특징적으로 나타나는 것이라 할 수 있다. 거의 모든 부군당굿에서 부군거리 혹은 부군도당거리가 존재하고 있음을 확인할 수 있다. 군웅거리 역시 서울·경기지역 마을굿에서 일반적으로 보이는 절차이다. 무당들은 홍철릭을 입고 활에 화살을 메겨 사방에 활을 쏘는 식으로 마을에 드는 액을 막아내는 의미를 표현한다. 서울 한강 유역 부군당의 무속 의례에서도 군웅거리 절차가 모두 포함되어 있어 부군당굿에서 중요하게 인식되는 절차임에 틀림없다. 또한, 일반 개인굿에서의 본향거리는 그 집안의 조상들만 해당이 되지만 마을굿에서는 마을과 당굿을 지키기 위해 애쓰신 선대 조상들뿐만 아니라 선대 만신과 악사들까지도 치성의 대상으로 모셔지게 된다.

155 산신이나 용왕, 군웅, 장군 같은 신들은 보통 홀몸으로 모셔지지만 부군신의 경우는 내외간이 함께 모셔지는 것이 현재의 일반적인 현상이다. 이는 마을신의 하나인 도당신이 도당아버지·할머니로 모셔진다거나 장승이 천하대장군·지하여장군으로 모셔진다거나 하는 것과 같은 맥락으로 볼 수 있는데 이러한 현상은 부군신이 마을신으로서의 성격을 강하게 지니고 있기 때문에 나타나는 것이라고 할 수 있다.

고 있다는 점을 들 수 있겠다. 또한, 제관이나 무당 등 인간과 신을 매개하는 사제자의 존재 역시 지속되고 있다.

다음으로, 수집·재분배 시스템과 의례 공간의 지속을 들 수 있다. 의례의 물적 토대라고 할 수 있는 수집·재분배 시스템은 점차 약화되어 가고는 있으나 여전히 중요한 물적 토대로 기능하고 있다. 뿐만 아니라 무속식이건 유교식이건 간에 해당 의례가 중단되지 않은 이상 그 전반적인 형식적 틀은 크게 변하지 않고 지속되고 있다.

이처럼 큰 틀에서 보면 여전히 지속되고 있는 요소들이지만 시대가 지남에 따라 구체적인 형식과 절차들이 변화해 온 것도 사실이다.

그 변화된 것들을 살펴보면, 먼저 시대에 따라 주재 집단과 참여 집단의 성격이 변하고 있다. 즉, 과거에는 하급 관리나 향리들에 의해 주재되었던 것이 점차 지역 주민들 중 유력자나 토박이에 의해 주재된다. 참여 집단 역시 과거에는 지역 주민들이 그 중심이었으나 현재에는 주민들 외에도 지역 인사·정치인·학자·기자·관광객 등 다양한 사람들이 참여하고 있다.[156]

다음으로, 재분배 방식과 의례 공간 및 전승 권역, 의례 도구의 변화를 들 수 있다. 전술한 바와 같이 '의례를 통한 재화의 재분배'는 여전히 수행되고는 있으나 그 방식이 변하였다. 즉, 과거에는 제물을 집집마다 나누어 주었던 '반기'가 일반적인 재분배 방식이었으나 현재는 음식 대신에 간편한 수건이나 기념품 등으로 대치되었고 분배하는 방식도 현장에서 바로 배포하는 식으로 간편화되었다.

의례 공간인 제당에 있어서도 건물은 존속하고 있으나 위치는 수차례 바뀐 것이 대부분이다. 위치의 변화는 전승 권역의 변화와도 관련이 있는데 잦은 제당의 이전은 전승 권역의 축소나 이탈을 가져오기도 한다. 의례 도구들도 과거보다는 간편하고 관리가 용이한 것들로 바뀌었다.

• • •

156 구체적인 사례를 제시해 보면, 2006년 청암동 부군당굿에 참석한 지역인사의 명단은 다음과 같다. 시의회 의원, 구의회의장, 원효2동 동장, 새마을금고 이사장, 주민자치위원장, 새마을협의회 회장, 새마을부녀회 회장, 통친회 회장, 청소년 육성회 회장, 노인복지회장, 바르게살기회장, 체육회장, 자유총연맹회장, 현 산천부군당회장, 내년 산천부군당회장, 청암부군당 고문, 방위협의회 등 이상 17명이 참석하였다.

또한, 의례 형식과 절차 및 규모의 변화를 들 수 있다. 전술한 바와 같이 무속식이 건 유교식이건 전반적인 틀은 크게 바뀌지 않았으나 세부적인 형식과 절차에 있어서 는 적지 않은 변화를 겪어 왔으며 규모에 있어서도 과거에 비해 대폭 축소된 것도 사실이다.

무속식인 당굿의 경우 과거에는 일반적으로 행했던 '유가돌기'가 지금은 거의 행해지지 않고 있으며 굿거리의 구성에 있어서도 당주 무당이 세습되면서 조금씩 변하게 된다. 현재 유교식으로 의례가 진행되는 경우에도 과거에는 당굿이 연속되었겠지만 지금은 굿이 중단되었다는 것이 무엇보다도 큰 변화이며 제관이나 제물에 대한 금기가 과거에 비해 소홀해지고 있다는 것도 변화의 하나일 것이다.

다음으로, 부군당과 관련된 설화나 영험담의 변화를 들 수 있다. 즉, 시대가 변하면서 설화의 배경이나 영험담의 소재도 바뀌게 되는데 주로 일제강점기나 도시화와 관련된 이야기들로 변하게 된다. 과거 영험담은 부군당이나 부군신을 모독한 자들을 벌하는 내용이 주를 이루었으나 후대로 오면서 일본군이나 개발업자 등 현실 생활에서 피해와 분노를 준 구체적 대상들을 벌하는 내용으로 바뀌게 된 것이다.

마지막으로 부군당의 신격과 기능의 변화를 들 수 있다. 조선시대 문헌에 등장하는 부군당의 주신으로 최영장군, 송씨 처녀, 임장군, 우왕의 비 등이 있다. 그런데 지금의 상황과 비교해 보았을 때 조선시대에 나타나는 신격이 현재에는 전승되고 있지 않고 있으며 그 신격이 구체적이기 보다는 일반적인 '부군님'으로 인식되고 있다는 점에서 차이가 난다.[157]

한편, 부군당 의례에서는 중단된 것이나 새롭게 만들어지는 것도 있는데, 먼저 중단

• • •

157 즉, 현재 전승되는 부군당의 주신은 대부분 '부군님'으로 통칭되는 바 그 중에 단군(동빙고동), 이성계(서빙고동·청암동) 등만이 구체적인 존재가 알려져 있는 경우이다. 물론 한강 유역에 분포한 마을 제당 전체를 대상으로 했을 경우에는 남이장군(용문동), 아기씨(행당동, 왕십리), 김유신(보광동 명화전), 제갈공명(보광동 무후묘), 공민왕(창전동) 등이 주신으로 전승되고 있으며 소실되기는 했지만 최영장군(대흥동), 세조대왕(신수동), 금성대왕(망원동) 등 적지 않은 지역에서 구체적 인물들이 모셔지고 있기는 하다. 그런데 이러한 경우는 대부분 제당의 명칭이나 성격이 이미 특정 인물을 지칭하고 있는 경우이고 그렇지 않은 경우에는 점차 신격의 구체성이 상실되어가는 추세하고 할 수 있다.

된 것들을 살펴보면, 무엇보다도 의례 자체가 중단된 것을 들 수 있겠고[158] 의례가 지속되고 있다 하더라도 무속식 당굿이 중단된 것을 들 수 있다.[159] 또한, '추렴'과 '반기'를 하는 풍속이 점차 생략되는 것을 들 수 있다. 아직까지 대부분의 지역에서는 '추렴'을 통해 의례 비용을 충당하고 있으며 '반기'의 형태는 아니지만 기념품이나 마을 잔치 등으로 재분배를 행하고 있다. 그러나 이마저 생략하는 경우도 점차 늘어가고 있는 것도 사실이다.[160]

다음으로, 부군당 의례에서 새롭게 등장한 것들을 살펴보면 먼저, 의례 절차 중에서 전에 없었던 '내빈소개'와 같은 절차나 국민의례, 축사 등의 행사성 식순이 대폭 늘어나고 있다.[161] 또한, 부군당 안내판이 새로 설치되고 관에 제출하는 보고서 및 각종 행사 도구 등이 새롭게 등장하고 있다. 다음으로, 부군당이나 부군당 의례가 '국가 문화재'로 정식 지정되기 시작하였다. 마지막으로, 부군당 의례를 둘러싸고 다양한 '권력'들이 창출되고 있다. 이러한 권력은 부군당 의례를 통해 창출·유지되는 것이지만 부군당 의례가 변모하는 데 지대한 영향력을 행사하기도 한다. 즉, 부군당 의례를 둘러싸고 있는 외부 집단으로 정부와 관, 연구자 집단, 언론 집단 등이 있는데 이들이 새로운 권력으로 부상하고 있다.[162]

. . .

158 부군당이 소실된 경우는 대부분 의례가 중단되었거나 아니면 몇몇 개인에 의해 간신히 존속하고 있는 경우인데 후자의 경우는 이미 공동체 의례로서의 성격을 상실한 것으로 간주할 수 있다. 따라서 부군당의 존재는 부군당 의례의 필수 조건이라 할 수 있는데 서울 한강 유역만 하더라도 조사된 사례 중에 절반이 넘는 지역에서 제당이 소실되었고 그 경우 의례 역시 거의 중단된 것으로 나타났다. 이러한 제당의 소실은 자연적인 원인도 있었으나 대부분은 도시화에 따른 인위적 파괴가 주된 원인일 것이다.

159 부군당 의례는 유교식 제사를 포함한 무속식 당굿이 위주가 되었던 것인데 이미 대부분 지역에서 무속식 당굿이 중단되고 유교식 제사나 간단한 치성 형태만 남아 있는 실정이다. 서울 한강 유역 부군당만 하더라도 모든 지역에서 예외 없이 당굿을 하였으나 현재 당굿이 유지되고 있는 지역은 절반에도 미치지 못한다.

160 그 원인으로 지역 주민들의 참여가 점차 줄어들고 있는 상황에서 추렴 자체가 힘들어지는 것도 있겠으나 넉넉해진 관의 경제적 지원으로 인해 번거롭고 힘이 드는 주민 추렴을 생략하고자 하는 주재 집단들의 인식 변화도 무시할 수 없다.

161 조사 대상 지역 중에는 한남동 큰한강, 청암동, 창전동 밤섬, 신길2동이 이에 해당된다.

162 지원금의 집행 권한과 문화재 지정과 같은 제도적 권한을 가지고 있는 정부와 관은 이미 부군당 의례에 있어서 막강한 권력을 행사하고 있는 존재라고 보아야 한다. 다음으로, 부군당 의례에 있어서 대학원생이나 교수와 같은 연구자 집단 역시 새로운 권력으로 부각되고 있다. 특히, 연구자 집단이 생산해 내고 있는 논문과 보고서 등은 부군당 의례의 존망을 가름할 만한 결과를 초래하기도 한다. 문화재 지정을 위한 문화재위원회에서 작성한 보고서 등이 대표적인 사례가 된다. 마지막으로 매스컴이나 언론 등도 새로운 권력으로 부상되고 있다. 부군당 의례 현장

(2) 구성 요소의 변화와 부군당 의례

이제 이러한 구성 요소들의 변화가 의례에 어떠한 영향을 미치고 있는가 하는 점을 살펴 볼 차례이다.

먼저, 인적 요소와 의례와의 관련성을 살펴보면, 한강 유역 부군당의 주재 집단들의 중층적이고 체계화된 조직은 의례를 지속적으로 전승하는 데 유리하게 작용한다.[163] 한강 유역 부군당을 근거지로 하여 서울 전 지역을 무대로 활동하는 무당들의 인적 네트워크는 부군당굿이 전통적인 한양굿은 물론이고 경기도 지역의 굿이나 인천 등 해안 지역의 굿 등을 다양하게 흡수하면서 형성·변화할 수 있었던 중요한 조건으로 작용하였을 것이다.[164] 또한, 각 지역에 산재해 있는 부군당의 당주 무당들은 그 부군당을 기점을 하여 계보에 따라 당주 무당직을 세습함으로써 그 지역만의 특징적인 당굿이 전승될 수 있었던 것으로 보인다.

뿐만 아니라 부군당 의례에서는 으레 구청장이나 국회의원, 시의원 등을 초빙하고 또한 이들이 제관으로 참여하는 사례도 점차 늘고 있다. 이러한 경향은 부군당 의례가 그 지역에서 영향력을 행사할 수 있는 좋은 기제로 작용하고 있다는 것을 보여준다. 이러한 변화는 의례가 점차 정치적 성향을 띠게 되고 행사화되는 현상과 밀접한 연관이 있다.

· · ·

에서 주재 집단에게 가장 많이 듣는 질문이 "어디서 나왔느냐"라는 것이다. 어느 방송국 또는 신문사의 기자가 하는 궁금증에서 나온 질문이지만 이는 그만큼 매스컴이나 언론을 의식하고 있으며 그러한 매체에 노출되기를 기대한다는 증거인 셈이다.

[163] 이러한 의례 주재 집단의 조직화 경향은 조직 내에 전승 주체들을 재생산할 수 있는 장치를 마련하고 있다는 점에서 긍정적인 현상이라고 볼 수 있다. 반면, 지역 공동체 의례는 그 지역 전체 주민들을 근간으로 해야 한다는 기본적인 전제 조건을 염두에 둘 때 부군당 의례 주재 집단들이 보여 주고 있는 조직화 경향은 자칫 소수 집단만으로 주도되는 '소수 공동체 의례'로 변질될 소지가 있으며 실제 몇몇 지역에서는 그러한 현상이 나타나고 있어서 전적으로 긍정적이라고만은 할 수 없다.

[164] 대표적인 사례가 '유가돌기'와 같은 절차이다. 보통 서울·경기 지역의 마을굿에서 굿을 시작하기 전에 마을을 한 바퀴 도는데 이를 '유가돌기'라고 한다. '遊街'란 예전 과거에 장원 급제한 이가 고향에 돌아와 마을을 돌며 자축하는 관행을 말하는데 이것이 굿에 차용된 것으로 보인다. 유가돌기는 서울 지역 마을굿 뿐만 아니라 부군당에서도 일반적으로 행해졌던 관행으로 보인다. 이러한 사실은 서울지역에서 오랫동안 활동을 해 온 악사들뿐만 아니라 무당들을 통해서도 확인할 수 있다. 이러한 유가돌기의 관행은 현재 밤섬이나 신길2동 부군당굿에서 엿볼 수 있는데 이도 매우 축소된 형태로 남아 있는 실정이다. 이러한 유가돌기의 관행이 부군당굿 뿐만 아니라 경기도 일원에서도 행해지고 있는 것으로 보아 상호 영향관계를 엿볼 수가 있다.

다음으로, 물적 요소와 부군당 의례와의 관련성을 살펴보면 먼저, 전술한 바와 같이 관에서 매년 지급하는 지원금에 대한 의존도가 점차 높아짐으로 인해 주민자립도가 점차 낮아지고 있으며 보다 안정적인 지원을 받을 수 있는 문화재 지정에 대한 욕구가 점차 높아지고 있다.

또한, 각종 행사 도구들의 등장에서도 알 수 있듯이 종교적·의례적 성격의 부군당 의례가 점차 '지역 행사'로 변모하고 있다는 것이다. 이러한 과정에서 예전에는 볼 수 없었던 '내빈 소개'라든지 '국민의례' 등의 절차가 끼어들고 의례 제도 자체가 창출되는 등 지역행사화의 경향을 뚜렷하게 보이고 있다. 재분배 방식에 있어서도 '추렴'과 '반기'가 의례의 시작과 마침을 의미하며 호혜 시스템의 구체적 형태라는 점을 감안한다면, '추렴'과 '반기'가 점차 생략되는 현상은 의례의 구조와 기능이 점차 변하고 있음을 암시한다.

다음으로, 의례 공간인 제당의 이동과 재건립 과정 역시 의례 전승에 영향을 미칠 수 있다. 즉, 제당의 이동이 잦을수록 대대로 전승되어 오던 문서나 현판 등이 소실되는 경우가 많으며 이는 의례의 정통성을 약화시키는 결과를 가져온다. 더욱이 제당의 재건축 협상이 제대로 이루어지지 않으면 제당이 축소 또는 변형되거나 혹은 아예 건축이 안 되는 경우도 있는데 이로 인하여 의례 역시 축소되거나 중단되는 사태까지도 발생된다.

이러한 여러 이유로 인해 부군당의 주재 집단들은 소유권을 아예 국가에 넘기고 국가로부터 안정적인 지원과 관리를 받고자하는 요구가 점차 커지고 있는 것이다. 이러한 요구는 문화재 지정과 지역의 공식 행사로 인정받고자 열망과도 연결되는데 이러한 인식의 변화는 의례의 공식성과 전통성을 강조하기 위한 다양한 장치들을 창출함으로써 의례에 영향을 미치게 된다. 또한, 도시 발전에 따라 전승 권역과 전승 집단 거주 지역에 불일치가 일어나면 의례 전승에 불리한 영향을 미치기도 한다.[165]

• • •

165 전승 권역이란, 민속 현상이 행해지는 실제 공간적 범위로 정의한다. 부군당 의례의 경우, 전승 권역은 부군당을 중심으로 한 인근 지역이 될 것이다. 그런데, 전승 집단, 즉 공동체 의례 주재 집단들이 어떠한 이유로 해서 그

다음으로는 물질적 요소의 변화와 이에 따른 의례의 변모를 살펴보자. 먼저, '의례 지식의 공유'를 위한 각종 의례 도구들이 등장하고 있는데 이러한 '의례 지식의 공유' 현상은 전술한 바와 같이 전승이 어려워진 세태와 제도적 정립을 통한 정통성을 확보하고자 하는 노력 등을 반영하고 있다고 할 것이나 한편으로는 의례가 획일적으로 고정되는 결과를 초래할 수도 있다. 즉, 구전으로 전해지던 의례에 대한 지식은 시대가 지남에 따라 혹은 전승자에 따라 달라질 수 있기 때문에 그 변화의 폭이 일정치 않으나 의례 지식이 기록으로 정착되면 의례는 그에 의해 고정되고 획일화될 소지가 다분하다.

또한, 현판이나 안내판 등도 부군당과 그 의례에 대한 지식을 고정시키는 데 일조하고 있다. 이러한 현상은 의례 도구나 각종 기록물 등을 통해 부군당과 의례의 유구한 역사와 전통을 강조하여 전승의 당위성을 확보하고자 하는 의도가 작용한 것으로 이해해 볼 수 있다.

뿐만 아니라, 과거 의례 현장에서는 볼 수 없었던 각종 행사 도구들이 동원되고 있는 현실을 통해 부군당 의례의 성격이 점차 지역 행사화되고 있음을 알 수 있었다. 그런데, 이러한 행사 도구들의 변화는 의례의 성격이 변화함으로써 촉진된 결과라고 할 수 있겠으나 역으로 그 변화된 성격을 공고히 하고 그 효과를 극대화시키는 작용을 하게 된다.

마지막으로, 부군당 의례가 국가 문화재 등 제도적인 보호를 받게 되는 사례가 늘고 있다. 이런 경우, 관에서는 경제적·행정적 측면에서 전폭적인 지원이 이루어지고 의례 주체들에게는 의례에 대한 '떳떳한 명분'이 주어지게 됨으로써 그 지역의 대표적인 '문화행사'로서 자리매김하게 됨에 따라 의례의 성격은 더욱 행사화되는 양상을 띠게 된다.

• • •

전승 권역을 벗어나 있을 때 안정적인 전승에 장애가 발생하는 것이다. 이러한 현상의 원인으로는 부군당의 이전이나 소멸, 전승 집단의 이주 등을 들 수 있겠다.

2) 의례 전통의 현대화

(1) 외부적 공조 시스템의 구축

한국의 전통 사회에서 행하는 지역 공동체 의례는 지역민들 간의 호혜에 기초하고 있다. 부군당 의례의 경우도 이러한 호혜 시스템 하에서 진행되어 왔으며 추렴과 반기와 같은 풍속은 이를 증명하고 있다. 그러나 도시화·산업화를 거치면서 점차 이러한 호혜 시스템이 무너지고 있다. 즉, 이주민들의 대규모 유입과 토박이들의 이탈로 인한 지역 구성원의 이질화와 개별화 경향은 결국 주민들 간의 호혜성을 약화시키는 결과를 낳게 된 것이다. 따라서 지역 공동체 의례를 주도하는 주재 집단들은 약화되고 있는 호혜성에 의지하기 보다는 공동체 의례의 당위성과 새로운 명분을 내세우며 주민들의 참여를 호소하게 되었고 외부의 지원에 대한 관심도 점차 높아지게 된 것이다.

한편, 지방 자치 단체와 정부도 부군당 의례에 대한 인식이 과거에 비해 판이하게 달라졌다. 이러한 인식의 변화는 부군당 의례에 대한 경제적·행정적 지원의 형태로 가시화되기에 이른다. 즉, 각 구청에서는 부군당 의례에 매년 적지 않은 '행사 지원금'을 보조하고 있으며 시에서는 아예 부군당 의례를 지방문화재로 지정하여 그 문화재적 가치를 공식적으로 인정해 주고 있다. 뿐만 아니라, 학계와 언론 등도 부군당 의례에 적극적으로 개입하게 되면서 의례 전승에 중요한 변수로 등장하고 있다.

이와 같은 상황의 변화는 지역 주민과 지방 자치 단체로 대표되는 관, 그리고

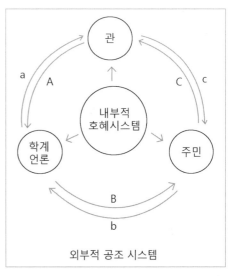

〈그림 19〉 부군당 의례 호혜 시스템의 구조와 변화
A : 문화재 지정 의뢰·문화컨텐츠 제공
B : 문화재 가치 부여·홍보
C : 제관 초청·행사참여·정부정책 호응
a : 문화재 지정 보고서·관의 정책 홍보
b : 내빈초청·연구 및 보도 자료 제공
c : 문화재 지정 및 지원금·명분제공

학계·언론으로 이어지는 새로운 공조 체계가 구축되고 있음을 의미한다. 다시 말해 과거 부군당 의례가 지역 주민들 간에 형성되었던 내부적 호혜 시스템에 의해 유지 전승되어 왔다면 오늘날에는 지역 주민·관·학계와 언론 3자간에 형성된 외부적 공조 체계로 그 중심이 옮겨지고 있다고 판단해 볼 수 있다. 과거 내부적 호혜 시스템이 고립적이었다면 오늘날의 외부적 공조 체계는 개방적이며 범국가적이라고 할 수 있다.

이는 부군당 의례의 호혜 시스템이 확장된 것이라고도 볼 수 있겠는데 호혜 시스템이 확장될 수 있었던 것은 전술한 바와 같이 부군당 의례에 대한 외부의 인식이 긍정적으로 바뀌었다는 것도 하나의 이유가 될 수 있겠으나 과거와는 달리 외부와의 의사소통이 원활해진 것도 중요한 이유가 된다. 즉, 과거 지역 주민과 관청 등은 종속적인 위계질서 속에서 존재하였으며 이들 간의 의사소통은 일방적이었다고 할 수 있다. 따라서 지역 사회와 그 공동체 의례는 상부 조직과는 단절된 채 고립적으로 행해질 수밖에 없었던 것이다.

그러나 근대화와 도시화는 물질문명의 번영뿐만 아니라 사회 조직 간의 종속적 관계를 무너뜨리고 민주적이고 합리적인 관계를 가져오게 된다. 사회 조직 간의 민주화는 상부와 하부 조직 간의 민주화를 의미하기도 하는데 이는 쌍방 간의 의사소통이 원활해졌음을 의미한다. 이처럼 사회 조직 간의 긴밀한 의사소통은 결국 공조 체계를 형성할 수 있는 토대가 되었다고 볼 수 있다.[166]

· · ·

166 이들 간의 공조 체계를 살펴보면, 먼저, 주민들과 관과의 수급(受給) 관계를 살펴보면, 구청에서는 '전통행사 지원'이라는 명목으로 매년 일정한 금액을 주민들(부군당 주재 집단)에게 지원하고 있으며 각종 지역 매체를 활용하여 행사를 홍보해 주고 의례에 필요한 각종 행정적인 편의를 보장해 주고 있다. 또한 문화재 선정과 같은 정책과 제도로서 주민들을 지원하고 있다. 주민들은 또한 의례에 지자체장이나 여타 단체장들을 제관으로 선정하거나 내빈으로 초청하여 지자체의 참여를 적극 권장하고 있다. 문화재로 선정된 지역은 원래부터 행해왔던 부군당 의례를 보다 성대하게 치러내는 것뿐만 아니라 정부에서 주최하는 각종 문화 행사에 참여함으로써 정부의 정책에 호응하고 있다. 다음으로 주민들과 언론·학계와의 수급 관계를 살펴보면, 주민들은 학계의 연구자들을 내빈으로 초청하거나 조사와 신문사나 방송기자들의 취재에 적극 협조한다. 연구자들은 조사보고서나 논문 등을 통해 이들 의례의 가치를 입증시켜 주며 언론은 이를 홍보하게 된다. 관과 학계·언론과의 수급 관계를 살펴보면, 관은 학계에 문화재 지정이나 조사보고서를 의뢰하고 언론에는 취재 대상으로서 문화 콘텐츠를 제공하게 되는 셈이다. 학계는 조사보고서 등을 통해 의례의 문화재적 가치를 관에 보고하게 되고 언론은 보도를 통해 관의 문화정책과 지역 문

이와 같은 부군당 의례를 둘러싸고 형성된 지역 주민·관·학계와 언론 간의 수급 관계는 하나의 거대한 공조 체계로 볼 수 있으며 현재 서울 지역 부군당 의례를 유지해 나가는 중요한 토대로 자리 잡아 가고 있다.

(2) 정체성 확립과 '전통 문화 행사'로의 활용

과거 부군당 의례는 토착 세력들의 입지를 강화하고 성장된 시민 계층의 자본력과 그 영향력을 대외적으로 표출하는 기제로 활용되었을 것으로 판단된다.[167] 즉, '계契'와 같은 결사체를 조직하여 상부상조의 호혜 관계를 보다 돈독히 하고 의례를 통해서 이를 확인하고 지속시키고자 했다. 부군당 의례는 이러한 정황에서 적절하게 활용되었을 것으로 보인다.

관아에 설치되었던 부군당에 새로 부임한 관리가 치제致祭를 하였던 것[168]은 기존 토착 세력의 문화를 인정하는 것이며 이를 통해 자신과 토착 세력과의 조화로운 협력 관계를 의도한 것이라는 점은 쉽게 추정해 볼 수 있는 일이다. 또한 무당지사巫堂之祀로 성대하게 벌어졌던 부군당 의례는 당시 자본주의의 성장과 그 최대 수혜자인 상인이나 관련 하급 관리들, 즉 시민 계층의 힘을 보여주는 계기가 되었을 것이다. 당시 번성한 상업지를 중심으로 벌어졌던 탈놀이나 '장별신'[169]이 막대한 자본력과 관의 암

...

화를 홍보하게 된다.

167 과거 부군당 의례의 주재 집단들은 주로 관아의 하급 관리인 서리들이나 지역 토박이라 할 수 있는 향리들, 혹은 퇴역 무관이나 상인들이었다. 이들의 공통점은 첫째, 대체로 중인신분으로서 조선 후기 자본주의의 성장과 함께 부각되기 시작하는 시민 계층이라고 볼 수 있다. 둘째, 그 지역에서 오랫동안 살았던 자들로서 누구보다도 그 지역 사정을 잘 알고 있으며 지역민들 사이에 이미 '상징적 권위'를 인정받고 있었던 자들이라 할 수 있다. 이들은 양반에 비해 상대적으로 낮은 신분임에도 불구하고 축적된 부와 주민들로 하여금 부여받은 명망을 기반으로 지역의 주도권을 잡아 나가며 그들의 입지를 점차 넓혀 나가고자 했을 것이다.

168 "都下官府例置一小宇叢掛紙錢號曰府君相聚而瀆祀之新除官必祭之惟謹雖法司亦如之", 『연려실기술』 제4권, 문종조고사본말(文宗朝故事本末), 문종조 명신(名臣) 어효첨(魚孝瞻). 번역문은 본장 1장 3절 주)104 참조.

169 장별신이란 장시를 중심으로 벌어졌던 시장 풍속으로서 장별신·난장별신·별신판·도신(禱神)·별시(別市)·난장(亂場)(판) 등으로도 불리며 시장의 개설이나 변경 또는 흥행을 위해 부정기적으로 개최되는 행사를 말한다. 이러한 장별신이 서면 무당굿과 함께 사행적인 도박판이 벌어지는데 이 때 벌어들이는 소득의 일부를 관에 기부했다는 것을 보아 관에서는 이러한 무당굿과 도박판 등을 묵인해 주었던 것으로 보인다. 졸고, 「일제~70년대 '장별신' 연구 : 장별신과 장시와의 상관성을 중심으로」, 『비교문화연구』 9, 경희대학교 비교문화연구소, 2005.

묵적인 후원이 있었기에 가능했던 것처럼 부군당 의례 역시 축적된 상업 자본과 이를 동원할 수 있었던 시민 계급의 성장이 있었기에 가능했던 것이다.

　이러했던 부군당 의례는 오늘날 그 주체들의 신분과 목적이 달라졌을 뿐 그 기능에는 별다른 변화가 없다. 즉, 과거나 현재 모두 주체들은 그 지역 토박이들이라는 점에서는 공통적이다. 다만 과거에는 서리나 향리 또는 상인들이 주를 이루었다고 하면 오늘날에는 직업과 직책에 구분이 없다는 것이다. 그리고 과거 상업의 번성이나 해상 안전 등이 목적이었다면 오늘날에는 지역의 번성과 주민들의 안녕이라는 목적으로 보편화되었다. 그러나 오늘날의 부군당 의례 역시 지역 토박이들의 정체성을 확인하고 지역에 대한 영향력을 확보하는 기제로 활용되고 있다는 점에서는 여전히 유효하다.

　또한 오늘날에는 부군당 의례가 지역 주민들만의 공동체 의례가 아닌 지역의 '전통 문화 행사'로 활용되고 있다는 점을 들 수 있겠는데 이는 조선시대에도 부군당 의례를 '국속國俗'[170]이라 하여 정통성과 당위성을 확보했던 것과 맥을 같이 한다. 무당지사를 음사淫祀라 하여 배척했지만 부군당 의례를 국속이라고 한 것은 당시에 부군당 신앙이 이미 보편화되어 지배층마저도 이를 인정하지 않을 수 없었던 것이다. 그들의 이율배반적인 태도를 합리화하기 위한 것이 바로 국속이라는 명분이었겠지만 부군당 의례의 주재 집단들로서는 주류 문화인 유교식 제례에 대응하기 위한 대항 논리로도 활용되었을 것이다. 과거 주류 문화에 대한 대항 논리로서의 '국속'은 오늘날 '전통 문화'라는 개념으로 환치되었을 뿐 오늘날까지도 기층 민중들의 문화를 지속시켜 나가는 근거로서 기능하고 있는 것이다.

(3) 사회변동과 부군 신앙의 현대적 재현

　한강을 흔히 '민족의 젖줄'이라고 일컫는다. 이는 한국 민족의 집단무의식 속에 한

- - -

170 "傳曰 告祀事非予所知, 問于大妃殿, 則養賢庫內有付根堂【付根者, 官府設祠祈祝, 國俗也。】", 『중종실록』, 중종 6년 신미(辛未) 3월 29일(己卯); "國俗, 各司內, 皆設神以祀, 名曰付根. 行之旣久, 莫有能革者. 至是, 憲府先焚 紙錢, 傳關各司, 皆焚之, 禁其祀, 人多稱快.", 『중종실록』, 중종 12년 정축(丁丑), 8월 13일(丙辰).

강이라는 거대한 물줄기가 도도히 흐르고 있음을 의미한다. 민족의 집단무의식 속에서의 한강은 '민족의 젖줄'이며 민족을 잉태하고 살찌우는 '자애로운 어머니'로 상징된다.[171] 이러한 한강에 대한 원초적 심상은 시대에 따라 각기 다른 형태로 표출[172]되기는 했지만 긍정적인 존재로 등장하고 있다는 점에서는 공통적이다.

한편, 한강은 한강을 무대로 살았던 사람들에게는 특히 경외의 대상이었다. 한강에는 용왕신이 거주하고 있고 비와 바람을 관장하며 안전한 항해를 책임진다고 믿었다. 한강 지역에서 아직까지 회자되고 있는 을축년(1925년) 대홍수[173]는 마치 '노아의 홍수'가 연상되리만치 민중들의 기억 속에 뚜렷하게 각인되어 있다. 그 당시 할퀴고 간 수마水魔의 흔적은 한강변 마을 곳곳에서 전승되고 있는 전설로서 생생하게 남아 있다.[174] 이러한 한강은 이미 '자애로운 어머니'의 모습이 아닌, '악마적 속성'[175]을 드러내는 존재인 것이다. 한강에 대한 원초적 두려움은 이러한 한강의 '악마적 속성'에 기인한다.

또한, 한강에 대한 원초적 두려움은 한강 유역에 집중된 부군당과 부군 신앙을 통해 구체화된다. 부군님은 한강의 '악마적 속성'을 잠재우고 '자애로운 어머니'의 모습으로 되돌려 놓을 수 있는 권능을 지녔다고 믿었을 것이다.[176] 이는 부군 신앙이 지니

• • •

171 정신분석학적 견지에서 보면, 삼국시대에 삼국이 한강을 두고 쟁탈을 벌였던 것도 결국, '자애로운 어머니'를 서로 차지하려고 했던 것이며 '자애로운 어머니'를 차지한 나라는 '어머니'의 보살핌과 무한한 사랑에 힘입어 영원히 번영할 수 있을 것이라는 믿음이 정신적 기저에 깔려 있었다고 볼 수 있다.

172 즉, 삼국시대에는 국력의 상징으로, 고려와 조선시대에는 상업과 '소통'의 중심지로, 근대화 시기에는 '기적적인 성장'의 상징으로, 오늘날에는 환경과 역사의 상징으로 한강은 그렇게 각기 다른 상징으로 인식되어 왔다. 이와 같은 다양한 상징화의 기저에는 한강에 대한 민족의 집단 무의식이 자리 잡고 있으며 끊임없는 '의식화'의 과정 속에서 다양한 상징으로 표출된 것이라 할 수 있다.

173 네 차례에 걸쳐 홍수가 일어나 전국에서 사망자 647명, 가옥 유실 6363호, 붕괴 1만 7045호, 침수 4만 6813호에 달하는 대재앙이었으며 주요 피해 지역은 이촌동, 뚝섬, 송파, 잠실, 신천리, 풍납동 일대로서 이들 지역의 공통점은 모두 한강변에 있다는 것이다.

174 예들 들어, 당산동에서는 은행나무가 있던 당산 언덕이 그 일대에서 가장 높은 지대였다고 한다. 1925년 을축년 대홍수 때 강물에 떠내려가던 사람도 이 당산으로 기어오르면 살아날 수 있었고 그 후로 당산과 부군님을 더욱 잘 섬기게 되었다고 한다.

175 김진명, 「서울 밤섬 이주민의 주거 공간의 변화와 의례」, 『서울학연구』 13, 서울학연구소, 1999a, 199쪽.

176 이러한 한강에 대한 원초적 두려움을 부군신앙으로 해소하고자 하던 심리는 그들 사이에 전승되는 설화 속에서도 확인할 수 있다. 예를 들어 강풍과 폭우 속에 3살 바기 아이가 한강에 빠져 떠내려가는 것을 부군님의 가호를 받아 무사히 구출할 수 있었다(한국샤머니즘학회 편, 『마포 부군당굿 연구』, 문덕사, 1999, 105쪽)든지 윤정승이 물

고 있는 본원적 심상이라 할 수 있다.

개발과 건설로 대표되는 도시화의 물결은 부군당 역시 피해 갈 수 없었고 본 자리를 잃고 쫓기다시피 아파트나 주택가로 밀려나게 된다. 본시 부군당의 본 자리는 한강이 한눈에 내려다보이는 풍광 좋은 자리였으나 아파트와 주택가로 둘러싸인 지금의 모습은 마치 고립된 섬처럼 갑갑해 보인다.

이와 같은 무분별한 도시화에 대해서 부군신은 분노하고 그 당사자들에게 징벌을 내리는데, 부군당 터를 팔아먹은 자가 급살로 죽었다든가 한강 개발을 추진하던 당시 관계자들이 모두 불행한 종말을 맞이했다든가 하는 이야기가 바로 그것이다. 그 중에 대표적인 것이 밤섬과 관련된 이야기이다.[177] 이러한 '밤섬 괴담'의 본질은 지역주민들의 근대화에 대한 두려움과 그것에 대한 경계警戒 의식의 발현이라고 보아야 할 것이다.

결국, 한강 유역에서 전승되고 있는 부군 신앙은 지역주민들에게 '두려움'에 맞설 수 있는 심리적 위안처가 되었던 것이다. 즉, 이는 두려움의 대상은 시대에 따라 달라졌으나 부군 신앙을 통해 그 두려움을 해소하고자 하는 근원적 의도는 지속되고 있음을 의미한다. 오늘날 부군당 의례가 표면적으로는 지역의 발전과 주민들의 안녕을 위해 시행한다고는 하지만 실상 그 기저에는 원초적 두려움을 해소하고자 하는 의도가 깔려 있는 것이다.

...

난리로 물에 빠져 정신을 잃었을 때 잉어가 나타나 등에 태워 살려준 것을 계기로 당을 지어 제를 지내게 되었다(신길2동 부군당 안내판)든지 하는 설화들이 그것이다.

[177] 밤섬에서는 부군당과 관련해서 풍부한 영험담이 전해지고 있다. 그 내용은 주로 부군신이 홍수나 재난으로부터 자신들의 안전을 지켜주었고 잘 살 수 있도록 복을 내려준 이야기이지만 부군신을 노하게 하는 경우에는 예외 없이 벌을 받았다는 이야기도 전해지고 있다. 이러한 양면성이 존재하기는 했지만 밤섬이 폭파당하기 전에 부군신은 악신적(惡神的) 측면보다는 선신적(善神的) 측면이 강한 신이었다. 즉, 벌을 내릴 때에도 무분별하지도 가혹하지도 않아서 부군님께 심각한 위해와 모독을 가한 이에게만 선별적으로 벌을 내렸고 죽음에 이르는 가혹한 벌은 좀체 내리지 않았다. 그러나 밤섬이 한강 개발의 일환으로 폭파된 이후에는 부군신의 면모는 악신적 측면이 더욱 강조되면서 징벌의 대상 역시 대폭 늘어나고 그 징벌의 방식 역시 가혹해졌다. 즉, 밤섬 폭파 이후 당연히 서울시가 밤섬인들에게 아파트를 기부했어야 하는데 타출에게 매매하자 부군님의 벌을 받아 아파트가 붕괴되어 수백 명이 사망한 이야기(와우아파트 붕괴 사건), 그 당시 폭파에 관여한 내무부장관의 불우한 삶, 당시 총리의 국회인준 문제, 폭파 이후 부군님의 벌을 받아 맹인이 되었다는 D건설의 현장소장 이야기 등이 바로 그것이다. 김진명, 「찰나적 환상과 영겁의 종속 : 의례 분석에 종속적 시각의 도입을 위한 일고찰」, 『한국문화인류학』 32-2, 한국문화인류학회, 1999b, 115쪽.

이러한 부군 신앙이 오늘날까지 지속되고 있는 이유를 '집단무의식의 발현'[178]이라고도 할 수 있으며 '미분화된 원본적 사고의 발현'[179]이라고도 할 수 있을 것이다. 즉, 한강과 관련된 집단무의식과 한강을 중심으로 한 민족의 미분화된 원본적 사고는 현대에도 여전히 지속되고 있으며 이는 오늘날에도 부군 신앙이 유지·전승되는 본질적 원인이라고 말할 수 있을 것이다.

3) 주도집단의 대응 전략과 소수 정예화

(1) 의례의 세속화·공식화·행사화

변화된 환경에 대응하기 위한 부군당 주도 집단의 전략으로 의례의 세속화·공식화·행사화 경향을 들 수 있겠다. 의례가 세속화된다는 것은 다름 아닌 신앙적·종교적 성격이 퇴색되고 '행사화'되는 것을 의미한다.

부군신에게 지역의 안녕과 주민들의 화복을 기원하기 위해 지냈던 부군당 의례가 지금은 지역의 '전통문화행사'로서 혹은 '무형문화재 정기 발표회'[180]로서 행해지는 경우가 점차 늘고 있다. 물론, 이러한 행사나 발표회라고 해서 본래 지니고 있었던 신앙적·종교적 성격이 완전히 배제된 것은 아니지만, 과거에 비해 '내빈'들을 소개하는 식전 행사가 늘고 있다든지 구청 및 지역 문화원 등과의 연계[181]하여 공식적인 외형을 갖춘다든지 마이크나 팸플릿, 플래카드 등을 동원하여 적극적인 홍보에 나선다든지 하는 모습들은 본래의 신앙적·종교적 성격에서 점차 그 성격이 변화되고 있음을 의

---

178 이상일, 「현대를 사는 원시성 : 문화기층의 원리적 이해를 위하여」, 『한국 사상의 원천』, 박영사, 1976.

179 김태곤, 『한국무속연구』, 집문당, 1981.

180 서울시 창전동 밤섬부군당굿의 사례가 대표적이다. daum카페 '마포밤섬사랑'에 게시된 "서울시무형문화재 제35호 밤섬부군당 도당굿 공개발표회 계획서"처럼 '공개발표회'라는 용어가 사용되고 있다. http://cafe.daum.net/bamsumsarang, 2007.02.08 검색.

181 대표적인 사례로 2007년 밤섬부군당굿을 들 수 있겠는데, 보존회가 마포구 문화원과 공동 주최를 하게 된 것이다. 주민들 입장에서는 문화원과 공동 주최함으로써 홍보나 행정적인 면에서 지원을 받을 수 있을 것이고 문화원의 입장에서는 문화원 공식 행사로서 실적이 될 수 있으니 서로의 이해가 맞았던 것으로 보인다.

미한다.

　부군당 의례가 점차 행사화되는 원인은 도시의 발전에 따라 전승 환경이 점점 열악해지고 있는 현실과 이에 대응하기 위한 의례 집단의 전승 전략에서 찾을 수 있다. 전술한 바와 같이 1967년부터 본격화된 한강 유역 개발에 의해 그 지역 원주민들은 원래 살던 터전에서 밀려나 다른 지역으로 집단 이주를 하든지 아니면 뿔뿔이 흩어져 '제자리 실향민' 신세가 되든지 하는 상황에 직면하게 된다. 일반적으로 의례를 전승하는 지역민들의 거주지와 의례 공간 즉, 제당을 중심으로 형성되는 전승 권역은 거의 일치되기 마련인데, 한강 유역의 이러했던 상황은 거주지와 전승 권역의 불일치를 가져 왔고 결국, 지역민들과 의례 주재 집단 간에 형성되었던 호혜 시스템은 무너질 수밖에 없게 된 것이다. 따라서 호혜 시스템 하에서 작동되었던 '추렴'과 '반기'와 같은 수집·재분배 시스템은 더 이상 그 효력을 발휘할 수 없게 된 것이다.

　이러한 상황에서 의례 집단이 택할 수 있는 최선의 전승 전략은 외부의 지원을 최대한 끌어 들이는 것이다. 결국 의례 집단들은 이를 위해 의례를 공개적으로, 공식화하며 행사화하는 것이다.[182] 즉, 주민들 중에서 선출되었던 초·아·종헌관을 관의 수장이나 지역 유력 인사 등에게 맡기고 내빈 소개나 축사 등을 통해 부군당 의례가 소수의 신앙적 의례가 아니라 명실공히 그 지역의 '전통문화행사'임을 천명하는 등의 행위가 바로 그러한 맥락이다.

　반면, 이러한 외형적인 행사 절차 등이 강조되는 추세인 것에 비해 의례 자체의 내용적인 면은 점차 간소화되는 경향을 띤다. 즉, 예전에는 유교식 제사 이후에 무속식 당굿이 벌어졌으나 점차 무속식 당굿이 중단되고 있는 현실이라든지 무속식 당굿이 벌어지는 경우에도 그 시간과 굿거리가 점차 줄어들고 있다든지 제물이나 전반적인 의례 절차들이 많이 생략되고 있는 상황 등이 의례가 간소화되고 있다는 것을 말해

• • •

182 캐더린 벨(Catherin Bell)의 논의를 참고하면 이를 '의례화(ritualization)'의 양상이라고 보아도 좋을 듯하다. 즉, 지금의 부군당 의례는 "단순히 어떤 대상을 표현하거나 모방하는 판에 박힌 행위(routinization)라는 소극적 개념"이 아니라 의례화를 통해 "소리와 몸짓, 시간과 공간, 일상의 물건들은 의례의 목적에 따라 적절히 재구성"되었다고 볼 수 있다. 박상언, 「종교와 몸, 그리고 의례」, 『한국종교사연구』 8, 한국종교사학회, 2001, 311쪽.

주고 있다.

이러한 현상은 의례 집단의 재정적인 어려움과 바쁜 도시인의 생활 패턴에 기인한 것으로 볼 수 있는데 앞서 기술한 의례가 행사화되는 측면에서도 그 원인을 찾아 볼 수가 있다. 즉, 의례의 외적인 행사 절차가 강조되면 될수록 원래의 신앙적·종교적 성격을 띠는 의례 절차는 의도적으로 축소될 수밖에 없다. 왜냐하면 부군당 의례가 원래 가지고 있었던 신앙적·종교적 성격을 탈피하고 지역의 '전통문화행사'로 자리 매김하기 위해서는 내적인 신앙적 요소보다는 외적인 행사적 요소를 더욱 강조할 수 밖에 없기 때문이다.

(2) 관과 주재 집단의 원조적 관계

그 다음 전략으로는 의례 주도 집단들이 관과 긴밀한 관계를 유지하고자 하며 문화 재 지정에도 높은 관심을 가지게 되었다는 것을 꼽을 수 있겠다.

지역에 따라 편차가 있기는 하지만 관에서는 부군당 행사에 매년 꾸준하게, 그리고 공개적으로 지원을 하고 있다. 10여 년 전만 하더라도 부군당 의례의 종교적 성격 때 문에 공개적 지원을 꺼려하였고 일부 지역에서는 지금까지도 그러한 경향이 남아 있 다. 그러나 지금은 관의 수장이 직접 부군당 의례에 제관으로 참여하는가 하면 부군 당 의례에 대한 지원금 지급에 대한 사항을 구청 조례에 명시한 경우[183]까지 있어서 보다 적극적이고 공개적인 지원이 이루어지고 있다는 것을 알 수 있다.

서울이 국제적 도시로 발전되고 급격하게 서구화되는 현실에서 '전통문화'는 도리 어 그 위상이 새롭게 정립되고 있다. 부군당굿과 같은 무당굿도 하나의 '전통문화'로 받아들여지는 분위기가 조성되었다. 아무리 무풍巫風이 강하고 종교적 색채가 짙은 부 군당굿이라 하더라도 '전통문화'라는 명분은 부군당 의례에 대한 부정적인 민원을 일

• • •

183 영등포구청을 예로 들면, 2005년 3월 21일 개정된 '서울특별시 영등포구 문화예술 및 생활체육 진흥조례' 제4조 (진흥사업대상 및 보조금 지원) 제8항 '기타 문화예술 생활체육 진흥을 위한 사업 개최 및 지원'의 구체적인 사업 대상에 '문화예술 예산 지원' 항목 중 '전통문화행사'로 '부군당: 상산전(영등포3동), 당산동부군당(당산2동), 방학 곳지부군당(신길2동), 도당(신길3동) - 각 제주 또는 책임관리인에게 행사지원금 지원'이라고 명시하고 있다.

시에 해소할 수 있는 힘을 지니고 있다. 관의 적극적이고 공개적인 지원이 가능하게 된 배경에는 이러한 인식의 변화가 있었다고 볼 수 있다.

한편, 관에 입장에서 보면, 이러한 전통문화를 적극 장려하고 지원함으로써 '문화 정책의 선도자' 내지는 '전통과 현대의 조화'를 이루어내는 정책 수행자로서의 명분도 얻을 수 있을 뿐만 아니라 훌륭한 지역문화 콘텐츠로서 활용할 수 있기 때문에 상호 원조적 관계가 성립될 수 있는 것이다.

부군당 의례에 대한 부정적 의견을 일시에 잠재울 수 있는 또 하나의 명분이 바로 '문화재'이다.[184] 대부분의 부군당 의례 집단들이 열망하다시피 하는 문화재 지정에 대한 요구는 바로 이러한 맥락에서 이해해 볼 수가 있다. 부군당 의례가 문화재로 지정된다는 것은 부군당 의례가 몇몇 소수 집단에 의한 종교적 의례가 아니고 국가적으로 공인받은 전통문화라는 것이 증명되는 것이다.

뿐만 아니라 날로 열악해지는 전승 환경을 고려해 볼 때 문화재 지정을 통해 경제적·제도적 지원을 받고자 하는 바람은 지금까지 의례를 지탱해 온 의례 집단들의 입장에서 보면 어쩌면 당연한 것일지도 모른다. 이러한 문화재 지정에 대한 요구는 유력 인사들과 학자들을 대거 초청하여 그 위세와 학문적 중요성을 알리거나 외형적인 행사 규모를 확장하여 인지도와 지역 축제로서의 위상을 높여내기 위한 노력들로 표출되기도 한다. 또 한편으로는 의례의 전통성과 역사성을 강조하기 위해 인위적인 장치들을 만들어 내기도 한다.[185]

· · ·

[184] 동빙고동 부군당은 현재 문화재로 지정되어 있지는 않으나 주민들은 '국가 문화재'는 아니지만 '구청에서 지정한 문화재'라고 하여 공식적인 문화재임을 강조하고 있다. 구청에 확인한 바에 의하면, 주민들의 주장과 같이 구에서 공식적으로 인정한 문화재는 아니고 편이상 '향토 문화재'라고 지칭할 뿐이라는 것이다. 그럼에도 불구하고 주재 집단은 동빙고동 부군당을 '구청에서 지정한 문화재'로 기정사실화하고 있으며 주민들에게 부군당이 '문화재'임을 강조하며 그 당위성과 정통성을 인식시키는 기재로 사용하고 있다.

[185] 단적인 사례로, 동빙고동은 2006년부터 새로운 치성위원장이 부군당 의례를 주관하면서 두드러진 변화가 있는데, 제물 진설의 위치와 부군당의 무신도 위치 변경이 그것이다. 먼저, 부군당에 차려지는 제물들의 방향과 위치를 무속식 상차림 방식에서 유교식 상차림 방식으로 바꾸었다고 한다. 또한 부군당에 모셔진 단군 내외의 위치가 예전에는 단군 화상이 오른쪽(보는 사람을 중심으로)에 있었으나 이는 유교식 남여의 좌정 위치가 아니라하여 단군 화상을 왼쪽으로 옮긴 것이다. 또한, 제사의 순서 역시 유교식 대제를 참고하여 새롭게 작성한 절차표에 따라 진행하였다(제보자 : 조대호, 남, 2007년 치성위원장, 당시 78세). 이러한 시도는 무속식보다 유교식을 선호하는 경향을

이처럼, 부군당 의례의 주재 집단들은 관과 유기적인 협력 관계를 유지하면서 제도적·경제적인 지원을 이끌어 내고자 한다. 이 역시 열악해져가는 부군당 의례의 전승 환경을 타개해 나가는 하나의 대응 전략으로 볼 수 있다.

(3) 주재 집단의 조직화와 소수 정예화

부군당 의례 주도 집단의 변화 중에서 가장 특징적인 것으로 의례 집단이 특정한 조직을 중심으로 소수 정예화되고 있다는 점을 들 수 있겠다. 특정한 조직이란 '보존회'나 '위원회' 등을 말하는데 구성원은 대부분 토박이들이며 제관 선출과 후계자 양성에 용이한 체계를 갖추고 있다.

이러한 조직은 부군당 의례의 주도 집단이면서도 전체 주민들 중 소수인 토박이들을 대표하고 있다. 따라서 부군당 의례가 전체 주민들을 포괄하지 못하고 소수 토박이들만의 잔치로 끝날 수밖에 없는 조직적 한계를 지니고 있는 것이다. 이와 같은 현상은 서울 한강 유역이 1960년대 이후 급격하게 도시화되고 개발되면서 이주민이 대거 유입되었던 지역사적 사실과 연관이 있다. 즉, 한국전쟁 이후 극도로 피폐해진 살림살이를 타개하기 위해 전국에서 이주민들이 서울로 몰려들기 시작하는데 비교적 거주 비용이 싸고 일자리가 풍부한 용산이나 마포 등지에 주로 몰리게 된다.

뿐만 아니라 한강 유역의 개발과 이주 정책에 의해 경제력이 미미한 지역 토박이들은 어쩔 수 없이 뿔뿔이 흩어질 수밖에 없었고 그 빈자리를 이주해 온 타 지역민들이 채우게 된 것이다. 이주민들은 그 지역 부군당 의례에 대해서 무관심할 수밖에 없고 남아 있는 토박이들은 열악해진 환경에서 의례를 전승하기 위해서 보다 체계적이고 정예화된 조직이 요구되었을 것이다.[186] 그래서 현재와 같이 중층적이면서도 후계자

. . .

반영하는 것일 수도 있겠으나, 유교적 전통을 따름으로써 의례의 정통성과 당위성을 확보하고자하는 노력의 일환으로 보는 것이 타당할 것이다.

186 이러한 현상은 '결사체' 결성의 동기와도 관련이 있다. 즉, 도시화가 진행되면 도시에 사는 사람들은 복잡하고 거대한 도시에서의 적응을 위한 기제로 흔히 '결사체'를 만들고 그것을 활용한다. 주로 농촌에서 도시로 이주해 간 이들은 도시 변두리에 집단 거주 구역을 형성하여 자신들의 이름을 딴 동향회를 결성하고 이를 통하여 내적 결속력과 상부상조의 체제를 확립한다. 나아가 새로운 결사체를 형성하여 보다 나은 생활환경과 복지시설의 보장을

양성에 용이한 체계를 갖추게 된 것이라 볼 수 있다.

이러한 조직의 필요성은 재정적으로 열악해진 상황에서 주어지는 관의 지원에 대한 필요성과도 연관이 있다. 즉, 지역 주민들의 세금으로 형성된 행사 지원금을 비공식적인 단체나 개인에게 집행할 수는 없는 일이다. 따라서 관에서는 부군당 의례 집단이 공식적인 단체의 성격을 가질 것을 요구하였을 것이고 의례 집단 역시 이러한 요구를 수용하는 것이 지속적인 지원을 받는 데 유리할 것으로 판단했을 것이다. 이러한 관과 의례 집단의 상호 요구가 지금처럼 공식화된 부군당 의례 조직이 유지되고 있는 여러 이유 중에 하나로 볼 수 있다.

이와 같은 상황에서 부군당 의례의 참여자들은 지역 전체 주민들이 아닌 토박이들의 모임, 즉 '향우회'와 같은 집단 성원들이 주로 참여하게 된다.[187] 결국, 부군당 의례는 도시화된 서울 지역에서 터전을 잃고 떠난 '제자리 실향민'들의 정체성과 인간적 지속을 확인하는 기제로 적절히 활용되고 있는 셈이다.[188] 즉, 서울 한강 유역의 부군당 주도 집단의 전략은 변화된 상황에 대응하기 위해 그 의미와 기능을 조정해 가고 있는 과정이라고 볼 수 있을 것이다.

* * *

받기 위해 정치적·사회적 활동을 시도하기도 한다. 한상복 외, 『문화인류학개론』, 서울대학교 출판부, 1994, 190~192쪽.

187 일반적으로 '향우회'는 보통 고향을 떠나 도시로 온 사람들로 구성된 모임을 말하지만 서울 한강 유역에서는 도시에서 도시로 이주한 경우이며 이주의 동기가 자발적이라기보다는 어쩔 수 없이 이주한 경우가 대부분이라는 점에서 일반적인 향우회와는 그 성격이 다르다. 이러한 향우회 회원들은 매달 정기적인 모임 속에서 예전 공동체 성원으로서의 우의를 되새기며 인간적 관계를 지속하는데 부군당 의례는 그 중에서도 가장 중요한 행사로 인식하고 있다. 향우회 회원들은 거의 대부분 추렴에 참여하며 의례 당일에도 적극 참여하여 회원들의 단합을 과시하고 그들의 대표자 격인 제관들을 한껏 고무한다.

188 이처럼 기존의 결사체가 새로운 상황에 대응하여 새로운 의미와 기능을 담당하는 사례는 일본의 '마쯔리'에서도 찾아 볼 수 있다. 원래 이것은 일정 지역의 수호신에 대한 제례였으나 오늘날에는 마을이나 지역의 아이덴티티를 강화하고 이웃 마쯔리집단과 사회·경제적 지위의 경쟁의 의미를 가지며, 외지로 나갔던 사람들이 되돌아와서 재결합을 경험하는 대축제로 변모하였다. 한상복 외, 앞의 책, 195쪽.

04.

서울 공동체 의례의 주체와 문화지형

- .
- .
- .

이 장은 지금까지 다루었던 서울 지역의 민속, 즉 지역과 의례의 변화를 종합하는 논의로서 결국 그 의례의 주체에 관한 문제로 귀결해 볼 수 있다. 민속 주체의 성격과 범주는 시대에 따라 지역에 따라 유동적일 수 있다. 이러한 관점을 토대로 지금까지 살펴보았던 서울 지역 의례의 주체가 시대에 따라 어떠한 성격을 지녔으며 어떻게 변화했는지를 살펴보고자 한다.[1]

또 하나의 종합적인 논의로서 서론에서 제기했었던 지역·지역사회·의례의 문화 지형도를 실제 구현해 보고자 한다. 광복 이후 서빙고 지역을 사례로 문화지형도를 구현해 보고 또 다른 지역과의 비교를 통해 문화지형도가 지니는 의의를 밝혀보고자 한다.[2]

. . .

1 4장의 1절은 졸고, 「조선 후기~일제강점기 도시지역 민속의 주도 집단, '民'에 대한 개념의 확장 : 서울 지역공동체 의례를 중심으로」, 『한국민속학』 57, 한국민속학회, 2013a를 수정 보완하여 실었다. 이 장이 지금까지 논의를 종합하는 성격이므로 일부 논의나 주석이 전술했던 내용과 중복되는 부분이 있다. 글에 대한 이해를 돕기 위해 중복이 되더라도 생략하지 않고 그대로 서술하였음을 미리 밝혀 둔다.
2 4장의 2절은 졸고, 「광복이후 서울 서빙고 지역사회와 공동체 의례 주도집단의 변화 : 지역·지역사회·의례의 문화지형에 대한 시도」, 『한국민족문화』 37, 부산대 한국민족문화연구소, 2010c를 수정 보완하여 실었다. 이 절에서 문화지형도를 실제 3차원 그래프로 구현한 부분과 타 지역과 비교한 부분은 이 책을 준비하면서 새롭게 추가한 것이다.

1. 조선후기~일제강점기 의례 주도 집단과 민속의 주체

1) '민民'의 개념과 재정립의 필요성

(1) 민속의 주체로서의 '민' 담론

민民에 대한 개념과 범주에 대한 논의는 1970년대 김태곤에 의해 촉발된 이래로 지속적으로 제기되어 왔다.[3] 이후 이에 대한 집중적인 논의는 1989년에 있었던 〈민속학에 있어서 '민'의 개념과 실체〉[4]라는 주제의 학술세미나에서 이루어졌다.

여기서 임재해는 민속의 전승 주체를 하회별신굿탈놀이의 주체들과 같이 생활과 의식이 일치하는 "일차산업(농업, 어업, 광업 등)의 일을 하는 사람들"로 규정하였다.[5] 그런데 이렇게 되면 정신노동자나 도시노동자는 전승 주체에서 배제될 수밖에 없는 결과를 초래하게 된다. 그럼에도 불구하고 이러한 정의는 최근까지도 민속학계 내부에서 통설로 받아들여지고 있다. 또한, 점차 확장되고 있는 민속의 범주, 즉 요즈음의 도시민속이나 현대민속을 기존 민속학의 영역으로 편입시키면서도 그 전승 주체의 정의에 있어서만은 기존의 통설을 고수하고자 하는 이중적인 모습이 보이기도 한다.

민속의 주체로서 민에 대한 또 다른 논의 중에 정승모와 편무영의 논의가 주목된다. 정승모는 조선시대 풍속과 민의 존재 방식을 관련시키면서 당시 민이란 지주·전호제佃戶制를 기반으로 한 경제와 신분제의 사회관계, 이를 정당화한 이데올로기체계에서 존재하였고 따라서 당시 민속이란 수단적이며 비공식화된 활동이고 비세련된 표현 방식을 띨 수밖에 없었다고 보았다.[6] 비록 민의 개념에 대해 정확하게 규정하지는 않았지만 다각적인 측면에서 민의 존재 방식을 고찰할 필요가 있다는 주장은 민에 대

* * *

3 김태곤은 민속학의 대상 영역을 벽지의 민간인은 물론 도시의 민간인까지 포괄하는 현재의 민간층의 생활·문화 현상까지 확장해야 한다고 역설한 바 있다. 김태곤 편, 『한국민속학원론』, 시인사, 1984, 48~60쪽.
4 국립민속박물관 학술세미나, 1989년 9월 29일.
5 임재해, 「민속의 전승주체는 누구인가?」, 『민속연구』 1, 안동대학교 민속학연구소, 1991, 57쪽.
6 정승모, 「조선풍속과 민의 존재방식」, 『한국 민속문화의 탐구』, 국립민속박물관, 1996, 384~385쪽.

한 개념이나 규정에 있어서 재론의 여지를 열어놓고 있어서 의미가 있다.[7]

한편, 편무영은 민에 대한 진지한 고민을 펼치고 있다. 여기서 주목되는 것은 한국을 비롯하여 중국·일본 등 동북아시아의 민속학이 '상민常民'·'평민'·'서민' 등 '민'자 앞에 다양한 개념을 붙임으로써 결국 민속학의 방향을 스스로 좁혀 버린 형국이며 논리적으로 '자의적'이라고 지적하였다. 따라서 민을 과학적으로 사유하기 위해서는 '비민非民'을 사유의 틀에 넣고 '민비민民非民'이라는 전체 구조에서 바라보는 통합적 사유가 필요하다고 주장하였다.[8]

그의 주장처럼 한국에서 통용되는 민속의 주체로서의 민에 대한 정의가 과연 '자의적'인 것은 아니었는지, 사회학에서 사용되는 '조작적 정의'와 같이 민속 연구를 위해 제한적으로 사용되었던 민의 범주가, 거꾸로 민속을 규정하는 절대적인 기준이 되어 버린 것은 아닌지 하는 의문이 든다.

따라서, 또다시 민속의 주체로서의 민을 재규정하고 그것을 기준으로 민속의 범주를 설정한다면 이는 동일한 오류를 범하는 것이다. 즉, 민속의 범주를 설정할 때 민속의 주체(민)를 절대적 기준에 의해 제한해서는 안 된다는 것이 필자의 생각이다. 이러한 관점에서 이훈상이 제기한 'popular culture'[9]와 같이 특정지역 혹은 전국적인 범위에서 다수에 의해 행해지는 그 문화 현상을 민속으로 받아들이고 그 이후에 주체나 전승, 사회적·역사적 관련성 등을 고찰하는 것이 보다 포괄적이고 생산적인 연구 풍

• • •

7   이러한 민 개념의 유동성에 대해 이기태 역시 동의하고 있다. 이기태는 '민'을 집단적 대상으로 이해할 때 집단이 처한 역사적·사회적·생태적 특성에 따라 민의 개념이 달라질 수 있다고 보았다. 또한 민은 "생활환경과 아이덴티티를 공유하는 일정지역 또는 동일한 목적 의식을 가지고 있으면서 문화 요소를 공유하는 집단"으로 규정하였다. 이기태, 『공동체 신앙으로 바라 본 지역문화사의 민속학적 인식』, 민속원, 2004, 6쪽.
8   편무영, 「민의 실제」, 『중앙민속학』 11, 중앙대학교 한국문화유산연구소, 2006. 그러나 이 역시 민과 비민이라는 이분법적 사유와 다를 바 없다. 여기서 과연 민의 개념을 즉, 민속의 주체로서 민을 굳이 민과 비민으로 나누어 볼 필요가 있는가 혹은 그 나누는 근거가 과연 객관적으로 존재하는가 하는 것이 의문이다.
9   이훈상은 '민중문화' 혹은 '민간문화', '대중문화'와 같은 용어에 담겨 있는 선험적인 지적 곤경에서 벗어나기 위해 피터 버크에 의해 사용된 'popular culture'란 용어를 그대로 사용하였다. 즉, 그는 계층이나 계급에 상관없이 다수에 의해 향유되었던 대중적인 문화를 일단 'popular culture'라고 규정하고 조선시대 향촌에서 이러한 문화를 이끌었던 집단으로 향리집단을 지목한 바 있다. 이훈상, 「19세기 후반 향리 출신 노년 연령집단과 읍치의 제의 그리고 포퓰러 문화의 확산」, 『민속학연구』 27, 국립민속박물관, 2010, 26~27쪽.

토가 조성될 수 있을 것으로 판단된다.

(2) '민'의 해체 혹은 재정립

서울 지역 대표적인 민속의 하나인 부군당 의례에 대한 연구가 축적되면서 의례 전승 주체들의 정체가 점차 그 모습을 드러내고 있다. 특히 서빙고 지역이나 마포 지역 의례에 대한 연구를 통해 조선후기에서 일제강점기에 이르기까지 부군당의 의례를 주도해 왔던 인물들은 주로 그 지역의 유력자들로서 토착세력이나 무임武任 등의 관리, 상인이나 신흥 자본가들이었고 신분상으로 보면 중인층에 해당되는 인물들이었음이 밝혀졌다.[10]

이러한 연구 결과는 지방의 향리들이 지역 문화 혹은 'popular culture'를 주도했었다는 연구[11]와도 맥을 같이 하고 있어 주목된다. 이와 같은 연구 결과들은 민속의 범주 문제, 혹은 민속의 주체 문제와 관련하여 새로운 논의 주제를 던져 주고 있다. 즉, 기존 민속학에서 통용되었던 민의 범주에는 지방 향리나 하급 관리, 무임 등은 배제되어 있었다. 그런데 전술한 연구 결과들을 통해 이들에 의해 주도되었던 민속, 즉, 탈춤이나 읍치 제의, 부군당 의례 등에서 이들이 민속의 주체로 상정될 수 있는가 하는 문제가 제기될 수 있다.

이 글에서는 조선후기부터 일제강점기에 이르기까지 서울 지역사회가 변함에 따라 지역공동체 의례를 주도했던 세력들이 어떻게 변모했는가를 살펴봄으로써 앞에서 제기한 문제에 대한 답을 찾고자 한다. 즉, 기존의 몇몇 지역 의례 집단에 대한 고찰을

* * *

10 졸고, 「조선후기 서빙고 지역 부군당 주재 집단의 성격과 변화」, 『한국무속학』 19집, 한국무속학회, 2009; 「일제시대 서울 서빙고 지역과 부군당 중수집단 연구」, 『한국무속학』 20, 한국무속학회, 2010a; 「19세기 후반~20세기 초 서울 서빙고 지역 부군당 의례 주도 집단 연구 : 1875·1891·1903·1927년 부군당 현판을 중심으로」, 『서울학연구』 38호, 서울시립대학교 서울학연구소, 2010b; 「대한제국기 서울 마포 지역사회와 공동체의례 주도집단에 대한 연구 : 1903년 마포동 마을제당 현판을 중심으로」, 『서울학연구』 42, 서울시립대학교 서울학연구소, 2011.
11 이훈상, 「조선후기 향리집단과 탈춤의 연행 : 조선후기 읍권의 운영원리와 읍의 제의」, 『동아연구』 17, 서강대학교 동아연구소, 1989; 「조선후기 읍치에 있어서 공공의례의 다층성과 향리 주재의 중재 제의」, 『성곡논총』 32(상), 성곡학술문화재단, 2001; 「19세기 후반 향리 출신 노년 연령집단과 읍치의 제의 그리고 포퓰러 문화의 확산」, 『민속학연구』 27, 국립민속박물관, 2010.

확장하여 조선후기에서 일제강점기까지의 서울이라는 큰 틀에서 지역사회의 재편 과정을 살펴보고 이 당시 서울에서 지역 의례를 주도했던 집단 혹은 인물들을 살펴봄으로써 과거 도시 민속의 주체 문제를 재조명해보고자 한다. 즉 여기서는 전 장에서 살펴보았던 지역사회의 변화와 주도집단의 동향이라는 큰 틀 내에서 의례 주체, 즉 민속의 주체 문제에 초점을 맞추어 기술해 보고자 한다.

이 당시 서울의 지역공동체 의례가 당연히 '민속'으로 받아들여진다면 이 의례의 주체들 역시 민속의 주체로 인정되어야 할 것이다. 이는 이 글의 주제이기도 한, 민속의 전승자로서의 '민'의 개념을 확장 내지는 재정립하는 데 중요한 근거가 될 수 있을 것이다.

2) 조선후기 무임·상인층의 성장과 의례 참여

조선 후기 서울 지역사회에서 중요한 세력으로 등장하고 있었던 집단이 무임 집단과 상인층이라고 할 수 있다. 서울은 도성이라는 특성으로 인해 궁을 비롯한 각종 행정관서 못지않게 중요했던 것이 이들을 방비하고 치안을 유지하기 위한 군영과 군사 시설이었다. 이곳에 복무했던 무관이나 군교 등은 이후 수공업이나 상업 등에도 진출하면서 지역에서 점차 세력을 형성해 나가게 된다.[12]

서울에서 무임들의 지역 세력화는 당시 지방에서의 사정과도 어느 정도 맥을 같이하고 있었던 것으로 보인다. 즉, 조선 후기에 무임들이 지방의 유력 세력으로 등장하면서 의례에도 깊이 관여하게 되는데, 노년 집단의 세력화가 함께 연동되어 나타나고 있다는 점을 주목할 만하다. 이러한 경향은 동래[13]·남원[14]·나주[15]·영광[16] 등의 지역

<hr />

12　김종수, 「17세기 훈련도감의 군제와 도감군의 활동」, 『서울학연구』 2, 서울시립대학교 서울학연구소, 1994, 176~177쪽.
13　동래 지역에서는 향반들이 독점에 오던 중군(中軍)을 19세기 중반 이후 이서 및 무임 집단들이 맡기 시작하면서 이들이 주도하여 민간 차원에서 행해지는 관왕 제례를 지역의 공적 의례로 승격시켰다. 관왕 제례를 둘러싸고 사림과 이서 및 무임 집단의 경쟁 상황이 연출되었고 1909년에는 이서 및 무임의 퇴임자 모임인 '기영회(耆英會)'를 중심으로 관왕묘 중수를 주도해 나갔다. 손숙경, 「19세기 후반 관왕 숭배의 확산과 관왕묘 제례의 주도권을 둘러싼 동래 지역사회의 동향」, 『고문서연구』 23, 한국고문서학회, 2003, 221~232쪽. 이처럼 조선 후기에 무임들은 지

에서 나타나는데 서울 지역에서는 서빙고 지역 등이 이러한 정황을 잘 말해주고 있다.

서빙고 지역은 18세기 후반에 이미 경강 8강에 속할 만큼 상업 지역으로 발달하고 있었다. 이 지역은 일찍이 국가에서 운영하던 빙고氷庫와 서빙고진西氷庫津, 강창江倉 및 객사客舍 등이 존재했었고 여기에 복무했었던 관리와 이속, 부역자들, 장빙업자와 노동자, 무임과 상인 등 다양한 신분과 직업을 가진 사람들이 거주하고 있었다.

당시 서빙고 지역은 서빙고계(1계·2계)로 묶여 있었고 지역 자치의 직임으로 존위와 중임이 존재했다. 19세기 후반에는 대대로 무관을 배출한 몇몇 집안의 후손들이 존위직을 맡거나 지역 의례에 대거 참여함으로써 지역에서 영향력을 행사하였다.[17] 특히 1891년에는 전·현직 무임들이 주축이 된 '노인계老人稧'가 부군당을 보수하고 의례를 진행하였다. 노인계 좌목에 의하면, 당시 오위장이었던 이홍묵이 존위를 맡고 있었고 역시 오위장이었던 송광윤을 비롯하여 전 첨사 단치긍 등 대부분 무임들로 보이는 인물들이 다수 가입되어 있었다.[18]

주지하다시피 조선 초기 서울 지역의 부군당은 대부분 각사에 속해 있었고 의례의 주체는 아전 등 소속 하리 집단들이었다. 지방에 있었던 부군당에서도 작청作廳이나 이서 집단들이 주체가 되어 의례를 진행하였다.[19] 그러던 것이 조선 후기에 오면 지역의 무임들이나 하급 관리, 상인 등으로 구성된 지역 자치 조직을 중심으로 의례가 행

* * *

방에서도 지역 의례에서 그 영향력을 넓혀나갔던 것으로 보인다.

14 조선 후기 남원에서는 이서 집단과 무임 집단의 퇴임자들로 구성된 '양로당(養老堂)'이 있어서 지역에 일정한 영향력을 행사하였으며 특히, 이들은 사직단이나 성황당, 여단, 관왕묘 등의 의례에 깊이 관여하고 있었다. 특히 무임 집단은 관우 제례를 적극 주도해 나갔다. 이훈상, 「조선후기 이서집단과 무임집단의 조직 운영과 그 특성 : 전라도 남원의 각종 선생안」, 『한국학논집』 17, 계명대학교 한국학연구소, 1990, 181~184쪽.

15 나주의 경우는 1804년경에 '노계(老稧)'가 처음 결성되었으며 이방이나 호방을 거친 향리 출신들과 가리(假吏) 출신들로 구성되었다. 이훈상, 앞의 논문, 2010, 15쪽.

16 영광의 경우는 1796년에 처음 노계를 조직하였는데 역시 퇴임한 이서 집단으로 구성되어 있었다. 나선하, 「조선 중·후기 영광 이서 집단의 계 운영과 그 의미 : 사계(射契)와 노계(老契)를 중심으로」, 『지방사와 지방문화』 6-1, 역사문화학회, 2003, 132쪽.

17 1875년 서빙고 부군당을 중수할 당시 존위는 오위장을 지낸 백남승, 중임에는 첨사를 지낸 이윤용이 맡고 있어서 이 당시에 무임들이 지역사회에서 영향력을 행사하고 있었음을 알 수 있다. 졸고, 앞의 논문, 2009, 197~201쪽.

18 위의 논문, 201~203쪽.

19 이훈상, 앞의 논문, 2001, 418~419쪽.

해지게 된 것이다. 이러한 점은 지역 의례의 주도 집단이 점차 지역공동체로 이동하고 있음을 시사하고 있다.

이처럼, 조선 후기 서울은 각 지역별로 일정한 지역사회를 구축하고 있었으며 이지역사회 내부에도 자치 단체가 존재하여 지역사회의 전반적인 운영뿐만 아니라 의례에 있어서도 주도적인 역할을 하였다. 따라서 당시 부군당 의례와 같은 지역 의례의 주도 세력은 지역에 근거를 두고 있는 토착 세력과 무임, 하급 관리 등이었으며 이들을 중심으로 자치 조직의 구성원인 상인이나 하층민들이 함께 참여하여 의례가 행해졌을 것으로 보인다.

3) 대한제국기 금융가·신흥 자본가의 등장과 의례 조직화

(1) 금융업·황실·지역 상권의 연계와 신흥 자본가의 등장

1876년 개항 이래로 조선은 일본과 러시아를 위시한 미국·프랑스·영국·독일 등 열강들에 의해 이권을 침탈당하면서 심대한 위기에 봉착하게 된다.[20] 이러한 위기를 타개하기 위해 조선왕조는 사회구조의 변혁을 시도할 수밖에 없었고 이는 갑오개혁이나 광무개혁으로 나타났다. 특히, 고종은 대한제국을 선포하고 황실을 중심으로 도시 개조 사업과 근대적 금융 정책을 진행하면서 자체적인 근대화를 추진하고자 했다.

대한제국기 서울의 특징적인 공간적 변화라고 한다면, 도시 개조 사업으로 인한 도로 정비 및 전차·철도의 개설, 황실 시설의 국유화로 인한 황실 시설 기반의 도시 질서 해체, 황실 시설 및 군사 시설의 용도 변경과 이전 등으로 요약된다. 즉, 1895년부터 시작된 도로망 정비는 대한제국의 황궁인 경운궁 중심의 도시 공간을 계획한 것으로 특히, 도성 밖에 마포나 용산까지 도로 개수 사업이 진행된 것이 주목된다.[21] 이

•••

20 이배용, 「대한제국시기 열강의 이권침탈과 조선의 대응」, 『대한제국사 연구』, 백산자료원, 1999, 139쪽.
21 도로망 정비 사업은 남대문로(남대문~종로)나 종로 구간(황토현~흥인지문) 등 대로의 가가(假家)를 정비하고 도로를 확충하는 것이 주된 사업이었다. 마포나 용산 등 도성 밖 거점 지역으로의 도로 개수는 도성 밖과 안의 경계를 허무는 하나의 계기로 작용하고 있다. 이규철, 「대한제국기 한성부 도시공간의 재편」, 서울대학교 박사학위논문,

시기 전차와 철도의 부설[22]도 중요한데, 이들 역이 위치한 지역의 발달뿐만 아니라 도성 밖까지 구간이 확장되면서 도성 내외 지역 간 격차가 줄어들고 인적·물적 교류가 활발해지는 전기를 마련하게 되었다.

또한, 통감부에 의해 강제로 정리된 많은 황실 시설이 공가空家 또는 공지空地로 남게 되었는데[23] 이들 시설은 주로 주거, 상업시설, 공공건물 등으로 전용되었고 군대 해산 등으로 한성부에 남아 있던 군용지 역시 이후 여러 시설로 활용되었다.[24] 이러한 일련의 공간적 변화들은 해당 지역뿐만 아니라 전체 지역에 직·간접으로 영향을 미치며 당시 지역사회의 구도를 형성하는 데 중요한 요인으로 작용했다.

한편, 일제 강점 직전인 1909년 한성부에는 양반층(관공리·양반·유생)이 6%에 불과하였고 대다수는 상공업과 농업, 그리고 일용노동에 복무하던 이들이 거주하고 있었다.[25] 특히, 서부와 용산에 상업과 일용직 인구가 집중되어 있고 남부는 공업 인구가, 동부는 농업 인구가 우세하게 나타나고 있다. 마포 지역은 상업이 발달했던 서부 용산 방에 속했던 곳이고 서빙고 지역은 정미업 등 공업이 발달했던 남부에 속했던 곳이다. 이와 같은 당시 신분과 직업의 현황은 조선후기부터 지속되어 왔던 지방 농민과 서울 양반들의 교착 현상이 상당히 진행된 결과로 보이며 이미 서울은 상공업과 일용직에 종사하는 인물들이 다수를 차지하는 도시로 변모하고 있었음을 시사하고 있다.

이러한 변화 가운데 조세 제도[26]와 화폐 금융 정책[27]의 개혁으로 인한 근대적 경제

• • •

2010, 89~91쪽.

22 전차는 1899년에 처음으로 서대문-종로-동대문-청량리 구간이 개통되었고, 1900년 1월에는 종로-남대문-구용산 구간이, 같은 해 7월에는 서대문-남대문 구간이 추가되었다. 1906년에는 서대문-마포 구간이 부설되었다. 철도는 1899년 노량진-제물포 간 경인철도가 처음 부설되었고 1904년에는 경부철도가, 이후 용산을 기점으로 한 경의선 철도가 부설된다. 위의 논문, 95쪽; 98~99쪽.

23 통감부의 주도 하에 1905년부터 황실 재정 정리 사업이 강행되었고 그 결과 많은 황실 시설이 공가(空家) 또는 공지(空地)로 남게 되었다. 그런데 이들 대부분은 도성 내외의 요지에 위치해 있었고 대형 필지가 많아 향후 도시 변화에 큰 영향을 줄 자원이 되었다. 위의 논문, 146쪽; 162쪽.

24 1907년 군대해산과 1908년 한국주차군의 용산 이전 이후 한성부에는 상당수의 군용지가 전용될 여지를 남겨 놓고 있었다. 위의 논문, 183~186쪽; 238쪽.

25 내무경무국 편, 『민적통계표』, 내무경무국, 1910, 1쪽; 졸고, 앞의 논문, 2011, 233쪽에서 재인용.

26 대동법 실시 이후 1894년부터 쌀 대신 화폐인 동전으로 조세를 납부할 수 있는 대전납(代錢納)이 허용되었으며 지방의 세금을 중앙에 직접 상납하는 대신 지방관으로 하여금 제3자에게 대신 지불하게 하는 '외획(外劃)'이 성행

시스템과 신흥 자본가가 등장하게 되었다. 특히, 지역을 기반으로 성장한 객주나 상인들은 지역 내·외의 인적 네트워크를 구축하며 점차 그 세력을 넓혀가게 된다. 서울의 경우에는 1897년에 서울 상인들·정치인·개성상인·외국인 등이 참여한 '마차주식회사馬車株式會社',[28] 1900년에 한성 객주들을 주축으로 한 '광신교역회사廣信交易會社',[29] 1906년에 역시 서울에서 이름난 객주·은행가·상인·지주들의 연합인 '창희조합彰熙組合'[30]이 마포 동막에 설립되었다.

같은 해 남대문 인근에도 객주들을 중심으로 '대한무역상사', 1907년에는 경강 객주들을 중심으로 역시 마포에 '보신호객주普信號客主'[31]가 창설되었으며 같은 해 남대문 밖 자암에서는 한인 객주와 일본인이 합자한 '주식회사 만성상회晩成商會'[32]가 설립되기도 하였다. 이러한 조합이나 회사[33] 형태로 형성된 인적 네트워크는 지역사회 내부뿐만 아니라 외부까지 확대되고 각 지역별로 촘촘하게 결성되어 나가면서 향후 지역사회의 판도에 영향을 미치게 된다.

한편, 고종은 대한제국을 선포하면서 황실에 우호적이었던 상인들의 건의를 받아들여 1899년에 '대한천일은행'을 설립하였다. 그런데, 이 대한천일은행은 전국 329개 군현 중 205개 군현의 조세 청부를 맡아 수행하면서 일부 관료를 제외하고는 대부분 상

• • •

하면서 관찰사-군수-상인 간의 공생관계가 형성되게 되었다. 이승렬, 『제국과 상인』, 역사비평사, 2007, 64~67쪽. 이러한 조세 제도의 변화는 조세 조달 중간 과정에 개입했던 객주 및 상인들이 비약적으로 부를 축적할 수 있었던 계기가 되었을 것이다.

27 1896년 6월 조선은행 창립을 시작으로 1897년에는 한성은행을, 1899에는 대한천일은행을 설립하게 된다. 근대 금융 정책의 시행과 은행 창립의 주체들 중에는 황실과 관련이 깊은 객주와 상인들이 다수 참여하였는데 이들은 이후 근대 금융업자 내지 자본가로 성장하게 된다. 위의 책, 56~59쪽.

28 마차주식회사에는 정치인으로는 안경수, 이완용, 이윤용 등이 참여했고, 서울 상인으로는 김두승, 조진태, 백완혁, 마포 객주 최문환, 동대문 객주 조창한 등이 참여했다. 개성 상인으로는 김기영, 외국인으로는 미국인 그레이트하우스가 참여했다. 위의 책, 55쪽; 87쪽.

29 『황성신문』, 1900년 7월 3일자.

30 홍성찬, 「한말 서울 동막의 미곡객주연구 : 창희조합, 서서동막합자상회」, 『경세사학』, 경제사학회, 2007, 6~7쪽.

31 『황성신문』, 1907년 8월 12일자.

32 설립 당시 임원으로는 배상락(부장, 조선인), 吉成秀之介(무한책임사원, 일본인), 송태홍(발기임원, 조선인) 등이 있었다. 『대한매일신보』, 1907년 3월 31일자.

33 이러한 조합이나 회사는 결국 자본, 상업 노하우, 미곡, 신용 등 각자가 소유한 재산적 가치를 출자하여 조합이나 회사 형태의 기업(객주업체)을 창립하고 그것을 통해서 자신들 간의 거래를 내부화함으로써 거래 비용을 절감하고자 하는 목적으로 결성되었다고 볼 수 있다. 홍성찬, 앞의 논문, 2007, 8쪽.

인들을 조세청부업자들로 임명하였다.[34] 이들 상인들은 서울을 비롯한 전국 상업지역에 근거지를 둔 이들로서, 조세 조달의 과정에서 지역의 이권과 세력을 획득하게 되는 또 하나의 호재를 맞이하게 되었다. 대한천일은행의 경영진 역시 황실 측근의 관료 및 재무 관료와 유력한 시전상인과 경성의 대상大商들, 그리고 개성상인과 인천 객주 등으로 구성되었다.[35]

이처럼 황실은 상인·객주들과의 유착 관계를 형성하면서 재정을 확충하는 한편, 상인·객주들에게는 지역의 이권을 일정 정도 보장해주는 특혜를 주었다.[36] 따라서, 중요한 상권을 형성하고 있는 지역은 황실과의 우호적인 관계를 유지하기 위해 경제적인 지원은 물론이고 의례적인 기제를 활용하여 황실에 대한 충성심을 드러내기도 하였다.

(2) 의례의 정치적 활용과 조직화

전술한 바와 같이 지역의 유력자로 부상한 상인·객주 등이 지역 의례에 적극적으로 개입하게 되는 사례로 마포 지역을 들 수 있다. 당시 마포 지역은 상업 유통 중심지로 성장하고 있었고 미전米廛 외에도 염전鹽廛 등 각종 상점들이 밀집해 있었다. 또한 이곳 염전에는 소금 거래와 수세 업무를 전담하는 염도객주가 다수 있어서 해마다 명례궁에 일천 냥을 상납하기도 하였다.[37]

미전들 역시 자신들의 이권과 관련된 사항에 대해서는 자신들의 주장을 관철하기 위해 집단적인 쟁송[38]을 시도하는 등 지역 상권을 강화하기 위한 노력들을 하고 있었

· · ·

34 조세청부업자란 '세납차인(稅納差人)'이라도 하는데 지방의 조세를 운수했던 이들을 말한다. 당시 세납차인으로 활약한 상인들이 100여명이나 되었다. 이승렬, 「광무정권의 화폐·금융정책과 대한천일은행의 영업」, 『한국사연구』123, 한국사연구회, 2003, 111~115쪽. 시전상인으로는 배동혁과 안용식이 있었으며 경강상인으로는 삼호(三湖)의 최사영, 마포 미곡상 김진섭과 최문환, 종로 포목점 주성근, 남대문과 연지동의 조학원 등이 있었다. 이 중에 최사영, 김진섭, 최문환은 1903년 마포 지역 제당 건립에 관여했던 인물들이다. 기타 지역으로 개성의 홍정섭, 인천의 이용석, 평남 영유의 장윤성 등이 조세청부업자로 활약했다. 이승렬, 앞의 책, 2007, 101쪽.
35 위의 책, 120쪽.
36 서영희, 「1894~1904년의 정치체제 변동과 궁내부」, 『한국사론』 23, 서울대학교 국사학과, 1990, 382~383쪽.
37 졸고, 앞의 논문, 2011, 234~235쪽.

다. 이처럼 마포지역은 조세 징수에 관여했던 객주·상인들, 궁방과 연계된 상점들, 자신들의 이권을 강화해 나가기 위해 결성된 상인 조직들 등 이해관계가 복잡하게 얽혀 있었다.

그런데, 이들이 1903년에 지역 공동 제당인 '영당靈堂'[39]을 건립하였다. 여기에 참여한 사람들 중에는 황실의 고위 관리였던 김종한[40]을 비롯하여 전술했던 대한천일은행의 세납차인으로 활약했던 최사영, 김진섭, 최문환 등이 포함되어 있다.[41] 이들의 공통점은 황실과 깊은 연관을 맺고 있다는 점이다. 또한, 이들이 건립한 영당에는 황실을 축원하는 현판이 걸려 있어 영당 건립과 황실 사이에 어떤 관련성이 있음을 암시하고 있다.

당시 궁방에 소금세를 걷어서 바쳤던 마포의 염도여객주인들은 수세의 대가로 일정 정도의 특권을 보장 받았을 것이며 미전 등을 운영했던 일반 상인들이나 그 고용인들은 고위 관리들과 유력 객주들의 세력권을 벗어날 수 없었을 것이다. 즉, 황실과의 관

...

38　1907년에 마포 미전 30여명이 신문을 통해 쟁송을 제기한 사건으로서, 원래 자신들이 거주하고 있었던 땅이 월산대군의 사패지라서 매년 월산대군의 제수 비용을 상납하며 댓가를 지불하여 왔는데 강창희라는 인물이 갑자기 나타나 이 터를 매입했다며 시장세와 가옥세를 강제로 징수하려고 하는 것에 대해서 강창희를 잡아들이고 가짜 문서를 불태워 버리라는 요청이었다. 『황성신문』, 1907년 4월 19일자; 20일자.

39　영당이 건립될 당시인 1903년의 마포동은 당시 한성부 서서 용산방 마포계에 속했던 지역이었으며 지금의 불교방송국 자리가 원래 마포동 영당이 세워졌던 곳이라고 한다. 1984년경에 현재 위치(마포동 337-1)로 옮겼다가 2010년 9월에 헐렸다. 영당에 봉안되어 있었던 현판은 총 3개인데, 「마포 영당사원성명록」과 「마포 영당건축보조금인원성명록」, 그리고 대황제 폐하 이하 태후와 황태자, 황태자비, 영친왕을 축원하는 현판이다. 사원성명록 현판에는 종일품 품직의 김종한을 비롯하여 총 56명이 기재되어 있다. 보조금성명록 현판에는 평창군수를 지낸 최의삼을 비롯하여 총 76명이 기재되어 있다. 황실축원 현판에는 대황제 폐하, 명헌태후 홍씨 전하, 황태자 전하, 황태자비 민씨 전하, 황귀비 엄씨 전하, 영친왕 전하 등을 기재하고 성수만세 등을 부기하여 축원하고 있다. 졸고, 2011, 237~238쪽.

40　김종한(1844~1932)은 1876년에 문과에 급제하고 1903년 당시 품직은 종일품이었다. 그의 이력에서 주목할 만한 것은 1895년에 궁내서리에 재직한 이래 1899년 궁내부 특진관에 임명되었다가 1900년 함경북도와 함경남도 관찰사를 지내고 1903년 품직이 종일품으로 올라 궁내부 특진관으로 재임명되는 등 황실과 꾸준하게 관련을 맺고 있었다는 점이 주목할 만하다. 위의 논문, 241~242쪽.

41　김진섭과 최문환은 마포에서 미곡상을 경영하고 있었고 최사영 역시 마포에 거주하며 객주로 명성이 높았던 인물이었다. 이들은 모두 1899년에 대한천일은행의 세납차인으로 활약하였고 그 이후에 마포뿐만 아니라 경성에서도 유력한 인사로 부상하게 된다. 김진섭은 1908년경에 이미 경성의 대표적인 미곡상 중의 한명이 되었고 1911년에는 최사영과 함께 전국 50만 원 이상 한국인 자산가 32명에 나란히 이름을 올릴 정도로 부를 축적하였다. 최문환 역시 1931년에 부동산 담보 대부업체를 설립하고 경성곡물협회 중위부장을 역임하는 등 마포의 유력자로 성장하였다. 위의 논문, 242~245쪽.

계를 각별하게 하는 것은 그들로서의 생존권이 걸린 매우 중요한 문제였다. 따라서, 의례를 통해 김종한과 같은 황실 관련 인사에게 '상징적 권위'를 부여하고 의례의 장소에 황제와 황실을 축원하는 현판을 봉안함으로써 그 정치적 의미를 극대화하고자 했다. 결국, 이들은 황실에 대한 각별한 충성심과 지역에 대한 영향력, 지역 상권의 공고성 등을 드러내는 기제로서 지역의 의례를 활용했던 것이다.

서빙고 지역의 경우도 마포 영당 건립 시기와 같은 1903년에 부군당 의례가 행해지고 있었다. 이 당시 의례의 주도 집단을 살펴보면, 의례 조직이 전대의 '노인계'에서 '이중계里中楔'로 바뀌었다. 노인계가 퇴임 연장자 집단의 성격이 강하다면 이중계는 마을 전체 주민들이 참여하는 자치 조직의 성격이 강하다고 할 것이다. 그러나 지역 토착 세력인 강음 단씨와 수원 백씨들이 존위를 맡고 있었고 의례에도 다수 참여하고 있어서 이들의 영향력은 여전히 유지되고 있었다. 특히, 수원 백씨 중에 백세기와 백완기가 궁내부 주사를 지냈던 것도 그들이 이 지역에서 세력을 유지할 수 있었던 정황으로 작용했을 것이다.[42]

이처럼 대한제국기에 들어오면서 지역사회에는 기존 토착 세력 이외에 신흥 자본가와 상인들, 황실과 관련이 깊은 관리나 객주 등이 유력자로 등장하고 있었으며 이들은 의례에 적극적으로 참여함으로써 그들의 영향력과 정치적 의도를 반영하고자 하였다. 이러한 의례 주체의 변화는 전대와는 다른 면모를 보이며 새로운 지역 의례의 주도 세력으로 등장하고 있었다. 이와 같은 경향은 지역의 발전 정도에 따라 시기적 편차를 보이기는 하나 일제강점기에 오면 보다 뚜렷해진다.

4) 일제강점기 지역 유력자의 변모와 의례의 주도

(1) 친일 인사·자본가·군인들의 지역 진출
1910년 일제는 본격적으로 식민지 정책을 시행하면서 한성부를 경기도에 복속된

---

42 졸고, 앞의 논문, 2009, 203~205쪽; 212쪽.

경성부로 축소·재편하고[43] 군사 전력 기지와 식량과 군수품 조달을 용이하게 하기 위해 도로와 항만, 철도 등을 건설하였다. 일제가 행한 도시 계획의 주된 방향은 일본인 거류 지역을 중심으로 가로망을 정비하고 확충함으로써 경성의 중심지를 이동시키는 것이었으며 식민지 수탈에 유리하도록 도심 외곽의 상공업 지역을 도심으로 연결하고 이를 위해 새로운 교통 체계를 형성하는 것이었다.

이처럼 가로 구조의 변화가 청계천을 중심으로 했을 때 남쪽 지역에 집중됨으로써 북쪽의 조선인 거주지와 남쪽의 일본인 거주지가 확연히 구분되기 시작하였고 남·북촌이라는 민족별로 차별화된 공간 구조가 새롭게 형성되었다.[44] 서울의 외곽 지역도 경성부와 지방에서 유입된 인구들로 인해 지속적으로 인구가 증가하였으며 공장이 들어선 지역이나 상업이 발달한 지역의 경우 점차 도시적 성격을 띠게 되었지만 대부분 도시 빈민이 거주하고 있었던 이중적인 모습을 보이고 있었다.[45]

한편, 지역에 철도역이나 전차역이 신설되거나 군사 시설 혹은 공업 시설 등이 들어섬으로써 지역사회는 급변하였다. 구체적인 사례로서 1927년경 서빙고 지역을 살펴보면, 당시 고양군 한지면 서빙고리로 편제되어 있었지만 이미 서빙고역이 개설되어 있었고 북쪽에는 일본 병영들이 들어서 있었다. 특히, 서빙고 지역은 일찍부터 곡물의 집산지로 유명했던 터라 곡물상회와 정미소가 다수 존재하였다. 1903년 당시만 하더라도 '이중계'가 조직되어 있어서 지역 토착세력들을 중심으로 지역사회가 유지되었던 것이 일제강점기에 오면 다른 지역의 유력자나 명망가, 일본인 사업가까지도 지

---

43 5부 47방 체계였던 한성부를 1910년 경기도 산하 경성부로 격하시키더니 1911년에는 경성부를 성내를 5부로 하고 성외 지역을 8면으로 개편했다. 1914년에는 기존 경성부의 면적을 8분의 1로 줄이고 성외 대부분 지역을 고양군에 편입시켜 8면 제도를 폐지했다. 이후 성외 지역의 상공업이 발달하고 인구가 증가하자 1936년에 경성부 구역을 확장하기는 하지만 원래 면적의 절반 수준을 회복하는 데 그쳤다. 김영근, 「일제하 경성지역의 사회·공간 구조의 변화와 도시 경험 : 중심-주변의 지역분화를 중심으로」, 『서울학연구』 20, 서울시립대학교 서울학연구소, 2003, 141~145쪽.

44 위의 논문, 158쪽.

45 1914년 행정구역 개편으로 인해 대부분 고양군에 편입되었다가 1936년에 일부 지역이 다시 경성부로 환원되었다. 경성의 외곽 지역 중 청량리, 왕십리, 공덕리, 마포 등이 경성의 도시화 과정에서 점차 도시적 성격을 갖는 지역이었고 도시 빈민이 집단적으로 거주했던 지역으로는 이현동, 신당동 일대, 청량리 일대, 미아리 일대, 마포구, 영등포동 일대 등이 있었다. 위의 논문, 160~161쪽.

역사회에 개입하게 되었다.[46]

일제 강점기의 서울 지역사회의 모습을 살피기 위해서는 당시 개편된 지역 행정 체계를 고려할 필요가 있다. 즉, 1914년 개편 때 서울 지역의 하부 단위가 186개 동洞·정町·통通으로 개편이 되었다가 1936년에는 259개 정町으로 통일되면서 완전히 일본식 지역 체계로 바뀌게 된다.[47] 이러한 정·동에는 각 총대와 평의원을 두어 경성부의 말단 행정 업무를 분담시키고 주민들의 통제를 수행하였다. 이들 총대와 평의원들은 무보수 명예직으로서 지역 사회의 명망가와 유지들로 구성되어 있었다.[48]

이처럼 일제강점기에는 조선총독부와 밀접한 연관을 맺고 새롭게 등장한 지역 유력자들에 의해 지역사회는 재편되고 있었다. 또한, 이러한 지역사회의 변화는 지역 의례까지 영향을 미치게 되는데, 지역사회의 주도 세력이 도시화 혹은 산업화에 따라 교체되는 것과 마찬가지로 지역 의례의 주도 세력도 이에 따라 다변화되는 양상을 보이게 된다.[49]

(2) 자본과 권력, 인적 네트워크, 신앙 결사로서의 의례와 주도

일제가 조선을 강제 병합하면서 식민지적 수탈과 조선인에 대한 통제는 더욱 가속화되었다. 특히, 전술했던 총대제·정동회 제도와 같은 지역 지배 정책이나 조선인 객주·사업가를 몰락시키고 일본인이나 친일 자본가를 보호하기 위해 실시한 각종 정책들은 지역사회의 판도를 바꾸는 요인이 되었다. 그런데 이러한 정책들의 결과들

• • •

46 졸고, 2010a, 227~231쪽. 이와 같은 서빙고 지역사회의 변화는 전술했던 1903년경 마포지역보다는 시기적으로 늦게 나타나는데 이는 지역의 도시화 혹은 산업화의 정도에 따른 차이라고 할 수 있다.
47 서울특별시사편찬위원회 편, 『서울행정사』, 서울시, 1997, 44~45쪽.
48 이들은 지역 유지이자 행정 보조자의 지위를 동시에 부여받고 있었으며 부의 행정 시책 전달, 납세 및 거주·영업 관리, 지역의 위생 문제, 생활환경 개선, 미풍 양성 등의 역할을 수행하였다. 김영미, 「일제시기 서울 지역 정·동회제와 주민생활」, 『서울학연구』 16, 서울시립대학교 서울학연구소, 2001, 181~186쪽.
49 일제의 문화정치 하에서 지역공동체 의례의 경우 지역 신사로의 병합을 위해 지역 의례를 의도적으로 활용한 경우나 친일 인사들의 지원 하에 지역 의례가 시행되면서 일제의 정책에 일정 정도 부합되는 경우도 있었다. 그럼에도 불구하고 그 의도와 목적과는 별개로 당시 지역 의례를 주도했던 인물들이라면 해당 민속의 주도 세력에 포함시켜 논의하는 것이 합당하다고 본다.

은 서로 연동되어 있었다. 일제의 경제 정책에 혜택을 입어 성장한 지역의 자본가들은 지역의 총대나 평의원, 유지 등으로 선발되어 지역을 관리·감독하였고 일제는 또 다시 이들에게 각종 권한과 이권을 보장하여 세력을 유지할 수 있게 하였던 것이다.

이러한 총대나 평의원들은 지역의 행정뿐만 아니라 의례에도 깊이 관여했다. 실제로 1936년에 서빙고정 총대로 선출된 단현주는 서빙고 부군당 의례를 주도했던 집단의 일원이었으며[50] 필운동의 유지인 한규정은 1920년에 콜레라의 위험으로부터 동민의 안전을 바라는 산제를 주도하였고,[51] 경성부 조선인 정동총대연합회장을 지냈던 예종석 등은 1920~30년대 장충동 관성묘 의례를 주도했다.[52]

일제강점기 서울은 전술한 바와 같이 지역의 특성에 따라 다양한 지역사회 구조를 형성하고 있었고 의례의 주도 세력 역시 다양하게 존재했다. 구체적인 사례로 서빙고 지역에서 1927년에 행해진 부군당 의례를 살펴보면, 당시 의례를 주도했던 인물들은 주로 지역에서 대대로 살고 있었던 토착 세력이었지만 이 지역에서 곡물상이나 정미업을 하면서 부를 축적한 자들이 새로운 주도 세력으로 부상하고 있었다. 당시 부군당 중수를 위해 거액을 기부한 이승준은 경성에서도 유명한 곡물상이었고 지역에서도 존위를 맡을 정도로 명망이 높았다. 거액 기부자 중 한 명인 이범열 역시 서빙고 지역에서 미곡상을 경영하였고 '만선사'라는 합자회사를 세울 정도로 경제적으로 성공한 인물이었으며 그와 같이 근무했던 유영수 역시 부군당 중수를 위해 거액을 기부하였다.

이처럼 서빙고 지역에서 미곡상을 하면서 부를 축적한 이들이 의례에 적극적으로 참여하면서 새로운 주도 세력으로 부상하였다. 또한, 이 지역과 경제적 이해를 가지고 있었던 외부 인사들도 의례에 적극 참여하였다. 즉, 한강리의 정미업자였던 이만응이나 고리대금업으로 재산을 모은 일본인 高村甚一 등도 부군당 중수를 위해 돈을

• • •

50 졸고, 2010a, 234쪽.
51 김영미, 앞의 논문, 2001, 184쪽.
52 예종석은 1918년 장충동 관성묘에 보관되어 있는 「영신사 무오 정월 좌목」에 의하면 당시 영신사의 사장(社長)을 맡고 있었다.

기부하였다.[53]

한편, 일제 강점기에 장충동에 위치한 관성묘[54]에서 행해진 의례가 있어 주목된다. 장충동은 일제 강점기에는 서사헌정西四軒町으로 편제되어 있었던 지역이다. 1900년 이전에는 장충동의 남쪽, 지금의 장충단 공원에 남소영이 있었던 것으로 보아[55] 주변에는 남소영에 근무하던 무관들이 거주하고 있었을 것이다. 그런데, 장충동 지역은 1936년 이후부터는 일본인이 조선인들보다 많아지기 시작하였고[56] 유곽촌[57]이 번성하고 있었다. 이곳에는 주로 교수, 판사, 유흥업자, 사업가, 군인, 관리 등의 다양한 직업을 가진 일본인들이 거주하고 있었다.

이러한 지역에 관우를 모신 관성묘가 있었고 해마다 '영신사永信社'라는 조직이 의례를 행하고 있었다. 이 조직은 육군 중장을 지낸 조성근과 어담과 같은 군인들이 주도하고 있었다. 1918년 영신사 좌목[58]에 의하면 당시 조성근이 총재를, 예종석이 사장을 맡고 있었고 헌병대나 시위대에 소속된 군인들로 추정되는 많은 군인들이 참여하고 있었다. 1935년에는 역시 육군 중장을 지낸 어담이 참여하였고 병목정에서 유곽을 경영하던 인물들[59]과 경성신사씨자京城神社氏子 총대를 지낸 인물들[60]도 참여하였다. 그런

• • •

53 졸고, 앞의 논문, 2010a, 231~243쪽.
54 장충동 관성묘(서울 중구 장충동 2가 186-140번지, 서울 민속자료 제6호)에는 좌목류 6건, 윤첩류 15건, 축문류 29건, 절목·홀기류 3, 총 53건의 의례 문서가 전해진다.
55 이규철, 「대한제국기 한성부 군사 관련 시설의 입지와 그 변화」, 『서울학연구』 35, 서울시립대학교 서울학연구소, 2009, 117쪽.
56 1935년 당시 서울 인구는 43만 명가량으로 일본인이 12만 명 정도로서 서울 인구의 약 27%를 차지하고 있었다. 이혜은, 「경성부 민족별 거주지 분리에 관한 연구 : 1935년을 중심으로」, 『지리학』 29, 대한지리학회, 1984, 25쪽. 서사헌정(현 장충동)의 인구 추이를 보면, 1925년에 전체 1,960명 중 조선인이 1,367명, 일본인이 558명이었다. 1936년에는 전체 2,573명 중 조선인이 1,049명, 일본인이 1,473명으로 일본인이 조선인보다 많아지기 시작한다. 이러한 추이는 1940년까지 계속되는데 전체 2,821명 중 조선인이 1,270명, 일본인이 1,540명이었다. 『경성도시계획자료조사서』, 경성부, 1927, 34쪽;『경성부 호구통계』, 경성부, 1940, 8쪽;『경성부 호구통계』, 경성부, 1941, 27쪽.
57 1946년에 공창제도가 폐지되었는데 그 당시까지 서울 유곽 조합은 신정과 한성(병목정, 서사헌정), 용산 등 3개소가 있었다. 창기의 수는 총 699명으로, 신정에 293명, 병목정에 87명, 서사헌정에 193명, 용산 미생정에 126명이다. 『동아일보』, 1946년 5월 28일자. 1920~30년대 장충동에는 취암루, 만월루, 대흥루 등의 유곽들이 있었다.
58 책 표지에 '永信社 戊午 正月 座目'이라고 표기되어 있고 여기에는 총재 조성근, 사장 예종석 등 189명의 성명과 직책이 기재되어 있다.
59 1935년 방명록에 기재되어 함경창과 김학성은 병목정에서 유곽을 경영했던 이들로 추정된다. 『동아일보』, 1928년 3월 4일자;『동아일보』, 1931년 3월 11일자.

데 이들은 서사헌정 외에 인근 병목정이나 필운동, 광희정 등에 거주하고 있어서 영신사는 지역에 국한되지 않고 관우신앙을 중심으로 다양한 직업과 계층의 사람들이 모인 의례 조직이었다.[61]

이처럼 일제 강점기에는 자본주의적 경제 체계와 일제의 정동제와 같은 지역 지배 체계가 갖추어졌고 지역에서 성장한 자본가와 일제와 유착 관계에 있었던 인사들이 지역사회의 유력자들로 등장하면서 지역 구도가 재편되었다. 이러한 지역 구도는 의례에도 반영되어 나타났다. 즉, 일제 강점기 이전까지는 지역의 의례가 주로 그 지역의 토착 세력이 중심이 되어 행해졌던 것이 자본과 권력, 인적 네트워크, 특정 신앙에 따라 주도 세력이 다변화되는 양상을 띠게 된 것이다.

5) 의례 집단과 주도 집단, 그리고 민속의 주체

(1) 의례 집단과 주도 집단의 영역

일반적인 의례 집단이라고 하면 의례 행위와 관련된 모든 인적 구성원들을 의미한다. 즉, 제관과 같이 실제 의례를 집행하는 주제자主祭者 집단, 보존위원과 같이 안건을 처리하고 제관 등을 선출하는 의결자議決者 집단, 의례 집행에 전면적으로 나서지는 않지만 주제자와 의결자들을 도와 실무적인 일과 온갖 잡무를 처리하는 비교적 젊은 축에 속하는 후계자後繼者 집단, 추렴이나 의례 당일 치성에만 참여하는 참여자 집단 등이 이에 속한다. 또한 이들 주민들 외에 의례가 무속식으로 진행될 때는 무당과 악

• • •

60 김완준은 관성묘 의례에 1935년부터 1943까지 꾸준히 참여했던 인물로 1911년에 경성신사씨자 총대를, 김경희는 영신사에 1935년부터 1937년까지 참여했던 인물로 1919년에 경성신사씨자 총대를 지낸 인물이다.

61 오문선은 영신사가 군대 해산 이후 남영 소속 군인들이 관성묘 제사를 위해 조직한 단체일 가능성을 제기하였다. 오문선, 「서울지역공동체신앙 전승과정 고찰 : 조선시대 각사 신당의 존재 양상과 변화를 중심으로」, 『문화재』 41-2, 국립문화재연구소, 2008, 21~22쪽. 그러나 이는 장충동 일대가 원래 군인들이 많이 살고 있었고 고위 계급의 군인들이 수장격으로 있어서 생긴 오해일 가능성이 있다. 중추원과 궁내부 고위직을 역임한 예종석 같은 인물도 참여하고 있었고 1935년경에는 유곽의 주인들이나 총대를 역임한 인물들도 참여하고 있어서 그 구성원들은 보다 다양한 직업과 계층의 사람들이었다고 판단된다.

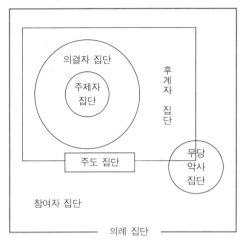

〈그림 1〉 의례 집단과 주도 집단

사 집단도 포함된다.[62]

한편, 이 의례 집단 중에서 주도 집단은 의례에 대한 의논과 준비, 진행을 주도해서 하는 집단을 말한다. 즉, 전술한 주제자 집단, 의결자 집단, 후계자 집단 등이 여기에 해당된다. 무당과 악사 집단의 경우도 이들이 직접 의례를 주관하는 경우는 주도 집단이 되지만 대부분은 지역 주민들의 요청에 의해 불려 와서 굿을 행하는 경우이다. 그러한 경우에는 주도 집단으로 볼 수는 없다. 따라서 무당과 악사 집단은 주도 집단에 속할 수도 그렇지 않을 수도 있다. 이러한 관계를 도표화하면 〈그림 1〉과 같다.[63]

이 주도 집단이라는 용어에 대해 자칫 오해가 있을 수 있다. 어떤 의례의 주도 집단이라고 할 때 이들이 이 의례의 주체, 그 자체를 뜻하는 것은 아니다. 의례의 주체는 넓게 보면 의례 행위에 관여한 모든 대상을 말하다. 즉, 전술했던 의례 집단의 구성원들이 모두 의례의 주체라고 할 수 있다. 주도 집단을 포함하여 의례에 단순히 참여하는 주민들, 무당과 악사들도 모두 의례의 주체인 것이다. 다만, 이들 중에 의례 행위와 관련된 주요 사항들을 결정하는 데 유력한 영향을 끼치는 자들의 집합을 주도 집단으로 보는 것이다.

이러한 주도 집단에 주목하는 것은 의례의 지속과 변화에 있어서 이들이 지대한 영향을 미치기 때문이다. 또한 주도 집단은 지역 사회의 유력자들과 거의 일치하고 있

• • •

62 졸고, 앞의 논문, 2008a, 96~100쪽,
63 〈그림 1〉은 졸고, 앞의 논문, 2008a, 96쪽의 그림을 수정 보완하였다. 여기서는 '주재(主宰) 집단'이라는 용어를 사용했으나 이 책에서는 이를 대신해서 주도 집단이라는 용어를 사용했다. 주재 집단과 주도 집단이 별반 차별성이 없어 보이기도 하지만 주도 집단이라는 용어가 의례 주체의 동향과 역학 관계를 효과적으로 드러내 주는 이점이 있다.

다는 점도 이들을 주목하는 이유이다. 이러한 주도 집단은 일반 참여자 집단이나 무당·악사집단과 달리 의례 행위에 적극 참여함으로써 그들의 역할을 기록으로 남기고 있다는 것도 특징적이다. 의례 공간에 걸어 놓는 현판이나 중수기, 축문이나 윤첩 등의 의례 문서 등에 그들의 족적을 남겨 놓았다. 이러한 특성으로 인해 이 책에서와 같이 주도집단과 그 면면들에 대한 구체적인 연구가 가능할 수 있었다.

이처럼 의례의 주도 집단에 대한 연구는 의례에 상당한 영향을 미쳤을 인물들에 대한 연구이다. 이들에 대한 연구는 의례의 목적이나 성격, 경제적 토대의 변화, 지역사회와 지역민들과의 역학 관계 등을 분석하는 데 기본적인 배경을 제시해 주고 있어 유용한 접근 방식이라고 할 수 있다.

(2) 조선후기~일제강점기 서울 민속의 주체

조선 후기 서울은 각 지역별로 일정한 지역사회를 구축하고 있었으며 이 지역사회 내부에도 자치 단체가 존재하여 이 단체가 지역사회의 전반적인 운영뿐만 아니라 의례에 있어서도 주도적인 역할을 하였던 것으로 보인다. 따라서 조선후기 부군당 의례와 같은 지역공동체의례의 주도 세력은 지역에 근거를 두고 있는 무임과 하급 관리들을 비롯한 지역 자치 조직의 구성원들이라고 볼 수 있으며 그 지역 의례 민속의 주체라고 한다면 토착 세력들과 그 외 상인이나 하층민들을 포괄하는 지역민이라고 할 수 있다.

대한제국기에 들어오면서 지역사회에는 기존 토착 세력 이외에 신흥 자본가와 상인들, 황실과 관련이 깊은 관리나 객주 등이 유력자로 등장하고 있었으며 이들은 의례에 적극적으로 참여함으로써 그들의 영향력과 정치적 의도를 반영하고자 하였다. 이러한 의례 주체의 변화는 전대와는 다른 면모를 보이는 것이며 새로운 지역 의례의 주체가 등장하고 있었다. 이러한 경향은 지역의 발전 정도에 따라 시기적 편차를 보이기는 하나 일제강점기에 오면 보다 뚜렷해지게 된다.

일제 강점기에는 자본주의적 경제 체계와 정동제와 같은 지역 지배 체계가 갖추어지면서 지역에서 성장한 자본가와 일제와 유착 관계에 있었던 인사들이 지역사회의 주도세력으로 등장하면서 지역 구도가 재편되게 되었다. 이러한 지역 구도는 의례에도 반영되어 자본과 권력, 인적 네트워크, 특정 신앙에 따라 주도 세력이 다변화되는 양상을 띠게 된다.

이처럼, 근대 서울 지역에서 행해진 의례를 주도했던 집단들은 시대의 변화에 조응하여 다양하게 변모해 왔음을 알 수 있다. 이들이 행했던 의례들을 당시 서울 민속의 하나로 이해한다면 이들 역시 당시 서울 민속 주체의 일부로 이해해야 하는 것은 당연할 것이다. 이처럼, 종래 민속의 주체로서, 한정되었던 협의의 '민'의 개념에서 벗어나 보다 포괄적이고 다각적인 측면에서 '민'을 바라볼 필요가 있다. 그랬을 때 지역 전체의 문화 속에서 민속을 바라볼 수 있는 시야가 확보될 수 있을 것이다.

2. 문화지형의 실제와 의의

1) 문화지형의 구현

여기서는 전술한 바 있는 일제강점기부터 광복 이후 서빙고 지역을 사례로 하여 실제 지역·지역사회·의례의 문화지형을 구현해 보고자 한다. 이를 위해 선행해야 할 사항은 시간의 흐름에 따라 변화하는 각 요소별 지표를 수치화하는 것이다. 서론의 3절에서 제시한 바와 같이 각 지표는 해당 영역을 종합적으로 고려하여 지표의 표준을 마련해야 할 것이다.

하지만 여기에서는 전술한 바와 같이 지역은 '지역의 발전도'의 지표로, 지역사회는 '지역사회의 활성도'의 지표로, 의례는 '의례의 전승도'의 지표로 한정하여 지수를 설정하였다. 각 영역은 유의미한 연도마다 -5에서 +5까지 지수를 매겼다(그림 2).[64] 또한

• • •

64 이 책에서는 매 시기마다 지수를 결정하지는 않았고 각 영역에서 결정적인 변화의 시점들, 변곡점이 될 수 있는 시기를 선별하여 이에 해당되는 지수를 임의로 설정하였다. 단, 시간에 해당되는 지수는 시작 연도를 0으로 놓고

이를 토대로 시간에 따른 지역·지역사회·의례의 변화를 꺾은선 그래프로 나타낼 수가 있다(그림 3). 이렇게 얻어진 그래프의 특징적인 기점들(변곡점)의 의미를 살펴보고 다른 영역과도 서로 비교해 보도록 하겠다.

먼저 지역의 축 그래프에서는 3개의 기점이 존재한다. 첫 번째는 1950년 한국전쟁이 되고 두 번째는 1980년 각종 지역 개발 시점이며 세 번째는 1995년 이후 최근까지의 인구 감소의 시점이 된다. 지역의 관점에서 보면 이 3개의 기점을 전후하여 지수의 등락이 반복되고 있음을 알 수 있다.

지역의 3개 기점에 해당되는 다른 축의 사정을 살펴보면, 첫 번째 기점 이후 지역은 하락세를 그리지만, 재건위원회와 같은 조직이 여전히 존재함으로써 지역사회와 의례의 축에서는 그런대로 평탄함을 보여주고 있다.

두 번째 기점에 있어서 지역사회는 이미 1970년대에 혼란기를 맞았다가 점차 이주민들에게 그 주도권이 넘어가면서 점차 회복되어 가는 과정이 된다. 의례의 축에서도 1973년 부군당 민속자료 지정을 기점으로 상승세를 타고 있는 시점이 된다.

마지막 세 번째 기점에서 지역사회의 축은 앞에서와 마찬가지로 1970년 이후로 차츰 회복되어 가는 과정에 있으며 의례의 축에서는 1981년 경 부군당 대지 매각 사건을 기점으로 하락세를 타다가 결국 당굿이 중단되는 시점인데 지역의 기점과 유일하게 일치하고 있는 시점이 된다.

다음으로 지역사회의 축 그래프에서는 크게 2개의 기점을 보여 주고 있다. 첫 번째 기점은 한국전쟁 직전으로서 지역사회의 조직이 규모도 가장 컸고 활성화되어 있었을 것으로 보인다. 한국전쟁이 끝나고 지역사회는 얼마 지나지 않아 바로 회복되었지만 이주민들의 급격한 유입으로 인해 갈등과 혼란을 겪으며 하락세에 접어들게 된다. 1970년경에 경로회 등의 조직을 중심으로 지역사회가 유지되었고 이후 이주민들이

• • •

이를 기준으로 이후 해당 연도에서 시작 연도를 감하는 방법으로 지수를 설정하였다. 이 책에서는 단지, 각 영역의 지표가 합리적이고 종합적인 기준에 의해 설정되었다는 전제 하에 이를 토대로 문화지형을 구현했시 어떠한 의미가 있을지, 그리고 그 활용 가능성에 한하여 설명하고자 한다.

지역의 주도권을 잡아 나갔던 것으로 보인다.

1980년대 부군당치성위원회 등이 결성되었고 2001년 50여 명이 치성위원으로 참여하는 등 두 번째 기점을 맞이하지만 2000년대 이후에는 다시 하락세에 접어들게 된다. 다른 축과의 비교를 해 보면 지역의 축에 비해서는 두 개의 기점만을 가지며 비교적 완만한 등락을 보여주고 있다. 특히 1950년 한국전쟁으로 인해 지역은 급락하여 회복이 느리게 진행된 반면 지역사회는 2년 후에 거의 회복이 되고 있는 양상을 통해 지역의 급격한 변화에 비해 그 반응이 비교적 완만하고 느리게 진행되고 있음을 발견하게 된다.

의례의 축과 비교해 보면 첫 번째 기점은 한국전쟁이라는 점에서 공통적으로 나타나는 것이고 전쟁 이후 추세는 대체로 지역사회와 비슷하게 나타난다. 다만 의례의 경우는 몇 개의 기점이 더 나타나는데 전술했던 1973년 부군당이 서울시 민속자료로 지정된 시점과 부군당 대지가 매각된 시점, 당굿이 중단된 시점이 그것이다. 이러한 기점은 의례의 물적 토대와 관련하여 변화가 생긴 것으로 의례의 경우는 지역사회보다는 물적 토대에 민감하게 변화하고 있음을 알 수 있다.

마지막으로 의례의 축 그래프에서는 크게 4개의 기점을 보여 주고 있다. 전술한 바와 같이 한국전쟁 시점과 1973년 부군당이 서울시 민속자료로 지정된 시점과 1981년 부군당 대지가 매각된 시점, 1995년 당굿이 중단된 시점이다. 지역의 축과 비교해 볼 때 지역의 경우 한국전쟁을 기점으로 급락하고 있지만 의례의 경우는 지역사회 축과 마찬가지로 완만한 기울기를 보여주고 있다. 그러나 1990년 중반 시점에서는 지역 축과 비슷하게 진행되고 있다. 특히, 지역의 제3하강 시점과 당굿 중단의 시점이 거의 일치하고 있다. 이는 1995년을 기점으로 지역이 쇠퇴하고 있음을 의미하는데 당굿이 중단된 데는 지역 쇠퇴로 인해 경제적 조건이 충족되지 않았을 가능성이 크다. 지역사회의 축과의 비교는 전술한 바와 같다.

(시간)	지수	지역의 축	지수	지역사회의 축	지수	의례의 축	지수
		-5 -4 -3 -2 -1 0 1 2 3 4 5		-5 -4 -3 -2 -1 0 1 2 3 4 5		-5 -4 -3 -2 -1 0 1 2 3 4 5	
일제시대 1927	0	서빙고리(한지면 소속)	0	부군당 중수 집단 수원백씨, 강음단씨 주도	0	부군당 중수 및 제의	-0.5
1936	9	서빙고정(경성부 편입)	1		1		0.5
광복 1945	18	서빙고동	1.2		2		1.5
1946	19	미8군 주둔	2	보건친목회(289명) 수원백씨, 강음단씨 참여	4	부군당 중수 및 제의	2.5
1947	20	386세대/2,133명 거주	2.2		5		3.6
한국전쟁 1950	23	**포격으로 대부분 파괴**	3	공백	3	중단	3
1953	26	176세대/943명 거주	-4		2		2
1955	28	재건사업 용산동6가 편입	-3	재건위원회(243명) 최석근 동장	1	부군당 보수 및 제의	1.5
1960	33	이주민 대거 유입	-2		0		0.5
1961	34	688가구/3,339명 거주 서빙고 고가차도 건설	-1.5		-0.5		0
1970	43	서빙고 분실 동빙고동 편입/11,930명 거주	0	**원주민과 이주민의 갈등**	-2		-1.5
1972	45		1	**경로회**	-1.5	부군당 제의, 엄격한 유교식 祭次, 1달 전부터 준비	-2.5
1973	46		2		-1.4	**부군당 민속자료로 제정**	-2
1975	48	14,593명 거주	2.5		-1.2		-1.2
1976	49	**반포대교 1층 잠수교 완공** **반포로 확장**	3		-1.1		-0.5
1978	51		4		-1	부군당 당굿 시행	0
1979	52		5		-0.8		0.5
1980	53	**서빙고로 개통**(잠수교-철도병원) 12,731명 거주/ 주민 대거 이탈	4	경로회	-0.6	부군당 제의 1년 1~2회 시행	1.2
1981	54		1.5		-0.5	부군당 대지 소유권 이전 후 매각	2
1982	55	반포대교 2층 완공	2		-0.4		1.6
1985	58	15,368명 거주	2.5		-0.3		1.2
1986	59		3	**부군당치성위원회**	0	부군당 제의, 10일 전부터 준비, 추렴과 소지 행함	1
1990	63	서빙고 분실 폐쇄 15,700명 거주	4	부군당치성위원회	0.3	서울시에서 부군당 대지 수용 부군당 당제, 3~4일전 준비, 당할머니의 소지 및축원	0
1991	64		4.8		0.8	부군당 보수 및 당제	-0.2
1994	67		5		1	마지막 당굿	-0.4
1995	68	13,887명 거주/ **인구 감소 시작**	4.5		1.2	**당굿 중단**	-1
2000	73	12,877명 거주	4		1.5		-1.8
2001	74		3	부군당치성위원회(55명)	1.8	유교식 제의, 제관 3인 참여, 3~4일전 준비, 추렴 행함	-3
2002	75		2.5		1.2	추렴 중단	-3.4
2004	77	서빙고 분실 터 기무사 직원 아파트 건립	2		1.1		-3.6
2005	78	10,997명/4,395세대 거주	1		1		-3.8
2006	79	11,490명/4,557세대 거주	0.5	노인회(46명)	0.8	제관 6명	-3.9
2007	80		-0.5	노인회(41명) 부군당치성위원회(10명)	0.6	제관 7명	-4

〈그림 2〉 서빙고동 지역·지역사회·의례의 축과 지수(1927~2007년)

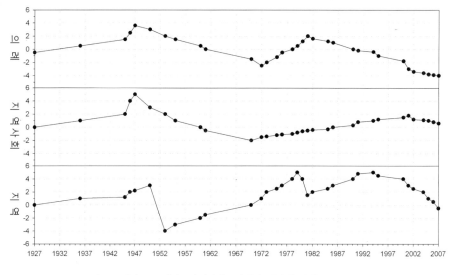

〈그림 3〉 서빙고동 지역 · 지역사회 · 의례의 시기별 변화(1927~2007년)

이처럼, 시간의 흐름에 따른 지역 · 지역사회 · 의례의 세 축의 그래프 변화를 비교해 본 결과 지역의 급격한 변화에 비해 지역사회와 의례는 비교적 완만한 변화를 보였다. 특히 지역사회의 경우 지역이 심각하게 변형되었다고 하더라도 지역사회는 빠르게 회복되었음을 알 수 있었다. 의례의 경우는 비교적 지역사회의 변화와 맥을 같이 하지만 물적 토대의 변화에는 민감하게 반응함을 알 수 있었다. 이는 지역의 변화가 물적 토대와 관련이 있다면 의례 역시 변화할 수 있다는 사실을 말해 준다.

이와 같은 세 축의 변화 그래프를 공간상에 통합해 보면 3차원 그래프를 얻을 수 있는데 이것을 지역 · 지역사회 · 의례의 문화지형도라고 할 수 있다. 실제 구현된 그래프는 〈그림 4〉에서 볼 수 있듯이, 공간의 중심부 근처(1927년)에서 시작된 선은 상승과 하강, 역행과 순행을 거듭하면서 공간의 바닥 지점(2007년)에 이르고 있다. 이 그래프의 모양은 전술했던 문화지형의 추상도(서론 2절 〈그림 3〉)와는 차이가 있다. 이 그래프는 시간에 따라 지역, 지역사회, 의례라는 세 축의 지수가 독립적인 변수를 가지고 있고 지역과 지역사회의 지수를 짝을 이루게 하여 매 짝에서의 의례의 지수를 3차원으로 나타낸 것이다. 그러나 현재 서빙고 지역에 대해서는 그 자료의 양이 너무 작아 앞서 제시한 문화지형의 추상도와 같이 그려지지는 않는다.

이렇게 그려진 문화지형도를 통해 다음과 같은 의미를 추출할 수 있다. 먼저, 변곡점은 하나 이상의 영역에 급격한 변화가 오는 상황을 의미한다. 따라서 변곡점이 많을수록 문화지형은 불규칙하게 형성된다. 이는 이 지역의 문화가 불안정하고 급격하게 변화했음을 나타낸다. 〈그림 4〉에서 첫 번째 변곡점이 1947년에 나타나고 그 다음이 1950년에, 그리고 1953년에 연달아 나타나면서 이 기간 동안 급격한 문화 변동이 일어났음을 알 수 있다. 이 기간은 다름 아닌 한국전쟁기였다.

그 다음 또 한 번의 급격한 문화 변동은 1972년과 1979년, 1981년 무렵이다. 이 기간은 서빙고부군당이 문화재로 지정되고 반포대교가 개통되는 등 지역이 개발되었던 시기이다. 따라서 서빙고 지역의 문화는 1927년부터 2007년까지 두 번 정도의 큰 변동을 겪었음을 알 수 있다.

다음으로 그래프의 진행에 따라 그 의미를 다르게 해석해 볼 수가 있다. 그래프의 진행은 상승과 하강, 순행과 역행 등이 있을 수 있으나 기준을 어떻게 두는가에 따라 그 진행 양상이 달라질 수 있다. 즉, 〈그림 4〉와 같이 수직 축을 의례 축으로 놓았을 때는 1927년에서 1947년까지 상승한 것이지만 만약, 지역사회나 지역 축을 수직 축으로 놓으면 상승이 아닌 거의 수평적인 진행이 될 것이다. 여기서는 〈그림 4〉를 기준으로 살펴보도록 하자.

1927년에서 1947년까지 그래프는 상승하였고 1947년을 기점으로 1972년까지 하강하였다. 1972년을 기점으로 다시 상승하였다가 1982년을 기점으로 계속 하강하였다. 이처럼 의례 축이 수직 축인 경우, 그래프의 상승은 의례가 활성화되는 것을 의미하며 하강은 의례가 쇠퇴하고 있음을 의미한다. 따라서 의례는 1947년에 최정점에 이르렀다가 점차 쇠퇴하였고 1972년 무렵(1973년 문화재 지정)에 부흥기를 맞았지만 다시 쇠퇴하여 2007년 현재까지 최저 수준에 머무르고 있다.

한편, 순행과 역행의 경우는 수직 축이 아닌 두 수평 축을 기준으로 하여 +방향으로 진행되면 순행으로, -방향으로 진행되면 역행으로 볼 수 있다. 그런데 그래프의 진행은 한 축에서는 +방향이지만 다른 한 축에서는 -방향이 될 수 있어 일괄적으로 순

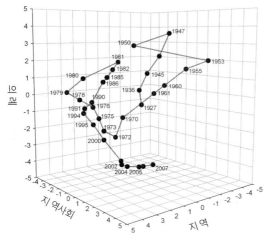

〈그림 4〉 서빙고동 지역·지역사회·의례의
문화지형도(1927~2007년)

행 혹은 역행이라고 말할 수는 없다. 따라서 각각의 축을 기준으로 순행과 역행을 판별해야 한다.

예를 들어 〈그림 4〉를 기준으로 했을 때 1947년에서 1950년까지의 그래프 진행을 보면, 지역의 축에서는 순행이지만 지역사회의 축에서는 역행에 해당된다. 이는 이 기간 동안 지역은 발전하였지만 지역사회는 위축되었음을 의미한다.

마지막으로 그래프의 전반적인 위치에 따라 그 의미를 다르게 해석해 볼 수가 있다. 그래프가 전반적으로 왼쪽에서 오른쪽으로 위치하는지 혹은 오른쪽에서 왼쪽으로 위치하는지에 따라 그 의미가 다르다. 이러한 위치는 지역 축과 관련이 깊다.

예를 들어 〈그림 4〉에서 1953년부터 1972년까지 오른쪽에서 왼쪽으로 하강하고 있다. 이는 이 시기 동안 의례는 쇠퇴하였지만 지역은 계속 발전하고 있었음을 의미한다. 반대로 1950년에서 1953년까지는 왼쪽에서 오른쪽으로 하강하고 있다. 이는 의례와 함께 지역도 함께 쇠퇴하고 있음을 의미한다.

또한, 그래프의 원근 역시 해석의 여지가 있다. 그래프의 원근이란 그래프가 기준으로 삼은 전면에 가까운 거리에 있는지 혹은 먼 거리에 있는지를 말한다. 예를 들어 〈그림 4〉에서 2002년부터 2007년까지 그래프는 전면에서 멀리 떨어져 위치하고 있다. 이처럼 〈그림 4〉와 같은 위치를 기준으로 삼았을 때 그래프의 원근은 지역사회 축과 관련이 깊다. 즉, 전면에서 가까울수록 지역사회는 발전한 것이고 멀수록 쇠퇴한 것이다.

이와 같이 지역·지역사회·의례의 문화지형도는 몇 가지 유의미한 정보를 제시해 주고 있다. 이를 정리하면 다음과 같다.

첫째, 시간의 흐름에 따른 그 지역의 문화적(의례) 경향성을 인식할 수 있다. 이 책에서는 의례에 한정하여 살펴보았지만 문화 전반으로 확대하여 지표를 설정한다면 지역과 지역사회의 상관성 속에서 시간의 흐름에 따라 문화가 어떻게 변화했는가를 알 수 있을 것이다.

둘째, 이러한 문화적 경향성을 띠게 되는 중요한 기점을 인식할 수 있다. 어떤 지점에서 최정점에 달했는지 혹은 전환기를 맞았는지, 아니면 쇠퇴기를 맞았는지 등을 알 수 있다.

셋째, 특정 시기 문화(의례)의 위치를 인식할 수 있다. 문화가 활성화되는 시기에 위치하고 있었는지 혹은 쇠퇴하는 시기에 있었는지를 알 수 있다.

마지막으로 다른 지역의 문화지형도와 비교가 이루어진다면 그 지역의 문화적 특색을 보다 명확하게 인식할 수 있을 것이다. 다음 절에서 여기에 대해 구체적으로 살펴보도록 하자.

2) 문화지형의 비교와 의의

여기서는 앞에서 살펴보았던 특정 지역의 문화지형을 다른 지역과 비교했을 때 어떠한 차이가 있으며 이를 통해 어떤 의미를 찾을 수 있을지 살펴보고자 한다. 이를 위해 가상의 B지역을 설정하였다.

이 B지역은 도심부에 위치하고 있으며 일제강점기에는 일본인들이 집중적으로 거주했던 지역이었고 한국전쟁 당시 다른 지역에 비해 피해가 적어 지속적인 성장을 해 온 지역으로 가정하였다. 반면에 지역사회와 의례는 점차 쇠퇴하는 것으로 가정했다. 그리고 서빙고 지역과 마찬가지로 지역, 지역사회, 의례에 대한 지수를 임의로 매겼다. 그 결과는 〈그림 5〉와 같다. 매겨진 지수를 시간의 흐름에 따라 연결하면 〈그림 6〉과 같은 꺾은선 그래프를 얻을 수 있다. 이를 3차원 그래프로 구현하면 〈그림 7〉과 같다.

〈그림 7〉은 1927년부터 2007년까지 B지역 문화의 변화 양상을 보여주고 있다. 전반적인 경향은 1953년을 기점으로 한 번의 전환기를 지나 점차 지속적으로 하강하고

(시간)	지수	지역의 축	지수	지역사회의 축	지수	의례의 축	지수
		-5 -4 -3 -2 -1 0 1 2 3 4 5		-5 -4 -3 -2 -1 0 1 2 3 4 5		-5 -4 -3 -2 -1 0 1 2 3 4 5	
일제시대 1927	0	일본인 거주지로 부상	2	자치단체 구성	3		4
1936	9	인구 2,573명	2.1		3.1		3.8
광복 1945	18		2.5		3.4		3.6
1946	19		2.6		3.6		3.5
1947	20		2.8		3.8		3.3
한국전쟁 1950	23	경미한 피해	3		4		3
1953	26	피난으로 이주	1	지역공동체 해체	2		1
1955	28	재건사업	2	재구성	1		2
1960	33		2.5		2		2.5
1961	34	도심지 재개발	3		3		3
1970	43		3.1		3.2		2.8
1972	45		3.2		3.6		2.5
1973	46		3.4		3.8		2.4
1975	48		3.6		4		2.3
1976	49		3.8		3.8		2.2
1978	51		3.9		3.7		2.1
1979	52		4		3.6		2
1980	53		4.1		3.5		2.8
1981	54		4		3.4		2.6
1982	55		3.8		3.3		2.5
1985	58		3.5		3.2		2.3
1986	59		3.3		3.1		2.2
1990	63		3		3		1
1991	64		3.2		2.8		0.8
1994	67		3.3		2.5		0.5
1995	68		3.8		2.3		0.3
2000	73		3.5		2.1		0.2
2001	74		3.8		2		0
2002	75		4		2.8		−0.8
2004	77		4.2		2.6		−0.6
2005	78		4.5		2.4		−0.4
2006	79		4.8		2.3		−0.8
2007	80		4.9		2.1		−1

〈그림 5〉 B지역의 지역·지역사회·의례의 축과 지수(1927~2007년)

있음을 알 수 있다. 앞서 살펴보았던 서빙고 지역과 비교해 보면 B지역의 문화지형이 분명하게 다름을 알 수 있다.

B지역은 상대적으로 급격하게 변화하는 시기가 적은 편이며 하강의 방향 역시 다르게 나타난다. 서빙고 지역은 하강의 방향이 오른쪽에서 왼쪽이었다가 두 번째 전환기를 지나서는 반대로 왼쪽에서 오른쪽으로 하강을 하였다. B지역은 전반적으로 오른

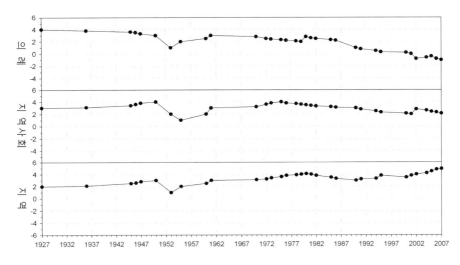

〈그림 6〉 B지역 지역·지역사회·의례의 시기별 변화(1927~2007년)

쪽에서 왼쪽으로 하강하고 있다.

　이러한 두 지역 문화지형의 차이를 어떻게 해석해 볼 수 있을까? 두 지역 문화지형을 나란히 놓고 보면 〈그림 8〉과 같다.

　먼저, 문화지형의 복잡성에 따라 문화 변동의 차이를 읽어낼 수 있다. 문화지형이 복합하게 얽혀 있는 서빙고 지역보다는 비교적 단순한 B지역이 상대적으로 평탄한 문화 변동을 겪었다고 볼 수 있다.

　다음으로, 그래프의 경향성을 보고 지역과 지역사회에 따른 문화적 민감성 혹은 연관 정도를 가늠할 수 있다. 그래프가 평탄하게 진행되는 것보다는 상승과 하강, 순행과 역행이 반복적으로 나타나는 것은 각각의 영역이 다른 영역에 민감하게 반응하는 것으로 이

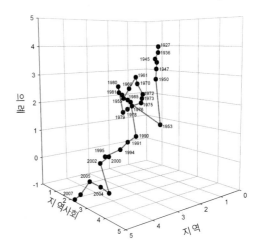

〈그림 7〉 B지역 지역·지역사회·의례의
문화지형도(1927~2007년)

해해 볼 수 있다. 즉, B지역은 시대의 흐름에 따라 지역은 점차 발전하지만 지역사회는 정체 내지는 쇠퇴하고 의례는 지속적으로 쇠퇴하는 보편적인 경향을 보여주고 있다. 이런 경우 〈그림 7〉과 같이 전반적으로 완만하게 하강하는 그래프로 나타난다. 이는 각각의 영역이 서로 영향을 미치기는 하겠지만 그보다 보편적인 경향성을 따르고 있는 것으로 볼 수 있다.

반면, 서빙고 지역의 경우는 순행과 역행을 반복하면서 불규칙적인 진행을 보여주고 있다. 이는 각각의 영역이 밀접하게 연관되어 있어 어떤 변화에 대해 서로 민감하게 반응하고 있음을 의미한다. 따라서 서빙고 지역은 B지역에 비해 지역과 지역사회, 문화(의례)의 연관성이 높다고 볼 수 있다.

이러한 해석 외에도 더 많은 지역의 문화지형을 구축해 보고 이들을 비교해 본다면 보다 다양한 해석을 이끌어 낼 수 있을 것으로 생각된다.

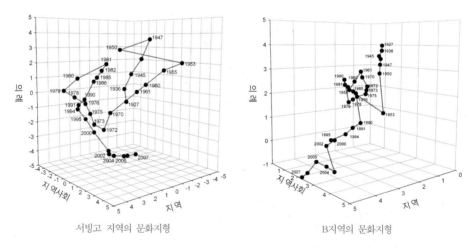

서빙고 지역의 문화지형   B지역의 문화지형

〈그림 8〉 서빙고 지역과 B지역의 문화지형 비교(1927~2007년)

민속 연구의
새로운 지평을 위하여

결론 .
민속 연구의 새로운 지평을 위하여

- •
- •
- •

이렇게 해서 조선후기에서부터 일제강점기, 광복과 한국전쟁 이후까지 서울이라는 공간에서 지역이 변화함에 따라 지역사회와 그 지역사회에서 행해졌던 의례들, 그리고 그 의례를 주도했던 사람들이 어떻게 변화해 나갔는가를 살펴보았다. 또한 이러한 논의를 토대로 서울 민속의 주체 문제를 살펴보았다. 마지막에는 지역 · 지역사회 · 의례의 문화지형을 구축해 보고 그 의미에 대해서도 살펴보았다. 지금까지 논의했던 내용을 정리해 보면 다음과 같다.

서론에서는 먼저, 이 책에서 주요하게 제기하는 도시와 서울, 지역 의례에 대한 전반적인 연구 현황을 살펴보았다. 도시와 서울에 대한 연구 성과들을 통해 동시대 향촌사회의 동향이나 변모와는 다른, 도시와 서울의 차별적인 성격을 읽어낼 수가 있었다. 즉, 조선후기부터 상업이 발달하고 도시가 성장함에 따라 서울로의 이입 인구가 급증하면서 인구 교체 현상이 일어났다. 또한, 상업과 자본에 의해 지역사회의 주도 세력이 재편되고 있었다.

이러한 특징은 서울 지역의 의례가 재지 사족이나 유력 토착 성씨들에 의해 의례가 주도되었던 동시대 향촌사회와는 확연히 다른 양상을 띠게 되는 배경이 되었다. 이와 같은 역사적인 맥락은 현대 도시 지역 의례 연구에 있어서도 중요한 관점을 제시해 주고 있다. 즉, 도시 지역의 민들은 이주와 정착, 도시 계획과 발전, 지역 경제와 상업 등과 밀접하게 관련되어 있다. 이들에 의해 행해지는 의례 역시 이러한 맥락에서 이해되어야 한다.

다음으로 이 책의 주요한 연구 방법으로서 지역과 지역사회, 의례의 상호 추적과 종합의 방법을 제시하였다. 또한 이 세 가지의 영역의 변화 과정을 입체적으로 보여 줄 수 있는 '지역·지역사회·의례의 문화지형'의 요소와 이를 구축할 수 있는 방법을 제시하였다.

또한, 이 책에서 기본 개념이 되고 있는 지역, 지역사회, 의례에 대해서 여러 학문 분야에서의 정의들, 그리고 이 연구에서 그 개념들이 어떻게 쓰이고 있는가를 살펴보았다. 결국 이는 이 세 개념의 접점에서 구축되는 사유의 틀인 지역·지역사회·의례의 문화지형에 접근하기 위한 과정이기도 하지만 의례 연구에 있어서 기본적으로 견지해야 할 관점을 제시한 것이기도 하였다.

본장에서는 조선후기부터 광복 이후까지 서울 지역사회의 변화에 따라 의례를 주도하던 집단은 어떻게 변모했는가를 살펴보았다. 1장에서는 조선후기부터 대한제국기 동안 서울의 지역사회가 동이나 계 등으로 조직화됨에 따라 지역사회에 영향력을 행사했던 세력들이 의례를 주도해 나갔던 정황이 밝혀졌다. 이 시기 동안 지역의 토착 세력들이 세력을 유지하고는 있었지만 점차 상업이 발달하면서 상인들이나 관료들, 명망가나 자본가들이 지역에 세력을 확장해 나가고 있었고 이들도 의례에 점차 영향력을 행사하기 시작했다.

여기서는 서빙고 지역과 마포 지역을 예로 들었다. 서빙고 지역의 경우는 조선후기인 1875년경부터 대한제국기인 1903년경까지 순차적으로 그 변화상을 살펴 볼 수 있었다. 마포 지역의 경우는 1903년경, 즉 대한제국기에 건립된 제당과 그 의례 집단이 사례로 제시되었다.

서빙고 지역과 마포는 둘 다 한강변에 위치한 포구로 상업 활동이 활발했던 곳이었다. 이곳에 각각 부군당과 영당이라는 의례 공간이 있었다. 서빙고 지역에서는 수원 백씨와 강음 단씨라는 토착 세력이 중심이 되어 지역 의례를 주도해 나갔다면 마포 지역에서는 이 지역에 거주했던 객주나 상인들 외에도 마포와 관련된 상인들이나 관리 등 이해관계에 있었던 외부 인사들도 많이 참여하고 있었다는 점이 다소 다른 점이다. 이는 마포 지역이 상업적으로 번성하면서 서빙고 지역에 비해 더 개방적이고 역동적인 지역이었음을 의미한다.

2장에서는 일제강점기에 일제의 도시개발과 식민지 정책에 의해 지역사회가 급격한 변동을 하게 되고 이에 따라 지역과 그 의례를 주도하던 집단들도 다변화되는 양상을 살펴보았다. 여기에서는 서빙고 지역과 장충동 지역을 예로 들었다.

서빙고 지역은 일제 때 철도가 놓이고 인근에 일본 군대가 들어서면서 급격한 변화를 맞았다. 이로 인해 지역 의례를 주도했던 세력 역시 토착 세력 외에 미곡상이나 정미소업자들이 두각을 나타내기 시작했다. 특히, 이곳에서도 정미업이나 미곡상과 관련된 외부인들이 의례에 참여하고 있었음을 알 수 있었다.

장충동 지역은 일본인이 다수 거주했던 지역이다. 여기에는 관성묘라는, 관우를 주신으로 한 제당이 있다. 이곳에 소장되어 있는 다수의 문서들을 통해 일제 때 이 관성묘에서 행해졌던 의례와 그 주체들에 대해서 소상하게 알 수 있었다. 관성묘 의례는 '영신사'라는 단체가 중심이 되어 행해졌는데 이 영신사에는 장충동 거주자들 외에도 인근 지역에 거주하는 이들이 다수 가입되어 있었다. 즉, 영신사는 장충동 내의 의례 집단에 국한되지 않고 장충동이라는 지역 범위를 넘어선다. 따라서 관성묘 의례는 지역 의례의 성격도 있으나 신앙 결사체 의례의 성격도 있음을 알 수 있다. 특히, 이 의례에 친일 인사와 군인들, 자본가들이 다수 참여하면서 이들이 의례를 장악해 나갔던 정황도 밝혀졌다.

그런데 이 관성묘 의례는 지금까지 살펴 본 지역 의례와는 다른 차원에서 접근해 볼 필요가 있을 것 같다. 그 이유는 이 영신사에 장충동이나 인근 지역에 사는 이들이 다수 참여하고는 있으나 그 외에 많은 이들이 군인이나 명망가, 관료나 총대, 사업가 등의 유력자들로서 일종의 신앙을 매개로 한 결사체 내지는 커뮤니티를 형성하고 있었기 때문이다. 이 책에서 다소 상이한 이 단체와 그 의례에 대해서 명확하게 그 성격을 규명할 수 없었던 점은 아쉬움으로 남는다.

3장에서는 광복 이후의 상황을 살펴보았다. 광복 이후 지역사회가 그대로 존속하기도 했으나 한국전쟁이 발발함에 따라 해체되었다가 다시 재구성되는 사례가 빈번하였다. 즉, 광복과 한국전쟁 이후 급격하게 진행되었던 전후 복구 사업과 도시 계획으로 인해 서울 전체 지역이 또 한 번의 급격한 변화를 겪었다. 이로 인해 지역사회는 해체와 재구성을 반복하면서 의례 역시 중단되거나 축소되는 상황을 맞게 된다.

그럼에도 불구하고 많은 지역에서 의례가 지속되거나 복원되고 있는 2018년 현재 상황은 주목할 만하다. 여기서 우리는 도시의 외관이 급격하게 변형되고 아파트와 도로, 각종 마트와 카페가 난립하는 와중에서도 지역이라는 장소성이 지니는 구심력이 얼마나 지대한가를 목격하게 된다.

또한, 지역을 떠난 원주민들을 대신하여 이주민들이 의례를 주도해 나가기도 하였고 지역을 지켰던 원주민들도 점차 그 수가 줄어 의례 집단은 소수 정예화되는 양상을 띠게 되었음을 알 수 있었다. 여기에서는 대표적인 지역 사례로 서빙고 지역을 예로 들었다.

그리고 마지막에는 서울 한강 유역 부군당 의례를 중심으로 도시의 발전에 따라 공동체 의례가 어떻게 변화하였으며 그 주체들은 어떻게 대응해 나가는가에 대해 살펴보았다. 이러한 과정은 결국 현재 전승되고 있는 의례 전통이 어떠한 과정을 거쳐서 변화·창출되었으며 의례의 지속을 위해 주도 집단이 선택한 전략과 의례는 어떠한 관련성을 지니고 있는가 하는 점을 밝히는 것이었다.

의례 전통이 현대화되는 양상을 살펴보면 크게 세 가지 양상으로 나타난다. 첫째, 외부적 공조 시스템이 구축되고 있다는 것이고 둘째, 의례가 지역민들의 정체성을 확인하고 '전통문화행사'로 활용되고 있다는 것이다. 셋째는 한강 개발과 도시 발전으로 인한 두려움과 불안감이 부군 신앙으로 재현되고 있음을 알 수 있었다.

다음으로, 사회 변동에 따른 주도 집단의 대응 방식은 크게 세 가지 형태로 나타났다. 즉, 부군당 의례를 세속화·공식화·행사화 하고 있다는 것과 관과 긴밀한 원조적 관계를 형성하면서 대응해 나가고 있다는 것이다. 또한, 주도 집단이 조직화·소수 정예화되고 있음을 밝혔다.

4장은 1~3장에의 논의를 토대로 도시 지역, 특히 서울 민속의 주체가 과연 누구였는가 하는 점을 밝혔다. 현재는 '서울 시민'이 민속의 주체이겠으나 과거 역사적으로 존재했었던 상인과 객주, 무임, 관료, 신흥 자본가 등도 당시 민속의 주체로서 인정해야 함을 밝혔다.

이러한 관점은 비단 도시 지역에만 해당되는 것은 아닐 것이다. 지역에 따라 차이가 있을 수는 있지만 사회와 경제의 발전에 따라 새로운 직업과 계층이 발생하고 이들이 지역사회에 일원으로 등장하는 것은 보편적인 현상이다. 과거 지역사회가 농민과 토착 성씨를 주축으로 운영되었다면 시간이 지날수록 상인이나 사업가, 관료, 명망가 등 다양한 직업과 계층의 지역민, 혹은 이주민이나 외부인들까지도 지역사회에 관여하였다. 따라서, 민속의 주체는 어느 한 계층으로 고정될 수도 없을 뿐만 아니라 임의로 고정할 수도 없는 것이다. 변화하는 사회 속에서 그 사회의 대다수를 이루는 민들이 바로 민속의 주체인 것이다.

또 하나의 결론적인 논의로서 서빙고 지역을 사례로 실제 '지역·지역사회·의례의 문화지형도'를 구축해 보고 이 문화지형도가 지니는 의미를 살펴보았다. 또한 다른 지역의 문화지형도와 비교하여 차이가 무엇이고 이 차이가 어떠한 의미를 가지는지도 살펴보았다.

끝으로 이 연구의 의의와 한계를 정리하면서 마무리하고자 한다.

첫째, 이 연구는 서울지역, 즉 도시를 공간적 범위로 한 공동체 의례의 주도집단에 대한 본격적인 연구라는 데 그 의의가 있다고 생각된다. 시기에 있어서도 조선후기부터 일제강점기, 그리고 광복 직후와 한국전쟁 이후까지 통시적으로 살펴봄으로써 지역의 변화에 따라 지역사회와 그 의례의 주체들이 어떻게 변해가는지를 밝힐 수 있었다. 그러나 지역 사례가 몇몇 지역에 한정되어 있어 보편성과 다양성을 확보하는 데는 미흡한 점이 있었다. 이후 여타 다른 지역에 대한 지속적인 연구 성과에 의해 그 공백들이 메워지기를 기대해 본다.

둘째, 과거 서울 지역 민속의 주체를 상인과 객주, 무임, 관료, 신흥 자본가 등으로까지 확장함으로써 민속의 주체인 '민'의 범주를 재정립하는 데 단초를 마련했다고 판단된다. 이러한 평가는 필자의 좁은 소견일 수도 있다. 일부 학계 내에서만 문제시되는 주체 문제를 침소봉대한 것일 수도 있고 이미 연구자들 사이에서는 해결된 문제를 여전히 존재하는 문제인 양 판단한 것일 수도 있다. 어찌되었던 민속의 주체에 대해서 다시 한 번 고민해 보고 그 주체들 중에는 지금껏 간과했던 계층이 있을 수도 있다는 점을 상기시켰던 계기가 되었다면 나름 의미가 있었다고 생각된다.

마지막으로, 지역과 지역사회(지역민), 그리고 문화(의례)를 축으로 하여 지역 문화를 입체적이고 종합적으로 사유·분석할 수 있는 하나의 방법론을 제시했다는 데 의미를 두고 싶다. 물론 이러한 아이디어는 필자만의 고유한 것은 아니다. 그간 여러 연구자들도 지역과 지역민들과의 연관성 속에서 민속을 분석하고 연구해왔다. 다만, 필자는 이러한 연구 방식을 지역·지역사회·의례의 문화지형이라는 개념으로 제시하고 실제 이를 3차원 그래프로 구현해 보았을 뿐이다.

이 문화지형이라는 개념의 적합성과 3차원으로 형상화된 문화지형도의 실효성에 대해서 많은 비판과 논쟁이 있을 것으로 예상된다. 그러나 이러한 사유의 틀은 의례나 민속 연구에 있어서 기본적으로 견지해야 하는 접근 방식이어야 함은 다시 한 번 강조하고 싶다.

민속 지식의
기록, 유형有形 자료의
존재 양상과 기능

보론 .

민속 지식의 기록, 유형有形 자료의 존재 양상과 기능*
─서울 지역공동체의례 관련 자료를 중심으로─

1. 서론

　　　　　　　　'민속지식'이란 용어가 언제부터인가 민속학계에 퍼지면서 새로운 화두로 거론되고 있다. 다른 영역에서는 이미 전통지식,[1] 전통생태지식,[2] 전통토착지식[3] 등 다양한 용어로 사용되면서 활발한 논의가 진행되었다. 그런데, 민속지식 혹은 전통지식이란 용어가 구체적으로 사용되기 전부터 민속학자들 사이에서는 '민속folklore'의 정의에 이미 '민간folk의 지식lore'의 의미가 내포되어 있어 그 지식적

· · ·

* 　보론은 졸고, 「민속 지식의 기록, 유형有形 자료의 존재 양상과 기능 : 서울 지역공동체의례 관련 자료를 중심으로」, 『민속연구』 31, 안동대학교 민속학연구소, 2015를 수정 보완하여 실었다.

1 　'전통지식(traditional knowledge)'이란 용어는 생물다양성협약 전문에 처음 등장한다. "전통적인 생활양식을 취하는 원주민사회 및 지역사회는 생물자원에 밀접하게 그리고 전통적으로 의존하고 있음을 인식하며 생물다양성의 보전 및 그 구성요소들의 지속가능한 이용과 관련된 전통적인 지식 · 기술혁신 및 관행의 이용에서 발생되는 이익을 공평하게 공유하는 것이 바람직함을 인식하고… Recognizing the close and traditional dependence of many indigenous and local communities embodying traditional lifestyles on biological resources, and the desirability of sharing equitably benefits origins from the use of traditional knowledge, innovations and practices relevant to the conservation of biological diversity and the sustainable use of its components.", 생물다양성협약('92.6.5 채택), 전문, 제12차 생물다양성협약 당사국총회(COP 12), http://www.cbdcop12.kr, 2015년 8월 24일 검색.

2 　서구의 경우 '전통생태지식(traditional ecological knowledge)'에 대해서 "살아있는 것들이 서로 가지는 관계와 물리적 환경과 이루는 관계에 대한 지식과 실행 결과, 그리고 신념 등을 포함"하며 이 지식은 "대체로 발전된 기술이 부족한 사람들이 삶을 자기 지방의 자원에 직접 의존하여 갖춘 경우가 일반적"이라고 보았다. 이도원 편, 『한국의 전통생태학』, 사이언스북스, 2004, 10쪽.

3 　1997년 농촌진흥청에서는 '농촌사회의 전통토착지식 및 전통농업기술에 대한 목록화' 사업을 진행하였다. 이한기, 「전통토착지식의 개발가치 평가」, 『한국지역사회생활과학회 학술대회 자료집』, 한국지역사회생활과학회, 2000, 73쪽.

성격이 인식되고 있었다.[4] 뿐만 아니라 세시풍속이나 생산민속, 민간의료나 의식주 민
속 등에 대한 연구에서는 부분적이기는 하지만 '지식'과 관련된 내용들이 지속적으로
소개되어 왔다. 다만, 이러한 '지식적인 성격'을 가진 민속이 지적재산권[5] 혹은 지식주
권,[6] 문화자원[7] 등이 거론되는 요즘 추세와 부합되면서 '민속지식'이란 용어가 특화된
것으로 보인다.

그 동안 민속지식에 대한 연구는 민속학과 인류학 분야 외에도 생활과학 분야,[8] 농
업과학 분야,[9] 지식재산 관련 분야,[10] 식물 자원 분야[11] 등에서 폭 넓게 전개되었다. 민
속학과 인류학 분야 외의 분야는 '전통지식'이라는 차원에서 주로 특허청, 산림청, 농
촌진흥청 등 국가 기관에서 주도하고 있다는 특징이 있다. 민속학과 인류학 분야에서

• • •

4 P. 생티브 저, 심우성 편역, 『민속학개론』, 대광문화사, 1981, 37쪽. 국내의 대부분의 민속학 개론서에서도 이러한
   견해를 따르고 있다.

5 2001년부터 시작된 '지식 재산과 유전자원, 전통지식, 민간전승물에 관한 세계지식재산권기구(WIPO) 정부간 위원
   회'에서 전통지식자원의 보호와 지식재산권의 문제가 논의되었다. 김행란 외, 「전통지식 자원의 활용실태 연구」,
   『한국지역사회생활과학회지』 14(2), 한국지역사회생활과학회, 2003, 95쪽.

6 임재해는 별자리 이름과 천문지식, 토종 농작물과 건강식품, 전통 의술과 육아법 등에 관한 민족지식들을 모두 서
   구지식에 내주게 되면 세계화시대에 문화주권과 지식주권을 누릴 수 없을 것이라고 지적한 바 있다. 임재해, 「한
   국 지식지형의 비판적 인식과 민속지식의 새 지평」, 『실천민속학연구』 21, 실천민속학회, 2013, 46쪽.

7 전국의 지방자치단체와 문화관광 분야 기관을 중심으로 활발하게 전개되고 있다. 대표적인 사례로, 전국문화원연
   합회 편, 『한국의 향토문화자원』(전6권), 전국문화원연합회, 2000; 농촌진흥청 농촌지원국 농촌자원과 편, 『법고창
   신 : 2010 농촌 전통문화자원 발굴 보고서』, 농촌진흥청 농촌지원국 농촌자원과, 2010; 문화체육관광 편, 『지역에
   서의 문화자원 보전 및 활용에 관한 연구』, 문화체육관광부, 2011 등이 있다.

8 김행란 외, 「전통지식 자원의 활용실태 연구」, 『한국지역사회생활과학회지』 14(2), 한국지역사회생활과학회,
   2003; 김미희 외, 「세시풍속 전통지식기술의 개발가치 평가와 활용방안 분석」, 『한국지역사회생활과학회지』
   17(4), 한국지역사회생활과학회, 2006; 안윤수 외, 「전통지식의 개념과 한국전통지식자원 분류도구 개발」, 『한국지
   역사회생활과학회지』 17(4), 한국지역사회생활과학회, 2006.

9 농업진흥청 농업과학기술원 농촌생활연구소 편, 『전통지식모음집』(전5권), 농업과학기술원 농촌생활연구소, 1997
   ~1998; 『농촌전통지식의 발굴 활용을 위한 기반구축연구』, 국립농업과학원, 2007; 농촌진흥청 농업과학기술원 농
   촌생활연구소 편, 『전통지식 자원 활용실태 조사 보고서』, 농업과학기술원 농촌생활연구소, 2003; 농촌진흥청 농
   업과학기술원 농촌자원개발연구소, 『농촌 구전(口傳) 전통지식자원의 조사와 활용』, 농촌자원개발연구소, 2007.

10 신정은, 「유전자원, 전통지식 및 민간전승물의 보호에 관한 국제논의 동향 및 전망 : WIPO 정부간위원회 논의를
   중심으로」, 『지식재산21』 71, 특허청, 2002; 정명현, 「전통지식의 국제적 보호방안에 관한 고찰」, 『국제경제법연
   구』 10(1), 한국국제경제법학회, 2012; 특허청·한국지식재산연구원, 『지식재산 가치평가 방법론 개발 : 전통지식
   을 중심으로』, 특허청, 2013.

11 2002년 산림청의 '토종식물 이용·관리와 관련된 전통지식의 발굴·정리 사업', 2005~2013년 국립수목원의 '전통
   식물자원의 발굴 및 보전을 위한 기초조사 및 현지조사', 국립생물자원관의 '국립공원을 중심으로 민속식물의 분
   포와 이용, 효능 등의 전통지식 정보 탐사 및 수집' 등이 있다. 정재민 외, 『한국의 민속식물 : 전통지식과 이용』,
   국립수목원, 2013, 27쪽.

도 전통지식 혹은 전통 문화지식이라는 관점에서 연구[12]가 진행되어 왔고 최근에는 민속지식의 관점에서 본격적으로 연구가 진행되고 있다.[13]

이 연구에서는 민속 현장에서 전승되고 있는 유형有形 자료,[14] 특히 지역공동체의례의 유형 자료들에 주목하여 그 유형 자료들에도 민속지식이 반영되어 있음을 인식하고 그 자료들의 존재 양상에 따라 민속지식이 어떻게 반영되어 있는가를 밝히고자 한다. 또한 유형 자료의 기능의 대해서도 살펴보고자 한다. 연구의 대상은 서울지역공동체 의례와 관련된 자료들로 한정한다.[15]

연구의 목적을 수행하기 위해 먼저, 민속지식의 개념을 정의해 보고 민속지식이 반영되는 형태의 하나로 유형 자료의 의미를 살펴 볼 것이다. 다음으로, 이러한 유형 자료가 구체적으로 어떻게 존재하고 있으며 어떠한 목적과 과정에 의해 생산되는지를 살펴 볼 것이다. 그 다음으로, 의례에 대한 지식이 실제 자료에 어떻게 반영되어 있는지를 서울 지역 자료들을 중심으로 살펴 볼 것이다. 마지막으로 지역사를 재구성하는 데 유형 자료가 어떻게 사용될 수 있는지를 모색해 볼 것이다. 이는 유형 자료의 중요한 기능 중에 하나이다.

• • •

12 대표적인 사례가 안동대학교 민속학과에서 2006년부터 2012년까지 진행한 "유교문화권 전통마을의 문화지식 자원화 연구"이다. 안동대학교 홈페이지, http://folklore. andong.ac.kr/introduce/history 참조.

13 함한희, 「민속지식의 생산과 공공성의 문제 : 마을 민속 아카이브 구축과 관련해서」, 『민속연구』 17, 안동대학교 민속학연구소, 2008; 좌혜경, 「해녀 생업 문화의 민속지식과 언어표현 고찰」, 『영주어문』 15, 영주어문학회); 주강현, 「언어생태전략과 민속지식의 문화다양성」, 『역사민속학』 32, 한국역사민속학회, 2010; 임재해, 앞의 논문, 2013; 임재해, 「탯줄과 출산문화로 본 민속지식의 태아생명 인식」, 『비교민속학』 54, 비교민속학회, 2014. 또한, 안동대학교 민속학과에서는 2013년부터 2020년까지 "미래지식 창출을 위한 민속지식의 자원화"라는 주제로 BK 플러스 사업을 진행할 예정이다. 안동대학교 민속학과 홈페이지, 앞의 주소.

14 여기서 '유형(有形) 자료'란 문서나 문헌, 현판, 비석 등의 기록물뿐만 아니라 사진, 그림, 조각 등도 포괄하는 의미로 사용할 수 있다. 그러나 이 글에서는 주로 기록물에 한정하여 사용했는데 그럼에도 불구하고 유형 자료라고 명명한 이유는 구술로 전승되거나 표현 행위로 전승되는 '무형(無形) 자료'와 대비되는 용어로서 유형으로 존재하는 자료의 의미를 강조하기 위함이다.

15 서울 지역이 본 연구의 목적을 성취하는 데 특별히 적합한 지역이라고는 생각하지 않는다. 어떤 지역을 설정하든 연구를 수행하는 데는 큰 변수는 없을 것이라 판단되며 다만, 서울 지역은 필자가 수년간 현지 조사와 자료 수집을 진행했던 지역이라 그간 수집한 자료가 다수 축적이 되어 있으며 서빙고동, 장충동, 보광동 등 50~100여 년 동안 지속된 유형 자료가 남아 있는 지역도 있어서 본 연구의 목적을 성취하는 데는 큰 무리가 없을 것으로 판단된다.

2. 민속지식의 개념과
유형 자료

현재까지 거론된 전통지식에 대한 정의와 민속지식에 대한 논의를 비교하면 〈표 1〉과 같다. '전통지식traditional knowledge'이란 용어는 〈표 1〉의 ①에서와 같이 1992년 채택된 「생물다양성협약」에서 등장하는데 이때 전통지식 은 '생물다양성의 보전 및 지속가능한 이용에 적합한 전통적인 생활양식을 취하여 온 원주민사회 및 현지사회의 지식·혁신적 기술 및 관행' 정도로 이해할 수 있다.

이러한 생물다양성협약은 유전자원과 함께 전통지식에 대한 관심을 촉발하는데 특히 세계지식재산기구(WIPO, World Intellectual Property Organization)에서는 2001년부터 유전자원, 전통지식 그리고 전통문화표현물의 지식재산적 요소에 대한 국제적 보호방안을 논의하기 시작한다.[16]

이러한 국제적 추세에 따라 국내 특허청을 중심으로 〈표 1〉의 ②와 같이 전통지식이 정의되기도 하였다. ①에서 말한 전통지식이 "생물다양성의 보전 및 지속가능한 이용에 적합한" 것이라야 한다는 전제가 있는 반면에 ②의 개념은 상당히 포괄적이고 특히 전통예술에 대한 지식과 민간전승물까지도 포함시키고 있어 주목된다. 이처럼 지식재산과 관련된 분야에서 정의한 전통지식의 범위는 민속의 영역과도 상당 부분 겹친다.

이 밖에 ③의 농업과학 분야와 ④의 생활과학 분야에서는 전통지식의 개념이 전통적으로 계승되어 온 특정한 '지식' 외에도 '지식체계' 또는 '지식체'라는 보다 추상적이고 포괄적인 범위까지 확장되고 있다. ⑤의 인류학과 ⑥의 민속학에서는 전통지식과는 구별하여 '민속지식'이라는 용어를 사용하고 있다. ⑤와 ⑥에서 공통적으로 민속

...

16 특허청·한국지식재산연구원, 『지식재산 가치평가 방법론 개발 : 전통지식을 중심으로』, 특허청, 2013, 33~34쪽. 여기서 전통문화표현물은 민간전승표현물(Expression of Folklore)과 같은 의미로 사용되는데 "민간전승표현물이란 한 국가 내의 공동체 또는 그 공동체의 전통, 예술적 기대를 반영하는 개인에 의해서 유지, 발전되어 온 전통적인 예술적 유산의 특정적 요소로 구성되어 있는 작품"으로서 "전래동화와 속담 등 구어적 표현, 민속노래 등 음악적 표현, 민속춤과 연극 등 행위에 의한 표현, 그 밖에 회화, 조각, 공계, 의상 등 유형의 표현물"도 포함된다. 같은 책, 23쪽.

지식의 전승 주체를 '민중'으로 상정하고 있으며 특히 ⑥에서는 '공동체 성원들이 무상으로 공유하는 지식'이라 하여 '공유성'[17]을 강조하고 있다.

이처럼, '민속지식'이란 용어는 생태나 유전자원의 보존과 활용을 전제하고 있는 「생물다양성협약」의 '전통지식'과 다르다. 또한 '전통'과 '민속' 간의 구별이 그러하듯이 민속지식은 민속이라는 테두리 내에서 정의되는 것이기에 유교나 궁중 문화 등도 포괄하여 사용하는 일반적인 '전통지식'과도 구별된다. 따라서 앞으로 사용할 '민속지식'이란 용어의 개념을 구체적으로 정의할 필요가 있다.

민속지식은 민속과 지식의 합성어로서 민속 중에 지식으로 여길 수 있는 것을 말한다.[18] 여기서 민속이란 '민民들의 풍속'을 말하는데, 김태곤은 민속을 "민간인의 사고·언어·행동이 구체적으로 형상화한 유형·무형 일체의 민간문화 현상"이라고 정의한 바 있다.[19]

그렇다면 '지식'은 무엇일까? 피터 버크는 지식에 관한 연구를 역사적으로 다루면서 지식과 정보를 구분하였다. 즉, '정보'는 "상대적으로 '날 것'인, 특수하고 실용적인 것들"이라고 보았고 '지식'은 "'익힌 것', 사고 과정을 거쳐 분석 또는 체계화된 것"으로 보았다.[20] 결국 지식은 '날 것'이 아닌, 일정한 사고 과정을 거쳐 분석 또는 체계화된

...

17 지식재산권과 관련된 분야에서는 '퍼블릭 도메인(public domain)에 해당하는 전통지식'과 '사적 소유(private domain)에 해당하는 전통지식'을 구분한다. 전자의 경우는 주로 전통지식이 공지(publicly known)·공용(publicly used)에 해당하고, 신규성을 상실한 경우로 본다. 대다수의 전통지식이 여기에 해당된다. 후자의 경우는 특정 선주민이나 공동체만이 지식을 보유한 경우나 지식이 선주민 중에서도 샤만 등 한정된 사람에 의해서 전승된 경우 등과 같이 당해 지식을 특정 공동체 또는 특정 개인 이외의 자는 알 수 없는 상태를 말한다. 특허청·한국지식재산연구원, 앞의 책, 67쪽. 이처럼 민속지식에도 농사 기술과 같이 많은 사람들이 사회적으로 공유하는 지식이 있는가 하면 무가(巫歌)와 같이 무당들에 의해서만 사적으로 전승되는 지식도 있다. 따라서 민속지식의 '공유성'을 규정할 때는 이와 같은 다양한 사례를 검토할 필요가 있다.
18 앞서 '민속'의 개념에 이미 '지식'이 내포되어 있다고 하였다. 그러나 보편적인 '민속'이란 용어와 구별하여 특별히 '민속지식'이라고 명명할 때는 그 의미 역시 새롭게 구별해 사용할 필요가 있다.
19 김태곤, 『한국민속학원론』, 시인사, 1984, 22쪽.
20 피터 버크 저, 박광식 역, 『지식: 그 탄생과 유통에 대한 모든 지식』, 현실문화연구, 2006, 28쪽. 또한 필자는 근대 초기의 사람들이 지식으로 여겼던 것들을 다루고자 하면서 "주술이나 마법, 천사나 악마" 같은 지식들도 포함된다고 보았다. 같은 책, 28쪽. 특히, '구전지식'과 함께 "건축, 요리, 천 짜기, 의술, 사냥, 경작 따위의 비언어 행위들도 역시 지식의 정의에 포함"시키고 있다. 같은 책, 31쪽. 임재해는 "지식은 다양한 정보들이 축적되고 일정하게 평가된 공적인 앎으로서 역사성을 지닌 앎이라면, 정보는 특정한 일을 수행해야 할 때 긴요하게 동원되는 지식으로서 행위 결정의 근거가 되는 시의성을 지닌 앎"이라고 하여 지식과 정보를 구별한 바 있다. 임재해, 「민속지

것으로 볼 수 있다. 그렇다면 민속지식은 '민民들의 사고·언어·행동이 구체적으로 형상화된 유형·무형 일체의 문화 현상 중에 일정한 사고 과정을 거쳐 분석 또는 체계화된 것'으로 정의해 볼 수 있다.[21]

그러면, 이러한 민속지식은 어떠한 형태로 존재하며 전승되는가? 이러한 민속지식은 주로 그것을 생산하고 공유했던 계층적인 특징, 즉 대부분 문자를 습득하지 못한 기층민들이었다는 것으로 인해 대부분의 민속지식은 무형으로 존재하며 주로 구전되는 것으로 인식된다. 한편으로는 이러한 민속지식이 기록되기도 하고 구체적인 표현물로 나타나기도 하여 기록물이나 예술품 등 유형으로 존재하기도 한다. 여기서 기록물은 문헌이나 현판, 비문 등 여러 형태로 존재할 수 있어 이를 통칭하여 '유형有形 자료'라고 할 수 있다.

이러한 유형 자료에는 민속지식이 반영되어 있을 수도 있고 '날 것' 상태인 '정보'만 수록되어 있을 수도 있다. 그러나 그러한 것을 판별하기 전에 이러한 유형 자료가 민속지식의 중요한 '매개체'가 될 수 있음을 주목할 필요가 있다.[22] 즉, 유형 자료에 기

<hr />

식의 세계 포착과 구비문학의 지식 기능」, 안동대학교 민속학연구소 춘계학술대회 『민속지식의 전승과 활용』 자료집, 안동대학교 국제교류관 중회의실, 2015년 6월 30일, 26쪽.

21 민속지식의 정의에 '민간인'이나 '민중'이란 용어 대신 '민'이라는 용어를 쓴 이유는 민속의 주체로서의 '민간인'이나 '민중'에 대한 개념과 범위가 민속학계에서 보편적이지 않거나(민간인) 제한적인 계층적 계념(민중)으로 통용되고 있다고 판단했기 때문이다. 반면에 '민'이라는 용어는 그 범위가 유동적일 수 있으며 열려 있다고 볼 수 있다. 예를 들어 필자는 전근대 계층적 구분에 따른 상민(常民)이나 천민 외에 중인들도 민의 범위에 포함될 수 있다고 보는 입장이다. 이렇게 보면 중인들이 전승했던 많은 '실용적인' 지식들까지도 민속지식의 범위에 포함시킬 수 있다. 이처럼 민속의 주체에 대한 문제에 대해서는 선행 연구를 통해 보다 확장된 개념으로 '민'을 설정할 필요가 있음을 역설한 바 있다. 졸고, 「조선 후기~일제강점기 도시지역 민속의 주도 집단, '民'에 대한 개념의 확장 : 서울 지역공동체 의례를 중심으로」, 『한국민속학』 57, 한국민속학회, 2013.

22 2010년에 생물다양성협약의 추가 협약으로 채택된 나고야의정서의 전문에는 전통지식이 반영되어 있는 형태로 구전, 문서기록 등을 명시하고 있다. 이는 전통지식이 구전뿐만 아니라 문서기록 등의 유형 자료로도 전승되고 있다는 인식을 보여주고 있다. "유전자원 관련 전통지식이 생물다양성의 보전 및 지속가능한 이용과 관련한 풍부한 문화적 전통을 반영하여 구전, 문서기록, 또는 기타 형태로 각국에 보유되어 있는 독특한 상황들을 인식하고… Further recognizing the unique circumstances where traditional knowledge associated with genetic resources is held in countries, which may be oral, documented or in other forms, reflecting a rich cultural heritage relevant for conservation and sustainable use of biological diversity, …", 환경부, 「나고야의정서」, 『생물유전자원의 접근 및 이익 공유에 관한 나고야 의정서 조문설명서」, 환경부, 2011, 68쪽. 함한희 역시 "지식의 범위는 일차적으로 무형적이지만 유형의 유산들 속에도 들어있게 마련"이고 그 안에 "정신, 가치, 그리고 믿음을 찾을 수 있을 때 유형 유산을 지식의 범주에 포함시킬 수 있다"고 보았다. 함한희, 앞의 논문, 13쪽.

재된 기록들 중에는 민속지식으로 간주할 수 있는 내용이 있을 수 있다는 관점을 가지는 것은 구전이나 '민간전승표현물' 등에만 민속지식이 전승될 것이라는 편견에서 벗어날 수 있다는 점에서 중요하다.[23]

〈표 1〉 전통지식과 민속지식에 대한 분야별 정의

명칭	분야(기관)	개념
①전통지식 (traditional knowledge)	생물다양성협약(CBD : Convention on Biological Diversity)	생물다양성의 보전 및 지속가능한 이용에 적합한 전통적인 생활양식을 취하여 온 원주민사회 및 현지사회의 지식·혁신적 기술 및 관행을 존중·보전 및 유지하고, 이러한 지식·기술 및 관행 보유자의 승인 및 참여하에 이들의 보다 더 광범위한 적용을 촉진하며, 그 지식·기술 및 관행의 이용으로부터 발생되는 이익의 공평한 공유를 장려한다.[24]
②전통지식	특허청	전통적으로 계승되어온 모든 지식을 총망라하는 것으로 전통의약, 전통식품, 농업 및 환경 등에 관한 지식뿐만 아니라 전통미술, 전통음악 등 전통예술에 관한 지식 및 민간전승물을 포함한다.[25]
③전통지식	농업과학기술원	특정한 사람 혹은 지역사회를 배경으로 형성되어, 변화하는 환경에 적응하여 끊임없이 진화하면서 대대로 전승되어 오는, 즉, 전통을 토대로 산업적, 과학적, 생태적, 문학적, 예술적 분야에서 지식활동의 결과로 생성된 기술 또는 창조물에 내재하는 지식체계[26]
④전통지식	생활과학	특정지역과 문화, 또는 사회와 관련하여 그 지역에서 자연환경과 함께 대대로 살아온 주민들에 의해 형성된 지식체로서 생태학적 및 사회경제적, 문화적 환경에 관련된 실천적 지식이며, 인간 중심적·역동적 및 경험적, 문화적 가치를 지님.[27]
⑤민속지식 (folk knowledge)	인류학	민중들이 오랜 기간을 두고 축적해 온 지식. 주로 일상생활 속에서 형성된 지혜, 종교적인 믿음, 규범과 규율, 교훈적인 가르침 등이 포함.[28]
⑥민속지식	민속학	민중에 의한 전승지식으로서 자민족의 전통지식이 주류를 이루고 있으며 생활세계에서 전승으로 터득하는 경험지식. 전승자들이 세간에서 일상생활의 쓰임새에 따라 전승력과 효용성을 발휘하게 되는 전통지식이자 공동체 성원들이 무상으로 공유하는 지식.[29]

• • •

23 예를 들어, 건국신화의 경우는 현재로서는 문헌에 기록된 형태로만 그것을 확인할 수 있는데 이를 구비 전승되고 있지 않다고 해서 민속지식이 아니라고 치부하지는 않는다. 즉, 민속지식으로서의 성립 여부는 그 전승 형태가 구비전승인가 혹은 기록전승인가에 따라 결정되는 것은 아니라는 것이다. 더군다나 문자 습득과 기록이 보편화된 근현대의 민속의 경우는 더욱 그러하다.

24 "Subject to its national legislation, respect, preserve and maintain knowledge, innovations and pratices of indigenous and local communities embodying traditional lifestyles relevant for the conservation and sustainable use of biological diversity and promote their wider application with the approval and involvement of the holders of such knowledge, innovations and practices and encourage the equitable sharing of the benefits arising from the utillization of such knowledge, innovations and practices.", 생물다양성협약, 제8조 J호, http://www.cbdcop12.kr/kor/reference/cop12.pdf.

25 신정은, 「유전자원, 전통지식 및 민간전승물의 보호에 관한 국제논의 동향 및 전망 : WIPO 정부간위원회 논의를

3. 유형 자료의
존재 양상과 생산

　　　　　　　　　　　민속과 관련된 유형 자료는 그 존재 형태에 따라 기록물과 물적 증거물로 나눌 수 있다. 기록물에는 고문헌류, 고지도류, 고문서류, 비문, 현대문헌, 사전류, 신문잡지, 사진, 인터넷 등이 있다. 물적 증거물은 건물, 나무, 신앙물, 건조물, 고분, 고고유적 등을 말한다.[30] 민속지식은 이처럼 다양한 유형 자료에 반영될 수 있겠지만 이 글에서는 기록물에 주목하여 그 존재 양상을 살펴보고자 한다.

　기록물은 그것을 기록하는 주체에 따라 집단에 의한 것과 개인에 의한 것으로 나누어 볼 수 있다. 먼저, 집단에 의한 것은 문중이나 동계 등의 집단에서 작성한 것으로 족보류, 동계 문서, 현판, 비석 등이 있다. 여기서, 현판은 널빤지에 글을 새기거나 써서 건축물의 문 위나 벽에 걸어 놓는 것을 말한다. 민속에서는 주로 동제당이나 모정 등 마을 공공건물을 건립할 때 이를 기념하기 위해 현판이 주로 제작되는 것을 볼 수 있다. 현판은 문서나 문집류와는 달리 공간에 매달 수 있고 여러 사람들이 동시에 공람이 가능하다. 또한 여러 현판들을 배열해 놓음으로써 전시의 효과도 가져올 수 있다. 따라서 이러한 현판은 공공의 관심사나 공로자를 기념하고 그 내용을 후대에 길이 전승하기 위해 제작된다. 제작 주체들이 경제적인 여유가 더 있거나 공로가 더 큰 경우에는 비석을 세워 기념하기도 한다.[31]

中心으로」, 『지식재산21』 71, 특허청, 2002, 7쪽. 이처럼 지적재산과 관련된 전통지식에 대한 개념은 이후 2012년 4월 WIPO-IGC 제21차 회의에서 작성된 전통지식보호에 관한 초안에서 구체적으로 제시된다. 즉, "전통지식이란 동 규정의 목적상 전통적 맥락에서의 지적활동과 발전으로부터 기인하는 노하우, 기술, 혁신, 관습, 교육 및 학습을 의미한다. 'traditional knowledge' refers to the know-how, skills, innovations, practices, teachings and learning, resulting from intellectual activity and developed within a traditional context."라고 명시하였다. 특허청·한국지식재산연구원, 앞의 책, 2013, 21쪽.

26　안윤수, 「전통지식 분류체계 및 보호제도에 관한 연구」, 『농촌자원개발연구』, 농업과학기술원, 2003, 490~528쪽.
27　김행란 등, 「전통지식 자원의 활용 실태 연구」, 『한국지역사회생활과학회지』 14(2), 한국지역사회생활과학회, 2003, 94쪽.
28　함한희, 앞의 논문, 13쪽.
29　임재해, 앞의 논문, 2013, 26쪽.
30　이상은 나경수의 분류를 따랐다. 나경수, 「마을역사와 인물」, 『민속조사의 현장과 방법』, 민속원, 2010, 53~54쪽.
31　예를 들어 서울 지역 마을 제당 중에는 당산동 부군당(1974년 건비), 이태원 부군당(1967년 건비), 창전동 부군당

이 외에도 특히 지역 의례와 관련해서 좌목, 윤첩, 축문, 물목 단자, 동제당 중수기, 회계장부 등이 있다. 이것들은 주로 제당 건립이나 중수, 의례 집행 과정에서 작성된 것들에 해당된다. 대부분 동계나 보존회, 제관들에 의해 작성되며 경우에 따라서는 관[32]에 의해 작성되기도 한다. 이러한 자료들을 통해 의례와 지역과의 상관성을 분석한 연구들이 활발하게 진행되고 있다.[33]

다음으로, 개인에 의한 것은 문집류, 일기류, 분재기, 매매문서 등이 있다. 이 외에도 개인의 생애를 담은 자서전류와 가계부 혹은 금전출납부 등도 개인 기록물로 볼 수 있다. 특히, 일기류는 지역 연구나 생활 풍속 연구 등에 활용되면서 그 가치를 인정받고 있다.[34] 예를 들어 조선말기 공인貢人의 삶을 담은 『하재일기河齋日記』[35]는 당시

<hr />

(이성계사당)의 영정복원봉안비(1986년 건비)와 명화회원 및 공적자 기념비(1993년 건비) 등에 부군당의 유래와 유공자 명단 등을 새긴 비석이 세워져 있다.

32 관에 의해 작성되는 경우는 주로 성황사나 부군당 의례에 소용되는 경비, 물목 단자 등에 대한 기록들이 있다.

33 이와 같은 연구 성과들은 다음과 같다. 박종익, 「무성산 산신제의 형성과 변천 : 부전동 대동계문서를 중심으로」, 『한국민속학』 49, 한국민속학회, 2009; 주강현, 「20세기 동계전통의 장기지속과 촌계로서의 자치적 성격 : 서산 고양동 동계문서의 역사민속학적 연구」, 『민족문화논총』 28, 영남대학교 민족문화연구소, 2003; 강성복·박종익, 「공주 태화산 산향계(山饗稧)의 성격과 산신제 : 19세기말~20세기 세동리 산향계 문서를 중심으로」, 『한국민속학』 51, 한국민속학회, 2010; 양종승, 「무당 문서(文書)를 통해 본 무당사회의 전통」, 『한국의 민속과 문화』 4, 경희대학교 민속학연구소, 2001; 졸고, 「일제강점기 서울 지역사회와 의례 주도 집단의 변화 : 장충동 지역과 관성묘 영신사를 중심으로」, 『문화재』 46, 국립문화재연구소, 2013b; 송기태, 「서남해안지역 걸립 문서에 나타난 지향과 문화적 권위」, 『실천민속학연구』 16, 실천민속학회, 2010; 윤동환, 「별신굿의 경제적 토대와 제비용 : 계원마을 동문서를 중심으로」, 『한국민속학』 60, 한국민속학회, 2014. 특히, 동제당 중수기와 현판을 활용한 사례로는 졸고, 「대한제국기 서울 마포 지역사회와 공동체 의례 주도 집단에 대한 연구 : 1903년 마포동 마을제당 현판을 중심으로」, 『서울학연구』 42, 서울시립대학교 서울학연구소, 2011; 「19세기후반~20세기 초 서울 서빙고 지역 부군당 의례 주도 집단 연구 : 1875·1891·1903·1927년 부군당 현판을 중심으로」, 『서울학연구』 28, 서울시립대학교 서울학연구소, 2010a; 「일제시대 서울 서빙고 지역과 부군당 중수집단 연구 : 1927년 정묘년 부군당 중수기를 중심으로」, 『한국무속학』 20집, 한국무속학회, 2010b 등이 있다.

34 일기류 중에 지역사와 당시 생활 풍속에 도움이 될 수 있는 것들은 주로 '생활일기'류이다. 이전에는 이러한 생활 일기류가 별 관심을 받지 못하였으나 최근 지방사와 일상사 연구가 활발해지면서 국역이 활발해지고 있다. 황위주, 「일기류 자료의 국역 현황과 과제」, 『고전번역연구』 1, 한국고전번역학회, 2010, 40쪽.

35 서울특별시사편찬위원회 역, 지규식 저, 『(국역) 하재일기(河齋日記)』(1~8), 서울특별시사편찬위원회, 2005~2009. 특히, 의례와 관련하여 당시 광주분원에 설치되었던 것으로 보이는 부군당 의례에 대한 기록이 있어서 주목된다. "4전을 주고 술을 사다 부군당(府君堂)에 고사를 지냈다.", 임진년(1892) 2월 11일, 같은 책; "산해진미를 성대히 마련하여 공방 대청에 진설하고 입재(入齋)한 제원(諸員)이 황혼을 이용하여 두 산신당에 올라가 제사를 지낸 뒤에 공소로 내려와서 여러 부군당(府君堂)에 제사를 지냈다. 창부(倡夫)와 무녀가 일제히 북을 치고 피리를 불며 앞으로 나가서 밤새도록 굿을 하였다. 나는 야심하여 집으로 돌아와 조부님 제사를 지냈다. 이날 새벽에 동남쪽 사이에 하늘색이 불에 타는 듯 붉게 이글거렸다.", 계사년(1893) 3월 20일. 같은 책.

공인의 역할이나 일상뿐만 아니라 의례, 선물 등 상세한 민속지식이 반영되어 있어 역사학뿐만 아니라 인류학, 민속학 분야에서도 다양한 연구가 진행되었다.[36]

또한, 경기도 평택에 거주하고 있던 한 농부에 의해 1959년부터 50년 동안 거의 매일 쓰인 일기가 발굴되어 출판되기도 했다.[37] 이 일기는 개인적인 일상사뿐만 아니라 당시 경제, 사회, 민속, 의례 등을 망라하고 있어 생생한 생활사 자료가 될 뿐만 아니라 현지인이 직접 기록한 것이기에 당시 그 지역의 사정을 반영하고 있다는 점에서 '지역지식'[38]의 성격도 가진다고 할 수 있다.[39]

또한, 기록물은 국가나 관에 의해 '공식적'으로 이루어지는 것인가 아니면 특정 집단이나 개인에 의해 '사적'으로 이루어지는 것인가에 따라 공식적 기록물과 사적 기록물로 나누어 볼 수 있다. 먼저, 공식적 기록물인 경우는 국가나 관에서 공공의 목적을 위해 편찬하는 것으로 각종 사서史書, 군읍지, 고지도류, 신문·잡지류, 사전·보고서류 등이 있다. 이와 같은 다양한 공식적 기록물에 민속지식이 반영되어 있을 수 있는데 사전·보고서류는 보다 적극적으로 전문가를 동원하여 민속지식을 수집하고 종합하여 편찬되는 경우[40]도 있을 수 있어 민속지식의 전승에 있어 그 의미가 각별하다.

...

36 차은정, 「한말 공인(貢人)의 선물 교환과 사회관계 : '하재일기'를 중심으로」, 『한국문화』 제52집, 서울대학교 규장각한국학연구원, 2010; 김종철, 「'하재일기(荷齋日記)'를 통해 본 19세기 말기 판소리 창자와 향유층의 동향」, 『판소리연구』 제32집, 판소리학회, 2011; 박은숙, 「개항 후 분원(分院) 운영권의 민간 이양과 운영실태 : 하재일기를 중심으로」, 『한국사연구』 142, 한국사연구회, 2008.

37 발굴과 집필을 담당한 지역문화연구소는 이 일기를 "1년의 농사력과 농한기 부업, 여성 노동, 금융거래, 물가 변동, 장시 등의 경제생활 및 의식주 생활, 가족·친족·마을생활 그리고 당시의 정치활동 및 인식, 평생의례, 세시, 민간의료 등 인류학과 민속학 전반에 걸친 자료와 농업사, 경제사, 지역사, 생활사, 생애사 등에 관련된 자료들이 매우 구체적인 수준으로 기록"되어 있어 "현지조사와 구술조사의 한계를 보완할 수 있는 중요한 가치"를 지닌다고 평가했다. (사)지역문화연구소, 『평택 일기로 본 농촌생활사』 (1), 경기문화재단, 2007, 21쪽.

38 함한희는 민속지식은 지역적인 특수성이 강하는 점으로 인해서 '지역지식(local knowledge)'으로 분류할 수 있다고 보았다. 함한희, 앞의 논문, 13쪽.

39 이 일기를 대상으로 한 연구 성과는 다음과 같다. 김영미, 「'평택 대곡일기'를 통해서 본 1960~70년대 초 농촌마을의 공론장, 동회와 마실방」, 『한국사연구』 161, 한국사연구회, 2013; 안혜경, 「'평택일기'를 통해 본 일생의례와 속신」, 『실천민속학연구』 18, 실천민속학회, 2011.

40 1997년 농업진흥청의 '농촌사회의 전통토착지식 및 전통농업기술에 대한 DB구축 사업', 2002년 산림청의 '토종식물 이용·관리와 관련된 전통지식의 발굴·정리 사업', 특허청의 '전통의학 관련 전통지식 현황조사 및 지재권 관련 연구', 2005~2013년 국립수목원의 '전통식물자원의 발굴 및 보전을 위한 기초조사 및 현지조사', 국립생물자원관의 '국립공원을 중심으로 민속식물의 분포와 이용, 효능 등의 전통지식 정보 탐사 및 수립' 등이 모두 이러한 사례이다. 정재민 등, 앞의 책, 27쪽. 국립민속박물관과 한국학중앙연구원에서 진행하고 있는 '한국민속대백과사전

다음으로, 사적 기록물인 경우는 특정 집단이나 개인이 사적인 필요성에 의해 기록하는 것으로 전술했던 집단에 의한 것과 개인에 의한 것이 대부분 포함된다. 이러한 구분은 공적인 예산과 목적으로 진행되는가 아니면 사적인 예산과 목적으로 진행되는가 하는 차이를 보이며 따라서 기록의 방식과 활용 목적이 다를 수밖에 없다. 사적으로 무엇인가를 기록하고자 하는 목적은 일차적으로 후손들이나 후계자들에게 온전히 그 기록의 내용을 전승하는 것에 있을 것이다. 의례와 관련된 사례만 보더라도 의례의 절차, 제물, 회계 등의 지식을 전수하기 위해 기록을 남겼다.

이렇게 기록으로 의례와 관련된 지식을 남기게 된 데에는 구술 전승만으로는 불완전하고 복잡하기에 문자화시켜 남기는 것이 효율적이며 영구적일 것이라는 실질적인 필요성이 있었기 때문일 것이다. 또한, 이러한 기록물을 통해 의례의 '공식화' 혹은 '전통적 권위'를 획득하려는 목적도 있다. 예를 들어 여러 제당들에 걸려 있는 현판들에는 제당과 의례의 유래가 기록되어 있고 당시 건립에 기여한 인물들까지도 명시되어 있다. 구술로만 전승하기보다 기록을 함으로써 제당의 공식성이 강화되는 것이다.

마포구 신수동에 있었던 '복개당' 현판에는 "당을 건립한 것이 어느 때인지 알지 못하고 그 상 또한 어느 신인지 알지 못하지만…"[41]이라는 내용이 있는데 이러한 표현은 당의 역사와 유래가 너무 오래되어 잘 알지 못할 정도로 유구하다는 표현이고 이는 오히려 제당과 그 의례의 전통성이 강화되는 효과가 있다.[42]

이러한 유형 자료들이 지니고 있는 가치는 구술 전승되는 것들보다 우선한다고는 할 수 없지만 구술 전승되는 것들을 보완할 수 있다는 점에서 그 가치를 무시할 수 없다. 그럼에도 불구하고 유형 자료에 대한 관심이 상대적으로 낮은 이유는 구술이 기록에 우선[43]하며 민속지식은 주로 이러한 구술에 의해 전승되는 것이라는 인식과 식자층에

···

편찬 사업'과 '한국민족문화대백과사전 편찬 사업' 등도 비슷한 사례가 된다.

41 "堂之建不知在何代其 像亦不詳爲何神然視其", 국립민속박물관 편, 『생활문물연구』 26, 국립민속박물관, 2010, 72쪽.

42 의례를 연구하는 인류학자들은 바버라 마이어호프처럼 "의례의 기원과 그 창안자를 알 수 없다는 것이 의례의 고유한 본질"로 보기도 한다. 캐서린 벨 저, 류성민 역, 『의례의 이해 : 의례를 보는 관점들과 의례의 차원들』, 한신대학교 출판부, 2007, 434쪽.

43 월터 J. 옹은 구술문화와 문자문화를 비교하면서 '쓴다는 것'은 구술되는 '말'이라는 1차적인 체계에 의존하여 "이

의해 기록된 것이기에 민속적 성격이 약하다는 인식이 작용하기 때문일 것이다.

그러나 전술했던 바와 같이 세계적으로도 전통지식과 관련된 문헌 자료에 대한 관심이 높으며[44] 이는 유형 자료에도 민속지식이 충분히 반영되어 있다는 것을 인정하고 있음을 의미한다. 또한, 문자를 익힌 식자층이 기록물을 작성하였다 하더라도 그 이유만으로 민속적 성격이 약화되는 것은 아니며[45] 더구나 문자가 보편화된 근현대에는 오히려 민속지식이 '기록'될 여지가 더 커졌다.

또한, 유형 자료는 구술 전승의 한시성과 불완전성을 보완할 수 있다. 물론 신화와 같은 구술 전승물은 끈질긴 생명력을 가지고 현대에도 생존해 간다 하더라도 전문적이고 복잡한 민속지식들, 예를 들어 천문지리, 생태지식, 전통기술, 대체의학 등과 관련된 지식들은 점차 소멸될 위기에 직면하고 있다. 의례에 관련된 지식들 중에서도 복잡한 절차와 제물 차림 등에 대한 지식은 구술로 전승하기에는 어려움이 있다. 따라서 이처럼 전문적이고 복잡한 민속지식들을 온전히 전승되기 위해서 기록이 필요했던 것이다.

4. 의례 지식에 대한
기록과 전승

유형 자료들 중에서 지역공동체 의례와 관련된 자료들을 중심으로 민속지식이 내재되어 있는 양상들을 살펴보고자 한다. 지역의례 관련 자료의 구체적인 사례로 서울 지역에서는 9개동 19개 지역에서 약 200여 건, 2,600여 장의 자료가 수집된 바 있다.[46] 이 때 수집된 자료들은 단체 회칙, 명단, 제향기, 윤문,

- - -

차적으로 양식화된 체계"라고 한 바 있다. Walter J. Ong 저, 이기우·임명진 역, 『구술문화와 문자문화』, 문예출판사, 1995, 18쪽.

44 주 22) 참조.

45 민속에 적극적으로 관여했던 식자층으로는 '중인'들과 상인들이 대표적이다. 기술관이나 하급 관리들이었던 이들은 생활과 밀접한 기술들이나 지역 의례 등을 전승하면서 기록물도 다수 남겼다. 특히, 지역 성황사나 부군당 의례에 이들이 중요한 주도 집단으로 등장하고 있었다는 것은 여러 연구에서 입증된 바 있다. 졸고, 앞의 논문, 2013a, 178쪽 참조.

축문, 홀기나 식순, 제물 진설도, 제물 물목, 의례 비용 결산서, 서적류, 현판류 등이다 (표 2). 이 자료들은 대부분 근현대에 기록된 자료들로서 그리 오래된 자료들은 아니다. 그러나 이 자료의 대부분은 해당 지역에 거주하면서 의례에 직접 관여했던 이들에 의해 작성된 것으로 민속 담당자들의 지식이 직접 반영된 자료라고 볼 수 있다.

의례의 유래, 절차, 제물, 회계 등 의례와 관련된 모든 지식을 '의례 지식'이라고 한다면 이러한 의례 지식은 의례 과정에서 구술로 전승되는 것이 일반적이다. 그러나 경우에 따라서는 이러한 의례 지식을 기록하여 문서로 전승하기도 한다.

먼저, 의례나 제당의 유래를 문서나 현판에 기록하여 전승하기도 한다. 구체적인 사례로서, 마포구의 마포동에 있었던 영당의 현판 서두에는 다음과 같이 기록되어 있다.

> 무릇 백성들이 모여 살게 되면 반드시 수호해주는 신령이 있어 지금 계묘년 여름에 당우를 건립하였다. 나성원·박영식·김윤홍·노경렬·이완식·류건실·양희서·최문환·이군칠·우경선·정광택 이상 11명이 상의하여 기둥과 들보를 모아 신사를 건축하였으되 그 공력이 있으니 어찌 성대하고 아름답지 않겠는가? 엄숙하게 가려 택일을 하고 축원함으로써 길한 운수를 하늘에서 내려 주시니 영원히 그 향기로움을 누릴 지이다.[47]

위의 내용을 보면, 당을 건립한 시기와 그 정황을 알 수가 있다. 그리고 당 건립을 위해 노력한 사람들의 성명도 새겨 놓았다. 즉, 이 곳 영당은 계묘년, 즉 1903년에 건립되었고 그 당시 11명의 인물들의 노력의 결과로 이 당이 건축되었음을 전하고 있다. 또 다른 사례로 용산구 서빙고동 부군당의 현판을 보면 다음과 같다.

• • •

46 이 조사 자료들은 국사편찬위원회에서 주관한 〈2014년 근현대 지역사 자료 조사·수집 사업〉의 일환으로 수집되었으며 필자와 류영희가 공동으로 수행했다. 자료들 대부분은 실물이 아닌 사진 이미지로 수집되었다.

47 "凡生民所聚之社必有守護之 靈今此癸卯季夏營建堂宇羅聖元朴英植金潤弘盧敬烈李完植柳建實梁羲瑞崔文煥李君七禹慶善鄭光澤十一員齊會商議鳩聚棟樑建築神祠其有功於一社盛且美矣齊誠擇吉以禱以祝降之吉祥於萬斯年永享芯芳", 「麻浦 靈堂社員姓名聯錄 幷序」(1903년), 마포구 마포동 337-1 소재. 졸고, 앞의 논문, 2011, 239쪽 재인용.

남쪽 끝 산기슭에 남으로 수 리에 걸쳐 용과 호랑이의 형세가 펼쳐졌고 아득함이 골짜기와 산굴과 같구나. 강과 호수의 절묘함과 구름과 산안개의 일어났다 잦아듦은 진실로 천연의 형승이 아닐 수 없다. 서쪽 마을에서부터 기반을 닦기 시작하여 부군당을 설치하였으므로 후토수호지신을 제사한 유래가 이미 오래되었다.[48]

위의 내용을 보면, 서빙고동 마을의 형성과 함께 부군당이 설치되었고 '후토수호지신'에게 제사지내게 되었음이 서술되어 있다. 이와 같은 기록 역시 단편적이기는 하지만 제당과 의례에 대한 유래를 전승하는 사례라고 할 수 있다. 이처럼, 지역 의례의 유래, 제당의 설립 등의 역사는 구전되어 전하기도 하지만 유형 자료를 통해 전해지기도 한다.

다음으로, 지역에서 의례를 행할 때는 정해진 순서에 따라 행하게 되는데 경우에 따라서는 홀기笏記 등과 같이 순서를 적어 놓은 기록물을 이용하기도 한다. 예를 들어 중구 장충동 관성묘, 마포구 창전동 공민왕 사당, 노원구 상계1동 갈월산신제, 보광동 무후묘 등에서는 '홀기'가 사용되고 용산구 이태원 부군당에서는 '고사 식순'이 사용된다.

그 중에 관우를 모시고 있는 장충동 관성묘 제사에서 사용하는 '성묘홀기聖廟笏記'의 내용을 보면, 순서는 대체로 제례홀기[49]와 비슷하지만 '사배四拜'[50]를 올리는 것이 다르다. 창전동 공민왕사당에서 사용하는 홀기는 종묘 종약원(전주이씨대종종약원)에서 행하는 홀기를 차용하고 있다.[51] 여기서도 역시 '사배'를 올린다. 또한, 이태원동 부군당제

• • •

48 "終南一麓南下數里勢開龍虎幽作洞岫江湖之渺(冥)雲嵐之興沒眞有天然形勝自西里奠基之始有府君堂之設以杞后土守護之神其來遠矣(하략)", 1927년 현판, 서빙고동부군당 소장. 졸고, 앞의 논문, 2010a, 번역문은 231쪽; 원문은 248쪽 재인용.

49 도민재, 「제례홀기」, 『한국일생의례사전』 2, 국립민속박물관, 2014, 557~558쪽.

50 "典禮揖請獻官以下諸員序立于 殿階下左右 廟祝請先四拜 獻官以下皆四拜…", 「성묘홀기」, 서울시 중구 장충동 관성묘 소장.

51 종묘의 홀기를 차용하는 이유는 창전동에서는 모시는 신이 공민왕이기 때문에 왕의 격에 맞추어 종묘의 홀기를 사용한다는 것이다. 전주이씨대동종약원에서는 매년 전수생 교육과 전통예절교육을 실시하고 있으며 교육 과정에 능묘 홀기 창홀 및 축문 독축이 있다. 공민왕사당제보존위원회에서는 15~20년 전에 이를 배워서 현재까지 사용하

의 '고사 식순'은 '수화주 분향 강신降神 - 참신參神(화주일동 삼배) - 부군양위님 헌작 - 화주 일동 부복俯伏 - 독축 - 시주자 호명 축원 - 화주일동 평신平身 - 사신辭神(화주일동 삼배) - 분축 - 철상 - 음복' 순으로 작성되어 있다. 여기서는 '삼배'를 올린다. 한편, 보광동 무후묘에서 제례를 지낼 때는 '향사홀기'에 따라 의례를 진행하며 상계동 갈월산신제에서도 홀기를 사용하는데 모두 '재배'를 올린다.

이처럼 의례의 절차에 관련된 의례 지식들은 홀기나 식순 등의 형태로 기록되어 전승된다. 그런데 이러한 기록들은 단순히 의례의 절차만 전달하고 있는 것은 아니다. 즉, 지역에 따라, 그 신격에 따라 그 절차의 엄밀성이나 절하는 횟수 등에 차이가 있는데 그 이유는 그 지역에서 모시는 신에 대한 지역민들의 관념들이 각기 다르게 반영되어 있기 때문이다. 예를 들어 공민왕사당이나 관성묘의 경우처럼 신에게 '사배'를 올리는 것은 모시는 신을 국왕의 격[52]과 동일시하고 있다는 관념을 보여준다. 이처럼, 홀기와 같이 의례의 순서를 전하는 기록물은 의례 절차에 대한 지식 외에도 그들이 모시는 신에 대한 관념을 전승하고 있다.

또한, 의례 절차 중에 하나인 독축讀祝에는 축문祝文이 반드시 필요한데 이 축문은 민속지식이 반영된 전형적인 유형 자료라는 점에서 의미가 크다. 즉, 축문에는 신의 존재와 제사를 지내는 목적, 의미와 관련된 지식이 반영되어 있다.[53] 축문은 대체로 원본을 갖추고 있으면서 일시와 제관 이름만 바꾸어 사용하는 것이 일반적이다. 축문의 형식은 대체로 대동소이[54]하지만 구체적인 의례의 일시, 신의 명칭, 목적 등은 지역마다 각기 달라 그 지역의 사정과 지역민의 관념이 각기 다르게 반영되어 있다.

* * *

고 있다고 한다. 김경백(남, 당시 64세, 공민왕사당제보존회장), 2014년 9월 20일 면담. 이 홀기와 종약원에서 배포한 홀기와는 완전히 동일하지는 않은데 이는 해당 지역 사정에 맞게 수정하여 사용하고 있는 것으로 보인다.
52 『국조오례의』 사시급납향종묘의(四時及臘享宗廟儀) 조.
53 표인주, 「공동체신앙의 축문 고찰 : 전남지역의 공동체신앙을 중심으로」, 『남도민속연구』 3, 남도민속학회, 1995, 79쪽.
54 축문의 형식은 대체로 "維歲次… 敢昭告于"로 되어 있는 서두, 송신(頌神)과 기원의 내용을 담은 본문, 상향(尚饗) 등으로 끝나는 말미로 구성되어 있다. 표인주, 위의 논문, 87쪽.

예를 들어, 장충동 관성묘에는 1911년부터 1942년까지 29건의 축문이 소장되어 있는데 이들 축문에는 정전正殿, 산신山神, 성황城隍, 장군將軍, 무고武庫, 남소영南小營 등과 같은 명칭이 각각 부여되어 별도로 작성되었다. 이는 당시 이들 각각에 제사를 올렸다는 것을 말해주고 있다. 또한 모든 축문에는 의례 일시와 제관 이름 등이 기재되어 있다. 이처럼, 축문에는 의례의 일시, 모시는 신의 종류와 명칭, 의례를 지내는 목적 등에 대한 의례 지식이 반영되어 있다.

축문과 비슷한 의례 지식을 담고 있는 것으로 '윤첩輪牒'이 있다. 윤첩은 의례의 일시와 장소 등을 여러 사람들이 돌려가면서 보게 하는, 일종의 통문通文 같은 것을 말한다. 여기에도 의례의 일시, 장소, 필수 참석자(제관들) 명단 등이 기재되어 있는데 서두에는 의례의 명칭이나 의미 혹은 의례 일시가 변경되었음을 알리는 공지[55] 등이 서술되어 있다. 구체적인 사례로 장충동 관성묘에 소장된 윤첩 중에 하나를 예로 들면 다음과 같다.

輪牒

금명월초구일춘등딕치셩을 봉힝ᄒᆞ옵기 각쳐소헌관을 후록앙쳡ᄒᆞ오니 금초 구일 각원이 목
욕직계ᄒᆞ옵고 일츌젼에 도가로 릭림ᄒᆞ옵소셔

庚申正月初五日

文司長 李應秀

永信社

---

55 실제, 장충동 관성묘에 소장된 윤첩 중에는 마을에 부정한 일이 생겨 제의 날짜를 연기했다는 공지가 있었다. "面牒 敬啓者ᄂᆞᆫ 本社規禮의 依ᄒᆞ야 甲子參月初六日이 上吉辰이온故로 春季大致誠을 奉行ᄒᆞ계삽기로 依例이온 獻官을 後祿銶ᄒᆞ와 仰牒ᄒᆞ오니 各員계옵셔 當日下午六時內本社로 來臨ᄒᆞ옵소셔 但正月初날이면 奉行이온딕 今年正初에 大洞에 不情事故 / 의 依ᄒᆞ야 參月의 奉行ᄒᆞᄂᆞ니 以上下亮ᄒᆞ옵소셔 甲子參月初二日 永信社長 徐景行 (하략)". 이러한 정황을 통해 관성묘 의례가 지역의례로서의 성격을 지니고 있었음을 알 수 있는 단서로 제시되기도 했다. 오문선, 「서울지역공동체신앙 전승과정 고찰: 조선시대 각사 신당의 존재양상과 변화를 중심으로」, 『문화재』 41, 국립문화재연구소, 2008, 21~22쪽.

正殿	初獻官	社長	金世根
	次獻官	副社長	徐景行
	終獻官	摠務	朴潤根
	箋文讀官		金昌浩
	讀笏官		李應秀
左陪位	獻官	先生	鄭殷來
右陪位	獻官	執綱	鄭義善
	事務長		李載斗
武庫	初獻官	先生	吳善泳
	次獻官		金濬弘 兼讀祝[56]

이처럼, 윤첩에는 정월 초구일이 '춘등대치성春等大致誠'임을 알리고 있으며 각 배향 위치별로 제관들을 명시해 놓았다. 다른 윤첩들은 음력 3월의 춘계대치성春季大致誠, 10월 19일의 기신忌辰(추계대치성), 5월 단오향사, 6월 24일의 탄생일 등에 즈음하여 작성되었다.[57]

장충동 관성묘의 문서 중에는 윤첩에 해당되는 문서가 면첩面牒, 혹은 청첩請牒이란 제목으로 작성되어 있기도 하다. 이들 문서들에는 열람자의 성명이 나열되어 있고 열람 여부나 혹은 참석 여부를 알 수 있는 표시가 있다. 구체적인 사례로, 「제원하임청첩諸員賀臨請牒」(大正 七年, 1918년, 서울시 중구 장충동 관성묘 소장)에는 사장 김세근, 총무 박윤근 등 119명의 성명이 기재되어 있고 수구문내 등 지역 혹은 가게명이 부기되어 있다. 각 성명 위에는 동그라미와 세모 표시가 있는데 이는 참석 여부를 표기했던 것으로 보인다(그림 1).

• • •

56 "윤첩/ 오는 정월 초 9일 춘등 대치성을 봉행하옵기에 각 처소 헌관을 뒤에 적어 알려 드리오니 오는 초 9일 각 헌관 되시는 분들은 목욕재계하시고 일출 전에 도가로 오시기 바랍니다./ 경신년 정월 초 5일/ 문사장 이응수/ 영신사/ 정전 초헌관 사장 김세근, 차헌관 부사장 서경행, 종헌관 총무 박윤근, 전문독관 김창호, 독홀관 이응수/ 좌배위 헌관 선생 정은래/ 우배위 헌관 집강 정의선, 사무장 이재두/ 무고 초헌관 선생 오선영, 차헌관 겸 독축 김준홍." 「윤첩(輪牒)」(경신년, 1920년 정월), 서울시 중구 장충동 관성묘 소장. 이곳에 소장된 윤첩의 대부분은 국한문 혼용이거나 한문으로 쓰여 있으나 이 윤첩의 경우는 특이하게 서두가 국문으로 쓰여 있다.
57 이러한 제의 시기는 당시 관성교와 같은 관우신앙 단체의 제의 시기와 차이가 있다. 즉, 관성교에서는 음력 1월 1일, 5월 13일(관제 생일), 6월 24일, 상강일, 12월 6일(관제 제삿날)에 정기적인 의례를 지냈다. 김탁, 『한국의 관제 신앙』, 선학사, 2004, 145쪽.

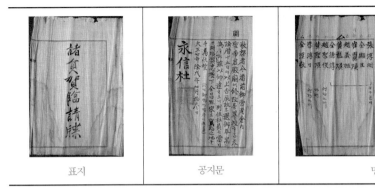

| 표지 | 공지문 | 명단 |

〈그림 1〉 「제원하임청첩(諸員賀臨請牒)」 大正 七年, 1918년, 서울시 중구 장충동 관성묘 소장

　이러한 윤첩을 통해서 당시 주민들은 해당 의례의 의미와 그 시기를 정확하게 인식할 수 있었고 공유할 수 있었을 것이다. 즉, 윤첩과 같은 유형 자료는 의례 지식의 공유를 가장 직접적으로 잘 보여주는 사례가 된다.[58]

　다음으로, 제물의 종류와 제물을 진설하는 방법들도 문서를 통해 전승되는 사례들이 있다. 예를 들어 장충동 관성묘에서는 '춘추치성시절목春秋致誠時節目'[59]이라고 하여 제물 물목이 전해진다. 탄기신誕忌辰, 정월 초일일 향사시享祀時 등에 각각 소용되는 음식들을 기록해 놓았다. 재료의 경우에는 분량과 함께 금액도 기재되어 있다〈그림 2〉 왼쪽).[60] 이 물목은 여러 건이 있는 것이 아니고 한 건씩만 존재하는 것으로 보아 매번 작성되는 것이 아니라 하나의 범례처럼 제시된 것으로 보인다. 즉, 이는 의례에 쓰이는 제물의 종류와 분량, 시세까지를 상세하게 기록하여 후대에 전승하고자 했던 의도가 엿보이는 대목이다. 또한, 제물을 진설할 때 기록물을 보면서 진설하기도 한다. 예를 들어 창전동 밤섬부군당에서는 제물 물목과 함께 진설도가 전해진다. 제물을 준비

• • •

58　윤첩이나 면첩 외에 청첩(請牒)이 있다. 「제원하임청첩(諸員賀臨請牒)」(대정 칠년, 1918년, 서울시 중구 장충동 관성묘 소장)에는 사장 김세근, 총무 박윤근 등 119명의 성명이 기재되어 있고 수구문내 등 지역 혹은 가게명이 부기되어 있다. 각 성명 위에는 동그라미와 세모 표시가 있는 것으로 보아 참석 여부를 표기했던 것으로 보인다.

59　『춘추치성시절목(春秋致誠時節目)』(1920년 추정), 서울시 중구 장충동 관성묘 소장.

60　이러한 기재 방식은 회계를 위한 것이라기보다는 당시 시세도 참고할 수 있도록 배려한 것으로 보인다.

  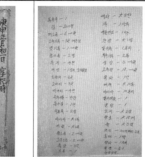 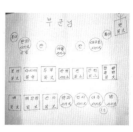

탄기신(誕忌辰) 물목	정월 초일일 향사시(享祀時) 물목	제물 물목	부군님 상차림
서울 중구 장충동 관성묘 소장(1920년경)		서울 창전동 밤섬부군당 소장(2007년)	

〈그림 2〉 제물 물목과 제물진설도 사례

하는 방에 제물 물목이 부착되어 있고 제물을 진설할 때는 실제 진설도를 보면서 상
을 차린다〈그림 2〉 오른쪽).[61]

다음으로, 의례 공간인 제당의 역사가 유형 자료를 통해서 전승되기도 한다. 대체
로 제당을 건립할 때, 중수하거나 개수, 이전할 때는 기금을 낸 사람들과 사업에 참여
한 사람들을 기념하기 위해 기록을 남긴다. 이러한 기록은 주로 현판 등으로 제작되
어 전승되며 윤첩이나 축문 등을 통해서도 그 기록이 전해지기도 한다.

예를 들어, 장충동 관성묘는 1918년에 '수개修改'[62]하였고 마포동 영당은 1908년에
'영건營建'[63] 되었다는 사실이 각각 윤첩과 현판에 기록되어 있다. 특히, 서빙고동 부군
당의 경우는 여러 차례 중수를 거쳤는데 그 때마다 현판을 만들어 걸었다. 즉, 1875년
에 한 차례 '중건重建'이 있었고 그 이후로도 1891년, 1903년, 1927년에 중수를 하였

• • •

61 2007년에 밤섬부군당제가 열리는 현장을 방문했을 때 음식을 진설하는 화주 모씨가 〈표 3〉의 진설도를 방 바닥에
퍼 놓고 진설하는 것을 목격할 수 있었다.
62 "敬啓者今番前御營南倉內 關聖帝君殿廟에 修改를 畢竣ㅎ옵고 今陰曆十五日이 以上吉辰고로 還御奉案키爲ㅎ와
玆以仰達ㅎ오니(하략)…", 「제원하임청첩(諸員賀臨請牒)」, 서울시 중구 장충동 관성묘 소장, 1918.
63 "凡生民所聚之社必有守護之 靈今此癸卯季夏營建堂宇羅聖元朴英植(하략)…", 「마포 영당사원성명연록 병서」, 앞
의 자료.

다. 광복 이후에도 1946년에 당을 보수하였고 1955년에는 전쟁에 허물어진 당을 재건
하였다. 그 이후에도 1991년, 2001년에 중수가 이루어졌다.[64] 이때마다 현판이 제작되
었고 현재 총 8개의 현판이 전하고 있다. 이처럼, 이 지역에서 10~20년을 주기로 8차
례나 행해진 중수의 역사는 현판이라는 유형 자료에 그대로 남아 오늘날까지 전승되
고 있다.

　다음으로, 회계 장부는 대체로 기금을 낸 사람들의 명단과 금액, 그 밖에 수입액, 지
출 내역과 지출액, 최종 잔액 등이 기록되어 있다. 구체적인 사례로서 보광동 무후묘에
는 '제향기' 또는 '결산보고서'라는 회계 장부가 남아 있다.[65] 제향기의 내용을 보면 먼
저, 추렴에 참여한 사람들의 명단과 이들이 낸 돈의 액수가 기재되어 있다. 그 다음에
는 지출 명세가 적혀 있다. 즉, 제사에 소용될 물품과 그 액수를 적어 놓았다. 마지막에
는 결산을 적었다. 이러한 형식은 이후 결산보고서에도 거의 비슷하게 적용되었다.

　이러한 회계 장부는 당시 추렴에 참여한 사람들뿐만 아니라 의례의 경제적 규모에
대한 지식을 전승하는 자료가 된다. 즉, 의례를 한번 치르는 데 돈이 얼마나 드는지,
그 비용을 충당하기 위해 추렴은 얼마나 해야 되는지 등에 대한 지식을 알려주고 있다.

　마지막으로, 지역 의례와 관련된 인물들 중에는 개인적으로 의례에 대한 기록을 남
기는 경우도 있다. 예를 들어, 보광동 무후묘와 관련된 기록물 중에 최천옥崔天玉이라

· · ·

64　"崇禎紀元 上之十三秊乙亥四月十八日重建", 1895년 현판; "凡生民所聚之社必有守護之靈今此五月修此堂宇齊誠
擇吉以禱以祀除其灾害降之吉祥於萬斯年永享芝芬", 1891년 현판; "凡生民所聚之社必有守護之靈今此五月修此堂
宇齊誠擇吉以禱以祝除其灾害降之吉祥於萬斯年永享芝芬", 1903년 현판; "…(전략)府君堂之設以杞后土守護之神
其來遠矣顧建造已久堂宇狹陋憑依之不安里中相議重修之擧各隨力(捐)財斬板幹礱柱礎陶甀甓築垣墻不日而成之規
模恢舊制而爲大輪奐此昔日而更新(후략)", 1927년 현판; "(전략)日泰甚霖雨堂舍後壁山尾崩壞故惶恐不己堂舍被害
不小不勝惶悚而憂慮千萬惟我愚人促成協議結一致團結而堂舍保建親睦會名稱本會組織而會員一同一心合力堂保建
功無支障協力以是哲約也(후략)…", 「서빙고부군당사당사보건친목회」 1946년 현판; "會組織洞民一同一心合力堂
舍再建功無支障協以是哲約也(하략)…", 「당사재건위원회」 1955년 현판; "서울特別市 地方文化財 民俗資料 第二
號인 西氷庫 府君堂이 낡고 허물어진 곳이 있어 서울特別市의 豫算 二阡九百四拾萬원으로 本堂, 祭器庫, 四柱門
담장을 여러분의 努力으로 一九九一年九月에 着工하여 二個月間의 期間으로 補修工事를 完了하였다.(하략)",
1991년 「중수기」현판; "此生民所配之社必有守護之靈今此正月修此堂宇齊誠擇吉以禱以祝除其灾害降之吉祥於万
斯年永享芝芬(하략)…", 「치성위원회」 2001년 현판. 이상은 서울시 용산구 서빙고동부군당 소장.

65　광복 직전인 1944년부터 1978년까지는 '제향기(祭享記)' 혹은 '치성기(致誠記)'라는 제목으로 거의 매해 기록된 것
들이 남아 있다. 그 이후 1987년부터 최근까지는 '제향결산보고서'라는 제목으로 작성되어 있다.

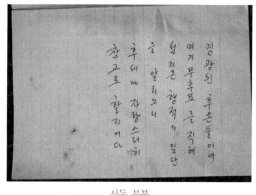

| 표지 | 서두 부분 |

〈그림 3〉「무후묘약사」 최천옥, 1964년, 서울 용산구 보광동 무후묘제전위원회 소장

는 인물의 개인 기록물[66]이 있다(그림 3). 그는 보광동 사람들의 이주와 무후묘의 이전
시기뿐만 아니라 의례의 시기와 종류, 무후묘의 중수 과정과 참여 인물 등을 날짜별
로 소상히 기록하였다. 그는 「무후묘약사武侯廟略史」 서두에 "영광된 후손들이여, 여기
무후묘를 직혀 섬겨온 일단을 알리노니 후세에 자랑스러히 참고로 할지어다."라고 밝
히고 있다. 이처럼 그는 그의 기록을 후세들이 참고하여 무후묘와 그것을 지켜온 '일
단一端'을 자랑스럽게 여기고 무후묘 의례를 잘 전승하기를 바라고 있어 그것이 기록
을 남기는 목적이었음을 알 수 있다. 이처럼 그가 남긴 보광동 지역과 무후묘 의례의
역사, 의례의 시기와 종류 등에 대한 기록은 이 지역 의례와 관련된 의례 지식이자 민
속지식이 반영되어 있는 사례로 볼 수 있다.

• • •

66 최천옥은 마을의 유지였으며 1970년대 당시 통일주체국민회의 위원이기 했다. 서울역사박물관, 『보광동 사람들,
　 보광동』(1), 서울역사박물관, 2008, 178쪽. 그가 남긴 기록물로는 각각 수첩과 노트에 기록한 「무후묘약사(武侯廟
　 略史)」와 「무후묘중수공사진행초록(武侯廟重修工事進行抄錄)」이 있는데 모두 1964년에 작성된 것이다.

〈표 2〉 서울 지역공동체 의례 관련 유형 자료의 주요 현황(2014년 현재)

구	동	소장처(자)	계		주요 자료		연대
			건수	장수	명칭(유형)	내용	
강남구	도곡1동	역말향우회	1	12	홀기	도당제 제차	2014년
성동구	행당동	아기씨당보존회	2	3	축문	축원 내용	2005년
성북구	정릉4동	북한산 산신제 전승문화번영회	1	31	전승문화번영회 책자	번영회칙, 산신제 진설도, 홀기, 축문, 산신제 내력	1992년
영등포구	당산동	당산 부군당위원회	1	7	수지계산서	찬조자 105명 명단, 지출 내역	2006년
노원구	상계5동	간촌대동친목회	2	18	회칙	간촌친목회 총칙, 부칙, 찬조자 명단	1984년
					축문	산신제 축문	1999년
	상계1동	갈월상조회	4	12	축문	산신제 축문	2007년
					홀기	산신제향 순서	미상
					회칙	상조회 회칙, 회비운영 세칙	2001년
	하계1동	용동마을산신제보존회	5	9	축문	산신제 축문	2012년
용산구	동빙고동	동빙고부군당치성위원회	3	13	부군당수리급증축비기 부방명기 (현판)	기부자 145명 명단	1956년
					부군당초상체성 및 수리비수렴방명기 (현판)	기부자 178명 명단	1964년
	서빙고동	서빙고동 부군당	10	25	노인계 좌목(현판)	임원과 계원 명단	1891년
					이중계원 좌목(현판)	상동	1903년
					정묘년 중수기(현판)	찬조자 명단과 액수	1927년
					보건친목회 명부(현판)	상동	1946년
					재건위원회 명부 (현판)	상동	1955년
	이태원동	이태원동 부군묘 관리위원회	3	8	축문	축원 내용	2006년, 2007년
					고사 식순	제의 순서	2003년
	한남동	큰한강부군당위원회 회장	2	34	회의록	위원회 회의 내용 및 결산보고	2006년
					치성금 명단	치성 참여자 명단	2006년
	보광동	보광경로당	74	607	제향기	찬조자 명단과 액수, 지출명세와 결산	1944~ 1978년

구	동	소장처(자)	계		주요 자료		연대
			건수	장수	명칭(유형)	내용	
					제향 결산보고서	상동	1987~ 2014년
					무후묘약사	무후묘의 역사, 제전위원회 명단	미상
					명화회 회칙	김유신사당 명화회 회칙	1998년
	청암동	청암동 부군당 보존위원회	2	2	부군당 내력	청암동과 부군당 내력에 대한 프린트물	미상
도봉구	도봉1동	안골경로당	2	4	축문	안골마을 대감제 축문	1952년
	방학4동	원당경로당	1	9	회칙	원당 향주회 회칙 및 회원 명단	1993년
중구	방산동	방산동 성제묘	14	696	서책류	『관성제군성적도지전집』 전5권 등 11종	1882년, 고종대
	장충동	장충동 관성묘	72	1104	좌목류	영신사원좌목책 등 6건	1918~ 1938년
					현판	100여명의 사원 이름	1935년
					윤첩류	15건	1918~ 1943년
					축문류	29건	1911~ 1942년
					절목·홀기류	3건	1920~ 1927년
					서책류	7종	고종대
마포구	마포동	마포동경로당	3	7	영당사원성명연록 (현판)	130여명의 인물	1903년
	창전동	밤섬부군당도당굿 보존회	8	11	제상 차림표	제물 차림 도표	2007년
					제물 물목	제물 이름과 수량	2007년
					명단	밤섬향우회 명단, 축원금 명단	2007년
					밤섬문언(현판)	밤섬의 내력	미상
		공민왕사당	2	14	홀기	제의 순서	2009년
		계	212	2626			

5. 지역민에 대한 기록과
   지역사의 재구성

　　　　　　　　대부분 지역의 공동체들에서는 그들 조직을 운영하면서
공동체와 관련된 기록물을 남기기 마련이다. 동계가 조직되어 있는 경우에는 동계 문
서나 구성원의 명단인 좌목座目 등을 남긴다. 의례가 행해졌던 곳은 앞에서 예로 들었
던 중수기나 방명록, 회계 장부 등을 남긴다. 이러한 기록물들은 그 지역 역사의 흔적
이면서 지역에 대한 지식을 전승하기도 한다. 따라서 이러한 기록물은 지역사를 재구
성하는 데 중요한 역할을 한다.

　유형 자료를 통해 지역사를 재구할 때, 동계 문서나 의례 문서 등을 막론하고 가장
기본적인 정보는 바로 '인물명'이다. 그 지역의 인물들에 대한 정보는 지역민들의 계
층과 직업, 지역의 유력 세력 관계까지 파악할 수 있는 중요한 근거가 되기 때문이다.
인물명은 주로 '좌목'과 같은 자료에 나타나지만 의례와 관련된 기록물 중에서는 중수
기, 방명록, 기부금 명단, 회계 장부, 축문, 윤첩 등 다양한 자료에 나타나기도 한다.
이들 기록물에는 지역민 전원이 반드시 기재되어 있는 것은 아니지만 기록에 등장하
는 인물들은 의례와 연관이 깊은 인물들로서 지역에서도 영향력을 발휘하는 인물일
가능성이 크다. 따라서 이러한 자료들도 지역사를 재구할 때 시사하는 바가 크다.

　앞에서 예로 들었던 서빙고동 부군당에 소장되어 있는 8개의 현판에는 1895년부터
2001년까지 총 8번의 중수와 보수를 거치면서 이때마다 참여한 사람들의 명단이 기재
되어 있고 경우에 따라서는 이들의 본관, 직역, 찬조 금액 등도 기록되어 있다(표 3).
일제 강점기 이전에 제작된 ①~③현판에는 인물명 밑에 '본관本貫'까지 기재되어 있었
다는 점이 특징적인데 ①번 현판의 경우는 생년 간지干支까지 기재되어 있다.

　이와 같이 기록물에 남아 있는 인물의 본관과 생년 간지는 중요한 의미를 갖는다.
즉, 인물명과 본관을 단서로 해당 가계의 족보를 검색하고 생년 간지로서 동일 인물
인지를 확인할 수 있다. 그런데 이는 그 기록물의 작성 연대를 정확하게 고증할 수
있는 근거가 된다.[67]

　또한, 인물의 본관과 생년 간지를 통해 가계 추적이 가능한 경우는 특정 성씨가 그

지역에 실제 집거하고 있었는지의 여부도 확인할 수가 있다. 해당 기록물에 동일 성씨가 자주 등장하는 경우 이들이 같은 가계임을 의심해 볼 수 있는데 이를 확인하기 위해서는 족보 검색이 필수적이다. 예를 들어, 서빙고동의 경우 일제강점기 이전에는 수원 백씨와 강음 단씨 집안이 집거하면서 지역 의례에도 지속적으로 참여했는데 특히 이들 집안은 존위와 중임 등을 번갈아 맡으며 지역에 영향력을 미치고 있었다.[68]

중요한 것은 이러한 정황들을 당시 현판들에 기재된 기록들을 통해 알 수 있었다는 점이다. 현판에 기재된 이들 집안의 인물들 대부분은 족보에서 검색할 수 있었고 이를 통해 이들이 인척 관계라는 것을 확인할 수 있었다.[69] 따라서 이들 집안이 서빙고동에 집거하고 있었고 이는 당시 지역의례뿐만 아니라 지역사회에도 영향력을 행사했을 것임을 짐작케 하는 단서가 된다.

뿐만 아니라, 가계 확인이 가능한 인물들에 대한 정보는 해당 집안의 입향 시기를 가늠하는 단서로도 이용된다. 앞에 예로 들었던 서빙고동의 수원 백씨와 강음 단씨 집안과 같이 특정 집안이 언제부터 이 지역에서 거주하고 있었을까 하는 의문을 풀기 위해서는 역시 해당 집안의 족보를 추적하면 알 수가 있다. 즉, 일반적인 족보의 기술記述 체계 상 족보에는 대체로 해당 인물의 묘墓의 위치가 기재되어 있다. 통상 묘는 거주지와 가까운 지역에 쓰기 마련이다. 따라서 언제부터 묘를 인근 지역에 쓰기 시작했는가를 보면 입향 시기를 가늠할 수 있다.

실제 전술한 서빙고동의 경우, 강음 단씨와 수원 백씨의 족보를 검색하여 강음 단씨 집안은 17세기 초반에, 수원 백씨 집안은 18세기 초반에 약 100년의 간격을 두고 입향했을 것이라는 추론을 이끌어 낸 바 있다.[70] 이와 같은 지역의 미시적인 역사는

•••

67 실제 ①번 현판의 경우는 그 전에는 정확한 제작 연대가 밝혀지지 못했지만 당시 존위였던 '백남승'이라는 인물을 통해 그 제작 연대가 1875년임이 입증되었다. ①번 현판의 연대 입증 과정은 졸고, 앞의 논문, 2009, 198쪽 참조. 백남승에 대한 상세한 설명은 졸고, 앞의 논문, 2010a, 204쪽 참조.
68 이들 집안의 주도권 변화에 대해서는 졸고, 앞의 논문, 2010a, 214~217쪽 참조.
69 1번~3번에 등장하는 강음 단씨 총 15명 중에서 10명을 「강음단씨세보」에서 확인하였고 수원 백씨 총 11명 중에 5명을 「수원백씨대동보」에서 확인할 수 있었다. 졸고, 앞의 논문, 2009, 206~212쪽.
70 구체적인 추론 과정은 졸고, 앞의 논문, 2009, 107쪽; 210~211쪽 참조.

해당 지역에 이러한 기록물이 남아 있지 않고서는 재구가 쉽지 않다.

마지막으로, 자료에 남아 있는 인물명은 그 지역 주민들의 계층이나 직업 구성에 대한 추론을 가능하게 해 준다. 물론 자료에 남아 있는 인물들이 전체 구성원을 대표하는 것은 아니지만 의례 자료에 남아 있은 인물들만으로도 대략 짐작이 가능하다. 서빙고동의 경우를 다시 예로 들면, 조선후기에는 서빙고와 관련된 관리와 이속, 부역자들, 장빙업자, 노동자, 상인, 선인船人등이, 일제 강점기에는 미곡상, 회사 종사자들, 정미업자, 노동자들, 미곡창이나 철도역 관리 등이 서빙고 지역에 살고 있었을 것으로 추정하였다.[71]

이러한 추정은 현판에 남아 있는 인물들을 통해 부분적이나마 구체적으로 증명될 수 있었다. 즉, 조선후기 현판에 등장하는 수원 백씨와 강음 단씨 인물들 중에 무과에 급제한 무관 출신들과 궁내부 주사 등 관리 출신들이 있었고 일제강점기에는 이들 집안의 무관 출신들 외에도 정미업이나 곡물상을 하던 사업가나 상인들이 다수 있었다.[72]

이와 같이 기록물에 남아 있는 인물명 중에 가계 추적이 되지 않는 경우라 하더라도 실제 그 지역에 거주했던 동일 인물이라는 것만 증명된다면 지역사를 재구하는 데 역시 도움이 된다. 예를 들어, 마포동 영당에 보관되고 있었던 현판에 등장하는 인물들을 통해 1903년경 거주민의 현황을 살펴 볼 수가 있다. 당시 마포에는 상업·운수업·미전米廛 등에 종사하는 상인들, 종업원, 운수업, 노동자, 대부업과 창고업을 하는 객주들, 각종 관서에서 근무하던 관료들도 있었을 것으로 추정하였다.[73]

이를 입증하기 위해 마포동 영당 현판을 분석한 결과 당시 미전을 운영하고 있었던 상인들, 객주들, 관료들의 존재를 다수 확인할 수 있었다.[74] 이처럼 인물명이 남아 있

• • •

71 졸고, 앞의 논문, 2010a, 200쪽; 202쪽.
72 졸고, 앞의 논문, 2010b, 236~240쪽. 실제 현판에 기재되어 있는 인물들 중 67명을 서빙고동(64명)과 동빙고동(3명) 토지조사부에서 확인할 수 있었고 이들은 실제 이곳에서 1912년에 거주하고 있었다는 것을 입증하고 있다.
73 졸고, 앞의 논문, 2011, 232쪽.
74 위의 논문, 241~246쪽. 이를 증명하기 위한 방법으로 당시 각종 신문기사, 잡지, 관보, 기타 문서 등을 참조하였는데 동일 인물임을 확정하기 위해서 한자명, 거주지, 활동시기, 직업 등을 종합적으로 검토한 후 모두 일치할 경우에만 동일 인물로 인정하였다.

는 지역 자료들은 당시 지역사를 재구하는 데 결정적인 단서를 제공하고 있는데 이는 유형 자료가 지니는 중요한 기능 중 하나라고 할 수 있다.

〈표 3〉 서울시 용산구 서빙고동 부군당 소장 현판 목록

연번	현판명	제작 연대	크기(cm)	수록 인물 수	주요 내용
①	'숭정기원'	1875	76.5*25	16	중건일시, 존위 및 중임 등의 인물들의 이름과 직역, 출생 연도, 본관 기재
②	노인계 좌목	1891	71.5*48	42	중수일시, 존위 등의 명단과 직역, 본관 기재
③	이중계원 좌목	1903	69*44	50	중수일시, 존위 및 중임 등의 인물들의 이름과 직역, 본관 기재
④	정묘년 중수기	1927	105.5*57	219	중수의 과정, 존위 및 구장 등 직책과 찬조금을 낸 사람들의 명단과 액수 기재
⑤	보건친목회 명부	1946	111.5*58	289	중수의 과정, 회장 및 총무 등 직책과 찬조금을 낸 사람들의 명단과 액수 기재
⑥	재건위원회 명부	1977	130.5*64.5	243	중수의 과정, 위원들 명단과 찬조금을 낸 사람들의 명단과 액수 기재
⑦	중수기	1991	58*39	6	서울시 지원금 등 보수 과정, 국회위원, 시위원 등의 직책과 명단 기재
⑧	치성위원회 명부	2001	101*52	55	중수 일시, 치성위원회 명단 기재

6. 결론

지금까지 민속 현장에서 전승되는 유형 자료의 종류와 그 존재 양상을 살펴보고 지역 공동체 의례와 관련된 유형 자료에 민속지식이 어떻게 반영되어 있는지 밝혀 보았다. 또한 의례와 지역사를 재구하는 데 유형 자료가 어떠한 기능을 하는가 하는 점도 아울러 살펴보았다. 여기서 얻게 된 결론을 정리하면 다음과 같다.

먼저, 유형 자료는 기록물과 물적 증거물로 나눌 수 있는데 이 중에 기록물은 크게 집단에 의해 기록된 것과 개인에 의해 기록된 것, 공식적으로 기록된 것과 사적으로 기록된 것으로 나눌 수 있었다.

집단에 의해 기록된 것으로는 족보, 동계문서, 현판, 비석 등과 지역 의례와 관련해

서는 좌목, 윤첩, 축문, 물목단자, 동제당 중수기, 회계장부 등이 있다. 개인에 의해 기록된 것으로는 문집류, 일기류, 분재기, 매매문서, 자서전류, 가계부 등이 있는데 이들 기록물은 지역의 사정을 잘 반영하고 있어 지역지식의 성격도 지닌다고 보았다.

다음으로, 공식적으로 기록된 것에는 사서史書, 군읍지, 고지도류, 신문·잡지류, 사전·보고서류 등이 있는데 사전·보고서류와 같이 민속지식을 적극적으로 수집·편찬하는 경우도 있다. 사적으로 기록된 것에는 국가나 관에서 발간한 것을 제외한 모든 것에 해당된다. 이렇게 사적으로 기록을 남기려는 목적은 후계자들에게 그 지식을 전수하기 위한 것과 의례를 공식화하고 그 전통적 권위를 획득하고자 했던 것으로 보았다.

그 다음, 의례와 관련된 유형 자료에는 의례나 제당의 유래, 의례의 절차와 시기, 의례의 목적과 의미, 제물의 종류와 진설의 방법, 제당의 역사, 의례의 경제적 규모 등의 다양한 의례와 관련된 지식이 반영되어 있음을 알았다.

마지막으로, 유형 자료는 지역사를 재구성하는 데 중요한 역할을 하는데, 유형 자료에 기록된 인물들에 대한 분석을 통해 지역민들의 계층과 직업, 집거 성씨, 입향 시기, 유력 집단 등을 알 수 있다. 이는 유형 자료가 지닌 중요한 기능 중에 하나임을 확인할 수 있었다.

민속지식은 현재 국제적인 움직임 속에서 점차 그 가치와 중요성이 부각되고 있다. 국내에서는 조금 늦은 감이 없지는 않지만 국가적으로 이에 대한 대응을 강구하고 정책에 반영하고 있다. 학계에서도 점차 활발하게 논의가 진행되고 있으며 향후 지속적으로 연구가 진행될 것으로 생각된다. 이러한 전망 속에 구술 전승되는 민속지식에 대한 수집과 정리도 중요하지만 민속지식이 기록된 유형 자료에 대한 가치와 그 중요성에 대한 조명도 필요할 것이라 생각된다.

일러두기
1. 부록에서는 필자가 수집한 현판과 문서들의 원문을 그대로 실었다.
2. 해독이 불가한 부분은 ▉로 표기하였다.
3. 필자가 교정한 글자는 [ ]로 표기하였다.
4. `/` 표시는 페이지가 달라지는 것을 의미한다.
5. `×` 표시는 원본에서 삭제하였다는 의미로 표시된 것을 나타낸 것이다.
6. 전체 원본 이미지는 국사편찬위원회 전자사료관에서 찾아볼 수 있다.

부록

1. 서빙고 부군당 현판

1) 해제

서울시 용산구 서빙고동 부군당(서빙고동 195-3, 서울특별시 민속자료 제2호, 1973년 지정)에는 총 8개의 현판이 전하고 있으며 가장 오래된 현판이 1895년(고종 12)에 제작된 것이고 가장 최근의 것이 2001년에 제작된 것이다. 여기에서 소개할 현판을 제작 시기별로 나열하면 다음과 같다. 1875년 '숭정기원' 현판, 1891년 노인계 좌목, 1903년 이중계 좌목, 1927년 정묘년 중수기, 1946년 보건친목회 명부, 1955년 재건친목회 명부, 1991년 중수기, 2001년 치성위원회 명부이다.

번호	현판명	제작 연대	크기(cm)	수록 인물수
1	숭정기원	1875	76.5×25	16
2	노인계 좌목	1891	71.5×48	42
3	이중계 좌목	1903	69×44	50
4	정묘년 중수기	1927	105.5×57	219
5	보건친목회 명부	1946	111.5×58	289
6	재건위원회 명부	1977	130.5×64.5	243
7	중수기	1991	58×39	6
8	치성위원회 명부	2001	101×52	55

2) 원문

1. 1875년 현판

崇禎紀元
上之十三秊乙亥四月十八日重建
上樑申時
奪位前五衛將 白南升 戊子生 水原人
中任前僉使 李崙格 乙亥生 全州人
別廳役前僉使 宋應嬅 戊辰生 恩津人
幼學 金致亨 癸酉生 安東人
着役 折衝 黃基亨 己酉生 昌原人
段基璜 乙未生 江陰人
幼學 李龍喆 甲子生 靑海人
前別將 安有璜 乙丑生 順興人
幼學 權平植 丁酉生 安東人
出身 金命哲 辛未生 金海人
幼學 裵應奎 壬申生 慶州人
前僉使 段致就 庚辰生 江陰人
幼學 金華鉉 乙酉生 金海人
畵員崇政 金錫昌 丙寅生 永川人
木手 李永根 丁酉生 慶州人
五月十九日出身白南奎謹書
庚子生 水原人

老人樓重建上梁文幷序

凡生民所聚之社必有守護之靈今此五月修此

堂宇齋誠擇吉以禱以祈除其灾昌降之吉祥於

萬斯年永享兹劳

尊位五衛將	李興默 青海人		金鼎祿 光山人
前僉使	段致兢 江陰人		權秉奎 安東人
幼學	段養浩 江陰人		白南冰 水原人
	義學老 星州人		權澤 安東人
五衛將	宋光潤 恩津人		金基鉉 金海人
司果	段致協 江陰人		洪命鉉 南陽人
	白南夏 水原人		李完王 全州人
閑良	黃旼祥 長水人		朴基俊 密陽人
幼學	段膺浩 江陰人		李龍萊 廣州人
折衝	李壬吉 廣州人	出身	白龍完 水原人
幼學	金華鉉 金海人	閑良	金基兌 金海人
	朴永壽 密陽人		張允國 丹陽人
閑良	李仁根 青海人		李漢宗 青海人
司果	洪允祚 南津人		張啓云 仁同人
幼學	姜斗欽 晉州人	出身	白龍珠 水原人
司果	宋昌喜 恩津人	閑良	權伯洙 安東人
幼學	李潤赫 全州人		義學俊 星州人
	段致範 江陰人		鄭東悅 晉州人
閑良	鄭聖仁 慶州人	都事	段潤浩 江陰人
	金孝禎 金海人	幼學	段本浩 江陰人
出身	千正奎 禮陽人	出身	李萬宗 青海人

辛卯五月日 愚齋生拭腕

里中僉員座目
凡生民所聚之社有守護之靈今此五月修此堂宇
齊誠擇吉以禮以禱以祝除其灾眚降之吉祥於萬斯年永
享考勞

尊位司果　段德浩　江陰人　　　　幼學　　金應俊　金海人
中任五衛將　李完玉　全州人　　　　　　　金鼎■　金海人
司果　金基鉉　慶州人　　　　　　　　　段厚柱　江陰人
　　　白龍基　水原人　　　　　　　　　白完基　水原人
折衝　權炳圭　安東人　　　　　　　　金任河　安東人
幼學　申漢珠　平山人　　　　　　　　姜炅■　晉州人
折衝　金興祿　金海人　　　　　　　　段龍柱　江陰人
幼學　李龍來　慶州人　　　　　　　　段致咨　江陰人
別書役　張允國　丹陽人　　　　　　　張競植　仁同人
出身　尹一成　坡平人　　　　　　　　段文浩　江陰人
　　　張來植　仁同人　　　　　　　　張俊植　仁同人
幼學　李元模　青海人　　　　出身　　李枝賢　青海人
幼衝　徐相根　達城人　　　主事　　金齊潤　金海人
幼學　安厚根　順興人　　　幼學　　權正植　安東人
　　　吳奉允　海州人　　　　　　　金鍾遠　金海人
出身　李萬宗　青海人　　　　　　　段永柱　江陰人
幼學　段學柱　江陰人　　　　　　　金滴萬　金海人
　　　黃任淵　昌原人　　　出身　　成德鉉　昌寧人
司果　徐丙冀　達城人　　　幼學　　金尙會　安東人
主事　李敬錫　青海人　　　主事　　朴丙藩　濟南人
正憲　李枝盛　青海人　　　出身　　白南星　水原人
幼學　裵殷■　星州人　　　幼學　　尹明俊　坡平人
嘉善　白龍現　水原人　　　　　　　李聖文　慶州人
監察　宋種九　恩津人　　　　　　　李啓成　平昌人
幼學　白世基　水原人　　　畵員正三品　俞鑌秦　杞溪人

光武七年癸卯五月日

3. 1903년 현판

4. 1927년 현판

府君堂 重修記
終南一麓南下數里勢開龍虎幽作洞岫江湖之渺(㝠)雲嵐之興沒眞
有天然形勝自西里奠基之始有 府君堂之設以杞后土守護之神其
來遠矣顧建造已久堂宇狹陋憑依之不安里中相議重修之擧各隨
力(捐)財斬板幹礱柱礎陶瓴甓築垣墉不日而成之規模恢舊制而爲大
輪奐此昔日而更新時李甫承駿在里尊致力最多焉於是赫〃新廟整
頓莊嚴 神道可逍遙而安止人心相喜悅而致和惟時禱祝啓悟誠明昭
感嘉休洋〃焉永保厥佑俾有時若而宣其 靈也豈不盛歟
丁卯五月 日 上樑

李承駿
以上一百円
李範烈
以上 十円
金種學
白斗鉉
高村 甚一
以上 五円
柳英秀
以上 三円
金應有
吳賢秀
以上一円五十錢
白仲鉉
李承麒
李晚應
李承龜
馬駿(華)
以上一円
徐丙完
李聖文
金尙玉
李宗翊
以上一円五十錢
金順文
安恩植
金文植
李善厚
崔鳳煥
宋種奭
安致根
金鍾云
金濟因
李圭弘
尹興植
金基鐘
尹興泰
嚴鳳鉉
尹明俊
黃善泰
崔奉云
金明鎭
朴聖基
白建植
白点成

李承會
黃興云
白敬三
李承玉
朴勝德
李枝賢
崔仲穆
鄭元基
千順巨
金丁龍
李承鳳
段在浩
宋種牧
千命福
李壽命
李秋奉
李鍾馥
段亨柱
以上一円
白奭鉉
安致三
李承業
金允宰
李善有
朴聖五
李逢雨
段鴻柱
黃敎淵
徐珠賢
金龍植
李文順
權漢文
金大龍
趙允學
朴仁俊
千順昌
李元根
李斗明
金基鉉
李雲鐘
張文賢
朴正祿
李興源
魯興圭
張啓先

張兢植
宋大淳
崔潤昌
金福男
黃興祚
李永圭
朴三俊
元世俊
李根益
申弘西
金其得
鄭元敬
朴光然
李大春
洪益順
徐廷直
金潤成
金錫俊
段熙三
李完錫
朴相順
白景烈
趙永成
成順一
尹明仁
金成五
成德昌
林允石
金應植
金鼎模
崔建三
金順澤
元好俊
安仁成
柳元萬
段協柱
金仲云
成德文
黃命伯
元点乭
黃銀鳳
金昌植
禹仲西
金學三
鄭允國

段興柱
崔美敦
金在榮
金今同
洪敬範
李大石
安億善
文致伯
李都奉
盧仁淑
申光福
張學奉
權在興
徐丙汶
張啓三
朴學圭
李龍三
李奉吉
黃得奉
尹聖天
鄭二萬
盧今伯
朴慶順
白豊成
黃銀同
李斗錫
金鼎殷
金有明
權景模
金善益
金永洙
崔基完
李壽海
田泰植
段現柱
姜致玉
劉興福
姜應桓
段承柱
李學奉
呂聖九
鄭善在
張汶和
段福來
李貞慈

金應俊
黃敬祚
李先奉
黃汝先
朴東植
金得龍
徐廷珠
金啓俊
金斗鉉
洪伯榮
柳元文
崔鎭弘
李鍾五
權若先
鄭學乭
李貴男
以上 五十錢
李二龍
金振爕
禹七石
徐廷吉
金錫弘
韓泰錫
鄭興學
金大萬
金三乭
裵雲培
李丁順
成伯釗
裵雲三
朴春弘
趙雲龍
權文一
金泰成
河壽男
劉相烈
徐炳善
張千興
以上 四十錢
黃貞淑
崔召史
權庚辰
金順泳
張英昌
以上 二十錢

建築監役員
尊位 李承駿
區長 段亨柱
里中所任 李圭弘
金龍植
金種云
朴慶順
金永洙
監役 李承麒
書員 段鴻柱

物品寄附
畵本繡帳 二件 李光季
風鏡 一雙 李英季
燈籠 一雙 李東季
遮日 一件 金仁泰
補褥衣 三件 白斗鉉
夫役 里中一同
水油 一升 千順昌
下所任 李成七
丁卯七月二十六日竣(功)

西氷庫府君舍堂舍堂保建親睦會

夫我本洞府君尊靈築百年以來自惟我先祖吾人繼〃承〃至誠善會

至靈奉至嚴府君尊靈可不權拔不慎拔是故小無〃感而以來感奉獻以至幸

檀紀四千二百八十八年西月日泰昔後雨舍堂山昆胡懷故懷宗已堂舍楼

崇小勝崔陳高憂千萬我最人促成協議結結〃致圖結堂舍保建親睦會名

稱本會組織而會員一同心合力保堂建無支障協力以是哲約約也

檀紀四千二百七十九年丙戌三月日保建親睦會白

保建親睦會會員名簿左記

會員簿	寄付金名簿				
會長 段鴻柱	金貴石	金龍義	段鴻柱	金泳西	黃斗性
總務 金渭因	以上四百圓	金相順	金渭因	吳乙文	宋鶴淳
會員 朴泰基	朴泰源	以上四百圓	李顯源	金黃龍	裵龍月
李顯源	以上三百圓	李岳云	權鑊鈸	金乽基	黃斗性
金應洙	金泳鉉	成東榮	白仁順	李聖基	韓仁龍
李權緩	金登基	權庚云	安敬用	李土用	李鍾馥
徐丙完	姜在玉	尹壽福	黃基石	■■萬	尹■奎
白斗鉉	女權福	李秋奉	張學奉	■■福	金顯學
朴壽弘	黃天興	朴今成	鄭庚萬	白科天	李■龍
朴慶順	明圭鎭	白順萬	金永慘	白利德	尹壽乙
李容凡	以上百圓	以上三圓	金昌俊	洪伯永	金壽綠
權重鉉	李容凡	黃天芝	金鳳得	文容彩	金鍾遠
吳鉉秀	吳鉉秀	以上二十五圓	印福伊	李壽命	千宇雄
金文植	金昌龍		尹興植	徐丙完	沈■■
白章鉉	以上五十圓		鄭世萬	朴恭福	金壽福
金三根			趙先萬	鄭永圭	以上二十圓

寄付金名簿					
李承燁	朴順煥	黃得志	李成鎬	金榮元	
尹漢文	劉祿恭	徐廷協	李益奎	朴承豪	李九鎬
李俊玉	金四文	朴象燦	文長吉	李順玉	安禮植
申明權	金秦植	黃七山	李睦書	崔洪德	黃漢洙
黃在洙	金永植	白章鉉	李福俊	金鍾吉	曺明煥
趙先善	金顯學	姜信源	李三根	金永漢	徐基編
朴英俊	尹順元	洪順申	金榮泳	李成大	高順俊
白都萬	金洺舜	柳元文	崔成化	■元熙	呂用俊
以上十五圓	金順釗	尹景烈	李龍龍	■震山	金興山
姜秀玉	金纘益	姜德相	金命福	大學浮	金海山
以上四十圓	李鐘輝	徐基錫	洪光變	張仁秀	李在學
李聖順	李貴龍	徐基錫	段熙三	金成均	朴貴乭
朴伊煥	明仁仁	金武吉	元達辰	梁粉任	段熙伯
金興編	金永龍	林■男	鄭成先	金■植	金光萬
金重勝	黃重連	白壽致	韓三潤	李斗明	朴春吉
千貴慈	河南■男	金文植	劉福成	朴容凡	冒活
申光順	禹仁洙	金光熙	金哲	朴聚文	■■■
李光秀	崔建三	文明煥	金三根	金英植	景致陽
孔海成	李喜峯	黃環德億	白承學	金■植	安致敬
安慶雲	馬仲植	崔錫根	張三俊	■■■	趙鐘■
黃善根	李有吉	黃賈鱗	朴三石	■順珍	金壽根
安致三	黃吉周	■享俊	白承煥	李廷臣	■■■
黃銀鳳	朴聖基	徐廷直	鄭聖萬	李錫慶	■■■
黃漢招	金弘順	段熙淵	金龍得	李錫永	李西煥
徐文福	朴慶順	金段順	任敬山	金仁善	■烈
洪壬永	金成律	姜聖基	金順玉	李明成	權恭信
尹在浩	鄭凡龍	白承旭	裵東浩	趙先樂	朴鳳天
李裕明	李■龍	黃教祚	金應有	李大福	金■■
金命演	愼鑴五	朴相善	張英昌	金仲云	■■■
尹允善	徐仁退	朴世煥	申福成	金基珍	徐相■
朴漢裕	李仁成	朴永主	李永主	鄭■■	金■基
李柱變	李壽得	白■鉉	金光喆	徐福乭	金■■
文子蘭	許成俊	宋春吉	洪錫石	張錫煥	商■東
李圓必	黃基俊	黃億石	金容君	權曇盛	趙來善
徐廷吉	林鍾七	宋相■	林基成	李鍾男	以上五圓
權漢文	張岳三	金鳳眞	邊東申	宋基鉉	金顯男
朴春弘	朴天興	李迎春	朴三同	張金■	李順日
崔鑽弘	朴順■	朴慶澤	鄭元基	金先國	以上四圓
張基鋼	權慶編	金順詰	鄭興學		

黃基石	尹仁澤	徐南基	張綜秉	崔鐘根	
尹漢文	韓明燮	李壽萬	張龍根植	全龍根植	
金洙薰	許煌	李永桂	李成文	鄭永圭	
朴金成龍旭	金正國	尹宗敍	李相珍	李喜德	
段淵龍	鄭凡龍	崔言奉	金龍男	金喜用	
黃重	黃仁奉	白日萬	文基亨	白順萬	
金貴童	沈興龍	柳海淑	韓永澤	金基先	
張龍煥	呂用後	盧鳳文	李淑	高玉童	
金相德	黃漢洙	白洪得	李種洙	黃千興	
李昌岳	金仲五	白頃郁	徐先任	洪白興	
金鐘奉	宋春吉	朴慶手	趙大鳳	李斗植	
李秋奉	金成均	朴相厚	崔清敬	張龍煥	
白順萬	李秉植	李順得	吳昌洙	李秋奉	
尹三男	金基學	李壽吉	李仁洙	朴今成	
金洙伊	朴	朴俊植	鄭鳳鍾	黃銀泰	書筆 金令萬
崔錫根	鄭鐘完	李秀植	朴南星	李容凡	土工 成龍
白相天	姜去德	李宗子	白壽梁	金清因	″ 李光秀
李喜必	吳敬熟	趙先子	白斗敍	委員 白斗鉉	木工 鄭世萬
李喜得	黃景得	禹壽奉	白寅煥	再建委員名簿	
安國萬	李壽得	崔振姬子	林鍾禮		
一金壹圓整	李享曼	高仁壽	金清因	以上	
黃源應		高英烈	金殷煥	南相玉	
一金壹百貳圓整	朴壽得	金一番	金永九	鄭謙浩	
	尹壽福	廉壽之	金鳳鍵	金順	
	黃基後	金春伊	李賢基	崔姓女	
劉順福	金三龍	柳榮奇	金徐銀春	金河只	
鄭永圭	徐廷協	金榮煥	申沈熙	金鳳雲	
權斗云	姜信德	朴榮龍	宋寅煥	金順秦	
李福植	白承順	金順子	金命演	申鉉周	
一金壹伍百圓整	朴任伯	尹玉順	金金演	朴貴乭	
	李富性	鄭吉吉	李俊玉	李秀連	
李光秀	劉根奉	任金熙	黃命伯	一金壹百圓整	
一金壹七百圓整	朴植	任淑子	朴漢裕		
	李員得	權三孫子	姜淑		
	張學奉	尹化星	一金貳百圓整		
李富德	金羊龍	徐漢文		宋雲順	
白永吉	鄭壽俊	徐廷吉		林斗玉順	
黃根鳳	李昌妹	宋興福	李賢貫	張斗淑洙	
金龍得	金連姬	朴任出	李賢貫	李斗永珍	
一金貳百圓整	李承庫	金敍玉	安敍敬	林永珍	
	李耶龍	李順玉	趙賢清	黃漢哲	
一金在根	朴鳳石	朴世玉	金現九	李龍先	
一金參百圓整	黃善連	姜萬珍	申乙根	權萬珍	
	黃善奉	安先俊	權斗	李秦薰	
一金順萬	一金五百圓整	金斗玉	李三童	金秦龍	
一金四百圓整		林基成	許麒洙	張順順淑	
	金景伊	一金參百圓整	李思永	高同同	
朴今成		一金六百圓整	許白鳳	金福東	
李大得		吳壽星	鄭書石	李觀興	
李岩石	朴用凡	洪永星	金敎編	宋大奉	
一金五百圓整	羅順珍石	李昌凡	姜昌編	張基弘	
	金先成	金小萬	李最培	鄭龍基	
黃千興	金年伊	徐德石	李宗洙獻	朴宗洙	
一金五百五百圓整	一河壽南	一金四百圓整	朴德興	朴高南	
	一金七百圓整		沈敍燮	李秦鍾	
一金千俊			金明山	李康春	
一金壹萬圓整	張輝雄		李占奉	朴煥任	
	一金八百圓整		一金參百圓整	宋七奉	
李基鍾					
一金參萬圓整	一、生豚壹頭 金喜用		一、白米小斗三斗 高玉童	一、白米小斗三斗 李福興	

寄附金芳名錄

堂舍再建委員會

檀紀四二八八年乙未十月日

7. 1991년 중수기

重修記

서울特別市 地方文化財 民俗
資料 第二號인 西氷庫府君堂이
낡고 허즐어진 곳이 있어 서울
特別市의 豫算 一仟九百四拾萬원
으로 本堂, 祭器庫, 四柱門 담장
을 여러분의 努力으로 一九九一年
九月에 着工하여 一個月間의 期間
으로 補修工事를 完了하였다。

一九九一年 十一月

國會議員　　徐廷和
龍山區廳長　許載九
서울市議員　李今龍
龍山區議員　朴長圭
西氷庫洞長　李鎭琈
西氷庫老人會長　蔡秉昻

8. 2001년 치성위원회

致誠委員會

此生民所配之社必有守護之靈今此
正月修此堂宇齊誠擇吉以禮以祝除
其灾降之吉祥於万斯年永亨姿芬

蔡秉昻　金鳳根　成來世　徐載卨　李相奎　李鎭琈　李永宰　梁順伊　朴興烈　李康五　李重權　金有相　柳基燮　金學均　尹行根　鄭在煥　李仁駿　曺良煥　黃斗萬　尹吉承　白承旭　金啓東　林昌鎬

趙麟煥　萬洪圭　李福範　朴圭奉　崔順子　李京薰　朴丁右玉　徐貞玉　朴次用　梁錫壽　嚴基萬　李榮蔡　金鎭培　吳敬禮　姜聖圭　朴寅圭　許俊湖　南貞熙　李辰性　金在善　尹成得　李斗性　黃元根

黃好淳　金臺玄　林明錫　黃致淑　李相春

辛巳 正月

2. 마포 영당 현판

1) 해제

마포동 영당靈堂(마포동 337-1)은 '불당' 혹은 '부군당'으로도 불린다. 이 제당은 2010년에 헐렸고 제당에 보관되어 있던 현판은 현재 경로당에서 보관하고 있다. 영당에 봉안되어 있었던 현판은 총 3개인데, 「마포 영당사원 성명연록麻浦 靈堂社員 姓名聯錄」과 「마포 영당건축보조금인원 성명연록 靈堂建築保助金人員姓名聯錄」, 그리고 대황제폐하大皇帝陛下 이하 대후와 황태자·황태자비, 영친왕을 축원하는 현판 등이다.

번호	현판명	제작 연대	크기(cm)	수록 인물수
1	麻浦 靈堂建築保助金人員姓名聯錄	광무 7년 계묘년(1903년) 5월	미상	76명
2	麻浦 靈堂社員姓名聯錄	상동	미상	56명
3	황실 축원 현판	미상	미상	대황제, 명헌태후 홍씨, 황태자, 황태자비, 황귀비 엄씨, 영친왕 축원

392

2) 원문

1. 마포구 마포동 불당(영당) 1903년 현판(Ⅰ)

麻浦靈堂社員姓名聯錄 幷序

凡生民所聚之社必有守護之靈今此癸卯李晉營

建堂宇羅聖元朴英植金潤弘盧敬烈李完柳建實

梁義瑞崔文煥李君七禹慶善鄭光澤十一員齊會商議鳩

聚棟樑建築神祠其有功於一社盛日矢誠擇吉

以禮以祝降之吉祥於萬斯年永享姿芳

從一品崇政大夫前行禮曹判書兼奎章閣提學弘文館提學

院日講官 金宗漢 安東后人

都事 朴英植 密陽后人　　幼學 宋煥俊 恩津后人

正三品 崔致俊 全州后人　　幼學 曺秉泰 昌寧后人

正三品 崔春基 全州后人　　幼學 崔敬天 海州后人

正三品 羅聖元 羅州后人　　幼學 鄭光澤 延日后人

出身 金潤弘 金海后人　　幼學 柳健實 文化后人

幼學 洪光賢 南陽后人　　幼學 崔文圭 慶州后人

幼學 趙完璧 豐壤后人　　幼學 李聖善 全州后人

幼學 李敬祚 全州后人　　幼學 姜先玉 晋州后人

出身 金應烈 安山后人　　幼學 梁義瑞 南原后人

幼學 李聖弼 驪興后人　　幼學 崔文煥 海州后人

幼學 李昌根 全州后人　　幼學 李君七 全州后人

幼學 盧敬烈 交河后人　　幼學 李仁咨 全州后人

幼學 林元英 金山后人　　幼學 李仁榮 濟州后人

幼學 尹義善 坡平后人　　幼學 李貴燮 天安后人

出身 金順益 金海后人　　幼學 金貟友 金海后人

幼學 白光淡 水原后人　　幼學 李貴燮 全州后人

幼學 金德兼 金海后人　　幼學 金開燮 金海后人

幼學 張敬均 仁同后人　　幼學 張開基 仁同后人

司房▣ 禹慶善 丹陽后人　　幼學 金順範 慶州后人

幼學 金永植 金海后人　　幼學 宋致浩 懷德后人

幼學 張舜五 仁同后人　　幼學 張敬化 仁同后人

幼學 朴昌漢 密陽后人　　幼學 康敬實 載寧后人

幼學 李完植 全州后人　　幼學 崔聖連 慶州后人

幼學 洪順澤 南陽后人　　幼學 沈洛鼎 青松后人

幼學 李相鉉 全州后人　　幼學 吳東洙 海州后人

幼學 李錫憲 安城后人　　幼學 金石雲 金海后人

幼學 張順植 仁同后人　　出身 池龍哲 忠州后人

出身 姜鳳國 晋州后人

光武七年癸卯五月 日

贏浦靈堂建築保助金人員姓名聯錄

平昌郡守 崔義三 興海后人　　主事 吳麟昌 海州

五衛將 白宗洙 水原后人　　五衛將 鄭基然 延日后人

正三品 金昌順 金海后人　　幼學 黃建中 昌原后人

監察 梁君賓 南原后人　　幼學 張汝成 仁同后人

正三品 金應善 金海后人　　幼學 林昌洙 羅州后人

正三品 李秉均 驪興后人　　出身 金士元 安東后人

主事 宋龍憲 恩津后人　　幼學 金元順 金海后人

正三品 崔周永 慶州后人　　五衛將 金春根 金海后人

司果 林泰汝 寶城后人　　幼學 金允興 慶州后人

出身 金平西 光山后人　　幼學 金永弼 光山后人

正三品 吳亨善 海州后人　　幼學 李秉夏 牙山后人

正三品 崔昌潤 慶州后人　　幼學 林永化 鎭川后人

幼學 韓俊西 淸州后人　　主事 金秀行 順天后人

主事 金永源 光山后人　　幼學 金世熙 金海后人

主事 金鎭燮 金海后人　　幼學 姜尙參 晉州后人

幼學 李君三 全州后人　　幼學 金胄根 金海后人

幼學 崔聖元 興海后人　　幼學 李錫祥 驪興后人

主事 金永祚 光山后人　　出身 徐錫植 達城后人

幼學 朴容九 密陽后人　　幼學 梁君三 南原后人

幼學 田潤守 海美后人　　僉知 全明善 旌善后人

幼學 宋駿憲 恩津后人　　幼學 陳順汝 南平后人

幼學 金敦熙 金海后人　　幼學 申斗完 平山后人

幼學 張鎭五 仁同后人　　參奉 段致修 延安后人

幼學 吳俊成 海州后人　　幼學 鄭泰圭 密陽后人

幼學 朴公淑 密陽后人　　幼學 鄭大善 東萊后人

幼學 崔弘圭 慶州后人　　幼學 李福鉉 全州后人

幼學 李容直 全州后人　　幼學 韓聖善 淸州后人

幼學 南仁佑 宜寧后人　　都事 金順五 金海后人

幼學 姜仲秀 晉州后人　　幼學 李春敬 全州后人

幼學 孟仁和 新昌后人　　幼學 尹敬老 坡平后人

幼學 李載萬 驪興后人　　幼學 崔和成 慶州后人

出身 金昌大 全州后人　　幼學 安敬云 順興后人

幼學 李學先 全州后人　　幼學 金應九 金海后人

幼學 洪景烈 南陽后人　　畵師

幼學 金舜居 全州后人　　崇政 朴敏永 密陽后人

幼學 崔鳳來 慶州后人　　通政 兪鎭泰 杞溪后人

光武七年癸卯五月 日

幼學 林敬先 平澤后人

394

大皇帝陛下　　　　聖壽萬歲

明憲太后洪氏殿下　　聖壽萬歲

皇太子殿下　　　　壽千歲

皇太子妃閔氏殿下　　壽千歲

皇貴妃嚴氏殿下　　　壽千歲

英親王殿下　　　　壽千歲

3. 장충동 관성묘 문서 및 현판

1) 해제

장충동에 있는 관성묘(장충동2가 186-140, 서울특별시 민속자료 제6호)에는 제의 관련 문서들로는 좌목류가 6건(1918~1938년), 운
첩류가 15건(1918~1943년), 축문류가 29건(1911~1942년), 절목·홀기류가 3건(1920~1927년)이 있다. 좌목들은 당시 관성묘 의
례를 이끌었던 '영신사' 구성원들의 면면을 알 수 있는 자료들이며 운첩들은 제의가 행해졌던 당시 정황들을 알 수 있는 자료들이
있는 자료들이다.

1. 장충동 관성묘 소장 문서 목록

연번	분류	분류번호	문서명	연대	내용	규격(가로×세로, 연수(장수), 재질)
	좌목류	1	永信社 戊午 正月 座目	1918	총재 조성근, 시장 예종석 등 189명의 성명과 직책 기재	27×40, 30(15)
		2	戊午年 永信社 各員額金簿	1918	김세근 등 173명의 1차, 2차, 3차의 '額文'(금액) 내역 기재. 일부 생년월일과 본관 기재	17×23.5, 22(12)
		3	永信社員座目冊	1930	김세근 등 178명의 성명 기재	28×43, 33(17), 비단, 한지
		4	附 永信社 南營關聖廟 義捐諸氏 芳名錄	1935*	조성근 등 237명의 성명 기재. 조성근, 어담, 예종석의 품계 명시. 나머지 인물들은 성명만 기재	28×43, 34(18), 비단, 한지
		5	南營關聖廟永信社員芳名錄(현판)	1935	현판(문 안쪽에 걸려 있음). 조성근 등 98명의 성명 기재. 조성근, 어담, 예종석의 품계 명시, 나머지 인물들은 성명만 기재	90×42, 1, 목재
		6	南營永信社員國防獻金芳名錄	1938	조성근 등 32명의 성명 기재. 주소와 헌금액이 부기되어 있음	19×28, 6(4), 한지
	안첩류	1	大正 七年 諸員賀臨請牒	1918	시장 김세근, 총무 박윤근 등 119명의 성명 기재. 수군내 등 지역 혹은 기계명이 부기되어 있음	19×28, 9(5), 한지
		2	己未年 九月	1919	시장 김세근, 부사장 서경행, 총무 박윤근 등이 성명과 재본 명단? 기재. 公事長 김창호 명의로 작성	19×28, 3(2), 한지
		3	庚申年 正月	1920	한글 전용. 文司長 이음수 명의로 작성	19×28, 4(2), 한지
		4	庚申年 十二月	1920	국한문 혼용. 정월 초3일 치성에 대한 공지. 文司長 김종진 명의로 작성	19×28, 4(2), 한지
		5	甲子年 三月	1924	국한문 혼용. 정월 초에 대동에 부정한 사고가 나서 치성을 3월에 봉행하게 되었다는 공지. 영신사장 서경행 명의로 작성	19×28, 5(3), 한지
		6	戊辰年 十月	1928	국한문 혼용. 시장 김종모 명의로 작성	19×28, 6(4), 한지
		7	庚午年 五月	1930	국한문 혼용. 단오향사에 대한 공지. 시장 이종택 명의로 작성	19×28, 4(2), 한지
		8	昭和九年 六月	1934	국한문 혼용. 관성제군 탄신일(6월 24일) 치성에 대한 공지. 시장 예종석 명의로 작성	19×28, 7(3), 한지
		9	昭和 十年 四月	1935	국한문 혼용. 예종석 등 102명의 성명과 액수가 기재되어 있음. 시장 예종석 명의로 작성	19×28, 12(6), 한지
		10	乙亥年 十月	1935	국한문 혼용. 추계대치성(10월 19일)에 대한 공지. 시장 예종석 명의로 작성	19×28, 7(5), 한지
		11	丁丑年 四月	1937	국한문 혼용. 관성묘 앞 도로수축을 위한 기금에 대한 공지. 시장 예종석 명의로 작성. 기금을 낸 87명의 성명과 금액 기재	19×28, 14(8), 한지
		12	辛巳年 六月	1941	한문 전용. 탄신일 치성에(10월 19일)에 대한 공지. 제1란 등 38명의 성명 기재. 남영 영신사 성명 기재	19×28, 4(3), 한지
		13	辛巳年 十月	1941	국한문 혼용. 추계대치성(10월 19일)에 대한 공지. 어담 등 50명의 성명 기재. 시장 예종석 명의로 작성.	19×28, 7(4), 한지
		14	癸未年 六月	1943	한문 전용. 탄신일 치성에 대한 공지. 제1란 등 22명의 성명 기재. 남영 영신사 명의로 작성	19×28, 2(2), 한지
		15	* 永信社	미상	영신사 명의로 작성	19×28, 6(3), 한지
	축문류	1	辛亥年 十月	1911	한문 전용. 10월 20일자	(1)
		2	戊午年	1918	한글 전용. 10월 20일자	(1)

분류	번호	항목	연도	설명	수량
축문류	3	庚申年 二月	1920	한문 전용. 2월 1일자	(1)
	4	壬戌年 十月	1922	한문 전용. 10월 5일자	(1)
	5	甲子年 三月 城隍	1924	한문 전용. 3월 6일자. '성황'에 올리는 축문	(1)
	6	甲子年 十月 南小營	1924	한문 전용. 10월 3일자. '남소영'에 올리는 축문	(1)
	7	乙丑年四月 將軍	1925	한문 전용. 4월 4일자. '장군'에 올리는 축문	(1)
	8	乙丑年 四月 武庫	1925	한문 전용. 4월 4일자. '武庫'에 올리는 축문	(1)
	9	乙丑年 四月 山(神)	1925	한문 전용. 4월 4일자. '산신'에 올리는 축문	(1)
	10	乙丑年 十月 南(小營)	1925	한문 전용. 10월 20일자. '남소영'에 올리는 축문	(1)
	11	乙丑年 十月 城隍	1925	한문 전용. 10월 20일자. '성황'에 올리는 축문	(1)
	12	乙丑年十月 武(庫)	1925	한문 전용. 10월 20일자. '무고'에 올리는 축문	(1)
	13	乙丑年 十月 山(神)	1925	한문 전용. 10월 20일자. '산신'에 올리는 축문	(1)
	14	己巳年 六月	1929	한문 전용. 6월 24일자.	(1)
	15	辛未年 十月 正(殿)	1931	한문 전용. 10월 20일자. '정전'에 올리는 축문	(1)
	16	壬申年 十月 山神	1932	한문 전용. 10월 20일자. '산신'에 올리는 축문	(1)
	17	壬申年 十月 正(殿)	1932	한문 전용. 10월 19일자. '정전'에 올리는 축문	(1)
	18	癸酉年 十月 南小營	1933	한문 전용. 10월 20일자. '남소영'에 올리는 축문	(1)
	19	癸酉年 十月 武庫	1933	한문 전용. 10월 20일자. '무고'에 올리는 축문	(1)
	20	壬午年 四月	1942	한문 전용. 4월 15일자.	(1)
	21	壬午年 十月 武庫	1942	한문 전용. 10월 19일자. '무고'에 올리는 축문	(1)
	22	壬午年 十月 南小營	1942	한문 전용. '남소영'에 올리는 축문	(1)
	23	壬午年 十月 山神	1942	한문 전용. '신신'에 올리는 축문	(1)
	24	슈제 초흔관 통령 신 김흥헌	미상	한글 전용.	(1)
	25	主祭 初獻官 金學俊	미상	한문 전용.	(1)
	26	主祭 初獻官 臣 趙性根	1936	한문 전용.	(1)
	27	성황성공게수도수백배감소고우	미상	한글 전용.	(1)
	28	四月 十五日	미상	한문 전용. 4월 15일자.	(1)
	29	主祭 獻官 金東源	미상	한문 전용.	(1)
절목·홀기류	1	正殿物品領受証	1927*	국한문 혼용. 정전에 제사를 지낼 때 소용되는 물품에 대한 영수증	4(3)
	2	春秋釋奠獻時節目	1918	謹忌辰 절목. 국한문 혼용. 謹忌辰 때 소용되는 물품과 음식에 대한 목록	3
			1920	정월삭하루 향사 절목. 한문 전용. 정월 초하루 제사에 소용된 물품 건수와 금액, 음식에 대한 목록	2
			1920	정월삭대보성 절목. 정월삭대보성사이에 소용된 물품 건수와 금액, 음식에 대한 목록	4
	3	聖廟物記	미상	한글 전용. 제사의 순서를 기재해 놓음	11(7)

南營關聖廟永信社員芳名錄

陸軍中將勳一等
正三位勳一等
從三位勳一等　陸軍中將
陸軍中將勳一等　從三位
從二品　正四位勳一等
二品

趙性根　李殷植
魚潭　李泰弘　宋致澤　李順岳　孫弘澤
　　　朴賢源　李善源　趙載善　朴義源
　　　文正式　金爾碩　咸慶元　金聖賢
　　　李丙宗　洪完杓　李成鎭　金完淳
　　　申德遠　李成鎭　閔泳熙
　　　吳相敬　李德遠　徐丙台　洪鍾路　李鍾暉
　　　金相根　徐昌善
　　　李鍾澤　閔熙　李瑢珞　李瑢暉
　　　王振昌　廉奉日　奉昌雲
　　　朴昌有　李相根　李雲金
　　　崔錫昌　徐相根
　　　金昌德　吳德善
　　　金允善　趙敦鉉
　　　金東基　金極善
　　　李喬頊　李鎭應
　　　申義善　金鍾源
　　　吳德善　朴明源
　　　金德淳　朴允植
　　　金員植　閔敬淑
　　　李淑子　曺桂福
　　　金永元　鄭基澤
　　　張基澤　吳俊明
　　　沈相根　鄭順萬
　　　金允善
　　　金書根
　　　洪永淑　徐丙三　金春昌　李明源　鄭基昌　李載子　陳化浩　金光洽　李鍾源
　　　柳喜三
　　　吳亨員　千壽成　宋昌成　朴萬守　李茲　王寸善
　　　李慶善
　　　金元慶　金慶月　張基亭　安先成　車元泰
　　　金學成　王寸錫　李億德
　　　羅世榮　吳正煥
　　　南姬日熙　女月淡　李弘圭　金永淳　梁員賢
　　　安基亭　申壽日
　　　李喜淩　宋南姬
　　　吳正煥
　　　鄭斗碩
　　　金斗容汝
　　　咸慶三

昭和十年乙亥四月　日

3. 관성묘 소장 좌목류

1) 永信社 戊午 正月 座目 (1918년 추정)

總裁 趙性根	監事員 趙明載	金明鉉	全龍善	李昌熙
社長 丙宗錫	范順日 /	權錫熙	李㿒雨	黃龍煥
副師社長 李載斗	文司員 申源相	鄭鍚鑪	吳鍾鉉	金東元
總務 徐相根	副公司長 李成鎭	李寅植	權仲模	元大吉
副總務 吳亨善	副檢事長 金永元	金濟弘	金昌胼	申潤相
公司長 金相遠	金敬泰	金昌鉉	崔得煥 /	朴明浩
檢查長 洪鍾殷	吳善泳	吳德根	李治泰	黃聖鏑
事務長 李丙台	鄭殷來	李春植	吳昌鉉	金鍾鉉
文司長 申德敬	梁道煥	程潤德	朴敬勳	金七星
幹事長 洪德杓	鄭基弼	劉汶洙 /	李谷漢	崔三釗
財務長 金元明	金泓模	金光浩	李壽昌	鄭道鎔
會計長 閔泳暉	社員 片龍雲	李浮雨	張浮明 /	鄭敏洙
監査長 金潤(元)善	禹九榮	嚴翼善	尹熙慶	鄭在業
先生 金昌浩	鄭學元	房善榮	鄭奉侃	金泳亨 /
徐相旭	朴永錫	李正珪	金性均	尹召史
廉泰雲	金貞鉉	金德淳 /	崔昌鉉	柳永植
徐相有	鄭圭賢	朴瀅鎭	郭明鉉	趙成元
公司員 金東郁 /	龍起鳳	全昌黙	申完壽 /	朴重植
檢查員 朴昌勳	吳箭澤	成泰永	方熙周	塋順植
事務員 高振煥	金學俊	林忠煥	李順根	金漢範 /
財務員 金熙珞	朴根英	李聖秦	黃玄哲	朴敬㳓
會計員 李丙浩	趙明煥	洪在植	全興俊	盧順根

2) 戊午年 永信社 各員願金簿 (1918년 주인)

各人三次願文合付錄

氏名	第一面願文	第二面願文	第三面願文	生年月日及本
金世根	一円	一円		癸卯十一月初二日 安東人
徐景行	一円	一円		辛亥七月二日 大邱人
金重起	二円			癸卯十二月二十六日生 江陵人
金敬泰	一円	二十円		
朴潤根	五円			
金昌浩	一円			癸亥正月七日 開城人
李載斗	三円	三円 一円		戊辰四月七日生
金興鉉	一円	一円 一円		戊辰十二月三日生 慶州人
廉奉雲	一円	二円 五円 一円		戊辰六月初六日 羅州人
鄭義善	二円	五円 十円		五円
徐相根	一円			
李準秀		一円 一円		辛巳七月四日生 全州人
崔昌敏	一円	一円		
申源相	一円	一円		甲午九月十三日 平山人
黃潤鋼	一円	一円 一円		
朴基英	五円	五円		
金泓模	五円			戊午十一月初十日生
鄭墓淵	一円			
片龍雲	二十戈			
禹九榮	一円			
鄭殷洙		五円		
吳善泳	一円			

氏名	第一面願文	第二面願文	第三面願文	生年月日及本
梁道煥	一円	二円		
鄭學元	五十戈			
朴永錫	一円			戊午十一月初三日生
金貞賢	一円			
鄭主賢		五円		
龍起鳳				
吳龍澤	五円	五円 二円		戊辰四月十六日生
金學俊	一円			
朴根英	一円	二円		
趙明煥	一円			
金明鉉	一円	二円		
權永熙	五円			
鄭錫龜	二円			
李寅植	二円			
金齊弘		二円		
金昌鉉	一円			己卯二月二十二日生 慶州人
吳德根	二円	二円		
李春植		三円		
程潤德		三円		
鄒汶洙	二円	三円		
金光浩	一円	二円		
李淳雨	二円	三円		

右表

氏名	第一面願文	第二面願文	第三面願文	生年月日及本
郭明鉉	二円			
申完壽	一円			
方熙周	一円			
李順根	五十戈	一円		
黃玄哲		一円		
全興俊		一円		
李昌熙		一円		
黃龍煥	五十戈	一円 五十戈		
金東元	一円			
元大吉	一円			
申潤相	一円			
朴明浩	五十戈			
黃聖鎬	一円			
金鍾鉉	一円			
金七星	一円			
崔三釗	一円			
鄭道鍅	一円			
鄭敏沫	一円			
鄭在業	一円			
金沫亭	一円			
尹召史	一円			
柳永植	一円			
趙成元	一円			
朴重植	一円			
望應植	一円			
金漢範	一円			

左表

氏名	第一面願文	第二面願文	第三面願文	生年月日及本
嚴益善	二円	二円		
房善榮	一円			
李正珪	一円	二円		
金德淳	一円	二円	二円	
朴瓚鎭		一円		
全昌黙	一円	二円 一円		
成泰永		一円		
林忠煥		二円		
李星台	一円	一円		
洪在植	四円			
全龍善	一円			
李哲雨	三十戈			
吳鍾鉉		五円		
權仲模		一円 一円		
金昌耕		二円		
崔得煥		一円		
李政奉		一円		
吳昌鉉		二円		
朴敬勳		一円 五十戈		
李容漢	二円			
李壽昌	一円			
張亨明	一円			
尹熙慶	一円			
鄭泰龍	一円			
金性均	一円			
崔昌鉉	一円			

氏名	第一回願文	第二回願文	第三回願文	生年月日及本
崔東玉	六十戈			
金春成	六十戈			
閔泳一	五十戈			
李永根	五十戈			
王振煥	五十戈			
金昌煥	五十戈			
宋永鎭	五十戈			
黃鎭鎬	五十戈			
崔翼煥	五十戈			
趙泰植	五十戈			
趙聖俊	五十戈			
黃聖順	五十戈			
愼商哲	五十戈			
趙東鎬	五十戈			
崔榮德	五十戈			
禹昌淳		五十戈		
元學基		五十戈		
金在順		五十戈		
申泰鎭	四十戈			
李元植	四十戈			
姜昌植	四十戈			
金相基	三十戈			
李東雲	三十戈			
李東根	三十戈			
崔在俊	二十戈			
金元柱	二十戈			

氏名	第一回願文	第二回願文	第三回願文	生年月日及本
朴敬注	一円			
盧順根	一円			
林聖實	一円			
林元成	一円			
全宅鎭	一円			
李明浩	一円			
姜重模	一円			
趙俊元	一円			
王振聲	一円			
金覓平		一円		
姜漢明	一円	一円		
順元	一円	一円		
徐仁壽		一円		
柳宇惠		一円		
鄭元明	一円			庚戌六月十二日生 河東人
李聖弼	一円			乙未十一月初一日生 全州人
李奉柱	一円			
宋昌成	一円			
金泰和	八十戈			
李永鎭	八十戈			
崔男成	一円			
崔錫昌	八十戈	五円七十五戈		
李東根	七十戈			
金泰植	七十戈			
鄭慶順	五十戈	五十戈		

氏名	第一面願文	第二面願文	第三面願文	生年月日及本
	計三万■五圓九十戈			
	西四軒町 一七八番地		己巳三月初五日	
	漢城貸坐敷組合出張所		拾圓也	
	西四軒町 一七八		己巳三月初二日	
朴允植	金		貳圓也	
	漢城貸坐敷組合並木町出張所	一同		
車元壽				
金永元				
韓聖根				
洪德杓	一同八圓也			
朴聖元				
金相速				
李丙台				
申德敬	參圓			
閔泳暉				

氏名	第一面願文	第二面願文	第三面願文	生年月日及本
朴明俊	四十戈			
全顯圭	二十戈			
梁聖雲	三十戈			
金漢敬	二十戈			
趙性勳	十戈			
金日振	二十戈			
李柱鍾	十戈			
韓在元	十戈			
朴泰俊	十戈			
金鍾煥	十戈			
李建睪	十戈			
金秉浩	十戈			
李淳日	十戈			
智景道		五十戈		
金標雲		二十戈		
朴公淑	五十戈	二五,〇〇〇		一五,〇〇〇
朴致茂		四,〇〇〇		四,〇〇〇
廉夫人	五十戈			
安俊植	二十戈			
金春元	一円			
金熙性	二円			
金漢基	二円			
崔文奎	三円			
金基純	二円			
金鍾鎮	二円			
徐相旭				

3) 永信社員座目册 (1930년 경 추정)

曹鳳淳	金漢敬	王振煥	全宅鎮	全興俊	成泰永	金貞鉉	金世根
李熙球	趙生勳	金昌煥	李明浩	李昌熙	林忠煥	鄭圭賢	徐景行
徐廷範	金日振	宋泳俊	姜重模	黃龍煥	李聖模	龍起鳳	金重起
申 極	李桂鍾	黃鎮鎬	趙俊元	金東元	洪在植	吳龍澤	金敬泰
金泰煥	韓在元	崔翼煥	王振肇	元大吉	全龍善	金學俊	朴潤根
車元泰	朴泰杓	趙義植	金覚平	申潤相	李哲雨	朴根英	金昌浩
金永元	金鍾煥	趙聖俊	姜漢明	朴明浩	吳鍾鉉	趙明煥	李載斗
韓聖根	李建澤	黃聖順	順 元	黃聖鎬	權仲模	金明鉉	金興鉉
洪悳杓	金秉浩	愼商哲	徐仁壽	金鍾鉉	金昌鼎	權永熙	廉奉雲
朴聖三	李淳日	趙東鎬	柳孚惠	金七星	崔得煥	鄭錫龍	鄭義善
金相遠	智景道	崔榮德	鄭元明	崔三釗	李致率	李黃植	徐相根
李丙台	金相雲	禹昌宇	李聖弼	鄭道鎔	吳昌鉉	金潗弘	李進秀
申德敬	朴公淑	元學基	李奉柱	鄭敏泳	朴敬勳	金昌鉉	崔昌敏
李成鎮	朴致茂	金在順	宋昌成	鄭容漢	李容漢	吳德根	申原相
洪連殷	廉 氏	申泰鍊	金泰和	金洙亨	李壽昌	李春植	黃潤鎬
柳昌善	金漢基	李元植	李永鎮	尹召史	張淳明	程潤德	朴基英
嚴明善	崔文奎	姜昌植	崔男成	柳永植	尹熙慶	劉汝沐	金泓模
金鳳俊	金東源	金相基	崔錫昌	趙成元	劍奉胤	金光浩	鄭基弼
金相奎	金德鎮	李東雲	李東根	朴重植	金性均	李淳雨	片龍雲
金載榮	李泰云	李英根	金泰植	劉應植	崔昌鉉	嚴益善	禹九榮
朴允植	金泰云	崔在俊	鄭慶順	金漢敬	郭明鉉	房善榮	鄭殼求
閔泳暉	禹圭煥	金元柱	崔東玉	朴敬在	申完壽	李正桂	吳善泳
	徐光旭	朴明俊	金宥成	盧順根	方熙司	金德孚	梁道煥
	趙今松	全顯圭	閔泳一	林聖實	李順根	朴瑩鎮	鄭學元
	金大植	梁聖雲	李永根	林元成	黃玄哲	全昌黙	朴永錫

406

4) 附 永信社 南營 關聖廟 義捐諸氏 芳名錄 (1935년 刊판 모본 추정)

崔男成	黃聖鎬	金學成	朴賢淑	宋昌成	吳鍾鉉	河順日	陸軍中將 從三位勳二等 趙性根
李東根	金鍾鉉	李慶善	崔翼善	邊完培	權仲模	李成鎭	陸軍中將 正四位勳二等 魚潭
金泰植	金七星	洪元植	朴昇載	金光浩	金昌鼎	金永元	從二品 丙宗錫
鄭慶順	鄭道鉻	金春明	趙貞淑	吳義善	李致奉	梁道煥	李載斗
金春成	鄭敏沐	趙明載	朴德順	鄭基昌	吳昌鉉	金貞鉉	徐相根
閔泳一	鄭在業	元學基	金正義	李容原	李容漢	鄭圭鉉	吳亨善
王振煥	柳永植	李現載	文朱式	金德鎭	金德鎭	金學俊	金相遠
李永根	趙成元	金三錫	金元石	李高德	李壽昌	金明鉉	申德敬
黃鎭鎬	朴重植	趙然守	金娜汝	柳學明	張芽明	權永熙	李丙台
趙義植	劉應植	李寅成	鄭斗容	鄭奉祖	鄭奉祖	李黃暉	洪鍾殷
趙聖俊	金漢範	李孜玉	金致遠	李順根	李順根	金寶弘	洪德杓
黃聖順	朴敬在	李明錫	咸慶昌	李鍾峯	李鍾峯	吳德根	金完俊
慎尙哲	盧順根	朴萬守	朴聖三	崔錫昌	崔錫昌	程睴德	閔泳暉
李元植	林聖實	金鍾源	李弘圭	朴允植	朴允植	劉汶沐	金允善
李英根	林元成	朴明元	吳正煥	金聖根	金聖根	李芽雨	徐相旭
朴明俊	全宅鎭	朴明植	羅世榮	趙敦部	趙敦部	嚴翼善	廉泰雲
趙性勳	姜重模	金性均	宋喜浚	千壽億	千壽億	房英子	徐相有
韓在元	趙俊元	崔昌鉉	李同熙	金東原	金東原	金德亨	金東弼
朴泰俊	趙明鉉	郭明鉉	申壽日	朴昌年	朴昌年	朴瑩鎭	申極
李建澤	王振聲	方熙周	車元泰	金貞子	金貞子	成泰永	朴昌勳
李淳日	金寬平	黃玄成	金泳順	吳英子	吳英子	李聖台	高振煥
智泳道	姜漢明	全興俊	全古音	閔敬淑	閔敬淑	李哲雨	金熙瑢
金漢基	徐仁壽	李昌熙	安先月	林敬淑	林敬淑		李成鎭
金基純	鄭元明	黃龍煥	朱英子	曹桂福	曹桂福		李丙浩
宋順煥	李奉柱	元大吉	張基亨	鄭昌昌	鄭昌昌		徐丙哲
	李永鎭		金元文	金元元	金元元		

趙永洙　沈斗日成　文英子　韓用鎭　曺桂順/　朴貞信　金元甲　李致弘
鄭東旭　李銀植/　李淳元　申泰日　金鳳仙　金相奎　宋致弘　李弘圭
白漢喆　金在學　鄭斗容　權五貞　崔柳星　李學奉/　劉順吉　孫春三
金敬熙　卞 抆　李慶只/　李姓女　李慶善　崔大淳　李鍾源　姜善俊
孫光駿　姜次福　朴鍾浩　金明仙　洪英植　李致雲　姜英子/　金永順

408

5) 南營永信社員國防獻金芳名錄 (1938년) (8055-8063)

昭和 十三年 二月 日
南營永信社員國防獻金芳名錄 /

氏名	住所	金額
趙性根		二円と
魚潭		
芮宗錫		五円上
李歡斗		西四軒町 二0八番地 貳圓と
吳亨善		西四軒町 一八0 貳円上
西四軒町出張所		
金完俊		光熙町 七一六番地 貳圓と
金敬熙		光熙町 一メ二九0 金壹円也
玉振聲		三三三番地 壹圓上
李順根		光熙町 一,九九番地 壹圓と
趙明鉉		光熙町 一,八八番地 貳圓と
鄭東旭		西四軒町 一六一番地 二円上
李銀植		並木町 一六一ノ二九号五十戈と
范順日		西四軒町 二九, 金貳円也と
李永鎭		光熙町 一,八七番地 貳圓也と
朴潤根		京城府並木町 五,一三三 壹圓
崔錫昌		光熙町 二丁目 三一三, 金貳円也上

氏名	住所	金額
金熙鐵		光熙町 一一九三番地 二円上
朴明元		光熙町 一,二0五番地 二円上
金聖根		貳円也 新堂町 九0番地ノ十四号
丁弘寅		新設町 一三七ノ八一号 金壹円
李德允		崇仁町 六一番地ノ二■四号 金壹円
宋順煥		新設町 二五八番地 金壹円
崔永道		新設町 一九番地 金壹円
徐相根		貳圓
徐相旭		上往十里町 七七七番地 貳圓と
金德亨		
房善永		並木町 一番地 五拾圓と
張泉淑		五十圓と
趙殷弼		上往十里町 三七一二戸 貳圓
金東弼		光熙町 二,二三七番地 壹圓と
高旗煥		五戈■■と
廉相俊		新堂町 三0,四0六九戸 壹圓上

3. 관성묘 소장 문첩류

* (×)는 처음에 기재 되었으나 다시 지워진 경우임. / 는 페이지가 바뀜. [ ]의 한자는 교정한 것임.

1) 大正 七年(1918년) 諸員賀臨諸牒 (8042-8054)

諸員賀臨諸牒 /

敬啓者今番前御營南倉內 關聖帝君殿廟에 修改를 畢竣ㅎ읍고 今陰曆
十五日이 以上吉辰고로 還御奉行爲ㅎ읍와 玆以仰達ㅎ오니 列位社員
은 當日十時頃에 獎忠壇下 全昌黙氏宅 駕臨之地를 千萬伏望 (以下御
嘛에 順序이 無ㅎ읍者)

大正七年 陰戊午七月拾參日

永信社 /

社長 金世根
總務 朴潤根
徐景行
片龍雲
金敬表
李載斗
金昌浩
廉奉雲
金興鉉 /
徐相根
李應秀
申源相

金重起
全永善
朴永錫
禹九榮
趙性勳
李哲雨
趙明煥 /
姜昌植
宋昌成
申潤相
崔昌敏
金春成
李奉柱
金日振
崔東玉
李聖弼
金相基 /
張淳明　　　슈구문니
全顯圭
崔翼煥 外邦
趙羲植
黃龍煥
金德亨

趙聖俊
黃聖順　천장비지
李淳日　써전
金漢敬　천장비지
梁聖雲　／
盧順根
愼商哲
李星台　어정모
朴公淑
林聖實　쌔님동
林元成
全澤鎭
李明浩　남댱동
金泓模　／
金鍾鉉
李東雲
全昌熟
李桂鍾
黃聖鎬
朴明浩
金泰和　／
李東根
韓在元
申泰鍊
黃潤鎬　／
金七星
金鍾煥

金泰植
李建澤
李淳鎭　／
鄭元明
李元植
李英根
崔男成　／
崔錫昌
房善榮
金沐亨
閔永一
柳永植
嚴翼善
安俊植
金光浩　쥬가
吳善泳
金春元　／
劉汶沫
趙成元
鄭義善
金學俊
方熙周
李淳雨
崔在俊　선우름금
鄭慶順
李永根　／
吳龍澤

411

元大吉
金濬弘
林忠煥　　어정교 미젼 /

2) 己未년 九月(1919년) (8153-8156)

面牒

敬啓者는 本社朔願禮가 每年正十月에 大致誠侍奉之意로써 定禮이온바 來十
月初一日이 上吉辰故로 以此日奉行事를 社議純日호고 議純日호오니 參拜之節은
依例이오나 獻官는 有所特別故錄後호오니 娃酬下에 捺章호오시
고 當日卯初浿行時에 駕臨于都豪호오시기를 仰望홈

後錄

初獻官　社長　金世根
次獻官　副社長　徐景行
終獻官　總務　朴潤根
讀祝　金昌浩
唱慾　李應秀
執事差備　崔昌敏　黃潤鎬
左陪位　獻官　顧問　朴基英
右陪位　獻官　執綱　魯羲善
事務長　李載斗
城皇堂　初獻官　金昌浩　兼讀祝
　　　　次獻官　黃潤鎬
　　　　終獻官　金昌浩
山神祭　初獻官　徐相根
　　　　次獻官　李應秀　兼讀祝
　　　　終獻官

412

李順根
吳德根　　쥬가
朴重植　　남당동
金元柱
王振煥　　남당동
梁道煥　　쌍남동
郭朋鉉　　남당동
李正珪　　련당국
崔昌鉉　　단당동
金秉浩 /　남당동
金昌煥
鄭擧元
申完壽
朴明俊　　반천기?
朴敬在　　석모
金性均
鄭奉嵐
尹熙慶　　슈구문니
宋泳洣
黃鎮鎬 /
外邦
趙東鎬　　석믈문밤
金明鉉　　남당동
趙後元
王振聲　　지례동
金熙性　　석교
崔榮德
鄭基弼

武車　初獻官　徐景行
　　　次獻官　朴明浩　兼獻官引導
　　　終獻官　崔昌敏兼讀祝

南小營　初獻官　鄭義善
　　　　次獻官　金興鉉　兼讀祝
　　　　終獻官

己未九月 二十七日 公事長 金昌浩

永信社

3) 庚申년(1920년) 正月 (8157-8161)

輪帖

금ᄆᆞ월초구일종ᄃᆡ치성을 봉ᄒᆡᆼᄒᆞ옵기 각처소헌관을 후록앙첩ᄒᆞ오
니 금조 구월 각원이 목욕직계ᄒᆞ옵고 일홈젼에 도가로 리림ᄒᆞ옵소서

庚申正月初五日

文司長 李應秀

永信社 /

正殿　初獻官　社長　金世根
　　　次獻官　副社長　徐景行
　　　終獻官　摠務　朴潤根
　　　箋文讀官　金昌浩
　　　讀聰官　李應秀

左陪位　初獻官　先生　鄭殷求
右陪位　獻官　執綱　鄭義善
　　　　獻官　事務長　李載斗

武車　初獻官　先生　吳善泳
　　　次獻官　金濱弘　兼讀祝 /

---

4) 庚申년(1920년) 十二月 (8204-8210)

輪帖

右輪帖事는 辛酉正月初三日春等大致誠을 奉行ᄒᆞ옵기로 各等前獻官
을 後錄仰牒ᄒᆞ오니 各員이 前期齋戒ᄒᆞ오시고 黃昏時에 都家로 來臨ᄒᆞ

시기을 務望홈

庚申十二月二十七日

文司長 金鍾振

永信社 /

正殿　初獻官　徐景行
　　　次獻官　朴潤根
　　　終獻官　李載斗

　　　箋文讀官　金昌浩
　　　讀聰[祝]官
　　　執事

左陪位　引導官　朴明浩
右陪位　獻官　朴基英
　　　　獻官　黃義善 /
　　　　　　　鄭殷求

武車　初獻官　吳善泳
　　　次獻官　廉奉雲
　　　終獻官　金鍾振　兼祝
城隍堂　初獻官　金興鉉
　　　　次獻官　元學基　兼祝
　　　　終獻官　金基純
　　　　初獻官　金昌浩　兼祝

山神前

	終獻官	吳善書	李載汁(x) 金昌冔
		廉奉雲(x)	金龍善
	祝文讀官	金興鉉	
	讀愍官	徐相旭	
	執事	徐相根	
		崔昌敏	
左陪位	獻官	金漢基(x) 徐相有	
		李順根	
右陪位	獻官	朴永錫	
		鄭慶順 /	
武車	初獻官	金漢基(x) 鄭慶順	
		朴永錫	
南小營	獻官	李鍾源	
		金學俊	
城隍堂	獻官	房善榮(x) 趙俊元	
		金基純	
山神前		宋昌盌(x) 金昌盌	
		全龍善	
		陳順泰	
		金昌冔(x) /	
		禹九榮	
		閔泳一	
		金沐亨	
		朴景勳	
		黃潤鎬	
		趙俊元(x)	

山神前

次獻官	全龍善
終獻官	李永鎭 /
初獻官	金濬弘
次獻官	徐相根
終獻官	朴明浩
先生	金敬泰
	禹九榮
社員	宋昌成
	嚴翼善
	鄭慶順
	李英根
	申潤相 /

5) 甲子년(1924년) 三月 (8066-8072)

面牒 /
面牒

敬啓者는 本社規禮의 依호야 甲子參月初六日이 上吉辰이온故로 春季
大致誠을 奉行호계삽기로 依례[例]로 獻官을 後祿[錄]호와 仰牒호오니
各員계옵서 當日 下午六時內本社로 來臨호옵소서
但正月初삼일면 奉行이온되 今年正初에 大뢰에 不情事故 /
이 依호야 參月初二日 奉行호느니 以上下亮호옵소서
甲子參月初二日
永信社社長 徐景行
正殿 初獻官 徐景行　　　　徐景行
　　 次獻官　　　　　　　 金泓模
　　　　　　　　　　　　　朴基英

金東源

次獻官　金德鎭(×)　房善榮
　　　　黃潤鎬(×)　全■■
終獻官　鄭慶亨　見
　　　　李永鎭(×)　金學俊　　房善榮
獻官　　張亨明(×)　　左陪位　房善榮
　　　　金昌鼎　　　右陪位　朴明俊(×)　金東源
祝文讀官　元學基
愿讀官　徐相旭(×)　　　金昌鎬 /
執事　　徐相根　　武車　金德鎭
獻官　　金學俊
　　　　金東源　　南小營
　　　　房善榮
　　　　徐相有　　城隍堂　朴潤根
　　　　黃潤鎬　　　　　　金大植
獻官　　吳昌鉉　　山神　　申極
　　　　崔昌敏
　　　　廉泰雲 /
　　　　李順根
　　　　全龍善
　　　　禹九榮
　　　　李昌珪
　　　　金昌鼎
　　　　嚴翼善
　　　　金洙衡 /
　　　　全昌黙

李載斗
廉泰雲
房善榮
金漢基

6) 戊辰년 十月(1928년)(8081-8092)

戊辰 十月十五日 忌辰
輪燎祭 /
敬啓者는 本月十九日이 忌辰이므로故로 當夜午后七時量이 奉祝흐음
는 本社依例에로 致誠이므로즉 諸員에 獻官員을 後錄흐외 玆以仰牒흐오
니 ■■흐심을 務望흠.

戊辰 十月十五日
永信社 社長 金泓模
獻官錄 /

正殿　初獻官　金泓模(×)　鄭慶善　朴潤根
　　　　　　　朴基英
　　　次獻官　李載斗　　　金■耳
　　　　　　　朴永錫
　　　終獻官　金昌鎬
　　　　　　　申鉉三　　　鄭慶亨
左陪位　獻官　吳昌鉉　　　申極
　　　　　　　金學俊
右陪位　獻官　房善榮
　　　　　　　崔昌敏　　　金大植 /
正殿　初獻官　朴潤根(×)　　金昌鎬

7) 庚午(1930-己) 년 五月 (8073-8080)

輪牒 /

庚午 五月 初一日 端午享記

輪牒 /

敬啓者以本社社에서 年例에 依하와 本月 五日 端午節에
關聖帝君에 致敬享配를 擧行이엿삼기玆以 輪牒하오니
僉位以當日 上午六時에 屆期來參하시몸 務望함
庚午五月一日
永信社社長 李鍾澤
記 /
正殿 / 初獻官　　洪淳赫
　　　　　　　　李鍾澤(x)　李載斗
　　　　次獻官　廉泰雲
　　　　　　　　金昌浩(x)　申極
　　　　終獻官　徐相旭
　　　　　　　　朴相旭
左陪位　獻官　　金昌鼎
　　　　　　　　鄭慶順(x)　見　庚南圭
右陪位　獻官　　全龍善(x)

勿讀官 /
執事

金泰煥
金東源
徐相旭
崔昌敏
黃潤鎬
申　極
金泰云　　退
元珪基(x)　元珪常(x)
徐相根
朴潤根
■■　　進
庚南圭
禹圭煥 /
洪淳赫
金學俊
曹鳳淳　　見
金東源　　見
金熙鉽　　見
金德鎭　　見
金大植　　見
李順根
房善榮
李員元 /

8) 昭和九年(1934-己) 六月 (8119-8130)

輪牒

敬啓者本社壯依前禮 今月二十四日 己巳 關聖帝君 誕生日故로 奉祝기爲

416

응외 一般社員에게 通告하오니 情臨二十四日 上午八時之他切 ■

昭和九年 六月十五日

永信社長 丙宗錫

右位

이름	금액	비고
趙性根	五圓	圓
丙宗錫	五圓	
李輔斗	三圓	上
徐相根	三圓	上
吳亨善	參圓	上
金相遠	一圓	上
洪鍾殷		
李成鎭		
申德敬	二圓	上
李丙台	三圓	上
洪德杓		
金熙洽		/
閔泳暉	二圓	上
金允善	壹圓	上
金永元	參圓	上
西四軒町 出張所 一同		上
金昌浩		
廉奉雲		
徐相旭	壹圓	
李順根	一圓	上
金東河	一圓	上
金聖根	二圓	/

이름	직	금액	비고
朴昌年		一圓	上
崔錫昌		二圓	上
朴昌勳		五十戈	上
金東源			
李賢載		二圓	上
河順一		一圓	上
金春明		參圓	上
吳亨子		貳圓	上
千壽億		세겹	
朴允植		貳圓	上
李秉浩		壹圓	
金三錫		壹圓	
趙延洙		二圓	
弓合염			/
正殿	初獻官		丙宗錫(×) 申德敬
	官		李輔斗
	次獻官		吳亨善
	終獻官		申德敬(×) 金相遠
左陪位	獻官		洪德杓 李秉浩 千壽德 金完俊 朴昌熙
正殿	初獻官		李順根 金東根
	次獻官		金東根 朴秉俊 廉奉雲 閔泳暉

417

姓名	金額	비고
吳亨善	壹圜也	上
申德敬		
金相遠	三圜也	上
徐相旭	金一円	
洪連殷	/	
洪德杓		
李丙台	金貳円	上
李成鎭		
閔泳暉	三円	上
金熙珞		上
金允善	金五十戈	
金貞信	金一円	上
朴允植	金一円	上
吳英子	三円	上
千壽億		
崔錫昌		
鄭順萬		
李氏		
金古喜		
李敬植		
李寛浩		
朴姓女		
孫順岳		
李順元		
朴賢淑		
崔翼善	/	
宋氏	金一円	上

終獻官　崔錫昌
　　　　金允善
獻官　左陪位　李賢載
　　　右陪位　范順載(×)　具然■
　　　　　　　朴昌年
　　　　　　　金春明
慇讀官　徐相旭
執事　徐相根　/

9) 昭和 十年(1935년) 四月 (8100-8118)

昭和 十年(1935년) 四月 日

永信社白

拜啓時維而啓■

僉位 日晝靜聘하시을 敬■

發告白己 關聖帝君을 累百年待添

이믄바 僉位에 誠意을 表彰기爲하

와 顯板에 尊函을 記歡이오매 協力으

로 道路修理兼植樹케 前의 放告呂오

니 四月十四일(舊三月十二日上午十一時)을

期하서와 ■臨하呂 千萬放■呂을니다

昭和十年四月四日　/

發記人 永信社長 丙宗錫　/

趙性根　三윈也　上
丙宗錫　三圜也　上
李歡斗　三圜也　上
徐相根　三圜也　上

418

李明錫	
李光成	上
李順根	三圜 上
吳昌鉉	三円 上
李丙浩	
金東弼	三 上
金聖根	金一円 上
趙敦弼	
金貞子	
閔敬淑	金一円 上
林敬淑	
曺桂福	金一円 上
鄭熙昌	
金鍾源	김종인[인]三円 三円 上
朴明植	三円 上
朴明元	三円 上
朴昌年	
金完俊	三円 上
張基澤	金一円 上
吳俊明	
沈相根	金一円 上
金永元	/
李鉉載	
陳化鍾	
金光浩	三円 上
吳義善	
李鍾源	上

朴聖載	
趙貞淑	金一円 上
金正義	
文末式	金一円 上
金元石	金一円 上
金瀰汝	
鄭斗■	/
咸慶貝	
朴聖三	
李弘圭	金一円 上
羅世榮	
宋熙浚	金一円 上
李姓女	
李周熙	
申壽日	
車元台	
金永順	/
安山日	
朱英子	
張基亨	金一円 上
金元文	
金學成	
李慶善	
朴萬祐	
朴萬壽	金一円 上
李姣玉	
金氏(金永煥)	金一円 上

宋昌成
沈順日　　三円　上
洪性女
金德淳
金鍾遠　　／
李建澤　　一円　上
合計喜(宋致弘)

10) 乙亥년(1935년) 十月　(8162-8174)

輪牒

右輪牒事는 乙亥十月十九日 下午七時에 秋季大致誠을 奉行하옵기로
僉前獻官을 後錄(仰)牒하오니 各員이 前期齊戒하옵시고 黃昏時에 事務
室로 來臨하시옵기을 伏望喜
乙亥十月十六日出文
社長 丙宗錫
永信社　　／

正殿	初獻官	魚潭(×)	趙性根
		丙宗錫(×)	李載斗
	次獻官	李載斗(×)	朴泰俊
		申德敬	
	終獻官	洪德村(×)	申極
		李順根	
正殿	初獻官	吳亨善(×)	金完俊
		金相遠(×)	白漢喆
	次獻官	崔錫昌(×)	廉泰雲

	終獻官	金熙銘(×)	柳熙三
		金東弼	
	初獻官	閔泳暉	／
左陪位		車元泰	
	次獻官	千壽德(×)	趙敬弼(×) 高鈗煥
		朴鍾浩(×)	金東煥
		李京浩(×)	趙羽龍
	終獻官	崔錫昌(×)	金德亭
右陪位		卞技(×)	禹圭煥
	獻官	趙然沫(×)	金德鎭
		趙東(×)敬弼	
	祝文讀官	徐相旭	
	執事	徐相根	
		李丙台	
		安先同	
		金允善	
		鄭順萬	
		吳英子	
		閔敬淑	
		洪鍾殷	
		李成鎭	
		朴貞信	
		沈順日	
		李建澤	
		吳昌鉉	
		金完俊(×)	／
		金聖根	吳亨善

洪完植
金德淳
崔昌烈

11) 丁丑년(1937년) 四月 (8134-8152)

敬啓者今般本社廟前道路修築에 關하와 屢次當局에 交涉步[涉]을 겸
하고 目前總督府로부터 許可가 下附되얏스옴기 不日內로 着手修築하옴
[豫]定이기로 玆以輪牒하옵나니 照亮하시기敬要

丁丑 四月 日
永信社社長 丙宗錫

이름	금액	
李周熙	一円	/
車元衆		上
金永順	貳円	
張基亨	壹円	
李慶喜	壹円	
李玆玉	五十戈	
李明錫	五十戈	
朴萬壽	壹円	
王振聲		
李永鎭	貳円	上
金德淳		/
崔錫昌	貳圓也	上
朴黃龍	貳円	
金聖根		
組合 一同		
金熙路		
徐丙喆	參円也	
李紋載	壹円	

王振聲
朴明植
朴明俊
張敬淑
柳熙三
金德俊
金▨潤
禹圭煥
白漢喆
申極 /
高鎭煥
趙敎弼
許振
朴昌潤
李光成
朴泰俊
洪永植
羅世水
尹召史
李召史
鄭英根
崔富鉉 /
朴允植

姓名	金額	비고
金元石	壹円	
咸慶昌	壹円	
李弘圭	壹円	
李丙浩	三円	/
沈順日	壹円	上
李成鎭		
吳昌鉉	五円	
金熙珞	壹円	
曺桂福		
李鍾源		
柳熙三		上
安先同	五十戈	
張敬淑		
鄭順萬	壹円	
張基澤		
吳俊明		/
洪德杓		
金敬熙		
金完俊	三円	上
李順根	一金 貳円	上
趙明貫(鉉)	五円	上
廉奉雲	一金 壹円	上
徐相旭	一金 貳円	上
閔泳暉	貳円	
金允善		
金東弼	一金 貳円	上
趙性根	五円	

姓名	金額	비고
吳英子	四円	
姜阿只	壹円	
羅世榮	/	
宋喜俊		
朴貞信	參円	
金相奎	貳円	
李學奉	壹円	
崔大淳	貳円	
宋致弘	壹円	
金元甲	貳円	
姜英子	壹円	
卞抹	/	
李淳元	一金 五円(×)	
朴明元	五円(×)	上
朴明植	一円	
宋順煥	五円	上
鄭東旭	一円	上
李銀植	參円	
李姓女	壹円	
金明仙	壹円	上
曺桂順	五十戈	
金鳳仙		
崔柳星	/	
金聖根	二円	
沈相根	壹円	
趙貞淑	壹円	
文末式	參円	

金完俊

趙敬九　　終獻官

李順根

崔錫昌　　初獻官

張敬淑

李英九　　初獻官

朴大鉉

金熙鎔　　亞獻官

羅世榮

鄭東旭　　終獻官

金東弼

金德淳　　初獻官

高鎭煥

朴昌年　　獻官

柳熙三

左倍位
正殿
左倍位
右倍位
李丙浩
泡順日
李成鎭
金德淳
吳昌鉉
李順根
崔錫昌
金聖根
趙敬弼
千壽德
吳英子
閔敬淑

423

姓名	金額	
魚潭	五円	
芮宗錫	五円	
李載斗	三円	
吳亨善	三円	上
金相遠		
申德敬		
李丙台		
洪鍾殷	壹円	
徐相根	二円	上
李聖台	一円	上
金氏	貳円	
洪姓女	壹円	
金俊燮	貳円	
李致雲	五十戈	
林敬淑	壹円	
朴姓女	壹円	
金憲瑞	壹円	

12) 辛巳년(1941년) 六月 (8181-8188)

辛巳六月二十四日 誕辰記

南營永信社中　/

正殿　獻官記

正殿　初獻官　朴斗榮

　　　　　　　芮宗錫

　　　亞獻官　林炳奎

金光浩　　　　　　　　　　　　　　終獻官　　　　金東弼
金德振　　　　　　　　　　　　　　　　　　　　　金熙咨
柳熙三　　　　　　　　　　　　　　初獻官　左倍位　吳龍鉉
安先同　　　　　　　　　　　　　　　　　　　　　朴大鉉　　朴昌年
張敬淑　　　　　　　　　　　　　　亞獻官　　　　王振聲(×)
吳俊明　　　　　　　　　　　　　　　　　　　　　趙東弼
羅世榮　　　　　　　　　　　　　　獻官　右倍位　朴大鉉
元學基　/　　　　　　　　　　　　　　　　　　　金熙咨

祝文讀官　/
魚潭
朴斗榮
芮宗錫
林秉主
徐相根
吳亨善
申德敬
金完俊
閔泳暉
徐相旭　/
金東弼
高振煥
金熙銘
范順日
金德亨
吳昌鉉
李順根
崔錫昌

13) 辛巳年(1941년) 十月　(8036-8041)

輪牒
右輪牒事는 辛巳十月十九日午后 七時에 忌辰享祀를 奉行하옵기 玆仰
牒하오니 各員은 前期齊戒하옵시고 当日午后六時에 参拝하심을 務望옴
辛巳十月十六日
永信社長 芮宗錫
永信社　/

祭官
正殿　初獻官　林秉主
　　　　　　芮宗錫
　　　亞獻官　趙轍九
　　　　　　李順根
　　　終獻官　吳亨善
　　　　　　朴昌鉉(×)　　　王振聲
正殿　初獻官　李啟植
　　　　　　羅世榮
　　　亞獻官　金學沫　/

424

趙敦弼 /
千壽億 /
柳熙三
張敬淑
吳俊明
羅世榮
王振聲
趙聖俊
朴泰俊
鄭東旭
金相奎
李銀植 /
趙邠求

14) 癸未年(1943년) 六月 (8189-8193)

癸未六月二十四日 誕辰記
南營永信社中 /

正殿　獻官
　　　初獻官　　林丙圭
　　　　　　　　李載斗
　　　亞獻官　　吳亨善
　　　　　　　　金完俊
　　　終獻官　　趙哲九
　　　　　　　　吳昌鉉
左陪位　初獻官　金熙容

正殿　初獻官　　朴大鉉 /
　　　　　　　　李弘圭
　　　亞獻官　　羅世榮
　　　　　　　　金熙容
　　　　　　　　沈興圭
　　　終獻官　　高辰燮
　　　　　　　　金德順
左陪位　初獻官　鄭東旭
右陪位　獻官　　朴大鉉(×)　　李銀植
　　　　　　　　鄭東旭(×)　　이은식(×)　朴大鉉
　　　　　　　　吳昌鉉(×)　　김도필 /

15) 永信社 (연대 미상) (8194-8203)

永信社 /
祭官
正殿　初獻官　　魚澤　　金完俊
　　　　　　　　丙宗錫　李殷植
　　　次獻官　　李載斗　朴潤根
　　　　　　　　吳亨善
　　　終獻官　　金敬熙
　　　　　　　　李順根
正殿　初獻官　　趙明鉉　高振煥
　　　　　　　　王振聲
　　　次獻官　　申德敬
　　　　　　　　鄭東旭　張敬淑 /
　　　終獻官　　千壽億

左侍位　初獻官　柳熙三
左侍位　次獻官　　　　／
右侍位　獻官　　徐相旭

祝文讀祝

祭官
正殿　初獻官　趙性根　　李載斗
　　　　　　　魚潭　　　金景熙
　　次獻官　　丙宗錫　　吳亨善
　　　　　　　李載斗　　李順根
　　終獻官　　吳亨善　　趙明鉉
　　　　　　　鄭東旭　　吳昌鉉
正殿　初獻官　廉奉雲　　徐相旭
　　　　　　　金完俊
　　次獻官　　李順根　　高鎭煥　／
　　　　　　　趙聖珞　　千壽億
　　終獻官　　金熙珞
　　　　　　　金東弼
左侍位　初獻官　王振聲　王振聲
　　　　　　　千壽億　　朴秦俊
右侍位　次獻官　元學基
　　　　　　　柳熙三
　　獻官　　　高振煥

祝文讀祝官
趙性根
魚潭
丙宗錫
李載斗
徐相根
吳亨善
金相遠
申德敬
李丙台
洪鍾殷　／
洪德杓
金完俊
閔泳暉
金允善
徐相旭
廉奉雲
金東弼
申極
高振煥
金熙珞　／

金德淳
徐相旭　／

4. 관성묘 소장 축문류

1) 辛亥년(1911년) 十月

維
歲次 辛亥十月己亥朔二十日丙寅 永信社老幼臣民等同此誠

主祭 初獻官 臣 金熙珞
　　　　　　臣 孔甲得
亞獻官 臣 李揆益
　　　　臣 劉恂煥
終獻官 臣 姜仁周
　　　　臣 王龍錡

誠惶誠恐稽首頓首百拜, 敢昭告于

大上神威, 英文雄武, 精忠大義, 高節淸廉, 恊運皇圖, 德崇演正,
掌儒釋道, 敎之權管, 天地人材, 之柄上司, 三十六天, 星辰雲漢, 下轄
七十二地, 土壘幽酆, 秉註生功德, 延壽丹書, 執正死罪, 過鍾命
黑, 籍考察, 諸神監制, 群神諴想, 妙果敬香, 齋誠敬香
至上, 至靈三界, 伏魔大帝
關聖帝君, 大悲大願, 大聖大慈, 眞元顯應, 昭明翊漢, 天尊
伏以節序, 孟冬謹祥, 吉辰, 老幼臣民, 成戴黙佑, 身安家旺,
至奪之下, 不敢煩瀆, 敢竭微誠, 不勝悚惶, 謹告虔告
謹以香燭, 耐懇束帛, 謹告虔告

2) 戊午년(1918년)

세자무오신월음묘삭이십일믐감
영신사디소신민동차셩경
슈제　　조흥관　　통졍　　신　　　김흥현
　　　　　　조흥관　　　　　　신　　　황운호　등
셩황셩공돈슈빅비김소고우
티조고황제폐하
티죵고즁디왕젼하　복이졀셔임도
근빅김신스지셩졍형
죵엄지하롤김변죽로유신임음디묵수신인
가원북원죽근이형죽감미셩붐슘슌환
거긴거디근근근고

3) 庚申년(1920년) 二月

維
歲次庚申二月丁丑朔初一日丁丑正永信社老幼臣民同此誠敬

主祭 初獻官 司果 臣 金世根
次獻官 司果 臣 徐景行
終獻官 通政 臣 金興鉉

誠惶誠恐稽首頓首謹首百拜敢昭告于
大上神威英文雄武精忠大義高節淸廉恊運皇圖德崇演正
掌儒釋道敎之權管天地人才之柄上司三十六天星辰雲漢下轄
七十二地土壘幽酆秉註生功德延壽丹書執正死罪過鍾命黑籍
考察諸神監制羣仙高語妙果無量度人至靈至聖上至奪三界伏魔大帝

유

5) 1924년

(5-1) 甲子년(1924년) 三月 城隍 　　(8335)

維

歲次甲子三月癸丑朔初六日戊午大小人民同此誠敬

主祭 初獻官 房善榮
　　　次獻官 金基純
　　　終獻官 宋昌成

頓首百拜敢昭告于

城隍靈神之前伏以節序孟春謹擇吉辰齋誠敬香
尊嚴之下不敢頂祝魏冀其德孰不咸歟身安家旺
伏願伏祝謹以香燭敢竭微誠不勝悚惶耐懇之至
謹告虔告

(5-2) 甲子년(1924년) 十月 南小營

維

歲次甲子十月庚寅朔初三日壬午永信社大小人民同此誠敬

主祭 初獻官 金漢基
　　　次獻官 李順根
　　　終獻官 李鍾源

頓首百拜敢昭告于

崔將軍嚴威之前伏以節序孟秋謹擇吉辰齋誠敬香
尊嚴之下不敢頂祝魏冀其德孰不咸歟身安家旺
伏願伏祝謹以香燭敢竭微誠不勝悚惶耐懇之至
謹告虔告

關聖帝君大悲大願大聖大慈眞元顯惟昭明翊漢 天尊
伏以節序仲春謹擇吉辰齋誠敬香
至尊之下不敢頂祝老幼臣小名成冊修鎣上呈咸歟黙佑身安家旺
伏願伏祝大謹以香燭敢竭微誠不勝悚惶耐懇之至謹告虔告

4) 壬戌년(1922) 十月

維

歲次 壬戌十月辛卯朔初五日乙未永信社老幼民同此誠敬

主獻官 司果 臣 徐景行
　　　司果 臣 金泓模 金漢基
　　　監察 臣 李歡斗
　　　議官 臣 朴基英
終獻官 司果 臣 吳善泳
　　　　　　 廉秉雲

誠惶誠恐稽首頓首謹百拜敢昭告于

大上神威英文雄武神忠大義高節満廉協運昌德崇
演正掌儒释道教之權道天地人才之柄上司三十六天星辰
雲漢下轄七十二地土壘幽酆冥東註生功德延壽丹書執定死罪過奪
命黑黯考察諸神監制臺仙高證妙果無量度人至靈至聖至上
至尊三界伏魔大帝
關聖帝君大悲大願大聖大慈眞元顯惟昭明翊漢 天尊
伏以節序孟秋謹擇吉辰齋誠敬香
至尊之下不敢頂祝老幼民咸黙佑身安家旺伏願伏祝
謹以香燭敢竭微誠不勝悚惶耐懇之至謹告虔告

6) 1925년

(6-1) 乙丑년(1925년) 四月 將軍

維

歲次乙丑四月丁丑朔初四日庚■永信社大小人民同此誠敬

主祭 初獻官 臣 金學俊
　　 次獻官 臣 吳昌鉉

頓首百拜敢昭告于

崔將軍嚴威之前 伏以節序春暮謹擇吉辰齋誠敬香

尊嚴之下敢傾祝羶湯其德勃不咸敷戴身安家旺

伏願伏祝謹以香燭竭歆誠不勝悚惶所懇之至謹告虔告

(6-1) 乙丑년(1925년) 四月 武軍

維

歲次乙丑四月丁丑朔初四日庚■永信社大小人民同此誠敬

主祭 初獻官 臣 金昌府
　　 次獻官 臣 鄭慶順

誠惶誠恐稽顙頓首百拜敢昭告于

大祖高皇帝陛下

大宗恭定大王殿下伏以節序春暮謹擇吉辰齋誠敬香

尊嚴之下敢傾祝就老幼民咸戴黙佑身安家旺

伏願伏祝謹以香燭竭歆誠不勝悚惶

所懇之至謹告虔告

(6-2) 乙丑년(1925년) 四月 山(神)

維

歲次乙丑四月丁丑朔初四日庚■永信社大小人民同此誠敬

主祭 初獻官 房善榮
　　 次獻官 李泳鎭

頓首百拜敢昭告于

山靈神前伏以節序春暮謹擇吉辰齋誠敬香

尊嚴之下敢傾祝羶湯其德勃不咸敷戴身安家旺

伏願伏祝謹以香燭竭歆誠不勝悚惶所懇之至謹告虔告

(6-3) 乙丑년(1925년) 十月 南(小營)

維

歲次乙丑十月甲辰朔二十日癸亥永信社大小人民同此誠敬

主祭 初獻官 金洙亨
　　 次獻官 鄭慶順
　　 終獻官 金洙亨

頓首百拜敢昭告于

(6-4) 乙丑년(1925년) 十月 城隍

維

歲次乙丑十月甲辰朔二十日癸亥永信社大小人民同此誠敬

主祭 初獻官 金昌浩
　　　　　　 金德亭
　　 次獻官 廉奉雲
　　 終獻官 黃閏滿 等

頓首百拜敢昭告于

城隍靈神之前伏以節序孟冬謹擇吉辰齋誠敬香

尊嚴之下敢頓祝蔚湯其德孰不咸戴身安家旺伏願伏祝
謹以香燭敢竭微誠不勝悚惶所懇所之至謹告度告

(6-5) 乙丑년(1925년) 十月 武(庫)

維

歲次乙丑十月甲辰朔二十日癸亥永信社大小臣民同此誠敬

主祭 初獻官 臣 李順根

次獻官 臣 元珪常

終獻官 臣 李順根

誠惶誠恐頓首百拜敢昭告于

太祖高皇帝下

太宗恭定大王殿下伏以節序孟冬齋誠敬香

尊嚴之下敢頓祝老幼臣民咸黙佑身安家旺伏願伏祝

謹以香燭敢竭微誠不勝悚惶所懇所之至謹告度告

(6-6) 乙丑년(1925년) 十月 山(神)

維

歲次乙丑十月甲辰朔二十日癸亥永信社大小人八同此誠敬

主祭 初獻官 臣 金昌鼎

次獻官 臣 嚴翼善

終獻官 臣 金昌鼎

頓首百拜敢昭告于

山靈神前伏以節序孟冬齋誠敬香

尊嚴之下敢頓祝蔚湯其德孰不咸戴身安家旺伏願

伏以謹以香燭敢竭微誠不勝悚惶所懇所之至謹告度告

7) 己巳년(1929년) 六月

維

歲次己巳六月癸丑朔二十四日丙子永信社老幼臣民等

同此誠敬

主祭 初獻官 臣 李鍾澤

臣 朴潤根

次獻官 臣 金昌浩

臣 廉奉雲

終獻官 臣 朴永錫

臣 洪淳赫

誠惶誠恐稽首頓首謹言百拜敢昭告于

大上神祇英文雄武精忠大義高節清廉協運皇圖德崇演

正掌儒祥道教之權防天地人才之柄上司三十六天星辰震漢

下轄七十二地土壘幽酆驅東註生功德延壽丹書釥定罪死過

革命果籍考察諸神鑑制霍仙高證妙果無量度人至

靈至聖至上至尊三界伏魔大帝

關聖帝君大悲大願大聖大慈眞元顯惟昭明翊漢 天尊

伏以節序季夏

至尊之下敢頂祝老幼臣民咸黙佑身安家旺伏願伏祝

謹以香燭敢竭微誠不勝悚惶所懇所之至謹告度告

8) 辛未년(1931년) 十月 正(殿)

維

頓首百拜敢昭告于
山靈神前伏以節序孟冬謹擇吉辰齋誠
敬香
尊嚴之下不敢頃肵魏湯其德勄不咸戴
身安家旺伏願伏祝謹以香燭敬竭
微誠不勝悚惶耐懇之至謹告
度告

(9-2) 壬申巳(1932년) 十月 正(殿)

維
歲次壬申十月癸亥朔辛巳日 永信社
老幼臣民同此誠敬
主祭 初獻官 臣
　　　次獻官
　　　終獻官

誠惶誠恐稽首頓首百拜稽首敢昭告于
大上神祇英文雄武精忠大義高節淸廉協運皇圖德崇
演正掌儒擇道敎之權管天地人才之柄上司三十六天星
辰雲漢下轄七十二地土壘幽酆秉註生功德延壽丹書
執定死罪過奪命黑籍考察諸神臨監制牽仙高語
妙果無量度人至靈至聖至尊上至尊三界伏魔大帝
關聖帝君大悲大願大聖大慈員元顯唯昭明朗魂漢 天尊
伏以節序孟冬謹擇吉辰齋誠敬香
至尊之下不敢頃肵祝老幼臣民咸戴默佑身安家旺伏願伏祝
以香燭敬竭微誠不勝悚惶耐懇之至謹告虔告

歲次辛未十月己巳朔二十日戊子永信社老幼臣民等同此誠敬
主祭 初獻官 申羽均
　　　次獻官 李載斗
　　　終獻官 廉奉雲

誠惶誠恐頓首百拜敢昭告于
大上神祇英文雄武精忠大義高節淸廉協運皇圖德崇
演正掌儒擇道敎之權管天地人才之柄上司三十六
天星辰雲漢下轄七十二地土壘幽酆秉註生功德延
壽丹書執定死罪過奪命黑籍考察諸神臨監制
牽仙高語妙果無量度人至靈至聖至尊上至尊三界
伏魔大帝
關聖帝君大悲大願大聖大慈員元顯唯昭明朗魂漢
天尊伏以節序孟冬謹擇吉辰齋誠敬香
至尊之下不敢頃肵祝老幼臣民咸戴默佑身家旺
伏願伏祝謹以香燭敬竭微誠不勝悚惶耐懇之至
謹告虔告

9) 1932년

(9-1) 壬申巳(1932년) 十月 山神

維
歲次壬申拾月癸亥朔二十日壬午永信社
大小人民等同此誠敬
主祭 初獻官 崔錫昌
　　　次獻官 閔泳輝
　　　終獻官

大宗恭定大王殿下 伏以節序孟冬謹擇吉辰

齋誠敬香

尊嚴之下不敢煩祝老幼臣民咸戴黙佑身安家

旺伏願伏祝謹以香醪燭敢微誠不勝悚

惶所懷之至謹告虔告

11) 1942년

(11-1) 壬午년(1942년) 四月 (사 윽21)

維

歲次壬午四月十五日 魚潭 朴斗榮 芮宗錫 等 敢昭告于

關聖帝君敢下伏以殿下宮前反附屬基地國有

所管 管總督府矢今般永歸本征移屬于

朴斗榮等永永之意下附伏幸萬萬玆敢

伏告惟

靈安心之地伏祝伏望以淸酌牲在酹性供獻尙

饗

(11-2) 壬午년(1942년) 十月 武軍

維

歲次壬午十月乙丑朔十九日癸未永信社

大小人民等同此誠敬

主祭 初獻信 臣

次獻信 臣

終獻信 臣

誠惶誠恐頓首百拜敢昭告于

大祖高皇帝陛下

---

10) 1933년

(10-1) 癸酉년(1933년) 十月 南小營

維

歲次癸酉十月戊子朔二十日丁未 永信社

大小人民同此誠敬

主祭 初獻信 金東弼

閔榮輝

次獻信 金熙容

終獻信

頓首百拜敢昭告于

崔將軍嚴威之前伏以節序孟冬謹擇吉辰

齋誠敬香

尊嚴之下不敢煩祝威湯其德執不咸載

身安家旺伏願伏祝謹以香醪燭敢微誠

不勝悚保懷所懷之至謹告

虔告

(10-2) 癸酉년(1933년) 十月 武軍

維

歲次癸酉十月戊子朔二十日丁未 永信社

大小人民等同此誠敬

主祭 初獻信 臣 崔錫昌

次獻信 臣 李丙浩

終獻信 臣

誠惶誠恐頓首百拜敢昭告于

大祖高皇帝陛下

山靈神前伏以節序孟冬澤吉辰齋誠敬香

尊嚴之下敢傾祝魏湯其德不勝冰惶倈戴身安家旺

伏願伏祀謹以香燭謹酌微誠不勝冰惶倈戴身安家旺之至

謹告

虔告

12) 기타 연대 미상

(12-1)

쥬제 죠훈관 퉁졍 신 김흥허

　　죵훈관　　　신 황윤호 등

셩혼셩공도슌규녁비감스고우

티조고황졔펴하

티죵공증디일연하 복이졀셔림동

근딕김신져셩경형

죤자지하부검벅족유신민하디무우신인

가셩복뵉녁죽근이힝죽금렴이녕룸읆슴슴횡

기간거디근고고고

(12-2)

主祭 初獻官 金學俊

　　次獻官 吳昌鉉

頓首百拜敢昭告于

崔將軍嚴威之前, 伏以節序孟冬澤吉辰齋誠敬香

尊嚴之下敢傾祝魏湯其德不勝冰惶倈戴身安家旺之至虔告敢告

伏願伏祀謹以香燭謹酌微誠不勝冰惶倈戴身安家旺之至虔告敢告

大宗恭定大王殿下伏以節序孟冬澤吉辰齋誠敬香

尊嚴之下敢傾祝老幼臣民咸怗佑民咸戴身安家旺伏願

伏祀謹以香燭謹酌微誠不勝冰惶倈戴身安家旺之至

謹告

虔告

(11-3) 壬午년(1942년) 十月 南小營

維

歲次壬午十月乙丑朔十九日癸未永水信社

大小人民同此誠敬

主祭 初獻官

　　次獻官

頓首百拜敢昭告于

崔將軍嚴威之前伏以節序孟冬澤吉辰齋誠敬香

尊嚴之下敢傾祝魏湯其德不勝冰惶倈戴身安家旺伏願

伏祀謹以香燭謹酌微誠不勝冰惶倈戴身安家旺之至

謹告

虔告

(11-4) 壬午년(1942년) 十月 山神

維

歲次壬午年十月乙丑朔十九日癸未永水信社

大小人民等同此誠敬

主祭 初獻官

　　次獻官

　　終獻官

頓首百拜敢昭告于

(12-3) 正殿 (사_8338)

維

歲次■■十月丙子朔辛二十日己未永信社老幼臣民等同此誠以敬

主祭 初獻官 臣 趙性根

　　　　　　　李載斗

亞獻官 臣 李載斗

　　　　　　申德敬

終獻官 臣 洪德杓

　　　　　李順根

誠惶誠恐稽首頓首謹首拜敢昭告于

大上冲威英文雄武義大義高節清廉協運皇圖德

崇皇正掌儒釋道教之權天地人才之柄上司三十六天

星辰雲漢天轄七十二地土壘幽酆冥斯主生功德延壽

丹靈執法死非過蕃命黑籍考察諸神臨制掌仙高諡

妙果無量度人至靈至聖至上至奪三界伏魔大帝

關聖帝君大悲大願大聖大慈眞元顯德昭明翊漢天奪

伏以節序孟冬謹擇吉辰齋戒敬虔

至奪之下敢頌祝老民咸佑黙黙身安家旺伏願伏祝

謹以香燭致竭微誠誠不勝悚懷悚惶所懇之至謹告虔告

(12-4)

성황성공계수돈수백김소고우

뫼상신위임운문몽무중디의고졍염염음운함

도닉숭연졍무유석도교지신군권젼지인지지

명상사님심뉵셕셩신묘긴힌힐믐셜칠셔이지

토루풍명쥬셩공뎌년수단셔졈숭사

죄과팀염혹젹고쳥졔신김제군션고뚬모

과무랑도인지령지령지성지상지셩지존심게복마다

제

긘셩졔군디비디원디원디성디셩디원힘현음음소명익한

젼존복이엽셔임도근김신지셩졍함

지젼지하믐김변뉵믐김민뮤무셩닌기원

뮥원뮥죽긔이향뮥감긔믜셩믐승승힝

기간지지고우고

(12-5)

維

歲次■■四月十五日 ■■■■丙宗錫 等 敢昭告于

關聖帝君殿下伏以殿下宮前反附屬基地國有

所管管車總督府矢今般永歸本社移屬于

朴社榮永永之意下附伏幸萬高効敬

伏告惟

靈安心之地狀祝伏呈謹以淸酌襯牲供獻尙

饗

(12-6) (8322)

崔翼相 主祭 獻官 金東源

金俊喆 房善榮 等

頓首百拜敢昭告于

崔將軍嚴威之前伏以節序孟冬謹擇吉辰齋戒敬虔

尊嚴之下不敢頌祝黙黙其德湯湯其德戴身安家旺伏願

尊嚴之下敢竭微誠敢竭微誠不勝悚懷悚惶所懇之至謹告

度告

5. 관성묘 소장 절목·홀기류

* 필자 주

1) 正殿物品領受証 (*丁卯년:1927년 추정) (8093-8099)

正殿物品領受証

수리거구기	二件
변디험구기	二件
又 中	一件
又 무기	一件
진진디병(一件來)	二件
횡노횡함	三件
쵹디(一件來)	三件
시쟈	三件
시웅	一件
구리변쳘	一件
안안	一件
셕메	二件
셕모	一件
챠일	一件
계즛	一件
계즛모	一件
디목관	一件
又 中	三件
又 小	三件
목졍반	四件
기싀목판	二件
계즛상	一件
등등	四双
사긔보석이구기	四件
又 무기	七件
호쵹차쟌	一件
사거긴디병	八件
숡병	一件
又 小	五件

合六於七点

丁卯十月六日
領受人 金■■
崔昌敏 殿

2) 春秋致誠時節目
(*戊午年 永信社 各員顧金簿에 수록, 1918년 추정)

誕忌辰
雙正殿 三湯 甘霍炮

435

水芹　六戈
眞茸　二戈　／
苦草　五戈
胡椒　五戈
雪糖　五戈
桂末　五戈
眞油　五戈
菜　一戈
侟　三十戈
■■木及淸■並
■■　六十七戈　／

庚申正月朔大致減試時

眞米　五升
白米　一升半升
大　半升
生栗　日升四升
大棗(*대조=대추)　■
乾柿(*건시=곶감)　五串
黃肉　五斤
肝煤菜　二斤
白紙　一卷
白油紙　一卷
黃燭　七雙
雪糖　一斤
白淸
糯

李百八十五兩
五十兩
十一兩
一百八十兩
一百二十兩
一百十兩
一百三十七兩五戈
三十兩
十兩　／
二十五兩
三十兩
日後正殿一雙左右右陪位
各一雙加員次
二十二兩
十兩
六十兩

436

豆腐炙

炙
菜　沈菜
白淸
淸醬
至醬　／
左陪位
시号上古에誕忌辰時不設
酒一盞龍
其外　正殿退餅

糯
酒
引絶餅
전유와
청누림이
三色果　／
左陪位
시号上古에誕忌辰時不設
豆腐炙　酒一盞龍
其外　正殿退餅

六十戈
六十戈
一円
一円

糯
나물
조깅
간장
삼식과콩
甘藿炮
豆腐　／
庚申正月初一日　享祀時　(*1920년 추정)
藥酒　八十五戈　或一円
黃肉　五斤　三円
白餅　六斤　一円三十戈
栗　一円三十戈
大棗(米)　日升一升
橘　或用乾柿　二十五介　／／
江丁
菁根　七戈

3) 聖廟笏記 (*연대 미상)

勿記

典禮捧請獻官以下諸員序立于 殿階下左右

廟祝請先四拜

獻官以下皆四拜

廟祝請焚香

典禮捧請 正位初獻官諸員詣香案前跪

執酌

獻酌

降後位 /

廟祝請先四拜

獻官以下皆四拜

祝文秩

廟祝請焚香

典禮捧請祝文獻官?香案前?

獻官以下諸執事諸員皆跪跪伏

行讀祝

獻官以下興平身

降後位

廟祝請四拜 /

獻官以下皆四拜

亞獻官

廟祝請焚香

典禮捧請 正位亞獻官 ■香案前

執酌

품목		수량
藥酒		七十七兩五戈
眞末	二封	二十六兩
眞油		三十二兩五戈
沈菜	所入	十兩
並魚	一快	五十兩 /
鷄卵	十一介	三十五兩五戈
菁根		十兩
道羅枝		二十四兩
眞茸 (*춤부제버섯)		十兩
海帶 (*다시마)		十兩
高備		七兩五戈
石茸		一兩
眞荏		五兩
胡椒末		五兩
水芹		十兩
實栢		二兩五戈
枳子		二兩五戈
豆腐		二兩五戈
叔周菜		二兩
葱 (*파)		七兩五戈
萬壽香		七兩五戈
申鎗伊 (*꼬쟁이)		二兩五戈
雇價 物品持來時		五兩
柴炭價		五十兩
手數料		一百兩
計一千五百四十五兩		

典禮捐請 左倍位獻官 ■香案前 ／

執酌

獻酌

降後位

謁祝請再拜 獻官以下皆再拜

右倍位祝

謁祝請先再拜 獻官以下皆再拜

謁祝請爇香

典禮捐請 右倍位獻官 ■香案前 ／

執盞

獻盞 ／

降後位

謁祝請再拜 獻官以下皆再拜

禮畢

獻酌

降後位

謁祝請四拜

獻官以下皆四拜

謁祝請爇香 ／

典禮捐請 正位終獻官 ■香案前 ■

執酌

獻酌

降後位

謁祝請四拜

獻官以下皆四拜

左倍位祝

謁祝請先再拜 獻官以下皆再拜

謁祝請爇香

1. 자료

『각도각군소장(各道各郡訴狀)』 奎19164, 1899년(光武 3年), 서울대학교 규장각한국학연구원.
『각도각군소장(各道各郡訴狀)』 奎19148, 1900년(光武 4年), 서울대학교 규장각한국학연구원.
『강음단씨세보』, 강음단씨세보편찬위원회, 기종족보사, 1996.
「건축기」현판(1992년), 서빙고할아버지경로당 소장.
『경기도통계연보』(1916~1927년), 조선총독부.
「경성도」(1924년), 『서울지도』, 서울역사박물관, 2006.
『경성도시계획자료조사서』, 경성부, 1927.
『경성도시계획조사서』, 경성부, 1928.
『경성부 용산면 마포동 토지조사부』(1912년 생산), 조선총독부, 국가기록원(관리번호: CJD0001017).
『경성부 호구통계』, 경성부, 1927.
「경성부명세신지도」(1914년), 서울역사박물관 소장.
「경성부시가강계도」(1914년), 『서울지도』, 서울역사박물관, 2006.
「경성시가도」, 德永勳美, 『한국총람』, 東京: 博文館, 1907.
『경성시가지계획결정이유서』, 조선총독부, 1937.
「경성시구개정노선」
「경성용산시가도」(1910년), 『정도 600년 서울지도』, 범우사, 1994.
『경성휘보』, 경성부.
「경조오부도」(1860년), 서울대학교 규장각한국학연구원 소장.
『고종시대사』
『공문편안(公文編案)』 奎 18154, 서울대학교 규장각한국학연구원.
『국가보훈처 공훈전자사료관』
『국내외 항일운동문서』, 국사편찬위원회 한국사데이터베이스.
『국역 비변사등록』
『국조오례의』
「나고야의정서」, 『생물유전자원의 접근 및 이익 공유에 관한 나고야 의정서 조문설명서』, 환경부, 2011.
「남영영신사사원국방헌금방명록(南營永信社社員國防獻金芳名錄)」, 장충동 관성묘 소장.
『대경성공직자명감(大京城公職者名鑑)』, 경성신문사 편, 1936.
『대동야승』
『대한매일신보』

「도로대장」, 서울시청 도로계획과.
「동국여도」, 서울대학교 규장각한국학연구소 소장.
『동아일보』
「등기 117호」, 경성부 서빙고정 200-2 부동산 등기부.
「등기 5108호」, 폐쇄등기부등본, 2001년 4월 23일 폐쇄.
「마포염도여객주인수세책절목(麻浦塩都旅客主人收稅冊節目)」,『관부문서(官府文書) 절목(節目)』13책, 奎18288-8, 1884년 (高宗21年), 서울대학교 규장각한국학연구원.
「마포 영당사원성명연록 병서(幷序)」, 마포구 마포동 영당 소장.
『만기요람』
『매일신보』
『민적통계표』, 내무경무국 편, 내무경무국, 1910.
「복개당 자료 소개」,『생활문물연구』26, 국립민속박물관, 2010.
「새 정회(町會) 새 기염(氣焰) 순청기(巡廳記)」(1~56),『조선일보』, 1938년 10월 1일~12월 27일자.
「생물다양성협약 전문(1992년 6월 5일 작성)」, 제12차 생물다양성협약 당사국총회(COP 12),
    http://www.cbdcop12.kr/kor/reference/cop12.pdf.
「서빙고부군당사당사보건친목회(西氷庫府君堂舍堂舍保建親睦會)」 현판, 용산구 서빙고동 부군당 소장.
「서울특별시동직원규칙」,『서울특별시규칙 제250호』(1962년 3월 1일 제정), 법제처 국가법령정보센터.
「서울특별시동직원규칙」,『서울특별시규칙 제313호』(1963년 1월 4일 개정), 법제처 국가법령정보센터.
『서울통계자료집』(일제강점기 편), 서울특별시사편찬위원회 편, 서울특별시, 1993.
『세종실록 지리지』
『세종실록』
『수원백씨대동보』 훈정공파, 수원백씨대동보 편찬위원회, 수원백씨중앙화수회, 양지사, 1997.
『승정원일기』
『시세일람(1948~1960)』, 서울특별시사편찬위원회 편, 서울특별시, 1982.
『신증동국여지승람』
『안동김씨 대동보』 제5권, 안동김씨대동보편찬위원회 편, 안동김씨대동보편찬위원회, 1980.
『어제수성윤음(御製守城綸音)』, 서울대학교 규장각한국학연구원.
『연려실기술』
『연암집』
「영신사 무오 정월 좌목」, 장충동 관성묘 소장.
『영조실록』
「용산시가도」,『서울지도』, 서울역사박물관 유물관리과 편, 예맥출판사, 2006.
『용산통계연보(2007년)』, 용산구청, 2008.
『우포청등록』30책, 奎 15144, 서울대학교 규장각한국학연구원.
「인구총조사」, 통계청 국가통계포털.
『일성록』
「일제강점기일제경성지방법원 편철자료」, 국사편찬위원회 한국사데이터베이스.
『정조실록』
『제2회 통계연보』(1970~2000년), 서울특별시 내무국, 1962.
『(소화 5년) 조선국세조사보고』 도편 제1권 경기도, 조선총독부, 1934.
『(소화 10년) 조선국세조사보고』 도편 제1권 경기도, 조선총독부, 1937.
『조선귀족열전』, 조선총독부인쇄국, 1910(명치43).

『조선은행회사조합요록』, 동아경제시보사 편, 여강출판사, 1986.

「조선총독부관보」, 조선총독부 편.

『조선총독부통계연보』, 조선총독부 편.

「존위좌목안」, 윤경진 해제, 서울대학교규장각한국학연구원, 고366.951-J739.

『중종실록』

『중추원 조사자료』, 국사편찬위원회 한국사데이타베이스.

「지번구획입 대경성정도」, 『대경성정도』, 森田仙堂, 至誠堂, 1936.

「치성위원회 명부」 현판(2001년), 용산구 서빙고동 부군당 소장.

『태조실록』

『한국근현대인물자료』, 국사편찬위원회 한국사데이타베이스.

『한국독립운동사 자료』 19(의병편XII), 1909년 1월, 국사편찬위원회 한국사데이터베이스.

『한국역대인물자료』, 한국학중앙연구원 한국역대인물종합정보시스템.

『한국호구표』, 원경무고문부(元警務顧問部) 편, 원경무고문부, 1909.

『한민족독립운동사자료집』, 국사편찬위원회 한국사데이타베이스.

『호구총수』(1789년), 한성부, 서울대학교 규장각.

『황성신문』

『회사기업가연표』, 국사편찬위원회 한국사데이타베이스.

Daum카페 '마포밤섬사랑', http://cafe.daum.net/bamsumsarang.

2. 저서

강대기, 『현대사회에서 공동체는 가능한가』, 아카넷, 2001.

고동환, 『조선시대 서울도시사』, 태학사, 2007.

＿＿＿, 『서울상업사』, 태학사, 2000.

＿＿＿, 『조선후기 서울상업발달사 연구』, 지식산업사, 1998.

고승제, 『한국금융사연구』, 일조각, 1970.

국립민속박물관 편, 『한국의 마을신앙 : 현장조사보고서』, 국립민속박물관, 2007.

＿＿＿＿＿＿＿, 『(1950~2000년대 사진으로 보는 민속의 어제와 오늘』 1, 국립민속박물관, 2003.

＿＿＿＿＿＿＿, 『한국의 마을제당 : 서울・경기도 편』, 국립민속박물관, 1995.

국사편찬위원회 편, 『일제침략하 한국36년사』 5권, 1920년 3월 15기사, 국사편찬위원회, 1970.

권삼문, 『동해안 어촌의 민속학적 이해』, 민속원, 2001.

김동욱・최인학・최길성・최래옥, 『한국민속학』, 새문사, 1988.

김삼수, 『한국사회경제사연구 : 계(契)의 연구』, 박영사, 1966.

김왕배, 『도시, 공간, 생활세계 : 계급과 국가 권력의 텍스트 해석』, 한울, 2008(2000 초판).

김 인, 『현대인문지리학』, 법문사, 1986.

김일철, 『지역사회와 인간생활』, 서울대학교 출판부, 1998.

김 탁, 『한국의 관제신앙』, 선학사, 2004.

김태곤 편, 『한국민속학원론』, 시인사, 1984.

김태곤, 『한국무속연구』, 집문당, 1981.

김태우, 『한강 유역 부군당 의례의 전승과 변화 양상』, 민속원, 2017.

마포구 문화공보실 편, 『마포 : 어제와 오늘, 내일』, 마포구, 2006.

박경룡, 『한성부연구』, 국학자료원, 2000.

박계홍, 『한국민속학개론』, 형설출판사, 1987.

박인석, 『아파트 한국사회 : 단지 공화국에 갇힌 도시와 일상』, 현암사, 2013.

박환영, 『도시민속학』, 역락, 2006.

박흥주 저, 정수미 사진, 『서울의 마을굿』, 서문당, 2001.

부산대학교 한국민족문화연구소 편, 『로컬리티, 인문학의 새로운 지평』, 혜안, 2009.

서울시사편찬위원회 편, 『서울행정사』, 서울특별시, 1997.

서울시정개발연구원 편, 『지도로 본 서울 2000 역사』, 서울시정개발연구원, 2002.

_____, 『서울 20세기 공간변천사』, 서울시정개발연구원, 2001.

서울역사박물관 편, 『보광동 사람들, 보광동』, 서울역사박물관, 2008.

_____, 『서울 영상민속지 : 한강변의 마을신앙』, 서울역사박물관, 2006.

서울특별시, 『서울특별시 조직변천사』, 서울특별시, 1986.

서울특별시 문화재위원회, 『서울민속대관 1 : 민간신앙편』, 서울특별시, 1990.

_____, 『서울의 전통문화』 2권, 서울특별시, 1986.

서울특별시사편찬위원회 편, 『(국역) 경성부사』, 서울특별시사편찬위원회, 2014.

_____, 『서울 2천년사』 16권, 서울특별시사편찬위원회, 2014.

_____, 『서울지명사전』, 서울특별시사편찬위원회, 2009.

_____, 『동명연혁고 5 : 용산구편』, 서울특별시, 1980.

_____, 『서울육백년사』(1~6), 서울특별시, 1977~1996.

_____, 『서울행정사』, 서울특별시, 1997.

_____, 『한강사』, 서울특별시, 1985.

_____, 『국역 한성부 북부장호적』, 서울특별시, 1999.

서울특별시사편찬위원회 역, 지규식 저, 『(국역) 하재일기(荷齋日記) (1~8), 서울특별시사편찬위원회, 2005~2009.

손정목, 『서울도시계획 이야기』 1~5권, 한울, 2003.

_____, 『(일제강점기)도시화과정연구』, 일지사, 1996.

_____, 『한국 개항기 도시사회경제사 연구』, 일지사, 1982.

_____, 『조선시대 도시사회연구』, 일지사, 1977.

이기태, 『공동체 신앙으로 바라 본 지역문화사의 민속학적 인식』, 민속원, 2004.

_____, 『동제의 상징과 의미전달 체계』, 민속원, 2004.

_____, 『읍치 성황제 주제집단의 변화와 제의 전통의 창출』, 민속원, 1997.

이도원 편, 『한국의 전통생태학』, 사이언스북스, 2004.

이두현 외, 『한국민속학개설』, 일조각, 1991.

이승렬, 『제국과 상인』, 역사비평사, 2007.

이종수 편, 『한국사회와 공동체』, 다산출판사, 2008.

이준구, 『조선후기 신분직역변동연구』, 일조각, 1993.

이태진 외, 『서울상업사』, 태학사, 2000.

이해준, 『조선시기 촌락사회사』, 민족문화사, 1996.

인권환, 『한국민속학사』, 열화당, 1978.

일상문화연구회, 『한국인의 일상문화』, 한울, 1993.

임덕순, 『600년 수도 서울』, 지식산업사, 1994.

임재해 외 저, 『민속문화의 지속과 변화』, 실천민속학회 편, 집문당, 2001.

_____, 『민속문화의 새 전통을 구상한다』, 실천민속학회 편, 집문당, 1999.

임재해, 『민속문화론』, 문학과 지성사, 1986.

장철수, 『한국 민속학의 체계적 접근』, 민속원, 2000.

전경수, 『지역연구, 어떻게 하나』, 서울대학교 출판부, 1999.

정재민 외, 『한국의 민속식물 : 전통지식과 이용』, 국립수목원, 2013.

정지웅 외, 『지역사회학』, 서울대학교 출판부, 2000.

조기준, 『한국자본주의성립사론』, 대왕사(전정판), 1977.

조명래, 『현대사회의 도시론』, 한울아카데미, 2002.

지역문화연구소 편, 『지역문화연구 : 문헌과 현장의 만남』(이수 정승모선생님 1주기추모 지역문화연구소심포지엄 자료
　　　집), (사)지역문화연구소, 2013.

───────, 『지역문화연구의 방법과 과제』(지역문화연구소 개소 10주년 심포지엄 자료집), (사)지역문화연구
　　　소, 2010(미간행).

───────, 『평택 일기로 본 농촌생활사』(1), 경기문화재단, 2007.

최석영, 『일제하 무속론과 식민지권력』, 서경문화사, 1999.

최완기, 『조선후기 조운업사 연구』, 일조각, 1997.

특허청·한국지식재산연구원, 『지식재산 가치평가 방법론 개발 : 전통지식을 중심으로』, 특허청, 2013.

표인주, 『공동체 신앙과 당신화 연구』, 집문당, 1996.

한국문화관광연구원 편, 『지역문화 지표개발 및 시범적용 연구』, 문화체육관광부, 2013.

한국문화역사지리학회 편, 『한국역사지리』, 푸른길, 2011.

한국샤머니즘학회 편, 『마포 부군당굿 연구』, 문덕사, 1999.

한국외국어대학교 지역학연구회, 『지역학연구의 과제와 방법』, 책갈피, 2000.

한상복 외, 『문화인류학개론』, 서울대학교 출판부, 1985; 1994.

허영환, 『정도(定都) 600년 서울지도』, 범우사, 1994.

宮田登, 『都市民俗論の課題』, 東京 : 未來社, 1982.

大塚英志, 『少女民俗學』, 東京 : 光文社, 1989.

村山智順 저, 최길성·장상언 역, 『조선의 유사종교』, 계명대학교 출판부, 1991.

야노 토루 편, 아시아지역경제연구회 역, 『지역연구의 방법』, 전예원, 1998.

栗本愼一郞 편, 양승필 역, 『경제인류학』, 예전사, 2000.

조선총독부 편, 『朝鮮の類似宗敎』, 조선총독부, 1935.

中野卓 편, 『叢書ライフ·ヒストリ-1·口述の生活史』, 東京 : 御茶ノ水書房, 1977.

中村孚美 編, 『都市人類學』, 東京 : 至文堂, 昭和59年(1984).

村山智順, 『部落祭』, 조선총독부, 1937.

마르쿠스 슈뢰르 저, 정인모·배정희 역, 『공간, 장소, 경계 : 공간의 사회학 이론 정립을 위하여』, 에코리브르, 2010.

제시 버나드 저, 안태환 역, 『지역사회학』, 박영사, 1982.

클리퍼드 기어츠 저, 문옥표 역, 『문화의 해석』, 까치, 1998.

페르디난드 퇴니스 저, 변시민·김대환 역, 『공동사회와 이익사회』, 문교부, 1963.

피터 버크 저·박광식 역, 『지식 : 그 탄생과 유통에 대한 모든 지식』, 현실문화연구, 2006.

C. D. Sauer, *Human Geography*, Blackuell Publishers Ltd., 1996.

Catherine M. Bell 저, 류성민 역, 『의례의 이해 : 의례를 보는 관점들과 의례의 차원들』, 한신대학교 출판부, 2007.

Herbert J. Gans, *The Urban Villagers*, New York : The Free Press, 1962.

Leach, E.R., *Culture and Communication*, Londen : Cambridge University Press, 1976.

P. 생티브 저·심우성 편역,『민속학개론』, 대광문화사, 1981.

Pierre Ansart 저, 정수복 역,『현대 프랑스 사회학』, 문학과 지성사, 1990.

Richard M, Dorson, *Folklore in the Modern World*, Abstract : Ⅸth International Congress of Anthropological and Ethnological Science, Chicago, 1972.

Richard M. Dorson 편, 나경수 역,『민속조사방법론』, 전남대학교 출판부, 1995.

Robert A. Wilson, David A. Schulz 저, 유시중 외 역,『도시사회학』, 경문사, 1988.

Roger M. Keesing 저, 전경수 역,『현대문화인류학』, 현음사, 1993.

Walter J. Ong 저, 이기우·임명진 역,『구술문화와 문자문화』, 문예출판사, 1995.

3. 논문

강명관,「조선후기 서울 성안의 신분별 거주지」,『역사비평』 33, 역사문제연구소, 1996.

강성복·박종익,「공주 태화산 산향계의 성격과 산신제 : 19세기 말~20세기 세동리 산향계 문서를 중심으로」,『한국민속학』 51, 한국민속학회, 2010.

강은주,「도당제를 통해서 본 공동체 의식의 지속과 변화 : 서울 답십리의 사례」, 서울대학교대학원 석사학위논문, 1986.

강정원,「근대화와 동제의 변화 : 부천 먼마루 우물고사를 중심으로」,『한국문화인류학』 35-1, 한국문화인류학회, 2002.

＿＿＿,「동제 전승주체의 변화」,『한국민속학』 36, 한국민속학회, 2002.

＿＿＿,「민속학과 현대사회, 도시」,『한국문화연구』 7, 경희대 민속학연구소, 2003.

강학순·박찬석,「기든스(A.Giddens) 구조화이론의 지리학적 함의와 문화경관 해석」,『지리학』 27권 2호, 대한지리학회, 1992.

고동환,「조선후기 경강지역 행정편제의 변동과 인구추세」,『서울학연구』 24, 서울시립대학교 서울학연구소, 2005.

＿＿＿,「조선후기 서울의 공간구성과 공간인식」,『서울학연구』 26, 서울시립대학교 서울학연구소, 2006.

＿＿＿,「조선후기 한성부 행정편제의 변화 : 방·리·동·계의 변동을 중심으로」,『서울학연구』 11, 서울시립대 서울학연구소, 1998.

＿＿＿,「조선후기 장빙역의 변화와 장빙업의 발달」,『역사와 현실』 14권, 한국역사연구회, 1994.

권선경,「서울 마을굿의 계열과 의미 구조」, 고려대학교 박사학위논문, 2011.

권영상,『조선후기 한성부 도시공간의 구조 : 주요시설과 도로체계를 중심으로」, 서울대학교대학원 박사학위논문, 2003.

권혁희,「밤섬마을의 역사적민족지와 주민집단의 문화적 실천」, 서울대학교 박사학위논문, 2012.

＿＿＿,「마을의례의 창출과 참여집단 : 노량진 장승제를 중심으로」,『문화인류학』 47권 2호, 한국문화인류학회, 2014.

김광중,「20세기 서울의 성장과 변화」,『서울 20세기 공간변천사』, 서울시정개발연구원, 2001.

김기호 외,「남촌 : 일제 강점기 도시계획과 도시구조의 변화」,『서울 남촌 : 시간, 장소, 사람』, 서울시립대학교 부설 서울학연구소, 2003.

김명자,「도시생활과 세시풍속」,『한국민속학』 41, 한국민속학회, 2005.

김미영,「유교적 혈통의식과 가족·친족문화」,『유교민속의 연구시각』, 국학진흥원, 2006.

김미희 외,「세시풍속 전통지식기술의 개발가치 평가와 활용방안 분석」,『한국지역사회생활과학회지』 17(4), 한국지역사회생활과학회, 2006.

김봉수,「서울 용산의 경관변화에 관한 연구 : 조선후기부터 일제 강점기까지」,『지리교육논집』 45, 서울대학교 지리교육과, 2001.

김시덕,「현대 도시공간의 상장례 문화」,『한국민속학』 41, 한국민속학회, 2005.

김영근,「일제하 경성 지역의 사회·공간구조의 변화와 도시 경험 : 중심-주변의 지역 분화를 중심으로」,『서울학연구』 20, 서울시립대학교 부설 서울학연구소, 2003.

김영미, 「일제시기 서울 지역 정·동회제와 주민생활」, 『서울학연구』 16, 서울시립대학교 부설 서울학연구소, 2001.

_____, 「일제시기~한국전쟁기 주민 동원·통제 연구 : 서울지역 정·동회 조직의 변화를 중심으로」, 서울대학교 박사학위논문, 2005.

_____, 「일제시기 도시문제와 지역주민운동 : 경성지역 성북동이 사례를 중심으로」, 『서울학연구』 28, 서울시립대학교 서울학연구소, 2007.

_____, 「'평택 대곡일기'를 통해서 본 1960~70년대 초 농촌마을의 공론장, 동회와 마실방」, 『한국사연구』 161, 한국사연구회, 2013.

김용국, 「관왕묘 건치고」, 『향토서울』 25, 서울시사편찬위원회, 1965.

김웅호, 「조선후기 도성중심 방위전략의 정착과 한강변 관리」, 『서울학연구』 24, 서울학연구소, 2005.

김윤희, 「대한제국기 황실 재정 운영과 그 성격 : 탁지부 예산 외 지출과 내장원 재정 운영을 중심으로」, 『한국사연구』 90, 한국사연구회, 1995.

김일권, 「한말시기 도교적인 종교정체성과 삼교 통합주의 흐름 : 관왕신앙의 성장과 선음즐교의 전개를 중심으로」, 『종교연구』 32, 한국종교학회, 2003.

김종근, 「식민도시 경성의 이중도시론에 대한 비판적 고찰」, 『서울학연구』 38, 서울시립대학교 서울학연구소, 2010.

김종대, 「도시에서 유행한 〈빨간 마스크〉의 변이와 속성에 관한 시론」, 『한국민속학』 41, 한국민속학회, 2005.

김종수, 「17세기 훈련도감의 군제와 도감군의 활동」, 『서울학연구』 2, 서울시립대학교 서울학연구소, 1994.

김준형, 「조선후기 면리제의 성격」, 서울대학교 석사학위논문, 1982.

_____, 「조선후기의 사회」, 『한국사』 34, 국사편찬위원회, 1995.

김진명, 「서울 밤섬 이주민의 주거 공간의 변화와 의례」, 『서울학연구』 13, 서울시립대학교 서울학연구소, 1999a.

_____, 「찰나적 환상과 영겁의 종속 : 의례 분석에 종속적 시각의 도입을 위한 일고찰」, 『한국문화인류학』 32-2, 한국문화인류학회, 1999b.

김태곤, 「한국신당연구」, 『국어국문학』 29, 국어국문학회, 1965.

_____, 「동신신앙」, 『서울육백년사』 민속편(하), 서울특별시 문화재위원회, 1990.

김태우, 「서울 한강 유역 부군당 의례 연구 : 전승과 변화 양상을 중심으로」, 경희대학교 일반대학원 박사학위논문, 2008a.

_____, 「도시 지역공동체 의례 주재 집단의 대응전략과 전통의 현대화」, 『한국민속학』 48호, 한국민속학회, 2008b.

_____, 「조선후기 서빙고 지역 부군당 주재집단의 성격과 변화」, 『한국무속학』 19집, 한국무속학회, 2009.

_____, 「일제시대 서울 서빙고 지역과 부군당 중수집단 연구 : 1927년 정묘년 부군당 중수기를 중심으로」, 『한국무속학』 20집, 한국무속학회, 2010a.

_____, 「19세기후반~20세기 초 서울 서빙고 지역 부군당 의례 주도 집단 연구 : 1875·1891·1903·1927년 부군당 현판을 중심으로」, 『서울학연구』 28, 서울시립대 서울학연구소, 2010b.

_____, 「광복이후 서울 서빙고 지역사회와 공동체 의례 주도집단의 변화 : 지역·지역사회·의례의 문화지형에 대한 시도」, 『한국민족문화』 37, 부산대 한국민족문화연구소, 2010c.

_____, 「대한제국기 서울 마포 지역사회와 공동체의례 주도집단에 대한 연구 : 1903년 마포동 마을제당 현판을 중심으로」, 『서울학연구』 42, 서울시립대 서울학연구소, 2011.

_____, 「조선 후기~일제강점기 도시지역 민속의 주도 집단, '民'에 대한 개념의 확장 : 서울 지역공동체 의례를 중심으로」, 『한국민속학』 57, 한국민속학회, 2013a.

_____, 「일제강점기 서울 지역사회와 의례 주도 집단의 변화 : 장충동 지역과 관성묘 영신사를 중심으로」, 『문화재지』 46, 국립문화재연구소, 2013b.

_____, 「민속 지식의 기록, 유형(有形) 자료의 존재 양상과 기능 : 서울 지역공동체의례 관련 자료를 중심으로」, 『민속연구』 31, 안동대학교 민속학연구소, 2015.

김택규, 「한국에 있어서 민족학의 방향」, 『인간과경험 동서남북』 1, 한양대학교 민족학연구소, 1988.

김환표, 「반상회의 역사 : 국민 동원과 통제의 수단에서 이익집단화까지」(1), 『인물과 사상』 156, 인물과 사상사, 2011.

김행란 외, 「전통지식 자원의 활용실태 연구」, 『한국지역사회생활과학회지』 14(2), 한국지역사회생활과학회, 14(2), 2003.

김효진, 「영등포 쪽방촌 주민들의 삶과 도시빈민 공간으로서의 기능」, 한양대학교대학원 석사학위논문, 2009.

나각순, 「서울특별시 동행정 변천고」(상), 『향토서울』 42호, 서울특별시사편찬위원회, 1984.

_____, 「서울특별시 동행정 변천고」(하), 『향토서울』 44호, 서울특별시사편찬위원회, 1984.

나경수, 「마을역사와 인물」, 『민속조사의 현장과 방법』, 민속원, 2010.

나선하, 「조선 중·후기 영광 이서 집단의 계 운영과 그 의미 : 사계(射契)와 노계(老契)를 중심으로」, 『지방사와 지방문화』 6-1, 역사문화학회, 2003.

남근우, 「민속 개념 재고」, 『실천민속학연구』 21, 실천민속학회, 2013.

도민재, 「제례홀기」, 『한국일생의례사전』 2, 국립민속박물관, 2014.

박계홍, 「일본의 도시민속학」, 『한국민속학』 16, 민속학회, 1983.

박규택·이상률, 「공간, 시간, 사회/자연의 상호 관계성에 의한 지역 이해」, 『한국지역지리학회지』 5권 2회, 한국지역지리학회, 1999.

박미혜, 「'도시촌락민'으로 살아가는 지역자영업자 : 자영업자의 근린 활동과 호혜관계」, 서울대학교대학원 석사학위논문, 2010.

박상언, 「종교와 몸, 그리고 의례」, 『한국종교사연구』 8, 한국종교사학회, 2001.

박성준, 「대한제국기 해세 징수와 어염의 유통」, 경희대학교 사학과 박사학위논문, 2004.

박세훈, 「일제시기 도시근린조직 연구 : 경성부 정회를 중심으로」, 『공간과사회』 19, 한국공간환경학회, 2003.

박지환, 「분당 신도시의 사회적 생산과 구성 : 계급-공간의 사회문화적 형성에 관한 연구」, 『한국문화인류학』 38-1, 한국문화인류학회, 2005.

박혜령, 「소야 堂神의 신화적 정체화와 제의의 당위성」, 안동대학교대학원 민속학과 석사학위논문, 1997.

박혜준, 「문화전통과 전통의 재해석 : 위도 띠뱃놀이를 중심으로」, 서울대학교대학원 인류학과 석사학위논문, 1999.

박호원, 「한국공동체 신앙의 역사적 연구 : 동제의 형성 및 전승과 관련하여」, 한국정신문화연구원 한국학대학원 박사학위논문, 1997.

박환영, 「도시와 민속의 현장」, 『한국문화연구』 6, 경희대 민속학연구소, 2002.

박흥주, 「서울 마을굿의 유형과 계통」, 『한국무속학』 12, 한국무속학회, 2006.

백두산, 「식민지 조선의 상업·오락 공간, 종로 권상장 연구 : 1920년대를 중심으로」, 『한국극예술연구』 42, 한국극예술학회, 2013.

삿사 미츠아키, 「한말·일제시대 단군 신앙 운동의 전개 : 대종교·단군교의 활동을 중심으로」, 서울대학교 박사학위논문, 2003.

서영대, 「한말의 단군운동과 대종교」, 『한국사연구』 114, 한국사연구회, 2001.

서영희, 「1894~1904년의 정치체제 변동과 궁내부」, 『한국사론』 23, 서울대학교 국사학과, 1990.

서한교, 「17·8세기 납속책의 실시와 그 성과」, 『역사교육논집』 15, 역사교육학회, 1990.

서현주, 「경성부의 정총대와 정회」, 『서울학연구』 16, 서울시립대학교 서울학연구소, 2001.

손숙경, 「19세기 후반 관왕 숭배의 확산과 관왕묘 제례의 주도권을 둘러싼 동래 지역사회의 동향」, 『고문서연구』 23, 한국고문서학회, 2003.

송도영, 「문화산업의 속도성과 도시적 일상문화 성격의 형성 : '방 문화'를 중심으로」, 『한국문화인류학』 33-2, 한국문화인류학회, 2000.

신주백, 「용산과 일본군 용산기지의 변화(1884~1945)」, 『서울학연구』 29, 서울시립대학교 서울학연구소, 2007.

신정은, 「유전자원, 전통지식 및 민간전승물의 보호에 관한 국제논의 동향 및 전망 : WIPO 정부간위원회 논의를 중심으로」, 『지식재산21』 71, 특허청, 2002.

신지은, 「사회학에서 지역연구의 현황」, 부산대학교 한국민족문화연구소편, 『로컬리티, 인문학의 새로운 지평』, 혜안,

2009.

안윤수, 「전통지식 분류체계 및 보호제도에 관한 연구」, 『농촌자원개발연구』, 농업과학기술원, 2003.

안창모, 「강남개발과 강북의 탄생과정 고찰」, 『서울학연구』 41, 서울시립대학교 서울학연구소, 2010.

양보경, 「서울의 공간확대와 시민의 삶」, 『서울학연구』 1, 서울시립대 서울학연구소, 1994.

양종승, 「서울 무속의 자존심, 존립 위기에 직면한 금성당·사신성황당」, 『민속소식』 119, 국립민속박물관, 2005.

염복규, 「식민지근대의 공간형성 : 근대 서울의 도시계획과 도시공간의 형성, 변용, 확장」, 『문화과학』 39, 문화과학사, 2004.

오문선, 「서울지역공동체신앙 전승과정 고찰 : 조선시대 각사 신당의 존재 양상과 변화를 중심으로」, 『문화재』 41-2, 국립문화재연구소, 2008.

_____, 「서울 부군당제 연구」, 한국학중앙연구원 박사학위논문, 2010.

오영교, 「17세기 향촌대책과 면리제의 운영」, 『동방학지』 85, 연세대 국학연구원, 1994.

유승렬, 「일제 강점기 서울의 상업과 객주」, 『서울학연구』 10, 서울시립대 서울학연구소, 1998.

유승훈, 「경강변 부군당의 성격과 역사적 전개 양상」, 『서울학연구』 20, 서울시립대학교 서울학연구소, 2003.

유승희, 「18~19세기 한성부의 범죄실태와 갈등양상」, 서울시립대 박사학위논문, 2007.

유원동, 「19세기초기의 봉건상업의 붕괴과정 : 초기 독점의 붕괴를 중심으로」, 『역사학보』 48, 역사학회, 1970.

윤종주, 「해방 후의 인구 이동과 도시화」, 『해방 후 도시성장과 지역사회의 변화』, 한국정신문화연구원, 1991.

이경선, 「관우신앙에 대한 고찰」, 『논문집』 8집, 한양대학교, 1974.

이규목, 「서울 근대도시 경관 읽기」, 『서울 20세기 공간 변천사』, 서울시정개발연구원, 2001.

이규철, 「대한제국기 한성부 군사 관련 시설의 입지와 그 변화」, 『서울학연구』 35, 서울시립대학교 부설 서울학연구소, 2009.

_____, 「대한제국기 한성부 도시공간의 재편」, 서울대학교 박사학위논문, 2010.

이기석, 「20세기 서울의 도시성장」, 『서울 20세기 공간 변천사』, 서울시정개발연구원, 2001.

이대회, 「서울시 구(區)·동제(洞制)의 변천 과정에 대한 연구」, 『인문사회과학연구소 논문집』 25, 광운대학교 인문사회과학연구소, 1996.

이배용, 「대한제국시기 열강의 이권침탈과 조선의 대응」, 『대한제국사 연구』, 백산자료원, 1999.

이병천, 「조선후기 상품유통과 여객주인」, 『경제사학』 6, 경제사학회, 1983.

이상일, 「현대를 사는 원시성 : 문화기층의 원리적 이해를 위하여」, 『한국 사상의 원천』, 박영사, 1976.

이수건, 「조선전기 지방통치와 향촌사회」, 『대구사학』 37, 대구사학회, 1989.

_____, 「지방 통치체제」, 『한국사』 23, 국사편찬위원회, 1994.

이승렬, 「광무정권의 화폐·금융정책과 대한천일은행의 영업」, 『한국사연구』 123, 한국사연구회, 2003.

_____, 「한말 은행가 집단의 형성과 광무정권 : 대한천일은행의 주도 세력을 중심으로」, 『동방학지』 124, 연세대학교 국학연구원, 2004.

_____, 「경성지역 중추원 참의들의 관계망과 식민권력의 지역지배」, 『향토서울』 69, 서울특별시 시사편찬위원회, 2012.

이영호, 「대한제국시기 내장원의 외획운영과 상업활동」, 『역사와 현실』 15, 한국역사연구회, 1995.

이용범, 「무속에 대한 근대 한국사회의 부정적 시각에 대한 고찰」, 『한국무속학』 9, 한국무속학회, 2005.

이은진, 「사회학 연구에서의 지역의 위치」, 『지역사회학』 10권 2호, 지역사회학회, 2009.

이은창, 「금강 유역의 부락제 연구」, 『장암 지헌영선생 화갑기념논총』, 1971.

이장섭, 「한국 민속학의 비판적 검토」, 『두산김택규박사화갑기념 문화인류학논총』, 동기념간행위원회, 1989.

이정재, 「독일의 도시민속학 연구 경향」, 『한국민속학』 41, 한국민속학회, 2005.

이종민, 「전시하 애국반 조직과 도시의 일상통제 : 경서부를 중심으로」, 『동방학지』 124, 연세대학교 국학연구원, 2004.

이준식, 「일제강점기 경성부의 공간구조 변화와 인구변동」, 『향토서울』 69, 서울특별시시사편찬위원회, 2007.

이지원, 「1920~30년대 일제의 조선 문화 지배 정책」, 『역사교육』 75, 역사교육연구회, 2000.

이창언, 「도시화와 지역사회의 재구조화」, 『한국문화인류학』 28권 : 내산 한상복 교수 회갑기념호, 한국문화인류학회,

1995.

_____, 「도시지역 민간신앙의 전승에 관한 연구 : 대구시 진천동 용·천마을의 동제를 중심으로」, 『민속학연구』 18, 국립민속박물관, 2006.

이태진, 「18~19세기 서울의 근대적 도시 발달 양상」, 『서울학연구』 4, 서울시립대학교 서울학연구소, 1995.

이한기, 「지역사회문화론」, 『지역사회 종합 연구』, 교육과학사, 2005.

_____, 「전통토착지식의 개발가치 평가」, 한국지역사회생활과학회 학술대회 자료집」, 한국지역사회생활과학회, 2000.

이헌창, 「'민적통계표'의 검토」, 『고문서연구』 9, 고문서학회, 1996.

_____, 「1882~1910년간 서울 시장의 변동」, 『서울상업사』, 태학사, 2000.

이혜은, 「경성부 민족별 거주지 분리에 관한 연구 : 1935년을 중심으로」, 『지리학』 29, 대한지리학회, 1984.

_____, 「서울 20세기 교통의 발달」, 『서울 20세기 공간 변천사』, 서울시정개발연구원, 2001.

이홍락, 「식민지기 조선내 미곡유통」, 『경제사학』 19, 경제사학회, 1995.

이훈상, 「조선후기 향리집단과 탈춤의 연행 : 조선후기 읍권의 운영원리와 읍의 제의」, 『동아연구』 17, 서강대학교 동아연구소, 1989.

_____, 「조선후기 이서집단과 무임집단의 조직 운영과 그 특성 : 전라도 남원의 각종 선생안」, 『한국학논집』 17, 계명대학교 한국학연구소, 1990.

_____, 「조선후기 읍치에 있어서 공공의례의 다층성과 향리 주재의 중재 제의」, 『성곡논총』 32(상), 성곡학술문화재단, 2001.

_____, 「19세기 후반 향리 출신 노년 연령집단과 읍치의 제의 그리고 포퓰러 문화의 확산」, 『민속학연구』 27, 국립민속박물관, 2010.

임대식, 「일제하 경성부 '유지(有志)' 집단의 존재 형태」, 『서울학연구』 8, 서울시립대학교 서울학연구소, 1997.

임재해, 「민속연구의 현장론적 방법」, 『정신문화연구』 20, 한국정신문화연구원, 1984.

_____, 「민속의 전승주체는 누구인가?」, 『민속연구』 1, 안동대학교 민속학연구소, 1991.

_____, 「민속학의 새 영역과 방법으로서 도시민속학의 재인식」, 『민속연구』 6, 안동대학교 민속학연구소, 1996.

_____, 「한국 지식지형의 비판적 인식과 민속지식의 새 지평」, 『실천민속학연구』 21, 2013.

_____, 「민속지식의 세계 포착과 구비문학의 지식 기능」, 안동대학교 민속학연구소 춘계학술대회 『민속지식의 전승과 활용』 자료집, 안동대학교 국제교류관 중회의실, 2015년 6월 30일.

_____, 「탯줄과 출산문화로 본 민속지식의 태아생명 인식」, 『비교민속학』 54, 비교민속학회, 2014.

임형백, 「지역사회학」, 『지역사회 종합 연구』, 교육과학사, 2005.

장세훈, 「한국전쟁과 남북한의 도시화 : 서울과 평양의 전후 복구 과정을 중심으로」, 『사회와 역사』 67, 한국사회사학회, 2005.

장장식, 「서울의 관왕묘 건치와 관왕신앙의 양상」, 『민속학연구』 14, 국립민속박물관, 2004.

장주근, 「서울시 동제당 조사」, 『한국민속논고』, 계몽사, 1986.

전우용, 「근대이행기 서울의 객주와 객주업」, 『서울학연구』 24, 서울시립대학교 서울학연구소, 2005.

전인초, 「관우의 인물 조형과 관제 신앙의 조선 전래」, 『동방학지』 134, 연세대학교 국학연구원, 2006.

정덕기, 「일제하 한국 사회문화사 연구 : 1920년대 문화정치와 문화운동을 중심으로」, 『호서사학』 17, 호서사학회, 1989.

정명현, 「전통지식의 국제적 보호방안에 관한 고찰」, 『국제경제법연구』 10(1), 한국국제경제법학회, 2012.

정병욱, 「1910년대 한일은행과 서울의 상인」, 『서울학연구』 12, 서울시립대학교 서울학연구소, 1999.

정승모, 「마을공동체의 변화와 당제」, 『한국문화인류학』 13, 한국문화인류학회, 1981.

_____, 「성황사의 민간화와 향촌사회의 변동」, 『태동고전연구』 7, 한림대학교 태동고전연구소, 1991.

_____, 「조선풍속과 민의 존재방식」, 『한국 민속문화의 탐구』, 국립민속박물관, 1996.

_____, 「일제시기 민속의 특징」, 『역사민속학』 12, 역사민속학회, 2001.

_____, 「경기지역 연구에서 경기학으로」, 『경기문화』 2, 경기문화재단, 2010.

정진영, 「향촌사회에서 본 조선후기 신분과 신분변화」, 『역사와 현실』 48, 한국역사연구회, 2003.

정형호, 「20C 용산 지역의 도시화 과정 속에서 동제당의 전승과 변모 양상」, 『한국민속학』 41, 한국민속학회, 2005.

조성윤, 「조선후기 서울 주민의 신분 구조와 변화 : 근대 시민 형성의 역사적 기원」, 연세대학교 대학원 박사학위논문, 1992.

조영준, 「조선후기 궁방의 실체」, 『정신문화연구』 31권 3호, 한국학중앙연구원, 2008.

조옥라, 「여성인류학자 시각에서 본 도시빈민 지역운동 : 서울 사당2동 사례 연구를 중심으로」, 『한국문화인류학』 22-1, 한국문화인류학회, 1990.

조정현, 「별신굿의 물적 기반과 지역 경제」, 『비교민속학』 27, 비교민속학회, 2004.

좌혜경, 「해녀 생업 문화의 민속지식과 언어표현 고찰」, 『영주어문』 15, 영주어문학회, 2008.

주강현, 「한국민속학의 범주와 영역의 혼재 : 한국 민속학의 비속화와 아마츄어리즘」, 『역사민속학』 15, 한국역사민속학회, 2002.

_____, 「언어생태전략과 민속지식의 문화다양성」, 『역사민속학』 32, 한국역사민속학회, 2010.

주세영, 「서울 한강변 부군당의 문화지리적 연구」, 한국교원대 교육대학원 석사학위논문, 2002.

주영하, 「출산의례의 변용과 근대적 변화 : 1940~1990」, 『한국문화연구』 7, 경희대 민속학연구소, 2003.

채혜원·홍형옥, 「지역공동체에 대한 연구의 접근방법과 쟁점」, 『한국가정관리학회지』 20-1, 한국가정관리학회, 2002.

최길성, 「한말의 궁중무속 : 궁중 '발기'를 중심으로」, 『한국민속학』 3, 한국민속학회, 1970.

최인영, 「일제시기 경성의 도시공간을 통해 본 전차노선의 변화」, 『서울학연구』 41, 서울시립대학교 부설 서울학연구소, 2011.

최재선, 「밤섬 '부군당굿'에 대한 교육인류학적 연구」, 연세대학교 교육학과 석사학위논문, 1985.

최진호, 「인구분포와 국내 인구 이동」, 『한국의 인구』 2, 통계청, 2002.

편무영, 「민의 실제」, 『중앙민속학』 11, 중앙대학교 한국문화유산연구소, 2006.

표인주, 「공동체신앙의 축문 고찰 : 전남지역의 공동체신앙을 중심으로」, 『남도민속연구』 3, 남도민속학회, 1995.

한상복, 「도시생활」, 『한국사회』 3, 서울대학교 인구및발전문제연구소, 1978.

한승완, 「'전통 공동체'에서 '민주 공동체'로 : 서구 근대에서 공동체 기획의 두 가지 모델」, 김수중 외, 『공동체란 무엇인가』, 이학사, 2002.

함한희, 「민속지식의 생산과 공공성의 문제 : 마을 민속 아카이브 구축과 관련해서」, 『민속연구』 17, 안동대학교 민속학연구소, 2008.

허용호, 「일제강점기 경기도 민속신앙의 양상과 의의」, 『한국무속학』 11, 한국무속학회, 2006.

_____, 「엇갈린 행보 : 연행중심론과 현장론의 비교연구」, 『한국민속학』 56, 한국민속학회, 2012.

홍성찬, 「한말 서울 동막의 미곡객주연구 : 창희조합, 서서동막합자상회」, 『경제사학』 42, 경제사학회, 2007.

황경숙, 「영업용 차량 운전자들의 자동차고사와 속신」, 『한국민속학』 42, 한국민속학회, 2005.

황경순, 「상주 천봉산성황제 주재 집단의 지속과 변화」, 안동대학교대학원 민속학과 석사학위논문, 2001.

황위주, 「일기류 자료의 국역 현황과 과제」, 『고전번역연구』 1, 한국고전번역학회, 2010.

柳田國男, 「都市と農村」, 『定本柳田國男集』 16권, 東京 : 朝日新聞社, 1929.

岩本通弥, 「일본도시민속학의 현재」, 『일본 연구』 6, 중앙대학교 일본연구소, 1991.

서울의 공동체 의례와
주도집단

초판1쇄 발행 2018년 3월 31일

지은이 김태우
펴낸이 홍기원

총괄 홍종화
편집주간 박호원
편집 · 디자인 오경희 · 조정화 · 오성현 · 신나래 · 김윤희 · 이상재 · 이상민
관리 박정대 · 최기엽

펴낸곳 민속원
출판등록 제18-1호
주소 서울 마포구 토정로 25길 41(대흥동 337-25)
전화 02) 804-3320, 805-3320, 806-3320(代) **팩스** 02) 802-3346
이메일 minsok1@chollian.net, minsokwon@naver.com
홈페이지 www.minsokwon.com

ISBN 978-89-285-1171-6
S E T 978-89-285-0359-9   94380

책 값은 뒤표지에 있습니다.
잘못된 책은 바꾸어 드립니다.